1,000,000 Books

are available to read at

www.ForgottenBooks.com

Read online
Download PDF
Purchase in print

ISBN 978-0-364-42734-7
PIBN 11277828

1 MONTH OF
FREE
READING

at
www.ForgottenBooks.com

By purchasing this book you are eligible for one month membership to ForgottenBooks.com, giving you unlimited access to our entire collection of over 1,000,000 titles via our web site and mobile apps.

To claim your free month visit:
www.forgottenbooks.com/free1277828

Verhandlungen

der

Schweizerischen

aturforschenden Gesellschaft

bei ihrer

Versammlung zu Engelberg

den 13., 14. und 15. September

1897.

80. Jahresversammlung.

LUZERN
Buchdruckerei H. Keller
1898.

ACTES

DE LA

SOCIÉTÉ HELVÉTIQUE

DES SCIENCES NATURELLES

RÉUNIE A ENGELBERG

LES 13, 14 ET 15 SEPTEMBRE

1897.

80me SESSION

LUCERNE
IMPRIMERIE H. KELLER
1898.

Verhandlungen

der

Schweizerischen

Naturforschenden Gesellschaft

bei ihrer

Versammlung zu Engelberg

den 13., 14. und 15. September

1897.

80. Jahresversammlung.

LUZERN
Buchdruckerei H. Keller
1898.

Inhaltsverzeichnis.

Seite

Eröffnungsrede des Präsidenten Herrn Reg.-Rat E. Etlin,
Arzt in Sarnen 1

Protokolle.

   I. Sitzung der vorberatenden Kommission 41
  II. Erste allgemeine Sitzung 44
 III. Zweite allgemeine Sitzung 48
 IV. Sektionssitzungen:
    A. Sektion für Physik, Mathematik, Astronomie und
      Chemie 54
    B. Sektion für Geologie 60
    C. Sektion für Botanik 61
    D. Sektion für Zoologie und Medizin 62

Berichte.

    I. Jahresbericht des Zentralkomitees 69
   II. Auszug aus der 69. Jahresrechnung 1896/97 76
  III. Bericht über die Bibliothek 81
  IV. Bericht der Denkschriftenkommission 94
   V. Bericht der Kommission für die Schläflistiftung . . . 96
  VI. Bericht der geologischen Kommission 98
 VII. Bericht der geodätischen Kommission 105
VIII. Bericht der Erdbebenkommission 111
  IX. Bericht der limnologischen Kommission 114
   X. Bericht der Moorkommission 117
  XI. Bericht der Flusskommission 118
 XII. Bericht der Gletscherkommission 124
XIII. Bericht der Kommission für die Genfer-Ausstellung . 134

Personalbestand der Gesellschaft.

Seite

I. Verzeichnis der Mitglieder der Gesellschaft und der
Gäste, welche an der 80. Jahresversammlung in Engel-
berg teilgenommen haben 141
II Veränderungen im Personalbestand der Gesellschaft:
    A. In Engelberg neu aufgenommene Mitglieder · · · 144
    B. Verstorben 145
    C. Ausgetreten 146
    D. Gestrichen 146
III. Senioren der Gesellschaft 147
IV. Donatoren der Gesellschaft 148
V. Verzeichnis der Mitglieder auf Lebenszeit 150
VI. Beamte und Kommissionen 152
VII. Reglement für das Jahreskomitee betreffs Herausgabe
der Verhandlungen 156

Jahresberichte

der schweizerischen geologischen Gesellschaft,
schweizerischen botanischen Gesellschaft,
schweizerischen zoologischen Gesellschaft und der
kantonalen naturforschenden Gesellschaften.

I. Schweizerische geologische Gesellschaft 163
II. Schweizerische botanische Gesellschaft 177
III. Schweizerische zoologische Gesellschaft 180
IV. Aargauische naturforschende Gesellschaft in Aarau . . 190
V. Naturforschende Gesellschaft in Basel 192
VI. Naturforschende Gesellschaft in Bern 194
VII. Société Fribourgeoise des sciences naturelles 196
VIII. Société de Physique et d'Histoire naturelle in Genf . 198
IX. Naturforschende Gesellschaft des Kantons Glarus . . 205
X. Naturforschende Gesellschaft Graubündens in Chur . 206
XI. Naturforschende Gesellschaft in Luzern 208
XII. Société Neuchâteloise de sciences naturelles 210
XIII. Naturwissenschaftliche Gesellschaft St. Gallen . . . 212
XIV. Naturforschende Gesellschaft Schaffhausen 214
XV. Kantonale naturforschende Gesellschaft Solothurn . . 215
XVI. Naturforschende Gesellschaft des Kantons Thurgau . . 217
XVII. Société Vaudoise des sciences naturelles 219

		Seite
X·VIII.	La Murithienne, société Valaisanne des sciences naturelles	222
XIX.	Naturwissenschaftliche Gesellschaft Winterthur . . .	224
XX.	Naturforschende Gesellschaft in Zürich	225

Nekrologe.

Léon Du Pasquier	231
Edmund Drechsel	235
Dr. med. Bourgeois	238
Alfred Hartmann	241

Über Obwalden

Notizen

gesammelt und vorgetragen an der Eröffnung

der

achtzigsten Jahresversammlung

der

Schweizerischen Naturforschenden Gesellschaft in Engelberg

von E. ETLIN, Arzt, in Sarnen

12. September 1897.

Verehrte Herren und Freunde!

Als Sie letztes Jahr in der so grossartig verlaufenden Jahresversammlung in Zürich dem Kanton Obwalden und speziell der Talschaft Engelberg die hohe Ehre erwiesen, letztern Ort als diesjährigen Festort zu bestimmen, da mischte sich in die aufrichtige Freude, die dieser Entschluss hierzulande wachrief, ein recht schmerzliches Gefühl, nämlich dasjenige der Unzulänglichkeit, Sie würdig zu empfangen, und das Gefühl des Unvermögens, Ihnen von uns aus etwas gediegenes Wissenschaftliches bieten zu können, ein Gefühl, das besonders stark zum Durchbruch kam bei Ihrem unwürdigen Präsidenten, der selbst am wenigsten weiss, wie ihm diese hohe Ehre zu teil wurde, d. h. er weiss recht gut, dass er dieselbe nicht etwa eigenen Verdiensten, sondern eben nur lokalen Verhältnissen und Ihrer gütigen Nachsicht, um die er auch ferner recht sehr bittet, verdankt. Allein gottlob hat die gütige Natur dem Menschen nicht nur den sorgenden ängstlichen Sinn gegeben, sondern sie stattete ihn auch zum Gang durchs Leben mit der nötigen Portion Leichtsinn aus, und mit dieser so notwendigen und glücklichen Beigabe haben wir es denn auch frisch gewagt, Sie bei uns aufzunehmen, uns tröstend mit dem Umstand, dass Sie das Wichtigste und Beste für diese Versammlung — das Wissen — ja selber mitbringen und von uns nur gastliche Aufnahme und freundlichen

Empfang verlangen. Und das soll Ihnen denn auch geboten werden, so gut es in unsern schwachen Kräften liegt. Im Namen von Volk und Behörden von Obwalden, im Namen von Kloster und Talschaft Engelberg heisse ich Sie alle hier am Fusse des Titlis herzlich willkommen.

Wie schon bei der Übernahme des Festes, ja eigentlich wie immer im Leben, so ist auch heute bei der Eröffnung des Festes Freude und Schmerz vereint, und in das beglückende Gefühl, so viele Mitglieder und Freunde unserer Gesellschaft hier begrüssen zu dürfen, mischt sich der aufrichtige Schmerz um jene, die nie mehr an einer unserer Versammlungen teil nehmen werden, an jene, die der unerbittliche Tod im verflossenen Jahre aus unsern Reihen abgerufen hat. Wenn dies Gefühl schon ein sehr schmerzliches ist beim Verlurste von Mitgliedern, deren Leben in unserer Gesellschaft still und ruhig dahinfloss, und bei jenem, dem es vergönnt war, im strahlenden Schimmer eines schönen Lebensabends auf eine lange, ruhmreiche Lehrtätigkeit zurückzublicken, so ist dasselbe doppelt bitter, wenn wir unter den Verstorbenen auch einen Namen lesen, der trotz ganz kurzer Tätigkeit schon als leuchtender Stern am Himmel der Gelehrtenwelt erstrahlt, und der bei seinem jugendlichen Alter und der feurigen, selbstlosen Hingabe noch zu den schönsten Hoffnungen für die Wissenschaft und unsere Gesellschaft im besondern berechtigte. Verlangen Sie aber nicht, dass ich hier die Verdienste jedes einzelnen dieser Verstorbenen aufzähle, ich bin dies nicht im stande, und eine kompetentere Feder wird es in den „Verhandlungen" tun; uns allen aber bleibe das Andenken dieser verstorbenen Freunde teuer und heilig für immer.

Nach altem Usus pflegt der jeweilige Jahrespräsident der verehrten Versammlung einen naturhistorischen Überblick zu geben über die Umgebung des Festortes; er

führt sie jeweilen ein in die Geheimnisse der geologischen
Struktur dieses Bodens und zeigt dann bis ins feinste
Detail, was alles in, an und auf diesem Boden wächst
und gedeiht. Das möchte ich Ihnen gegenüber nun gern
auch tun, wenn ich nur könnte! Und wie dankbar wäre
es für einen Geologen, Sie einzuführen in das Wirrsal
der Schichtungen und Faltungen, die Sie wahrscheinlich
alle beim Eintritt in das Tal beiderseits hoch oben an der
Hutstock- und der Wallenstockgruppe bewundert haben,
die zerknitterten Blätter dieses Buches zu glätten und
Ihnen diese Runen, die von so riesigen Erdrevolutionen
erzählen, zu erläutern. — Aber das muss ich alles den
Männern vom Fache überlassen. Denn wie könnte ich
ein Bild der geologischen Verhältnisse meiner lieben engern
Heimat entwerfen, da ich Ihnen gestehen muss, dass ich
in dieser Beziehung mit meiner Wissenschaft nicht viel
weiter gekommen bin als der biedere Leutpriester Mœngal
in Scheffels Ekkehard, der von dem Boden seiner Heimat
nur wusste, dass er viel zu rauh sei, als dass Heilige
und Gelehrte auf demselben leicht gedeihen. Sie müssen
daher leider auf alle Details verzichten und mir gestatten,
Ihnen mit wenig einfachen Worten im allgemeinen zu
schildern, was jedermann in Obwalden sehen kann, wenn
er es nur mit offenem, wenn auch Laienauge betrachtet.

Engelberg freilich, das liebliche Tal, das Sie heute
mit Ihrem Besuche beehrten, bedarf eigentlich einer weitern
Schilderung nicht mehr; denn seit dieser Ort zum Rendez-
vous aller Nationen dient, wurde er von den berufensten
Federn so allseitig und erschöpfend geschildert, dass es
Eulen nach Athen tragen hiesse, noch etwas beizufügen.
Engelberg, das vor 100 Jahren nur äusserst selten einen
fremden Gast sah, beherbergt jetzt jeden Sommer deren
annähernd 20,000, die teils hier durchreisen oder grossen-
teils in längerm Aufenthalt Stärkung sammeln gegen den

aufreibenden Einfluss der jetzigen Lebensweise oder auch
Wiederherstellung suchen von überstandener Krankheit.
So kräftigend aber auch die Luft der Berge ist und so
frisch sie hier oben weht, man würde doch gewaltig irren
mit der Meinung, dass alle diese Kuranten sich hauptsächlich von Alpenluft und Ziegenmolken nährten. Sie
mögen sich von dem Triebwerk der Küche eines solchen
Kurortes selbst einen Begriff machen, wenn ich Ihnen
sage, dass nur von auswärts während einer Saison hier
ca. 400 Kilozentner Ochsenfleisch, 150 Kilozentner Kalb-
fleisch, 100 Kilozentner Schaf- und Schweinefleisch und
120 Kilozentner Fische konsumiert werden, und wenn
schon auch hier keine gebratenen Tauben in der Luft
herumfliegen, so werden doch etwa 15,000 Stück Geflügel
verzehrt. Was dazu getrunken wird, darüber schweigt
zwar des Statistikers Höflichkeit; aber allgemein herrscht
der Glaube, je mehr Meter über Meer, desto besser
schmecke der Wein.

Es ist aber auch erklärlich, dass der Gast hier gerne
weilt, denn ein schöneres Dorado lässt sich nicht leicht
denken. Vor rauhen Winden geschützt, von Wäldern
umgeben, bietet es eine balsamisch milde und doch vom
Hauche der Gletscher gekräftigte Luft; ein grossartiges
Panorama erfreut das entzückte Auge, und so majestätisch
und zerklüftet die Gletscher und Felszacken auch hernieder
schauen, überall wird die Wucht ihres Eindruckes gemildert
durch das Liebliche der nähern Umgegend; nirgends kommt
das Erstarrende, Ertötende des Gletschers zur Geltung;
seine Nähe weckt nur das Gefühl der Kraft und Gross-
artigkeit, und nicht leicht könnte man sich eine glücklichere
Verschmelzung erhabener Hoheit und zarter Anmut denken,
als Engelberg sie uns bietet.

Nicht am wenigsten zum Weltruf Engelbergs trug
der Titlis bei, jener Berg, der lange Zeit sozusagen ein

Modegletscher war. Der Titlis wurde zuerst im Jahre 1744 und zwar von einem Klosterbruder bestiegen und nachher von einigen Conventualen desselben Stiftes; aber erst zu Anfang dieses Jahrhunderts wurde seine Besteigung öfters ausgeführt. Die frühere Zeit sah ja in den Bergen mehr eine feindliche Gewalt, der man lieber nicht nahe ging, wenn es nicht nötig war. Dass es auf den Bergen etwas Schönes zu sehen gebe, davon hatte sie keine Ahnung, und das hohe Gefühl, das jetzt an jedem schönen Sommertag die Herzen von hundert und hundert Bergsteigern durchzittert, war leider unsern Ahnen gänzlich fremd. In Obwalden z. B. waren die notorisch ersten, die einen Berg aus anderm als materiellem Beweggrund bestiegen, die Besucher des Pilatus, und diese lockte nicht etwa die Freude an der schönen Aussicht, sondern der Fürwitz auf den Berg. Sie wollten sich in dem sagenhaften Pilatussee nach dem angeblich dort versenkten Landpfleger Pontius Pilatus umsehen und ihn aus seiner Ruhe zu stören suchen. Aber ein Erlass der väterlich besorgten Regierung von Obwalden machte diesem sträflichen Leichtsinn bald ein Ende, wie wir aus folgendem Protokollauszug aus dem 16. Jahrhundert sehen: „Als vom Pilatusberg Klegt kommen ist, da solle ebbwar gangen sin mit trummen schlan oder anderes Getön, ist nu gemacht worden von einer Gemein also: wer der wer der selichs tet und uf den Berg ging, dieselben soll man gen Sarnen füeren und in den thurm legen, ihnen einen recht tag setzen und sy nach yrem verdienen on gnad straffen, dass sich ein anderer wüss darnach zu halten und sich fürhin zu hüeten."

Nach dieser kurzen Abschweifung zum Titlis zurückkehrend, glaube ich, behaupten zu dürfen, dass es wenig eigentliche Gletscher in der Schweiz gibt, die gletschermässig begangen werden und doch so zahlreichen Besuch erhielten, als wie der Titlis in der zweiten Hälfte unseres

Jahrhunderts; vom Kindesalter bis zum 80jährigen Greis waren da alle Lebensstufen vertreten. Trotz dieser vielen Besteigungen waren Unglüksfälle dabei verhältnismässig selten; doch zeigt Ihnen der nahe Friedhof, dass auch dieser Berg zuweilen seine Opfer fordert, von denen mehrere dort drüben den ewigen Schlaf schlummern angesichts jener krystallenen Gletscherpracht, deren zauberhafter, geheimnisvoller Glanz sie in den Tod lockte. An den Ausläufern und Nachbarn des Titlis, dem Grassen-, Griesen- und Firnalpeli-Gletscher, werden seit etlichen Jahren auf Veranlassung durch die an der letzten Basler-Versammlung von Ihrem Herrn Präsidenten Forel gemachte Initiative Beobachtungen über deren Bewegungen angestellt, und es hat sich gezeigt, dass die beobachteten Gletscherzungen in den letzten Jahren ständig zurückgewichen sind. Auch am Titlisgletscher selbst sind seit vielen Jahren von aufmerksamen Beobachtern, wenn auch nicht mathematisch kontrollierte, so doch ganz sichere Veränderungen konstatiert worden, und zwar ist, abgesehen von einzelnen Gletscherstürzen, überall ein starkes Zurückweichen des Gletschers zu konstatieren. So finden wir denn auch da droben, wo alles in ewiger, unbeweglicher Ruhe erstarrt zu sein scheint, fortwährende Bewegung und den ewigen Kreislauf des Werdens und Vergehens. Und die gleiche Veränderung wie auf den höchsten Spitzen können wir durch alle Höhenstufen verfolgen bis zu unterst in die Talsohle.

Der Faktor, durch welchen in letzter Linie diese Veränderungen hauptsächlich bewerkstelligt werden, ist das bewegliche Element: das Wasser. Vor allem fällt da in Obwalden auf die Veränderung, welche das Lungerer Tal durch Tieferlegung des Lungerer Sees erlitt. Wenn schon der wirtschaftliche Nutzen, der durch diese Tieferlegung des Sees erzielt wurde, ein bedeutender war, so hat doch das landschaftliche Bild sehr verloren. Der Lungerer See bedeckte früher eine Fläche von 280 Hektaren. Das Dörfchen selbst war unmittelbar an sein südliches Ufer angelagert. Durch Messungen war festgestellt worden, dass der obere Teil des Sees nicht sehr tief sei und zur Tieferlegung, weil am untern Ende durch einen verhältnismässig schmalen Querriegel abgeschlossen, sich gut eignen würde, so dass man von den circa 280 Hektaren, welche der See dazumal einnahm, etwa 180 durch Vertiefung des Sees um 35 Meter urbar machen zu können hoffte. 1790 wurde mit dem Werk begonnen unter Leitung des K. Deggeler von Schaffhausen, damals Bergwerksdirektor in Lauterbrunnen. Man entschloss sich, durch den vorliegenden Felsriegel einen Stollen in der Länge von 340 Meter zu treiben, und berechnete, dass derselbe in einer Tiefe von 35 Meter den Seegrund durchbohren müsse. 1799 stand das Unternehmen infolge der damaligen Zeitläufe still und wurde erst wieder 1831 ernstlich in Angriff genommen, doch ohne dass es gelang, dasselbe wesentlich zu fördern, bis endlich Melchior Deschwanden von Stans, ein sehr gemeinnütziger Mann, sich an die Spitze des Unternehmens stellte und durch Ausgabe von 425 Aktien à 40 Fr. den nötigen nervus rerum schaffte. Aber auch jetzt wäre das Unternehmen wahrscheinlich noch nicht gelungen, hätte sich nicht die zürcherische naturforschende Gesellschaft desselben angenommen und auch weitere Kreise dafür zu interessieren gewusst, so dass sich ein auswärtiges Komitee von Naturforschern bildete, bestehend aus den Herren: Hofrat Horner, Escher im Felsenhof, Escher von der Linth, Oberst Pestalozzi und Doktor Gräfe aus Zürich, Stabshauptmann Geigy von Basel, Nik. Meyer von Luzern und Ingenieur Sulzberger von Frauenfeld. Und es zeigten sich auch hier eidgenössischer Brudersinn und praktisches Wissen von der schönsten Seite; denn der armen Berggemeinde

Lungern wäre die Durchführung dieses Werkes nie möglich gewesen ohne diese kräftige, uneigennützige Hülfe der Gelehrtenwelt. Unter der Leitung Sulzbergers ging es nun rüstig vorwärts, bis man endlich am 9. Januar 1836 den Stollen soweit vorgetrieben hatte, dass nur mehr eine 1½ Meter dicke Felsenschicht die Wasser des Sees zurückhielt. Die Arbeit muss in den letzten Tagen eine äusserst beschwerliche gewesen sein. Da man sich jeweilen durch Bohrlöcher über die Dicke der noch bestehenden Felsenschicht versicherte und nun die letzten Löcher diese Schicht durchbohrt hatten, so quoll das Wasser unaufhörlich in den Stollen; überdies war die Luft in demselben so schlecht, dass es unmöglich war, längere Zeit ein Licht zu brennen; die Arbeiten mussten meistens im Finstern ausgeführt werden. Doch gelang es schliesslich nach unendlichen Mühen, 9½ Zentner Pulver, zu diesem Zwecke von der Regierung von Bern geschenkt, zu hinterst im Stollen in einem eichenen Fasse anzubringen und mit Holzblöcken ringsum zu verkeilen; nach vornen wurde diese Mine auf etwa 6 Meter Länge mit Sandsäcken abgeschlossen, und mitten durch dieselbe wurde eine in ledernem Schlauch steckende Brandröhre geleitet. Heute, wo der elektrische Funke durch ungezählte Weiten, durch Felsen und Meere blitzt, kann man sich kaum des Lächelns enthalten, wenn man bedenkt, dass dieser ganze Apparat nun durch einen Zündschwamm in Brand gesetzt wurde. Für den Bergknappen Spier aus Graubünden, der dies ausführte, war es natürlich von grösster Wichtigkeit, dass Zunder und Brandröhre die berechnete Zeit, nämlich solange, bis er sich durch den 360 Meter langen Stollen geflüchtet hatte, fortglimme; denn wenn die Mine zu früh explodierte, so war der Mann unrettbar verloren. Doch gelang die Sache, und ein Mörserschuss zeigte am 9. Januar 1836 nachmittags 4 Uhr dem ringsum harrenden Volke an, dass Spier glücklich den

Stollen verlassen habe. Bald darauf verkündete dann
auch zweimaliger dumpfer Donner aus dem Erdinnern die
Entzündung der Mine, und nach kurzer Zeit bangen Wartens
stürzte ein Strom Wasser aus dem Stollenloch: die Mine
hatte durchgeschlagen, und in gewaltigem Sturze entleerte
sich nun der See, so. dass er täglich um circa 1 Meter
tiefer sank. Der Erfolg des Unternehmens war ein durchaus -gelungener, wenigstens vom technischen Standpunkt
aus, indem circa 170 Hektaren Land gewonnen wurden,
ein grosser Vorteil für die starkbevölkerte Gemeinde bei
ihrer kleinen Ausdehnung im enggeschlossenen Tal.

Die Kosten des ganzen Unternehmens stellten· sich
auf circa 48,000 Fr. und 16,000 freiwillige Arbeitstage.
Zur Ehre der auswärtigen Aktionäre muss bemerkt werden,
dass die wenigsten die Rückzahlung verlangten, sondern
grossmütig ihren Betrag dem Unternehmen schenkten. Das
Gefühl des Wohlwollens und der schweizerischen Zusammen-
gehörigkeit überwog auch schon in dieser noch dividenden-
losen Zeit die kalte Berechnung.

Schon 1761 wurde der Aasee zwischen dem Lungerer
und Sarner See durch einen 10 Meter tiefen Schlitz abgelassen,
und 1850 wurde dieses Unternehmen durch Doktor H a l t e r
in Giswil noch weiter ausgeführt, so dass dort nahezu
90 Hektaren Landes gewonnen wurden. Dem in 1900
Meter Höhe gelegenen Melchsee wurde vor kurzem durch
Vertiefung seines gleich in einem Kalktrichter verschwin-
denden Ausflusses, dem Stäubiloch, ebenfalls Land abge-
wonnen zur Verbesserung der Alp, aber ·nicht zur Ver-
schönerung der Gegend.

Ganz aus jüngster Zeit datieren die verhältnismässig
grossartigen Verbauungen der Melcha und Aa, der kleinen
Schlieren, der Lauwi, des Eybaches, ·der Giswiler Bäche und
des Sachsler Dorfbaches. Alle diese Bergbäche und Flüsse
gefährdeten die nähere und fernere Umgebung durch Über-

schwemmungen und Übersaaren durch teils gewaltige
Schuttmassen. 1887 z. B. trat der Eybach in Lungern
aus und brachte Geschiebe und Steine in unglaublicher
Menge, einzelne Blöcke repräsentierten ein Gewicht von
2000 Zentnern, und an der Pfarrkirche war der Schutt
auf dem Friedhof weit herum in einer Höhe von 2—3
Metern abgelagert. Durch die vorgenommenen Korrektionen
scheint es nun gelungen zu sein, diese wilden Gesellen in
etwas zu bändigen, doch nicht ohne grosse Kosten; denn
seit 1880 hat Obwalden für diese Gewässerkorrektionen
über 1 Million Franken ausgegeben, und für die nächste
Zeit sind noch für nahezu $3^1/2$ Millionen projektiert. Trotzdem ist es uns noch nicht gelungen, die Höhe der übrigen
Kulturstaaten zu erreichen und eine Staatsschuld zu kon-
trahieren, und obwohl das steuerbare Vermögen von Obwalden nicht einmal 40 Millionen beträgt, hoffen wir das
auch für die Zukunft. Dass durch diese Korrektionen die
Gegend in einschneidendem Masse verändert wurde, ist
klar; oft wurde der früher malerisch gewundene, unregelmässige Flusslauf in eine zwar rationelle, aber langweilig
gerade Linie umgewandelt oder der ganze Flusslauf verlegt.
So lief früher die Melcha in den Vierwaldstätter See; 1880
wurde ihr Lauf um 8 Kilometer verkürzt und sie direkt
in den Sarner See übergeleitet; dort hat sie nun ihren
Schuttkegel schon mehr als um 100 Meter in den See
vorgeschoben; ganze grosse Riedkomplexe wurden durch
diese Arbeiten ebenfalls trocken gelegt und meistens in
Wiesland umgewandelt. Freilich, den grössten Teil des Jahres,
ja oft Jahre lang, flossen diese Bäche und Flüsse ganz
ruhig und unschuldig in ihrem Bette; aber durch aussergewöhnliche athmosphärische und klimatische Ereignisse
schwollen sie doch zuweilen zu gefahrdrohenden Wildbächen
an; glücklicherweise selten, denn das Klima Obwaldens
ist ein gemässigtes und gleichmässiges. Ohne sich irgendwie

besonders von dem der übrigen Zentralschweiz zu unterscheiden, zeichnet dasselbe sich doch fast durchwegs durch seine verhältnissmässige Milde und seine Fruchtbarkeit aus. Die drückende Sommerhitze wird durch die vielen Wasserläufe und Seen günstig beeinflusst, und das durch seine Trockenheit in der ganzen Schweiz traurig berühmte Jahr 1893 nicht einmal vermochte den smaragdenen Teppich unserer Wiesen zu bleichen. Ganz Obwalden liegt noch im Gebiete der Föhnzone, dieses „Südwindes“, der ganz nach den Worten der hl. Schrift: „Spiritus flat ubi vult“, von allen Seiten der Windrose herweht und über dessen eigentliches Wesen, trotzdem die Gelehrten, aber hoffentlich nicht, weil die Gelehrten so viel darüber schrieben, erst in neuerer Zeit die Ansichten sich klärten. So viel ist sicher, in die Kategorie der so beliebten „sanft fächelnden Winde“ kann man ihn nicht zählen, sondern er zeigt sich durchaus als ungeschlachter Patron, richtet in den Bergwäldern oft gewaltigen Schaden an, indem er tausende von Bäumen knickt, deckt ganze Dächer ab und übt auf Menschen und Tiere eine erschlaffende, nachteilige Wirkung. Von seiner Kraft kann man sich einen Begriff machen, wenn man sieht, dass er ganze Dachschilde im Gewicht von vielen Zentnern 20—30 Meter weit abwirft und sogar stark gebaute Häuser so ins Wanken bringt, dass man im Bette drin die Empfindung hat, man befinde sich in einer Schiffskoje auf bewegtem Meer. Im Frühling freilich ist er, trotz seines rauhen Auftretens, ein beliebter Gast, da er in der kürzesten Zeit bis in alle Berge hinauf die dickste Schneeschicht wegleckt. Aber geradezu schrecklich wirkt sein warmer Hauch, wenn er eine unbewachte Flamme erreicht; darum wird bei heftigem Föhn oft tagelang nicht gekocht. Im Jahre 1887 stund das ganze Dorf Engelberg in der grössten Gefahr, während einer Föhnnacht abzubrennen; doch konnte dem rasenden Ele-

ment, nachdem es 9 Firsten vernichtet hatte, noch Einhalt
getan werden. Dass bei solchen klimatischen Verhältnissen
die Vegetation in Obwalden bei passenden Bodenverhält-
nissen äusserst günstige Bedingungen findet, ist klar —
schon der Name deutet darauf hin, dass hier von jeher
gewaltige Wälder sich fanden. Der beste Kenner der
schweizerischen Pflanzenwelt, Herr Dr. Christ in
Basel, selbst rühmt sogar die herrliche Entwicklung der
obwaldnerischen Buchen. Aber nicht nur der Wald gedeiht
vorzüglich, auch die kleinen, aber schönen, farbenprächtigen
Kinder Floras sprossen überall in reicher Fülle und seltener
Pracht. Nur zu bedauern ist, dass unsere prachtvollen
Alpenblumen von vielen Touristen in geradezu sinnloser
Weise abgegrast werden; überdies ist das Sammeln von
Alpenblumen, besonders Edelweiss, ein eigentlicher Erwerbs-
zweig geworden. Es gibt derartig geschäftsmässige Sammler, die jährlich 20—50,000 Stück Edelweiss in Verkauf
bringen; die Alpendistel wird sogar künstlich in Gärten
zum Verkauf kultiviert. Trotz eines im Jahre 1876
erlassenen regierungsrätlichen Verbotes, Edelweiss gewerbs-
mässig mit den Wurzeln zu sammeln, hat sich diese Pflanze
in unsern Bergen sehr vermindert. Auf dem Abgschütz
z. B., wo diese glänzenden Sterne noch vor 20 Jahren den
Alpenrasen mit einem silbernen Glanz überzogen, ist sie
geradezu selten geworden. Möchte es der in Genf bestehenden Gesellschaft zum Schutze der Pflanzen gelingen, auf
dem Wege der Belehrung das zu erreichen, was auf dem
Wege des Verbotes nur spärlich gelang. Trotz dieser
fortwährenden Verwüstung und trotz der schwierigen Lebensverhältnisse, unter denen sie wachsen müssen, überzieht
noch alljährlich ein in allen Farben prangender Blumen-
teppich unsere Alpen. Bekannt ist z. B. der Pilatus als
Fundort einer Menge seltener Alpenpflanzen; auch hier
um Engelberg herum findet der Botaniker seltene Ausbeute

in Hülle und Fülle. Zu geeigneter Zeit blühen hier:
Eryngium alpinum, Campanula cenisia, androsace glacialis,
pupescens, Salix arbuscula; Botrychium simplex Hitschcock
wächst sogar in Obwalden einzig in der Schweiz. Die
soeben erschienene Flora Rhiners verzeigt noch andere
Seltenheiten.

Ein so freudiges Gefühl auch der reiche alpine Blumen-
schmuck in jedem Freunde der Natur, nicht nur dem
Botaniker, hervorruft, um so schmerzlicher ist dasjenige,
das man empfindet bei der betrübenden Beobachtung,
wie sehr der oberste Vegetationsgürtel, vor allem die
oberste Waldgrenze, in stetem Zurückweichen begriffen ist;
so unzweifelhaft auch die Tatsache, so schwierig ist es,
deren eigentliche Ursache festzustellen. Höchst wahrscheinlich wird dieselbe durch verschiedene Faktoren bewirkt,
und wahrscheinlich kann auch hier die in vielen Fällen so
ohnmächtige Hand des Menschen nur ganz wenig tun, um
diesem traurigen Übelstande wirksam zu begegnen. An
vielen Orten ist der Wald seit Menschengedenken auf
grössere Distanzen zurückgegangen. Seit vielen Jahren wurde
zu oberst an der Grenze des Holzwuchses in Obwalden
kein einziger grünender Baum zum Gebrauch der Alp-
hütten angezeichnet und gefällt, vielmehr wurde dieses
Bedürfnis durchaus mit abgängigen, teils abgestorbenen
Bäumen gedeckt, und doch ist mir nirgends eine Stelle
an der obersten Waldgrenze bekannt, und ich habe leider
auch vom Forstpersonal nur die Bestätigung dieser traurigen
Tatsache vernommen, an welcher ein kräftiger, nach oben
sich ausbreitender Jungwuchs vorkäme, trotz der oft noch
äusserst stattlichen und kräftigen Samenbäume. Wenn
der Alpenwald seine obersten Positionen mühsam und nur
annähernd zu behaupten vermag, muss man schon sehr
zufrieden sein. Künstliche Aufforstungen, wenn auch mit
aller Sorgfalt vorgenommen, sind bis jetzt nur spärlich

und innerhalb eines schützenden Waldgürtels fortgekommen.
Leider wird eine ähnliche Tatsache auch aus der übrigen
Schweiz berichtet, und im XXX. Band des Jahrbuches des
schweiz. Alpenklubs hat sich E. Eblin, ein im Alpenwald
wohlbewanderter Forstmann, sehr ausführlich über diese
Erscheinung, besonders mit Bezug auf das Averser Tal in
Bünden, ausgesprochen. Der verdiente Kasthofer, dieser wirkliche Lehrer im und am Wald, hat schon zu Anfang dieses
Jahrhunderts die gleiche betrübende Erscheinung beklagt und
deren Grund zu erforschen gesucht. Er sowohl als andere
beschuldigten als Hauptgrund die gewissenlose Abholzung
in den höhern Wäldern selbst, und zweifelsohne ist dies
eine der einschneidensten Ursachen; ob es aber die einzige
ist, ob bei diesem Verwildern des Hochgebirgs nicht vielleicht noch andere physikalische und meteorologische
Ursachen tätig mitwirken, das wage ich nicht zu ent-
scheiden. Mir scheint es wirklich, es gebe auch hier, wie
überall, wo tierisches oder pflanzliches Leben herrscht,
ein Fluktuieren, Auf- und Absteigen in der Entwicklungs-
kurve, und unsere Alpenwälder seien jetzt in einer absteigenden Bewegung begriffen. Hiemit will ich nun freilich auch
nicht im entferntesten angedeutet haben, dass man den Kampf
mutlos aufgeben und dem Unheil seinen Lauf lassen solle.
Der Wald ist zweifellos für das Klima und die ganze Existenz
der Alpengegenden von solcher Wichtigkeit, dass es unsere
heilige Pflicht ist, seinem allmäligen Zurückweichen mit allen
Mitteln zu begegnen und seine Ausdehnung in der obersten
Grenze wo immer möglich zu fördern. In Obwalden wurde
in Bezug auf den Wald nun freilich auch gesündigt, wie
überall in der Schweiz, und zwar ist hiefür ausschliesslich
das jetzige 19. Jahrhundert verantwortlich. Früher war
hierzulande jeder Holzschlag zu Verkaufszwecken geradezu
verboten. Es existieren nämlich in Obwalden ganz wenig
Privatwälder, 83 % aller Wälder sind Korporationswälder;

aus diesen Wäldern nun konnte jedes selbständige Mitglied der Korporation seinen Holzbedarf unentgeltlich beziehen, aber nur zum eigenen Gebrauch, als Brenn- und Bauholz; aller Verkehr und Handel mit solchem Holz war strengstens verboten. Vor etwa 60 Jahren kam diese altmodische, starre, aber für den Forstbetrieb gewiss wohltätige Forstverordnung in Misskredit; man wollte, wie man meinte, ein zinsloses Kapital zu Geld wandeln, den Wald nutzbar machen, und die Väter einer Gemeinde meinten z. B. zu Anfang der 40ger Jahre, wunder wie gut sie die ihnen anvertrauten Interessen gewahrt hätten, als es ihnen gelang, 10,000 Klafter Holz mit 10 % Einmass um 56 Cts. neuer Währung zu verkaufen. Der Preis war wirklich insofern noch ein günstiger, als in andern Kantonen das Klafter um die Hälfte dieses Betrages verkauft wurde. Im grossen und ganzen aber wachten die Gemeinden gleichwohl mit argwöhnischen Augen über ihren Waldbestand, so dass er auch in diesem Jahrhundert nicht übermässig vermindert wurde. In neuester Zeit, seit Inkrafttreten des eidgenössischen Forstgesetzes, ist die Forstpolizei natürlich eine viel strengere, und die Söhne suchen, oft notgezwungen, die Überholzungssünden der Väter wieder gut zu machen, teils durch Schonen des schon bestehenden Waldes, teils durch direktes Anpflanzen. So wurde noch in diesem Jahre in einem einzigen Bachgebiete ein Aufforstungs-Projekt begonnen, das ohne Landerwerb auf 90,000 Fr. zu stehen kommt. Natürlich wären derartige Unternehmungen für die schwachen Finanzen unseres kleinen Kantons unausführbar, wenn nicht die geldkräftige Hand des Bundes an dieselben Subventionen gewähren würde.

So ungünstig die Lebensverhältnisse für den Wald in seinem obersten Gürtel sind, so entwickeln sich in der montanen Region die Waldbäume doch zu einer in der Talsohle kaum geahnten Pracht. Die Publikation des

schweiz. Oberforst-Inspektorates, welche die grössten Vertreter der Baumwelt auf Schweizer Boden im Bild verewigen
soll, wird uns denn auch in der Mehrzahl solche Baum-
riesen vorführen, die in der kräftigenden Bergluft gross
gewachsen sind. Auch Obwaldens Bergwälder zeigen uns
Exemplare, besonders von Ahornen und Tannen, in wunder-
barer Entfaltung. So eine riesige Wettertanne, unter deren
Ästen viele Generationen Schutz fanden, in deren zer-
zaustem Wipfel man die Spuren der Stürme einiger Jahrhunderte findet, gewährt auf einsamer Alpenweide inmitten
der stillen Pracht des Hochgebirges das Bild von eigentlicher Hoheit und Grösse: Glücklicherweise hegt denn
auch der Alpbewohner für diese ehrwürdigen Bäume eine
grosse Liebe und Verehrung; fast nie fällt ein solcher
Baum unter den Streichen der Axt, aber auch nur selten
endet er in langsamem Absterben und Dahinsiechen sein
Dasein; meistens ist ihm ein ruhmvoller Tod im wilden
Toben eines alpinen Gewitters oder im mächtigen Brausen
und Tosen eines winterlichen Sturmes beschieden. Doch
ist die Lebenskraft dieser Riesen auch unter ungünstigen
Verhältnissen eine zähe und langdauernde. Viele von
Ihnen haben gewiss schon vom grossen Ahorn gehört, der
am Storeggpass in der Alp Ohr steht, einen Stamm-
Umfang von 10 Meter hat und als einer der grössten
Bäume der Schweiz erachtet wird. Sein Stamm ist zum
grössten Teil hohl. Über seinen Wipfel sind zweifelsohne
schon viele Jahrhunderte dahingerauscht; aber unentwegt
hat der tapfere Recke bis jetzt allen Stürmen Stand
gehalten, und jedes Jahr wölbt er in frischer Pracht und
Fülle seinen herrlichen Blätterdom über die neu ergrünende
Alp, und wir wollen hoffen, noch recht oft möge ihm der
wiederkehrende Frühling seine schwellenden Knospen
sprengen. Doch nicht nur Waldbäume, auch Obstbäume
findet man hier von gewaltigem Wuchs. Früher war

Obwalden besonders durch die Grösse seiner Nussbäume berühmt; aber bald werden sie nur mehr selten sein. Die ständige Neubewaffnung der europäischen Heere geht leider dem friedlichen Gesellen immer zuerst ans Leben; denn kein anderes Holz verbindet mit derselben Zähigkeit und Festigkeit diese Leichtigkeit, wie es für den modernen Gewehrschaft von nöten ist. Darum steht der Preis seines Holzes denn auch immer auf einer verlockenden Höhe. Dann nötigt auch der moderne Landwirtschaftsbetrieb, der jeden Zoll Land ausnützt, zum Ausmerzen eines Baumes, der unter seiner dicht schattenden, weit ausgebreiteten Krone kraftlose, sonnenfeindliche Kräuter begünstigt.

Auch diese gewaltigen knorrigen Birnbäume, die früher mit ihrer vielverzweigten Krone die Bauernhäuser beschatteten, verschwinden allmälig, und zwar aus dem ganz einfachen Grunde, weil diese meistens Dörrobst liefernden Arten nicht mehr angepflanzt werden. Die Jetztzeit verlangt einen schnell wachsenden, schnell früchtetragenden Baum, auch wenn derselbe schneller abgängig wird. Unsere Ahnen hatten aber noch Herz und Zeit genug, einen Baum zu pflanzen, dessen Früchte vielleicht erst die Kinder ernteten, in dessen Schatten aber dann auch viele Generationen nacheinander lebten. Der zahme Kastanienbaum, der an den Ufern des Vierwaldstädter Sees sporadisch angepflanzt wurde, kommt in Obwalden auch recht gut fort, findet sich aber nur selten etwa in einem Garten gepflanzt vor. Merkwürdigerweise gedeiht dieser Baum in der innern Schweiz jetzt nicht mehr an den früher von ihm bevorzugten Standorten. Kehrsiten z. B. zählte früher mehrere Kastanienhaine, die alljährlich schöne Erträgnisse abwarfen. Diese Erscheinung tritt auch anderswo auf; so soll die zahme Kastanie in Südfrankreich rapid abnehmen und einem noch nicht aufgeklärten Siechtum verfallen. Es wurden dort sogar Versuche gemacht, diese Frucht auf die widerstandskräftige

Eiche zu veredeln, und nach einem kürzlich gelesenen Bericht soll dieses Vorgehen wirklich auch gelungen sein.

Wenn uns die Flora unter ihren Kindern hier in Obwalden wenige zeigt, die in andern Gegenden der Schweiz nicht auch vorkommen, so begegnen wir der gleichen Erscheinung in noch höherem Masse bei der Fauna. Sie ist so ziemlich die gleiche wie in der übrigen Schweiz auch. Aus den Mitteilungen, die Ihnen Herr Dr. Fischer-Siegwart letztes Jahr in Zürich machte, konnten Sie entnehmen, dass die europäische Sumpfschildkröte als zur ständigen Fauna des Alpnacher Seebeckens gehörend anzunehmen ist. Die Geburtshelferkröte, Alytes obstetricans, vom Volksmunde wegen ihrer hellklingenden Stimme „Glöcklikrot" genannt, wurde auf unsern Bergen schon bis auf 1000 Meter Höhe gefunden.

Von den stummen Bewohnern der Flüsse und Seen, den Fischen, finden sich von den 47 Arten, welche die Gewässer der Schweiz im ganzen beleben, nach bisheriger Beobachtung etwa 24 Arten in Obwalden. Cysat freilich meldet, anno 1601 sei in Alpnach ein Wels gefangen worden; die Beschreibung stimmt ziemlich, aber das Gewicht von 3 Pfund ist etwas verdächtig klein. Seither wurde dieser Fisch in Obwalden nie mehr beobachtet, oder es müsste denn sein, dass sich die sagenhaften Schilderungen der Seeanwohner über den „Riesenfisch" auf einen fast immer in der Tiefe des Sees sich aufhaltenden grossen Wels beziehen würden. Denn wie fast überall an den Bergseen der Schweiz, geht auch in Obwalden, hauptsächlich am Lungerer See, die Sage von einem in seinen Tiefen lebenden riesenhaften Fisch. Es wurde mir an diesem See schon von so vielen, im übrigen glaubwürdigen Personen die Beobachtung dieses Riesenfisches behauptet, dass man kaum glauben kann, es sei dieses immer nur ein Spiel der auf-

geregten Phantasie; und bedenkt man, dass vor kaum mehr
als 100 Jahren noch der grosse Gelehrte Capeler seine
Wasserschlangen, Drachen und sonstigen Untiere sortierte,
in Systeme schachtelte und ihren Brustumfang von der
Dicke eines Wiesbaumes bis zu der eines Kalbes fest-
stellte, ist es da dem Anwohner eines einsamen Bergsees
zu verdenken, wenn er in dessen so still und geheimnisvoll
glitzerndem Wasser einmal mehr sieht, als da ist? Und
muss denn die bekannte Seeschlange durchaus ein Vor-
recht grosser Meere sein, dürften nicht auch unsere kleinen
Seen sich dieses so oft genannten und aus den Schilderungen
gut bekannten Gastes einmal rühmen? Soviel steht jedoch
fest: in die Bratpfanne, ja nicht einmal ins Netz hat sich
ein solcher Fisch hierzulande nie verirrt. Der Fischer be-
gnügt sich mit viel geringerer Beute, und auch diese wird
noch von Jahr zu Jahr seltener; denn die Anzahl aller
Fischarten, einiger aber ganz besonders, hat sich vermindert,
und die Bestrebungen auf dem Gebiete der künstlichen
Fischzucht haben vorderhand diesen Ausfall noch nicht
zu decken vermocht. In hohem Grade auffällig ist das
Verschwinden der Coregonen-Arten im Sarner- und im
Lungerer-See; im letztern kam nach den Untersuchungen
von Dr. Fatio eine von der im Brienzer- und Thuner-See
vorkommenden nur wenig abweichende Art vor: Coregonus
Wartmani alpinus, Grundform dispersus; im Sarner-See kam
vor: Coregonus Schinzii helveticus, Grundform Balleus,
sowie eine dem Coregonus Wartmani nobilis, dem Edelfisch des Vierwaldstätter Sees, nahestehende Form. Alle
drei Coregonen, die früher ein ziemlich regelmässiges Fang-
objekt bildeten, sind innerhalb der letzten 50 Jahre sozusagen ganz verschwunden. Im Alpnacher Becken des Vierwaldstättersees, wo die Balche, der Weiss- und der Edelfisch
vorkommen, ist bei allen Arten ebenfalls eine starke Abnahme, doch nicht eigentliches Verschwinden zu konstatieren.

Wodurch diese Fischabnahme verursacht wird, ist schwierig
zu sagen. Bei den meisten Fischarten wird sie zweifelsohne zu suchen sein in den gegen früher vermehrten Nach-
stellungen, in der Korrektion von Flüssen, Seen und Bächen
und in dem dadurch bedingten Verschwinden von Laichplätzen,
Untiefen, Strudeln, Altwassern und Schlupfwinkeln, endlich
auch in der allseitigen Ausbeutung des Wassers im Dienste
der Industrie. Aber alle diese Momente können nicht
genügen, um uns das Verschwinden jener Fischarten zu
erklären, die, weil fast immer in der grössten Seetiefe lebend,
hievon nicht wesentlich berührt werden, nämlich der
Coregonen; es müssen bei den letztern ganz andere, noch
unbekannte physikalische oder sonstige Einflüsse wirken, und
es wäre sehr zu begrüssen, wenn es den verschiedenen,
in dieser Materie arbeitenden Forschern gelingen würde,
dieselben zu entdecken, obwohl deren Beseitigung auch
dann noch fraglich bleiben wird. Um die Mehrung des
Fischbestandes machen sich die verschiedenen Fisch-
brutanstalten und Fischereivereine sehr verdient; aber auch
hier sollte in allem Mass gehalten werden, und es macht
einen lächerlichen, um nicht zu sagen, traurigen Eindruck,
wenn man hört, dass sogar die ziemlich harmlose Wasser-
amsel und der prächtige Eisvogel im Interesse der Fischzucht ausgerottet werden sollten. Solche Fanatiker vergessen ganz, dass vor fünfzig Jahren, trotz Wasseramseln
und Eisvögeln, alle unsere Gewässer von Fischen wimmelten.
Ebenso bescheidene Beute wie dem Fischer ist heutzutage
in unserm Lande dem Jäger beschieden. Da es schon
etwas abseits der grossen Heerstrasse nach dem Süden liegt,
verirrt sich zur Zugzeit nur selten ein müder Wandervogel
als rarer Gast in unser Ländchen; doch wurden bis jetzt
hier beobachtet: Vultur monachus (grauer Geier), Aquila
naevia (Schreiadler), Nyctea nivea (Schneeeule), Surnia nisoria
(Sperbereule), Merops apiaster (Bienenfresser), Bombycilla

garrula (Seidenschwanz), Otis tarda (Trappe), Bernicla leucopsis (weisswangige Meergans), Oidemia nigra (Trauerente).

Von den Standvögeln machen gerade die grössten am wenigsten sich bemerklich. Der Lämmergeier ist schon längst verschwunden; häufiger wird noch der Steinadler erlegt; wenn man den alten Ratsprotokollen in Bezug auf richtige Benennung glauben darf, muss auch der erstere früher häufig gewesen sein, denn öfters liest man, dass in frühern Jahrhunderten für einen „Gyr oder Zündler" die Schussprämie ausgerichtet wurde. Die verschiedenen Waldhühner führen ebenfalls ein gar stilles, verborgenes Leben, sind aber doch noch häufiger, als man glauben sollte, obwohl gegen früher in starker Abnahme begriffen. Diesem Wilde hilft die eidgenössische Jagdgesetzgebung nicht auf; alle Waldhühner sind Kulturfeinde, und das sorgsam den Wald auslichtende Beil des Försters ist ihnen entschieden gefährlicher als die Flinte des Jägers, abgesehen davon, dass ihre Jagd ziemlich schwierig ist. Häufiger als die Waldhühner sind hier die Stein- und Schneehühner, die in ziemlichen Ketten unsere Hochalpen beleben.

Das Reh war in Obwalden stets selten, hält sich aber in neuerer Zeit zweifelsohne als Standwild in unserm Gebiete auf; denn in den letzten Jahren sind mir vier eingegangene Rehe bekannt geworden. Seine Wiederansiedlung scheint schwierig; es ist entschieden nicht sehr widerstandsfähig gegen die Unbilden des Gebirges, hat wenig Orientierungssinn und Überlegung und rast, wenn einmal flüchtig, in sinnloser Flucht davon; wenigstens lagen fast alle oben erwähnten eingegangenen Stücke am Fusse von Felsen, teils mit gebrochenen Gliedern. Ganz anders benimmt sich das sonst so scheue Grattier, die Gemse, die im Sommer oft monatelang im Tale ganz nahe bei den Wohnungen sich aufhält, unbekümmert um Menschen und Hunde. Der Gemsenbestand hat sich sehr vermehrt und beträgt gegenwärtig in hiesigem Gebiete zirka 200 Stück, mit einem jährlichen Abschuss von 20 bis 30 Stück. Der Hirsch war in Obwalden stets selten und ist gegenwärtig ganz verschwunden. Früher aber muss er, nach den noch existierenden Geweihen zu schliessen, in starken Exemplaren vorgekommen sein oder doch sehr stark aufgesetzt haben. Das Reh wurde von jeher strenger gebannt; seine Jagd war fast immer verboten, während es zeitweise erlaubt war, den Hirsch zu jagen. So wurde 1781 ein J. von R o t z angeklagt, er habe von zwei Rehtieren eines erlegt. Derselbe entschuldigte sich, er habe gemeint, es sei ein Hirsch, und wurde deshalb nur in die für einen Hirsch vorgesehene Busse von 15 Gulden, anstatt 30 Gulden für ein Reh, verfällt. Doch schon dazumal. übte der Richter neben der Strenge auch die Milde, und so wurde dem armen Sünder „in Anbetracht seines ehrwürdigen Alters und weil er vor Jahren einen Wolf erlegt", die Strafe gleich ganz geschenkt. — Überhaupt beschäftigten sich dazumal der Gesetzgeber und der Richter viel mit der Jagd; besonders die Verfolgung der grossen Raubtiere gab viel Arbeit und war streng geregelt. Es waren dies Treibjagden mit Treibern und aufgestellten Netzen im grossen Stil. 1638 z. B. wurde eine Wolfsjagd veranstaltet, bei welcher Netz und Treiberkette einen Umfang von 6 bis 8 km erreichten. Die Jagd war aber auch von Erfolg, denn der Protokollist schreibt: „es waren da waker guote schützen und junge starke Mann. und Knaben die in waker ufhin triben und die wyber hend währendem in den Kilchen gebätt verricht und da het uns Gott Glük dazu gen und darnach thut man Gott zu Lob und Eer ein Kryzgang nach St. Niklausen!" Bei solchen Jagden mussten. vom 14. Jahr. an alle männlichen Personen, „die es Lybs halben vermögen", teil nehmen. Während der Jagd war das Trinken, später auch das Rauchen, sowie das unnütze Schiessen strenge

verboten; überhaupt war allen Teilnehmern „ein sittsament-
liches und bescheidentliches Betragen" während der Jagd
vorgeschrieben. Nach der Jagd aber scheint ein tüchtiger
Trunk als zuträglich erachtet worden zu sein. Bären waren
immer seltener als Wölfe und wurden auch nicht im Treiben
erlegt, sondern nur durch gute Schützen, denen einige mit
langen Spiessen, sogen. Bäreneisen, ausgerüstete Männer
beigegeben wurden, verfolgt.

Nachdem wir die Wesen, die Obwaldens Berge und
Seen, Fluren und Felder beleben, flüchtig betrachtet haben,
möge es mir auch noch erlaubt sein, beim eigentlichen Bewohner noch einige Augenblicke zu verweilen.

Wann und von wem Obwalden zuerst besiedelt wurde,
das wird wohl schwerlich jemals zu entziffern sein; denn
die archäologischen Funde sind in Obwalden auffällig spärlich; es mag dies wohl damit zusammenhängen, dass hier
die Bodenbewegungen selten sind und die Pflugschar
nirgends ihre Furchen durch den Boden zieht, wie es ja
bei fast ausschliesslichem Weidebetrieb selbstverständlich
ist. Doch sind immerhin einige Fundstücke aus aller-
frühester Zeit vorhanden, so ein bearbeitetes Stück Quarz
mit den Resten einer Tülle, das schwer zu bestimmen ist,
aber Ähnlichkeit hat mit den riesigen Steinbeilen und
Hämmern, wie selbe auch in Schweden und Norwegen gefunden werden, ferner eine Axt aus Bronze von seltener
und früher Form, gefunden in 1700 Meter Höhe in der Nähe von
Melchsee-Frutt, 1 1/2 Meter tief in der Erde, ein wahrscheinlich
alemannisches Beil aus einem Plattengrabe auf der Höhe
des Brünig. Im Tale selbst wurde nichts Derartiges gefunden, und es scheint dies darauf hinzudeuten, dass unser
Land schon in den frühesten prähistorischen Zeiten in den
Alpen seine Bewohner hatte. Das schliesst nun nicht aus,
dass die Talsohle nicht auch bevölkert war; aber sicher
bewohnt waren die Alpen. Es wurde behauptet, die Täler

der Urschweiz und somit auch Obwaldens seien von Ansiedlern aus dem hohen Norden, aus Schweden und Norwegen, besiedelt worden. Es sollen wirklich noch einige Anklänge vorhanden sein. So wird z. B. behauptet, der sich hier von Generation zu Generation forterbende Abzählreim der Kinder: Einige beinige toppeltee, tivi tävi, Lungerer-See etc. stamme aus einer altnordischen Sprache und es soll derselbe in fast ähnlichen Worten jetzt noch im Norden vorkommen. Auch der Ausdruck Storegg soll in Schweden vorkommen und „grosse Ecke" bedeuten. Ebenso soll das Wort „helsen" dort die ganz gleiche Bedeutung haben wie hierzulande.

Doch sind dies alles nur Vermutungen, und Gewissheit wird uns wahrscheinlich nie werden. Denn, wenn man schon auf den ersten Anschein glauben sollte, ein so abgeschlossenes Volk wie das unserer Täler müsste Jahrhunderte lang stabil bleiben und die gleichen Gewohnheiten und Gebräuche stets beibehalten, so trifft dies nicht ganz zu. Auch unser Volk war sozusagen in einer fortwährenden, wenn auch langsamen Umwandlung und Veränderung begriffen, sich anschmiegend den durch die Zeiten geschaffenen Bedürfnissen und der veränderten Lebensweise.

Die Tracht z. B., welche wir jetzt als die alte betrachten, ist relativ sehr jung, und die Mode hat schon in den frühesten Zeiten in die einsamsten Täler hinein, wenn auch viel langsamer, so doch gerade so revolutionierend gewirkt wie jetzt; freilich erstreckte sich der Zeitraum der frühern „Saison" so zirka über ein Menschenalter. Die Tracht von Obwalden war stetsfort eine originale, zwar mit starker Anlehnung an die von Nidwalden. Gleichwie eine eigene Tracht, hatte Obwalden auch von jeher einen eigenen Baustil, und es ist zu bedauern, dass das schweizerische Haus noch keinen Bearbeiter gefunden hat, wie z. B. ein grosser Teil Österreichs in Bankalari. Möchte es dem schweizerischen Ingenieur- und Architekten-Verein, der sich mit Herrn Prof. Hunziker diese schöne und dankbare Aufgabe gerade jetzt vorgenommen hat, ja gelingen, dieselbe glücklich durchzuführen. Das älteste bekannte Obwaldner Haus im Holzstil stammt aus dem Anfang des 16. Jahrhunderts. Es war das ein flaches, eher plumpes, ziemlich niedriges Gebäude, ohne gemauertes Kellerstockwerk, nur durch ein ganz niedriges Mäuerlein direkt auf dem Erdboden aufstehend, die Fenster sehr klein, aber doch schon ziemlich zahlreich, die Vorderfront gerne gegen Süden, immer gegen die Talseite zugekehrt, das Ganze von einem ganz flachen, doppelschildigen Schindeldache zugedeckt. Die Einteilung im Innern ist sehr einfach; die hintere Hälfte ist offen bis unter das Dach und bildet den Feuer- oder Küchenraum. Die Feuerstätte ist doppelt oder zweiseitig (die eine für Käsebereitung im Milchkessel, die andere, kleinere, für die tägliche Küche. Beide sind gleich offen und unterscheiden sich nur durch die Grösse). Der Rauch sucht nach oben freien Abzug durch die Schindelritzen. Auf der Vorderseite sind die Wohngelasse, Stube und Laube, darüber die „Russdiele", die zur Unterbringung von allerlei Vorräten, Werkzeugen und Geräten dient. Die Fenster waren ursprünglich ohne verschliessbare Laden, fast nur auf der Vorderseite des Hauses angebracht, ziemlich spärlich. Zu beiden Seiten des Hauses ragten unter das weit vorspringende Dach hinaus die sogenannten Vorlauben, unter welchen das Holz aufgeschichtet lag. Aus diesen Grundformen entwickelten sich die spätern Formen; ein Kellerstock wurde untergesetzt, die Fenster vermehrt und das Dach steiler gestellt. Das Haus wird immer komfortabler; später wird ein Kamin eingesetzt, die hintere Hälfte auch in Zimmer umgewandelt. Die Vorlauben verschwinden allmälig, und statt ihrer wird das obere Stockwerk, nach beiden

Seiten auslagernd, breiter erstellt. Das Dach wird statt
des flachen Schindeldaches ein ziemlich spitzgiebliges
Ziegeldach. Die Veränderungen, die wir in den verschiedenen Zeitabschnitten beim Obwaldner Haus bemerken,
sind vielleicht nicht so sehr einer veränderten Geschmacks-
richtung, als verändertem Bedürfnisse und Wechsel im
Baumaterial zuzuschreiben Das Haus der ersten Zeit
besteht noch ganz aus Holz; es ist sozusagen kein Eisen
daran verwendet; selbst die Schindeln sind nur durch die
Last der Steine befestigt. Die grosse Küche bildet noch
den Aufenthalt der Familie tagsüber und während der
Winterabende. Die vorhandenen Vorräte, Korn, Mehl,
Käse und Dürrfleisch, werden im Speicher aufbewahrt.
Der spätere Typus zeigt uns schon vermehrte Bedürfnisse;
intensiver betriebene Milchwirtschaft und später der
Kartoffelbau fordern einen Keller. Die Stube wird vergrössert auf Rechnung der Küche. Das Schindeldach
wird schon grösstenteils mit Nägeln befestigt; es ist deshalb möglich, und die Notwendigkeit längerer Erhaltung
fordert dazu auf, dasselbe viel steiler, für den Wasser-
abfluss viel günstiger anzulegen. Aus dem Flachdach
entwickelt sich das Spitzdach. All diese Veränderungen
sind noch viel ausgesprochener in der spätern Epoche mit
dem ganz steilen Ziegeldache. Die moderne Zeit, seit
Mitte dieses Jahrhunderts, erschwingt sich leider nicht
mehr zu einem stilgerechten, einheitlichen Bauernhause.
Jeder flickt und klebt sich ein Wohnung zusammen, wie
es ihm, seinen Bedürfnissen und der Phantasie des jeweiligen
Baumeisters gerade passt. Das Resultat mag in einzelnen
Fällen ein rationelleres sein; aber nie macht eine solche
moderne Baute den heimeligen, gemütlichen Eindruck des
alten Obwaldner Hauses, noch viel weniger ist die Wirkung
eine so schöne, harmonische im gesamten Landschafts-
bilde, wie sie die alten Holzhäuser in ihren satten braunen

Farben hervorbrachten. Das Leben, das sich in diesen
Holzhäusern abspielte, war zumeist ein sehr ruhiges, gleichmässiges, in frühern Zeiten besonders; wenn schon auch
Freude und Leid, Schmerz und Wonne, Hass und Liebe
im Gewässer der Menschenseele ihre Wogen werfen und
ihre Kreise ziehen in der Hütte wie im Palaste, so geht
da doch alles ungesehener vor sich. Obwohl der Gesund-
heitszustand im grossen und ganzen ein guter ist, die
Leute im allgemeinen, trotz oft kärglicher Nahrung, alt
werden, so steht doch ausser allem Zweifel, dass die
Konstitution der jetzigen Generation gegen früher schwächer
wurde. Die Nervosität in allen ihren Formen fängt auch
auf dem Lande an, sich ungebührlich breit zu machen.
Bei den Kindern nimmt die früher fast unbekannte
Scrophulose in beängstigender Weise überhand und auch
die Phtyse fordert zu viele Opfer. Wenn schon unrichtige
und unregelmässige Nahrung, Vererbung u. s. w. hier ihre
Einflüsse geltend machen, so kann ich mich doch der
traurigen Ueberzeugung nicht verschliessen, dass an dieser
Schwächung der Generation die hohen Anforderungen,
welche die Primarschule stellt, nicht unschuldig sind. Man
hört zwar oft genug ein ähnliches Urteil, man spricht
vom Abrüsten; aber jedermann scheut sich, den Anfang
zu machen, und nachdem in neuerer Zeit gar noch der
eigentümliche Usus Platz gegriffen hat, die Rekruten-
prüfungen quasi als Gradmesser des schweizerischen
Patriotismus zu betrachten, fürchte ich, ist der Zeitpunkt
noch recht ferne, wo auf diesem Gebiete rationell Wandel
geschaffen wird. Im grossen und ganzen kann man aber
doch das Obwaldner Volk als ein gesundes, langlebiges
betrachten. So ist z. B. nach den statistischen Zusammenstellungen von 1876--90 die Zeitdauer der bestehenden Ehen
eine sehr lange, nämlich 28 Jahre, und wird nur übertroffen
vom Kanton Tessin mit 28,7 Jahren. Ebenso hatte

Obwalden von 1885—91 durchschnittlich von 100 untersuchten Rekruten nur 27 untaugliche; es wird in dieser
Beziehung nur vom Schwesterkanton Nidwalden übertroffen,
der bloss 20 untaugliche zählt; einzelne Kreise haben
einen Durchschnitt von 77 untauglichen Rekruten. Die
meisten Opfer fordern die Lungenkrankheiten, besonders die
Pneumonie; doch tritt dieselbe jetzt nie mehr so bösartig
auf, wie sie früher unter dem Namen „Alpenstich" in den
Berggegenden wütete. In diesem Jahrhundert trat letztere
Krankheit sowohl in Engelberg als im übrigen Obwalden
noch sehr verheerend auf, so Anno 1816. Als Vorbote
der Krankheit erachtete man es damals, dass im selben
Jahre auf den Engelberger Alpen einige hundert Schweine
an einer rotlaufartigen Krankheit zu Grunde gingen. Gleich
darauf brach die unter dem Namen „Alpenstich" bekannte
Krankheit aus und raffte in Engelberg in kurzer Zeit 70
Personen hinweg. Eine Bettelfrau floh über die Storegg,
fand Unterkunft im Heimwesen Käli in Kerns, erkrankte
da und steckte 11 Personen an, die fast sämtlich starben.
Von da verbreitete sich die Seuche in Kerns fast allgemein,
und wie Dr. Troxler damals schrieb: „Obschon in diesem
Lande eine Verachtung der Todesfurcht wie bei alten
Völkern getroffen wird, so blieb dennoch die Verzweiflung
nicht aus; man suchte durch feierliche Umzüge und öffentliche Gebete den Zorn des Himmels zu beschwören." Das
benachbarte Sarnen blieb ganz verschont, in Sachseln
starben 40, in Giswil 60, in Lungern 40 Personen,
während dem April und Mai, d. h. etwa 5—6% aller
Bewohner. Zum letztenmal trat diese Krankheit in
unserm Ländchen auf im Winter 1833/34, mit ähnlicher
Heftigkeit. Ältere Kollegen schildern den Alpenstich
unter dem Bilde einer sehr heftigen Pleuropneumonie,
kompliziert mit starken Icterus und Gastritis. Als Ursache
wurde dazumal besonders der Südwind verantwortlich ge-

macht. Das Wechselfieber, das früher endemisch in Giswil
und Alpnach herrschte, ist schon seit Jahrzehnten gänzlich
verschwunden, an ersterm Orte infolge Trockenlegung
einer sumpfigen Gegend, an letzterm von selbst. Typhus
ist seit mehr als 10 Jahren sicher nie mehr selbständig in
Obwalden aufgetreten, sondern wurde immer nur von
aussen eingeschleppt.

Nun möchte ich auch noch einen Kranz winden jenen
verstorbenen Obwaldnern, die sich um die Wissenschaft,
speziell um die Naturkunde, verdient gemacht haben, und
ich bedaure nur, dass es ihrer nicht mehr waren. Obwalden
war stets von einem Hirtenvolk bewohnt, und wer von
seinen Bewohnern durch geistiges Übergewicht oder über-
quellenden Tatendrang bei diesem bescheidenen Leben sich
nicht begnügte, der tauschte den Hirtenstab mit der Pike
und suchte, wenn auch in fremdem Solde, sich Ruhm und
Ansehen zu erwerben. So kommt es, dass auf so vielen
Schlachtfeldern, von Sizilien bis in die Niederlande und
von Spanien bis zur Beresina, Obwaldner bluteten und
wenn auch nicht für ihr Vaterland, so doch für ihren Eid
und ihre Pflicht zu sterben wussten; aber die exakte
Wissenschaft sammelte leider nie zahlreiche Partisanen
unter ihrem Banner. Doch nennen wir mit Stolz einen
der Unsrigen, der, wenn auch kein Gelehrter im strengen
Sinne des Wortes, so doch in der Gelehrtenwelt einen
geachteten Namen sich schaffte durch seine bedeutenden
Dienste, die er der Wissenschaft, speziell der Topographie
leistete, einen Sohn dieses Tales, Ingenieur und Talammann
Joachim Eugen Müller von Engelberg. J. E.
Müller wurde 1752 im hiesigen Tal als Sohn eines mit
Kindern reich gesegneten Zimmermanns geboren, genoss
im Kloster einen höchst kurzen und spärlichen Unterricht
und musste schon in aller Frühe zum Verdienen des
Lebensunterhaltes dem väterlichen Handwerk sich widmen.

Als Zimmermannsgeselle arbeitete Müller an der Erstellung
des Hôtel Engel, des Gasthauses im Grafenort u. s. w.
1774 kam ein fremder Geselle nach Engelberg, der sich
mit Fabrikation von Hirschhorngeist, Pottasche und Salpeter.
sowie Betrieb von Bergbau beschäftigen wollte, und Müller
schloss sich demselben an; doch ging das Geschäft so
schlecht, dass letzterer sich bald wieder trennte und eine
Anstellung im Kloster annahm und daneben auch noch
das Amt eines Gemeindeweibels besorgte. Ein alter
Klosterpater, der das Talent des jungen Mannes bemerkte,
lehrte ihn in freien Stunden die Anfänge des Zeichnens.
In der freien Zeit pflegte Müller fleissig der Gemsjagd
obzuliegen, auf den benachbarten Bergen herumzusteigen
und von denselben Skizzen zu zeichnen. 1787 kam der
verdiente Gelehrte J. R. Meyer von Aarau nach Engelberg, um mit seinem Zeichner, dem Strassburger Joh.
Heinr. Weiss, für das neuprojektierte Relief und die Karte
der Schweiz vom Titlis aus einige Aufnahmen zu machen.
Müller ging mit als Träger und Begleiter; aber wie
erstaunte Meyer, als der scheinbar ungebildete Mann ihm
über die Aufnahmen und Messungen des Ingenieur Weiss
Bemerkungen machte, die ein aussergewöhnlich hohes Verständnis und natürliche Begabung für die Topographie
verrieten. Meyer suchte nun den einfachen Zimmermann,
in dem er eine vorzügliche Kraft für sein grosses Unternehmen erblickte, sogleich für dasselbe zu gewinnen und
lud ihn ein, mit ihm nach Aarau zu kommen. Müller
fand grosse Freude an der Arbeit und kehrte nach einigen
Wochen wieder nach Engelberg heim, um sich den Winter
über ausschliesslich mit Skizzieren und Modellieren zu
beschäftigen. Schon im März 1788 kehrte er wieder nach
Aarau zurück und brachte gleichsam als Meisterstück ein
Relief von Engelberg mit, das ungemein gefiel, so dass
Meyer schon am Tage nach seiner Ankunft mit ihm einen

Vertrag abschloss, welcher beginnt: „Mit Gott in Aarau den 3. März 1788. Hat Hr. J. Rudolph Meyer allhier mit dem Ehren geachteten J. Müller, Weibel, nachstehenden Akkord getroffen. Da Herr Meyer durch Herrn Weiss von Strassburg Ein Werk arbeiten lässt, welches die weltberühmten schweizerischen Berggegenden und Alpgebirgen in ihrer natürlichen Gestalt darstellt, und dieser Obenbemelte J: Müller als Ein erfahrener Bergmann laut dargestellten Probstucken die Kenntniss besitzt, dergleichen Berggegenden in Gips darzustellen, so hat er sich verpflichtet zu Beförderung dieses Werkes seine ganze Zeit und alle seine Kräften in allen Treuen darzugeben, in Allem Hrn. Meyers Nutzen zu fördern und Schaden zu wenden und seinen Intenzionen ganz nachzuleben." Als täglicher Lohn „für all dieses" erhält Müller 30 Bernbatzen, woraus er sich „auf all denen Bergreisen selbsten ernehren und vor seinen Unterhalt besorgt sein muss". Weiss und Müller machten sich nun gemeinschaftlich an die Arbeit und begannen mit ihren Vermessungen im März 1788 vom Schloss Horben aus bei Muri, um von dort aus „gegen Zürich-Gebiet, Rigi und ganzen sichtbaren Hochgebirg horizontal und elevations Winkel zu messen". Von da gings durchs Entlebuch nach Bern und über Thun ins Haslital, auf Gletscherhorn, Grimsel, Aargletscher u. s. w. In den Jahren 1790—1796 durchreiste Müller sozusagen sämtliche Gebirgsgruppen der Schweiz mit Ausnahme des Jura und machte dabei eine Menge Messungen und Berechnungen, die in Anbetracht der damaligen Verhältnisse grösstenteils vozüglich waren. Förmlich trianguliert oder Dreiecksnetze berechnet hat aber Müller nicht; er arbeitete hiebei vielmehr mit einem ganz originalen Instrumente, das von Breitinger in Zürich im Auftrage Meyers verfertigt und Müllers Individualität direkt angepasst war, nämlich seinem sogenannten „Scheibeninstrument", von dem in seinen Briefen und Berichten viel die Rede war. Es scheint dies ein Stativ gewesen zu sein, welches ein Tischchen trug, auf dem er Papierscheiben von ca. 15 cm Durchmesser befestigte, auf die er dann mit einem über ihrem Zentrum drehbaren Diopterlineal Richtungen nach bestimmten Objekten eintrug. Aus diesen gewann er dann seine weitern Resultate durch Zeichnungen, anstatt durch Rechnungen. In der Sammlung der Zürcher Sternwarte sind eine grosse Menge solcher Blättchen noch jetzt vorhanden. Übrigens versäumte Müller nebst seinen Zeichnungen und Berechnungen auch im Feld nicht das direkte Modellieren, in welcher Kunst er ein Meister war. Auf allen seinen Fahrten führte er eine Anzahl Schachteln mit Gips bei sich, und von Zeit zu Zeit wurden ihm solche wieder frisch von Aarau aus nachgesandt als Ersatz für die heimgeschickten Modelle. Müller arbeitete nämlich auf den Bergspitzen nach direktem Anblick diese plastischen Nachbildungen in Gips aus, und diese spielen bei ihm eine grosse Rolle. 1790 im April schrieb Meyer an ihn: „Es dunkt mich noch allzeit eine Hauptsach die Arbeit an dem Ort in Gipsschachteln zu machen." Als Frucht der Müllerschen Arbeit ist nun ein grosser Teil und sicher der beste des Meyerschen Atlasses zu betrachten, sowie jene Reliefs, die in verhältnismässig grosser Anzahl und für die damalige Zeit erstaunlich exakter und richtiger Ausführung aus seiner geschickten Hand hervorgingen. Eine in Zachs monatlicher Correspondenz 1802 erschienene, wahrscheinlich von General Finsler herrührende Besprechung über das Meyersche Kartenwerk sagt denn auch über die fast ausschliesslich von Müller bearbeiteten Teile: „Dagegen aber übertreffen die Gebirgsgegenden nicht bloss alle bisherigen bekannten Karten, sondern man darf keck behaupten, dass das Hochgebirge hier zum erstenmale mit einiger Ähnlichkeit dargestellt ist." In ihrer Art noch vorzüglicher sind seine vielen Reliefs, die Müller

zu gegenwärtig lächerlich billigen Preisen verfertigte auf
Grund der im Sommer aufgenommenen Zeichnungen und
Bergansichten. Von solchen Zeichnungen existierten viel
über 1000, in einer zwar einfachen, aber äusserst exakten,
übersichtlichen Manier ausgeführt.

Nach Herrn Beck in Bern stellte Müller seine Reliefs
her aus einer Masse von Gips, Sand, Kalk, Wachs und
Harz; er übergoss eine mit Plan versehene, eingewandete
Fläche, auf welcher die wichtigsten Höhepunkte mit entsprechend langen Stiften markiert waren, mit obiger heisser
Mischung und fing dann die langsam erkaltende Masse sogleich
an zu modellieren und von den Bergspitzen aus die Täler
und Vertiefungen auszugraben, wozu er sich eines löffel-
förmigen Instrumentes bediente. Jetzt geht man bekanntlich
einfacher vor; man schneidet von den Kurvenkarten die
einzelnen Kurven aus, klebt sie auf entsprechend dicken
Karton und befestigt sie aufeinander, wodurch man natürlich eine mathematisch genauere Konfiguration erhält; das
übrige wird durch Modellieren in Wachskomposition
bewerkstelligt. Als die beste der Müllerschen Reliefarbeiten
wird sein Relief des Engelberger Tales betrachtet; es ist dies
leicht verständlich; denn dem engen Tale, wo er geboren
wurde und seine Jugendjahre verlebte, bewahrte Müller
stetsfort eine grosse Anhänglichkeit. Von seinen Reliefs
kam sein erstes grosses schweizerisches, nach welchem
zu einem grossen Teil der Schweizer Atlas von Meyer
bearbeitet war, nach Paris in den Invaliden-Palast, andere
kamen nach Berlin, Stuttgart, Karlsruhe, Sigmaringen,
St. Petersburg; dann nach Zürich, Bern, Luzern, Aarau,
Winterthur, Sitten, Ursern, Sarnen und Engelberg. Trotz
all seinen Erfolgen blieb Müller stetsfort ein bescheidener
Mann, der ob seinen weiten Ausblicken sein engeres und
kleineres Vaterland nie vergass, sondern ihm vielmehr
diente, wo sich eine Gelegenheit bot. Schon 1778 wurde

er zum Talammann von Engelberg gewählt, 1800 zum
Aufseher der Strassen und Brücken im Distrikt Waldstätten;
auch sonst bekleidete er verschiedene Kantonsbeamtungen.
Engelberg empfing durch Müller eine Menge direkter
Wohltaten, und manche Not wurde von ihm in den damaligen
schweren Zeiten an der Wende des Jahrhunderts, sowie im
Hungerjahr 1816 gemildert. Dem Kloster Engelberg schenkte
er ein Relief des Tales, dem Kanton Obwalden ein solches der
Zentralschweiz, das an der Seite des neuen vorzüglichen
Imfeldschen über die gleiche Gegend, im Rathaus zu
Sarnen aufgestellt, zu interessanten Studien auffordert über
die Fortschritte, welche die Kartographie in nahezu 100 Jahren
gemacht hat. Müller starb am 30. Januar 1833 hochgeachtet
und geschätzt von allen, die ihn kannten. Das ganze Tal
und viele auswärtige Leidtragende nahmen an seinem
Leichengeleite teil. Seine Verdienste um die Topographie
der Schweiz werden stets anerkannt bleiben und Wolf
hat in seiner „Geschichte der Vermessungen in der Schweiz"
seinen Arbeiten einen verdienten Denkstein gesetzt.

Und wenn ich Ihnen nun aus unserm Kanton nicht
eine lange Reihe Gelehrter oder Naturforscher vorführen
konnte, sollte mich da nicht ein Gefühl der Beschämung
beschleichen? Sollte ich mich hier in Gegenwart dieser
gelehrten Versammlung schämen meines Volkes, dem im
harten Kampfe ums Dasein entweder die Zeit fehlte, oder
das in der stillen, ruhigen Zufriedenheit, wie sie die Alpenluft grosszieht, den Trieb nicht empfand zu tiefem wissenschaftlichem Studium? Ach nein, meine Herren, weit entfernt! Sie selbst haben dadurch, dass Sie unser stilles
Alpental zu Ihrem diesjährigen Festort wählten, gezeigt,
dass in Ihnen noch lebhaft das Gefühl tätig ist, das uns
lehrt, des Menschen Glück bestehe nicht allein in Systematik,
Logarithmen, Retorten und Formeln, dass in uns allen, nebst
dem realen, materiellen Teil, noch ein idealer Teil bestehe,

der in uns den unwiderstehlichen Trieb nährt, zurück-
zukehren zur Natur, aus der dumpfen, gedrückten Luft
der Studierstube und des Laboratoriums hinaus in die
freie Welt, hinein in diesen wunderbaren Tempel, der uns
die Allmacht Gottes in so herrlicher und durch alle Welten
klingender Sprache predigt. Und gleich wie es nötig ist, im
Leben des einzelnen Individiuums zuweilen innezuhalten in
seiner alltäglichen Beschäftigung und, seinen Blick vom gewohnten Ziele ablenkend, auszuruhen zu neuem Schaffen,
so ist es auch im Leben der Völker; es muss auch da
Abwechselung und Verschiedenheiten geben. Wie öde
wäre es, wenn die Welt nur von Gelehrten bevölkert wäre,
und wo kämen wir hin, wenn es nur Bauern gäbe? Gerade
hier ist eine glückliche Mischung von nöten, dass jeder
in seinem Kreise zum Nutzen der Gesamtheit nach Kräften
wirke. Eines schickt sich nicht für alle; wer stets nur die
fromme Milch alter Überlieferungen getrunken und die
kühle Luft der Berge geatmet hat, erträgt nur schwer
den starken Wein moderner Gelehrsamkeit, und was nützt
die herrliche Flamme des Wissens dem, der sie nicht so
zu schüren versteht, dass sie hell ihm leuchtet, sondern
nur trübe qualmt und glimmt? Drum lassen Sie dem Volke
seinen kindlich naiven Sinn und den frommen Glauben
der Väter, und sorgen Sie stets dafür, dass auch beim un-
gebildeten Manne, die Hochachtung vor der Wissenschaft
eine tiefe und lebendige bleibe; dann können Sie auch
versichert sein, dass Sie jetzt und allezeit das Wander-
zelt Ihrer jährlichen Festversammlung im entlegensten
Bergdorfe unseres lieben Schweizerlandes aufschlagen können.
Sie werden dort zwar weniger Verständnis; aber gerade
so herzlichen Empfang und aufrichtige Hochachtung finden
wie im Weichbild einer Gelehrtenstadt.

Ich erkläre hiemit die 80. Jahresversammlung der
Schweizerischen Naturforschenden Gesellschaft für eröffnet.

Protokolle.

Sitzung der vorberatenden Kommission.

den 12. September, nachmittags 5 Uhr im Musiksaale des
Hotels Titlis.

Präsident: Herr Reg.-Rat Etlin, Arzt, Sarnen.

Anwesend sind:

A. Jahresvorstand.

Herr Reg.-Rat Etlin, Arzt, Präsident, Sarnen.
   „ Dr. E. Schumacher-Kopp, Vizepräsident, Luzern.
   „ N. Roos, Lehrer, Aktuar, Luzern.

B. Zentralkomitee.

Herr Professor Dr. F. A. Forel, Präsident, Morges.
   „   „   H. Dufour, Vizepräsident, Lausanne.
Frl. Fanny Custer, Quästorin, Aarau.

C. Ehemalige Jahrespräsidenten, ehemalige Mitglieder des Zentralkomitees, Präsidenten der Kommissionen und Abgeordnete der kantonalen naturforschenden Gesellschaften und der permanenten Sektionen.

Basel: Herr Prof. Dr. Hagenbach-Bischoff.
            „   „   „ Fritz Burckhardt.
            „   „   „ Riggenbach.
            „   „   „ Von der Mühll.

Bern: Herr Prof. Dr. Studer.

      „ „ „ Graf.

Genf: „ Dr. Ed. Sarasin.

      „ Prof. A. Rilliet.

Thurgau: „ A. Schmid, Kantonschemiker.

Waadt: „ Prof. Dr. Schardt.

Zürich: „ „ „ Rudio.

      „ „ „ Schröter.

      „ „ „ Wild.

      „ Dr. R. Billwiller.

Neuchâtel: „ Prof. Dr. O. Billeter.

Verhandlungen.

1. Der Präsident begrüsst die Anwesenden und eröffnet die Sitzung. Die Liste der Mitglieder des Jahresvorstandes, des Zentralkomitees und der angemeldeten Delegierten der kantonalen Gesellschaften, der permanenten Sektionen, der Kommissionspräsidenten etc. wird verlesen. Davon sind die vorstehend genannten Herren anwesend.

2. Herr Prof. Dr. Forel verliest den Bericht des Zentralkomitees pro 1896/97; derselbe wird der Hauptversammlung zur Genehmigung empfohlen.

3. Herr Dr. Schumacher-Kopp verliest den Bericht über die Rechnung pro 1896/97. Die Rechnung wurde vom Zentralkomitee geprüft, und die Revisorén HH. Otto Suidter-Langenstein, Prof. Arnet und Prof. Amberg empfehlen dieselbe zur Genehmigung und Verdankung an die Quästorin.

4. Das Zentralkomitee beantragt, auf eine Motion des Herrn Prof. Dr. Martin, betreffend Rassenkunde der Schweiz, sowie auf eine Motion des Herrn Graf von Zeppelin betreffend Dialektkunde der

Schweiz dieses Jahr noch nicht einzutreten und selbe
zur Begutachtung an eine zu ernennende Kommission
für Anthropologie zu verweisen.

5. Das Zentralkomitee beantragt, den Vorschlag von
Herrn Prof. Becker betreffend Relief der Schweiz
auf das nächste Jahr zurückzustellen, nachdem die
geodätische und geologische Kommission in Sachen
sich nochmals ausgesprochen.

6. Das Zentralkomitee legt ein neues Reglement vor
betreffend Herausgabe der Verhandlungen und *Comptes-
rendus* der Jahresversammlung. (Siehe Beilage.)

7. Das Zentralkomitee beantragt, behufs Erleichterung
der Rechnungsstellung das Inkasso des Jahresbeitrages
statt im Mai, wie es Art. 26 der Statuten vorschreibt,
versuchsweise schon im März eintreten zu lassen.

8. Das Zentralkomitee verlangt einen Kredit von 350 Fr.
zur Neuauflage des Mitglieder-Katalogs.

9. Die Liste der neu angemeldeten Mitglieder wird verlesen, und sämtliche 12 Kandidaten werden zur Aufnahme empfohlen.

10. Zu Ehrenmitgliedern werden vorgeschlagen:

    1. Herr Röntgen, W. C., Prof., Würzburg.

    2. „   Lord Raleigh, London.

    3. „   Nansen, Frithjof, Christiania.

    4. „   Karpinsky, St. Petersburg.

    5. „   Schiaparelli, Mailand.

11. Das Zentralkomitee gibt Kenntnis, dass von Bern
aus die Einladung zur nächsten Jahresversammlung
ergangen ist, und schlägt als Jahrespräsidenten Herrn
Prof. Dr. Studer in Bern vor. Die Einladung wird
einstimmig angenommen.

12. Das vom Jahresvorstand vorgelegte Programm für
die Jahresversammlung wird genehmigt.

II.

Erste allgemeine Sitzung.

Montag, den 13. September, 8½ Uhr,
im Saale des Hotel National.

Präsident: Herr Reg.-Rat Etlin, Sarnen.

1. Der Jahrespräsident bewillkommt die Versammlung, gedenkt der verstorbenen Mitglieder und gibt eine ausführliche Monographie „Über Obwalden" unter Hinweis auf seine Ausstellung sachbezüglicher geographischer und ethnographischer Objekte.
2. Der Bericht des Zentralkomitees über das Jahr 1896/97, vom Herrn Zentralpräsidenten Prof. Forel verlesen, wird genehmigt.
3. Die Rechnung für 1896/97, welche vom Centralkomitee und den drei Revisoren, HH. Suidter-Langenstein, Prof. Arnet und Prof. Amberg in Luzern, geprüft worden ist, wird gemäss dem Antrag der vorberatendeu Komission unter bester Verdankung an den Rechnungssteller genehmigt.
4. Folgenden Anträgen des Zentralkomitees wird von der Versammlung beigestimmt:
    a) Verschiebung der Motion von Dr. Martin betreffend Rassenkunde der Schweiz.
    b) Verschiebung der Motion von Graf von Zeppelin betreffend Dialektkunde der Schweiz.

c) Verschiebung der Motion von Prof. Becker betreffend Relief der Schweiz.

d) Erlass eines neuen Reglements betreffend Herausgabe der Verhandlungen und Comptes-rendus der Jahresversammlung.

e) Ermächtigung zum versuchsweisen Inkasso des Jahresbeitrages auf Mitte März statt 1. Mai.

f) Erteilung des verlangten Kredits von Fr. 350. — zur Neuauflage des Gesellschaftskataloges.

5. Auf dem Kanzleitisch liegen die Begleitschreiben zu den Legaten von Prof. Dr. Du Pasquier sel.

6. Herr Geheimrat Prof. Dr. His in Leipzig hält einen Vortrag über „Die wissenschaftlichen Leistungen von Prof. Dr. Fr. Miescher."

Fr. Miescher (geboren 1844, gest. 1895) begann seine wissenschaftlichen Arbeiten mit Untersuchungen über die Chemie der einfachen Zelle, indem er die Nucleinkörper entdeckte, ein für die Zellkerne spezifische, phosphorreiche Gruppe von Verbindungen. Seine weitern Arbeiten bezogen sich auf die tierischen Keimstoffe, Ei und Samen. Vor allem aber widmete er dem Leben der Salmen im Süsswasser ein eingehendes Studium und zeigte, in welcher Weise das während vielen Monaten hungernde Tier aus seiner Rumpfmuskulatur das Material zu Ei und Samenkörpern gewinnt. Miescher hat sich auch eingehend mit der Frage der Volksernährung befasst. Eine weitere Reihe von Arbeiten bezieht sich auf den Atmungsprozess und auf die Bedeutung des Höhenklimas für die Blutbildung

7. Herr Dr. Fatio aus Genf teilt mit, dass in Genf ein Denkmal für François J. Pictet de la Rive errichtet werden soll, und ladet die Gesellschaft zur diesbezüglichen Subskription ein. Gleichzeitig über-

gibt er der Gesellschaft eine Anzahl Exemplare des Katalogs der Abteilung Jagd und Fischerei der Genfer National-Ausstellung.

8. **Herr Eberhard Graf Zeppelin-Ebersberg von Ebersberg bei Emmishofen** hält einen Vortrag über „Seeschiessen und Nebelknalle". Er spricht über das akustische Phänomen, welches, in den verschiedenen Gegenden der Erde unter verschiedenen Benennungen, als Misspöffers, Rols oder Hoquets de mer, Nebel-Wetterknalle u. dgl. auftretend, namentlich auch in der Schweiz als Murtner- und Rotenburger-Schiessen, am Bodensee als Seeschiessen zwar längst bekannt, aber hinsichtlich seines Wesens und Ursprungs noch nicht genügend erforscht, also zur Zeit noch ein „Problem der Geophysik" ist, und fordert die Naturforscher der Schweiz auf, dem Phänomen ihre Aufmerksamkeit zu widmen und dessen sowohl wissenschaftlich als praktisch wertvolle Erklärung zu suchen.

Fortsetzungssitzung nachmittags 4 Uhr im Saale des Hotels National.

---

9. **Herr Prof. Dr. Schardt** hält einen Vortrag: „Die exotischen Gebiete und Klippen am Nordfusse der Schweizer Alpen und ihr Zusammenhang mit der Entstehung der Flyschbreccien."

Diese Frage wurde schon vor 60 Jahren von Studer gestellt und durch die Annahme eines verschwundenen Randgebirges am Nordfusse der Schweizer Alpen zu beantworten versucht. Der Vortragende zeigt an Hand der Beobachtung und mit Hinweisung auf ausgestellte Profile, Karten und Ansichten, dass das Stockhorngebiet

früher über die Aare und Arve hinübergegriffen habe
als überschobene Decke, deren Rest die sogenannten
Klippen sind; ja die ganze Stockhorn-Chablaiszone
muss als überschobene Decke betrachtet werden, deren
Herkünft nicht von Norden, sondern von Süden her
angenommen werden muss. Die Zone der Glanz-
schiefer oder noch südlicher gelegene Gebiete, wo
ähnliche Sedimente vorkommen, müssen als Heimat-
land dieser exotischen Massen angenommen werden,
deren langsames Abgleiten nach Norden mit der
Flyschbildung durch Abstürzen Hand in Hand ging.

III.

Zweite allgemeine Sitzung.

Mittwoch, den 15. September, 8 Uhr, im Saale
des Hotels Titlis.

Präsident: Herr Reg.-Rat E t l i n , Arzt, Sarnen.

1. Die Berichte der einzelnen Kommissionen werden
verlesen und mit folgenden Beschlüssen genehmigt:

a) Bericht der Moorkommission.

b) „ „ limnologischen Kommission, fixer
Kredit pro 1898 Fr. 150.—, ev. mit Einverständnis des Zentralkomitees Fr. 200.—

c) Bericht der Flusskommission, Kredit Fr. 100.—,
ev. Fr. 150.—.

d) Bericht der Bibliothekkommission; Kredit Fr.
1000.—

e) Bericht der Schläflistiftung.

f) „ „ Denkschriftenkommission.

g) „ „ Erdbebenkommission; Kredit Fr.
50.—, ev. Fr. 100.—. An Stelle des verstorbenen Kommissionsmitgliedes D u P a s q u i e r
wird gewählt Herr Prof. Dr. S c h a r d t und
an Stelle des demissionierenden Herrn G a u t h i e r
Herr C. B ü h r e r in Clarens.

h) Bericht der schweizerischen geologischen Kommission inklusive Bericht der Kohlen-kommission. An Stelle des nach Argentinien verreisten Dr. Leo Wehrli wird gewählt Herr E. Letsch, Sekundar-Lehrer in Zürich als Sekretär der Kohlenkommission.

i) Bericht der geodätischen Kommission.

k) „ „ Gletscherkommission. Derselbe wird vom Präsidenten, Herrn Prof. Dr. Hagenbach-Bischoff, an der Hand der diesbezüglichen Rhonegletscherkarte eingehend erörtert. An Stelle des verstorbenen Mitgliedes Du Pasquier wird gewählt Herr Dr. M. Lugeon, Lausanne.

2. Der Bericht betreffend Beteiligung unserer Gesellschaft an der Landesausstellung in Genf liegt immer noch nicht vor. Auf Antrag des Zentralpräsidenten Forel kann deshalb die Kommission in Sachen von der Versammlung noch nicht entlastet werden.

3. In die Gesellschaft werden aufgenommen:
Herr Hagenbach, Aug., Dr., Basel.
  „   Hug, O., Dr., Bern.
  „   Kostanecki, St., Dr., Bern.
  „   Schüle, W., Ingenieur, Bern.
  „   Fichter, F., Dr., Basel.
  „   Lugeon, M., Dr., Lausanne.
  „   Prevost, P. Carl, O. S. B., Rektor, Sarnen.
  „   Wunderlich, H., Dr., Schöneck, Nidwalden.
  „   Roos, N., Lehrer, Luzern.
  „   Rupe, H., Dr., Basel.
  „   Müller, Emil, Engelberg.
  „   Müller, Josef, Engelberg.
  „   Feinberg, J., Dr., Kowno, Russland.
  „   Schiffmann, P. Heinrich, Pfarrer, Engelberg.

4. Zu Ehrenmitgliedern werden ernannt:
Herr Röntgen, W. C., Dr., Prof., Würzburg.
Lord Rayleigh, London.
Herr Nansen, Frithjof, Christiania.
„ Karpinsky, St. Petersburg.
„ Schiaparelli, Mailand.

5. Herr Prof. Dr. Graf in Bern bringt folgende Motion: Es sei von Bundes wegen zu untersuchen, ob nicht Vorkehrungen getroffen werden sollten, um die wissenschaftlichen Arbeiten hervorragender schweiz. Gelehrten zusammenzustellen und zu publizieren.

Auf Antrag des Zentralpräsidenten wird diese Motion dem Zentralkomitee in dem Sinne überwiesen, dass selbes die Angelegenheit den 21 konstituierenden Sektionen unserer Gesellschaft zur Kenntnis bringt, selbe zur Meinungsäusserung einladet und darüber später der Gesellschaft Bericht erstattet.

6. Herr Prof. Dr. Keller hält einen Vortrag über „Afrikanische und europäische Haustiere."

Er betont, dass neben der vergleichend anatomischen und prähistorischen Methode auch die ethnologische Betrachtung Aufschluss über die Herkunft und Verbreitung der Haustiere gibt. Die Annahme Geoffroy St. Hilaires, dass unsere wichtigsten und ältesten Haustiere asiatischer Herkunft seien, muss stark eingeschränkt werden. Der Vortragende führt im einzelnen durch, dass neben der asiatischen Einwanderung eine wohl noch viel beträchtlichere afrikanische besteht. Unter den Hunden dürften die südlichen Formen, vorab die Windhunde, von Nordafrika aus ihren Weg über das Mittelmeer genommen haben. Von pferdeartigen Haustieren ist die asiatische Herkunft für einen Teil der Hauspferde sicher, während der Esel in seiner kleinern Form seinen Weg von

Ostafrika nilabwärts nach Nordafrika und Südeuropa nahm. Unbestritten ist die afrikanische Herkunft der Hauskatze. Entgegen der herrschenden Ansicht wird ein grosser Teil des europäischen Rindviehbestandes vom afrikanischen Höckerrind hergeleitet. Der Übertritt fand von Nordafrika aus schon zur Pfalbautenzeit statt, und Reste jener alten Formen haben noch heute sich in gewissen Braunviehschlägen der Alpen erhalten.

7. Herr Prof. Dr. Burckkardt in Basel hält einen Vortrag über „Hirnbau und Stammesgeschichte".

Nach orientierenden Bemerkungen über die Stammesgeschichte, an welche die Anforderung zu stellen ist, dass sie nicht nur die Formen vergleiche, sondern auch der Funktion die nötige Beachtung schenke, wird ein Bild der heutigen Hirnforschungen entworfen und ihre Stellung charakterisiert, die sich darauf beschränkt, die Form um der Funktion willen zu betrachten, nicht aber mit Rücksicht auf die Stammesgeschichte der Wirbeltiere. Dem gegenüber ist zu betonen, dass die Erschliessung des Gehirns eine Aufgabe für sich ist.

Es folgt eine Darlegung der Stammesgeschichte der Gewebe und der Organe des Hirns. Dem Nachweis des Bauplanes schliesst sich derjenige des Zusammenhanges der Modifikationen mit Veränderungen an der Peripherie an. Mit den Theorien über die Stammesgeschichte der Sinnesorgane lassen sich auch die Tatsachen der Hirnanatomie in Einklang bringen.

8. Herr Dr. Raoul Pictet hält einen Vortrag: „*Les cycles non reversibles dans les Forces Naturelles.*"

Outre les moulins à eau, les moulins à vent et les machines fonctionannt sous l'action des marécs, on ne connait guère aujourd'hui de machines motrices dont la puissance soit sans cesse reconstituée par les forces naturelles.

L'étude des phénomènes météorologiques permet d'ajouter à ces diverses sources d'énergie la présence sur le sol, en grande quantité, d'air sec sous la pression atmosphérique. En mélangeant l'air sec avec l'eau à la température que le soleil permet d'obtenir, on augmente instantanément et sans dépense la pression du mélange et les gaz peuvent agir sur un piston et transformer en énergie utilisable là puissance calorifique de l'air.

L'air sec, associé à l'eau et échauffé à 350°, permet de construire des moteurs, sans condensation, à échappement à l'air libre et donnant un rendement deux fois plus économique que les meilleures machines à vapeur.

Ce sont les montagnes et les hautes régions de l'atmosphère qui condensent la vapeur d'eau, sèchent l'air et ferment le cycle hors de la machine.

9. Der Zentralpräsident gibt Kenntnis, dass die Naturforschende Gesellschaft Bern sich zur Übernahme der nächsten Jahresversammlung angemeldet hat. Die Einladung wird dankend angenommen und Herr Prof. Dr. Studer in Bern mit Akklamation zum Jahrespräsidenten ernannt.

10. Herr Prof. Dr. Hagenbach-Bischoff beantragt, der Jahresvorstand sei eingeladen, den kantonalen Behörden von Obwalden, der Gemeindebehörde von Engelberg, sowie dem löbl. Kloster den herzlichen Empfang, den die Schweizerische Naturforschende Gesellschaft in Engelberg gefunden, aufs wärmste zu verdanken.

11. Desgleichen beantragt Herr Prof. Dr. Hagenbach-Bischoff der Versammlung, dem Jahres-
vorstande für die allseitig befriedigende Durchführung
des Festes den Dank auszusprechen. Beide Anträge
werden mit Akklamation genehmigt.

Um 11. 25 erklärte das Jahrespräsidium die diesjährige Versammlung geschlossen.

IV.

Protokolle der Sektionssitzungen.

A. Sektion für Physik, Mathematik, Astronomie und Chemie
im Hôtel Titlis.

Vorsitzender: Prof. Dr. E. Hagenbach-Bischoff.
Schreiber: Dr. August Hagenbach.

Beginn morgens 8½ Uhr.

1. Prof. Raoul Pictet (Paris): *Etude de l'électrolyse par les courants continus et les courants alternatifs.*

En faisant varier la vitesse et l'intensité des courants alternatifs on peut obtenir tous les phénomènes d'électrolyse comme avec les courants continus. Il semble que les molécules à décomposer ou à unir sous l'action du courant réclament un certain temps pour la polarisation dans la direction inverse. L'inertie des molécules, qui s'orientent dans la nouvelle direction, absorbe une certaine énergie et exige un certain temps pour permettre aux masses atomiques les déplacements indispensables.

La fabrication du carbure de calcium et des couleurs d'alizarine et d'isopurpurine par voie électrique nous ont conduit à ces résultats.

An der Diskussion beteiligten sich die Herren Professoren Billeter, Raoul Pictet, Sarasin.

2. Prof. Henri Dufour (Lausanne): *Actions des rayons Röntgen sur les corps électrisés.*

Ces recherches nouvelles démontrent la réalité des faits signalés en Mai 1896 que les corps diélectriques solides deviennent partiellement conducteurs sous l'action des rayons X. Ce fait se manifeste nettement pour l'ébonite, la paraffine et pour les médiocres conducteurs tels que le liège.

L'effet persiste un peu après que l'action des rayons X a cessé.

Die Diskussion ging zwischen Prof. Raoul Pictet und dem Vortragenden.

3. Prof. E. Hagenbach-Bischoff (Basel): Über die Umkehrung der Ventilwirkung in Entladungsröhren.

Der Vortragende bespricht weitere Versuche, die er in Verbindung mit Herrn Dr. H. Veillon angestellt hat. Es wurde der Unterbrechungsstrom eines Induktoriums angewandt und mit einem ballistischen Galvanometer die durchgegangene Elektrizitätsmenge ermittelt. Es zeigte sich ganz allgemein, dass bei den sehr starken Verdünnungen, wo die X-Strahlen auftreten, die positive Elektrizität leichter von Fläche zu Spitze geht, während bei schwächeren Verdünnungen, wo Fluorescenz und chemische Wirkung aufhören, das Umgekehrte eintritt.

Es diskutierten die Professoren Raoul Pictet und Hagenbach.

Nach diesen Vorträgen trennten sich die Herren Chemiker und konstituierten eine eigene Sektion.

4. Prof. Charles Dufour (Morges). *Détermination de la température de l'air par la marche d'un ther-*

mòmètre non équilibré et nouveau théorème d'Algèbre
à ce sujet.

Mr. Ch. Dufour a fait des recherches pour déterminer
la température de l'air d'après la marche d'un thermomètre non équilibré, en partant de l'idée que lorsqu'un
corps se réchauffe ou se refroidit, si les temps varient
en progression arithmétique, les différences de température de ce corps avec celle de l'air ambiant varient
en progression géométrique.

Les calculs sont bien simplifiés par l'emploi d'un
théorème d'Algèbre que Mr. Dufour a trouvé en faisant
cette recherche; ce théorème est le suivant:

Si dans une progression géométrique on prend 3
termes équidistants, que l'on multiplie l'une par l'autre
les deux différences premières et que l'on divise le
produit par la différence seconde, on obtient le terme
intermédiaire.

An der Diskussion nahmen teil die Herren Professoren
Wild, Ch. Dufour, l'ictet und Dr. Emden.

5. Prof. Riggenbach, Basel. Registrierbeob-
achtungen des Niederschlages.

Der Vortragende bespricht die Ergebnisse seiner von
1888—96 in Basel ausgeführten Registrierbeobacht-
ungen des Niederschlages. Aus denselben wurden
Monats- und Jahresmittel der Regendauer abgeleitet,
sowie der jährliche Gang der Niederschlags-Wahr-
scheinlichkeit und -Intensität. Eingehend wurde der
tägliche Gang studiert, sowohl der Niederschlags-Menge
und Dauer, als der Intensität und zwar getrennt für
Sommer- und Winter-Halbjahr. Drei Methoden zur
Bestimmung der Niederschlagsdauer wurden verglichen:
die genaue Auswertung aus Beginn und Ende jedes
einzelnen Falles, sodann die Abzählung der Stunden
mit Niederschlag, endlich die Methode stündlicher

Stichproben. Als spezielle Untersuchung schloss sich daran eine Übersicht der in Basel beobachteten Platz-regen.

An der Diskussion beteiligten sich die Herren Wild und Ch. Dufour.

6. Dr. Ed. Sarasin (Genève). *Les Seiches du lac des Quatre Cantons.*

Mr. Sarasin informe la section que son limnimètre enregistreur transportable est installé depuis le 15 juillet dernier à la sortie de la Reuss à Lucerne. Après avoir rendu hommage aux résultats déjà si précis des mesures préalables de Mr. le prof. Arnet il fait circuler les tracés obtenus jusqu'ici. Ceux-ci sont très-irréguliers comme la configuration du lac le faisait prévoir et il faudra de longues recherches sur beaucoup de points du lac pour établir la loi des mouvements périodiques qui s'y produisent et donner la mesure exacte des différentes périodes (mesure approximative: 10—11 min, 24 m., 45—50 m.)

An der Diskussion beteiligten sich die Herren Professoren Hagenbach und Arnet. Letzterer spricht als persönlicher Beobachter und zeigt viele Kurven vor. Er macht auf die Schwierigkeit aufmerksam, die grossen Perioden herauszufinden. Hr. Prof. Forel spricht sich anerkennend aus.

7. Dr. R. Emden (München). Über Helmholtzsche Luftwogen.

Bei einer Ballonfahrt am 7. Nov. 1896 beobachtete der Vortragende die Helmholtzschen Luftwogen. Über dem Ausgangsort München lag eine ruhende Luft-schicht von 2,7° C. Temperatur, über die in 200 m über der Erde ein wärmerer Luftstrom von 9,2° C. mit 12,5 m pro Sekunde Geschwindigkeit hinweg-strich. Ein Nebel, der sich unten bildete, zeigte keine homogene Struktur, sondern hatte sich zu ungeheuren Nebelcylindern zusammengeballt, die in gleichen Abständen genau renkrecht zur Windrichtung auf der Erde lagen. Ihre Dicke betrug über 100 m, ihr Abstand, also die Wellenlänge, der sie ihre Entstehung verdanken, 540 m, da 15 Nebelrollen auf 7,5 km gezählt wurden. Die Wellenlänge steht in völliger Übereinstimmung mit einer Helmholtzschen Berechnung (Ges. Abh. III pag. 309), die für eine Temperaturdifferenz von 10^0 und eine Geschwindigkeit von 10 m pro Sekunde 550 m ergab.

8. Prof. Ch. Soret (Genève). *Sur la réflexion de la lumière à la surface de l'eau.*

Mr. Soret communique les résultats de quelques calculs faits à la demande de Mr. Forel pour déterminer l'influence exercée par les vagues sur la quantité de lumière que réfléchit une nappe d'eau. En admettant des vagues sinusoïdales dont la longeur soit égale à 40 fois leur hauteur et en se bornant aux incidences pour lesquelles il n'y a pas de doubles réflexions on trouve que l'agitation de l'eau produit une augmentation de la lumière réfléchie. Cette augmention est inappréciable pour des rayons incidants verticaux, est faible ($^1/_{300}$ à $^1/_{80}$) lorsque le plan d'incidence est parallèle aux crètes des vagues, et peut atteindre $^1/_{13}$ à $^1/_{100}$ suivant la direction des rayons, lorsque le plan d'incidence est perpendiculaire aux crètes des vagues.

Prof. Forel dankt für die Ausführung der Rechnung.

Prof. R. Pictet zeigt zum Schluss noch einen Beleuchtungsapparat für Fahrräder mit flüssigem Acetylen.

Schluss der Sitzung $12^3/_4$ Uhr.

Sektion für Chemie.

Vorsitzender : Prof. Nietzki.
Sekretär : Prof. Dr. Billeter.

1. Dr. H. Rupe referiert über zwei Arbeiten betreffend neue N-haltige Ringe. Die eine in Gemeinschaft mit Hrn. Rösler ausgeführte bezweckte die Darstellung des α Phenylhydrazidoacet. α Phenylhydrazin, mit Phosgen wurde daraus ein 7-Ring erhalten. Die zweite, in Gemeinschaft mit Herrn Labhard ausgeführt, betrifft die Synthese von Oxytriazolen vermittelst Phenylhydrazinderivaten und Harnstoffchlorid.

2. Prof. Nietzki, Basel bringt eine Mitteilung über ein Dinitrosotrinitrobenzol, das er durch Einwirkung von Hydroxylamin auf Pikrylchlorid erhielt.

3. Prof. Billeter berichtet über Versuche, welche auf seine Veranlassung von Alfred Berthoud ausgeführt worden sind über die Einwirkung von Phenylisocyanat auf Thiamide. Die Mehrzahl der untersuchten Thiamide, nämlich alle sekundären Thioharnstoffe, ein tertiärer Thioharnstoff und Thiacetanilid bildeten Verbindungen, deren Entstehung zu gunsten des Vorhandenseins einer SH-Gruppe in den Thiamiden spricht.

4. Dr. Schumacher-Kopp, Kantonschemiker Luzern, berichtet über eine mutmassliche Phosphorvergiftung. In der schon in Verwesung übergegangenen Leiche eines achtwöchigen Kindes konnte der Phosphor in juridisch gültiger Form nicht mehr nachgewiesen werden.

Der Fall ist gerichtlich noch nicht erledigt, indem das Geständnis der Mutter von derselben nachher wieder revoziert wurde.

5. Eine weitere Mitteilung betrifft die Vorlage einer Original-Korrespondenz S c h ö n b e i n s vom Jahre 1850, worin er der napolitanischen Regierung die Verwendung eines von ihm präparierten Papiers zur Umhüllung von Pulver empfiehlt. Muster dieses Papiers, sowie verschiedene farbige von Schönbein selbst bereitete Pyroxilinpräparate lagen vor.

B. Section de Géologie.

Séance tenue le 13 septembre· matin.

Président: Mr. le Comte de Zeppelin.
Secrétaire: Mr. Dr. Charles Sarasin, Genève.

Présents: MM.: Comte de Zeppelin. Schardt. Moesch. Forel. Sir John Lubbock. Schuster. Sarasin.

1. Mr. le Professeur Forel rapporte sur les formations glaciaires de la Finlande et tout particulièrement sur l'origine des å s a r, sorte de collines longitudinales, considérées comme formations glacio-marines ·et attribuées à l'action des torrents sous-glaciaires débouchant sous le niveau de la mer pendant une période de retrait des glaces.

2. Mr. le Dr. M o e s c h rapporte sur l'existence dans la région de Schuls d'un dégagement considérable d'acide carbonique et la découverte sur ce point, à la suite d'un sondage, d'une source minérale très abondante.

Le même rapporte sur l'existence dans la région de St. Moritz des marbres rouges du Lias avec des débris de Crinoïdes.

Le même présente à la Société la carte géologique
et differents profils de la région d'Engelberg.

3. Mr. Ch. Sarasin donne le Résumé de ses études
sur les genres d'Ammonites Sonneratia, Desmoceras,
Puzosia et Hoplites.

4. Mr. H. Schardt donne quelques indications complémentaires sur les causes qui ont, à son avis, provoqué
le glissement lent de la nappe de recouvrement du
Stockhorn et du Chablais sur le versant Nord des Alpes.

Suit une discussion entre MM. Schardt, Moesch et
Sarasin.

Le même présente à la société une concrétion de
Chalcédoine avec inclusion de liquide et libelle mobile
qui, à ce qu'on lui a dit, provient des environs
d'Engelberg.

Séance levée à 11 h. et demi.

Le secrétaire: Ch. Sarasin.

C. Botanische Sektion.

Präsident: Herr Dr. H. Christ (Basel).
Sekretär: Prof. Ed. Fischer (Bern)

1. Prof. C. Schröter (Zürich) weist einen Plankton-
parasiten, Rhizophidium Fusus A. Fischer (Zopf) vor,
der nur auf einer der beiden im Plankton des
Zürichsees vorkommenden Varietäten von Fragilaria
crotonensis Kitton schmarotzt.

2. Derselbe bespricht die schweizerischen Formen der
Fichte (Picea excelsa Link).

3. Dr. J. Huber (Parà, Brasilien) hat Photographien
aus Parà, brasilisch Guyana und von der Insel Marajò
an der Mündung des Amazonas eingeschickt.

Nach der Sitzung machen die Mitglieder der Sektion
eine botanische Exkursion, welche eine besonders reiche
Ausbeute an Farnkräutern ergab: Aspidium Braunii Spenner,
A. Braunii lobatum, A. lobatum var. microlobum Milde.

D. Zoologisch-medizinische Sektion.

Dienstag den 14. September 1897.

Präsident: Herr Prof. Dr. Th. Studer in Bern.

Sekretär: Herr Prof. Dr. R. Burckhardt in Basel.

1. Rud. Burckhardt: Das Selachierhirn und
seine zoologisch-systematische Bedeutung

Auf Grund früherer systematischer Arbeiten ist es
gelungen, für die Selachier einen Stammbaum zu
entwerfen, wie er mit ähnlicher Wahrscheinlichkeit
für keine andere Gruppe niederer Wirbeltiere aufzustellen ist. An Hand dieses nur wenig modifizierten
Stammbaumes legt der Vortragende Zeichnungen vom
Hirn von 35 Selachiergattungen vor und sucht die
Modifikationen des Hirns in Einklang zu bringen mit
den bisherigen phylogenetischen Untersuchungen an
Selachiern auf Grund der Veränderungen, denen die
Medianzonen und von den Lateralzonen besonders die
des Vorderhirns und Kleinhirns unterworfen sind. Der
Typus des Selachierhirns wird definiert und gezeigt,
wie wenig bei all den äussern Veränderungen des
Hirns im Grunde dieser Typus variiert. Auf den-
selben Typus lässt sich das Hirn der übrigen Fische

zurückführen. Endlich glaubt der Vortragende für das Hirn eine höhere systematische Wertschätzung in Anspruch nehmen zu dürfen, da es den Zusammenhang von Gruppen, die im Skelett- und Zahnbau völlig getrennt sind, in ähnlicher Weise erkennen lässt, wie das Urogenital- und Zirkulationssystem. Die Organwertung muss bei niedern Tieren eine andere als bei hoch spezialisierten sein.

2. Hr. Dr. Cattani stellt vor ein 7-jähriges Kind mit Anomalien an beiden. Ohren. Beide Meatus auditorii externi sind verdeckt und an der Öffnung stark verengert. Das Kind hat ausgesprochen idiotischen Typus und gehört einer Familie an, in der mehrere ausgesprochene Fälle von hochgradiger Idiotie vorgekommen. Ausser ihm boten 3 verstorbene Geschwister ausgesprochene Missbildungen der obern Extremitäten und der Oberkiefer etc. Die Ätiologie ist unklar und strittig.

3. Dr. F. Urech zeigt und beschreibt Schmetterlinge:
I. Vanessa io (Tagpfauenaugfalter), an welchen er durch Einwirkung von Wärme gegen 35° (während des ganzen Puppenzustandes) auf dem Mittelfelde der Oberseite des Vorderflügels drei schwarze Flecken (Verwandlung von rotbraunen Schuppen bezw. Pigment in schwarze) hervorgebracht hatte: Er nennt diese aberrative Wärmeform Vanessa io calore nigrum maculata (W.), andere Veränderungen des Farbenmusters traten nicht auf.

II. Vanessa io, an welchen er durch die etwa fünfmalige 2 bis 3 Stunden andauernde Einwirkung von Kälte bis gegen — 5° Cels. während der ersten Woche des Puppenzustandes eine fast vollständige Ersetzung des gelben Farbstoffes der gelben Kostalflecken am Vorderrande der Oberseite des Vorderflügels hervor-

gebracht hatte, sowie eine mehr oder weniger starke
Verminderung der interferenzfarbigen blauen Schuppen
(bezw. der Ersetzung derselben durch graue) des Ober-
auges auf der Oberseite des Hinterflügels. Er schlägt
für diese Wärmeaberration die Bezeichnung Vanessa io-
aberratio jokaste (W.) vor.

III. Vanessa urticae (kleiner Fuchs-Falter), welche
er teils der Vanessa polaris (kalte Klimaform), teils
der Vanessa ichnusa (warme Klimaform, Sardinien),
teils der Vanessa ichnusioides durch bezw. niedere und
hohe Temperatureinwirkung nahe gebracht hatte.

IV. Vanessa urticae, an welchen er durch geeignete
Schnürung der noch weichen Puppe mittels dünnen
Fadens quer über die Mitte der vorderen Puppenflügelchen hin eine Pigmentveränderung in den Schuppen
von der Schnürungslinie an nur nach den Aussen-
rändern des Vorderflügels hin hervorgebracht hatte;
das neue Pigment ist isabell und umbrafarbig geworden, anstatt normal gelb und braunrot zu bleiben;
während diese normalen Farbstoffe im Wasser löslich
sind, sind die durch Schnürwirkung entstandenen nur
in Säure, z. B. Chlorwasserstoffsäure, löslich, und entlang
der Schnürungslinie fehlen die Schuppen fast ganz.
Da die Schuppenfarbstoffe dem Flügelblute entstammen,
so findet vermutlich in dieser Beziehung durch die
Schnürung eine Störung statt.

4. Prof. Dr. His, Leipzig, erklärt eine Reihe mikro-
skopischer Präparate (Hrn. Dr. Schumacher-Kopp in
Luzern gehörend), wie solche sofort nach Enthauptung
zweier Verbrecher aus deren Organen dargestellt wurden.

5. Mr. Herzen communique, au nom de Mr. Radzikowski, de Genève, les résultats d'un travail de ce
dernier sur *l'électrotonus*. L'auteur démontre que l'on
peut produire ce phénomène en agissant sur la partie

centrale *déjà inexcitable* d'un nerf, et en constater l'influence habituelle sur l'excitabilité de sa partie périphérique.

6 Mr. Herzen présente, au nom de Mr. Santschi de Lausanne, une note dans laquelle l'auteur démontre au moyen d'une méthode nouvelle que le *curare* n'agit pas exclusivement sur la partie intramusculaire des nerfs moteurs, mais aussi sur toute la longueur de leur tronc.

7. Mr. Herzen, Prof. à Lausanne, rappelle les expériences qu'il a faites il y a 15 ans sur l'influence que la *rate* exerce sur le pancréas, et qu'il a communiquées à notre réunion de Linthtal. Il expose ensuite une nouvelle méthode, au moyen de laquelle il a confirmé ses résultats d'alors, et conclut de nouveau que la rate fournit un produit de sécrétion interne qui transforme la protrypsine accumulée dans le pancréas en trypsine active.

8. Mr. le Prof. E. Bugnion (Lausanne) expose les résultats de ses recherches sur le développement de l'épiphyse et de l'organe pariétal chez quelques Reptiles (Iguana, Lacerta, Coluber).

9. Le Dr. V. Fatio signale la capture, dans ces deux dernières années, de deux Corégones du type *Dispersus* dans les lacs de Lungern et de Sarnen, lacs dans lesquels les poissons de ce genre paraissaient avoir entièrement disparu depuis tantôt un quart de siècle. Des matériaux que lui a fourni le Dr. Etlin, il croit pouvoir conclure, en outre, que des formes de l'autre type primordial dit *Balleus* doivent avoir aussi précédemment existé dans ces deux lacs, comme dans la plupart de ceux de la Suisse.

L'abaissement des eaux du bassin de Lungern, il y a 60 ans, serait la cause principale de la disparition actuellement quasi complète des Corégones, dont il détruisit les places de frai, et peut être indirectement l'origine des troubles qui ont amené le dépérissement de l'espèce dans le lac de Sarnen.

10. Prof. Dr. Studer, Bern verliest den Bericht der Schweizerischen zoologischen Gesellschaft (vide Berichte der Kommissionen).

Berichte der Kommissionen.

Rapport du Comité central

pour l'exercice 1896/1897.

———

Messieurs !

Le Comité central a l'honneur de vous présenter son rapport sur la marche de la société pendant l'année 1896/1897. Cette année a été heureuse, sans incidents, sans accidents.

Le capital inaliénable à la société s'est augmenté de fr. 950, du fait d'un don commémoratif de la famille du Professeur Dr. Léon Du Pasquier, notre cher et regretté collègue décédé à Neuchâtel le 1er Août 1897, du fait aussi des quelques souscriptions de membre à vie.

En revanche la caisse centrale a subi un gros échec, près de 500 francs de déficit provenant essentiellement de l'extension exagérée donnée l'année dernière aux actes de la session de Zurich, et aussi de la part que nous avons prise à l'exposition de Genève. Dans l'état actuel de notre budget nous sommes extrêmement gênés et nous nous trouvons empêchés pour des dépenses que nous devrions pouvoir couvrir facilement. Espérons que des jours meilleurs se lèveront pour la caisse de la Société. Cette ère de prospérité ne sera pas atteinte l'année prochaine, car nous sommes en présence de la forte dépense de la réimpression du catalogue des membres ; cette dépense est urgente et nous ne pouvons la renvoyer.

Nos rapports avec les 21 sociétés constituantes de notre confédération scientifique ont été faciles et cordiaux.

La société botanique nous a demandé d'intervenir auprès des autorités fédérales pour obtenir une subvention en faveur de l'étude de la Flore cryptogamique suisse. Les pourparlers se poursuivent à ce sujet et nous espérons qu'ils aboutiront à un résultat favorable à cette grande œuvre scientifique, et que notre société sera bientôt enrichie d'une nouvelle commission chargée d'une étude analogue à celles que poursuivent les commissions géologique, géodésique, glaciologique et autres.

Des hautes Autorités fédérales nous avons reçu que des témoignages de bienveillance et de munificence. Les subventions que les chambres fédérales nous assurent sur le budget annuel pour nos commissions de géologie de géodésie et de publication des mémoires ont été continuées ; le subside ordinaire de la commission géodésique a été élevé de 800 francs et porté à 15,800 fr. pour satisfaire aux nouvelles conditions de l'association géodésique internationale dont notre commission est l'organe en Suisse. Cette association géodésique internationale a tenu une session de sa commission permanente à Lausanne en octobre 1896 et a reçu le meilleur accueil des autorités vaudoises et lausannoises.

Les tractations sur la question du magnétisme terrestre qui est à l'étude depuis notre session de Zermatt continuent à occuper notre commission géodésique et la commission météorologique suisse. Le Département fédéral de l'Intérieur a reçu avec bienveillance nos ouvertures et s'intéresse à ces projets qui sont encore à l'état d'études préparatoires. Vous trouverez dans le rapport de la commission géodésique l'état actuel de cette importante affaire.

Le section de Géographie et d'Ethnologie de la session
de Zurich nous a transmis le vœu suivant, exprimé à la
suite d'une lecture de M. le Dr. Rud. Martin de Zurich:
„La société helvétique est invitée à nommer une commission
anthropologique chargée d'étudier les races suisses, suivant
le plan proposé par le Dr. R. Martin." (Actes de Zurich p. 196).
Le départ de M. Martin pour un long voyage dans les
îles de la Sonde nous a empêchés de traiter avec lui de
cette affaire et nous renvoyons toute proposition à ce sujet
après son retour en Suisse; s'il y a lieu, nous pourrons
vous faire des propositions l'année prochaine.

Nous avons reçu de M. le Cte Eberhard de Zeppelin-
Ebersberg, à Emmishofen, la proposition suivante: „Es
wolle die Schweizerische Naturforschende Gesellschaft geeignete Einleitung zu dem Zwecke treffen, dass der Klang
der Volksdialekte, welche innerhalb der Grenzen der Schweiz
in den vier Landessprachen gesprochen werden, mittelst
des Phonographen in typischen Beispielen für die Zukunft
fixiert werden." Cette proposition est motivée par une
lettre que nous déposons sur le bureau. Après étude de
cette question, nous avons constaté qu'elle est intéressante,
mais que, si elle touche par l'anthropologie à l'histoire
naturelle de notre pays, elle rentre cependant dans un
domaine qui est plutôt celui de l'etnographie, de l'histoire,
de la linguistique, de la philologie, disciplines qui sont
représentées dans notre pays par des associations spéciales;
que s'il y a lieu d'entrer dans les vues de l'initiative, ce
qui paraît fort désirable, ce doit être en appelant le concours
de la société suisse de l'Idiotikon, de la société suisse
pour l'étude des mœurs (Volkskunde), des sociétés suisses
d'histoire etc. La part que notre société devrait prendre
à une telle entreprise doit être limitée au soin, et nous
vous proposons de renvoyer cette question à la discussion
de la commission anthropologique qui éventuellement

serait créée si les idées du Dr. Martin péuvent entrer
en exécution.

La même section de géographie et d'ethnographie de
la session de Zurich, à la suite d'une lecture de Mr. le prof.
F. Becker, a émis le vœu suivant: „Die Sektion beschliesst,
dem Zentralkomitee den Wunsch auszudrücken, in Erwägung
zu ziehen, auf welche Weise die Schweizerische Naturforschende Gesellschaft die von Becker, Imfeld und Simon
begonnene Erstellung eines Reliefs der Schweiz in 1: 25000
unterstützen könnte." (Actes de Zurich p. 197.) Nous
avons soumis cette question au préavis de nos deux
commissions compétentes, la commission de géologie et celle
de géodésie. Les présidents de ces deux commissions,
pour des motifs d'opportunité, différemment motivés, estiment
qu'il n'y a pas lieu d'entrer, cette année, en discussion
sur cette proposition. Nous acceptons cet avis, et nous
renvoyons toute proposition sur le sujet à l'année prochaine.

Au mois de décembre 1896, au moment où la question
des reliefs géographiques était agitée et discutée avec
le plus d'ardeur dans les divers cantons suisses, le comité
de la société de géographie commerciale de la Suisse orientale
s'en adressé à nous pour nous demander de prendre l'initiative d'une démarche auprès des autorités fédérales pour
faire soumettre l'étude des reliefs à l'enquête d'une commission
scientifique. Nous avons dû nous refuser à cette manifestation,
le comité central n'ayant le droit d'engager le nom de
la société que lorsque celle-ci lui aurait donné mission par
une résolution positive de l'assemblée générale; ce qui n'était
pas le cas.

La société suisse de Pharmacie nous avait demandé
en 1884 de recevoir dans notre Bibliothèque, à Berne, les
livres appartenant à cette association. Au mois d'octobre
1896, le comité de cette société nous a demandé de retirer
ces livres, ce que nous avons accordé avec plaisir.

A la suite de la publication des Actes de la session de Zurich, qui ont pris un développement exagéré et ont causé à notre caisse un déficit grave, nous avons dû étudier avec soin les conditions de la publication des Actes et du Compte-rendu. Nous fondant sur les décisions antérieures, nous avons rédigé un réglement spécial que nous déposons sur le bureau et que nous promulguerons si aucune opposition motivée ne le manifeste.

Le 14 août 1897 a été fêté à Naples le jubilé de 25 années de la station zoologique à laquelle notre société s'est, dans le temps, largement intéressée. Nous avons à cette occasion envoyé à son directeur et fondateur Mr. le professeur Dr. A. Dohrn, notre membre honoraire, une adresse de félicitations. Il nous a répondu par la belle lettre que nous déposons sur le bureau et que nous conserverons aux Archives de la société.

Sur notre demande, le questorat de la société s'est chargé de faire la collection des articles nécrologiques et biographiques des naturalistes suisses décédés. Vous voudrez bien aider Mlle Custer, en lui adressant les publications qui peuvent rentrer dans cette collection. Conservée dans la bibliothèque de la société, elle sera certainement utile aux futurs historiens de la science suisse.

A propos des rapports de nos commissions nous avons à vous signaler quelques faits et à vous faire des propositions :

1° Commission géologique. Nous avons demandé aux autorités fédérales et obtenu pour cette commission la franchise de port pour les communications postales. Nous en exprimons ici notre gratitude au haut Conseil fédéral.

La commission a perdu cette année un de ses membres, le prof. Dr. Léon Du Pasquier à Neuchâtel ; aucune proposition n'est faite pour son remplacement.

Mr. le Dr. L. Wehrli, secrétaire de la sous-commission des houillières ayant quitté la Suisse, la commission l'a remplacé par Mr. E. Letsch à Zurich. Nous nous proposons de confirmer cette nomination.

2° Commission des glaciers. D'accord avec la commission, nous vous proposons de remplacer Mr. L. Du Pasquier, décédé, par Mr. le Dr. Maurice Lugeon, à Lausanne.

3° La commission limnologique nous demande comme les années précédentes un crédit de fr. 200. Nous proposons une somme de fr. 150 en laissant au comité central la faculté de l'élever à fr. 200 s'il est nécessaire.

4° La commission des rivières nous demande pour cette année l'ouverture d'un crédit de fr. 150. Nous proposons un crédit ferme de fr. 100 avec faculté de l'élever à fr. 150 si la nécessité est en demontrée.

5° La commission sismologique demande un crédit de fr. 100. Son compte précédent étant réglé par un solde actif de fr. 130. 20, nous proposons de lui ouvrir un crédit fermé de fr. 50 avec faculté de l'élever à fr. 100 si la nécessité s'en fait sentir.

La commission a perdu deux de ses membres, Mr. le prof. Dr. Du Pasquier, décédé, et Mr. L. Gauthier, démissionnaire. Nous vous proposons de les remplacer par Mr. le prof. Dr. H. Schardt, Neuchâtel, et Mr. C. Bührer, pharmacien, Clarens.

6° La commission de la bibliothèque nous demande l'ouverture d'un crédit de fr. 1000 que nous appuyons auprès de l'assemblée générale.

Nous n'avons pas de remarques ni de propositions spéciales sur les rapports des Commissions de la fondation Schläfli, de Géodésie, des Mémoires et des Tourbières.

Pour faciliter les travaux du questorat nous vous demandons l'autorisation d'avancer, à titre d'essai, au mois de mars la rentrée des contributions qui, réglementairement, ne sont exigibles qu'au mois de mai; si l'essai réussit nous aurons plus tard à régulariser ce changement aux prescriptions de l'article 26 des statuts.

Nous avons de plus à vous demander l'autorisation de publier l'année prochaine une nouvelle édition du catalogue des membres de la société et de nous ouvrir pour cela un crédit de fr. 350.

Nous avons reçu pour la session de l'année prochaine une cordiale invitation de la société cantonale bernoise. Vous l'accepterez avec plaisir et vous nommerez président annuel pour 1898 notre ancien président du comité central M. le professeur Dr. Th. Studer à Berne.

Au nom du comité central,

Le président: **F. A. Forel.**   Le secrétaire : **H. Golliez.**

II.

Auszug aus der 69. Jahresrechnung pro 1896/97.

Quästor: Frl. Fanny Custer.

	Fr.	Cts.
A. Zentral-Kasse.		
Einnahmen.		
Vermögensbestand am 30. Juni 1896	3,921	04
Aufnahmsgebühren	402	—
Jahresbeiträge	3,640	60
Zinsgutschriften und bezogene Zinse	488	05
Diverses	12	70
	8,464	39
Ausgaben.		
Bibliothek	1,220	—
Verhandlungen, Compte-rendu u. andere Drucksachen	2,585	60
Kommissionen	384	15
Diverses	853	23
Saldo am 30. Juni 1897	3,421	41
	8,464	39
B. Unantastbares Stamm-Kapital		
(inbegriffen Fr. 500. — Bibliothek-Fonds).		
Bestand am 30. Juni 1896	11,410	40
Zuwachs durch drei neue Mitglieder auf Lebenszeit	450	—
Andenken an Prof. Dr. Léon Du Pasquier sel. in		
Neuchâtel	500	—
Bestand am 30. Juni 1897	12,360	40
C. Bibliothek-Rechnung.		
Einnahmen.		
Beiträge der Zentral-Kasse	1,200	—
Beiträge d. Bernischen Naturforschenden Gesellschaft	150	—
Zinse des Kochfundus	37	50
Rückvergütungen	15	—
Eingang für verkaufte Verhandlungen	2	50
	1,405	—

	Fr.	
Ausgaben.		
Passivsaldo am 30. Juni 1896	8	92
Bücheranschaffungen nnd Ergänzuugen	209	15
Buchbinderarbeiten	269	10
Salaire für Aushülfe	300	—
Umzugskosten	20	80
Pórti, Frachten und Verschiedenes	523	25
Saldo am 30. Juni 1897	73	78
	1,405	—

D. Schläfli-Stiftung.
a) Stammkapital.

Bestand und Art der Anlage wie letztes Jahr . .	14,000	—

b) Laufende Rechnung.
Einnahmen.

Saldo am 30. Juni 1896	1,568	31
Zinsgutschrift und bezogene Zinse	671	75
	2 240	06

Ausgaben.

Druck und Adressieren der Circulare	49	—
Aufbewahrungsgebühr der Wertschriften und Porti	30	35
Saldo am 30. Juni 1897	2,160	71
	2,240	06

E. Denkschriften-Conto.
Einnahmen.

Saldo am 31. Dezember 1895	174	60
Beiträge des Bundes	5,000	—
Verkauf von Denkschriften	581	20
Zinsgutschriften	7	10
	5,762	90

Ausgaben.

Druck von Denkschriften . . . . ,	5.267	70
Miete, Versicherung und Verschiedenes	433	15
Saldo am 31. Dezember 1896	62	05
	5,762	90

	Fr.	Cts.
F. Geologische Kommission.		
Einnahmen.		
Saldo am 31. Dezember 1895	465	91
Beitrag des Bundes	10,000	—
Verkauf von Textbänden und Karten	1,809	10
Zinse	101	95
	12,376	96
Ausgaben.		
Taggelder an die im Feld arbeitenden Geologen .	5,387	—
Druck, Tafeln und Profile zu Lieferung XXXIV und XXX etc.	4,835	15
Verschiedenes	789	35
Saldo am 31. Dezember 1896	1,365	46
	12,376	96
G. Kohlen = Kommission.		
Einnahmen.		
Saldo am 31. Dezember 1895	596	70
Beitrag der aargauischen Finanzdirektion	2,000	—
Zinsgutschrift	24	60
	2,621	30
Ausgaben.		
Arbeiten der Kommission und Reiseentschädigungen	957	—
Drucksachen, Porti und Verschiedenes	334	10
Saldo am 31. Dezember 1896	1,330	20
	2,621	30
H. Commission géodésique.		
Recettes.		
Solde au 31 décembre 1895	12	91
Subside de la Confédération pour 1896	15,000	—
Divers	126	05
	15,138	96

	Fr.	Cts.
Dépenses.		
Ingénieur et frais	6,601	95
Stations astronomiques	2,689	20
Nivellement de précision	3,000	—
Instruments	63	45
Séances et imprimés	723	40
Association géodésique internationale	237	55
Divers	165	—
Solde au 31 décembre 1896	1,658	41
	15,138	96

I. Gletscher = Kommission.

Einnahmen.

	Fr.	Cts.
Saldo am 30. Juni 1896	5,543	23
Andenken an das verstorbene Komm.-Mitglied Prof.		
Dr. L. Du Pasquier, Neuchâtel	500	—
Jahresbeiträge pro 1896 . . , ...	330	—
Jahresbeiträge pro 1897 und folgende Jahre . .	280	—
Zinse etc.	176	15
	6,829	38

Ausgaben.

	Fr.	Cts.
Zahlungen an das eidgenössische topographische Bureau für Vermessungen am Rhonegletscher	1,435	65
Gratifikationen, Aufbewahrungsgebühr der Wertschriften	25	—
Drucksachen, Schreibmaterialien, Frankaturen etc.	41	80
Saldo am 30. Juni 1897	5,326	93
	6,829	38

	30. Juni 1896.		30. Juni 1897.	
Gesamtvermögen der Gesellschaft.	Fr.	Cts.	Fr.	Cts.
Aktiv-Saldo.				
Zentral-Kasse	3,921	04	3,421	41
Stamm-Kapital	11,410	40	12 360	40
Bibliothek	—	—	73	78
Denkschriften . . . :	* 174	60	* 62	05
Schläfli-Stiftung: Stamm-Kapit l . .	14,000	—	14,000	—
„ „ Kasse	1,568	31	2,160	71
Geologische Kommission	* 465	91	* 1,365	46
Kohlen-Kommission	* 596	70	* 1,330	20
Geodätische Kommission	* 12	91	* 1,658	41
Gletscher-Kommission	5,543	23	5,326	93
	37,693	10	41,759	35
Passiv-Saldo:				
Bibliothek	8	92	—	—
Gesamt-Saldo:	37,684	18	41,759	35
Vermehrung auf 30. Juni 1897 . .	4,075	17	—	—
	41,759	35	41,759	85

* Die mit einem Stern bezeichneten Rechnungen sind auf den 31. Dezember 1896 abgeschlossen worden.

Bericht über die Bibliothek

der Schweizerischen Naturforschenden Gesellschaft in Bern für das Jahr 1896/97.

Wie im vorhergehenden Jahre war es das Bestreben des Bibliothekars das finanzielle Gleichgewicht zwischen den Einnahmen und Ausgaben durch möglichste Einschränkung der letztern wieder herzustellen. Auf einen ausführlichen, unsere Bibliothekverhältnisse offen darlegenden Bericht hin hat das Zentralkomitee ausser, dem bereits an der Jahresversammlung in Zürich bewilligten Kredit von 1020 Fr. in sehr verdankenswerter Weise einen Extrakredit von 200 Fr. gesprochen, so dass sich nun die Gesamteinnahmen für die Bibliothek auf 1405 Fr. beliefen. Diesen stehen, als Ausgaben gegenüber 1331 Fr. 22 Cts., von denen 600 Fr. bereits in der vorletzten, beziehungsweise letzten Jahresrechnung hätten berücksichtigt werden sollen. Der Aktivsaldo von 73 Fr. 78 Cts. ist nur ein fiktiver, da eine Rechnung für Spedition unserer Publikationen an die Tauschgesellschaften nicht frühzeitig genug einlief, um noch berücksichtigt werden zu können. Immerhin dürfen wir uns freuen, aus den etwas misslichen Verhältnissen herausgekommen zu sein und nun das finanzielle Gleichgewicht wieder hergestellt zu haben.

Dass infolge dieser Umstände der Unterhaltung der Bibliothek nicht diejenige Sorgfalt zugewendet werden

6

konnte, war von vorneherein zu erwarten. Es stellt sich
die Beschaffung eines neuen Büchergestells als dringendes
Bedürfnis heraus. Für die bedeutend im Rückstande befindlichen B ü c h e r e i n b ä n d e , für welche während der
beiden letzten Jahre aus angegebenen Gründen nicht gesorgt werden konnte, werden noch beträchtliche Summen
verwendet werden müssen. Um nur den bescheidensten
Wünschen in letzterer Beziehung zu entsprechen, und unter
Berücksichtigung der stets zunehmenden Kosten des
Schriftentausches stellt die Bibliothekkommission daher den
Antrag, die Versammlung in Engelberg möge für das
Jahr 1897/98 den Jahresbeitrag an die Bibliothek zum
mindesten, in der bisherigen Höhe von **1000 Franken**
festsetzen.

Die Verwendung desselben, samt den übrigen Beiträgen, wäre ungefähr folgende :

1. Bücheranschaffungen und Ergänzungen   Fr. 100
2. Buchbinder-Arbeiten   „ 400
3. Bibliothek-Aushülfe   „ 300
4. Ein neues Büchergestell   „ 100
5. Kosten des Tauschverkehres und Verschiedenes   „ 300

Total zirka Fr. 1200

Die Besorgung und Benutzung der Bibliothek nahmen
in gewohnter Weise im verlaufenen Jahr ihren Fortgang.
Der Oberbibliothekar führte die Kontrolle über die eingehenden Tauschschriften und besorgte einen Teil der
Korrespondenz. Fräulein Stettler vermittelte den Verkehr
mit den Benützern der Bibliothek, vollendete die Kata-
logisierung und Aufstellung der aus der Schenkung des
Herrn Hofrat B r u n n e r v o n W a t t e n w y l stammenden
Werke und war eifrig an der Fortführung des neuen
Zettelkataloges, der in etwa 2 Jahren abgeschlossen sein
dürfte.

Der im Jahre 1884 mit dem schweizerischen Apotheker-
verein abgeschlossene Vertrag bezüglich Uebernahme der
diesem Verein zugehenden Zeitschriften und Einzelwerke
in unsere Bibliothekräume wurde im Einverständnis mit
dem Zentralkomitee der Schweizerischen Naturforschenden
Gesellschaft wieder aufgehoben und sämtliche dem
genannten Verein gehörenden, in der Bibliothek aufgestellt
gewesenen Publikationen auf Neujahr 1897 wieder zurück-
erstattet. Die Bibliothek des Schweizerischen Apotheker-
vereins befindet sich nun im pharmaceutischen Institut der
Universität Bern.

Der jährliche Zuwachs unserer Bibliothek ist ganz
bedeutend. Es wurden mit nicht weniger als 18 neuen
Gesellschaften Tauschverkehr angeknüpft. Ausserdem erhielt die Bibliothek erhebliche Vermehrung durch Schenkungen. Ueber beides gibt das folgende Verzeichnis ge-
nauern Aufschluss (siehe Anhang).

Es ist hier am Platze, den Herren Belloc in Paris,
Bodmer-Beder in Zürich, Dr. Bützberger in Zürich, Prof.
C. Cramer in Zürich, Draghicénu in Bukarest, Féral in
Albi, V. Fatio in Genf, Prof. Ed. Fischer in Bern, Dr.
Edm. v. Fellenberg in Bern, Dr. Früh in Zürich, Prof.
A. Forel in Zürich, R. de Girard in Freiburg, Prof. Dr.
J. H. Graf in Bern, A. Guébhard in Nizza, H. Hartl in
Wien, Dr. A. Kaufmann in Bern, G. Lamprecht in Bautzen,
Dr. C. Moser in Bern, G. Omboni in Padua, X. Raspail in
Paris, Frau Prof. Dr. G. v. Rath in Bonn, Prof. Renevier in
Lausanne, Dr. de Ribaucourt in Paris, Saint-Lager in Lyon,
Sanchez in San Salvador, Schardt in Montreux, Prof. Dr.
Th. Studer in Bern, Prof. J. Thoulet in Nancy, A. Ulrich
in Frauenfeld(?), Henry B. Ward in Lincoln (Nebr.), Prof.
Wolfer in Zürich, Dr. R. Zeller in Bern und Theod. Zobrist
in Pruntrut für ihre wertvollen Zuwendungen an die Bib-
liothek den Dank der Gesellschaft auszusprechen.

Und endlich sei der Bibliothekkommission gestattet,
Fräulein. Elise Stettler für getreue Aushülfe und Fräulein
Fanny Custer in Aarau für ihr freundliches Entgegen-
kommen bestens zu danken.

Bern, 31. Juli 1897.

Der Präsident der Bibliothekkommission :

Dr. **Th. Studer**, Professor, Bern.

Der Oberbibliothekar :   Beisitzer :

Dr. **Theod. Steck.**   Dr. **Fr. Lang.**

Anhang.

Neue Erwerbungen seit Juli 1896.

A. Durch Tausch.

Aachen. Meteorolog. Station I. Ordnung. Deutsches Meteo-
    rologisches Jahrbuch, Jahrgang I, Aachen 1896. 4º.

Bern. Eidgen. statistisches Bureau. Statistisches Jahr-
    buch der Schweiz. V. u. VI. Jahrgang Bern,
    1896 u. 1897. 8º.

Bosnien-Hercegovina. Ergebnisse der Meteorologischen
    Beobachtungen der Landesstationen. 1894/95.
    Wien 1895—1896. 4º.

Budapest. Rovartani Lapok 1897, vol. IV. Budapest 1897. 8º.

Buenos Aires. Republica Argentina. C. Carles. Juris-
    prudencia postal y telegrafica 1894. Vol. VII.
    Buenos Aires 1895. 8º.

Chicago. Academy of Sciences, bulletin Vol. II. Nr. 2.
    38. Annual Report 1895. Chicago 1895, 8º.

Edinburgh. Medical Journal Nr. 495 et seq. Edin-
    burgh 1896—1897. 8º.

Genova. Società ligustica di scienze naturali e geografiche, atti. Vol. I—VII. Genova 1890—96. 8⁰.

Hof in Bayern, Nordoberfränkischer Verein für Natur-, Geschichts- und Landeskunde, Bericht I. Hof i. B. 1896. 8⁰.

Illinois State Laboratory of natural history, bulletin, Vol. I & II. (unvollst.) III, IV. Champaign Jel. 1884—1896. 8⁰.

Kasan. Société physico-mathématique, bulletin. Tome VI. Nr. 1. Kasan 1896. 8⁰.

Mexico. „La Farmacia" Tom. VI., Nr. 1—5. Mexico 1897. 8⁰.

Michigan. Fish-Commission, bulletin Nr. 1, 2, 3, 5, 6. Lansing 1890—1896. 8⁰.

Neuchâtel. Société neuchâteloise de Géographie, bulletin, Tome VIII. Neuchâtel 1895. 8⁰.

Portici. Scuola Superiore di Agricoltura (Dott. Antonio Berlese).
Rivista di Patologia vegetale. Vol. I—V. Padova 1892—1897. 8⁰.

Torino. Musei di zoologia ed anatomia comparata, bollettino. Nr. 260—295. Torino 1896. 8⁰.

Verona. Accademia, memorie. Vol. LXVI—LXXI. Verona 1891—1896. 8⁰.

Washington. National Academy of sciences, memoirs. Vol. II—VII. Washington 1884—1896. 4⁰.

B. Durch Geschenk.

Balawelder, A. Abstammung des Alleinseins. Wien 1894. 8⁰.

Bareau, E. et Franchet, A. Plantes nouvelles du Thibet et de la Chine occidentale (gesch. von Dr. E. v. Fellenberg); extr. Paris 1891. 8⁰.

Belloc., E. De Lannemezan au glacier des Gourgs-Blancs (Hautes-Pyrénées). Paris 1895. 8°.

— Reeherches et explorations orographiques et lacustres - dans les Pyrénées centrales; Paris 1894. 8°.

— Les sondeurs „E. Belloc", appareils de sondage portatifs à fil d'acier. Paris 1896. 8°.

— Les lacs de Lourdes et de la région sous-pyrénéenne. Paris 1896. 8°.

— Aperçu de la Flore algologique d'Algérie, de Tunisie, du Maroc et de quelques lacs de Syrie. Paris 1896. 8°.

— Seuils de barrages lacustres. Paris 1895. 8°.

— Les lacs du Massif de Neouvielle (Hautes-Pyrénées) Paris 1895. 8°.

— Les lacs littoraux du Golfe de Gascogne. Paris 1895. 8°.

— Étude sur les lacs intra-glaciaires. Paris 1894. 8°.

— Nouvelles explorations lacustres (Pyrénées orientales, Haute-Garonne, Hautes-Pyrénées, versant espagnol). Paris 1894.

— L'aquiculture dans le sud-ouest de la France; Paris 1896. 8°.

Bodmer-Beder, A. Petrographische Untersuchungen an Gesteinen der Somali-Halbinsel, Ost-Afrika. Separatabdruck. Zürich 1894. 8°.

— Die Erzlagerstätten der Alp. Puntaiglas im Bündner Oberland und ihre Felsarten. Separatabdruck. Stuttgart 1897. 8°.

Boudier, E. et Ed. Fischer. Rapport sur les espèces de champignons trouvées pendant l'assemblée à Genève et les excursions faites en Valais par les Sociétés de Botanique de France et de Suisse du 5 au 15 Août 1894. extrait. Paris 1894. 8°.

Bützberger, Dr. F. Jak. Steiner bei Pestalozzi in
  Yverdon. (Schweiz. Päd. Zeitschrift, Jahrg. VI.
  Heft 1.) Zürich 1896. 8°.
Chemnitz, Königl. sächs. meteorolog. Institut.
  Abhandl. Heft Nr. 1. Schreiber, Prof. Dr. P.
  Vier Abhandlungen über Periodizität des Niederschlages, theoretische Meteorologie und Gewitter-
  regen. Leipzig 1896. 4°.
Costa Rica, Museo Nacional:
  a) Anastasio Alfaro. Mamiferos de Costa
   Rica, San José, Costa Rica 1897. 8o.
  b) Tristan Fid. Insectos de Costa Rica. San
   José de Costa Rica 1897. 8°.
  c) Biolley P. Molluscos terrestres y fluviatiles
   de la meseta central de Costa Rica San José
   1897. 8°.
  d) Anastasio Alfaro. Antiguedades de Costa
   Rica. San José 1896. 8°.
  e) Documentos relativos à la participacion de
   Costa Rica en dicho Certamen, Nr. 6, 8.
   San José 1896. 8°.
Cramer, C. Leben und Wirken des C. W. von Nägeli,
  Professor der Botanik in München (m. Portr.).
  Zürich 1896. 8°.
Draghicénu, M. Les tremblements de terre de la
  Roumanie et des pays environnants. Bucuresci
  1896. 8°.
Eblin, Bernhard. Ueber die Waldreste des Averser Ober-
  thales. (Gesch. d. Nat. Ges. Graubündens) 4 Taf.
  s. l. 1895. 8°.
Exposition nationale, suisse. Catalogue illustré
  de groupe 45: Chasse et Pêche. Genève 1896. 8°.
Féral, G. Observations météorologiques sur les pluies
  générales et les tempêtes. Albi 1897. 8°.

Fischer, Prof. Dr. Ed.
1. Tuberaceæ (57. und 58. Lieferung d. 1. Bandes von Dr. L. Rabenhorsts Kryptogamen-Flora, 2. Auflage). Leipzig 1897. 8⁰.
2. Ueber den Parallelismus der Tuberaceen und Gastromyceten. Separatabdruck. Berlin 1896. 8⁰.
3. Contribution à l'étude du genre Coleosporium; extrait, s. d. 8⁰.

Frankfurt a/Main. Physikalischer Verein. Das Klima von Frankfurt a/Main, bearb. von Dr. J. Ziegler und Prof. Dr. W. König. Frankfurt a/M. 1896. 4⁰.

Früh, Dr. J. Anleitung zu geologischen Beobachtungen, zur Kontrolle von Aufschlüssen etc. innerhalb der Blätter Dufour IX und IV. Separatabdruck. St. Gallen 1897. 8⁰.
— Ein Relief der Schweiz. Sep.-Abdr. Zürich, 1897. 8⁰.

Forel, Prof. Dr. A. Zur Fauna und Lebensweise der Ameisen im columbischen Urwald. Separatabdruck. Zürich 1896. 8⁰.

de Girard, R. Le caractère naturel du Déluge. Fribourg 1894. 8⁰.

Graf, Prof. Dr. J. H. Der Briefwechsel zwischen Jak. Steiner und Ludwig Schläfli. Festgabe. Bern 1896. 8⁰.
— Die Exhumierung Jak. Steiners und die Einweihung des Grabdenkmals Ludwig Schläflis. Separatabdruck. Bern 1897. 8⁰.
— Notizen zur Geschichte der Mathematik und der Naturwissenschaften in der Schweiz. Separatabdruck. Bern 1896. 8⁰.
— Ableitung der Formeln für die Besselschen Funktionen, bei welchen das Argument eine Distanz darstellt. Zürich 1896. 8⁰.
— Niklaus Blauner, der erste Professor der Mathematik an der bern. Akademie. Sep.-Abdr. Bern 1897. 8⁰.

Guébhard, A.: Esquisse géologique de la commune de Mons. Draguignan 1897. 8⁰.

— Tectonique d'un coin difficile des Alpes-Maritimes; Paris 1894. 8⁰.

Guldberg, G. A. Dr. med. Crania antiqua in parte orientali Norvegiae meridionalis inventa. Christiania 1896. 8⁰. (Gesch. d. kgl. Universität in Christiania.)

Hartl, H. Meteorologische und magnetische Beobachtungen in Griechenland. 2. Bericht. Separatabdruck. Wien 1897. 8⁰.

Heer, Gottfr. Reiseerinnerungen aus dem Norden Nr. 1—4
  .I. Nach Hamburg und Stockholm.
  II. Am bottnischen Meerbusen und jenseits des Polarkreises.
  III. Quer durch Skandinavien und auf den Fluten des atlantischen Ozeans.
  IV. Zwei Tage in Bergen und seiner Umgebung, auf der Nordsee und im Hamburger Tiergarten. Glarus 1896. 12⁰.

Hesse, Ludwig Otto, gesammelte Werke. München 1897. 4⁰. (Gesch. d. k. b. Akademie der Wissenschaften in München).

Kasan. Société physico-mathématique. In memoriam N. L. Lobatschevsky. Kasan 1897. 8⁰.

Kaufmann, Dr. A. Die schweizerischen Cytheriden. Separatabdr. Genève 1896. 8⁰.

Lamprecht, G. Wetterperioden. (Wissenschaftl. Beilage zum Jahresbericht des Gymnasiums zu Bautzen.) Bautzen 1897. 4⁰.

Lausanne. Université, Index bibliographique de la faculté des Sciences. Lausanne 1896. 8⁰.

— Musée d'histoire naturelle; rapports annuels des conservateurs pour les années 1894, 1895 et 1896. Lausanne 1895, 96. 8⁰.

London. Royal Society, Report of the proceedings at the international conference on a catalogue of scientific literature. London 1896. 8⁰.

Melbourne Exhibition. Illustrated official handbook to the Aquarium, Museum and Picture Salon by J. E. Sherrard. Melbourne, s. d. 4⁰.

Mexico. Academia Mexicana, Anuario, Anno 1. 1895. Mexico 1896. 8⁰.

Moser, Dr. C. Über die Schweiz. Kranken- und Unfallversicherung. Separatabdruck. 31 S. 4⁰.

— Denkschrift über die Höhe der finanziellen Belastung, welche den Krankenkassen voraussichtlich erwachsen wird. Bern 1895. 4⁰.

— Versicherungstechnische Untersuchungen über die Unfallversicherung. Bern 1895. 4⁰.

New-York. Academy of Sciences, Memoir I. Part 1. New-York 1895. 4⁰.

Oberbauinspektorat, eidgen. Wasserverhältnisse in der Schweiz. Rheingebiet von den Quellen bis zur Taminamündung. s. l. 1896. fol.

Observations publiées par l'institut météorologique central de la Société des sciences de Finlande 1881—1890. Kuopio 1893. 4⁰.

— météorologiques faites à Helsingfors. Vols. III à XIV. Helsingfors 1892—1896. 4⁰.

Oken, Prof.; Allgemeine Naturgeschichte für alle Stände. Bd. 1—13 und Register-Band. Stuttgart 1839. 8⁰.

Omboni, G. Di un criterio facile proposto dal Prof. J. Agostini per i pronostici del tempo; Padova 1896. 8⁰.

— Commemorazione del Barone Achille de Zigno; Venezia 1897. 8⁰.

Raspail, Xavier. Observations complémentaires sur la ponte et les mœurs du hanneton; Paris 1896. 8⁰.

vom Rath, G. Sach- und Ortsverzeichnis zu den mine-
ralogischen und geologischen Arbeiten, bearbeitet
von W. Bruhns und K. Busz. Leipzig 1893. 8°.

Renévier, E. Notice sur l'origine et l'installation du
Musée géologique de Lausanne. Lausanne 1895. 8°.

— Chronographie géologique, 12 grands tableaux en
couleur. Texte explicatif suivi d'un répertoire
stratigraphique polyglotte. Lausanne 1897. 8°.

de Ribaucourt, E. Etude sur la faune lombricide de
la Suisse. Dissert. Genève 1896. 8°.

Rœsch, Ch. et Meyer, L. Contributions à l'étude des
Diatomées du territoire de Belfort et des environs ; extrait, Belfort 1894. 8°.

Saint-Lager, Dr. Les Gentianella du groupe grandi-
flora. 8°.

— La guerre des Nymphes, suivie de la nouvelle
incarnation de Buda. Paris 1891. 8°.

— Considérations sur le polymorphisme de quelques
espèces du genre Bupleurum. Paris 1891. 8°.

— La vigne du mont Ida et le Vaccinium. Paris.
1896. 8°.

— Les nouvelles Flores de France, étude bibliographique. Paris 1894. 8°.

Sanchez, A. La Cornoide. San Salvador 1895. 71 S. 8°.

Sars, G. O. Fauna Norvegiæ, Bd. 1. Christiania 1896. 4°.

— An account of the Crustacea of Norway. Vol. II.
Isopoda, part I. II. Bergen 1896/1897. 4°.
(Geschenk des Museums in Bergen).

Schardt, H. et E. Baumberger. Etudes sur l'origine des poches hauteriviennes dans le Valangien
inférieur entre Gléresse et Bienne; extrait. 8°.

— Structure géologique de région salifère de Bex ;
extrait, Genève 1896. 8°.

— Tuf des environs de Montreux; extrait, 1896 8°.

Schweizerische Landesbibliothek. Erster
    Jahresbericht 1895. Bern 1896. 8⁰.

Schweizerische Landesvermessung (1832—64).
    Geschichte der Dufourkarte; herausgegeben v.
    topogr. Bureau. Bern 1896. gr. 8⁰.

Schweiz. Landwirtschaftliche Ausstellung.
    Katalog. Bern 1895. 8".

Spegazzini, Dr. Carlos, contribucion al estudio de la
    Flora de la Sierra de la Ventana. La Plata
    1896. 8⁰. (Gesch. d. Facultad de agronomia y
    veterinaria in La Plata).

Studer, Th., Prof. Dr. Beiträge zur Geschichte unserer
    Hunderassen. Separatabdruck. s. l. 1896. 12⁰.
— Bericht der schweiz. zoologischen Gesellschaft
    1895/96. Separatabdruck. Zürich 1896. 8⁰.
— Fauna helvetica. 6. Heft: Mollusken (Fasc. IV 6
    der Bibliographie der schweiz. Landeskunde).
    Bern 1896. 8⁰.

Thoulet, M. J. Océanographie (Dynamique), 1ʳᵉ partie.
    Paris 1896. 8⁰.
— Sur le tassement des Argiles au sein des eaux.
    Paris 1897. 8⁰.

Ulrich, A. Beiträge zur Mollusken-Fauna der Kantone
    Appenzell und St. Gallen (Separatabdruck). 8⁰.
— Die lebenden Mollusken des Kantons Thurgau
    (Separatabdruck). 8⁰.

Vaud. Memorial des travaux publics du Canton de Vaud
    1896, avec planches. Lausanne 1896. 4⁰.

Verbeek et Fennema. Description géologique de
    Java et Madoura. Tome I u. II mit Atlas.
    Amsterdam 1896. 8⁰.

Ward, Henry B. The parasitic worms of man and
    the domestic animals; Lincoln (Nebr). 1895.

Ward, Henry B. On the presence of Distoma Wester-
manni in the United States; Philadelphia 1895. 8⁰.

— Some notes on the biological relations of the
fish parasites of great lakes; extr.

— A new method of the quantitative determination
of Plankton hauls; Lincoln, (Nebr.) 1895.

Wolfer, A. Prof. Zur Bestimmung der Rotationszeit
der Sonne. Sep.-Abdruck. Zürich 1896. 15 S. 8⁰.

Zeller, Dr. R. Zur Kenntnis der Minerallagerstätten
des Binnenthales. Separatabdruck. s. l. et d.
6 S. 8⁰.

Zobrist, Théo. Les Suisses en dehors de la Suisse;
extrait. Neuchâtel 1897. 8⁰.

Zoologische Studien. Festschrift, Wilhelm
Lilljeborg zum achtzigsten Geburtstag gewidmet
von schwedischen Zoologen. Upsala 1896. 4⁰.

C. Durch Kauf.

Botanische Zeitung. Jahrgang 1896. Leipzig 1896. 4⁰.

Abhandlungen der schweizer. paläontologischen Gesellschaft. Bd. 23. (1896) Genf 1897. 4⁰.

Zeitschrift für Mathematik und Physik, herausgegeben von Mehmke (früher Schlömilch). Jahrgang 1897. Leipzig 1897. 8⁰ (aus den Zinsen
des Kochfondus).

Bericht der Denkschriften-Kommission

für das Jahr 1896/97.

Tit.

Zu Anfang dieses Jahres erschien endlich der Band 35
der Denkschriften, ein stattlicher Band, enthaltend das
Werk von Herrn Dr. J. Nüesch in Schaffhausen über die
prähistorische Niederlassung am Schweizersbild bei Schaffhausen mit Beiträgen der Herren Pfarrer A. Bächtold
in Schaffhausen, Dr. J. Früh in Zürich, Dr. A. Gütz-
willer in Basel, Medizinalrat Dr. A. Hedinger in Stuttgart, Prof. Dr. J. Kollmann in Basel, Prof. J. Meister
in Schaffhausen, Prof. Dr. A. Nehring in Berlin, Prof.
Dr. A. Penck in Wien, Dr. O. Schötensack in
Heidelberg und Prof. Dr. Th. Studer in Bern. Der Band
enthält 350 Seiten Text, eine Karte, 25 Tafeln und 8
Figuren im Text.

Es wird nun auch in nächster Zeit möglich sein,
Band 33, zweite Hälfte, nachzuliefern. Er wird eine sehr
wertvolle Arbeit des Herrn Prof. A. Baltzer in Bern
(mit mehrern Tafeln) enthalten, betitelt: „Studien am
untern Grindelwaldgletscher über Glacialerosion, Längen-
und Dickenveränderung in den Jahren 1892—1897." Die
Arbeit liegt bereits druckfertig vor.

Folgendes ist im Auszuge die Rechnung der Denk-schriftenkommission für das Jahr 1896.:

Einnahmen.

Saldo vom 21. Dezember 1895 . . . . Fr.		174. 60
Subvention des Bundes . . . . „		2,000. —
Subskription des Bundes auf 200 Exemplare		
von Band 35, I. Rate . . . . . „		3,000. —
Verkauf von Denkschriften . . . . . . „		581. 20
Zinse . . . . „		7. 10
Summa Fr.		5,762. 90

Ausgaben.

Druck von Band 35 der Denkschriften . . Fr.		5,267. 70
Drucksachen, Miete des Denkschriftenlokals		
Versicherung der Vorräte . . . . . „		433. 15
Saldo „		62. 05
Summa wie oben Fr.		5,762. 90

In ausgezeichneter Hochachtung

Namens der Denkschriftenkommission,

Der Präsident:

Prof. Dr. Arnold Lang.

Zürich, den 25. Juli. 1897.

V.

Jahresbericht

der

Kommission für die Schläfli=Stiftung

für das Jahr 1896/97.

Verehrter Herr Zentralpräsident!

Die auf den 1. Juni 1897 ausgeschriebene Preisaufgabe „Über den Einfluss der äussern Lebensbedingungen' auf
den Bau. und die biologischen Verhältnisse der Fauna der
Alpenseen" hat noch keine Lösung gefunden. Da aber die
Kommission bestimmte Anhaltspunkte dafür hat, dass auf
1. Juni 1899 eine Bearbeitung eintreffen wird, hat sie sich
zur abermaligen und zugleich letztmaligen Ausschreibung
dieser selben Aufgabe auf 1. Juni 1899 einstimmig ent-
schlossen. Sie hofft, dass diese Verlängerung uns eine
um so gründlichere Lösung bringen wird. Auf den 1. Juni
1898 bleibt die Preisfrage über die Bergstürze ausgeschrieben. Dieselbe lautet;

„Es werden neue Untersuchungen über schweizerische
Bergstürze verlangt, und zwar in einer der folgenden Richtungen:

„Entweder: Es wird eine möglichst genaue, auf
eigenen neuen Aufnahmen beruhende Karte des historischen

Bergsturzgebietes von Goldau im Masstabe 1:10,000 ge-
wünscht mit Horizontalkurven von 5 oder 10 Meter Ver-
tikalabstand. Aus dieser Karte sollen Gestalt, Umgrenzung
und Struktur sowohl des Abriss- als des Ablagerungsgebietes
genau ersichtlich sein. Im Anschluss an die Karte ist die
zeitgenössische beschreibende Darstellung wissenschaftlich
zu ergänzen. Insbesondere sind das Hohlvolumen der
Abrissnische und das Volumen des Trümmerhaufens so
genau als möglich zu bestimmen, und die Anordnung der
Massen im Trümmerhaufen zu prüfen.

„Oder: Es ist eine monographische Untersuchung
eines oder einiger der grossen prähistorischen Bergstürze der
Schweiz (Sierre, Kanderthal, Klönthal-Glarus etc.) zu geben."

Für die Jahresversammlung 1897 hat also leider die
Kommission keine Gelegenheit, eine Preiserteilung zu ver-
kündigen. Sie hofft um so mehr, dass in den nächsten
Jahren das freudige Ereignis nicht ausbleiben möchte.

Die Geschäfte der Schläfli-Stiftungskommission wurden
im abgelaufenen Geschäftsjahre wieder sämtlich auf dem
Zirkularwege erledigt. Die Auslagen beschränken sich
auf den Druck und Versand der Zirkulare.

Wahrscheinlich werden wir sowohl das nächste wie
das übernächste Jahr in der Lage sein, neue Aufgaben
auszuschreiben. Wir möchten bei dieser Gelegenheit bemerken, dass wir auch Mitgliedern der Schweizerischen
Naturforschenden Gesellschaft, welche nicht zugleich Mitglieder der Schläfli-Stiftungskommission sind, für gute
Vorschläge über Fragen, welche in der Luft liegen und
deren Bearbeitung gute Aussichten hat, dankbar sein würden.

Namens der Kommission für die Schläfli-Stiftung,
Deren Präsident:
Dr. Alb. Heim, Prof.
Zürich V, 29. Juni 1897.

Bericht der geologischen Kommsision
für das Jahr 1896/97.

Das Jahr 1896/97 hat der geologischen Kommission durch den. Tod eines Mitarbeiters und eines Mitgliedes einen doppelten Verlust gebracht.. In Mett, Kanton Bern, starb im Dezember 1896 ganz plötzlich Pfarrer I s c h e r, welcher s. Z. die geologischen Aufnahmen für einen Teil vom Blatt XVII der Karte in recht sorgfältiger Weise besorgt hatte.

Anfangs April 1897 sodann erlag im Alter von nur 33 Jahren Prof. Dr. L é o n D u P a s q u i e r in Neuenburg einer heftigen Lungenentzündung. Dadurch erlitt die Geologie im allgemeinen und die schweizerische im besondern einen schweren Verlust. Schon die Dissertation Du Pasquiers, welche als Lieferung I, neue Folge, der „Beiträge zur geologischen Karte der Schweiz" unter dem Titel: „Über die fluvioglazialen Bildungen der Nordschweiz" erschienen, zeigte den gründlichen Forscher und scharfen Denker. Daher wurde ihm auch von der geologischen Kommission die Herstellung des fehlenden Textes zur Gletscherkarte von A l p h. F a v r e übertragen. Vor zwei Jahren sodann wurde Du Pasquier an der Jahresversammlung der Schweizerischen Naturforschenden Gesellschaft zu Zermatt zum Mitglied der geologischen Kommission gewählt. — Wir hatten noch auf manche schöne Frucht seines reichen, tiefen und vielseitigen Wissens, seiner ungewöhnlichen -Forschergabe, sowie seiner allezeit bereiten Arbeitslust und seines vorzüglichen Charakters gerechnet; allein einer der Besten ist uns in ihm entrissen worden.

Ein freudiges „Familienfest", möchte man fast sagen, war für die Kommission dagegen das Jubiläum des fünfzigjährigen Schuldienstes, welches der Ehrenpräsident der Kommission, Herr Prof. Dr. Franz Lang in Solothurn feierte. Gehört doch „Papa Lang" der geologischen Kommission seit 1872 an, also seit 25 Jahren. An der Feier war die Kommission durch zwei Mitglieder vertreten, und es wurde ausserdem an den Jubilar ein schriftlicher Glückwunsch gerichtet.

Den h. eidgenösischen Behörden haben wir auch dies Jahr wieder für den Kredit von 10,000 Fr. zu danken, welchen sie dem patriotischen und wissenschaftlichen Werke der geologischen Karte zukommen liessen, sowie noch für die teilweise Portofreiheit, welche sie uns gewährt haben.

Von **Publikationen** sind im Berichtsjahre zur Versendung gelangt:

1. Lieferung XXX: Prof. Dr. A. Baltzer: Der diluviale Aaregletscher in der Umgebung von Bern, mit 17 lithographischen und phototypischen Tafeln. Dazu gehört ferner die schon früher erschienene geologische Exkursionskarte der Umgebungen von Bern, von Baltzer, Jenny und Kissling, zwei Blätter in 1:25,000.

2. Lieferung VI, neue Folge: Dr. Leo Wehrli: Die Dioritzone von Disentis bis Truns, mit einer Karte in 1:50,000 und 6 Tafeln mit Profilen, Ansichten und Mikrophotographien.

3. Lieferung VII, neue Folge: Dr. Chr. Piperoff: Zur Geologie des Calanda, mit einer Karte in 1:50,000, Profilen und Ansichten.

Die rückständigen Texte der ersten Folge der „Beiträge" zeigen folgenden Stand:

1. Mit Bezug auf den noch fehlenden Text zu Blatt XVII ist nunmehr, nach dem Tode. Ischers, nachstehende Verteilung des Stoffes vorgenommen worden: Herr Dr. Maurice Lugeon in Lausanne übernimmt die detaillierte Untersuchung und Kartierung der „Hautes Alpes à faciès helvétique" zwischen Rhone und Lenk, zwischen Sanetschpass und Balmhorn (enthalten auf Blatt XVII). — .Herr Prof. Dr. Hans Schardt in Veytaux-Montreux wird eine zusammenfassende Darstellung des nördlich davon liegenden Gebietes geben, nämlich der „Préalpes vaudoises, fribourgéoises et bernoises" zwischen Genfer-See und Thuner-See, nördlich von der Linie Bex-Lenk-Frutigen-Därligen. Hiebei handelt es sich namentlich auch darum, die Differenzen, welche an den Grenzen der Blätter XII, XIII und XVII bestehen und welche davon herrühren, dass dieses zusammengehörende Gebiet in sehr verschiedenen Zeiten und in einzelnen Stücken von fünf verschiedenen Geologen bearbeitet worden ist, auszugleichen.

2. Herr Prof. Dr. C. Schmidt in Basel arbeitet weiter an dem Text zu Blatt XXIII, welcher als Lieferung XXVI erscheinen wird.

3. Die Lieferung XXVIII, d. i. der Text zur Favreschen Gletscherkarte, ist durch den Tod von Du Pasquier zum zweiten male ihres Bearbeiters beraubt worden. Die Frage, wie und von wem der fehlende Text zu dieser Karte nunmehr zu verfassen sei, ist noch nicht gelöst. Es wird kaum jemand die Bearbeitung des Glazialterrains der ganzen Schweiz übernehmen können; vielmehr wird im Laufe der Zeit eine regionenweise Bearbeitung anzustreben sein.

4. Die Lieferung XXIX, die geologische Bibliographie der Schweiz, welche von Herrn Louis Rollier bearbeitet wird, rückt tüchtig vorwärts, so dass sie in zirka 2 Jahren vollendet sein wird. (Siehe die Empfehlung am Schluss des Berichtes.)

Neue Publikationen sind folgende in Angriff genommen, zum Teil schon seit längerer Zeit:

1. Herr Prof. Dr. Fr. Mühlberg in Aarau arbeitet an der Untersuchung und Kartierung der anormalen Lagerungsverhältnisse im Grenzgebiet von Plateau- und Kettenjura.

2. Herr Dr. Aug. Tobler in Basel hat mit der Untersuchung des merkwürdigen Phänomens der „Klippen" von der Sarner Aa bis zum Mythen begonnen. Im Osten wird diese Arbeit also anschliessen an diejenige von Dr. E. Quereau: Die Klippenregion von Iberg (Lieferung III, neue Folge der „Beiträge").

3. Eine ganz neue Untersuchung, welche auf Anregung des Präsidenten der geologischen Kommission begonnen wird, betrifft eine Zusammenstellung der Terrainbewegungen in der Schweiz. Dabei würde es sich in erster Linie darum handeln, alle bekannten ältern und neuern Rutschungen, Bergstürze etc. — auch prähistorische — nach einem einheitlichen Schema in ein Exemplar des Siegfriedatlasses einzutragen. Zu jeder Eintragung gehört sodann ein Protokoll, in dem alle Angaben über die betreffende Bewegung zusammengestellt werden. — Natürlich kann dieses Material nicht von einem Geologen allein zusammengebracht werden; verschiedene eidgenössische und kantonale Verwaltungen sind beizuziehen und haben zum Teil auch schon ihre gütige Mitwirkung zugesagt. Auch die schweizerischen Geologen werden seiner-

zeit zur Mithülfe aufgefordert werden. Eine gedruckte Instruktion wird die nötigen Anhaltspunkte über die Art der Eintragungen und Notizen enthalten.

Wann und in welcher Weise das gesammelte Material publiziert werden soll, lässt sich jetzt noch nicht feststellen. Das aber ist sicher, dass auf diese Weise sich allmälig ein überwältigendes Bild der Beweglichkeit und Umgestaltung unserer Erdoberfläche ergeben wird, und dass daraus nicht nur unsere wissenschaftliche Landeskunde, sondern auch die Technik reichen Nutzen ziehen kann.

In **Revision** begriffen sind folgende Blätter der geologischen Karte der Schweiz in 1 : 100,000, deren erste Auflage erschöpft ist:

1. Blatt VII: Die Neuaufnahmen sind durch Herrn Louis Rollier und Herrn Dr. E. Kissling fertiggestellt, so dass mit dem Druck nächstens begonnen werden kann.

2. Blatt XVI wird ebenfalls in nächster Zeit in den Druck gegeben werden können. Die Revisionen- und Neuaufnahmen für den schweizerischen Teil hat Herr Prof. Dr. H. Schardt gemacht; für den savoyischen Teil hat die „Direction de la Carte géologique detaillée de la France" (M. Michel Lévy) in zuvorkommender Weise die Benutzung der Aufnahmen von Herrn Prof. Dr. E. Renevier in Lausanne gestattet.

3. Herr Dr. E. Kissling in Bern arbeitet weiter an der Begleichung der Differenzen in der Kartierung der Molasse, wie sie an der Grenze der Blätter XII und XIII bestehen. Es ist dies zugleich eine Vorbereitung für eine reduzierte geologische Karte in 1 : 250,000.

Die **schweizerische Kohlenkommission** endlich erstattet über ihre Tätigkeit 1896/97 folgenden Bericht:

Die systematische Sammlung der zerstreuten Litteratur
und die notwendigen Auszüge wurden zum Teil zu Ende
geführt und im Frühjahr 1897 den Bearbeitern überwiesen.
— Das Material, das auf die Zirkulare an Kantonsregierungen
und an Private, sowie auf die Aufrufe in den Tagesblättern
hin einging, wurde beantwortet, gesichtet und ebenfalls
den Bearbeitern zugestellt. Diese haben ihrerseits die ihnen
zugeteilten Gebiete oder Systeme in Angriff genommen.
Im Kandertal wurden einige Schürfversuche gemacht.

In der Kommission ist eine Personaländerung einge-
treten, indem für den bisherigen Sekretär, Hrn. Dr. Leo
Wehrli, der gegenwärtig durch eine geologische Unter-
suchung der Anden zwischen Argentinien und Chile in
Anspruch genommen ist, gewählt wurde Herr E. Letsch,
Sekundarlehrer in Zürich, bisheriger Mitarbeiter.

Zürich, im Juli 1897.

Für die geologische Kommission,

Der Präsident: **Dr. Alb. Heim,** P r o f.
Der Sekretär: **Dr. Aug. Aeppli.**

Geologische Bibliographie der Schweiz.

Herr Louis Rollier, Geolog in B i e l, Wyssgässli 10,
ist im Auftrag der schweizerischen geologischen Kommission
damit beschäftigt, die geologische Bibliographie der Schweiz
auszuarbeiten. Dieses bedeutende Werk, welches nicht
nur eine Aufzählung von Titeln sein wird, sondern kurz
den Inhalt der betreffenden Arbeiten gibt, geht seiner
Vollendung entgegen.

Um dem Verfasser gerade die Verwertung der in den
letzten Jahren über die Geologie der Schweiz erschienenen

Publikationen zu erleichtern, empfehlen wir den sämtlichen Fachgenossen, sie möchten Hrn. Louis Rollier ihre die Schweiz betreffenden geologischen Arbeiten so viel als möglich in Separatabdrücken zur Rezension zukommen lassen.

Im Auftrag der schweiz. geologischen Kommission,

Der Präsident: **Dr. Alb. Heim**, Prof.

Der Sekretär: **Dr. Aug. Aeppli.**

Rapport de la Commission géodésique suisse

pour l'année 1896/97.

La Commission géodésique a tenu le 21 mai 1897 sa 40me séance réglementaire à l'Observatoire de Neuchâtel Le procès-verbal, qui est sous presse et qui aura été distribué aux autorités et aux savants suisses à l'époque de la session d'Engelberg, contient non seulement les comptes de 1896 et toutes les données financières de notre administration, mais aussi tous les détails désirables sur l'avancement des travaux géodésiques dans notre pays, de sorte que je puis me borner à les résumer ici brièvement.

1. Le programme fixé en 1896 pour les recherches sur les déviations de la verticale a été exécuté en ce qui concerne les observations et les réductions. Voici d'abord les valeurs des latitudes astronomiques qui ont été déterminées dans les cinq stations astronomiques suivantes :

Tourbillon	$\varphi = 46^0\ 14'$	14,"6
Torrenthorn	22	30, 5
Chalet sur Lausanne	33	33, 6
Signal de Moudon	40	17, 1
St-Gothard	33	18, 0

On doit y ajouter les latitudes astronomiques approchées des quatre stations de pendule de la vallée du Rhône :

Villeneuve	$\varphi = 46^0\ 24'\ 6''$
St-Maurice	12 57
Martigny	6 33
Sierre	17 30

En comparant à ces dernières les latitudes géodésiques empruntées à l'Atlas Siegfried, on trouverait pour les déviations de la verticale en latitude les valeurs ci-après:

| Villeneuve | $+\ 2''$ | Martigny | $+\ 12''$ |
| St-Maurice | $+\ 12$ | Sierre | $-\ 3$ |

II. Le nombre des stations où, dans la dernière campagne, il a été possible de mesurer l'intensité de la pesanteur au moyen du pendule, a été particulièrement considérable, attendu que pour 12 de ces stations, qui reçoivent par télégraphe l'heure astronomique de l'Observatoire de Neuchâtel, l'ingénieur a pu se dispenser d'y déterminer l'heure par des observations *ad hoc*, ce qui a réduit considérablement le travail à exécuter dans chaque station. En outre, pour la station de Chaumont, voisine de Neuchâtel, il a été possible de comparer, au moyen du téléphone, le chronomètre de M. Messerschmitt avec la pendule sidérale de l'Observatoire.

Les résultats des mesures de la pesanteur faites en Suisse dans les dernières années seront réunis dans le 7me Volume des Publications de la Commission, qui est sous presse et sera uniquement consacré à cet important sujet. Afin de s'assurer de l'invariabilité des pendules employés dans notre pays, la Commission a jugé nécessaire d'envoyer M. Messerschmitt, au mois de mars dernier, à Vienne, pour y comparer de nouveau nos pendules à ceux de M. le colonel de Sterneck et obtenir ainsi une jonction irréprochable entre notre réseau de la pesanteur et ceux des pays voisins.

Sauf de très légères modifications résultant de la révision, on peut déjà affirmer que, dans la région du Jura et la majeure partie de la Suisse occidentale, les valeurs observées de la pesanteur ne diffèrent que de quantités minimes de la valeur normale, de sorte qu'on ne peut reconnaître aucun défaut souterrain de masse sensible sous le Jura, tandis que dans la vallée du Rhône et au St-Gothard un pareil défaut de masse ne peut être mis en doute.

III. Les travaux du Nivellement de précision, dans lesquels les ingénieurs du Bureau topographique fédéral ont été malheureusement très contrariés par le mauvais temps en 1896, comprennent un certain nombre de lignes nouvelles et la révision des repères du „Nivellement de précision de la Suisse". La longueur totale des lignes nivelées dans cette campagne est de 318 kilomètres, tandis que les travaux de repérage s'étendent sur 135 km. d'anciennes lignes; la 5me livraison des „Repères du Nivellement de précision de la Suisse" a paru en 1896 et la 6me livraison est en préparation.

IV. La Commission a fixé comme suit le programme des travaux pour la campagne de 1897 :

a.) Mesure de l'azimut à Moudon en particulier et dans toutes les stations astronomiques où cela sera possible ;

b) Etudes préliminaires pour l'établissement d'une chaîne de triangles de 1er ordre dans la Suisse orientale (méridien du Gäbris) ;

c) Etablissement de stations astronomiques et de pendule au Säntis, à Hohentannen, à Bisseg et éventuellement à Homburg ;

d) Observations de pendule dans le Prättigau et la Basse-Engadine ;

e) Impression du volume VIII des „Publications de la Commission géodésique", qui sera de nouveau consacré aux déviations de la verticale ;

f) Achèvement par M. Messerschmitt du beau travail sur l'attraction des masses visibles dans les stations du méridien de Neuchâtel, commencé il y a deux ans et presque terminé par notre regretté collaborateur, le professeur Léon Du Pasquier, dont la science suisse déplore la disparition prématurée. Ce travail paraîtra en langue française sous forme d'Appendice à l'un des prochains volumes de nos publications.

Pour les travaux de nivellements à exécuter en 1897, la Commission a décidé les opérations suivantes :

1º Nivellement de la ligne Thusis-Tiefenkasten-Davos ;

2º Nivellement de contrôle des lignes Delémont-Delle et St-Imier-La Chaux-de-Fonds ;

3º Continuation de la révision des repères dans une partie de l'ancien réseau ;

4º Rattachement de quelques stations hydrométriques du Valais au Nivellement de précision et jonction nouvelle, à Villeneuve ou à Roche, avec le Nivellement français à St. Gingolph.

V. La question du *levé magnétique* de la Suisse et éventuellement de la création d'un observatoire magnétique dans notre pays, dont nous avons déjà nanti la Société helvétique, est entrée dans une nouvelle phase, non seulement parce qu'en Bavière où, à un certain moment, on paraissait avoir abandonné le projet de créer un observatoire magnétique à Munich, on y est revenu et on procède déjà à son exécution, mais aussi parce que la Commission géodésique a appris que le beau et vaste projet de M. le professeur Wild aurait, pour le moment, peu de chances d'être accueilli par les Hautes Autorités fédérales de façon à pouvoir espérer d'obtenir les crédits assez considérables qui seraient nécessaires pour sa réalisation.

Comme au contraire les dispositions, au Département fédéral de l'Intérieur, sont toujours très favorables à l'organisation d'un levé magnétique de la Suisse dans les proportions

plus modestes que nous avions en vue, la Commission a
jugé opportun de revenir à son premier projet, et a chargé
un comité de trois membres (MM. Gautier, Hirsch et
Riggenbach) de l'élaborer définitivement, en profitant autant
que possible des conseils de M. Wild et de s'entendre
avec les observatoires magnétiques voisins pour obtenir
d'eux les éléments de réduction nécessaires. On s'en occupe
actuellement.

VI. L'Association géodésique internationale a été définitivement reconstituée, car des 21 Etats, après que l'Empire
d'Allemagne se fût substitué aux 7 anciens Etats allemands
qui en faisaient partie autrefois, 16 ont adhéré à la nouvelle
Convention géodésique de 1895, et des 5 qui ne se sont
pas encore prononcés, il est probable que les principaux
ne tarderont pas à faire parvenir leur adhésion. Aussi
l'ancienne Commission permanente, qui s'est réunie pour
la dernière fois en Suisse, du 15 au 21 octobre 1896, à
Lausanne, s'y est dissoute et a transmis ses pouvoirs au
nouveau bureau de l'Association, formé de M. le président
Faye, du vice-président M. le général Ferrero, du secrétaire
perpétuel M. le Dr Hirsch et du Directeur du Bureau
central, M. le professeur Helmert.

Suivant une décision prise à Lausanne, ce bureau, en
commun avec l'ancienne Commission permanente, a adressé
au mois d'avril dernier un „Rapport sur la gestion et les
travaux scientifiques de la période décennale 1887—1896
et sur les adhésions à la nouvelle Convention de 1895
aux Gouvernements de l'Association géodésique internationale"; ce document, dont des exemplaires ont été
distribués aux Autorités suisses et aux membres de notre
Commission fédérale, contient toutes les données importantes
sur l'état actuel de l'organisation internationale. Comme
entre autres il invite les Hauts Gouvernements à désigner
leurs représentants à la nouvelle Commission permanente

consultative, le Conseil fédéral, conformément au préavis de la Commission géodésique suisse, a maintenu M. le professeur Hirsch comme délégué de la Suisse dans cette Commission internationale.

Le Président de la Commission géodésique:

Dr. Ad. Hirsch.

Neuchâtel, le 16 juillet 1897.

VIII.

Bericht der Erdbebenkommission

für das Jahr 1896/97.

Im Jahre 1896 wurden in unserm Lande an 15 verschiedenen Tagen 20 zeitlich getrennte Erderschütterungen wahrgenommen, welche sich auf die Monate folgendermassen verteilen:

I	II	III	IV	V	VI	VII	VIII	IX	X	XI	XII
1	0	1	4	4	2	2	0	2	3	0	1

Auf die Zeit der relativen Ruhe des Menschen von 8 h. p. — 8 h. a. fallen 12, auf diejenige der Tätigkeit von 8 h. a. — 8 h. p. dagegen 8 wahrgenommene Erschütterungen.

Während 1895 hauptsächlich die Südfront des Landes bewegt wurde, so fallen 1896 die meisten Erdpulsationen auf das untere Rhonetal, die schweizerische Hochebene und die Nordschweiz. Zehn Erschütterungen verteilen sich auf sieben Erdbeben, von denen das erste das südwestliche Deutschland und die ganze Schweiz bis zu den Voralpen bewegt hat.

1. 22. Jan. 0 h. 50 m. a. m. ausgedehntes südwestdeutsches Erdbeben.
2. 8. April 9 h. 30 m. a. m. Lokalbeben Avenches-Payerne.
3. 29. Mai 5 h. 17 m. a. m. — 2 h. 30 m. p. m. Erdbeb. im unt. Rhonetal.
4. 17. Sept. 1 h. 35 m. a. m. Lokalbeben Yverdon-Champvent.
5. 29. Sept. 5 h. 27 m. p. m. erstes Erdbeben in La Vaux.
6. 6. Okt. 2 h. 45 m. u. 5 h. 30 m. p. m. Lokalbeben in La Vaux.
7. 19. Dez. 3 h. 30 m. p. m. zweites Erdbeben in La Vaux.

Die Bearbeitung des von den Mitgliedern der Kommission gesammelten und bei der meteorologischen Zentralanstalt eingegangenen Beobachtungs-Materials hat wie bisher unser Aktuar in uneigennützigster Weise besorgt, und es wird die Arbeit in den Annalen der meteorologischen Zentralanstalt (Jahrgang 1896) publiziert werden.

Die von Rebeur und Gerland vorgeschlagene internationale Organisation der Erdbebenforschung mit passend verteilten Hauptstationen geht allmählich ihrer Verwirklichung entgegen. Ehrenpflicht unseres Landes wird es sein, eine möglichst gut ausgerüstete Erdbebenstation des internationalen Systems zu übernehmen. Eine solche wird sich am leichtesten und zweckmässigsten mit dem projektierten magnetischen Observatorium verbinden lassen. Das Bifilarmagnetometer hat sich in neuerer Zeit als ein sehr empfindliches Seismometer erwiesen. Um daher magnetische Störungen und seismische Schwankungen auseinander halten zu können, ist es durchaus erforderlich, dass neben den magnetischen Registrierapparaten auch empfindliche seismische Apparate funktionieren, vor allem das Rebeursche Horizontalpendel, das in jüngster Zeit nicht unwesentliche Verbesserungen erfahren hat. Die Erdbebenkommission muss deshalb lebhaft wünschen, dass das projektierte magnetisch-meteorologische Observatorium auch für Forschungen in geodynamischer Richtung dem Stande der heutigen Wissenschaft entsprechend ausgerüstet werden möchte.

Leider hat die Kommission das erst letztes Jahr gewählte Mitglied Prof. Dr. L. Du Pasquier, den allgemein geschätzten, vielversprechenden jungen Forscher, durch den Tod verloren. Wir beantragen, denselben durch, Herrn Prof. Schardt, den Amtsnachfolger zu ersetzen, ferner den infolge Überhäufung mit Amtsgeschäften demissionierenden Herrn L. Gauthier in Lausanne unter bester Verdankung der vorzüglichen Dienste, die er sich als eifriger Sammler von Erdbebenbeobachtungen in der Südwestschweiz erworben hat, aus der Kommission zu entlassen und Herrn C. Bührer, Apotheker in Clarens, als Nachfolger zu wählen.

Für die Fortführung unserer Arbeiten im nächsten Jahre ersuchen wir um einen Kredit von **Fr. 100.**

Zürich, den 31. Juli 1897.

Für die Erdbebenkommission:

Der Präsident:

R. Billwiller.

IX.

Bericht der limnologischen Kommission

für das Jahr 1896/97.

———

In der Zusammensetzung der limnologischen Kommission wurde durch den Austritt des Herrn Prof. X. Arnet eine Änderung bedingt. An seine Stelle trat Herr Apotheker O. Suidter, dessen tätige Mithülfe bei der Untersuchung des Vierwaldstätter Sees uns von besonderem Wert ist.

Unsere grösste Aufmerksamkeit nahm die l̄imnologische Untersuchung des Vierwaldstätter Sees in Anspruch. Sie steht unter der Leitung eines Komitees, das sich aus den Herren Apotheker O. Suidter, Dr. E. Schumacher-Kopp, Prof. Dr. H. Bachmann und Dr. Steiger, Zahnarzt, als Delegierte der Naturforschenden Gesellschaft und der Donnerstags-Gesellschaft in Luzern, zusammensetzt und dessen Vorsitz der unterzeichnete Präsident der limnologischen Kommission führt. Das Komitee trat im Laufe des Jahres wiederholt zu Sitzungen zusammen. Im Mai hielt der Unterzeichnete auf Veranlassung der Donnerstags-Gesellschaft in Luzern einen öffentlichen Vortrag über die Tierwelt der Seen, der für unsere Unternehmung Propaganda machen sollte.

Die Anschaffung der nötigen Apparate und Instrumente wurde weitergeführt; dabei beteiligte sich die limnologische Kommission, wie die beiliegende Rechnung zeigt, hauptsächlich durch den Ankauf von Planktonnetzen, welche somit auch für eine spätere Untersuchung anderer schweizerischer Seen zur Verfügung bleiben.

Von den verschiedenen Programmpunkten erfuhren hauptsächlich die botanische und die zoologische Untersuchung. Förderung; die erstere durch Herrn Prof. Dr. Bachmann, die letztere durch zwei unter der speziellen Leitung des Unterzeichneten stehende Schüler der zoologischen Anstalt der Universität Basel. Der eine der genannten Mitarbeiter sammelte die Mollusken des Sees; der andere stellte fortlaufende Beobachtungen über das tierische Plankton an. Beide werden ihre Arbeiten am See in nächster Zeit einstellen können und das gesammelte Material im Laufe des Winters bearbeiten. Als Beitrag an die Reisespesen des einen der Mitarbeiter verausgabte die limnologische Kommission 50 Fr.

Auch die physikalische Untersuchung hat erfreuliche Fortschritte zu verzeichnen. Herr Prof. X. Arnet setzte, von der limnologischen Kommission unterstützt, seine wertvollen Beobachtungen über Transparenz und Temperatur des Sees fort, und Herr Dr. Ed. Sarasin-Diodati installierte vor einiger Zeit seinen Limnographen am Vierwaldstätter See. Wir sind ihm dafür zu grossem Dank verpflichtet und sehen den ersten Resultaten seiner Beobachtungen mit vielem Interesse entgegen. Endlich sind auch die Vorarbeiten zur chemischen Wasseranalyse so weit gediehen, dass Herr Dr. Schumacher die eigentliche Untersuchung in nächster Zeit wird aufnehmen können.

Das unter der Leitung des Herrn Gotthardbahndirektor Wüest stehende Finanzkomitee erliess im Frühjahr 1897 einen Aufruf an die Anwohner des Vierwaldstätter Sees, der zur finanziellen Unterstützung unseres Unternehmens einlud und in erfreulicher Weise bei Be-

hörden, Transportanstalten und Privaten Anklang fand.
Gleichzeitig wurden die ersten Schritte zur Gründung eines
Vierwaldstätter See-Vereins getan, dessen Mitglieder sich
verpflichten, die naturwissenschaftliche Erforschung des
Sees durch einen kleinen jährlichen Beitrag zu unterstützen.

An der planvollen und gut organisierten Untersuchung des Züricher Sees beteiligt sich ebenfalls
ein Mitglied unserer limnologischen Kommission, Herr
Dr. J. Heuscher, durch aktive und eifrige Arbeit.

Infolge der vielfachen durch die Vierwaldstätter See-
Untersuchung verursachten Anforderungen schliesst die
diesjährige beiliegende Rechnung mit einem kleinen Fehl-
betrag ab. Mit der weiteren Entwicklung des nun in
Angriff genommenen Werkes werden sich neue finanzielle
Bedürfnisse einstellen, und so gelangen wir denn mit der
ergebenen Bitte an Sie, uns durch Annahme des folgenden
Antrags unterstützen zu wollen:

Der Bericht der limnologischen Kommission sowie
ihre Jahresrechnung wird genehmigt und der genannten
Kommission für das Jahr 1897/98 ein Beitrag von
Fr. 200 gewährt.

Die limnologische Kommission Ihrem Wohlwollen
bestens empfehlend, zeichnet

Hochachtungsvoll ergeben

Basel, im Juli 1897.

Der Präsident:
Prof. Dr. F. Zschokke.

X.

Bericht der Moorkommission

pro 1896/97.

Die Arbeiten im Felde beschränken sich auf einige Exkursionen ins Gebiet des obern Zürichsees und den Kanton Appenzell.

Was die „Ergebnisse" betrifft, so sind für deren Abfassung zwei Teile in Aussicht genommen. Der erste wird Monographien von typischen Mooren und Moorgebieten aus den verschiedenen Teilen unseres Landes enthalten, also die Materialien und zugleich Denkmäler untergehender Formationen. Der zweite Abschnitt wird in analytischer und synthetischer Form sämtliche wissenschaftlichen Fragen behandeln.

Für den ersten Teil sind bereits 20 Moore resp. Moorgebiete monographisch bearbeitet.

Laut unserer vorgelegten Rechnung verfügen wir über einen Aktivsaldo von 68 Fr. 20 Cts., mit Hülfe dessen wir im nächsten Jahr unsere wesentlich redaktionellen Arbeiten fortsetzen wollen.

Hochachtungsvoll!

Zürich, 27. Juli 1897.

Für die Kommission:

Dr. J. Früh.

XI.

Bericht der Flusskommission

für das Jahr 1896/97.

Obwohl auch im abgelaufenen Berichtsjahr die Arbeiten der Flusskommission ihren Fortgang genommen haben, so liegen doch noch keine bestimmten Resultate vor. Die Bemühungen der Kommission erstreckten sich nach drei Richtungen:

1. Messung des Schlammabsatzes im Vierwaldstätter See. Wie im letzten Bericht ausgeführt, war Prof. Heim im Winter 1895/96 verhindert, die Blechkasten zu heben, die im Winter vorher im Vierwaldstätter See zum Zweck der Messung des Schlammabsatzes ausgesetzt worden waren. Die Hebung sollte nun im Winter 1896/97 erfolgen. Am 9. Januar 1897 machte sich Prof. Heim daran. Er berichtet darüber: „Der erste Kasten ausserhalb Rütli war an galvanisierten Telegraphendrähten befestigt und versenkt worden. Da zeigte sich, dass überall, wo die Drähte nur spurweise durch den Wellenschlag an Fels oder an Steinen hin und herbewegt worden waren, also der Zinnüberzug abgerieben war, sofort ein rasches Durchrosten mit Auflösen des Eisens eingetreten war. Es gelang uns zwar, mit Haken tiefere Fortsetzungen des abgetrennten Drahtes aufzufangen; aber auch diese endigten mit sonderbar zugespitzten Roststellen, und der tiefere Teil war nicht mehr zu finden,

der Kasten also nicht mehr zu heben. Da an diese Möglichkeit bei Versenken der Kasten vor 2 Jahren nicht gedacht worden war, war auch die Stelle, wo der Kasten liegt, nicht genau bestimmt worden und nur auf 50 m links oder rechts, auf oder ab anzugeben.

„Unterhalb Treib, wo der zweite Kasten versenkt worden war, fanden wir an windgeschützter Stelle den Draht ebenfalls mehrmals geknickt und beinahe durchgerostet, die Trennung war aber doch nicht vollständig. Bei diesem Kasten bestand nur der obere Teil aus Draht; tiefer folgte extra gedrehtes und in Teer gekochtes Seil. Wir zogen den Draht empor; dann folgte das Seil — aber dieses war trotz seiner ausgesuchten Qualität und trotz des Kochens in Teer total wie verfault und so brüchig geworden, dass es im Wasser bei blosser Berührung in viele Stücke auseinander fiel. Auch der zweite Kasten war somit nicht emporzuheben.

„Unser bisheriges Resultat besteht somit nur darin, dass wir jetzt wissen, dass Seile für unsere Zwecke nicht brauchbar sind, ebensowenig galvanisierte Drähte. Bei den letztern soll ein galvanischer Strom, der sich zwischen der Verzinnung und dem Eisen einstellt, das Durchrosten des letztern im Wasser noch besonders befördern.

„Ich überlegte und beriet nun mit den tüchtigsten Materialkennern. Ganz besonders bin ich in dieser Beziehung Herrn Emil Huber, Direktor der Maschinenfabrik Oerlikon, zu Dank verpflichtet, nicht nur für Rat, sondern auch für sehr uneigennützige, tatkräftige Mithilfe.

„Als alles auf das sorgfältigste vorbereitet war, begab ich mich abermals an den See, wo ich am 12. und 13. April tätig war. Wir versuchten zuerst nochmals die verlorenen Kasten zu heben. Zu diesem Zwecke hatten wir eine Art Wagen konstruiert, der, am Seegrunde hin und her gezogen, mit einer grossen Anzahl an 5 m langer

Axe befestigter Haken von besonderer Form in die Draht-
pyramiden der Kasten eingreifen sollte. Die Hantierung
mit diesem Apparat war recht mühsam. Wir erlangten
nichts.

„Nun gingen wir an das Werk, die neuen, mit äusser-
ster Sorgfalt eingerichteten Kasten zu versenken. Die Kasten-
wände waren diesmal etwas schief gestellt worden, damit
der Kasten weniger fest im Schlamm hafte. Ausserdem
hatte jeder Kasten eine äussere, leichte Zinkhülle, die
bestimmt ist, im Schlamm stecken zu bleiben, damit der
Eisenkasten sich besser herausziehen lässt. Die Draht-
pyramiden wie die an ihnen befestigten Haken sind aus
dickem Kupferdraht gefertigt. Der Draht, an dem die
Kasten versenkt wurden, ist dicker Kupferdraht, in seinem
obern Teil direkt ein doppeltes Kupferkabel, damit, wenn
ein Strang durch die Bewegung der Steine im Sturm
durchgeschliffen werden sollte, noch der andere hält. Die
Befestigung unter Wasser an grossen Steinen und das
Bedecken mit solchen wurde besonders sorgfältig bewerkstelligt. Sodann wurde die Lage der versenkten Kasten
genau einvisiert. Derjenige im Urner See liegt 250 m
ausserhalb des Felsufers in 200 m Tiefe, derjenige im
Becken unterhalb Treib ebenfalls 250 m vom Ufer in
120 m Tiefe.

„Im März oder April 1898 werde ich wiederum mit
meinem vortrefflichen Gehülfen Präparator Dreier zur
Stelle gehen und die Kasten zu heben versuchen, was
diesmal ohne Zweifel gelingen wird. Ist alles in Ordnung,
so sammle ich den Schlamm in bereits dafür in Bereit-
schaft gehaltene Blechbüchsen zur nähern Untersuchung
und versenke die Kasten nochmals.'

Soweit der Bericht des Herrn Prof. Heim. Er fügt
demselben noch hinzu, dass auf seine Veranlassung Herr
Arbenz in Wesen, der ähnliche Beobachtungen im Walen-

see anstellen will, seinen Kasten noch nicht versenkt hat,
sondern noch die weitern Erfahrungen im Vierwaldstätter
See abwartet.

2. S'chöpfversuche in der Rhone oberhalb des Genfer Sees.

Wie im vorigen Bericht mitgeteilt, hat Herr Prof.
Duparc seine Untersuchungen über die Methode des
Schöpfens abgeschlossen. Er hat nun einen Plan aus-
gearbeitet, wie dieses Schöpfen erfolgen soll; allein es hat
sich ergeben, dass die Ausführung dieses Planes, die einen
besondern, ausschliesslich hierzu verwendeten Beobachter
erfordern würde, mit Unkosten verbunden sein würde, die
die Mittel der Flusskommission, ja der schweizerischen
naturforschenden Gesellschaft weit übersteigen würden.
Daher musste von diesem Plan abgesehen und ein anderer
Weg eingeschlagen werden. Augenblicklich schweben
Verhandlungen mit dem eidgen. hydrometrischen Bureau
darüber, ob nicht der neue Beobachter der Pegelstation
zu Porte-du-Scex mit der Entnahme der Wasserproben
betraut werden könnte. Das eidgen. hydrometrische Bureau
ist bereit, uns hier nach Kräften entgegenzukommen. Ein
Nachteil gegenüber dem Plan des Herrn Duparc besteht
allerdings darin, dass die Wasserproben direkt an der
Pegelstation entnommen werden müssten, während vielleicht
ein Punkt weiter oberhalb sich besser dazu eignen würde.
Allein dieser Nachteil fällt doch nicht in Betracht gegenüber der grossen Bequemlichkeit der Entnahme. Stets
hat sich bei regelmässig während längerer Zeit anzu-
stellenden Beobachtungen gezeigt, dass die Güte der Beobachtungen um so grösser ist, je bequemer sie anzustellen
sind. Ist die Beobachtung sehr mühsam, z. B. dadurch,
dass der Beobachter bei schlechtem Wetter einen grossen
Weg zu machen hat, so unterbleibt sie nur zu oft und
wird dann auch wohl gar gefälscht. Die Wahl von Porte-

du-Scex hat auch noch den Vorteil, dass hier ein Registrier-
pegel aufgestellt ist, der sehr gut funktioniert. Ferner
fällt in Betracht, dass für diesen Punkt eine Reihe von
Wassermengen - Messungen vorliegen. In dankenswerter
Weise hat das eidgen. hydrometrische Bureau während
des Hochwassers dieses Sommers noch zwei solche Messungen angestellt, die die bisherigen wesentlich ergänzen
und korrigieren. Wir hoffen, dass im Winter die Schöpfversuche in Porte-des-Scex ihren Anfang werden nehmen
können.

3. Beobachtungen über das Anwachsen
des Deltas.

Die Ausmessung des Zuwachses, den das Reussdelta
in den letzten Jahrzehnten erfahren hat, in Ergänzung
und Kontrolle der Heimschen Zahlen, ist auf Grund eines
neuen Originalplanes des eidgen. hydrometrischen Bureaus
im Gange, aber noch nicht abgeschlossen.

Der der Flusskommission im vorigen Jahr über-
wiesene Kredit von Fr. 100 ist vollkommen aufgebraucht.
Da der Verlust der Schlammkasten im Vierwaldstätter See
uns gezwungen hat, neue anzufertigen und dabei die viel
teurern Kupferkabel zu verwenden, so sind uns, obwohl
Prof. Heim einen Teil der Unkosten auf sich zu nehmen
sich bereit erklärt hat, ganz erhebliche Auslagen erwachsen,
die noch nicht gedeckt sind. Da im nächsten Jahr auch
die Einrichtung der Schöpfstation, besonders für Erstellung der Versandkisten für Wasserproben, Mittel erfordern
wird, so stellt die Flusskommission das ergebene Gesuch,
es möge ihr für das nächste Jahr ein Kredit von Fr. 150
bewilligt werden.

Bern, August 1897.

Im Namen der Flusskommission :
Ed. Brückner.

Rechnungsablage.

Jahreskredit pro 1896/97   Fr. 100. —
    Ausgaben für die Landesausstellung in
       Genf   Fr.   13. 25

        Kassabestand am 1. Aug. 1897   Fr.   86. 75

Dieser Rest von Fr. 86. 75 befindet sich in Verwahrung beim unterzeichneten Rechnungssteller, wird jedoch nach Rückkehr des Herrn Prof. Heim aus Russland diesem à conto seiner Auslagen für die Legung der neuen Schlammkasten etc., die insgesamt Fr. 283. 05 betragen, ausgezahlt werden.

    Bern, August 1897.

                                     Ed. Brückner.

XII.

Bericht der Gletscherkommission

für das Jahr 1896/97.

Die Hauptthätigkeit der Kommission bezieht sich auf die Vermessung des Rhonegletschers; wir beginnen deshalb wie gewöhnlich mit der Berichterstattung über die Fortsetzung dieser nun seit 23 Jahren regelmässig fortgesetzten Arbeit.

Die Vermessungen im Jahre 1896 fanden vom 26. August bis zum 4. September statt; leider herrschte in diesem kurzen Zeitraum während 5 Tagen schlechtes Wetter. Diese Arbeit wurde, wie seit einer Reihe von Jahren, durch Herrn Ingenieur Held mit der gewohnten Trefflichkeit ausgeführt; er wurde dabei von Felix Imahorn aus Oberwald unterstützt, der auch während des Jahres die Beobachtungen der Abschmelzstangen, der Gletscherzunge und der Niederschläge besorgt hat.

Dem Berichte des Herrn Held entnehmen wir folgende Angaben:

1. Nivellement der Querprofile.

Für die Veränderungen der vier Querprofile auf dem Gletscher und die der vier Querprofile in der Firngegend ergab sich folgendes:

Mittlere Änderung des Eisstandes in Metern.

Auf dem Gletscher: im Jahr 1895 im Jahr 1896 seit 1874

	im Jahr 1895	im Jahr 1896	seit 1874
Grünes Profil	— 6,73	— 10,90	— 93,45
Blaues Profil		— 4,63	— 51,88
Gelbes Profil	— 0,63	— 0,62	— 5,54
Rotes Profil	— 0,97	— 0,27	— 6,22

Auf dem Firn: seit 1882

Untere Grossfirnebene	— 0,73	— 0,12	— 3,57
Unteres Thäliprofil	— 0,90	— 0,21	— 4,66
Oberes Thäliprofil	— 0,90	+ 0,85	— 1,24
Obere Grossfirnebene	— 0,90	+ 1,22	— 2,08

Die Zahl 51,88 des neuen blauen Profils ist aus der topographischen Aufnahme reconstruiert und somit nur angenähert.

Aus der obigen Tabelle ergiebt sich, dass selbst im Regenjahre 1896 der Stand des Eises im Gletscher überall heruntergegangen ist, beim untersten grünen Profil sogar in sehr erheblichem Grade, was jedoch der Abschmelzung durch die ausfliessende Rhone zugeschrieben werden darf. Auch die untern Firnprofile weisen noch ein Sinken des Standes auf, und nur die obern Firnprofile, welche mehr als 2900 Meter über Meer liegen, zeigten ein unbedeutendes Steigen.

Seit der ersten Vermessung zeigen alle Profile ein Sinken des mittlern Standes und zwar teilweise ein sehr bedeutendes; so ist z. B. während der 22 Beobachtungsjahre der Stand des Eises im grünen Profil um nahezu 100 Meter gesunken.

2. Aufnahme der Steinreihen.

Eine vollsändige Aufnahme der gelben und roten Steinreihe war nicht möglich, da fast alle Nummernsteine unter Lawinenschnee lagen. Immerhin ist eine sehr erfreuliche Ueberraschung zu melden. Die rote oberste

Steinreihe kam unterhalb des Sturzes zum Vorschein, und
es konnte ein 150 Meter langes Stück derselben unterhalb
des Sturzes aufgenommen werden; darin befindet sich ein
numerierter Stein, welcher, seit er durch Messung verfolgt
wird, einen Weg von mehr als 2,7 Kilometer zurückgelegt und dabei fast genau den gleichen Stromstrich
wie der entsprechende Stein der gelben Reihe verfolgt hat.

3. Messung der Firnbewegung.

Auch bei den Messungen der Bewegung im Firngebiet
zeigte sich wieder die von frühern Jahren her bekannte
Gleichmässigkeit und Stätigkeit.

4. Jährliche Eisbewegung in den Profilen.

Versuche mit Steinen, die mit einer Unterlage von
grobem Sand auf das Eis im Profil gelegt waren, ergaben,
dass die Steine weiter vorrückten als die Sandunterlage,
was sich nur aus dem Rutschen der Steine erklären lässt
bei einem grössern Gefälle von 50 % wird der zurück-
gelegte Weg durch Rutschen etwa um einen Zehntel, bei
einem kleinern von 30 % etwa nur um einen Zwanzigstel
vergrössert; es muss dieser Umstand bei der Ermittlung
der Eisbewegung berücksichtigt werden, was aber einige
Schwierigkeit bietet, da diese hauptsächlich nur bei Erwärmung der Steine durch Sonnenstrahlung eintretende
Gleitbewegung manchen Unregelmässigkeiten unterworfen ist.

Die Messungen im gelben und roten Profil ergaben
für die Jahre 1895 und 1896 eine etwas kleinere Bewegung als in früheren Jahren, was vermutlich mit den
tiefern Eisständen zusammenhängt.

5. Topographische Aufnahme der Gletscherzunge.

Die Gletscherzunge endigt mit einem regelmässig ge-
formten Eisrand von 162 m. Radius, ein Teil des Muttbachs
fliesst ausserhalb des Eises in die Rhone, und nur ein Arm
desselben wird von der Zunge bedeckt.

In der Mitte ist vom 31. August 1895 bis zum 26. August 1896 die Gletscherzunge um 19,5 Meter zurückgegangen, und es sind dadurch 4900 m.² Strandboden blossgelegt worden.

6. Einmessungen des Eisrandes der Gletscherzunge.

Auch im Jahre 1895/96 wurden die Schwankungen des Eisrandes durch monatliche Einmessungen ermittelt, so weit sie nicht im Winter durch Lawinen gestört wurden. Die Monate November bis April zeigten ein Vorrücken des Zungenrandes, das aber durch den Rückgang in den Monaten Juni bis Oktober überholt wurde.

7. Abschmelzung von Firn und Eis.

Die Messung an den Abschmelzstangen, welche in diesem Jahr auch im neuen blauen Profil vorgenommen wurden, ergaben:

Grünes Profil.	Blaues Profil.	Gelbes Profil.	Rotes Profil.
(1820 m. ü. M)	(1900 m. ü. M)	(2400 m. ü. M)	(2560 m. ü. M.)
8,96 m.	7,60 m.	3,05 m.	1,68 m.

Es sind diese Abschmelzungen ungefähr um ein Drittel geringer als im Jahr 1895 und bleiben auch unter dem Mittel der seit 1887 ermittelten Grössen.

Im Firngebiet kann nicht die Abschmelzung, sondern nur der Stand des Firns beobachtet werden, wobei der gefallene Schnee mit in Rechnung kommt. Bis zur Meereshöhe von 2700 Metern zeigte sich eine Abnahme, weiter oben eine ziemlich bedeutende Zunahme von mehr als 4 Metern.

8. Allgemeines Resultat.

Auch das Regenjahr 1896 zeigt sowohl in betreff des Eisstandes als der Abgrenzung an der Gletscherzunge einen weitern Rückgang des Gletschers, der jedoch geringer ist als im vorhergehenden Jahre.

9. Pegelbeobachtungen.

Die Messung der Minimalwassermengen für Muttbach
und Rhône, die zur Bestimmung. der absoluten Abfluss-
mengen nötig. ist und mit Hülfe des eidgenössischen
hydrometrischen. Büreaus vorgenommen werden muss, hat
noch nicht stattgefunden.

10. Messung der Niederschläge.

Die Beobachtung der gefallenen Niederschläge vermittelst der im letzten Bericht erörterten wasserdichten
Kiste, die neben der mit gewöhnlichem Regenmesser aus-
gerüsteten meteorologischen Station in Oberwald zu Vor-
versuchen aufgestellt war, wurde von Felix Imahorn
nach Vorschrift ausgeführt und ergab als Resultat, dass
die mit der Kiste gemessene Niederschlagsmenge im
Mittel nur um 7 % hinter der mit dem Regenmesser
gemessenen zurückblieb. Es ergibt sich daraus, dass dieser
vielleicht etwas rohe Beobachtungsapparat, der aber in den
hohen im Winter unzugänglichen Regionen zur Verwendung
kommen kann, brauchbare Resultate liefert.

*　　*　　*

In betreff der Beobachtung anderer Gletscher haben
wir zu melden, dass die Herren F. A. Forel und Léon
Du Pasquier auch im vergangenen Jahre einen Bericht
über die Veränderung der verschiedenen Schweizer Gletscher
veröffentlicht haben; derselbe ist im XXXII. Bande des
Jahrbuches des Schweizerischen Alpenklubs abgedruckt.

Auf eine Arbeit des Herrn F. A. Forel über die
Bedeutung des Studiums der kleinen Gletscher vermittelst
Photographien und einen Artikel des Herrn Du Pasquier,
in dem er die Ursachen der Gletscherveränderungen und
insbesondere die darüber von Herrn Prof. Luigi de
Marchi aufgestellte Theorie bespricht, folgt die Chronik
der Gletscher der Schweizer Alpen im Jahre 1896, wobei

besonders die durch Forstmänner unter Leitung unseres
Mitgliedes Herrn Oberforstinspektor C o a z ausgeführten
Messungen zur Geltung kommen. Über das Zurückgehen
oder Vorschreiten von nahezu 70 Gletschern wurden sehr
wertvolle, genaue, grösstenteils auf Messungen beruhende
Angaben gemacht und nach Flussgebieten zusammengestellt;
als Hauptresultat geht daraus hervor, dass für alle östlichen
Gletscher das allgemeine Zurückgehen fortfährt, und dass
für die Berner und Walliser Gletscher die kurze Wachs-
tumsperiode der letzten Zeit wieder am Aufhören zu sein
scheint.

* * *

Die Kommission hielt in Verbindung mit dem Herrn
Oberst L o c h m a n n, Vorsteher des eidgenössischen topographischen Bureaus, und Herrn Ingenieur H e l d am
12. Juli 1897 eine Sitzung in Bern ab. Bei dieser Gelegenheit fühlten wir sehr die schweren Verluste, die unsere
Kommission in der letzten Zeit erlitten hat. Nachdem
der Tod zu Ende des Jahres 1895 unser ältestes Mitglied,
Herrn Prof. R ü t i m e y e r, der während langen Jahren für
die Rhonegletscher-Vermessungen thätig war, uns entrissen
hatte, überraschte uns im April dieses Jahres in höchst
unerwarteter, trauriger Weise die Nachricht vom Hinschiede
unseres jüngsten Mitgliedes, Herrn L é o n D u P a s q u i e r;
er hatte mit einer so hervorragenden Energie uud Sach-
kenntnis sich unsern Bestrebungen zugewandt, dass wir zu
den grössten Hoffnungen berechtigt waren, die nun so
schnell dahingeschwunden sind; seine Witwe hat zur
Erinnerung an ihn ein sehr verdankenswertes Geschenk
unserer Kasse zugewandt.

Ausser der Entgegennahme des Berichtes, aus dem
wir oben das Wichtigste mitgeteilt haben, und der Aufstellung des Programmes für die diesjährigen Rhonegletscher-Vermessungen beschloss die Kommission, die

Messung der Niederschläge in den obern Regionen des Gletschers ernstlich an die Hand zu nehmen. Zu diesem Zweck soll eine neue Kiste, ähnlich der im letzten Jahr in Oberwald aufgestellten, mit dem etwas grössern Inhalt von 1,7 m.³ verfertigt und auf dem obern Gletscher aufgestellt werden, damit aus den parallelen Beobachtungen der oberen und untern Kiste und des neben der unteren Kiste aufgestellten Regenmessers Schlüsse auf die in der obern Nährungsregion des Gletschers gefallene Niederschlagsmenge gezogen werden können.

Ferner besprach die Kommission infolge eines von Herrn Prof. F. A. F o r e l gestellten Antrages das Anstellen von Versuchen, die Aufschluss geben könnten über die Mächtigkeit des Eises an einigen Stellen des Gletschers und die Geschwindigkeit der Bewegung in verschiedenen Tiefen. Solche Beobachtungen sind sehr wichtig, weil sie eine noch wesentliche Lücke ausfüllen, wenn es sich darum handelt, aus den Ergebnissen unserer Messungen klaren Aufschluss über die ganze Oekonomie des Gletschers zu erhalten. Es bieten jedoch dieselben besondere Schwierigkeiten, weil die verschiedenen Schichten des Gletschers eine ungleiche fortschreitende Bewegung haben, und deshalb die für ein festes Terrain angewandten Bohrmethoden hier ihren Dienst versagen. Es wurden verschiedene Wege zur Erreichung des Zieles in Erwägung gezogen, insbesondere die Herstellung von Stollen und Schächten, die Schmelzung des Eises mit warmem Wasser oder Dampf, die Anwendung einer elektrisch erwärmten Sonde, die durch Gewicht von selbst einsinkt; bestimmte Vorschläge konnten noch nicht gemacht werden, doch wird die Kommission diese wichtige Frage weiter im Auge behalten. So viel ist sicher, dass eine solche Untersuchung Geldmittel verlangt, die weit über das hinausgehen, was jetzt zu unserer Verfügung steht; wir sind also hier auf ausserordentliche

Leistungen von wissenschaftlichen Vereinen und Gönnern
der Wissenschaft angewiesen; der Antragsteller ist hier
mit dem guten Beispiel vorangegangen, indem er zu diesem
Zweck die Summe von 500 Franken der Gletscherkommission zur Verfügung stellt; hoffen wir, dass weitere
Beiträge folgen, und dass wir so in den Stand gesetzt
werden, in künftigen Jahren über den Erfolg solcher
Versuche Ihnen zu berichten.

* * *

In betreff des Rechnungswesens haben wir zu melden,
dass die Rhonegletscher-Vermessung im Jahr 1896
Fr. 1835.65 gekostet hat, wovon Fr. 400.— in sehr
verdankenswerter Weise von dem eidgenössischen topographischen Bureau übernommen wurden. Da wir für
andere Zwecke nur Fr. 66.80 brauchten, so beträgt
unsere Gesamtausgabe Fr. 1502.45, was der im Büdget
vorgesehenen Summe von Fr. 1500.— entspricht. Wenn
keine ausserordentlichen Ausgaben in den nächsten
Jahren dazu kommen, so reichen die durch Subskription
gesammelten Geldmittel gerade noch aus bis zum Ablauf
des mit dem topographischen Bureau abgeschlossenen Vertrages im Jahre 1899; es wird die Aufgabe unserer Kommission sein, rechtzeitig dafür zu sorgen, dass auch über diese
Zeit hinaus die Mittel zur Fortsetzung der Beobachtungen
am Rhonegletscher gespendet werden.

* * *

Über die diesjährigen, vor ein paar Tagen zu Ende
geführten, aber noch nicht berechneten Messungen am
Rhonegletscher werden wir erst an der nächsten Jahresversammlung unserer Gesellschaft zu berichten haben; für
heute möchte ich darüber nur einige Notizen aus einem
von Herrn Ingenieur Held erhaltenen Briefe als Nach-
trag zum Kommissionsberichte mitteilen:

Das Nivellement der acht Querprofile ergab für das grüne und das blaue Profil unten am Gletschersturz die gewohnte Abnahme, während alle Profile oberhalb des Sturzes eine Zunahme zeigten.

Das Zurückweichen der Gletscherzunge dauert noch fort.

Von der roten Steinreihe konnten fünf regelmässig gelagerte Nummernsteine unterhalb des Sturzes eingemessen werden.

Die Jahresbewegung im gelben und im roten Profil war etwas grösser als im letzten Jahre, was mit der Annahme stimmt, dass einem höhern Eisstand auch eine grössere Geschwindigkeit entspricht.

Die ungefähr 500 kg. schwere Kiste zur Messung der Niederschlagsmengen ist mit vieler Mühe auf dem Gletscher in einer Höhe von zirka 2650 m. oberhalb des roten Profils aufgestellt worden.

Die grossen Lawinenreste, der noch vorhandene Winterschnee an den Gebirgshängen und die noch überschneiten Spalten in der Firngegend sind Beweise für den aussergewöhnlichen Schneefall im vergangenen Winter.

Basel, Anfang September 1897.

Für die Gletscher - Kommission,

deren Präsident:

Hagenbach - Bischoff.

Rechnung der Gletscher-Kommission:

Einnahmen.

Saldo am 30. Juni 1896	Fr.	5543. 23
Andenken an das verstorbene Kommissions-Mitglied Prof. Dr. L. Du Pasquier, Neuchâtel	„	500. —
Jahresbeiträge pro 1896	„	330. —
Jahresbeiträge pro 1897 und folgende Jahre	„	280. —
Zinse etc.	„	176. 15
	Fr.	6829. 38

Ausgaben.

Zahlungen an das eidg. topographische Bureau für Vermessungen am Rhonegletscher	Fr.	1435. 65
Gratifikationen, Aufbewahrungs-Gebühr der Wertschriften	„	25. —
Drucksachen, Schreibmaterialien, Frankaturen etc.	„	41. 80
Saldo am 30. Juni 1897	„	5326. 93
	Fr.	6829. 38

XIII.

Commission de l'Exposition
de la Société helvétique des Sciences naturelles
Année 1896/97.

Ce rapport, par suite d'erreurs d'adresse dans les transmissions postales, n'est arrivé entre nos mains qu'après la session d'Engelberg. Nous l'avons admis ; mais nous constatons que la décharge définitive ne pourra être donnée à la Commission que par l'Assemblée générale de la Société, l'année prochaine.

Le Comité central.

Votre commission a son mandat qui expire aujourd'hui, et ce rapport qu'elle vous adresse est le dernier.

L'œuvre que nous avons accomplie n'a pas été grande, mais elle a eu ses difficultés. Nous vous disions, l'an dernier, à Zurich, avec quelle peine nous avons pu obtenir les documents nécessaires à faire un étalage satisfaisant qui ait pu donner à notre peuple suisse une image approximative du travail scientifique en Suisse. Il faut croire que malgré les lacunes de notre travail nous avons en quelque sorte réussi, car notre exposition a été joliment visitée. Nous devons une mention toute spéciale à l'effort très considérable de la Société de physique de Genève et à son exposition retrospective des instruments de nos grands hommes. Certes plus d'un savant actuel dont le travail se développe à travers de très somptueux laboratoires

aura pu puiser dans cette collection genevoise l'exemple
le plus salutaire.

Les sociétés neuchateloise, fribourgeoise et vaudoise
ont fait aussi un très grand apport de matériel interessant
et ont contribué dans une large mesure à notre réussite.

Quant à la série des publications suisses elle était
presque complète grâce aux envois de chacun. La ré-
expédition des objets exposés a été plus longue qu'elle
ne devait l'être au début parce que le groupe XVII où
nous étions est resté pendant un temps encore assez long
après l'exposition à la disposition des membres du jury
spécial chargé par le conseil fédéral d'étudier ce groupe
et de préparer des rapports spéciaux. Peut-être quelques
uns nous ont-ils imputé ce retard des envois de retour,
nous tenons à en donner ici l'explication.

Quant aux frais, grâce au don de nos amis de Genève,
ils ont été très réduits. On peut dire sans hésitation
qu'ils sont infiniment plus faibles que si chaque exposant
avait dû les supporter sans association.

Nos comptes ont été vérifiés par la commission de
vérification annuelle et trouvés exacts. Notre répartition
de frais également. Nous pensons, messieurs, que cette
approbation entrainera également la vôtre.

Nos conclusions à la fin de cette entreprise sont les
suivantes :

1º Le groupement en une même collectivité des ex-
positions des commissions de la Société helvétique et de
celles des Sociétés cantonales a bien réussi étant donné
qu'on a à faire à un début.

2º Cette collectivité devrait continuer à faire ses ex-
positions sous cette forme de préférence aux formes isolées
d'autrefois. On obtient ainsi une meilleure opinion du
travail scientifique exécuté en Suisse par les sphères officielles comme par l'activité privée.

3° Il est à désirer, si l'on doit exposer de nouveau (par exemple à Paris en 1900), de continuer sur les mêmes bases que celles posées à Genève et sous les auspices du comité central de la Société helvétique.

4° Il faudrait prendre comme type d'une exposition bien faite celle de la Section de physique de Genève.

Tels sont, messieurs, les enseignements qu'il y a à retirer de notre expérience.

———

Arrivés au terme de nos travaux, messieurs, il nous reste à solliciter de votre part une décharge de la mission que vous nous aviez confiée et que nous avons essayé de remplir au mieux des intérêts de chacun.

Le Président de la Commission:

H. Golliez, prof.

Résumé des Comptes.

Nous résumons comme suit notre compte de recettes et dépenses qui a été admis et approuvé par le comité central, le comité annuel et les commissaires vérificateurs de la société pour 1896 à 1897.

Dépenses.

Note du comité du groupe XVII de l'Exposition	frs. 1505.10
„ des assurances	„ 100.—
Frais divers d'organisation, installation et réexpédition	„ 481.80
Total	frs. 2086.90

Recettes.

Souscription des naturalistes genevois	frs.	1000. —
Commission météorologique fédérale	„	290. 50
Société helvétique des sciences naturelles	„	134. 15
Commission géologique	„	168. 30
Commission limnologique	„	12. —
Société de physique et d'histoire naturelle de Genève	„	210. 85
Sociétés cantonales participantes (ensemble)	„	263. 05
Sociétés géologique et botanique suisse (ensemble)	„	13. 05
Société botanique de Genève	„	4. 70
	frs.	2096. 60
Excédant de recettes pour correspondance etc.	„	9. 70
	frs.	2086. 90

Personalbestand der Gesellschaft.

Verzeichnis

der Mitglieder der Gesellschaft und der Gäste, welche an der 80. Jahresversammlung in Engelberg teilgenommen haben.

Teilnehmerliste.

Aargau.

Frl. Custer, Quaestorin.

Basel.

Herr Bischoff E., Dr.

Frau Bischoff

Herr Burckhardt Fr., Prof., Rektor.

    „   Burckhardt R., Prof. Dr.

    „   Christ, Prof. Dr.

    „   Hagenbach-Bischoff, Prof. Dr.

Frl. Hagenbach M.,

Herr Hagenbach A., Dr.

    „   von der Mühll, Prof. Dr.

    „   Nietzki R., Prof. Dr.

    „   Riggenbach, Prof. Dr.

    „   Rupe M., Privatdoc. Dr.

Bern.

Herr Fischer Ed., Prof. Dr.

    „   Graf J. H., Prof. Dr.

    „   Sidler G., Prof. Dr.

    „   Studer Th., Prof. Dr.

Genf.

Herr Fatio V., Dr.
„ Rilliet A., Prof.
„ Sarasin Ed., Dr.
„ Sarasin Ch., Prof. Dr.
„ Soret Ch., Prof.

Luzern.

Herr Arnet X., Prof.
„ Roos N., Sekd.-Lehrer.
„ Schumacher-Kopp E., Dr.
„ Schumacher E. jun.

Neuenburg.

Herr Billeter O., Prof. Dr.

Thurgau.

Herr Schmid A., Kantonschemiker.
„ Zeppelin Graf E. zu Ebersberg.

Unterwalden.

Herr Cattani F., Dr., Engelberg.
„ Cattani A., Gemeinderat.
„ Etlin E., Arzt, Sarnen.
„ Hess J., Gemeindeschreiber, Engelberg.
„ Imfanger, Gemeinderat „
„ Lienhardt, Pfarrer, Alpnach.
„ von Moos F., Kantonsingenieur, Sarnen.
„ Schiffmann H., Pfarrer, Engelberg.
„ Seiler J., Regierungsrat, Sarnen.
„ Spichtig, Stans.
„ Stockmann, Apotheker, Sarnen.
„ Wirz A., Gerichtspräsident, Sarnen.
„ Wirz Th., Landammann, „
„ Wirsch, Dr., Stans.
„ Wirsch, Landammann, Buochs.

Waadt.

Herr Bieler S., Directeur, Lausanne.

„ Bugnion Ed., Prof. Dr., Lausanne.

„ Dufour Ch., Prof., Morges.

Frau Dufour „

Herr Dufour H., Prof., Lausanne.

„ Forel F. A., Prof. Dr., Morges.

Frl. Forel Marie „

„ Forel Hilda „

Herr Herzen Al., Prof. Dr., Lausanne.

„ Schardt H., Prof. Dr., Montreux.

Zürich.

Herr Beglinger, Hombrechtikon.

„ Billwiller, Director d. metr. cent. Anstalt.

„ Goll, Prof. Dr.,

Frau Goll.

Herr Keller C., Prof. Dr.,

„ Moesch C., Prof. Dr.

„ Rudio F., Prof. Dr.

„ Schröter, Prof. Dr.

„ Wild H., Prof. Dr.

Ausland.

Herr Arlaud, Directeur des postes, Smyrna.

Mad. Arlaud, Smyrna.

Herr de Clermont Ph., Prof. Dr., Paris.

„ de Clermont jun., Paris.

„ Emden, Dr., München.

„ Feinberg, Dr., Staatsrat, Kowno, Russland.

„ His W., Prof. Dr., Geheimrat, Leipzig.

„ Lubbock John, England.

„ Masters M., Dr., London.

„ Pictet R., Dr., Paris.

„ Urech F., Prof. Dr., Tübingen.

„ Ziegler J., Dr., Frankfurt a. M.

II.

Veränderungen im Personalbestand der Gesellschaft.

A. In Engelberg aufgenommen.

1. Ehrenmitglieder (5).

Herr Karpinsky Alex., Direct. d. comité géol. de Russie,
St. Petersbourg.

„ Nansen Fritjof, Lysaker.

„ Röntgen W. C., Prof. Dr. phil. und med., Würzburg.

„ Lord Rayleigh, Secrétaire de la Royale Société, London.

„ Schiaparelli J. V., Direct. de l'Observat., Milan.

2. Ordentliche Mitglieder (14).

Herr Feinberg Isaak, Dr. med., Obermedicinalbeamter,
Kowno (Russland).

„ Fichter Fritz, Dr. phil., Priv.-Doc., Basel.

„ Hagenbach Aug., Dr. phil., Assist., Bonn a. Rhein.

„ Hug Otto, Dr. phil., Bern.

„ von Kostanecki Stanisl., Dr. phil., Prof. d. Chemie, Bern.

„ Lugeon Maur., Dr. phil., Prof., Lausanne.

„ Müller Emil, stud. techn., Engelberg.

„ Müller Joseph, stud. med., Engelberg.

„ Prevost Karl, Rev. Pater, Rektor, Sarnen.

„ Roos Niklaus, Sek.-Lehrer, Luzern.

„ Rupe Hans, Dr. phil., Priv.-Doc., Basel.

„ Schiffmann Hrch., Rev. Pater, Pfarrer, Engelberg.

„ Schüle Wilh., Ingen., Bern.

„ Wunderlich Herm., Dr. med., Schöneck b. Beckenried.

B. Verstorbene Mitglieder.

1. Ehrenmitglieder (6).

	Geburts-jahr	Aufnahms-jahr
Herr Du Bois-Reymond E. H., Prof., Geh. Med.-Rat., Berlin	1818	1866
„ Fraas, Osk., Prof. a. k. Natural.-Cab., Stuttgart	24	76
„ Meyer Vict., Prof., Dr. phil., Heidelberg	48	87
„ Müller von, Baron Ferd., Dr. phil. u. med., Govern. Botanist, Melbourne	25	93
„ Nördlinger von, Herm., Oberforstrat, a. Prof., Tübingen	18	77
„ Steenstrup J. J. S., Dr. phil. u. med., Prof. emer., Kopenhagen	13	65

2. Ordentliche Mitglieder. (19).

	Geburts-jahr	Aufnahms-jahr
Herr Binet Paul, Dr. med. (Med.), Genf	1855	1886
„ Bourgeois Eug., Dr. med., Bern	15	41
„ Bovet-Wolff Fr. Ls., Dr. med., Neuchâtel	12	43
„ Bugnion Charles, Banquier (Entom.), Lausanne	11	32
„ Drechsel Edm., Prof., Dr. med. und phil. (Chemie), Bern	43	92
„ Du Pasquier Léon, Dr. ès-scienc., Prof. (Geol.), Neuchâtel	64	88
„ Hartmann, Alfr., Litterat, Solothurn	14	87
„ Ischer Gottfr., Pfarrer (Geol.), Mett b. Biel	33	55
„ Kammermann, Arth., Astron., Genf	61	86
„ Kenngott G. Ad., Dr., a. Prof. (Mineral.), Lugano	18	57
„ Kober Joh., Dr. phil., Apoth. (Zool.), Basel	40	81
„ Marmier Aug., Avocat (Phys.) Estavayer	41	72
„ Martini, von, Fr., Ingen., Frauenfeld	33	73
„ Müller, Dr. med., Bez.-Arzt, Zofingen	33	83
„ Nüscheler-Usteri Arn., Dr. phil. (Bot.), Zürich	11	44

	Geburts-jahr	Aufnahms-jahr
Herr Pulver Friedr., Apoth., Bern	1853	1878
„ Wander, Dr. phil. (Chem.), Bern	41	67
„ Wiswald Louis, Zahnarzt, Solothurn	63	88
„ Wietlisbach, Vict., Dr Ph. (Phys.) Bern	54	83

C. Ausgetretene Mitglieder (16).

	Geburts-jahr	Aufnahms-jahr
Herr Albrecht Hrch., Dr. med., Frauenfeld	1842	1886
„ Boissier, Agénor, Propr., Chougny-Genève	42	65
„ Bruggisser Ant., Dr. med., Wohlen (Aarg.)	35	75
„ Buser Rob., Cand. phil., Genf	57	81
„ Debrunner A., Dr. med., Frauenfeld	58	87
„ Hænni Wilh., Ingén. électr., Sion	69	95
„ Henne Hugo, Dr. med., Schaffhausen	66	94
„ Im Hof Fritz, Paris	59	90
„ Kobelt J. J., Pfarrer, Davos-Platz	51	90
„ Lenticchia A., Prof., Como	52	88
„ Lütschg J., Waisenvater, Bern	41	78
„ Richter Hugo, Buchhändler, Davos	41	90
„ Santi Aug., Dr. med., Docent, Bern	57	94
„ Spiess Otto, Direkt., Basel	40	75
„ Stein, C. W., Apoth., St. Gallen	36	61
„ Stutzer F. L., Rev. Pater, Prof. a. Colleg. St. Meinrad, Indiana U. S. A	41	77

D. Gestrichene Mitglieder.

Herr Felber P., a. Gasdirektor, Zürich.
„ Feune Ed., Apoth., Delsberg.

Unbekannten Aufenthalts.

Herr Barbier Henri, Dr ès-scienc., Lyon?
„ Dutoit A. L., Maître de Mathémat., Genf?

III.

Senioren der Gesellschaft.

Geburtsjahr.

Herr Hagenbach F., a. Stadtrat, Basel	1804, 1. Dezbr.
„ de Montmollin Aug., Neuchâtel	1808, 19. April.
„ Chaix Paul, Prof., Genève	1808, 1. Oktbr.
„ Reynier, Dr. med., La Coudre, Neuchâtel	1808, 11. Novbr.
„ Pfyffer Jos., Arzt, Luzern	1813, 13. März.
„ Frey B., Dr. med., Schaffhausen	1814, 29. Oktbr.
„ Mayor Aug. F., Neuchâtel	1815, 24. Juli.
„ Gabrini Ant., Dr. med., Lugano	1815, 20. Septbr.
„ Oltramare Gabr., Prof., Genève	1816, 19. Juli.
„ Plantamour Ph., Dr ès-sciences, Genève	1816, 21. Novbr.
„ Naville Ern., Prof., Genève	1816, 13. Dezbr.
„ Andreæ V., Pharmac., Tavel près Clarens	1817, 9. Juni.
„ Burckhardt-His Mart., Dr. med., Basel	1817, 21. Oktbr.

IV.

Donatoren der Gesellschaft.

Der h. schweizerische Bundesrat.

1863 Legat von Dr. Alex. Schläfli, Burgdorf   Fr. 9000. —
Schläfli - Stiftung.

1880 Legat von Dr. J. L. Schaller, Freiburg   Fr. 2400. —
Unantastb. Stamm-kapital

1886 Geschenk des Jahreskomitees von Genf   Fr. 4000. —
Unantastb. Stamm-Kapital

1887 Geschenk zum Andenken an den Präsidenten F. Forel, Morges   Fr. 200. —
Unantastb. Stamm-Kapital

1889 Legat von Rud. Gribi, Unterseen (Bern) (Fr. 25000. —)

1891 Legat von Dr. R. Koch, Bern   Fr. 500. —
Kochfundus d. Bibliothek

1893 Geschenk des Jahres - Komitees von
Lausanne   Fr. 92,40
Unantastb. Stamm=Kapital

1893 Geschenk von Mr. L. C. de Coppet,
Nizza   Fr. 2000. —
Gletscher - Untersuchung

1893 Geschenke v. verschied. Subscribenten
(S. Actes von 1894, S. 170, und
Actes von 1895, S. 126)   Fr. 4036. 64
Gletscher - Untersuchung

1894 Geschenke v. verschied. Subskribenten
    (S. Actes von 1894, S. 170, und
    Actes von 1895, S. 126)   Fr.   865. —
                        Gletscher - Untersuchung

1895 Geschenke v. verschied. Subskribenten
    (S. Actes von 1894, S. 170, und
    Actes von 1895, S. 126)   Fr. 1086. —
                        Gletscher - Untersuchung

1896 Geschenke v. verschied. Subskribenten
    (S. Actes von 1894, S. 170, und
    · Actes von 1895, S. 126)   Fr.   640. —
                        Gletscher - Untersuchung

1897 Geschenk zum Andenken an Prof. Dr.
    · L. Du Pasquier, Neuchâtel   Fr.   500. —
                        Gletscher - Untersuchung

1897 Geschenk zum Andenken an Prof. Dr.
    L. Du Pasquier, Neuchâtel   Fr.   500. —
                        Unantastb. Stamm-Kapital

V.

Verzeichnis der Mitglieder auf Lebenszeit.

Herr	Alioth-Vischer, Basel	seit	1892
„	Andreazzi Ercole. Lugano	„	1889
„	Balli Emilio, Locarno	„	1889
„	Berset Antonio, Fribourg	„	1891
„	Bertrand, Marcel, Paris	„	1886
„	Bleuler Herm., Zürich	„	1894
„	Choffat Paul, Lissabon	„	1885
„	Coppet L. C., de, Nice	„	1896
„	Cornu Felix, Corseaux près Vevey	„	1885
„	Delebecque A., Thonon	„	1890
„	Dufour Marc., Lausanne	„	1885
„	Ernst Jul. Walt., Winterthur	„	1896
„	Favre Guill., Genève	„	1896
„	Fischer, Ed., Bern	„	1897
„	Flournoy Edm., Genève	„	1893
„	Forel F. A., Morges	„	1885
„	Galopin Charles, Genève	„	1886
„	Hagenbach-Bischoff, Basel	„	1885
„	Micheli Marc., Genève	„	1885
„	Renevier Eug., Lausanne	„	1885
„	Riggenbach-Burckhardt, Basel	„	1892
„	Rilliet Alb., Genève	„	1885
„	Sarasin Edouard, Genève	„	1885

Herr	Sarasin Fritz, Basel	seit	1890
„	Sarasin Paul, Basel	„	1890
„	Soret Charles, Genève	„	1885
„	Stehlin G., Basel	„	1892
„	Von der Mühll Karl, Basel	,	1886

VI.

Beamte und Kommissionen.

1. Zentralkomitee.

In Lausanne 1892—1898.

	ernannt
Herr Forel, F. A., Prof. Dr., Morges Präsident,	1892
„ Dufour, Henri, Prof., Lausanne, Vize-Präsident	1892
„ Golliez, Henri, Prof., Lausanne, Sekretär	1892
„ Lang, Arnold, Prof. Dr., Zürich	1893
Fräulein Custer, Fanny, Aarau, Quästor	1894

2, Bibliothek.

In Bern.

Herr Steck, Theodor, Dr., Bern, Oberbibliothekar	1896
„ Kissling, E., Dr., Bern	1888
Fräulein Stettler, Elise, Bern	1893

3. Jahresvorstand.

In Engelberg 1897.

Herr Etlin, Ed., Arzt, Landenberg bei Sarnen, Präsident.

„ Schumacher-Kopp, E., Dr., Luzern, Vize-Präsident.

„ Roos, N., Sekundarlehrer, Luzern, Sekretär.

In Bern 1898.

Herr Studer, Th., Prof. Dr., Bern, Präsident.

4. Kommissionen:

a) Bibliothek-Kommission:

		ernannt
Herr Studer, Theoph., Prof. Dr., Bern, Präsident		1894
„ Lang, Fr., Prof. Dr., Solothurn		1894
„ Steck, Theodor, Dr., Bern, Oberbibliothekar		1896
„ Graf, J. H., Prof. Dr., Bern, Ehrenmitglied		1896

b) Denkschriften-Kommission:

Herr Lang, Arnold, Prof. Dr., Zürich, Präsident	1892
„ Micheli, Marc., Genf	1882
„ Cramer, C., Prof. Dr., Zürich	1884
„ Fischer, L., Prof. Dr., Bern	1886
„ Bedot, Maurice, Dr., Genf	1892
„ Renevier, E., Prof. Dr., Lausanne	1893
„ Hagenbach-Bischoff, Prof. Dr., Basel	1895

c) Kommission der Schläflistiftung:

Herr Heim, Albert, Prof. Dr., Zürich, Präsident	1886
„ Soret, Charles, Prof., Genf	1886
„ Blanc, Henri, Prof. Dr., Lausanne	1894
„ Fischer, L., Prof. Dr., Bern	1894
„ Studer, Theoph., Prof. Dr., Bern	1895

d) Geologische Kommission:

Herr Heim, Alb., Prof. Dr., Zürich, Präsident	1888
„ Lang, Fr., Prof. Dr., Solothurn, Ehrenpräsident	1872
„ Favre, Ernest, Genf	1888
„ Baltzer, A., Prof. Dr., Bern	1888
„ Renevier, E., Prof. Dr., Lausanne	1894
„ Grubenmann, U., Prof. Dr., Zürich	1894
„ Aeppli, Aug., Dr. Prof., (Sekretär)	1894

Eine Subkommission der geologischen Kommission
ist die

Kohlen-Kommission:

		ernannt
Herr Mühlberg, Fr., Prof. Dr., Aarau, Präsident		1894
„ Heim, Alb., Prof. Dr., Zürich		1894
„ Letsch, E., Zürich, Sekretär		1897

e) Geodätische Kommission:

Herr Hirsch, H., Prof. Dr., Neuenburg, Präsident	1861
„ Gautier, Raoul, Prof., Genf, Sekretär	1891
„ Lochmann, J. J., Chef des Eidgenössischen topographischen Bureaus, Bern	1883
„ Rebstein, S., Prof., Zürich	1888
„ Riggenbach, A., Prof. Dr., Basel	1894
„ Dumur, Oberst, Lausanne, Ehrenmitglied ·	1887

f) Erdbeben-Kommission:

Herr Billwiller, Rob., Direktor der meteorologischen Zentralanstalt Zürich, Präsident	1878
„ Heim, Alb., Prof. Dr., Zürich, Vize-Präsident	1878
„ Früh, J. J., Dr., Zürich, Sekretär	1883
„ Forster, A., Prof. Dr., Bern	1878
„ Amsler-Laffon, J., Prof. Dr., Schaffhausen	1878
„ de Torrenté, A., Forstinspektor, Sitten	1880
„ Brügger, Ch., Prof. Dr., Chur	1880
„ Soret, Ch., Prof. Dr., Genf	1880
„ Hess, Cl., Prof. Dr., Frauenfeld	1883
„ Riggenbach, A., Prof. Dr., Basel	1896
„ Bührer, C., Clarens	1897
„ Schardt, Prof. Dr., Neuchâtel	1897

g) Limnologische Kommission:

Herr Zschokke, Fr., Prof. Dr., Basel, Präsident	1890
„ Sarasin, Ed., Dr., Genf	1892

	ernannt
Herr Duparc, Ls., Prof. Dr., Genf	1892
„ Heuscher, J., Prof. Dr., Zürich	1894
„ Suidter, O., Apotheker, Luzern	1896

h) Moor-Kommission:

Herr Früh, J. J., Dr., Zürich, Präsident	1890
„ Schröter, C., Prof. Dr., Zürich	1890

i) Fluss-Kommission:

Herr Brückner, Ed., Prof. Dr., Bern, Präsident	1893
„ Heim, Alb., Prof. Dr., Zürich	1893
„ Duparc, Louis, Prof. Dr., Genf	1893

k) Gletscher-Kommission:

Herr Hagenbach-Bischoff, Prof. Dr., Basel, Präsident	1893
„ Coaz, eidgen. Forstinspektor, Bern	1893
„ Heim, Alb., Prof. Dr., Zürich	1893
„ Sarasin, Ed., Dr., Genf	1893
„ Lugeon, M., Dr., Prof. Lausanne	1897

l) Kommission für die Landesausstellung:

Herr Golliez, Henri, Prof., Lausanne	1894
„ de Candolle, Cas., Genf	1894
„ Le Royer, A., Dr., Genf	1895
„ van Berchem, P., Genf	1895

VII.

Reglement für das Jahres-Komitee betreffs „Herausgabe der Verhandlungen".

§ 1. Gemäss den Beschlüssen der Generalversammlungen von St. Gallen 1879 und Brieg 1880 werden die Verhandlungen der Gesellschaft in 2 Teilen publiziert, welche allen Mitgliedern gratis -durch das Quästorat zugeschickt werden; es sind dies:

a) Die eigentlichen Verhandlungen, unter der Leitung des Jahres-Komitees gedruckt und herausgegeben;

b) Die Comptes-rendus in den Archives des sciences physiques et naturelles, in Genf gedruckt und als Separatabdrücke herausgegeben.

§ 2. Die Verhandlungen enthalten unter anderm die Eröffnungsrede des Jahrespräsidenten, die Protokolle der vorberatenden Kommission und der Generalversammlungen, sowie der Sektionssitzungen, die Berichte der Kommissionen und der zu unserer Gesellschaft gehörenden Zweiggesellschaften, die Veränderungen im Personalbestand der Gesellschaft und eventuell kurze Nekrologe.

Die Comptes-rendus enthalten ausführlichere Referate über die wissenschaftlichen Abhandlungen und Mitteilungen, welche in den Sektionssitzungen vorgebracht werden.

§ 3. Dem Jahres-Komitee fallen unter anderm folgende
Aufgaben zu:

a) Für die Abfassung der Protokolle der vorberatenden Kommission und der Generalversammlungen und deren Druck in den Verhandlungen zu sorgen. Diese Protokolle müssen
vom Zentral-Komitee genehmigt werden.

b) Für die Abfassung der Protokolle der Sektionssitzungen und deren Druck in den Verhandlungen zu sorgen. Diese Protokolle bestehen
in der genauen Angabe aller Mitteilungen und
Vorträge mit dem vollständigen Titel und einem
kurzen Auszug, welcher nicht mehr als 10 Druck-
zeilen ausfüllen darf.

c) Die genauen Auszüge für die Comptes-rendus
zu sammeln; dieselben werden von den Autoren
abgefasst und sollen nicht mehr als eine, höchstens zwei Druckseiten beanspruchen. Diese
Auszüge werden dem Verleger der „Archives"
in Genf durch das Jahres-Komitee zugestellt.

§ 4. Drei Monate vor der Jahres-Versammlung schliesst
das Jahres-Komitee mit einer Buchdruckerei einen
Vertrag für die Herausgabe der Verhandlungen ab.
Dieser Vertrag geht an den Quästor, welcher den-
selben prüft und dem Zentral-Komitee je nach
Befund zur Genehmigung empfiehlt.

§ 5. Die Verhandlungen von Basel 1892 und Lausanne
1893 können im allgemeinen für die Herausgabe
des Buches als Muster dienen.

Verhandlungen und Comptes-rendus sollen beide
im Format von 220/140 mm beschnitten werden.

§ 6. Die Verhandlungen werden vom Sekretär des
Jahresvorstandes zusammengestellt und unter dessen
Leitung gedruckt.

§ 7. Die in den Generalversammlungen verlesenen Berichte der Kommissionen werden unverzüglich dem Jahressekretär eingehändigt. Die Jahresberichte der kant. Naturforschenden Gesellschaften sollen dem Jahres-Komitee bis spätestens 14 Tage nach der Jahresversammlung eingereicht werden. Das Einladungscirkular hat hierauf aufmerksam zu machen. Die in die Verhandlungen aufzunehmenden Nekrologe sollen ebenfalls bis spätestens 14 Tage nach der Versammlung dem Jahres-Komitee oder dem Quästor eingereicht werden, und es darf kein Nekrolog mehr als 4—6 Druckseiten ausfüllen.

§ 8. Während des Druckes schickt der Jahres-Sekretär dem Zentralpräsidenten durch die Druckerei:
  a) einen Bürstenabzug von jedem Bogen,
  b) eine Korrektur,
  c) eine Revision.

§ 9. Der Sekretär lässt auch jedem Verfasser eines Berichtes eine Korrektur desselben zukommen. Von den andern, in den Verhandlungen erscheinenden Artikeln lässt der Sekretär je nach Gutfinden an die Autoren Korrekturbogen gelangen.

§ 10. Die erforderliche Zahl von Verhandlungen, welche gedruckt werden sollen, wird jedes Jahr vom Quästor bestimmt, welcher auch die nötigen Weisungen für den Versand derselben erteilt.

§ 11. Auf Wunsch des jeweiligen Jahres-Komitees können für diejenigen Mitglieder der kant. Naturforschenden Gesellschaften, welche nicht Mitglieder unserer schweizerischen Gesellschaft sind, und doch deren Jahresversammlung beigewohnt haben, eine weitere Anzahl Verhandlungen gedruckt werden. Diese Exemplare werden, Ausnahmefälle vorbehalten, à Fr. 1. — per Exemplar bei der Zentralkasse eingelöst.

§ 12. Der Jahrespräsident erhält 30 Separatabdrücke seiner Eröffnungsrede gratis, kann aber auf seine eigenen. Kosten beliebig viele Exemplare nachbestellen.

§ 13. Diejenigen Kommissionen, welche ihre Berichte in den Verhandlungen publizieren und von denselben Separatabzüge verlangen, haben die Kosten hiefür selbst zu tragen. Die diesbezüglichen Rechnungen sind von der Druckerei separat auszustellen und dem Präsidenten dieser Kommission direkt zu übermitteln.

§ 14. Die Rechnungen für den Druck und das Brochieren der Verhandlungen sind, mit dem Visum des Jahres-Komitees versehen, dem Quästor einzusenden.

Im Namen des Zentral-Komitees
der Schweizerischen Naturforschenden Gesellschaft:

Der Präsident: Der Quästor:

sig. **F. A. Forel.**   sig. **Fanny Custer.**

Jahresberichte

der

Schweizerischen geologischen Gesellschaft,

Schweizerischen botanischen Gesellschaft,

Schweizerischen zoologischen Gesellschaft

und der

kantonalen

Naturforschenden Gesellschaften.

———

1. Société géologique suisse.

Rapport annuel du Comité
sur l'année 1896-1897.

Messieurs et honorés confrères,

Cette année, votre Comité s'est réuni trois fois, les 5 décembre 1896, 8 mai et 12 juillet 1897, au Musée d'histoire naturelle à Berne.

Par suite du décès subit de notre cher secrétaire Léon Du Pasquier, nous avons nommé à ces fonctions M. le Dr. H. Schardt.

C'est cette année que vous auriez à réélire votre Comité, nommé en 1894 pour trois ans. Mais nous remarquons que cette réélection périodique tomberait ainsi chaque fois sur l'année du Congrès géologique international, année où notre assemblée sera naturellement moins nombreuse. En conséquence le Comité vous propose de prolonger d'un an les fonctions de votre Comité actuel, en renvoyant sa nomination intégrale à l'assemblée de 1898.

Vous auriez toutefois à nommer, pour un an, un membre du Comité en remplacement de feu M. L. Du Pasquier.

Personnel. — Quoique au nombre de 8, nos nouvelles recrues n'ont pas entièrement compensé nos pertes, si nombreuses et sensibles. La mort nous a enlevé 4 membres : MM. Nies, de Hohenheim ; Ischer, pasteur à Matt ;

Albrecht, de Bülach ; et en dernier lieu Léon Du Pasquier, de Neuchâtel, qui laisse un grand vide parmi nous !

Nous devons en outre enregistrer 6 démissons, celles de MM. : Leenhardt, Brügger, Hedinger, Baldou, Chs. Paris et H. Durr.

Les 8 adhésions nouvelles sont celles de :

MM. Salomon, Dr. W., priv.-doc. Université, Heidelberg.

Baumhauer, Dr. H., prof., Université, Fribourg (Suisse).

Lorenz, Théod., cand. géol., Freiburg i. B.

Dollfus, Adrien, géographe, Paris.

Brunhes, Jean, prof., Université, Fribourg (Suisse).

Bergier, Rod.-Adrien, ing.-min., Lausanne.

Gonin, Louis-Alb., ing. cant., Lausanne.

Muret, Ernest, inspect.-forestier, Morges.

Comptabilité. — Voici le résumé de nos comptes de l'exercice, tel qu'il nous est fourni par notre consciencieux caissier. M. le prof. Mühlberg.

Recettes.

9 cotisations arriérées . . . . frs.		45. —
131 cotisations 1896—1897 . . . . . „		655. —
5 cotisations anticipées . . . . . . „		25. —
1 cotisation à vie . . . . „		100. —
5 finances d'entrée . . . . . . „		25. —
Don *in memoriam* de Léon Du Pasquier . „		500. —
Vente de *Livrets-Guides, Eclogœ,*etc. . „		22. —
Intérêts perçus, etc. . . . . „		55. 75
Produit de l'année . . . frs.		1427. 75
Reliquat au 30 juin 1895 . „		1147. 40
Total disponible . . frs.		2575, 15

Dépenses.

Éclogœ et frais d'impression	frs.	666. 05
Frais de route du Comité	„	160. 45
Frais de port, Exposition de Genève, etc.	„	30. 58
Dépenses effectuées . .	frs.	857. 08
Mis au fonds de réserve . .	„	600. —
Solde à compte nouveau . .	„	1118. 07
Total égal . . .	frs.	2575. 15

Vous remarquerez, messieurs, le don de frs. 500 qui nous a été envoyé par Mme. Du Pasquier, en souvenir de son défunt mari. Nous joignons cette somme à notre fonds de réserve qui s'est augmenté en outre d'une cotisation de *membre à vie*, et se trouve porté ainsi à 1800 francs.

Voici le budget des dépenses que prévoit votre Comité, et que nous vous prions de bien vouloir sanctionner ou modifier :

Publication des *Éclogœ*	frs	800
Frais de route du Comité	„	100
Frais de bureau, ports, etc.	„	50
Éventualités	„	50
Crédit pour la collection de photographies .	„	60
Total . . .	frs.	1060

Dons et échanges. — Nous donnons ici les listes d'ouvrages reçus, que nous communique notre archiviste M. Edm. de Fallenberg.

A ce sujet nous devons poser une question à l'Assemblée générale, seule compétente pour la trancher :

Tous les livres, cartes, etc., qui nous arrivent sont déposés à la *Bibliothèque de la Société helvétique des sciences naturelles* à Berne, munis de notre timbre spécial. Si nous en conservons la propriété, nous devons en payer

la reliure, comme nous avons été appelés à le faire cette
année ; mais si nous les donnons définitivement à la société-
mère, les frais de reliure ne seraient naturellement plus
à notre charge. Nous prions l'assemblée générale de trancher
cette question. Vu la dispersion de nos sociétaires, qui ne
trouveraient guère d'utilité à posséder une bibliothèque
distincte, nous préavisons en faveur d'un abandon complet
de la propriété de nos livres à la *Société helvétique des
sciences naturelles.*

A. *Périodiques (reçus en échanges).*

1. *United States geological Survey.* Fifteenth annual Report
   for the Year 1893-1894. Edited by J. W. Powell.
   Washington 1895.
2. *Idem.* Bulletin Nᵒˢ 123, 124, 125, 126, 128, 129, 131,
   132, 133, 134.
3. *Idem.* Sixteenth annual Report for the year 1894-1895.
   Edited by Charles D. Walcott. Washington 1896. Part.
   I. Directors Report and Papers of a theoretic nature.
4. *Idem.* Part. III. Mineral resources of the United States 1895.
   Metallic products and coal. — Part. III. (continued).
   Non metallic products, except coal, by T. Day. Chief
   of the Division. Washington 1896.
5. *The American geologist.* Vol. XVIII : Nᶜˢ 1, 2, 3, 4, 5, 6.
   Vol. XIX : 1, 2, 3, 4. July 1896-April 1897. Minneapolis. Ind.
6. *Nova Scotia Institute of Science.* Proceedings and Transactions. Session of 1894-1895. Vol. IX. Part. 1 and 2.
   (Vol. II of the second series). Halifax 1896.
7. *The geological Society of Washington.* Presidential address
   by Samuel Franklin Emmons 1896. Washington 1897.
8. *British Museum of Natural History.* Catalogue of the
   fossil Bryozoa. The jurassic Bryozoa, by J. W. Gregory.
   London 1896.
9. *Idem.* A guide to the fossil Invertebrate. and Plants in
   the Department of Geology and Palæontology. London
   1897.

10. *Idem.* A guide to the fossil Reptiles and Fishes in the Department of Geology and Palæontology. London 1896.

11. *Idem.* A guide to the fossil Mammals and Birds in the Department of Geology and Palæontology.. London 1896.

12. *Idem.* Catalogue of Tertiary Mollusca in the Department of Geology and Palæontology. Part. I. The Australasian tertiary Mollusca, by George F. Harris. F. G. S. London 1897.

13. *Idem.* Catalogue of the fossil Cephalopoda in the Department of Geology and Palæontology. Part. III, containing the Bactritidæ and part of the Ammonoidea, by Arthur H. Foord. F. G. S. and George Ch. Crick. F. G. S. London 1897.

14. *Bulletin de la Société géologique de France.* Troisième série. Tome XXIV. N°s 6, 7, 8. Tome XXIII (1895). N° 10. Compte - rendu des séances, année 1896. Tome XXV. N°s 1, 2 et 3 (février, mars, avril) 1897.

15. *Annales de la Société géologique du Nord.* Tome XXIII (1895) et tome XXIV (1896). Lille 1895-1896.

16. *Annales de la Société géologique de Belgique.* Tome XXII, 2e livraison, Tome XXIV, 1re livraison. Lille 1896-1897.

17. *Musée géologique de l'université de SaintPétersbourg.* Travaux de la section géologique du cabinet de Sa Majesté. Volume I, liv. 3 ; vol. II, liv. 1. Saint-Pétersbourg 1897.

18. *Bulletin of the geological institution of the University of Upsala.* Vol. II. Part. 2. N° 4. Upsala 1896.

19. *Meddelanden från Upsalas Universitets mineralogisk-geologiska institution.* N° 19. *Henr. Munthe:* Till kännedomen on foraminiferfaunan i Skånes kritsystem. — N° 20. *Idem:* Till frågan om den baltiska Yoldiamergelns fauna. — N° 21. *Joh. Gunnar Anderson.* Till frågan om de baltiska postarkäiska eruptivens ålder. — N° 22. *Henr. Munthe:* Till frågan om foraminiferfaunan i sydbaltiska kvartärlager.

20. *Annarulù museului de geologia e de paleontologia.* Sub Directiunea domnului Gregoriù Stefànescu. Pe annulù 1894. Bucuresti 1895.

21. *Bergens Museum Aarbog för 1896.* Afhandlingen och Aarsberetning, udgivne af Bergens Museum. Bergen 1897.

22. *Notizblatt des Vereins für Erdkunde und der Gross-herzogl. hessischen geologischen Landesanstalt.* **Heraus-gegeben von H. Lepsius.** IV^{te} Folge. 17tes Heft. Darm-stadt 1897.

23. *Université de Lausanne.* Index bibliographique de la faculté des sciences. Lausanne 1896.

24. *Compte-rendu des travaux présentés à la 78e session de la Soc. helv. des sc. nat. à Zurich 1896.* (Extr. des Archives des sc., phys. et nat. de Genève. Sept. à déc. 1896.) Genève 1896.

25. *Verhandlungen der Schweizerischen naturforschenden Ge-sellschaft in ihrer Versammlung in Zürich 1896.* 79te Jahresversammlung. Zürich 1897.

26. *Bulletin de la Société neuchâteloise de géographie.* Tome VIII (1894-1895) et tome IX (1896-1897). Neuchâtel 1896 et 1897.

27. *Bericht über die Tätigkeit der naturwissenschaftlichen Gesellschaft in St. Gallen,* während des Vereinsjahres 1894-1896. Redaktor: Dr. Wartmann. St. Gallen 1897.

28. *Vierteljahresschrift der Naturforschenden Gesellschaft in Zürich.* Herausgegeben v. A. Heim, A. Lang und F. Rudio. 41ter Jahrgang. Supplementband 1896. Zürich 1896.
Idem. 42ter Jahrgang. Erstes und zweites Heft. Zürich 1897.

29. *Neujahrsblatt der Zürcherischen Naturforschenden Ge-sellschaft.* 1896. XCVIII. A. Heim. Die Gletscherlawine an der Altels am 11ten September 1895. Zürich 1895. (Vom Autor.)

30. *Bericht der Centralcommission über den Stand der Arbeit an der Bibliographie der Schweizerischen Landeskunde.* (IX^{te} Mitteilung der Centralcommission. März 1897.) Bern 1897.

31. *Verhandlungen der Naturforschenden Gesellschaft in Basel.* Band XI. Heft 2. Basel 1896.

B. *Ouvrages offerts par les auteurs, ou d'autres.*

1. A. Girardot. Etudes géologiques sur la Franche-Comté septentrionale. Le système oolithique. Paris 1894. Gr. in-8^0. 116 p.

2: Raymond de Girard. Le caractère naturel du Déluge. (Etudes de géologie biblique.) Fribourg 1894. In-8°. 288 p.

3. E. Desor et A. Gressly. Etudes géologiques sur le Jura neuchâtelois, avec une carte et deux coupes. Neuchâtel 1859. In-4°. (Don de Edm. de Fellenberg.)

4. Ralph, S. Tarr. Former extension of Cornell glacier near the southern end of the Melville bay. (Bull geol. soc. of. Am. Vol. 6, p. 251-268, pl. 25-29.) Rochester 1897.

5. Idem. Difference of the climate of the Greenland and American sides of Davis and Baffins bay. (Americ. journ. of Sc. Vol. III. April 1897.)

6. Idem. Valley glaciers of the upper Nugsuak-peninsula. Greenland. (Amer. geol. Vol. XIX. April 1897.)

7. Idem. Evidence of glaciation of Labrador and Baffinland. (Amer. geol. Vol. XIX. March 1897.)

8. Idem. The origin of Drumlings. (Amer. geol. Vol. VIII. June 1894.)

9. Idem. Rapidity of Weathering and Stream erosion in the arctic latitudes. (Amer. geol. Vol. XIX. February 1897.)

10. Idem. Changes of level in the Bermuda Islands. (Amer. geol. Vol. XIX. Max 1897.)

11. Idem. The arctic sea Ice as a geological agent. (Amer. journ. of Sc. Vol. III. March. 1897.)

12. William Morris Davis. The Seine, the Meuse and the Moselle (Nation. geograph. Magazine. Vol. VII. June and July 1896.) Washington 1896.

13. Idem. A Spéculation in Topographical Climatology. (Amer. meteorol. journ. April 1896.)

14. Idem. The outline of the Cape Cod. (Amer. Academy of Sc. Proceed. Vol. XXXI. 1896.)

15. Idem. Studies for Students. Large scale maps as geographical illustrations. (Journ. of geology. Vol. IV. N° 4. May, June 1896.) Chicago 1896.

16. Idem. Plains of marine and subaërial denudation. (Geol. Soc. of Amer. Vol, VII, p. 377-398). Rochester 1897.

17. F. P. Gulliver. Cuspate Forelands. (Geol. Soc. of Amer. Vol. VII, pag. 399-422.) Rochester 1897.

18. Kilian, Ph. Zurcher et A. Guebhards. Notices sur la région d'Escragnolles (Alpés marit.). Bull. Soc. géol. de Fr. Tome XXIII. Paris 1896.

19. Paul Choffat. Coup d'œil sur la géologie de la province d'Angola. (Extr. du «Portugal em Africa.»). Juillet 1895.

20. *Idem.* Coup d'œil sur les mers mézozoïques du Portugal (Extr. de la „Vierteljahrsschrift d. Naturf. Gesellsch. in Zürich." Jahrg. XLI. 1896. Jubelband.)

21. *Idem.* Sur les Dolomies des terrains mézozoïques du Portugal. (Extr. des Communicaçóes da directáo dos trabahlos geologicos. Tome III. Fasc. II. Décembre 1896.) Lisbonne.

22. Adrien Guebhard. Esquisse géologique de la commune de Mons (Var). Draguignan 1897.

23. A. Bodmer-Beder. Die Erzlagerstätten der Alp Puntaiglas im Bündner Oberland und ihre Felsarten. (Neues Jahrb. f. Min., Geol. u Pal. Beilageband XI, mit Tab. VII bis XI. 1896.

24. Ch. Tarnuzzer. Geologisches Gutachten über die Anlage einer normalspurigen Bahn Chur-Albula-Ofenberg-Münster (Engadin-Orientbahn). Zürich 1896.

C. Cartes, dessins, gravures, profils, etc.

Kárta geologica generala a Romaniej, lucratá de membrii biuroului geologic, sub directiunea domnului G. Stefanescu. Indetele: B. III-XL; B. IV-XLI; B. V-XLII; B. II-XXXIX.

Publications. — Deux fascicules des *Eclogæ* (vol. V, N°s 1 et 2), ont paru depuis le dernier rapport; le premier consacré à l'Assemblée générale de Zurich, et contenant aussi quelques travaux originaux; le second consacré à la *Revue géologique* de 1895.

Un troisième fascicule, déjà en grande partie composé, contiendra diverses notices, ainsi qu'un catalogue des ouvrages reçus par la Commission géologique fédérale en échange des *Matériaux pour la carte.* Ces publications, qui sont conservées à la bibliothèque du Polytechnicum de Zurich, sont à la disposition des membres de notre Société. Les cartes doivent être consultées sur place, mais les volumes pourront être envoyé aux membres, qui en feront la demande à M. le prof. Rudio, bibliothécaire du Polytechnicum à Zurich.

La *Revue géologique* de 1896 est malheureusement encore en retard, mais nous espérons qu'elle pourra paraître cet automne.

Les hauteurs des travaux parus dans les *Eclogæ*, auront droit à un tirage à part 50 exemplaires, sans modifications. Les frais supplémentaires, tels que couverture, etc., resteront à leur charge. En aucun cas, la pagination ne devra être changée, cela en vue de faciliter les citations. Le Comité a adopté une série de règles à suivre pour l'impression. Nous les transcrivons ici et nous prions ceux qui désirent publier dans les *Eclogæ* de s'y conformer, dans la rédaction de leur manuscrit.

1. Remettre des manuscrits complets et **bien lisibles,** écrits d'un seul côté de la feuille.
2. Leur donner des titres courts, précis et significatifs.
3. Indiquer le titre résumé *(titre courant)* à mettre au haut de la page.
4. Corriger eux-mêmes les premières épreuves, et les renvoyer promptement sans oublier le manuscrit.
5. Souligner une fois ——————— les noms latins, de *fossiles* ou autres, qui devront figurer en *italiques.*
6. Souligner deux fois ════════ les noms de *personnes* qu'ils veulent mettre en saillie, pour qu'ils soient imprimés en PETITES MAJUSCULES.
7. Souligner trois fois ═════════ les titres qui doivent figurer en GRANDES MAJUSCULES,
8. Souligner en ligne tremblée ∼∼∼∼∼ les mots qui devront être en **corps gras.**
9. Soulingner – – – – – – – les mots qui devront figurer en c a r a c t è r e s e s p a c é s, par exemple, les noms de gisements, localités importantes, etc.

10. Faire un usage *modéré* de ces caractères différenciés.

11. Ecrire avec majuscule initiale les noms des Terrains pris substantivement ; exemple : Lias, Jurassique, Néocomien, Miocène, — mais avec minuscule les noms de roches ; exemple : calcaire, schistes, etc.

12. Indiquer s'ils désirent un tirage à part *(separata)* ? — avec ou sans couverture ? — avec titre sur la couverture, ou non ? — et combien d'exemplaires ?

Dans l'établissement de ces *règles* nous nous sommes inspirés des usages d'autres sociétés et publications, et en particulier des recommandations que la *British Association* a faites aux diverses sociétés éditrices.

Celle-ci recommande entre autres :

a) Que chaque fascicule porte sa date réelle de publication, bien précisée.

b) Que les tirages à part conservent la pagination originale, et la même numérotation des planches.

c) Que les *separata* ne soient pas distribués avant la livraison du périodique ou de l'ouvrage général.

d) Que les titres soient aussi concis et aussi significatifs que possible.

e) Qu'il ne soit pas créé d'espèces nouvelles sans une diagnose suffisante, ou si possible une figure.

f) Que des noms nouveaux ne soient pas proposés incidemment dans une *note* au bas de la page, ou dans des §§ anonymes.

g) Que les références et citations soient toujours complètes et correctes.

Réunion annuelle. — Vu le départ, pour le Congrès international de Russie, du président, du vice-président et d'autres encore de ses membres, le Comité a chargé M. Schardt de le représenter à la session d'Engelberg, soit comme délégué à la réunion préparatoire de la Société helvétique, soit comme Président de notre Assemblée administrative.

Les excursions géologiques subséquentes seront dirigées par M. C. Mœsch, qui a bien voulu s'en charger. Leur programme, préparé par lui, a été envoyé a chaque membre, encarté dans le N° 2 des *Eclogœ*, paru en juillet.

Congrès géologique de 1894. — Le compte-rendu du Congrès suisse a paru en avril. C'est un gros volume grand in-8° de 710 pages, avec 25 clichés et une vingtaine de planches ou tableaux hors texte. Prix de librairie, 25 francs. Il a été expédié franco à tous les membres du Congrès. Le solde de ces volumes a été abandonné par le Comité à la Société géologique suisse.

Les comptes du Congrès soldent sans déficit, mais aussi sans boni.

Il a paru une seconde livraison de la carte géologique d'Europe, comprenant les feuilles 29, 30, 36, 37 et 38, qui représentent l'Espagne, le Portugal, ainsi qu'une partie de la France et de l'Italie.

Congrès géologique de 1897. — Le Conseil fédéral a alloué à notre Société une subvention de 5000 francs, à répartir entre les membres de la Société qui professent à un établissement public d'instruction supérieure et qui ont exprimé le désir de participer au Congrès de Saint-Pétersbourg. L'autorité supérieure a d'ailleurs abandonné à votre Comité le soin de choisir les délégués qui y représenteront la Suisse.

La répartition proposée par le Comité et sanctionnée par le Département fédéral de l'intérieur est la suivante: Un subside de 200 francs à chacun des huit participants qui remplissent les conditions posées par l'autorité. Le solde sera réparti entre eux, au retour, au prorata du nombre de jours qu'ils auront consacrés aux excursions officielles.

En outre, le Comité a désigné comme délégués officiels MM:

Prof. A. Heim, à titre de président de la Commission de la carte géologique.

Prof. E. Renévier, à titre de président de la Société géologique suisse.

Prof. Dr. Carl Schmidt.

Notre Société comptera à Saint-Pétersbourg une dixaine d'autres membres suisses, et sans doute aussi un bon nombre de nos membres étrangers.

Conclusion. — Nous terminons ce rapport en résumant les propositions que nous avons l'honneur de vous faire :

1° Renvoyer d'un an la réélection du Comité, pour éviter la coïncidence avec les Congrès géologiques internationaux.

2° Nommer, pour une année, un membre du Comité, en remplacement de M. L. Du Pasquier, décédé.

3° Sanctionner les comptes de 1896-1897, après avoir entendu le rapport de MM. les contrôleurs.

4° Voter le budget pour 1897-1898.

5° Faire abandon de la propriété de nos livret à la Bibliothèque de la Société helvétique des sciences naturelles.

Pour le Comité de la Société géologique suisse,

Le président :

E. Renevier, professeur.

N. B. Ce rapport a été adopté par le Comité dans sa séance du 12 juillet 1896.

Seizième assemblée générale de la société géologique suisse
13 septembre 1897.

Présidence de M. Schardt. M. C. Sarasin est chargé du secrétariat de l'assemblée.

Le procès-verbal de l'assemblée précédente étant déjà imprimé, on renonce à sa lecture, de même qu'à celle du rapport annuel du Comité, dont cependant M. le président relève les points essentiels et ceux qui devront faire l'objet d'une discussion dans le cours de la séance.

Le rapport sur l'état de la caisse et celui des commissaires-vérificateurs des comptes sont adoptés; décharge est donnée au caissier pour sa gestion, de même qu'au Comité.

La proposition du Comité de renvoyer d'une année le *renouvellement intégral des membres du Comité,* afin d'éviter dorénavant la coïncidence avec les Congrès géologiques internationaux est adoptée à l'unanimité.

Nominasion d'un membre du Comité en remplacement de M. Léon Du Pasquier, décédé. M. E. de Fellenberg, à Berne, est nommé à l'unanimité.

Budget 1897—1898. Le budget proposé par le Comité est adopté (voir rapport annuel du Comité pag. 69)

Bibliothèque. La proposition du Comité de faire abandon à la Société helvétique des sciences naturelles des livres reçus en don ou en échange contre les Eclogæ est mise en discussion. Cet abandon est rendu désirable, sinon névitable par l'impossibilité de pourvoir à la reliure de ces livres.

M. F.-A. Forel, président central de la Société helvétique des sciences naturelles, constate que la Société mère à laquelle incomberait cette charge, se trouve dans le même cas, vis-à-vis de sa propre bibliothèque. Si l'offre d'une cession de livres est faite, il la transmettra avec plaisir et reconnaissance au Comité central de la Société helvétique.

L'on devrait conséquemment renvoyer toute décision définitive jusqu'au moment où une entente sera intervenue entre les Comités des deux Sociétés. L'assemblée vote la proposition dans ce sens que des pleins pouvoirs sont accordés au Comité pour régler cette question avec le Comité central de la Société helvétique des sciences naturelles.

La séance administrative est levée à 9 heures, pour faire place à la partie scientifique.

Le secrétaire ad intérim:

Ch. Sarasin.

2. Schweizerische botanische Gesellschaft.

I. Personalbestand

am 1. September 1897.

Komitee:

Herr Dr. H. Christ in Basel, Präsident.

„   Prof. Dr. C. Schröter in Zürich, Vicepräsident.

„   Prof. Dr. Ed. Fischer in Bern, Sekretär.

„   Prof. Dr. R. Chodat in Genf.

„   Prof. F. O, Wolf in Sitten.

Kassier:

Herr Apotheker B. Studer-Steinhäuslin in Bern.

Bibliothekar:

Herr Dr. M. Rikli in Zürich.

Redaktionskommission:

Herr M. Micheli in Genf.

„   Prof. Dr. C. Schröter in Zürich.

„   Prof. Dr. Ed. Fischer in Bern.

Zahl der ordentlichen Mitglieder 123.

„   „   Ehrenmitglieder 2.

II. Auszug aus dem Berichte über die Tätigkeit des Vorstandes im Jahre 1896/97.

Im Jahre 1896/97 hielt der Vorstand zwei Sitzungen ab, die eine am 27. März 1897 in Olten, die andere am

14. September 1897 in Engelberg. In Bezug auf die
„Beiträge zur Kryptogamenflora der Schweiz" waren auch im
verflossenen Jahre Unterhandlungen mit dem Zentralkomitee
der Schweizerischen Naturforschenden Gesellschaft im Gange,
welche zu dem Resultate führten, dass das letztere zum
Zwecke der Realisation dieses Planes an die Bundesbehörden das Gesuch um Bewilligung eines jährlichen
Kredites von Fr. 1200 für die Dauer von 12 Jahren ein-
reichte. Dieser Kredit würde dann von einer Kommission
der Schweizerischen Naturforschenden Gesellschaft ver-
waltet. — Unterhandlungen wurden auch mit dem schweiz.
Schulrate angeknüpft zu dem Zwecke, die Bibliothek der
botan. Gesellschaft an das botan. Museum des Polytechnicums abzutreten, welches letztere dagegen die Verpflich-
tung übernimmt, die Bücher einzubinden und dieselben
an die Mitglieder der botanischen Gesellschaft auszuleihen.
Die Jahresrechnung pro 1896 ergibt an Einnahmen
Fr. 639.10, an Ausgaben Fr. 585.10, schliesst also mit
einem Aktivsaldo von Fr. 54 ab.

III. Protokoll der 8. ordentlichen Versammlung.

Dienstag, den 14. September 1897, vormittags 8 Uhr,
im Hotel Titlis in Engelberg.

1. Der Jahresbericht des Vorstandes wird genehmigt.

2. Die Jahresrechnung pro 1896 wird unter bester Verdankung an den Rechnungsgeber genehmigt.

3. Der Vorstand wird beauftragt, den Vertrag mit dem
eidg. Schulrate betreffend Abtretung der Bibliothek an
das botan. Museum des Polytechnicums abzuschliessen.

4. Es wird beschlossen, das Mitgliederverzeichnis in Zukunft nur noch alle 3 Jahre in den „Berichten" erscheinen zu lassen.

5. Auf Antrag des Herrn Prof. C. Schröter wird in Aussicht genommen, in einem der nächsten Hefte der „Berichte" ein beschreibendes Verzeichnis der sämtlichen schweizerischen öffentlichen und privaten botanischen Sammlungen zu geben. Mit der Sammlung des betreffenden Materials werden die Herren Prof. Schröter und Dr. M. Rikli in Zürich beauftragt.

3. Bericht der zoologischen Gesellschaft.

Von Dr. Th. Studer, Professor.

Übersicht über die auf die Fauna der Schweiz bezüglichen Arbeiten während des Jahres 1896/97.

Die Bibliographie der zoologischen Litteratur der Schweiz hat seit dem letzten Jahre bedeutende Fortschritte gemacht, dank der aufopfernden Tätigkeit unserer Mitglieder, welche die ermüdende Arbeit des Durchforschens zahlloser Zeitschriften und Bände nicht scheuten.

Im vorigen Jahre lagen vollendet vor: die Bibliographie der ornithologischen und diejenige der conchyliologischen Litteratur.

Nun sind ferner vollendet:

Die Bibliographie der Seenfauna von Professor Dr. Zschokke.

Die Bibliographie der Reptilien und Amphibien von Dr. Fischer.-Sigwart.

Im Drucke sind:

Bibliographie der Crustaceen von Herrn Dr. Heuscher.

„	„	Anneliden	„	„	Dr. Hescheler.
„	„	Rotifera	„	„	Dr. Heuscher.
„	„	Bryozoa ·	„	„	Dr. Studer.
„	„	Turbellaria	„	Fräul.	Dr. Plehn.
„	„	Hydroiden	„	Herrn	Dr. Studer.
„	„	Protozöen	„	„	Dr. H. Blanc.

In Bearbeituug stehen:

Bibliographie d. Säugetiere durch Hrn. Dr. Fischer-Sigwart.

„ „ Fische „ „ „ „ „

„ „ Insecten „ die entomolog. Gesellschaft,

„ Redaktion Herr Dr. Th. Steck.

„ „ Helminthen durch Hrn. Dr. Zschokke.

Noch keinen Bearbeiter haben gefunden die Spinnen und die Myriapoden.

Von Arbeiten zu der schweizerischen Fauna sind erschienen:

A. Beiträge zur Landesfauna und angrenzender Gebiete im allgemeinen.

Dr. O. Stoll zur Zoogeographie der landbewohnenden Wirbellosen. gr. 8°. 114 Seiten mit 2 Tafeln. Berlin, Friedlaender & Sohn 1897.

Das Werk enthält sehr interessante Daten über die geographische Verbreitung besonders der Insecten und Mollusken in der Schweiz im Verhältnis zu ihrer allgemeinen geographischen Verbreitung.

Die Wirbeltierfauna des Salève behandelt:

Pittard. Notes sur la faune des Vertebrés du mont Salève (Globe T. XXXVI. Genève 1896).

V. Fatio veröffentlicht in dem Katalog zur Schweizer. Landesausstellung, Abteilung Jagd und Fischerei, Genf 1896, Tabellen über die horizontale geographische und die vertikale Verbreitung des Standwildes in der Schweiz.

Seenfauna. O. Führmann. Recherches sur la faune des lacs alpins du Tessin (Revue Suisse de Zoologie, Genève 1897). Eine wichtige und ausführliche Arbeit über die bis dahin noch unbekannte Fauna der höher gelegenen Seen am Südabhang der Alpen.

Eine ganze Reihe von Aufsätzen über das Plankton der Seen hat Pittard geliefert.

Recherches sur la distribution des organismes in-
férieurs dans le lac de Genève. (Globe T. XXXVI.
Genève. Migràtions des entomostracés pelagiques).
(Archives des Sciences phys. et nat. Déc. 1896.)
Recherches sur les rapports volumétriques qui peuvent
exister entre le cube d'un lac et la quantité d'orga-
nismes que renferme le lac.
    (Archives des Sciences phys. et nat. Déc. 1896.)
Repartition quantitative en surface du Plancton.
    (Archives des Sciences phys. et nat. Janv. 1897).
Plancton du lac dé Lowerz ebenda.
    „   „   „ des Chavonnes „
    „   „   „ de Joux   „
    „   »   „ de Brenet   „
    Einzelne Ordnungen des Tierreichs betreffend sind
folgende Arbeiten zu verzeichnen:
Aves. Th. Bühler - Lindenmeyer. Katalog der
schweizerischen Vogel - Fauna im Naturhistorischen
Museum von Basel. Verlag der ornitholog. Gesellschaft Basel. Dér Katalog erhält seinen Wert dadurch,
dass er eine ganze Reihe genauer Fundorte für
schweizerische Vogelarten gibt.
V. Fatio. Quelques particularités ornithologiques du
Mont Salève. (Bulletin de la Société zoologique
de France pour 1897. Tome XXII. Séance du
25 avril.) Die Vogelfauna dieses Berges, der das
Becken des Leman nach Südwesten begrenzt, hat insofern ein grosses Inseresse, als der Salève für
mehrere Arten, wie *Neophron percnopterus, Cerchneis
cenchris, Monticola cyanea, Perdix rufa* die nörd-
lichste Verbreitungsgrenze bildet, während andrerseits
gewisse nordische Vogelformen, wie z. B. *Archibuteo
lagopus* hier noch brütend gefunden werden. Ausserdem beherbergt der Berg im Winter stets eine An-

zahl Vögel der Hochalpen. als Wintergäste, so *Ticho-droma muraria,* die auch. schon dort genistet hat, *Accentor alpinus, Montifringilla nivalis.* Leider sind viele Arten durch fortgesetzte Verfolgung schon stark reduziert und selbst ausgerottet worden.

Reptilien. Fischer-Sigwart. La tortue des marais européenne dans le plateau suisse. (Archives des Sciences physiques et naturelles septembre à décembre 1896. Compte-rendu des travaux présentés à la Soc. Helv. des Sc. nat.). Die Funde von erwachsenen Schildkröten, von denen eine Eier legte, im Alpnacher See, sowie früher gemachter Funde lassen die europäische Sumpf-Schildkröte als einheimisches Tier betrachten.

Amphibien. Fischer-Sigwart. Notizen über die Befruchtung der Eier bei einigen Lurchen. (Mitteilungen der Aarg. Naturforschenden Gesellschaft 1895, pag. 1—4, 7. Heft 1896 pag. 17—20).

Nach dem Verfasser geschieht die Befruchtung der Eier von *Hyla viridis* und von *Bufo vulgaris* durch das Männchen erst nach der Eiablage, oft erst einige Tage später.

Pisces. Von grosser Wichtigkeit sind eine Reihe Aufsätze über schweizerische Fische, welche in dem Katalog Chasse et Pêche der schweizerischen Landesausstellung in Genf 1896 erschienen sind.

So von Savoie-Petitpierre: Über den Wels. *Silurus glanis.*

Von V. Fatio. Les *Corégones en Suisse. Troubles résultant de l'Importation.*

Les *habitants des lacs de Sarnen et de Lungern.* Im Sarner See fand sich ein Coregone vom Typus des C. Balleus, Balchen, im Lungernsee ein Vertreter des Typus C. dispersus, der Form Wartmanni sehr

nahe verwandt, wenn nicht indentisch mit dem Albock
des Thuner und Brienzer Sees.

Sehr wichtig sind die nachfolgenden fünf Tabellen,
welche das Résumé der Forschungen Fatios über
unsere Fischfauna in übersichtlicher graphischer Form
geben :

Die eine behandelt :

Epoques et Conditions de Frai des Coregones autochtones en Suisse.

Dann folgen :

Tab. I. Poissons autochtones suisses — Distribution
géographique horizontale.

Tab. II. Poissons autochtones suisses — Distribution
géographique verticale.

Tab. III. Epoques de Frai des Poissons autochtones
suisses, dans différentes Conditions.

Die Coregonen des Sarnensees behandelt Fatio
noch in zwei Aufsätzen.

Encore un mot sur les Corégones du lac de Sarnen
en Suisse (Archives des Scienc. phys. et nat. T. IV.
juillet 1897).

Noch ein Wort über die Coregonen des Sarnensees
in der Schweiz (Schweizerische Fischereizeitung Nr. 15,
17. Juli 1897).

Nach diesen letzten Arbeiten findet sich im Sarnen-
see neben der vorerwähnten Balchen-, Balleusform
auch die Dispersusform sehr nahe dem Edelfisch
des Vierwaldstätter Sees.

Ueber das Vorkommen des Aales im Caumasee
veröffentlicht Dr. Lorenz in Chur einen Aufsatz in
dem XXXIX. Jahresbericht der Naturforschenden
Gesellschaft Graubündens 1896.

Der Aal (Anguilla vulgaris Flem.) im Caumasee,
von Dr. P. Lorenz in Chur.

Der Fund von Aalmännchen in dem 1000 m hoch-
gelegenen abflusslosen Gebirgsee in welchen seit 1887
keine neue Zufuhr von Aalmontée stattgefunden hat,
ferner der Umstand, dass viele Aale noch im Jahre
1895 nicht grösser als 37—47 cm lang waren, legt
Herrn L o r e n z die Vermutung nahe, dass sich der
Fisch in dem geschlossenen Seebecken fortpflanze.
Nach den neueren Untersuchungen G r a s s i s, wonach
die Entwicklung des Aales auf dem Wege der Me-
tamorphose durch pelagisch im Meere lebende Larven
vor sich geht, kann freilich diese Ansicht nicht fest-
gehalten werden.   Eine Uebersicht der Eischfauna
der Seen von Graubünden teilt ferner Dr. L o r e n z
in den Sitzungen der Naturforschenden Gesellschaft
Graubündens in Chur vom 8., 22. Januar und
25. Februar 1896 mit.

M o l l u s k e n. Hier muss ich noch einige frühere Arbeiten
nachtragen, welche leider erst erschienen sind, nachdem die Bibliographie der Schweizer Mollusken schon
gedruckt war und die in dem letzten Berichte über
die Zoologische Gesellschaft nicht erwähnt wurden.
Es sind:

A. U l r i c h.   Die lebenden Mollusken des Kantons Thurgau (Mitteilungen der Thurg. Naturforschenden Gesellschaft. Heft XI 1896).   Das Verzeichnis ergiebt
von Landschnecken 77 Arten, Wasserschnecken 31
Arten, Muscheln 12 Arten.

A. U l r i c h.   Beiträge zur Molluskenfauna der Kantone
Appenzell und St. Gallen (Jahresbericht der St. Gal-
lischen naturw. Gesellschaft 1892—93. 26 Seiten).
Es liessen sich in dem Gebiete 131 Arten und
83 Variationen und Mutationen nachweisen. An das
Verzeichnis schliesst sich eine Höhentabelle der Fundorte.

Biologische Beobachtungen über die Weinbergschnecke *(Helix pomatia)* liefert A. Lang (Vierteljahrsschrift der Naturforschenden Gesellschaft in
Zürich. Jahrgang XLI. 1896. Jubelband). Zucht-
versuche mit linksgewundenen Schnecken ergaben
das Resultat, dass von 606 erzielten jungen Schnecken
sämtliche rechtsgewunden waren.

Bezüglich der Wachstumszeit der Weinbergschnecke
geht aus den Beobachtungen hervor:

1. dass diejenigen Individuen, welche im Spätsommer
und Herbst ihres Geburtsjahres im Wachstum am
weitesten vorgeschritten sind, auch im Frühjahr und
Sommer des folgenden Jahres den im Wachstum zurück-
gebliebenen weit vorauseilen und nach nochmaliger
Überwinterung wohl schon im zweiten Sommer auswachsen und geschlechtsreif werden.

2. dass die im Wachstum von Anfang an zurück-
gebliebenen, wenn sie nicht zu Grunde gehen, erst im
dritten oder vierten Sommer auswachsen.

Erwachsene Schnecken nehmen bis 7., 8. oder 11.
Juni durchschnittlich um die Hälfte ihres Gewichtes
zu, nur kleine Exemplare erfuhren dabei eine Vergrösserung der Schale.

In keinem Falle haben erwachsene Exemplare den
zweiten Sommer überlebt.

Während des Wachstums nimmt die Schnecke neben
der Pflanzennahrung durch Benagen von Kalksteinen,
fremden Schneckengehäusen, Eischalen etc. direkt
Kalk auf.

Copulation zwischen rechts- und linksgewundenen
Schnecken scheint nach den gemachten Versuchen,
wenn nicht unmöglich, doch ausserordentlich schwer
vollzogen werden zu können.

I n s e c t a. Für die schweizerische Fauna hat S c h u l t h e s s -
R e c h b e r g im Heft 10 des Vol. IX der Mitteilungen
der schweizerischen Entomologischen Gesellschaft sein
systematisches Verzeichnis der Faltenwespen *Vespidæ*
vollendet. Alle Gattungen und Arten sind vollständig
beschrieben, der ausführlichen Beschreibung der
letztern ist jeweilen eine synoptische Bestimmungs-
tabelle vorgesetzt.

Einen neuropterologischen Sammelbericht liefert
Dr. F. R i s in Mendrisio in den Mitteilungen der
schweiz. entomolog. Gesellschaft Bd. IX, Heft 10.
Juni 1897. Derselbe enthält:

A. Neue schweizerische Hydroptiliden.

B. Fragmente der Neuropterenfauna des Rheins.

C. Der Hauersee bei Ossingen.

D. Einige neue Beobachtungen aus dem Tessin.

Im ganzen werden 14 für die Schweiz neue Arten
angeführt, darunter sind 5 überhaupt für die Wissenschaft neu.

Die Neuropteren sind hier im alten Sinne mit Ein-
schluss der Odonaten etc. aufgefasst.

Neue Vorkommnisse von Schmetterlingen in Graubünden verzeichnet:

C a f l i s c h. (Mitteilungender Schweiz. entomol. Gesellschaft
Vol. IX, Heft 9. Schaffhausen 1896). Es sind 12
für Graubünden neue Arten, die an dem elektrischen
Licht in Chur gefangen wurden.

C r u s t a c e a. Dr. A. K a u f m a n n. Die schweizerischen
Cytheriden und ihre nächsten Verwandten. (Revue
Suisse de Zoologie. Tome IV. Genève 1896—1897.
71 Seiten und 4 Tafeln.) Die Cytheriden gehören
ausschliesslich der Tiefenfauna an. Es werden folgende
Gattungen und Arten beschrieben:

Cytheridea Bosq. eine Art.

Limnicythere Brady. drei Arten.

Leucocythere nov. genus mit *Leucocythere mirabilis nov. spec.* in Tiefen bis zu 40 Meter im Brienzer, Thuner und Genfer See.

Stingelin Dr. Th. Über jahreszeitliche individuelle und lokale Variation bei Crustaceen nebst einigen Bemerkungen über die Fortpflanzung der Daphnèiden und Lyncèiden. (Forschungsberichte der Ploener biologischen Station. Heft 5. 1897. Erwin Naegele Stuttgart.)

Nach Beobachtungen, die sich namentlich auf die Crustaceenfauna der Umgebung Basels erstrecken, weist Stingelin nach *Saisonpolymorphismus* bei *Daphnia pulex, Simocephalus, Ceriodaphnia, Bosmina*, Lokalvariation bei *Daphnia, Scapholeberis, Acroperus* u. a. Betreffs parthenogenetischer Fortpflanzung und Bildung von Dauereiern bei Daphniden und Lynceiden wird gezeigt, dass einenteils bei rein pelagischen Daphnien während des ganzen Winters parthenogenetische Fortpflanzung vorkommen kann, während bei anderen Arten zu verschiedenen Zeiten Geschlechtsperioden mit Produktion von Dauereiern vorkommen; so wies *Ceriodaphnia pulchella* drei Geschlechtsperioden auf, *Scapholeberis* und *Daphnia pulex* zwei, ebenso eine Reihe von Lynceiden, bei *Chydoriden* konnte nur eine Geschlechtsperiode konstatiert werden.

Annelida. Hescheler Dr. K. Beobachtungen über Regeneration und Selbstamputation bei Regenwürmern. (Vierteljahrsschrift der Naturforschenden Gesellschaft Zürich. 1897. Jahrg. XLVI. 10 Seiten.) Es wird gezeigt, dass bei Oligochaeten bestimmte Reize Selbstamputation (Autotomie) veranlassen, und dass damit die Ausbildung des Regenerationsvermögens Hand in Hand geht. Bei *Lumbricus* und *Allobophora* noch in

beschränktem Masse vorhanden, zeigt sich die Autotomie sehr ausgeprägt bei *Allurus*, und dem entspricht
ein verstärktes Regenerationsvermögen; dann folgt
Criodrilus und endlich *Lumbriculus* mit ungeschlecht-
licher Fortpflanzung durch Teilung.

Pläthelminthes. Hausmann Leopold. Über Trematoden der Süsswasserfische. (Revue Suisse de Zoologie. Tome 5. Fasc. 1. Genève 1897. 42 Seiten
mit 1 Tafel.) Es wurden 29 Fischarten untersucht,
von denen auf 1029 Individuen 11, 4% mit Trematoden
behaftet waren. 18 Species von solchen wurden
gefunden, die meisten im Darm, und zwar 13 Species
Distomum, von denen D. angusticolle als neu beschrieben
wird. 1 Sp. *Gasterostomum*, 1 *Diplozoon*, 1 *Octocotyle*.
Im biologischen Teil wird besonders erörtert der Einfluss der Lebensweise des Wirtes auf seine Parasiten.
Einfluss der Nahrung, der Temperatur auf Wirt und
Schmarotzer, der Fortpflanzungsperiode des Wirtes
auf seine Schmarotzer, Einfluss des Wohnortes des
Wirtes. Eine Tabelle gibt Auskunft über die Funde von
Trematoden bei den Fischarten in einzelnen Monaten.
Th. Zschokke gibt eine Übersicht der parasitischen
Würmer der Süsswasserfische (Archives des Sciences
physiques et nat. Sept. à Déc. 1896. Compte-rendu
des travaux présentés à la Soc. helv. des Sc. nat. de
Zurich).

„Untersuchungen über einige Flagellaten" liefert
Hans Meyer in Revue Suisse de Zooloogie.
Tome 5. Fasc. 1. Genève 1897. 46 Seiten mit 2
Tafeln. Es werden 10 neue Arten aufgestellt
und eingehend beschrieben. Im allgemeinen Teil
werden eine Reihe biologischer und physiologischer
Beobachtungen mitgeteilt.

4. Aargau.

Aargauische Naturforschende Gesellschaft in Aarau.

(Gegründet 1811.)

Präsident: Herr Dr. F. Mühlberg.
Vice-Präsident: „ Dr. L. P. Liechti.
Aktuar: „ H. Kummler.
Bibliothekar: „ S. Döbeli.
Kassier: „ A. Schmuziger-Stäheli.
Ehrenmitglieder 4.
Korrespondierende Mitglieder 7.
Ordentliche Mitglieder 170.
Jahresbeitrag: Fr. 8.

Vorträge:

Herr Dr. E. Imhof: Die Wasser-Mollusken der Schweiz,
der Seen im besondern, mit tabellarischer und
kartographischer Darstellung.

„ Rektor C. Wuest: Die Röntgenschen Strahlen.

„ Dr. H. Fischer-Sigwart von Zofingen: Die Gewohnheiten des Laubfrosches und seine Farben-
anpassung.

„ Dr. E. Hassler: Die Lebensweise und der Fang
der Säugetiere in Paraguay.

„ Dr. E. Hassler: Die Urbevölkerung des obern
Paraguay-Gebietes, anthropologisch-ethnograph-
ische Mitteilungen mit Demonstrationen.

Herr Dr. L. P. Liechti: Das Acetylen.

   „ Dr. F. Mühlberg: Demonstration der Installationen des Lehrzimmers, Arbeitszimmers und der Sammlungslokalitäten für Naturgeschichte in der neuen Kantonsschule in Aarau.

   „ Dr. A. Tuchschmid: Demonstration der Installationen des Lehrzimmers, der Sammlungen und Arbeitsräume für Physik in der neuen Kantonsschule.

   „ Guido Zschokke: Die Kälte-Rückfälle in den Monaten Mai und Juni.

   „ Dr. Emil Hassler: Die Herkunft, Gewinnung und Verwertung des Maté-Thees in Paraguay.

   „ Otto Gysi: Benjamin Franklins Erörterungen über die Kunst, sich angenehme Träume zu verschaffen.

   „ Dr. von Arx in Olten: Zur Frage der Beckenentwicklung und Statik der Becken-Organe.

Exkursionen: 1. Nach dem Kraftübertragungswerk in Rheinfelden. 2. Besuch der Portland-Cementfabrik und einer neu aufgedeckten Überschiebungsklippe in Ober-Ehrendingen und nachheriger Marsch über die Lägern-Hochwacht nach Regensberg.

5. Basel.

Naturforschende Gesellschaft in Basel.

(Gegründet 1817.)

Vorstand für 1896/98.

Präsident: Herr Prof. Dr. C. Schmidt.
Vice-Präsident: „ Dr. P. Sarasin.
I. Sekretär: „ Prof. Dr. K. Von der Mühll.
II. Sekretär: „ Dr. H. Veillon.
Bibliothekar: „ Prof. Dr. G. W. A. Kahlbaum.

Ehrenmitglieder 5.
Korrespondierende Mitglieder 26.
Ordentliche Mitglieder 206.
Jahresbeitrag: Fr. 12. —.

In 12 Sitzungen wurden folgende *Vorträge* gehalten:
1896, 4. November. Herr Prof. Dr. E. Hagenbach-Bischoff: Die Elektrizität an der Genfer Ausstellung.
18. November. Herr Prof. Dr. R. Nietzki: Chemische Mitteilungen. — Herr Dr. Th. Stingelin: Variationen bei einheimischen Entomostraken.
2. Dezember. Herr O. Spiess: Über reelle Wurzeln imaginärer Grössen.
16. Dezember. Herr Dr. A. Tobler: Zweite Mitteilung über die Stutzsche Sammlung im Basler Museum. — Herr Prof. Dr. C. Schmidt: Rätselhafte Gebirgsmassen am Nordrand der Alpen.

1897, 6. Januar. Herr Dr. L. Reinhardt: Über osmotische
Vorgänge und die Bildung von Salzsäure im
Magen.

20. Januar: Herr Dr. H. K. Corning: Über die
Entwicklung der Kopfmuskeln.

3. Februar. Herr Prof. Dr. R. Burckhardt: Die
Riesenvögel der südlichen Hemisphäre.

17. Februar. Herr Prof. J. Piccard: Chemische
Mitteilungen.

17. März. Herr Dr. F. Fichter: Chemische Mitteilungen. — Herr Prof. Dr. G. W. A. Kahlbaum: Kleinere geschichtliche Mitteilungen.

12. Mai. Herr Dr. E. Greppin: Die Tätigkeit der
Jurageologen seit J. Thurmann.

9. Juni. Herr Dr. A. Jaquet: Untersuchungen
über den Arterienpuls des Menschen.

7. Juli. Herr Prof. Dr. G. W. A. Kahlbaum: Mythos
und Naturwissenschaft.

Am 20. Dezember 1896 und am 9. Mai 1897 fanden je
eine Exkursion nach Rheinfelden statt, wobei hauptsächlich
das im Bau begriffene Elektrizitätswerk besichtigt wurde.
Bei dem ersten Besuche in Rheinfelden hatte sich die
Basler Gesellschaft vereinigt mit der aargauischen, naturforschenden Gesellschaft und an dem zweiten nahm die
naturforschende Gesellschaft von Freiburg i/B. teil.

Publikationen: Verhandlungen der Naturforschenden
Gesellschaft in Basel, Band XI, Heft 3.

6. Bern.

Naturforschende Gesellschaft in Bern.

(Gegründet 1786.)

Vorstand:

Präsident: Herr Prof. Dr. Drechsel.
Vize-Präsident: „ Prof. Dr. Ed. Fischer.
Sekretär: „ Dr. E. Kissling.
Kassier: „ B. Studer-Steinhäuslin. Apotheker.
Redaktor der Mitteilungen: Herr Prof. Dr. Graf.
Bibliothekare: „ Dr. Th. Steck und
„ Dr. Kissling.
Geschäftsführer d. Lesezirkels: „ Dr. Th. Steck.
Ordentliche Mitglieder 149.
Korrespondierende Mitglieder 19.
Jahresbeitrag 8 Fr.
Zahl der Sitzungen 13.

1896. 31. Oktober. Herr St. v. Kostanecki: Über
gelbe Pflanzenfarbstoffe.

14. November. Herr A. Tschirch: Die chemische
Industrie auf den Ausstellungen in Genf und
Berlin.

28. November. Herr A. Baltzer: Der alte Rhonegletscher und sein Verhältnis zum Aaregletscher.

12. Dezember. Herr Ed. Brückner: Brandungs-
wirkungen an der Küste der Insel Wight; Veränderungen des Rhonegletschers; Gipfelformen
der krystallinen Schiefer. — Herr Ed. Fischer:
Die Tuberaceen (Rabenhorsts Kryptogamenflora).

— Herr Th. Steck: Neuropteren aus der entomolog. Sammlung des naturhistorischen Museums.

1897. 9. Januar. Herr R. Zeller: Naturhistorische
Streifereien in Aegypten und der lybischen Wüste.

23. Januar. Herr H. Kronecker: Über Anregungen
zur Atembewegung (mit Experimenten).

13. Februar. Herr A. Tschirch: Über schweiz.
chemische Produkte. — Herr B. Studer: Pilz-
forschungen im Jahr 1896. — Herr A. Tschirch:
Neues Konservierungs-Verfahren für Hymeno-
myceten.

20. Februar. Herr Th. Studer: Diluviale Knochen
vom Salève. Ein Steinbocksgehörn aus den Pfahlbauten. — Herr J. H. Graf: Bericht über die
Exhumierung Steiners.

6. März. Herr P. Gruner: Die neuern Anschauungen über Materie und Energie.

20. März. Herr F. Schönenberger: Die Baum-
riesen der Schweiz. — Herr E. Kissling:
Neue Funde von diluvialen Arctomysresten in
der Umgegend von Bern. — Herr von Freudenreich: Die Errreger der Käsereifung.

1. Mai. Herr A. Tschirch: Drei botanische
Gärten in den Tropen.

12. Juni. Herr Ed. Drechsel: Über die Aufgaben
der physiologischen Chemie.

4. Juli. Auswärtige Sitzung in *Aarwangen*, gemeinsam mit der naturforschenden Gesellschaft
in Solothurn. Herr Dr. Köpsel: Die Wasser-
werkanlagen in Wynau.

7. Fribourg.

Société Fribourgeoise des sciences naturelles.

Bureau en 1896/97 :
Président :   M. Prof. M. Musy.
Vice-président et Caissier :   „ Prof. Dr. R. de Girard.
Secrétaire :   „ L. Daguet, chimiste.
Membre honoraire : 1.
Membres internes: 80.
Membres externes : 19.
13 séances du 5. novembre 1896 au 19 mai 1897.

Principales communications.

1º M. le prof. Dr. M. A r t h u s : Sur une méthode d'anesthésie physiologique.

2º M. le prof. Dr. B a u m h a u e r : Über die Resultate der
Ätzmethode in den krystallographischen Forschungen (2 séances).

3º M. le prof. Dr. B i s c h s t r y s k i : Über Tautomerie
Erscheinungen.

4º M. le prof. B r u h n e s : Sur les résultats scientifiques
de l'enseignement agricole en Belgique.

5º M. le prof. F. de G e n d r e : Essai d'une carte agronomique
du canton de Fribourg.

6º M. le prof. Dr. R. de G i r a r d : Le chronomètre géologique de Mr. le prof. Renevier.

7⁰ M. l'Ing. A. Gremaud: Origine des lacs alpins.
— Lá catastrophe du Lambach. — Résultats des
essais faits sur le vieux pont en fer de Wolhusen.
Falsifications des denrées alimentaires et lois destinées
à les réprimer.

8⁰ M. le prof. Dr. Kathariner: Über Bildung und
Ersatz der Giftzähne bei Giftschlangen.

9⁰. M. le prof. Dr. Lerch:. Remarque sur les fonctions
génératrices d'Abel. — Rapport intime entre
l'arithmétique et le calcul intégral.

10⁰ M. le prof. M. Musy: Les observations météorologiques
du Mont blanc. — Petite notice sur le chanoine
Cottet et ses travaux. — Le Rhône tributaire
du Rhin d'après M. Lugeon.

11⁰ M. le Dr. Nicolet: Le bacille de la diphthérie.

12⁰ M. l'abbé Chs. de Raemy: Utilité et beauté des lacs.

13⁰ M. le prof. Dr. R. Thomas-Mamert: Sur les principes
de la Stéréochimie.

14. M. le prof. Dr. Westermaier: Analyse de l'ouvrage
de Schwendener: „Das mechanische Princip im
anatomischen Bau der Monacotylen."

Le Président: Prof. **M. Musy.**

8. Genf.

Société de Physique et d'Histoire naturelle.

Composition au 1ᵉʳ Janvier 1897.

Comité 1897.

Monsieur M. Bedot, président, directeur du musée d'histoire
naturelle.

„ Albert Rilliet, vice-président.

„ Aug. H. Wartmann, trésorier.

„ P. van Berchem, secrétaire des séances.

„ F. Louis Perrot, secrétaire correspondant (ou
secrétaire des publications).

Membres ordinaires	60
membres émérites	5
membres honoraires	48
associés libres	54

Cotisation annuelle : 20 frs.

Mathématiques.

M. C. Cailler. Méthode de calculer les invariants des
formes différentielles homogènes et quadratiques par
rapport à la fonction et à ses dérivées.

Météorologie, chimie, physique.

M. Raoul Gautier. Remarques sur les éléments météorologiques du mois de septembre de l'année 1896,
année qui a été particulièrement humide à Genève.
Les phénomènes météorologiques de la journée du

25 septembre, caractérisée par une baisse exceptionnelle du baromètre.

Dans la même séance M. Auriol. Effets du vent violent qui a régné ce jour-là.

M. J. Pidoux. Quelques faits relatifs à la recoloration des Alpes après le coucher du soleil.

M. Amé Pictet. Premiers résultats de recherches entreprises avec M. Crépieux sur la constitution de la nicotine. Ces savants sont arrivés à reproduire par voie de synthèse un corps identique à la nicotyrine qui est un des produits d'oxydation de la nicotine.

M. Ph.-A. Guye. Résultats des diverses recherches qu'il a faites :

1º avec M. Jordan. Sur la dispersion rotatoire, au moyen du dispositif des cuves filtrantes de M. Landolt.

2º avec M. Goudet. Sur la superposition des effets optiques des carbones asymétriques dans une même molécule active.

3º avec M. Guerchgorine. Sur les pouvoirs rotatoires des corps isomères appartenant aux séries propylique, isopropylique, butylique, isobutylique, secondaires.

4º avec Mⁱˡᵉ J. Welt. Sur la mesure des déviations polarimétriques et les indices de réfraction de diverses solutions de corps actifs.

5º avec M. Finkelstein. Sur un certain nombre de corps actifs nitrés, soit les éthers nitrés d'éthers lactiques, maliques et tartriques.

M. Ch. Soret. Résultats obtenus par :

1º MM. Arnold Borel et Eug. Dumont dans une étude de la réfraction des solutions bleues et vertes d'aluns de chrome.

2º par M. V. Agafonoff. Sur l'absorption des rayons ultra-violets par les corps cristalisés.

M. Ch. Soret. Epreuves radiographiques obtenues au moyen des rayons Rœntgen. Une de ces épreuves présentait une particularité remarquable causée parla présence d'un ressort métallique servant à fixer la plaque sensible.

M. Ed. Sarasin. Mémoire, présenté de la part de M. Birkeland, sur un spectre des rayons cathodiques.

M. Margot. Plaques d'alliage d'étain et d'aluminium sur lesquelles le conférencier a tracé des inscriptions ou fait des empreintes au moyen de timbres en caoutchouc, en se servant, au lieu d'encre, de solutions des chlorures de calcium ou de lithium.

M. Albert Brun. Résultats de mensurations effectuées sur les variations de l'indice de réfraction du quartz provoquées par la calcination.

M. Ch.-Eug. Guye. Emploi des coefficients de capacité et de selfinduction par unité de longueur dans les calculs de la propagation du courant électrique.

M. Rilliet. Expériences faites par M. Dumont sur la décharge des corps électrisés à l'aide des rayons Rœntgen, et sur la méthode que fournit ce phénomène pour déterminer la transparence des corps.

Mlle Catherine Schépiloff. Note relative à un procédé économique et ingénieux imaginé pour préserver de l'humidité les habitants des sous-sols.

M. Henri Dufour. Recherches sur l'action électrique des rayons Rœntgen.

M. Th. Lullin. Reproductions photographiques de diverses pièces de monnaie, photographies obtenues au moyen de décharges électriques, d'après le procédé de MM. Ducretet et Boudet.

Résultats des observations sur les bulles d'air qui se forment lors de la chute d'un filet d'eau dans une vase rempli d'eau, résultats dont l'auteur a réussi a obtenir des photographies instantanées.

Minéralogie, géologie, géographie, physique.

M. D u p a r c. Résultats d'un travail d'ensemble sur les roches éruptives de la chaîne de Belledone.

Application de la méthode de Deville, c'est-à-dire l'attaque par la chaux, à l'analyse des silicates, ce qui permet d'analyser ces corps beaucoup plus rapidement que par la méthode ordinaire.

Diagnoses de quelques roches intéressantes telles que la microgranulite basique passant à l'orthophyse micacé, le nodule micacé et amphibolique dans une granulite de l'Oisans, la granulite amphibolique du mont Thabor.

Recherches faites avec M. P e a r c e sur le versant S-E du massif du Mont-Blanc.

M. P. P e a r c e. Travail sur l'utilisation de deux zones de symétrie pour la détermination des feldspaths, lorsque ceux-ci sont maclés suivant les macles de l'albite et de Carlsbad.

M. D e l e b e c q u e. Ravins sous-lacustres des fleuves glaciaires. Explication de l'absence de pareils ravins dans les lacs des Quatre-Cantons, de Brienz et dans le lac Majeur.

M. le Dr. G o s s e. Coupes relevées pendant les mois de novembre et décembre 1896 dans les terrains au sud de la rue du Vieux-Collège, mis au jour par les travaux exécutés dans un jardin du n° 4 de cette rue.

Zoologie, Physiologie, Médecine.

M. V. F a t i o. Corégones trouvés morts dans les lacs de Sarnen et de Lungern d'où ces poissons ont disparu depuis longtemps. Considérations intéressantes relatives à l'histoire des Corégones de la Suisse.

M. Eugène Pitard. Observations sur les migrations
des Entomostracés pélagiques dans les lacs Léman,
de Joux, Brenet, Rousses, Taney, Lovenex, Chavonnes,
Zurich, Lowertz. Recherches préliminaires faites sur
les rapports volumétriques qui peuvent exister entre
le cube d'un lac et la quantité d'organismes que
renferme ce lac.

Communication sur le plankton du lac des Chavonnes
et une autre sur le plankton des lacs de Lowertz, de
Joux et Brenet, la liste des espèces pélagiques recueillies
dans des pêches.

M. Arnold Pictet. Travail sur le dévoloppement des
ailes des Lépidoptères observé chez le Lasiocampa
quercifolia. La méthode employée pour l'étude de la
position des nervures pendant le développement des
ailes, consistait à arrêter artificiellement ce développement à ces diverses phases.

M. le Dr. Prevost. Communication relative à l'action
physiologique de la coronilline extraite de plusieurs
espèces de coronilles. Les recherches ont confirmé
celles de MM. Schlagdenhaufen et Reeb de
Nancy, en montrant que la coronilline exerce sur le
cœur une action toxique analogue à celle de la digitaline.

Recherches faites dans son laboratoire par son élève
M. Frédéric Batelli dont elles constituent la thèse
inaugurale intitulée : Influence des médicaments sur les
mouvements de l'estomac. Contribution à l'étude de
l'innervation de l'estomc.

Resultat d'expériences faites en collaboration avec M.
Radzikowski, sur l'influence de la section de la moelle
épinière dans sa région cervicale, sur la réplétion du cœur
paralysé par l'électrisation. Ces expériences conduisent à
attribuer au tonus vasculaire un grand rôle dans le passage
du sang, du système veineux dans l'oreillette droite.

M. le prof. Schiff. Etude sur l'influence des nerfs
sur la digestion stomacale. La principale conclusion
de ces recherches est que les nerfs de l'estomac président non à la formation mais à l'expulsion du suc
digestif vers l'intestin.

Premiers résultats d'une étude de la thermogénèse
dans les muscles.

M. Preudhomme de Borre. Capture qui vient d'être
faite en Belgique d'un hémiptère extrêmement rare,
le Pyrrhocoris marginatus Kolenati, du Caucase dont
on n'avait jusqu'alors rencontré en Europe que deux
exemplaires.

M. Th. Flournoy. Suite de ses observations de psycho-
physique sur les types de réaction simple dont il
avait déjà entretenu la Société il y a quelques années.

M. le Dr. Marcet. Communication relative à l'influence
qu'exerce sur la respiration de l'homme la concentration
de la volonté sur un mouvement musculaire non effectué.

Un nouveau calorimètre de son invention, destiné
aux recherches de calorimétrie humaine.

Botanique.

M. Chodat. Recherches sur l'évolution des Cœlastrum
et du Polyedrum trigonum dont il a obtenu, par la
culture, des modifications importantes.

Recherches sur l'Oscillatoria rubescens du lac de
Morat. A cette occasion, il a indiqué un procédé pour
mettre facilement en évidence les bulles d'air contenues
dans les vacuoles à gaz grâce auxquelles l'algue peut
flotter et il a fourni de nouvelles données sur les
propriétés optiques de la matière colorante de cette
espèce.

A propos d'une récente publication de M. Klebs,
M. Chodat a repoussé les critiques que ce savant lui

a adressées au sujet de ses cultures d'algues et il a
déclaré maintenir tout ce qu'il avait précédemment
avancé au sujet de l'évolution du Pleurococcus.

Expériences faites dans son laboratoire par M.
Lendner sur l'influence de la lumière dans le
développement des sporanges et des conidies chez les
Mucédinées.

M. Briquet. Recherches expérimentales sur les modifications produites par la lumière dans le géotropisme
des stolons des menthes. L'auteur a constaté que la
lumière transformait dans ce cas un diagéotropisme
en épigéotropisme.

Dans une autre séance, il a résumé des recherches
poursuivies depuis quelques années sur l'anatomie
comparée de l'appareil végétatif de plusieurs groupes
de gamopétales peu étudiées jusqu'ici sous le rapport
anatomique.

Les concrescences et les soudures dans l'androcée
des Labiées.

Un cas de fasciation compliquée d'une tripartition
de la fleur chez le Ranunculus bulbosus.

Eléments d'une nouvelle classification du genre
Sphacele de la famille des Labiées.

M. Tswett (par l'entremise de M. Briquet). Note sur
l'emploi des permanganates dans la microtechnique.

M. Hochreutiner (par l'entremise de M. Briquet),
Contribution à l'étude des acacias phyllodinés.

9. Glarus.

Naturforschende Gesellschaft des Kantons Glarus.

Vorstand:
Präsident: Herr J. Oberholzer, Lehrer an der höheren
Stadtschule in Glarus.
Aktuar: „ Joh. Wirz, Sekundarlehrer in Schwanden.
Quästor: „ D. Vogel, Lehrer in Glarus.
Ehrenmitglieder 1.
Ordentliche Mitglieder 48.
Es wurden im Berichtsjahre 1896/97 folgende Vorträge
gehalten:

a) In den Hauptversammlungen:

Herr Sekundarlehrer J. Weber in Netstal: Über Höhlen
und ihr Leben.

„ Sekundarlehrer J. Wirz in Schwanden: Die Veränderungen der Pflanzenwelt unseres Landes
durch den Einfluss des Menschen.

„ Dekan G. Heer in Betschwanden: Zur Geschichte
der Naturforschenden Gesellschaft des Kantons
Glarus.

„ Waisenvater Gehring in Glarus: Nach welchen
Grundsätzen soll eine Sammlung der Schmetterlinge des Kantons Glarus angelegt werden?

b) In den Sektionssitzungen.

Herr Sekundarlehrer Wirz: Sozialismus im Naturreich.

„ J. Oberholzer: Wie sind unsere Berge entstanden?

„ Waisenvater Gehring: Züge aus dem Leben der
Gross-Schmetterlinge.

10. Graubünden.

Naturforschende Gesellschaft Graubündens in Chur.

(Gegründet 1825.)

Vorstand :

Präsident:	Herr Dr. P. Lorenz.
Vice-Präsident:	„ Dr. J. F. Kaiser.
Aktuar:	„ Dr. P. Bernhard.
Kassier :	„ Hauptmann P. J. Bener.
Bibliothekar:	„ Major A. Zuan.
Assessoren :	„ Prof. Dr. Chr. Brügger.
	„ „ Dr. G. Nussberger.
Rechnungsrevisoren:	Herr Prof. C. Poult,
	„ B. Eblin, Ratsherr.

Ordentliche Mitglieder in Chur	95
„ „ im Kanton und auswärts	38
Ehrenmitglieder	11
Korrespondierende Mitglieder	37

Jahresbeitrag Fr. 5.

Im abgelaufenen Vereinsjahr 1896/97 fanden 10 Sitzungen statt, in welchen über folgende Themata Vorträge oder Referate gehalten worden sind von folgenden Herren:

1. Herr Ingénieur Oberstlieut. R. Reber, Bern: Mitteilungen über kartograph. Vermessungen in der Schweiz, mit besonderer Berücksichtigung von Graubünden.
2. Herr Geometer A. v. Sprecher: Die Biene und ihre Pflege. — Katastervermessung in Chur.

3. Herr Stadtförster A. Henne: Über Bodentemperaturen.
4. Herr Prof. C. Bühler: Schwankungen der Erdachse.
5. Herr Prof. Dr. Chr. Tarnuzzer: Entstehung von Vegetationshügeln und anderen Oberflächenbildungen in den Alpen.
6. Herr Förster B. Eblin: Vorschlag zu einer systematischen Erhebung über Verbreitung der wichtigern Holzarten in der Schweiz.
7. Herr Dr. P. Bernhard: Morbilität der Augen unserer Bevölkerung:
8. Herr Dr. P. Lorenz: Geschichte der meteorologischen Beobachtungen in der Schweiz, speziell auch in Graubünden. — Niederschlagsverhältnisse in der Schweiz während der Jahre 1893 und 1894.

Am Schlusse des Vereinsjahres, am 29. Mai 1897, fand eine Excursion nach Passugg statt zur Besichtigung der neuen Quellenfassungen und der Installationen für den Export der dortigen Mineralwässer.

Dr. P. Lorenz.

II. Luzern.

Naturforschende Gesellschaft in Luzern.

(Gegründet 1855.)

Präsident: Herr Dr. C. Schumacher-Kopp, Kantons-
Chemiker.
Vize-Präsident und Aktuar: Herr Dr. Fr. Heinemann, Stadt-
bibliothekar.
Kassier: Herr K. von Moos, Amtsförster.
Redaktor der Mitteilungen: Herr Prof. Dr. H. Bachmann.
Mitgliederzahl 73.
Jahresbeitrag 4 Fr.

Vorträge.

Herr Prof. Dr. Bachmann: Dr. med. und phil. Carl
Niklaus Lang 1671—1741. Lebensbild eines luzern-
ischen Naturforschers mit Demonstrationen des noch
vorhandenen Materials der Langschen Sammlung.
Herr Dr. Schumacher-Kopp: Die Höhlen von St. Canziau
und Adelsberg.
Herr Dr. Schumacher-Kopp: a) Japanische Papier-
industrie mit Demonstrationen.
b) Mikroskopische Demonstration sogen. Exekutions-
präparate der enthaupteten Mörder Gatti und Keller.
Herr Prof. Dr. R. Brandstetter: Die naturhistorische
Litteratur der Schweiz.
Herr Prof. Dr. Bachmann: Botanische Demonstrationen
(Glyocistis Schrœteri etc.).

Herr Lehrer Roos : Ein neues geologisches Relief von
    X. Imfeld und Heim.

Herr Dr. Schumacher - Kopp. Die Anwendung der
    substantiven Farben in der Baumwollfärberei.

Herr Prof. Dr. Bachmann. Das Pflanzenleben im Ge-
    birge.

Herr Dr. med. Neumann : Reisen in Japan, unter Vor-
    weisung einer Sammlung japanischer Objekte.

12. Neuchâtel

Société neuchâteloise des sciences naturelles.

(Fondée en 1832.)

Comité pour l'exercice 1896/97.

Président : M. L. Favre, prof.
Vice-Présidents : M. Léon Du Pasquier, prof.
                M. Paul Godet, prof.
Secrétaires : M. H. Rivier, prof.
             M. R. Chavannes, ing.
Rédacteur du Bulletin : M. F. Tripet, prof.
Caissier : M. E. Bauler, pharmacien.

    Membres actifs   153
    Membres correspondants   38
    Membres honoraires   18
Cotisation annuelle :
Pour les membres internes   8 fr.
„   „   „   externes   5 „

— —— —

La Société s'est réunie 16 fois pendant l'exercice écoulé et la séance publique a eu lieu à La Chaux-de-Fonds.

Voici la liste des communications scientifiques qui ont été faites au sein de la Société :

M. O. Billeter, prof. — L'éclairage à l'acétylène. — Sur les vins malades. — Sur les conditions de formation des corps solides, d'après les derniers travaux d'Ostwald. — Sur les phénomènes de surfusion et de sursaturation.

M. E. Bourquin, Dr. méd. — Sur une collection de roches et de fossiles recueillis dans les Alpes et le Jura.

M. R. Chavannes, ing. — Sur les courants électriques alternatifs à propos de quelques termes relativement récents qui entrent actuellement dans la pratique industrielle.

M. F. Connè, chimiste. — Un cas de maladie des vins étrangers inconnu chez nous et dû au ferment mannitique.

M. A. Cornaz, Dr. méd. — Un cas de diphthérie bactériologique.

M. Ed. Cornaz, Dr. méd. — Rosa dichroa (Lerch), et Rosa Lerchii (Rouy). — La Flore du Congo, à propos d'une publication de MM. Th. Durand et H. Schinz. — Un genre nouveau pour la flore d'Europe (Halenia). — Sur une anomalie chez Pinus nigra.

M. L. Du Pasquier, prof. — Rapport de la Commission hydrologique. — Sur les divers projets de relief de la Suisse.

M. L. Favre. — Notice biographique sur le Dr. Jules Lerch. — Quelques détails inédits sur la vie de Louis Agassiz. — Discours d'ouverture de la séance publique du 17 juin à La Chaux-de-Fonds.

M. Ad. Hirsch, prof. — Sur un métal à dilatation extraordinairement faible.

M. L. Isely, prof. — Sur la géométrie non-euclidienne, 2me partie. — Sur la machine de Grant pour la résolution des équations algébriques numériques.

M. H. A. Junod, missionnaire. — Le climat de la baic de Delagoa.

M. H. de Pury, chimiste. — Projet d'étude sur la
vinification et sur la lutte contre les maladies des
vins de Neuchâtel.

M. G. Ritter, ing. — L'utilisation rationnelle des forces
hydrauliques.

M. M. de Tribolet, prof. — Léon Du Pasquier (notice
biographique).

M. F. Tripet, prof. — Sur la présence en Suisse du
Biscutella cichoriifolia (Lois).

13. St. Gallen.

Naturwissenschaftliche Gesellschaft.

(Gegründet 1819.)

Präsident:	Herr Professor Dr. B. Wartmann, Museums-Direktor.	
Vize-Präsident:	„	Dr. G. Ambühl, Kantonschemiker.
Korresp. Aktuar:	„	Th. Schlatter, Erziehungsrat.
Protokoll. „	„	Dr. H. Rehsteiner.
Bibliothekar:	„	Schmid, Reallehrer.
Kassier:	„	J. J. Gschwend, Kassier der Kredit-anstalt.
Beisitzer:	„	J. Brassel, Reallehrer.
	„	Dr. Mooser Professor.
	„	Dr. Steiger, Professor.
	„	Dr. Vonwiller, Spital-Direktor.
	„	Wild, Forstinspektor.

Ehren-Mitglieder: 34.

Ordentliche Mitglieder: 711.

Jahresbeitrag für Stadtbewohner: 10 Fr.

„   „ Auswärtige   5 Fr.

Zahl der Sitzungen: 15 und eine Exkursion zur Araucaria imbricata.

Vorträge und Mitteilungen:

Herr Dr. A m b ü h l , Kantonschemiker: Mitteilungen aus dem kantonalen chemischen Laboratorium.

„ B r ä n d l e , Kantonstierarzt: Eine Massenerkrankung unter dem Viehstande einer Gamser Alp.

„ O. B u s e r , Chemiker: Das Auftreten der Arve in der Ostschweiz.

„ Professor D i e b o l d e r : Leben und Wirken des Astronomen P. A. Secchi.

„ Reallehrer F a l k n e r : Der Anteil der Tierwelt am Aufbau der Erdrinde.

„ Bezirksförster F e n k : Forstgeschichtliches aus dem st. gallischen Fürstenlande. — Zur Revision des Forstartikels der Bundesverfassung.

„ Dr. J. F r ü h aus Zürich: Mitteilungen aus dem Arbeitsfelde des Geologen.

„ Dr. H a n a u : Zoologische Demonstrationen aus dem Gebiete der Amphibien und Reptilien.

„ Dr. H e e b , Dep.-Sekretär: Die Verbreitung und Bekämpfung der Reblaus.

„ Docent H e i e r l e aus Zürich: Das erste Auftreten des Menschen auf der Erde.

„ Dr. E. L a n g , Chemiker der eidgen. Alkoholverwaltung in Bern: Der Alkohol, dessen Fabrikation und volkswirtschaftliche Bedeutung.

„ Professor Dr. M o o s e r : Röntgensche Strahlen. — Astronomische Mitteilung.

„ Dr. H. R e h s t e i n e r : Alkoholfreie Getränke.

Herr Reallehrer S c h m i d : Der zoologische Garten im
 Amsterdam.

 „ Dr. S p i r i g : Über Strongyliden und Anchylostoma.

 „ Professor Dr. W a r t m a n n , Museums-Direktor: Zoologische und botanische Demonstrationen aus dem
 Museum und dem botanischen Garten, in verschiedenen Sitzungen.

 „ Professor Dr. J u l. W e b e r aus Winterthur: Die
 Eiszeit.

 „ Reallehrer Z o l l i k o f e r : Die Elektrolyse und ihre
 Anwendungen.

14. Schaffhausen.

Naturforschende Gesellschaft Schaffhausen.

Präsident :   Herr Dr. G. Stierlin, Bezirksarzt.
Vize-Präsident :   „ Dr. med. C. Vogler.
Aktuar :   „ Wanner-Schachenmann.
Quästor :   „ Herm. Frey-Jezler, Fabrikant.
Beisitzer :   „ Professor Meister.
    „ Wanner-Müller.
   Anzahl der Mitglieder : 97.
Jahresbeitrag 2 Fr.

Vorträge und Mitteilungen :

Herr Prof. A m s l e r : Über Hydrologie.

 „ Dr. G y s e l : Röntgenstrahlen.

 „ Prof. M e i s t e r : Rhinoceros Merkii in den Flurlinger
 Tuffen.

15. Solothurn.

Kantonale naturforschende Gesellschaft.

Kömitee (1896—1897 Wintersemester):
Präsident: Herr Dr. Fr. Lang, Professor.
Vize-Präsidenten: „   Dr. August Kottmann, Spitalarzt.
           „   J. Enz, Professor.
Aktuare: „   A. Strüby, Professor.
           „   Alphons Meyer, Kanzlei-Sekretär.
Kassier: „   Hugo Rudolf, Verwalter.
Beisitzer: „   U. Brosi, Direktor.
           „   J. Walter, Professor.
           „   C. Gressly, Negt.
           „   Dr. A. Walker, Arzt.
Ehrenmitglieder: 5.
Mitglieder: 250.
Zahl der Sitzungen: 18.
Jahresbeitrag: 3 Fr.

Vorträge:

Herr Dr. A. Kottmann: Das Blut im Lichte des teleo-
      lögischen Prinzipes.
   „   E. Schlatter, Stadtingenieur: Der neue Desinfek-
      tions-Apparat.
   „   Enz, Professor: Neuer Demonstrations-Apparat für
      das Telephon.
   „   W. Forster, Apotheker: Die Besteigung des Bietsch-
      horns im Lötschthal.
   „   Dr. Fr. Lang, Professor: Der Bau der Kornhaus-
      brücke in Bern.

Herr U. G y r, Forsttaxator: Die Flechtenwelt in den
solothurnischen Forsten.

„ Dr. Fr. Lang, Professor: Die Lammbach-Katastrophe.

„ Eugen Bouché, Techniker: Das Acetylengas und
seine Verwendung zu Licht-, Wärme- und Kraft-
Erzeugung.

„ von Arx, Oberförster: Die Forstausstellungen in
Bern und Genf.

„ Dr .Ferd. Schubiger, Arzt: Resultat über Anwendung des Diphtherie-Heilserums im Bürgerspital.

„ Dr. J. H. Graf, Professor in Bern: Die Entstehung
der prachtvollen Dufourkarte.

„ Dr. Ferd. Schubiger, Arzt: Über die schmerzlosen
Operationen.

„ U. G y r, Forsttaxator: Pflanzenmissbildungen durch
Pilze und Tiere mit Demonstrationen.

„ Dr. Steiner, Arzt: Vorweisung des Präparates eines
Anencephalen.

„ Dr. Fr. Lang, Professor: Dr. Fridtjof Nansen und
die Resultate seiner Polarforschung.

„ J. Enz, Professor: Über die Bestimmung der Länge-
und Breitegrade.

„ Dr. J. Barbieri, Prof., in Zürich: Die neuen Er-
rungenschaften der Photographie.

„ Ingenieur E. Frey in Gerlafingen: Die elektrischen
Kraftübertragungen an Emme und Aare.

„ Casimir Gressly, Negt.: Über die Giftigkeit des
Acetylengases mit Demonstrationen an Mäusen.

„ M. Gisi, Professor: Schweizerische Kolonisations-
versuche in Nordamerika am Anfang des 18. Jahrhunderts.

„ Dr. August Walker, Arzt: Das Fieber und seine
Behandlung.

Herr Dr. Ferd. Schubiger: Über Tuberkulose bei Meerschweinchen.

„ J. Gisi, Nationalrat: Die projektierte landwirtschaftliche Versuchsanstalt in Bern und ihre Zweiganstalten in Zürich und Lausanne. Correferat von Professor A. Rossel.

In der gemeinschaftlichen Sitzung mit der Sektion Bern hielt Herr Dr. August Walker einen belehrenden Vortrag in Kirchberg über Louis Pasteur und seine wissenschaftlichen Forschungen. Die Gesellschaft machte ferner eine Exkursion zur Besichtigung der grossartigen Kammgarn-Spinnerei in Derendingen.

---

16. Thurgau.

Naturforschende Gesellschaft des Kantons Thurgau.

(Gegründet 1854.)

Vorstand:

Präsident: Herr Prof. Dr. Cl. Hess.
Vize-Präsident: „ Dr. med. O. Isler.
Aktuar: „ A. Schmid, Kantonschemiker.
Quästor: „ Prof. H. Wegelin.
Kurator: „ Prof. Dr. Hess.
              „ Dr. J. Eberli, Seminarlehrer.
         Ehrenmitglieder: 13.
         Ordentliche Mitglieder: 129.
Jahresbeitrag: 5 Fr.

Vorträge und Mitteilungen:

a) An der Jahresversammlung am 7. Oktober 1896
in Frauenfeld.

1. Herr Dr. J. Eberli, Seminarlehrer in Kreuzlingen:
Über das Vorkommen der Braunkohle im Kanton
Thurgau.
2. „ Dr. Cl. Hess: Über die Röntgensche Entdeckung. (Mit Demonstrationen.)

b) Im naturwissenschaftlichen Kränzchen in Frauenfeld.

1. Herr Marcel Couleru, Assistent am kantonalen
Laboratorium: Das Acetylen-Licht. (Mit Experimenten.)
2. „ Prof. Wegelin: α) Der Aalmolch (Amphiuma
means L.)
β) Die San José-Schiltlaus.
3. „ Prof. Dr. Hess: Die Hefnersche Amylacetatlampe.
4. „ Brodtbeck, Zahnarzt: Die Amateurphotographie.
5. „ Dr. Hess: α) Der internationale Wolkenatlas von
H. Hildebrandson, A. Riggenbach
und L. Teisserenc de Bort
β) Das Hefnersche Variometer.
6. „ Dr. Leuscher, Assistent am kant. Laboratorium
Die Herstellung des Leuchtgases.
7 „ A. Schmid, Kantonschemiker: Die Verwendung
des Leuchtgases.
8. „ Dr. Hess: Photometrische Messungen am Frauen-
felder Leuchtgas mit verschiedenen Brennern und
unter verschiedenem Druck.

17. Waadt.

Société vaudoise des sciences naturelles.

Comité :

Président :	M. Gustave Rey, prof., Vevey.
Vice-Président :	M. A. Borgeaud, vétérinaire, Lausanne.
	M. Bugnion, prof., Lausanne.
	M. E. Wilczek, prof., Lausanne.
	M. J. Ammann, pharm., Lausanne.
Secrétaire :	M. Paul Jaccard, prof., Lausanne,
	12 Av. de Menthon.
Bibliothécaire :	M. H. Lador, Musée géologique, Lausanne.
Editeur du Bulletin :	M. F. Roux, Directeur de l'Ecole
	Industrielle, Lausanne.
Caissier :	M. A. Ravessoud, comptable, Montbenon 4.
	Lausanne.
Vérificateurs :	M. A. Nicati, pharm., Lausanne.
	M. E. Curchod-Verdeil, forestier, Lausanne.
	M. Rosset, Directeur des salines Bex.

Au 7 juillet 1896 :

Membres honoraires   47

Membres effectifs   250

Cotisation annuelles :

Membres lausannois   frs. 10

Membres forains   „ 8

La Société est en correspondance avec 275 sociétés avec lesquelles elle échange son bulletin.

Il y a eu dans le dernier exercice 15 séances ordinaires et deux assemblées générales.

Les communications suivantes ont été entendues:

M. J. Amann. Flore du vallon du Barberine (en colaboration avec Paul Jaccard); Appareil pour le dosage de CO^2 et Co, dans l'air des salles d'écoles; Recherches des phénols dans l'urine; Graphique pour la résolution de diverses équations; lampe à formaldéhyde pour désinfection: momie d'une tête d'Indien du Pérou. Verre de Jena pour la construction des lentilles. Photographie de billets de banque carbonisés.

M. Amstein H. Solution singulière d'une équation différentielle de premier ordre.

M. Aubert Samuel. Observations sur la flore de la Vallée de Joux.

M. H. Badoux. Sur l'allongement d'un rameau de glycine.

M. H. Blanc. Conférence sur le développement des membres chez les vertébrés aquatiques et terrestres.

M. Th. Bieler. Cas d'imprégnation chez un pommier. Carte agronomique des environs de Lausanne.

M. A. Borgeaud. Sur la ladrerie du bétail.

M. H. Brunner. Conférence sur l'Hélium et l'Argon. Sur l'action et la production des persulfates. L'ozone.

M. E. Bugnion. Développement de l'Iguane de Colombie. Projections d'un alevin double de poisson (coupes en séries).

M. H. Bührer. Observations actinométriques.

M. E. Chuard. Produits de décomposition du carbure de Calcium par l'eau; les maladies des vins.

M. F. Cornu. Observation photographique du passage des étoiles au méridien. Nouveau procédé de construction des prismes.

M. P. Cruchet. Mesure de la vitesse des nuages.

M. Delessert. A propos des paratonnerres; une observation de Fata-morgana.

M. H. Du Bois, prof. à Berlin. Lumière et magnétisme.

M. H. Dufour. Observations actinométriques ; Etat actuel de la radiographie.

M. J. Dufour Sur l'aoûtement des bois de vigne. A propos d'imprégnation.

M. C. Dufour. Sur un nouveau théorème d'algèbre.

M. H. De Blonay. Sur un nouveau procédé d'exploitation des forêts.

M. Dusserre. Action du Cu SO^4 sur la moutarde des champs.

M. F. A. Forel. Cas de recoloration des Alpes (Alpenglühen) ; Théorie générale des mirages du Léman ; Faux mirage signalé sur le Léman ; Biologie des lacs d'eau douce ; Fentes, fendues et varices des lacs gelés ; Variations périodiques des glaciers ; Limnimétrie du lac de Joux ; Apparition périodique des hannetons en Suisse ; Fleuves et glaciers ; Vitres brisées par la grêle.

M. H. Golaz, pharm. Extraits végétaux dialysés.

M. Guillemin, iug. Procédé pour enlever CO^2 des tonneaux à vin.

M. Paul Jaccard. Questions de biologie végétale. Etude des nouveaux extraits végétaux dialysés, préparés par M. H. Golaz, pharmacien. Etude de la flore du vallon de Barberine.

M. M. Lugeon. Les vallées transversales des Alpes. Variations suivies par le cours de l'Isère dans la période qui a suivi le soulèvement des Alpes ; Note préliminaire sur la montagne de Sullens.

M. O. Lavanchy. Nouvelle application des marbres de Saillon.

M. H. Mœhlenbrück. Nouvel appareil à projections pour photogramme et préparations microscopiques.

M. J. O e t t l i. Observations sur la production du carbure
de calcium.

M. W. R o b e r t. Remarque sur quelques minéraux suisses.

M. E. R e n e v i e r. Sur une dent hippopotame; Le Chrono-
graphe géologique.

M. F. R o u x. Le phonographe industriel.

M. H. S c h a r d t. Eboulement préglacière dans le Jura
vaudois ; Observations géologiques sur les environs de
Montreux.

M. E. W i l c z e k. **Ascidie** chez une laurelle, et fasciation
d'un Lonicera.

18. Wallis.

La Murithienne, société valaisanne des sciences naturelles.

(Fondée en 1861.)

Comité pour 1896-1898 :

Président: M. le Chanoine Besse à Lens.
Vice-Président: „   Emile Burnat à Nant sur Vevey.
Sécrét.-Caissier: „   l'Abbé Aloys Ruppen à Sierre.
Bibliothécaire: „   Joseph de Werra à Sion.

Rédacteur du Bulletin :

M. le Chanoine Besse à Lens.
M. Dr. Wilczek à Lausanne.
M. F. Duflon à Villeneuve.
M. L. Henchoz à Villeneuve.

Nombre des membres en juillet 1897 :
Membres effectifs : 128.
Membres honoraires 17.

Cotisation annuelle : 4 frs.

La société a tenu sa réunion annuelle de 1897 à Riddes. Elle a été suivie d'une excursion scientifique de deux jours dans les mayens et montagnes de Riddes, des Grands--Plans, du Len et de Mont-Chemin.

Les communications suivantes y ont été faites :

M. Besse M. : Florule des environs de Riddes. — Hieracium Jordani, Arv. Touvet.

M. Burnat E. : Utilité des Jardins botaniques.

M. Bührer : Climat du Valais.

M. Wolf F. O. : Une violette nouvelle : Viola pachyrhizoma.

M. Jaccard H. : Nouvelles stations en Valais pour l'Eryngium campestre, Draba incana et Verbascum phlomoïdes.

M. Beauverd, G. : Stations de plantes rares autour d'Ardon.

M. Bader : Quelques plantes intéressantes trouvées au glacier (du Rhône) de Fiesch.

19. Zürich.

Naturwissenschaftliche Gesellschaft Winterthur.

Vorstand:

Präsident: Herr Dr. R. Keller, Rektor.
Quästor: „ E. Gamper, Apotheker.
Aktuar: „ Edw. Zwingli, Sek.-Lehrer.
Ehrenmitglied: 1.
Ordentliche Mitglieder: 43.
Jahresbeitrag: 10 Fr.

———————

Vorträge:

Herr Dr. A. Müller: Zum Andenken an Jenner.
„ Dr. R. Keller: Der Einfluss des Wasser-Lebens
auf die Organismen der Pflanzen und die Anpassung
der Landpflanzen an das Wasserleben.
„ Prof. Dr. Jul. Weber: Aus der Geschichte der Erde.
„ Dr. R. Keller: Ermüdung durch geistige Arbeit.
„ Prof. Dr. E. Bosshard: Schlagende Wetter in
Steinkohlengruben.
„ Dr. Stebler aus Zürich: Lötschen und die Lötscher.
„ Prof. Dr. Jul. Weber: Die Gesteinszonen der Schweiz.
Eine Exkursion zur Besichtigung der drei Moränen-
seen bei Nussbaumen, des Baues des Stammheimer
Berges und des obern und untern Moränenbogens
in der Stammheimer Ebene.

Naturforschende Gesellschaft in Zürich.

(Gegründet 1746.)

Vorstand 1896—1898 :

Präsident :   Herr Prof. Dr. Ritter.
Vize-Präsident: „   Prof. Dr. Rudio.
Aktuar :   „   Prof. Dr. Werner.
Quästor: „   Dr. Kronauer.
Bibliothekar :   „   Prof. Dr. Schinz.
Beisitzer :   „   Prof. Dr. Kleiner.
                     „   Escher-Kündig.

Ehrenmitglieder   27
Korrespondierende Mitglieder   3
Ordentliche Mitglieder   220
Jahresbeitrag für Stadtbewohner   Fr. 20
        „   „   Auswärtige   „   7

Die Gesellschaft hielt in dem Berichtsjahre 1896—1897 9 Sitzungen ab. 15 Vortragende brachten 12 Vorträge und 8 Mitteilungen und Demonstrationen.

a) Vorträge :

1) Herr Prof. Dr. A. Heim: Über den Lammbach und den Trübbach.
2) Herr Dr. K. Hescheler: Über Selbstamputation.
3) Herr Dr. Messerschmitt: Über die Länge des Gotthardtunnels.
4) Herr Dr. Früh: Über die Drumlins-Landschaft.
7) Herr Prof. Dr. Werner: Über Carbide.

15

8) Herr Prof. Dr. v. Monakow: Hirnanatomische Mitteilungen mit Demonstration.

9) Herr Direktor Huber: Über Dampfturbinen.

10) Herr Prof. Dr. Oskar Wyss: Über die Behandlung
der Diphtherie mit Heilserum.

11) Herr Dr. M. Standfuss: Über Temperaturexperi-
mente an Schmetterlingen.

12) Herr Dir. Dr. Billwiller: Über die Verteilung der
Niederschlagsmengen in der Schweiz.

b) *Mitteilungen und Demonstrationen.*

1) Herr Dr. Fick: Über optische Korrektion von kegel-
förmiger Hornhaut.

2) Herr Prof. Dr. Kleiner: Über die Dampfturbine von
Foucault.

3) Herr Prof. Dr. Lorenz: Über einige elektrochemische
Apparate.

4) Herr Prof. Dr. Heim: Über Quarzkrystalle mit
Rutilnadeln.

5) Herr Dr. Früh: Über recente und quartäre Rauten-
geschiebe.

6) Herr Prof. Dr. Cramer: Über einige verkohlte, gut erhaltene Schriftstücke aus dem Brand von Glarus.

7) Herr Dr. M. Standfuss. Über das zahlreiche
Auftreten jynandromorpher Individuen unter der
Nachkommenschaft von Bastardmännchen und
den Weibchen gemeiner Arten.

8) Herr Dr. Früh: Über Gasausströmungen im St
Gallischen Rheintal.

Der 41. Jahrgang der Vierteljahrsschrift enthält im
ersten Band eine historische Studie über unsere Gesellschaft von Herrn Prof. Dr. Rudio, im 2. Band 35 wissenschaftliche Abhandlungen, die sich folgendermassen auf

die einzelnen Disziplinen verteilen: Mathematik 8, Geodäsie und Astronomie 2, Physik 3, Chemie und Pharmacie 6, Mineralogie und Geologie 4, Botanik 3, Zoologie 5, Medizin 4.

Im Supplementheft sind die astronomischen Mitteilungen fortgesetzt worden.

Das Neujahrsblatt der Gesellschaft enthält eine Abhandlung von Herrn Prof. Dr. Schröter: Die Schwebeflora (Phytoplankton) unserer Seen.

———

Die Gesellschaft ernannte bei Anlass ihres 150jährigen Jubiläums 18 ihrer frühern Mitglieder, welche sich um die Gesellschaft besondere Verdienste erworben haben, aber jetzt im Auslande wohnen, sowie 3 hervorragende Mitglieder der Schweizerischen Gesellschaft zu Ehrenmitgliedern (s. Verhdlgn. 1896.)

Nekrologe.

† Léon Du Pasquier.

1864—1897.

En Léon Du Pasquier, décédé à Neuchâtel le 1 avril
1897, les naturalistes suisses ont perdu un élève, un émule,
un maître, la joie du présent, l'espoir de l'avenir. Nous
comptions sur lui pour le voir continuer la belle tradition
de nos prédécesseurs, de ces observateurs, de ces généra-
lisateurs, de ces hommes à la fois praticiens et théoriciens,
dévoués à la science et à la patrie, qui ont fait la gloire
de notre Suisse. Sa carrière, trop courte, se résume en
quelques lignes.*)

Né à Neuchâtel le 24 avril 1864, il était fils de M.
Frédéric Du Pasquier, allié Jéquier. Il fit ses études générales et spéciales à Neuchâtel, Zürich, Bonn et Berlin. En
1890 il obtint à Zurich le grade de Docteur en philosophie ;
sa dissertation inaugurale „Über die fluvio-glacialen Bildungen
der Nord-Schweiz" a eu l'honneur d'être publiée dans les
„Beiträge zur geologischen Karte der Schweiz. Neue
Folge Lief. I."

Plusieurs voyages en Allemagne, en Autriche, en Nor-
vège, en Italie lui ouvrient le vaste monde et lui permirent
d'étudier la nature des diverses régions de notre Europe.

Rentré à Neuchâtel en 1891 il se voua aux recherches
de Géologie et de Géographie physique pour lesquelles ses
études universitaires et ses travaux personnels l'avaient fort

---

*) Une notice biographique complète a été écrite par M. le prof.
Dr. Maurice de Tribolet et imprimée dans les Bulletins de la société
des sciences naturelles de Neuchâtel, tome XXV. 1897.

bien préparé, et dans ce domaine il fut bientôt apprécié et recherché. Après la mort du professeur Dr. Auguste Jaccard, en 1895, il fut chargé de la chaire de Géologie à l'Académie de Neuchâtel. Dans les deux années de son enseignement il se fit aimer de ses étudiants et estimer de ses collègues.

Dans la société des sciences naturelles de Neuchâtel, une belle place lui fut bientôt faite ; à chaque séance il savait apporter son contingent, très écouté, de faits, d'observations, d'études théoriques, de rapports. Dans notre société helvétique il fut successivement nommé membre de la Commission des glaciers, 1893, de la Commission de Géologie, 1895, de la Commission sismologique, 1896. Dans ces fonctions, l'activité de Du Pasquier lui avait assuré l'estime et l'amitié de ses collègues. Il avait été appelé par la Commission de géodésie à collaborer aux études sur la déviation de la verticale par l'attraction des couches terrestres visibles. Ces recherches n'ont pu être terminées, en raison d'un retard dans la publication de quelques feuilles de l'Atlas Siegfried, mais elles ont déjà fourni des résultats intéressants, et son travail a été jugé excellent.

Lors de la création de la Commission internationale des glaciers, établie par le VIe congrès de Géologie à Zurich en 1894, Du Pasquier fut appelé à y entrer en qualité de second délégué de la Suisse et secrétaire du bureau. Il a voué à cette fonction qui l'a mis en rapport avec les meilleurs glaciologistes de l'étranger, son talent d'organisateur et ses rares qualités d'ordre, de méthode et de précision.

L'œuvre scientifique de Du Pasquier est conservée dans 37 mémoires divers, dont la liste bibliographique est publiée à la suite de l'article nécrologique de M. de Tribolet. Le plus grand nombre de ces travaux, et les plus importants, ont été consacrés aux terrains glaciaires de l'époque quaternaire en Suisse et aux glaciers actuels; il s'est

appliqué à la détermination précise des diverses phases
de l'époque glaciaire et a caractérisé très nettement trois
périodes dans le développement historique de ces grands
phénomènes géologiques. Autour de cette étude principale
qui forme le centre de son œuvre, il a groupé de nombreuses
études de détail sur tous les faits et phénomènes du terrain
glaciaire ancien et moderne ; les glaciers actuels en particulier l'ont souvent occupé, les variations périodiques des
glaciers, l'éboulement de l'Altels etc. Nous avons déjà
cité ses recherches sur la déviation de la verticale dans
quelques stations voisines de Neuchâtel. Indiquons encore
plusieurs mémoires de limnologie, sur le niveau du lac
de Neuchâtel, sur l'ancienne extension des lacs, sur les
seiches, etc. Un dernier opuscule, qui a paru le jour même
de sa mort, traitait de la question, brûlante alors, des
reliefs géographiques de la Suisse.

A côté de ces travaux scientifiques que nous admirions,
nous l'aimions tous à cause de la beauté de son caractère.
Nous savions apprécier son jugement impeccable, sa luci-
dité investigatrice, son imagination féconde et toujours en
éveil, la sûreté de sa méthode, la clarté de ses aperçus,
l'originalité de ses déductions. Aimable, intelligent, ardent
à l'étude, il n'avait que de nobles aspirations. Tout jeune,
au milieu de nous, il avait pris une grande place et dans
nos affections et dans nos travaux.

Nos sociétés scientifiques s'associent au deuil qui a
frappé les amis de Du Pasquier, sa ville natale, son canton,
la Suisse entière et le monde scientifique universel. Nous
lui garderons un fidèle souvenir.   **F. A. F.**

† Edmund Drechsel.

Edmund Drechsel war ein Leipziger Kind. Am
3. September 1843 als der Sohn eines Advokaten geboren,
musste er frühzeitig sich einschränken lernen. 1849 kam
er auf die Hartmeyersche Privatschule und 1855 auf die
weitberühmte Thomasschule, der so viele Leipziger ihre
Erziehung verdanken. Er verlies dieselbe 1861 mit dem
Zeugnis der Reife und begann nunmehr seine Studien auf
der Universität Leipzig, setzte dieselben in Marburg fort
und kehrte dann nach Leipzig zurück. Als Studium hatte
er sich die Naturwissenschaften, speziell die Chemie, erwählt,
einer schon in der Kindheit stark hervortretenden Neigung
zum „Experimentieren" folgend, die seiner Mutter manchen
Schrecken eingejagt. Seine Lehrer gehörten zu den her-
vorragendsten Vertretern der Chemie jener Zeit. In Marburg
war es Kolbe, in Leipzig Erdmann, die seine Ausbildung
leiteten und unschwer erkennt man in seinen ersten Arbeiten
die Züge seiner Lehrer, besonders Kolbes, wieder. 1864
erwarb er sich den philosophischen Doktortitel der Leipziger
Universität, nachdem schon ein Jahr vorher seine erste
Publikation im Journal für prakt. Chemie erschienen war.
Unmittelbar darauf machte ihn Volhard in München zu
seinem Assistenten. Er hat das Jahr, das er dort arbeitete,
wohl zu nutzen verstanden, und so rief ihn denn Kolbe,
sein alter Lehrer, 1865 nach Leipzig zurück und behielt
ihn 3 Jahre als Assistenten bei sich. Nun hiess es, sich
aber eine Stellung suchen. Sie winkte ihm in der Praxis.

Durch Vermittlung seiner Lehrer erhielt er die Stelle eines
leitenden Chemikers an den grossen Blei- und Silberhütten
der Gebrüder Dumont in Sclaigneaux in Belgien und blieb
dort bis zum Ausbruche des Krieges. Hier ruhten seine
wissenschaftlichen Untersuchungen, die in Leipzig schon
sehr bemerkenswerte Fortschritte gemacht, ganz. Der
Betrieb der Hütten nahm ihn vollständig in Anspruch.
Aber doch hat jene Zeit ihm reichen Nutzen gebracht.
Er lernte mit geringen Mitteln und unter schwierigen
äusseren Verhältnissen exakt arbeiten, lernte die Zeit zu
Rate ziehen und erwarb sich jenes Konstruktionstalent,
das ihn so auszeichnete. Die Hütte, mit der er dauernd
bis an sein Ende in Verbindung blieb, verdankt ihm aber
auch viel, und erst in allerletzter Zeit hat er der Blei- und
Silbermetallurgie durch höchst wertvolle Vorschläge grosse
Dienste geleistet, Vorschläge, die geeignet sind, eine völlige
Umwälzung in den heutigen Verfahren anzubahnen.

Aber es zog ihn doch in den Bann der reinen Wissenschaft
zurück, und da auch äussere Verhältnisse ihm eine Übersiede-
lung nach Deutschland nahelegten, so trat er 1870 wieder in
ein wissenschaftliches Laboratorium ein: Er ging als Assistent
zu Sch e e r e r an die Bergakademie in Freiberg in Sachsen,
hauptsächlich wieder auf Betreiben K o l b e s und E r d-
m a n n s. Hier fand er ein reiches Feld der Arbeit auf
dem Gebiete der anorganischen und technischen Chemie
und eine, wenn auch zunächst beschränkte Lehrtätigkeit
als Dozent für chemische Technologie. In den 2 Jahren,
die er in Freiberg zubrachte, entstanden eine Reihe wertvoller Arbeiten auf anorganischem Gebiet. Immerhin war
sein Wirkungskreis an der Bergakademie aber nur von
geringem Umfang. Er begrüsste es daher als ein besonders günstiges Geschick, dass ihn der grosse Physiologe
Ludwig in Leipzig 1872 nach H ü f n e r s Fortgang an
sein Institut berief und ihm die Leitung der chemischen

Abteilung des physiologischen Institutes übertrug. Hier
sollte er seine eigentliche Lebensaufgabe finden. Chemisch
in allen Sätteln gerecht und durch eine elfjährige Lehr-
und Studienzeit aufs gründlichste vorbereitet, trat er hier
ganz neuen Aufgaben gegenüber, Aufgaben, an die sich
bisher meist nur Physiologen, aber nicht reine Chemiker
gemacht hatten. Er hat in den zwanzig Jahren, die er am
physiologischen Institute arbeitete, einen bestimmneden Einfluss auf die Entwicklung der physiologischen Chemie geübt,
hauptsächlich eben deshalb, weil er ein gründlich geschulter
Chemiker war, dann aber auch deshalb, weil er mit
bewunderungswürdigem Fleisse bald die ihm anfangs fehlenden medizinischen Kenntnisse nicht nur ergänzt, sondern
sich ein selbständiges Urteil über die Hauptfragen der
Physiologie erworben hatte. So nahm ihn denn, nachdem
er sich im Jahre 1875 anfangs als Privatdozent an der
philosophischen Fakultät habilitiert hatte, schon im
Jahre 1878 die medizinische Fakultät in ihren Schoss
auf, indem sie ihn zum ausserordentlichen Professor machte
und ihn 1882 durch die Verleihung des Titels eines Doktors
der Medizin honoris causa auszeichnete und ehrte, welcher
Auszeichnung bald andere, wie die Ernennung zum Mitgliede mehrerer Akademien (Leipzig, Leopoldina und Perugia)
folgten. Vollberechtigte Auszeichnungen, denn die Zahl
und der Wert seiner Arbeiten, die nunmehr fast ausschliesslich das Gebiet der physiologischen Chemie betrafen, wuchs
von Jahr zu Jahr und machten ihn bald zu einem der
führenden Gelehrten auf seinem Gebiete. Es war daher
fast selbstverständlich, dass man, als Nencki nach Petersburg übersiedelte, ihn in allererster Linie für Bern zu gewinnen suchte. Drechsel kam nach Bern, obwohl ihm
in Leipzig ein Ordinariat in Aussicht gestellt wurde, in
der Voraussetzung, als Leiter eines eigenen Institutes noch
besser seine Kräfte entfalten zu können, und hat hier

zunächst als Prof. der medizin. und physiolog. Chemie und
Leiter des Institutes und später nach Demmes Tode
auch als Prof. der Pharmakologie fünf segensreiche Jahre
zugebracht.

Drechsel als Forscher zu schildern ist nicht leicht,
da die Zahl seiner Publikationen sehr gross ist. Seine
Arbeiten auf anorganisch-chemischem Gebiete beginnen im
Jahr 1863 mit einer spectral-analytischen Untersuchung und
die Zeit, wo er in Freiberg an der Bergakademie war,
ist besonders reich an Ergebnissen auf anorgan. Gebiet.
In der analytischen Chemie war er besonders versiert,
und sein trefflicher Leitfaden zum Studium der chemischen
Reaktionen und zur qualitativen Analyse ist heute noch
geschätzt. Berühmt war Drechsels Konstruktionstalent, und zahlreiche chemische Apparate und Instrumente tragen seinen Namen. Nie hat er aber aus seinen
Entdeckungen Kapital geschlagen, z. B. für dieselben Patente
genommen; man vergleiche seine neue Synthese der Salicyl-
säure. Als Abteilungschef im Ludwigschen Institute in
Leipzig warf er sich auf das Gebiet der physiolog.
Chemie, besonders auf das Studium des Cyanamid, auf
die Theorie der Harnstoffbildung im Organismus. Er ist
der Entdecker der Elektrosynthese! Für die
Chemie der Eiweisskörper ist Drechsel als Entdecker des
Lysin grundlegend. Seine letzte Untersuchung in der zoolog.
Station in Neapel galt dem Thyrojodin. Mitten aus seinen
Forschungen ist er der Naturwissenschaft durch einen
fast plötzlichen Tod am 22. September 1897 in der zoolog.
Station in Neapel entrissen worden.

(Nach dem Nekrolog von Prof. Dr. A. Tschirch zusammengestellt von J. H. Graf.)

† Dr. med. Bourgeois.

Johann Friedrich Rudolf Eugen Bourgeois wurde geboren den 30. August 1815 als der einzige Sohn des Herrn Jean Charles Louis Bourgeois und der Henriette geb. Nägeli. Im Jahre 1830 erwarb sein Vater das Burgerrecht auf der Zunft zu Affen in Bern. Schon früh zeigte E. Bourgeois eine ungewöhnliche Begabung und einen hervorragenden Fleiss. Er durchlief die Schulen seiner Vaterstadt und trat im Jahre 1835 in die damals eben gegründete Universität. Am Schlusse seiner medizinischen Studien erhielt er nach Lösung einer Preisaufgabe die Hallermedaille. Im Jahre 1840 patentiert, verreiste er sofort ins Ausland, besuchte die Spitäler von Paris, London, Wien und Berlin und bereiste Italien und Südfrankreich. Seine praktische Laufbahn begann er Ende 1841. Schon im Dezember 1842 wurde er vom Regierungsrate zum Inselwundarzte erwählt. Im Jahre 1843 vermählte er sich mit Fräulein Rosa Lindt, Tochter des verstorbenen Hrn. Dr. Lindt und Schwester des jetzt lebenden Hrn. Dr. Linth sen., welche ihm schon nach fünf Jahren durch den Tod entrissen wurde. Die zahlreichen schweren chirurgischen Fälle, welche auf seiner Abteilung im Inselspital Aufnahme fanden, brachten ihm schon innert wenigen Jahren eine ausserordentlich reiche Erfahrung. Sehr wesentliche Hülfe leisteten ihm ferner seine grosse Fingerfertigkeit, die er sich durch das Violinspiel erworben, und seine Begabung fürs Zeichnen, welche ihm erlaubte, viele Beobachtungen durch Bleistiftskizzen zu fixieren. So wurde er bald zu dem weitaus am meisten beschäftigten Arzte unserer Stadt und konnte bloss durch Verzicht auf jede nicht ausschliesslich zu seinem Berufe gehörende Tätigkeit den an ihn gestellten Anforderungen genügen. Ihren Höhepunkt erreichten seine Leistungen im Jahre 1855, während der Ruhrepidemie, von welcher unsere Stadt heimgesucht wurde. Der Regierungsrat suchte seine Erfahrung und seine Kenntnisse auch für das allgemeine Wohl nutzbar zu machen, indem er ihn 1848 in das Sanitätskollegium berief und ihm 1855 das Präsidium dieser Behörde anvertraute. Damals gehörten die meisten Mitglieder des Sanitätskollegiums auch zur Sanitätskommission, der kantonalen Prüfungsbehörde für Ärzte, Apotheker und Tierärzte, und Hrn. Dr. Bourgeois lag die Prüfung der Kandidaten in der Zoologie, vergleichenden Anatomie und Chirurgie ob. Eine grosse Zahl der Ärzte, welche jetzt im Kanton praktizieren, gedenken noch der so präzisen und doch schonenden Art seiner Fragestellung. Neben der Insel, dem Sanitätskollegium und seiner Privatpraxis hat er ein Werk mächtig fördern helfen, das, im Jahre 1844 in aller Stille begonnen, sich jetzt zu einem grossen Baume entwickelt hat, nämlich die Diakonissensache. Von der ersten Eröffnung des Asyls an bis wenige Tage vor seinem Hinschiede hat er die Kranken dieser Anstalt besucht, und trotz der anfänglich sehr energischen Opposition der Inselbehörden hat er es durchgesetzt, dass im Jahre 1853 in der zu seiner Abteilung gehörenden Kinderstube die zwei ersten Diakonissen angestellt wurden. Dank seiner einfachen Lebensweise und seiner kräftigen Gesundheit konnte er während 43 Jahren Tag für Tag seine fast übermenschliche Aufgabe bewältigen, und durch Studieren in den spätern Abend- und den ganz frühen Morgenstunden blieb er fortwährend vertraut mit den Fortschritten der medizinischen Wissenschaft.

Erst im Jahre 1884, als die neue Insel eröffnet wurde, trat er von seiner Stelle als Inselwundarzt zurück. Das Aufgeben dieser Tätigkeit war für ihn ein schmerzliches Opfer; allein er fühlte, dass die fernere Besorgung einer grössern chirurgischen Abteilung in der von seiner Wohnung weiter entfernten neuen Anstalt doch für ihn zu beschwerlich geworden wäre. Den Anforderungen, welche seine Privatpraxis an ihn stellte, suchte er nun, da die Morgenstunden für dieselbe verfügbar geworden, um so mehr Genüge zu leisten; er widmete sich spezieller dem Asyl in der Nydecklaube und liess vielen Unbemittelten seine Hilfe zu teil werden. Mit Anfang dieses Jahres begann er die Abnahme seiner Kräfte zu empfinden, und Ende Juni entschloss er sich, nachdem er aus dem Sanitätskollegium seinen Rücktritt genommen, in Interlaken ganz der Ruhe zu pflegen. Der Aufenthalt in der reinen Luft stärkte ihn wieder in dem Grade, dass er sogleich nach seiner Rückkehr das Asyl und einen Teil seiner Privatkranken wieder übernehmen konnte. Allein dieses relative Wohlbefinden sollte nicht lange andauern. Nach wenigen Wochen schon entriss ihn am 28. August eine Lungenentzündung auf immer dem Kreise der Seinigen. Der Tag seines Begräbnisses (30. August) fiel auf seinen 82. Geburtstag.

Er, der eine solche Summe nicht nur von körperlicher, sondern viel mehr noch von moralischer Kraft zur Bewältigung seiner Lebensaufgabe bedurfte, war schon frühe zur Einsicht gekommen, dass er sie nicht in sich selbst suchen müsse. Er schöpfte sie jeden Tag von neuem in seiner unerschütterlichen religiösen Überzeugung und in seiner innigen Gemeinschaft mit seinem Erlöser. Obwohl er selten und stets nur dann, wenn er mit ihnen allein war, seine Kranken direkt auf Gott verwies, so spürten doch alle aus seinem Ernste, dass er ihre Leiden nicht als etwas bloss Zufälliges, sondern als eine Fügung auffasste, deren Fäden

Gott allein in der Hand hielt. Aus dieser religiösen Ge-
sinnung erklärt sich auch seine grosse Bescheidenheit;
auch wenn ihm die schwierigste Operation gelungen, suchte
er immer soviel als möglich sein Verdienst in den Hintergrund zu stellen. Niemals hätte er sich erlaubt, einen
Kranken in trügerische Hoffnung zu wiegen, wenn er
wusste, dass keine Rettung mehr möglich war; mit dem
feinsten Takt sprach er sich ihm gegenüber so aus, dass
er ihm die Wahrheit zu verstehen gab, ohne ihn zu
erschrecken. So lange er seine Stelle an der Insel inne
hatte, hielt er es für seine Pflicht, auch Sonntags seine
Krankenvisite unverkürzt abzuhalten, und bloss an den
hohen Festtagen besuchte er die Frühpredigt. Sowie er
diese Stelle aufgab, begann er auch wieder sich jeden
Sonntag Vormittag regelmässig im Münster einzufinden.
Wenn ihm auch in diesem Leben schwere Prüfungen nicht
erspart geblieben, indem er seine Gattin, vier seiner
Schwäger, seine Eltern, seine Tochter und vier seiner
Schwestern zum Grabe geleiten musste, so ist ihm doch
schon hienieden ein Segen reichlich zu teil geworden: die
Achtung aller seiner Kollegen und die Liebe aller seiner
Kranken.   D.

————— —— ———

† Alfred Hartmann.

In früher Morgenstunde des 10. Dezember 1897 schlossen sich in Solothurn zu ewigem Schlummer zwei liebe, treue Augen, die von hoher Warte aus das menschliche Tun und Treiben beobachteten und mit Scharfblick die Licht- und Schattenseiten menschlicher Schicksale erforschten. Und weit hinaus haben sie geschaut, diese Augen, in Gottes schöne Welt nach Nord und Süd und in die Spuren des denkenden und schaffenden Menschengeistes. Und was sie gesehen und gelesen, das hat über den klaren Augen die hohe Denkerstirn verarbeitet zum Nutzen und Frommen der Mit- und Nachwelt. Der beliebte und gefeierte Schriftsteller Alfred Hartmann ist in seinem 84. Altersjahre zur ewigen Ruhe eingegangen. Sein letzter Wunsch ist erfüllt worden, indem er vor nicht langer Zeit noch dichtete:

> Doch heute, da ich hart am Grabe
> Nun steh', ein müder Greis am Stabe,
> Geb' ich den Kranz der Winterszeit,
> Wenn's auf den Feldern friert und schneit.
> Und geh' ich ein zur ewigen Ruh',
> Deckt sie mich sanft mit Flocken zu.

Alfred Hartmann erblickte den 1. Januar 1814 das Licht des irdischen Daseins in dem auf sonniger Anhöhe gelegenen Schlosse Thunstetten in der Nähe von Langenthal, wo sein Vater, Sigmund Emanuel Hartmann, aus einem alten Familiengeschlecht der Stadt Bern stammend, das Amt eines Landvogtes mit gestrenger Würde und hohem Ansehen bekleidete. Die Mutter, geborne von

Tscharner, welche in erster Ehe mit einem Herrn von
Graffenried verheiratet war, bewachte mit liebender Sorg-
falt den Lebensmorgen des holden Kleinen und übte schon
in zarter Kindheit auf dessen Regungen im Gemütsleben
einen massgebenden Einfluss aus. Unter der Obhut der
Eltern genoss der aufgeweckte Knabe einer sorgfältigen Er-
ziehung, auf welche man die Verse Göthes anwenden konnte :
„Vom Vater hab' ich die Statur, des Lebens ernstes
Führen, vom Mütterchen die Frohnatur, die Lust zum
Fabulieren."

Bis zum 15. Altersjahre verlebte er seine Jugendzeit
in Thunstetten, das ihm sehr lieb geworden war und wo
er im abgeschlossenen Stilleben mit der reizenden landschaft-
lichen Umgebung jene unmittelbaren Eindrücke von der
Schönheit des reichen Naturlebens empfing, welche er später
mit so sprudelnder Frische in seinen Werken zu schildern
wusste. Seinen ersten Unterricht erhielt er von Privat-
lehrern, die bei seinem Vater zugleich als Sekretäre funk-
tionierten, und den Abschluss des Primarunterrichtes erhielt er in der damals blühenden Erziehungsanstalt von
Herrn Zehnder in Gottstadt bei Biel, wo allerdings mehr
für die körperliche als geistige Entwicklung gesorgt wurde.
Nachher wurde die fernere Erziehung des talentvollen
Knaben einem Hauslehrer Stotz anvertraut.

Im 17. Altersjahre bezog Hartmann das Gymnasium
in Solothurn, wo er in die 1. Rhetorik eintrat. Auch
seine Eltern folgten ihm nach Solothurn. Im Kreise seiner
strebsamen Kommilitonen erschloss sich ihm ein neues,
geistiges Regen und Streben. Mit seinen Jugendgenossen
knüpfte er dauernde Freundschaft, aus welcher in reiferm
Alter sich manche hoffnungsreiche Blüte durch gemeinsames
Wirken für Bildung und Fortschritt entfaltete.

Nachdem Hartmann am Collegium in Solothurn die
Gymnasial- und Lyzealstudien vollendet hatte, besuchte

er die Universitäten München, Heidelberg und Berlin, an denen er Collegien über Jurisprudenz frequentierte, aber daneben litterarische und historische Studien betrieb, welche seinem für höhere Ideale begeisterten dichterischen Gemüte besser zusagten. Von Deutschland begab er sich nach Paris zu seinem Stiefbruder A. von Graffenried, hielt sich daselbst ein Jahr auf und widmete sich belletristischen Studien.

In seine Heimat zurückgekehrt, konnte er sich mit der praktischen Ausübung der Rechtswissenschaft nicht befreunden. Um nicht im Tretrade der Alltäglichkeit den Geist abzustumpfen, suchte er keck in das Rad der Zeit einzugreifen und fing an, sich mit schriftstellerischen Arbeiten zu beschäftigen. Vorerst gründete er sich auf dem von alten Bäumen umschatteten Lindenhof in der Nähe der Stadt Solothurn ein idyllisches Heim, welches ihm frei von Lebenssorgen durch ein trautes und glückliches Familienleben die höchste Befriedigung gewährte.

Auf diesem sichern Fundamente entfaltete er bald eine fruchtbare und segensreiche litterarische Tätigkeit. Mit den Freunden Georg Schlatter, dem nachherigen Rektor der Kantonsschule, und dem Dichter Franz Kutter gab er eine Zeitschrift für Litteratur und Kritik, betitelt „Der Morgenstern", heraus, wozu auch der berühmte Maler Disteli Illustrationen lieferte. Im Jahre 1841 erschien von demselben Redaktionskomitee die „Alpina", ein schweizerisches Jahrbuch für schöne Litteratur, mit Beiträgen von Jeremias Gotthelf, Follen und Rochholz nebst Radierungen von Disteli und Hieronimus Hess.

Um sich auch für den Fortschritt im praktischen Leben zu betätigen, beschäftigte sich Hartmann auf seinem kleinen Landgute mit neuen Versuchen im Gebiete der Landwirtschaft. Er besorgte während einer Reihe von Jahren die Protokollführung des kantonalen landwirtschaftlichen Vereines und redigierte mehrere Jahrgänge des „Neuen

Bauernkalenders". Er war auch ein eifriges Mitglied der
Naturforschenden Gesellschaft, war lange Zeit Mitglied des
Komitees und hielt mehrere interessante Vorträge.

Gegen Ende der Vierziger-Jahre unternahm er mit
seinen bewährten litterarischen Freunden die Herausgabe
des humoristischen Blattes „Der Postheiri", der bald nach
seinem Erscheinen einen grossen Leserkreis fand. Während
30 Jahren hat er die Redaktion dieses Blattes fortgeführt,
das durch humoristische Anspielungen oft mehr erreichte,
als langgesponnene Zeitungsartikel. Mit Vorliebe hat aber
Hartmann in seiner unermüdlichen schriftstellerischen Tätigkeit schweizerische Stoffe behandelt und in diesen litterarischen Schöpfungen seine Meisterschaft bewährt. Wir
erinnern an die auf sorgfältige geschichtliche Studien ge-
gründeten Biographien in der „Gallerie berühmter Schweizer",
an den politischen Roman „Meister Putsch und seine Gesellen", an den dramatischen Versuch „Die Limmatschäfer",
an die spannenden Erzählungen der „Kiltabendgeschichten",
an die Schweizer-Novellen, Junker und Bürger, Kanzler
Hory (aus der Neuenburger-Geschichte), Tannenbaum und
Dattelpalme und an die neuen Novellen „Auf Schweizererde".
Der Verfasser wusste in seinen Erzählungen durch Einfachheit und Wahrheit der Erfindung, durch mass- und takt-
volle Bearbeitung des Stoffes, durch feine und scharfe
Charakteristik, durch frischen Humor und musterhafte
Beherrschung der Sprache liebliche und oft ergreifende
Seelengemälde zu skizzieren und den Leserkreis seiner
Muse gewogen zu erhalten.

Zur Erholung von diesen anstrengenden Arbeiten
unternahm Hartmann von Zeit zu Zeit grössere und kleinere
Reisen und suchte sein geistiges Leben durch den Eindruck
neuer Naturszenerien und die Beobachtung fremder Sitten
und Gewohnheiten aufzufrischen, die er dann wieder in
seinen Schilderungen zu verwerten verstand.

. Als im Jahre 1857 die Idee erwachte, einen Verein
für öffentliche Vorträge während des Winters zu gründen,
wurde Hartmann als die geeignetste Persönlichkeit an die
Spitze desselben berufen, und als Altgeselle hat er mehr
als dreissig Jahre der Töpfergesellschaft mit Eifer und
Ausdauer und kluger Berechnung der Verhältnisse vorge-
standen. Aber auch im sonstigen öffentlichen Leben
bekleidete er viele Jahre die Stelle eines Gemeinderates
und war lange Zeit Mitglied der städtischen Schulkom-
mission. In diesen Beamtungen huldigte er stets einem
gemässigten liberalen Fortschritt. So tritt uns in Alfred
Hartmann ein Lebensbild entgegen, das reich ist an Arbeit
und geistigen Schöpfungen, die auch der Zukunft erhalten
bleiben. Blumen sind an jedem Weg zu finden, doch
nicht jeder weiss den Kranz zu winden. Das letzte Werk
Hartmanns ist eine Sammlung seiner vorzüglichen Gedichte,
die er unter dem Titel „Reime" seinen 8 Enkeln gewidmet
hat. Was ihn schmerzlich berührte, das war der frühzeitige
Tod seines einzigen, tatkräftigen Sohnes Otto, der die
Stelle eines Kantonsingenieurs bekleidete, und der rasche
Hinschied einer lieben Enkelin. Sonst verlief der Lebens-
abend unter der liebenden Sorgfalt seiner Familie ruhig
und still. Mit der Last der Jahre nahm auch die schöpferische
Kraft ab, und er zog sich auf sein stilles Heim zurück, bis
der Tod ihn von den zunehmenden Gebrechen des Alters
erlöste und Freund Hain ihn sanft zur ewigen Ruhe geleitete.

So lasst ihn schlafen, jetzt im Friedensgarten!
Und wenn der Frühling zieht herein ins Land
Und diese Schollen hier, die winterharten,
Mit Gras und Blumen schmückt aus voller Hand
O! dann erweckt in Eurem Herzen wieder
Den Dichter, der Euch Frühlingsgaben bot,
Lauscht seinen Sagen, singet seine Lieder,
Bekränzt sein Bild und sprecht: er ist nicht tot!
Der Dichter schläft. Vergessen bleibt er nicht!   Fr. L.

Geschenke und Tauschsendungen für die
Schweizerische Naturforschende Gesellschaft sind

An die

ibliothek der Schweiz. Naturforschenden Gesellschaft

BERN (Schweiz)

u adressieren.

Les dons et échanges destinés à la Société
elvétique des Sciences naturelles doivent être adressés
comme suit:

A la

ibliothèque de la Société helvétique des Sciences naturelles

BERNE (Suisse)

ARCHIVES DES SCIENCES PHYSIQUES ET NATURELLES

NOVEMBRE 1897

COMPTE RENDU DES TRAVAUX

PRÉSENTÉS A LA

QUATRE-VINGTIÈME SESSION

DE LA

SOCIÉTÉ HELVÉTIQUE

DES

SCIENCES NATURELLES

RÉUNIE A

ENGELBERG

Les 13, 14 et 15 septembre

1897

GENÈVE

BUREAU DES ARCHIVES, RUE DE LA PÉLISSERIE, 18

LAUSANNE | PARIS

BRIDEL ET Cie | G. MASSON

Place de la Louve, 1 | Boulevard St-Germain, 120

Dépôt pour l'ALLEMAGNE, H. GEORG, a BALE

1897

ARCHIVES DES SCIENCES PHYSIQUES ET NATURELLES

NOVEMBRE 1897

COMPTE RENDU DES TRAVAUX

PRÉSENTÉS A LA

QUATRE-VINGTIÈME SESSION

DE LA

SOCIÉTÉ HELVÉTIQUE

DES

SCIENCES NATURELLES

RÉUNIE A

ENGELBERG

Les 13, 14 et 15 septembre

1897

GENÈVE

BUREAU DES ARCHIVES, RUE DE LA PÉLISSERIE, 18

LAUSANNE	PARIS
BRIDEL ET Cie	G. MASSON
Place de la Louve, 1	Boulevard St-Germain, 120

Dépôt pour l'ALLEMAGNE, H. GEORG, A BALE

1897

GENÈVE. — IMPRIMERIE REY. & MALAVALLON

précédemment Aubert-Schuchardt

QUATRE-VINGTIÈME SESSION

DE LA

SOCIÉTÉ HELVÉTIQUE DES SCIENCES NATURELLES

RÉUNIE A

ENGELBERG

Les 13, 14 et 15 septembre 1897.

C'était la première fois depuis sa fondation que la *Société helvétique des sciences naturelles* se réunissait dans le beau et pittoresque canton d'Obwalden. En l'absence d'une section cantonale antérieuremeut constituée, elle répondait au chaleureux appel du Comité annuel qui s'était spécialement formé à cet effet sous la présidence de M. le Dr Etlin, médecin à Sarnen, conseiller d'État, et avec l'appui de la Société lucernoise, représentée dans son sein par M. le Dr Schumacher-Kopp. Le riche village d'Engelberg, une des plus charmantes stations alpestres de la Suisse, au pied du Titlis, avait été choisi comme lieu de rendez-vous. Tout annonçait donc que cette session se déroulerait dans un cadre magnifique et devant les spectacles les plus grandioses de la nature. Il n'en a malheureusement pas été ainsi ; grâce aux nuages qui n'ont cessé un seul instant de recouvrir la vallée, toutes ces merveilles ont été perdues pour les congressistes. Mais s'ils n'ont vu, arrivés là-haut, ni le beau ciel bleu foncé de nos paysages alpestres, ni les cimes neigeuses qui se découpent sur lui, ils ont trouvé en revanche dans ce fond de vallée, et cela valait mieux encore, l'accueil le plus charmant qui se puisse imaginer, de la part du Comité de la fête, des excellents hôteliers d'Engelberg et de leurs familles, des Pères de la célèbre abbaye et de la population tout entière.

L'entrain communicatif de notre dévoué président, son enthousiasme pour les choses de la nature, sa bonhomie, la distinction de son esprit ont bien vite gagné tous les participants, et ce Congrès réduit a être tout d'intérieur, tout d'intimité, a été, en dépit du temps, un des plus agréables que la Société ait jamais tenus.

La session a été ouverte, le 13 septembre, par une assemblée générale dans la grande salle de l'Hôtel national. M. le président Etlin y a lu un discours très substantiel sur le pays d'Obwalden. Après des rapports administratifs, on y a entendu encore des communications de MM. His, de Zeppelin et Schardt.

Le second jour a été, comme d'habitude, consacré aux séances particulières des sections.

La seconde assemblée générale, tenue le 15 septembre dans la grande salle de l'Hôtel du Titlis, a clos le session. Elle a été occupée par la lecture des rapports des diverses commissions et par trois conférences de MM. Keller, Burckhardt et Raoul Pictet.

Nous tenons a être ici l'organe de tous les participants en remerciant bien sincèrement les membres dévoués du Comité annuel : M. Etlin, président; M. Schumacher-Kopp, vice-président, et M. N. Roos, secrétaire.

La prochaine session aura lieu en 1898 à Berne, sous la présidence de M. le prof. Théoph. Studer.

Nous allons maintenant rendre compte des travaux qui ont été présentés dans cette session en les classant suivant les branches de la science auxquelles ils se rapportent.

Physique.

Président : M. le prof. Ed. HAGENBACH-BISCHOFF, de Bâle.
Secrétaire : M. le Dr Aug. HAGENBACH, de Bâle.

Eb. de Zeppelin. Les bruits mystérieux de l'atmosphère. — Raoul Pictet. Les
cycles non réversibles dans les forces naturelles. — R Pictet. Les courants
alternatifs dans les phénomènes de l'électrolyse. — Henri Dufour. Action
des rayons Rœntgen sur les corps électrisés. — Hagenbach et Veillon.
Renversement de l'action des soupapes électriques avec l'abaissement de la
pression. — Ch. Dufour. Recherche de la température de l'air par la
marche d'un thermomètre non équilibré. — A. Riggenbach. Précipitations
atmosphériques. — Ed. Sarasin. Les seiches du lac des IV Cantons. —
Prof. Arnet. Même sujet. — R. Emden. Vagues atmosphériques — A. Soret.
Réflexion à la surface d'un lac agité par les vagues. — Raoul Pictet. Réservoir pour acétylène liquide.

Le comte Eberhard DE ZEPPELIN d'Ebersberg a parlé
à la première assemblée générale d'un problème de géo-
physique, savoir des *bruits mystérieux* qui se font entendre
dans les contrées et latitudes les plus différentes de notre
planète. Connus depuis longtemps, surtout en Suisse, ces
bruits sont encore loin d'être suffisamment étudiés et
expliqués dans leur nature et leur origine; mais tous
ceux qui ont eu l'occasion de les entendre sont plus ou
moins d'accord pour dire qu'ils consistent dans des sons
où coups sourds, qui se produisent soit isolément, soit
en séries, à des intervalles inégaux et ordinairement dans
des conditions météorologiques particulières, c'est-à-dire
par des temps de chaleur comparativement grande et
même intense, lorsque toute l'atmosphère est chargée
d'une brume sèche blanchâtre ou que tout au moins ses
couches inférieures sont remplies de brouillard. Dans nos

contrées, les bruits en question paraissent surtout au
commencement d'un regime de föhn. Généralement on
y voit un présage de mauvais temps, à l'exception du
delta du Gange et du Brahmapoutra, où les détonations
connues sous le nom de « Barisal guns » ne se produisent
que quand un temps pluvieux est déjà établi. En Belgique par contre, où le phénomène porte le nom de
« Mistpœffers » (rots de brouillard) et est le mieux étudié, les bruits ne se font entendre que par un temps
calme et serein avec pluie consécutive.

De nos jours et dans des pays civilisés, ces détonations
sont ordinairement attribuées par les indigènes à des
exercices d'artillerie à la place d'armes la plus voisine, ou
bien aussi à des explosions de mines et d'autres bruits
artificiels de ce genre. Souvent aussi le tonnerre d'un
orage lointain en est donné comme explication. Mais des
recherches scrupuleuses, indispensables naturellement
dans chaque cas spécial, ont démontré d'une manière
indubitable pour un grand nombre de cas et dans les contrées les plus différentes, que ni l'une, ni l'autre de ces
explications n'est admissible et que nous avons en effet
affaire à un vrai phénomène naturel [1].

Pour l'orateur, l'existence propre de ce phénomène des
détonations en question est prouvée non seulement par le
caractère d'un grand nombre d'observations, mais surtout par le fait que le « peuple » croyait généralement

---

[1] Les lecteurs qui s'intéressent à la question trouveront un
résumé d'ensemble de toutes les observations de ce phénomène
connues jusqu'à présent dans les publications de M. le Dr van den
Brœck de Bruxelles, dans les numéros de décembre 1895 à juin
1896, de *Ciel et Terre* (Un phénomène mystérieux du globe) et de
l'orateur dans le XXVme cahier des mémoires de la société historique du lac de Constance de 1896 (*Zum sog. Seeschiessen*).

autrefois et croit encore, dans les pays non civilisés, devoir attribuer ces bruits (aussi bien que d'autres phénomènes naturels, pour lesquels il ne trouvait et ne trouve pas d'autre explication), à l'influence de spectres et de revenants et que des mythes plus ou moins concordants et remontants à l'antiquité la plus reculée s'y rattachent dans toutes les parties du monde.

Pour la Suisse particulièrement, Hugi nous relate (dans *Naturhistorische Alpenreise*, Soleure 1830, chap. 2), que jadis, d'après la croyance du peuple, c'étaient les âmes damnées des anciens seigneurs du Rotthal près de la Jungfrau ou des Bourguignons tués dans la bataille de Morat qui devaient produire les bruits qu'on entend assez fréquemment tout le long du Jura, et qui y sont connus surtout sous les noms de « tir de Morat », « tir de Rothenburg » et autres. A propos de ce dernier nom, l'orateur cite en souvenir historique quelques curieux incidents occasionnés par des cas de tir de Rothenburg lors de la guerre du Sonderbund en 1847.

Les essais d'explication du phénomène sont presque aussi nombreux que les observateurs eux-mêmes ; mais il y a surtout deux opinions principales opposées : les uns, prétendant avoir remarqué une vibration du sol accompagnant les détonations, croient à des causes endogènes, principalement séismiques, les autres, niant catégoriquement toute trépidation, n'admettent qu'une origine purement atmosphérique. En se référant pour les détails des différentes explications aux deux publications susmentionnées, l'orateur se borne à dire que l'hypothèse sur laquelle MM. les professeurs Drs Charles Reiff de Heilbronn, et Auguste Schmidt (chef du bureau central de météorologie) de Stuttgart, ont bien voulu

appeler son attention, lui paraît avoir le meilleur fondement. D'après cette hypothèse, une perturbation quel-
conque de l'équilibre dans l'atmosphère donnerait naissance à des ondes d'ébranlement de longueur définie qui,
en procédant selon la loi résumée déjà par le mathéma-
ticien Riemann (*Riemann's gesammelte Werke*, p. 145)
dans la forme exacte de l'intégration d'une équation différentielle, doivent se rétrécir de plus en plus et finir par
se condenser en des explosions proprement dites et perceptibles à notre oreille. Ces ondes d'ébranlement et de
condensation, la température par exception à la règle
générale ne diminuant pas avec l'altitude ou le vent
aidant, trouvent moyen de se propager assez loin le long
de la surface de la terre, où bien les ondes sonores arrivent à suivre une courbe concave vers la terre au lieu
de leur courbe régulièrement convexe [1].

L'orateur termine en souhaitant que les naturalistes
suisses veuillent bien profiter de l'excellente occasion que
leur fournit leur pays et prêter leurs lumières à l'étude
du problème.

M. Raoul PICTET, de Genève, a fait à la deuxième assemblée générale une communication sur les *cycles non
réversibles dans les forces naturelles*.

Outre les moulins à eau, les moulins à vent et les

---

[1] Récemment une nouvelle explication a été publiée par M.
Lieckfeldt dans les *Annales d'Hydrographie et de Météorologie
maritime* (organe de la deutsche Seewarte à Hambourg) n° VII
de 1897, p. 308, etc. Cette explication, qui est en tout cas très
ingénieuse, serait plausible si toutefois l'examen ultérieur de la
question prouvait comme elle l'admet que les détonations mysté-
rieuses ne se produiraient qu'au-dessus de nappes aqueuses ou de
terrains imbibés d'eau.

machines fonctionnant sous l'action des marées, on ne connaît guère aujourd'hui de machines motrices dont la puissance soit sans cesse reconstituée par les forces naturelles.

Tous ces moteurs fonctionnent en cycle non réversible, c'est-à-dire qu'ils abandonnent l'élément qui agit sur les organes en mouvement dans des conditions qui ne sont pas identiques à celles du point de départ. Il est donc impossible de leur appliquer le second principe mécanique de la chaleur.

On peut se demander si les trois utilisations des forces naturelles que nous venons d'indiquer sont les seules que l'homme ait à sa disposition.

La communication de ce jour a pour but d'en indiquer une quatrième, l'air sec, représentant un potentiel d'énergie considérable, capable de produire des effets de même ordre que les moteurs cités plus haut.

Pour bien faire entendre ce sujet, qui demanderait un très grand développement, surtout pour les applications industrielles, nous n'indiquerons ici que le principe de l'application de l'air comme force motrice.

Supposons que nous soyions près du Nil, dans un pays où l'air étant toujours chaud et sec, la température ambiante peut atteindre de 40 à 50 degrés de chaleur. Si nous faisons entrer dans un cylindre de machine à vapeur de l'air sec sur les deux tiers de la course, par exemple, et que nous laissions tomber dans cet air sec, à ce moment, une certaine quantité d'eau du Nil supposée à la même température, dès qu'elle aura pénétré dans l'air sec elle se vaporisera partiellement, ajoutant à la tension de sa vapeur la pression de l'air sec. Si au moment de l'introduction de l'eau on a fermé le cylindre et si on l'a

plongé dans un réservoir ayant la même température que
celle de l'intérieur, l'évaporation de l'eau à l'intérieur du
cylindre absorbera une certaine quantité de chaleur em-
pruntée à la chaleur ambiante, sans que le thermomètre
puisse indiquer un refroidissement, le phénomène pouvant se passer aussi lentement qu'on le désire. La poussée dans l'intérieur du cylindre représentera une poussée
supérieure à la pression atmosphérique de toute la valeur
de la tension de la vapeur d'eau. Le piston deviendra
donc moteur et emmagasinera dans le volant le travail
de la masse des gaz qui se détendront jusqu'à la pression
atmosphérique. En retournant en arrière, le piston éva-
cue librement à la pression atmosphérique l'air chargé
d'humidité. Cet air humide est envoyé dans l'atmosphère
sous la pression sous laquelle il est entré. Après l'évacuation, on peut introduire de nouveau une certaine
quantité d'air sec qui se trouve abondamment dans la
région où est ce moteur, puis encore une certaine quantité d'eau, et ainsi à chaque révolution, en ajoutant de
l'eau à l'air sec et en évaporant cette eau dans l'air sec
à une température constante, on augmente artificiellement et sans dépense la pression de l'air sec, qui se dé-
tend chaque fois en communiquant au volant une certaine quantité d'énergie.

Ce moteur marche à température constante.

Pendant l'introduction de l'air dans le cylindre, pendant la vaporisation de l'eau dans l'air, pendant le travail de dépense de ces masses agissant sur le piston et le
volant, enfin, pendant l'évacuation de ces gaz à la pression
atmosphérique au dehors, la température est restée constante par l'afflux de la chaleur ambiante à l'intérieur du
cylindre et grâce à la conductibilité complète qu'on peut
admettre pour les parois du cylindre.

Ce serait donc un moteur thermique fonctionnant avec de l'air sec et de l'eau à une seule température et qui produit une certaine quantité d'énergie utilisable au dehors.

Le cycle n'est pas réversible, puisqu'on aspire de l'air sec et de l'eau et qu'à la fin de l'opération on jette dehors de l'air humide sans eau. Ce sont les déserts qui chauffent l'eau et l'air descendus des hautes régions de l'atmosphère, où l'eau s'est déposée sous forme de neige et où l'air refroidi et sec redescend dans la partie inférieure du pays.

Les forces naturelles ferment le cycle.

Le second principe mécanique de la chaleur ne saurait donc s'appliquer à ce moteur, et l'on peut réellement sortir de la force motrice par la simple adjonction d'eau à l'air sec.

Ces considérations générales nous ont conduit à l'étude d'un moteur qui a pour but de donner une grande quantité d'énergie en utilisant le mélange d'air sec et de vapeur d'eau.

Ce moteur est particulièrement destiné à remplacer les machines à vapeur qui fonctionnent sans condensation, et qui, par leur principe même, rejettent toujours dans l'atmosphère de la vapeur d'eau à 100 degrés de chaleur, à cause de la tension maxima de la vapeur d'eau faisant équilibre à la pression atmosphérique.

En comprimant par un cylindre auxiliaire une certaine quantité d'air à une pression donnée, égale à celle de la chaudière à vapeur, en faisant barboter cet air dans l'intérieur de la chaudière de telle sorte que l'air et la vapeur d'eau entrent simultanément dans le cylindre du moteur, on peut calculer le cylindre moteur de telle sorte

que l'air atmosphérique chauffé à la température supérieure de la vapeur et même à une température plus élevée, si l'on adopte la surchauffe, remplisse les deux tiers
ou les trois quarts du cylindre, de manière à ce que le
poids de la vapeur d'eau entraînée à chaque coup soit le
tiers ou le quart de ce même poids si le cylindre était
rempli uniquement de vapeur d'eau. Dans ces conditions,
le moteur fonctionne comme si la température inférieure
du cycle qui se termine au dehors de la machine était à
la tension maxima de la vapeur d'eau dans le cylindre
au moment de la sortie, c'est-à-dire de un tiers ou de un
quart d'atmosphère.

Ces conditions permettent à une machine fonctionnant
avec l'air et l'eau d'atteindre le rendement d'une machine
de même puissance fonctionnant à condensation, et même
davantage. Ce sont les forces naturelles hors de la machine qui se chargent de fermer le cycle en condensant la
vapeur et en reconstituant l'eau sous forme liquide.

Le calcul appliqué aux moteurs d'automobiles où les
appareils sont nécessairement de grande dimension pour
pouvoir produire aux rampes un travail sept ou huit
fois plus considérable qu'en palier, utiliseront avec avantage l'application simultanée de l'air et de l'eau, car dans
la marche ordinaire en palier, ces moteurs fonctionne-
raient presque uniquement à l'air avec une dépense très
faible de combustible, tandis que fonctionnant à l'eau
seule, ils devraient remplir chaque fois leur cylindre de
vapeur d'eau en n'utilisant qu'une très petite partie de la
puissance de cette vapeur.

Ainsi, l'adjonction de l'air à l'eau dans les moteurs
place d'une façon fondamentale leur rendement économique.

En faisant fonctionner entre la pression atmosphérique et une pression de 9 atmosphères un mélange d'eau et de vapeur porté à une température de 350 degrés, et en l'abandonnant à la pression atmosphérique dans un échangeur qui utilise une partie de la chaleur d'échappement, — ce qui est impossible avec les machines à eau pure dans les mêmes proportions, — on obtient un rendement de près de 42 °/₀ de la chaleur totale produite par le combustible, et l'on peut alimenter un moteur de 3 ¹/₂ chevaux avec environ 7 kilos d'eau par heure.

Dans un travail en voie de préparation, nous donnerons tous les éléments du calcul et la théorie complète de ces nouveaux moteurs.

A la séance de la section de physique, M. Raoul PICTET présente une *étude des courants alternatifs dans les phénomènes de l'électrolyse.*

Une erreur très répandue en physique aujourd'hui a fait considérer les courants alternatifs comme incapables de produire les phénomènes de l'électrolyse, le courant détruisant dans chaque période l'effet produit dans la phase précédente. Les électrolyses dans les liquides semblent donner raison à cette manière de voir : de là une généralisation trop rapide à laquelle on est arrivé sans apporter à ce problème une attention et une critique suffisantes.

Lorsque est apparu le carbure de calcium sortant du four électrique, on a constaté qu'on obtenait ce corps aussi bien avec le courant continu qu'avec le courant discontinu. Immédiatement, on a appliqué la loi, et on a dit : puisque les courants discontinus produisent le carbure de calcium, ce corps n'est donc pas le résultat de l'électrolyse, mais il est dû à l'élévation de température considérable produite par l'arc électrique. Cette conclusion est erronée. Le carbure est produit par une action électrolytique très réelle.

Reste à expliquer comment il est possible qu'un courant alternatif puisse produire une action électrolytique.

Tout d'abord, pour démontrer que l'élévation de température seule est incapable de produire du carbure de calcium, nous avons chauffé par tous les moyens possibles un mélange de chaux et de charbon, employant même puissance du chalumeau oxhydrique : nous n'avons rien obtenu, bien que plusieurs brevets pris par des inventeurs fallacieux fussent fondés sur ces moyens. Même en associant la chaux et le charbon à des réducteurs aussi puissants que le sodium métallique, nous n'avons jamais pu arriver à la décomposition de la chaux et à l'union du calcium métallique et du charbon. Même en chauffant le mélange de chaux et de charbon au centre d'une baguette de charbon traversé par un courant électrique qui la porte au ramollissement, et par conséquent à une température voisine de celle de l'arc électrique, la combinaison n'a pas pu être obtenue. Par contre elle a lieu instantanément dans l'arc électrique soit par un courant continu, soit, tout aussi bien, par un courant alternatif.

Voici comment nous interprétons ces phénomènes : Lorsque le courant électrique passe d'une pointe de charbon à une autre pointe de charbon, il change nécessairement la ligne de plus grande conductibilité, et l'on peut voir dans le mélange de chaux et de charbon placé entre les deux électrodes comme une infinité de circuits, courants dérivés dont la somme représente le courant total. Que le courant passe dans un sens ou dans l'autre, ces conducteurs infiniment petits restent à peu près les mêmes.

Le conducteur solide de chaux et de charbon est constitué par une série de molécules immobiles, vu l'état solide de ce conducteur. La polarisation de ces molécules, c'est-à-dire leur orientation par rapport aux électrodes est donc impossible. Ce sont, comme nous venons de le dire, des molécules fixes que traverse le courant.

Par le calcul des probabilités, on peut démontrer que le nombre des molécules orientées, comme si la polarisation électrique avait eu lieu, est absolument le même quel que soit le sens du courant. Mais, dès que la réaction a eu lieu, la combinaison du calcium et du charbon produit un corps liquide meilleur conducteur que le corps solide, par contre, il s'échappe immédiatement en coulant dans la partie inférieure du creuset. La résistance que le courant éprouve dans le carbure de calcium une fois constitué est trop faible pour que l'électrolyse se produise, que le courant soit continu ou non.

Ainsi, à chaque période, le courant va chercher dans le corps solide qui fait la résistance principale du courant des éléments qu'il dissocie quel que soit son sens ; ces éléments dissociés se recombinent par l'énergie électrique quel que soit le sens du courant, et dès que la réaction moléculaire s'est produite, la molécule liquide s'écoule, traversée par des courants qui l'échauffent, mais ne la décomposent plus. Ce mécanisme explique parfaitement que les courants alternatifs peuvent dissocier la chaux électrolytiquement et céder leur énergie au calcium pour permettre sa réaction chimique avec le charbon.

On peut vérifier ces faits en suivant les ampèremètres et les voltmètres placés à côté des fours. Avant que la réac-

tion se soit produite, le voltage correspond à la résistance
que le courant rencontre dans la chaux et le charbon
mélangés ; mais dès que la réaction a eu lieu, on voit le
voltmètre descendre avec une rapidité considérable, indi-
quant la chute de la résistance, tandis que l'ampèremètre
augmente en proportion. La fabrication de carbure est
moins bonne avec cet abaissement de voltage ; la réaction
faite, le courant qui traverse ce corps l'échauffe en pure
perte sans produire aucun effet utile.

C'est en observant ces phénomènes que nous avons été
amené à fabriquer le carbure d'une manière continue, en
évitant absolument le maintien du carbure fondu en contact avec l'arc électrique. Au fur et à mesure que la
réaction s'est produite, le liquide s'échappe et coule de
lui-même. Le rendement d'un four semblable est infiniment supérieur à celui des fours où le carbide reste en
contact avec l'arc.

Dans les corps solides traités électrolytiquement, on
obtiendra des phénomènes semblables toutes les fois que
le nouveau corps, résultat de l'électrolyse des conducteurs primitifs, sera assez bon conducteur pour échapper
à une électrolyse nouvelle qui le décomposerait au fur et
à mesure de sa formation. Dans ces conditions, l'électrolyse peut avoir lieu au moyen des courants continus aussi
bien que des courants alternatifs.

M. Henri DUFOUR, décrit quelques expériences nouvelles qu'il a faites pour démontrer que les *rayons Röntgen modifient les propriétés isolantes des diélectriques solides.*
Ces expériences confirment celles publiées en juin 1896,
dans les *Archives*[1], elles démontrent que les corps tels

---

[1] *Archives des Sc. phys. et nat.* 1896, t. II, p. 91.

que l'ébonite et la paraffine perdent leurs propriétés isolantes sous l'action des rayons X ; et que les corps médiocres conducteurs tels que le bois sec et le liège deviennent plus conducteurs.

M. le prof. Ed. HAGENBACH-BISCHOFF, de Bâle, expose la suite de ses expériences sur le *renversement de l'action des soupapes électriques dans des tubes à gaz de plus en plus raréfiés.* Les nouvelles recherches dont il rend compte à la section ont été faites en collaboration avec M. le Dr H. VEILLON. Tandis qu'auparavant on faisait passer le courant d'induction d'une bobine de Ruhmkorff au travers du tube à décharge et qu'on en mesurait ensuite l'intensité, en dernier lieu on faisait passer à travers le tube le courant induit produit par une seule interruption du courant primaire et on mesurait la quantité d'électricité transmise. On obtint de cette manière des résultats beaucoup plus réguliers, par le fait que le fonctionnement irrégulier de l'interrupteur était éliminé et que l'interruption du courant primaire était produite toujours exactement de la même manière par la chute d'un poids donné d'une hauteur constante.

Avec cette nouvelle disposition des expériences, on a obtenu des résultats tout à fait concordants avec ceux qui avaient été obtenus d'abord, à savoir que pour des pressions très faibles l'électricité positive passe plus facilement du disque à la pointe, tandis que pour des pressions plus élevées, elle passe plus facilement de la pointe au disque. Parmi de très nombreuses expériences, M. Hagenbach ne cite que la suivante :

Le tube à décharge avait 135 mm. de longueur et 41 mm. de diamètre. L'une des deux électrodes était for-

2

mée d'un disque de platine de 30 mm. de diamètre, et l'autre d'un fil de platine appointi. La distance de la pointe au disque était de 60 mm. L'intensité du courant primaire était de 10 ampères. Les pressions sont données en millimètres de mercure, les quantités d'électricité en degrés d'une échelle de 11,1 microcoulombs. Lorsqu'il n'y avait point de tube intercalé, la quantité d'électricité transmise correspondait à une déviation de 169 degrés à l'échelle. En intercalant le tube de décharge on obtint les résultats suivants :

Pression.	Déviation, l'électricité positive va	
	du disque à la pointe.	de la pointe au disque.
0,0002	26	5
0,012	16	16
0,23	27	84

La limite à laquelle il passe la même quantité d'électricité dans les deux sens est à des pressions différentes pour différents tubes. Néanmoins le changement de sens de la soupape a toujours coïncidé avec l'apparition des rayons X ; avec des pressions croissantes, l'action sur des plaques photographiques sensibles et sur des écrans fluorescents cesse aussitôt que l'électricité passe plus facilement de la pointe au disque.

Ce renversement de l'action de la soupape électrique fut constaté encore d'une autre manière, et cela en mesurant, à l'aide d'une étincelle introduite en dérivation, le potentiel de décharge nécessaire pour le passage à travers le tube.

Les résultats de ces expériences sont en accord avec la manière de voir d'après laquelle l'apparition des rayons cathodiques provient de l'écoulement de l'électricité né-

gative de la cathode et montrent toujours dans cette supposition que cet écoulement est grandement favorisé par
la forme en pointe de la cathode.

M. Ch. Dufour, professeur à Morges, a fait des *recherches pour déterminer la température de l'air d'après la
marche d'un thermomètre non équilibré ;* en partant de
l'idée que lorsqu'un corps se réchauffe ou se refroidit, si
les temps varient en progression arithmétique, les différences de température de ce corps avec celles de l'air ambiant varient en progression géométrique [1].

Les calculs sont bien simplifiés par l'emploi d'un
théorème d'algèbre que M. Dufour a trouvé en faisant
cette recherche. Ce théorème est le suivant :

*Si dans une progression géométrique on prend 3 termes
équidistants, que l'on multiplie l'une par l'autre les deux
différences premières et que l'on divise le produit par la
différence seconde, on obtient le terme intermédiaire.*

Ainsi, soit r la raison d'une telle progression; 3 termes équidistants seront par exemple :

$$r^{n+a} \ldots r^n \ldots r^{n-a}$$

Les différences premières seront :

$$(r^{n+a} - r^n \text{ et } (r^n - r^{n-a}).$$

La différence de ces différences ou la différence seconde sera :

$$(r^{n+a} - r^n) - (r^n - r^{n-a}).$$

Or il est facile de démontrer que

[1] Voir le mémoire de M. Dufour sur ce sujet. *Archives*, 1897
t. IV, p. 344.

$$\frac{(r^{n+a} - r^n)\,(r^n - r^{n-a})}{(r^{n+a} - r^n) - (r^n - r^{n-a})} = r^n$$

En désignant les 3 termes équidistants par x, y et z ; la différence $x - y$ par a, et la différence $y - z$ par b, on démontre aussi que l'on a :

$$x = \frac{a^2}{a - b} \text{ et } z = \frac{b^2}{a - b}$$

On a déjà vu que $y = \dfrac{a\,b}{a - b}$.

Donc, si l'on connaît seulement les différences qu'il y a entre le premier et le deuxième terme, puis entre le deuxième et le troisième, il est facile de calculer les trois termes.

Ainsi, en observant un thermomètre à trois intervalles équidistants, on a les différences a et b, il est facile d'en conclure les trois termes, x, y et z. Ce sont les quantités qu'il faut ajouter ou retrancher aux températures observées pour connaître celle de l'air ambiant.

M. Ch. Dufour avait fait des recherches pareilles à Morges avec un thermomètre ordinaire, les résultats avaient été bons.

Mais, au mois de février dernier, les *Météorologische Zeitschriften* ont rendu compte de recherches analogues faites par M. Hartmann.

Celui-ci n'est pas arrivé aux mêmes formules que M. Ch. Dufour, mais il a fait des expériences avec un très gros thermomètre, qui donnait les 0,01 de degré et qui était équilibré seulement au bout de 61 minutes. M. Ch. Dufour a vérifié ses formules avec les observations de M. Hartmann, et il a obtenu les résultats les plus satisfaisants.

Exemple : Prenons les observations faites à ce gros thermomètre aux 10, 15 et 20 minutes. On a :

$$\text{à la } 10^e \text{ minute } t. = 15°.54$$
$$\text{» } 15^e \text{ » } t. = 17°.04$$
$$\text{» } 20^e \text{ » } t. = 18°.00$$

Ici les différences premières sont 1.50 et 0.96. La différence de ces différences ou la différence seconde est 0.54.

La correction à apporter à la première observation est donc :

$$\frac{1.50^2}{0.54} = 4°.17$$

La correction à apporter à la deuxième observation est :

$$\frac{1.50 \times 0.96}{0.54} = 2°.67$$

La correction à apporter à la troisième observation est :

$$\frac{0.96^2}{0.54} = 1°.71$$

Il est indifférent de faire l'une ou l'autre de ces trois corrections ; car dans les trois cas on trouve pour résultat final 19°.71.

Or à la 61e minute le thermomètre paraît arrêté à 19°.70.

Erreur 0°.01.

On voit donc que ce procédé peut rendre des services, si l'on emploie de bons instruments, et que l'on observe avec soin les degrés et les fractions de degré avec toutes la précision possible.

M. le prof, A. Riggenbach, de Bâle, rend compte des observations de *précipitations atmosphériques* qu'il a faites à Bâle de 1888 à 1896 au moyen d'un pluviomètre enregistreur de la fabrique de M. Usteri-Reinacher à Zurich. Cet instrument permet de déterminer, pour chaque chute de pluie, le moment où elle commence, celui où elle finit et la quantité d'eau tombée.

M. Riggenbach a d'abord étudié à part les *pluies violentes (Platzregen)*, en entendant sous ce nom les chutes d'eau qui durent plus de 5 minutes et produisent au moins 20 millimètres à l'heure. La pluie violente la plus intense a eu lieu le 28 juillet 1896 et a fourni, en 5 minutes, 22,3 mm. d'eau, ce qui correspondrait à une chute horaire de 267,6 mm. La pluie de plus longue durée, une vraie pluie diluvienne (*Wolkenbruch*) a duré 55 minutes, produisant une hauteur d'eau de 53,0 mm.; elle est tombée le 14 juillet 1893. La grande majorité des pluies violentes ne dure pas plus de 20 minutes. Il y en a, en moyenne, cinq par année. En général, les averses de courte durée sont plus violentes que celles de longue durée. 60 °/₀ des pluies violentes se produisent durant les heures de l'après-midi, de 1 h. à 7 h. 87 °/₀ tombent dans les mois de juin à septembre.

Les observations des années 1890 à 1896 ont servi à M. Riggenbach à calculer la marche diurne et annuelle de la pluie : la *durée moyenne annuelle* de la pluie est de 532 heures. Le minimum, de 400 heures, se trouve en 1893, le maximum, de 666 heures, en 1896. La probabilité de la pluie présente deux maxima : 0,067 en mai et 0,101 en octobre. Les minima sont de 0,036 en février et de 0,045 en août. L'*intensité moyenne* se maintient à peu près à 2,1 mm. par heure du mois de juin au mois d'août et à 0,85 mm. de novembre à avril. On peut démontrer de différentes manières que les pluies d'été présentent plutôt le caractère d'averses courtes (*Schauer*) et les pluies d'hiver celui de pluies persistantes (*anhaltende Landregen*). En effet, une journée de pluie comporte en été une durée de 2,7 heures et en hiver une durée de 4,2 heures. La durée moyenne d'une chute d'eau isolée, qui est de 0,9 heure de juin à août, monte à 1,7 heures d'octobre à janvier. Si, par analogie à ce que l'on appelle « jour de pluie, » on désigne par « heure de pluie » tout intervalle de temps d'une heure commençant à l'heure précise et durant lequel il est tombé de l'eau, on trouve que, en été, 55 °/₀ en moyenne de chaque heure de pluie correspond à une chute d'eau réelle, tandis qu'en hiver la proportion s'élève à 70 °/₀.

M. Riggenbach a calculé séparément pour l'été et pour l'hiver la durée de la pluie, la quantité d'eau tombée et l'intensité de la précipitation. Il les a représentées par des moyennes horaires.

La durée de la pluie présente, été comme hiver, un maximum entre 6 et 8 heures du matin et un minimum peu accusé entre 7 et 8 heures du soir.

Pour la quantité de pluie, on constate, en hiver, un maximum principal entre 7 et 8 heures du matin et un maximum secondaire entre 5 et 6 heures du soir ; un minimum après minuit. En été, le maximum du matin subsiste, mais devient secondaire, un maximum plus accusé a lieu entre 5 et 6 heures du soir et le maximum principal vers minuit. Ce dernier maximum prouve que c'est au milieu de la nuit que, en été, les conditions sont le plus favorables à de fortes chutes d'eau. Le maximum de l'après-midi doit son existence à une averse violente isolée. La comparaison des résultats sur la fréquence des orages dans ces 7 années et dans une période de 71 années, rend probable que ce maximum se rapprocherait des heures du milieu du jour, si l'enregistrement de la pluie se prolongeait durant un plus grand nombre d'années. Le minimum principal tombe, en été, entre 2 et 3 heures du matin; des minima secondaires ont lieu entre 9 et 10 heures du matin et 8 et 9 heures du soir.

L'intensité varie, en hiver, entre des limites assez étroites. Son maximum a lieu entre 9 et 10 heures du soir puis elle tombe rapidement du 20 $^\circ/_\circ$ de sa valeur, et reste toute la nuit presque au niveau du minimum qui a lieu entre 9 et 10 heures du matin. La marche diurne de l'intensité en été reproduit assez exactement la marche de la quantité de pluie. Il faut faire cependant une exception pour le maximum du matin, qui ne se manifeste pas; l'intensité se maintient assez constante de 2 à 8 heures du matin.

Si l'on détermine la marche diurne de la pluie par rapport à ce que l'on a défini plus haut comme « heure de pluie, » on constate que la fraction d'« heure de pluie » pendant laquelle il pleut réellement, varie de valeur durant la journée. En été, la pluie tombe d'une façon plus continue au moment du minimum de température; et les $^2/_3$ de l'« heure de pluie » sont réellement remplis par une chute d'eau. Au moment où la température atteint son maximum, les précipitations prennent un caractère plus sporadique et la fraction de l'« heure de pluie » où il pleut réellement n'atteint pas la valeur d'une demie. La même remarque s'applique à l'hiver, seulement les différences sont moindres et les fractions sont $^3/_4$ et $^3/_5$.

M. Riggenbach a enfin constaté que l'emploi de la méthode de M. Köppen des vérifications horaires donne des résultats absolument concordants, pour la marche diurne de la durée de la pluie, avec ce que l'on obtient en utilisant les données complètes fournies par l'enregistrement continu de toutes les chutes d'eau.

M. Ed. Sarasin, de Genève, informe la section qu'à la demande de la Commission du lac des Quatre-Cantons il a entrepris récemment l'étude des *seiches* de ce lac, à l'aide de son limnimètre enregistreur transportable. La forme irrégulière de ce lac et sa division en plusieurs bassins rendra cette étude difficile et forcément longue. Pour trouver la loi de ses mouvements de balancement, il faudra évidemment les étudier sur un grand nombre de points le long de ses rives. Pour commencer, M. Sarasin a pris Lucerne même. Grâce à l'appui bienveillant qu'il a rencontré auprès des autorités de la ville, auxquelles il adresse ici l'expression de sa reconnaissance, il a pu installer son appareil sur la rive droite de la Reuss, tout prés de l'endroit où elle sort du lac et cela dans une cabane adossée au vieux pont de bois (« Kapellbrücke »). Ce point semble particulièrement favorable comme étant placé tout à fait à l'extrémité du lac et devant présenter un maximum de mouvements oscillatoires.

L'installation de l'appareil dans cette station a été achevée le 14 juillet dernier et il a fonctionné régulièrement depuis lors sous la surveillance obligeante de MM. les prof. Arnet et Bachmann et de M. le Dr A. Steiger.

Comme on devait s'y attendre, les mouvements présentent une assez grande irrégularité et revêtent rarement la forme de balancement rythmique de période un peu prolongée.

Les premiers tracés font apparaître trois périodes différentes : une période de 45 à 50 minutes qui ne s'est jamais montrée encore en série suffisamment longue pour donner une mesure exacte; une période de 24,25 min. à 24,35 min. qui est de beaucoup la plus accentuée et la plus fréquente avec des amplitudes allant jusqu'à 10 cm. et plus; enfin une période de 10,5 min.

Il serait téméraire de vouloir voir dès à présent dans la première l'uninodale du lac et dans la seconde la binodale. Les observations ultérieures sur d'autres points permettront seules d'éclaircir ce point.

Quoiqu'il en soit, les tracés de l'enregistreur confirment d'une manière éclatante les résultats obtenus par leprof. Arnet de Lucerne à l'aide de patientes et nombreuses lectures faites par lui, il y a plusieurs années, soit au limnimètre de la ville de Lucerne, soit avec le plémyramètre de M. Forel et qui lui avaient déjà révélé ces mêmes périodes.

M. le prof. ARNET, de Lucerne, comme suite à cette communication, montre à la section les graphiques de ses observations au nombre d'environ cinquante *séries de seiches* qu'il avait obtenus dans les années 1875, 76 et 77 soit au plémyramètre de M. Forel, soit au limnimètre de la ville de Lucerne, placé à droite du pont neuf du lac, soit par la lecture de l'échelle fluviale de la Reuss près du théâtre, soit avec un étiage-manomètre transportable, construit spécialement dans ce but. M. Arnet avait choisi de préférence pour ses observations des jours ou une perturbation barométrique ou le fœhn régnant sur le lac d'Uri lui faisait prévoir des mouvements exceptionnellement marqués. Les courbes obtenues présentent pour la plupart un caractère ondulatoire très régulier avec des amplitudes allant de 1 jusqu'à 12 cm. et avec des périodes de 10 à 11, de 22 à 25, de 43, 43 $^2/_3$ et 46 minutes, et une seule fois prés de Vitznau avec la courte période de 4,6 min.

Les périodes de 22 à 25 minutes étaient de beaucoup les plus nombreuses, peu fréquentes les périodes pures de 10 à 11 minutes, et celles de 43, 43 $^2/_3$ et 46 minutes n'ont été observées que trois fois, chacune une fois, et seulement au nombre de 2 ou de 3 demi-oscillations par fois. M. Arnet se félicite de voir ses résultats d'observations de seiches qui lui ont coûté beaucoup de peine et de temps confirmés par l'inscription directe des seiches au limnimètre enregistreur de M. Sarasin.

M. le D^r. R. EMDEN communique une mesure de la longueur d'onde des *vagues atmosphériques de Helmholtz* [1], mesure qu'il a pu faire lors d'une ascension en ballon, le 7 novembre 1896. On pouvait déterminer ce jour-là avec la plus grande certitude qu'au-dessus de Munich, la station de départ, se trouvait une couche d'air immobile présentant une température de 2°,7. Au-dessus, à une altitude de 200^m, passait un courant atmosphérique plus chaud, avec une température de 9°,2, qui se dirigeait de l'ouest à l'est avec une vitesse d'environ 12^{m}5 à la seconde. Dans la matinée du 6 novembre le temps était très brumeux ; à 10 h. 7 m. (17 m. après le départ) en regardant en arrière du côté de Munich, d'une altitude de 550^m au-dessus d'Aschheim, on voyait nettement que la ville de Munich èt ses environs étaient recouverts d'une calotte de brouillard. Ce brouillard ne présentait pas une structure homogène mais se composait d'une série d'amas

---

[1] Helmholtz. Ueber athmosphärische Bewegungen II. Œuvres complètes III. p. 309.

cylindriques. Ces cylindres ou rouleaux reposaient sur le sol à égales distances les uns des autres et étaient orientés perpendiculairement à la direction du vent. L'épaisseur de ces rouleaux dépassait 100 mètres et leur distance, soit la longueur d'onde des vagues atmosphériques qui produisaient évidemment ce phénomène, mesurait 540 mètres. En effet, sur un espace de sept kilomètres et demi, on comptait quinze rouleaux successifs. On obtient ainsi, pour une différence de température de 6°,5 et une différence dans la vitesse du vent de 12^m, 5, une longueur d'onde des vagues atmosphériques de 540^m. Helmholtz calculait une longueur d'onde de 550^m pour une différence de température de 10° et pour une différence de vitesse de 10^m. La concordance entre la théorie et l'observation est donc complète.

M. le prof. Ch. SORET, de Genève, communique les résultats de quelques calculs qu'il a faits à la demande de M. Forel, pour déterminer l'*influence que les vagues exercent sur la quantité de lumière réfléchie par la surface d'une nappe d'eau.* Il trouve qu'en admettant des vagues sinusoïdales ayant une hauteur égale à $^1/_{40}$ de leur longueur et en se bornant aux incidences pour lesquelles la lumière ne subit qu'une réflexion, l'agitation de l'eau produit toujours une augmentation de la lumière réfléchie. Cette augmentation, inappréciable pour des rayons verticaux, peut atteindre, sous l'incidence de 60°, $\frac{1}{76}$ lorsque le plan d'incidence est parallèle aux crêtes des vagues, et $\frac{1}{21}$ lorsqu'il leur est perpendiculaire.

M. R. PICTET montre un petit *réservoir à acétylène liquide,* muni d'un robinet spécial qui permet un réglage parfait de l'écoulement du gaz et en assure le transport et l'emploi sans aucun danger.

Chimie.

Président : M. le prof. R. Nietzki, de Bâle.
Secrétaire : M. le Dr H. Rupe, de Bâle.

H. Rupe et Rœsler. Dérivés asymétriques de la phénylhydrazine. — Rupe et Labhard. Nouvelle synthése d'oxytriazols. — O. Billeter et Berthoud. Constitution des thiamides. — R. Nietzki. Action de l'hydroxylamine sur le chlorure de picryle. — Schumacher-Kopp. Empoisonnement par le phosphore. Lettre de Schönbein.

MM. H. Rupe et Rœsler, de Bâle. *Sur quelques dérivés asymétriques (α) de la phénylhydrazine.* — M. le Dr Rupe a repris, en collaboration avec M. Rœsler, l'étude des dérivés α de la phénylhydrazine.

1. En faisant agir l'aniline sur la chloracétyl-β-acétyl-phénylhydrazine, il a obtenu le corps

$$C_6H_5 - NH - CH_2 - CO - N \Big\langle \begin{array}{l} NH - CO - CH_3 \\ C_6H_5 \end{array}$$

Celui-ci, traité par l'acide nitreux, donne un dérivé nitrosé; par réduction de ce dernier au moyen de l'acide acétique et de la poudre de zinc, et par saponification du produit, il se forme une diamine d'un nouveau genre :

$$\begin{array}{l} NH_2 \\ C_6H_5 \end{array}\Big\rangle N - CH_2 - CO - N \Big\langle \begin{array}{l} NH_2 \\ C_6H_5 \end{array}$$

Le phosgène convertit cette diamine en un corps renfermant une chaîne fermée de 7 atomes :

$$\begin{array}{ccc} NH \!\!-\!\!\!-\!\!\!- CO \!\!-\!\!\!-\!\!\!- NH \\ | \qquad \qquad | \\ C_6H_5 - N - CH_2 - CO - N - C_6H_5 \end{array}$$

2. En faisant agir le chlorure d'o-nitrobenzoyle sur l'acétylphénylhydrazine, on obtient le corps

$$C_6H_4 \begin{cases} CO—N—C_6H_5 \\ NO_2 \quad \dot{N}H—CO—CH_3 \end{cases}$$

Soumis à la réduction, ce composé fournit des produits différents suivant l'agent que l'on emploie. La poudre de zinc et l'acide acétique donnent :

$$C_6H_4 \begin{cases} CO—N—C_6H_5 \\ NH_2 \quad NH—CO—CH_3 \end{cases}$$

le chlorure d'étain et l'acide chlorhydrique :

$$C_6H_4 \begin{cases} CO—N—C_6H_5 \\ NH_2 \quad NH_2 \end{cases}$$

Lorsqu'on traite cette dernière base par le phosgène, il se forme un corps à chaîne fermée :

$$C_6H_4 \begin{cases} CO—N \\ NH—CO \end{cases} {\diagup C_6H_5 \atop \diagdown NH}$$

MM. H. RUPE et LABHARD, de Bâle. *Nouvelle synthèse d'oxytriazols.* — Dans le but d'arriver à la phénylsemi-carbazide isomérique (α), inconnue jusqu'à présent, M. Rupe a étudié, en collaboration avec M. Labhard, l'action du chlorure carbamique, $NH_2—COCl$, sur divers dérivés β de la phénylhydrazine. Les produits de cette réaction sont des composés cycliques que les alcalis ou l'eau bouillante décomposent avec formation d'oxytriazols. Les auteurs ont obtenu les corps suivants :

$$NH - CHO$$
$$|$$
$$C_6H_5 - NH \longrightarrow$$

Formylphénylhydrazine.

$$N = CH \qquad\qquad N = CH$$
$$C_6H_5 - N \quad N \longrightarrow C_6H_5 - N \quad N$$
$$C \qquad\qquad C$$
$$OCONH_2 \qquad\qquad OH$$

$$NH - CO - CH_3$$
$$|$$
$$C_6H_5 - NH \longrightarrow$$

Acétylphénylhydrazine.

$$N = C - CH_3 \qquad\qquad N = C - CH_3$$
$$C_6H_5 - N \quad N \longrightarrow C_6H_5 - N \quad N$$
$$C \qquad\qquad\qquad C$$
$$OCONH_2 \qquad\qquad\qquad OH$$

$$NH - CO - NH_2$$
$$|$$
$$C_6H_5 - NH \longrightarrow$$

Phénylsemicarbazide.

$$N = C - NH_2 \qquad\qquad N = COH$$
$$C_6H_5 - N \quad N \longrightarrow C_6H_5 - N \quad N$$
$$C \qquad\qquad\qquad\qquad C$$
$$OCONH_2 \qquad\qquad\qquad OH$$

Ce dernier composé prend aussi naissance par l'action de l'éther chlorocarbonique sur la phénylsemicarbazide.

M. le prof. O. BILLETER, de Neuchâtel. *Contribution à la constitution des thiamides.*. — La question de la constitution des thiamides ne peut pas être considérée comme liquidée. Dans son étude remarquable sur l'application de l'isocyanate de phényle à la solution de problèmes

concernant la constitution de combinaisons dites tauto-
mériques, M. H. Goldschmidt trouve une preuve en faveur
de la constitution symétrique de la thiocarbanilide dans
le fait, constaté par lui, que cette thiurée ne s'unit pas à
l'isocyanate de phényle, mais se décompose avec lui, à une
température élevée, en carbanilide et en phénylsénévol.

Or, M. A. Berthoud, que l'auteur avait engagé à reprendre l'étude de ce sujet, a trouvé que l'isocyanate de
phényle forme au contraire un produit d'addition avec la
thiocarbanilide.

Sous l'influence de la chaleur, ce produit se dédouble
d'abord en ses composants, lesquels, laissés en présence,
se décomposent seulement à une température plus élevée
dans le sens indiqué par M. Goldschmidt. La formation
de ce produit d'addition instable parait parler en faveur
de l'existence d'un groupe SH dans la thiocarbanilide.
L'auteur le représente par la formule :

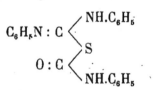

En effet, d'après les expériences faites avec les pseudo-
dithiobiurets pentasubstitués, un produit résultant de
l'action de l'isocyanate de phényle sur la thiocarbanilide
symétrique et qui aurait la formule

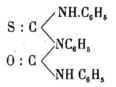

serait beaucoup plus stable. On en comprendrait aisément la décomposition en phénylthiocarbimide et carba-

nilide, mais non le dédoublement préalable en ses constituants.

M. Berthoud a étudié, avec un résultat analogue, l'action de l'isocyanate de phényle sur d'autres thiurées secondaires et tertiaires, ainsi que sur la thiacétanilide.

. M. le prof. R. NIETZKI, de Bâle. *Action de l'hydroxylamine sur le chlorure de picryle.* — Lorsqu'on chauffe le chlorure de picryle, en solution alcoolique, avec du chlorhydrate d'hydroxylamine et de l'acétate de soude, il se forme un *dinitrodinitrosobenzène,* dont la constitution est très probablement la suivante :

$$NO_2 - \underset{NO_2}{\overset{NO}{\bigcirc}} - NO$$

Ce corps prend naissance selon l'équation :

$$C_6H_2Cl(NO_2)_3 + NH_2OH = C_6H_2(NO_2)_2(NO)_2 + H_2O + HCl.$$

Sa réduction fournit le tétraminobenzène asymétrique découvert par MM. Nietzki et Hagenbach.

M. le Dr SCHUMACHER-KOPP, de Lucerne, parle d'un cas *d'empoisonnement par le phosphore* dont un enfant de 8 semaines a été récemment la victime.

Dans une seconde communication, il lit une *lettre de Schönbein,* datée de 1856, dans laquelle ce savant recommande au gouvernement napolitain un papier destiné à envelopper la poudre. M. Schumacher présente un spécimen de ce papier, ainsi que divers échantillons de pyroxylines préparées par Schönbein.

Géologie.

Président : M. le comte DE ZEPPELIN D'EBERSBERG.
Secrétaire : M. le D[r] Ch. SARASIN, de Genève.

H Schardt. Origine des Alpes de la zone du Stockhorn et du Chablais. —
Schardt. Mécanisme du mouvement de la nappe de charriage du Stockhorn.
— Schardt. Concrétion de chalcédoine. — C. Mœsch. Dégagements d'acide
carbonique dans la région de Schuls-Tarasp. — Mœsch. Calcaire rouge du
Lias sur l'Alp Laret. — Mœsch. Géologie et orographie des environs
d'Engelberg. — F.-A. Forel. Le phénomène erratique en Finlande. — Ch.
Sarasin. Ammonites Sonneratia, Desmoceras, Puzosia et Hoplites.

Dans la première assemblée générale M. H. SCHARDT,
prof. à Neuchâtel, expose sa théorie de *l'origine des
régions exotiques et des klippes du versant N des Alpes suisses
et leurs relations avec les blocs exotiques et les brèches du
flysch.*

Il définit d'abord la situation des Alpes de la zone du
Stockhorn et du Chablais. Cette région, dit-il, a déjà été
remarquée par Studer, comme étant entièrement différente de la bordure normale des Alpes suisses ; elle se
place entre la vallée de l'Aar et celle de l'Arve, comme un
morceau étranger absolument différent de tout son entourage. Elle se distingue par son facies, qui rappelle le facies
austro-alpin, de sa continuation apparente au N-E dans
les Alpes d'Unterwald et de Glaris, de sa continuation
S-E dans les Alpes d'Annecy et de même de la zone alpine
plus interne, des chaînes du Wildstrubel-Diablerets et
des Dents du Midi-Dents-blanches, par lesquelles les plis
des Alpes d'Unterwald se joignent aux Alpes d'Annecy.
Ces dernières chaînes offrent le facies helvétique, très
voisin du facies jurassien. Ainsi la région du Stockhorn-

Chablais tranche absolument avec son entourage par son facies; ou passe subitement d'un facies à l'autre, soit en traversant le lac de Thoune, soit en franchissant la vallée de l'Arve, prés Bonneville, soit en allant de l'un des versants à l'autre sur les cols qui séparent la zone du Stockhorn-Chablais des hautes chaînes entre la Wildstrubel et les Dents-blanches.

Rien n'est plus frappant que ce contraste entre les deux régions. La zone du Stockhorn à facies austro-alpin est découpée comme à l'emporte-pièce dans le facies helvétique. Mais, en outre, cette région avance d'environ 20-25 kilomètres sur la bordure normale des Alpes. C'est encore un point étrange qu'il est difficile de trancher dès le premier abord.

La structure du flysch de toute la région du Stockhorn, avec ses blocs gigantesques de granits étrangers, connus sous le nom de blocs exotiques, et qui forment des bancs de brèches alternant avec des marnes constitue un autre problème qui mérite d'être élucidé. Bien des hypothèses ont été proposées. Studer a imaginé une chaîne marginale des Alpes, ayant nourri de ses débris les brèches du flysch et les poudingues miocènes; cette chaîne aurait disparu en suite d'affaissements et serait recouverte en partie par ses propres débris, les poudingues miocènes, et par des plis poussés de l'intérieur des Alpes vers le nord. D'autres ont imaginé une époque glaciaire à l'époque du flysch et des glaces flottantes. Mais ces solutions ne suffisent pas, car nous retrouvons les blocs exotiques non seulement dans la zone du Stockhorn-Chablais, mais aussi dans la zone à facies helvétique, où il n'existe certainement aucune trace d'une chaîne marginale des Alpes. Entre le Rhône et l'Aar et entre l'Arve et Annécy le

contact entre les sédiments miocènes et les chaînes à
facies helvétique est presque constamment normal. En
outre, les brèches exotiques accompagnent un autre
phénomène, celui des *klippes*, lambeaux tout à fait isolés, à facies du Stockhorn, placés sur le flysch et qui
tranchent de leur entourage à facies helvétique comme
le Stockhorn tranche avec son propre entourage. La série
de terrains composant les klippes commence par le trias
reposant sur le flysch et se continue jusqu'au crétacé rouge.
Les klippes représentent évidemment les restes d'une
nappe continue à facies du Stockhorn ayant existé sur
la région à facies helvétique. Ce devait être une nappe
de recouvrement dont la disparition a fourni le matériel composant les poudingues miocènes. Cette nappe
devait être le prolongement de la région du Stockhorn
et du Chablais.

La structure tectonique de cette dernière est étrange.
Impossible de voir dans son facies particulier une zone
de sédimentation en mer profonde, la présence des couches à Mytilus et de la brèche jurassique de la Hornfluh
s'y oppose absolument. Jamais, d'ailleurs, on n'a vu une
jonction des couches de cette zone avec celles de la zone
voisine à facies helvétique. De quelque côté qu'on s'en approche, on trouve que les terrains de la zone du Stockhorn
et du Chablais reposent toujours sur le flysch, à commencer par l'assise la plus ancienne, qui est le plus
souvent du trias. Les régions de la brèche jurassique
répètent en petit ce que la zone du Stockhorn-Chablais
est en grand; les assises triasiques et jurassiques reposent
toujours sur le flysch. Ce sont des lambeaux et des nappes de recouvrement comme les klippes d'Unterwald et
des Alpes d'Annecy.

Si l'on considère que dans toute la zone du Stockhorn et du Chablais, le plus ancien terrain repose toujours sur le flysch, on est presque forcé d'admettre que cette région tout entière n'est qu'une vaste nappe de recouvrement, ce qui explique sa situation étrange. Elle supporte à son tour une seconde nappe, celle de la brèche de la Hornfluh et du Chablais.

L'origine de cette nappe ne peut en aucun cas être cherchée au nord. Elle doit provenir du sud, d'une région centrale et culminante des Alpes, d'où elle s'est détachée au commencement de l'ère tertiaire en se déplaçant lentement pour arriver enfin dans sa position actuelle, au commencement de l'époque pliocène, après avoir subi encore des plissements et compressions subséquents. Ce voyage a été très lent, provoqué par le plissement profond marchant du centre vers le bord des Alpes. Les débris des dolomies du trias, formant ensuite la cornieule, le gypse triasique et le flysch furent les agents facilitant le mouvement. Le front avançant dans la mer du flysch y subit des éboulements, nourrissant de ses débris les amas de brèche du flysch. Les roches cristallines poussées depuis le centre des Alpes devant la nappe de charriage furent les premières à être absorbées par la sédimentation dans la mer du flysch.

La zone du Briançonnais et les zones voisines plus au sud offrent des sédiments très analogues et même identiques à ceux du Stockhorn. La masse du Stockhorn et du Chablais a été conservée, parce qu'elle a été jetée plus avant sur le bord des Alpes et y a provoqué un affaissement bien manifeste ; c'est grâce à cette circonstance qu'elle fut épargnée pendant que ses prolongements au NE et au SO furent réduits à l'état de lambeaux, les

klippes. Ce même affaissement s'est prolongé jusqu'au
Jura, il est la cause de la profondeur extraordinaire du
lac Léman et de la formation des lacs du pied du Jura,
sur le parcours des anciennes vallées de la Thiele, de la
Mentue et de la Broie.

En vue de compléter sa conférence, M. SCHARDT expose encore, à la séance de la section de géologie, quelques considérations précisant le *mécanisme du mouvement
de la nappe de charriage du Stockhorn* (Chablais). Ii ne
faut pas se représenter ce mouvement sous forme d'un
glissement subit du centre des Alpes vers le bord. Cela
nécessiterait une pente telle qu'avec la distance parcou-
rue, le point de départ devrait se trouver à 18-20,000 m.
de hauteur. Le mouvement a dû être, au contraire, extrêmement lent, commençant au début de l'ère tertiaire
et se terminant seulement à l'époque pliocène. Il a été
provoqué par la formation d'un premier plan incliné résultant de la formation des plis centraux des Alpes. Par
la progression du plissement du centre vers le bord des
Alpes, et sans que le centre de la chaîne se fût soulevé
outre mesure, une région à forte pente s'est déplacée du
centre vers les bords, en poussant ainsi la nappe de
charriage jusqu'au bord du bassin miocène.

M. SCHARDT présente ensuite une *concrétion de Chalcédoine* renfermant un volume important d'eau et une
libelle mobile. Cette formation de presque 8 cm. de longueur venant, parait-il, des environs d'Engelberg, a été
confiée à M. Schardt par un habitant du village.

M. le Dr C. MOESCH, de Zurich, donne quelques renseignements *sur l'existence de dégagements importants d'acide carbonique dans la région de Schuls-Tarasp.* Plusieurs de ces mofettes sont connues déjà d'ancienne date et c'est le cas en particulier de celle qui s'échappe des pentes situées au nord-ouest de Schuls ; pourtant personne n'avait jamais cherché à tirer au clair l'origine de ces dégagements gazeux, qui ne se produisent généralement que dans les régions volcaniques, et à décider s'ils sont, oui ou non, en relation avec les sources minérales de la région, jusqu'à ce qu'en 1890 l'attention de l'auteur fut attirée sur ce point par M. Ruegger-Coray de St-Moritz.

En 1893, ce dernier, encouragé par M. Mœsch, parvint à acheter le terrain d'où s'échappait la mofette et entreprit un forage à travers les conglomérats qui forment le sous-sol en cet endroit. Cette formation, constituée par des cailloux de dolomie, de calcaire, de serpentine, etc., agglutinés par un ciment riche en calcaire, magnésie, oxyde de fer et soufre, offrit une grande résistance et les dégagements d'acide carbonique, de plus en plus abondants à mesure que le forage avançait compliquèrent beaucoup le travail ; néanmoins celui-ci fut mené à bonne fin et le 2 juin 1894, une abondante source minérale jaillit du puits.

Au commencement de l'année 1895, la source fut captée dans des installations provisoires et examinée soigneusement au point de vue de son débit et de sa richesse en matières minérales. L'analyse qualitative des eaux a permis d'y constater l'existence de : acide carbonique, acide sulfurique, chlore, fer, chaux, magnésie, soude et potasse ; et ces différents corps sont très probablement combinés sous forme de : chlorure de sodium, sulfate de sodium, de potassium, de calcium et de magnésium, carbonate de calcium et de fer.

Ainsi le forage de Schuls a donné un résultat très heureux pour celui qui l'a entrepris et très différent de celui qu'avaient auguré plusieurs géologues étrangers ; ce résultat a un grand intérêt au point de vue de l'origine des mofettes.

M. MOESCH rapporte ensuite sur la découverte qu'il a faite d'un *gisement de calcaire rouge du lias avec débris de Pentacrines sur l'Alp. Laret* prés de St-Moritz. Ce facies du lias n'était pas encore connu dans les Alpes des Grisons.

M. MOESCH donne enfin quelques explications sur *la géologie et l'orographie des environs d'Engelberg* et présente à la Société les différents profils qu'il a relevés dans la région.

M. F.-A. FOREL décrit *le phénomène erratique en Finlande*, en particulier les moraines terminales et les osars ; il résume la théorie qu'en donnent les géologues finlandais et suédois, et parmi eux le baron de Geer à Stockholm. M. Forel indique comment cette théorie peut être complétée si l'on fait intervenir la différence de densité entre les eaux douces du torrent glaciaire qui amenaient les alluvions et les eaux salées de la mer dans laquelle aboutissait le glacier.

M. Charles SARASIN, de Genève, expose les résultats de ses recherches *sur les genres d'Ammonites, Sonneratia, Desmoceras, Puzosia et Hoplites* [1].

---

[2] Voir *Arch. des sc. phys. et nat.* 1897, t. IV, p. 178, *Soc. de physique et d'histoire naturelle de Genève*, séance du 6 mai 1897.)

Botanique.

Président : M. le Dᵣ H Christ, de Bâle.
Secrétaire: M. le prof. Éd. Fischer, de Berne.

Rapport de la Société de botanique. — C. Schröter. Un parasite du Plankton.
— Schröter. Formes du *Picea excelsa*. — Dᵣ J. Huber: Photographies de
paysages brésiliens.

La section s'est ouverte par la séance administrative de
la Société suisse de Botanique. Une fois l'ordre du jour
épuisé, les membres présents ont fait une herborisation
dans laquelle plusieurs fougères intéressantes ont été trouvées (*Aspidium Braunii* Spenner. — *A. lobatum Braunii*.
— *A. lobatum* Sw. var. *microlobum* Milde).

M. C. Schröter, de Zurich, montre sous le microscope une Chytridiacée nouvelle, variété très petite de
Rhizophidium fusus A. Fischer (Zopf), qui se trouve
exclusivement sur *Fragilaria crotonensis* Kitton var. *elongata*
Grunow dans le Plankton du lac de Zurich depuis juillet
1897. L'autre variété de la même Diatomacée, la var.
curta Schr. est libre de ce parasite. Cette exclusivité du
parasite prouve, qu'il y a entre les deux variétés de Fragilaria, qui morphologiquement différent très peu, une différence chimique sensible.

M. Schröter parle ensuite *des formes de l'épicea en
Suisse* (*Picea excelsa* Lk.). Il cite et montre en dessin et
photographie les formes suivantes :

A. Formes produites par l'influence du climat, de la

localité ou des attaques d'animaux, avec caractères non-héréditaires « Standortsformen. »

1. Epicéa conique : forme normale de la plante « Pyramidenfichte. »

2. Épicéa cylindrique : forme à branches courtes des grandes altitudes « Walzenfichte. »

3. Épicéa rongé par les chèvres : forme naine et rabougrie « Ziegenfichte, Grotze. »

4. Épicéa géminé : deux troncs séparés jusque près de la base, prenant naissance d'un épicéa rongé par le développement de deux pousses terminales « Zwillingsfichte, Zwiescheli. »

5. Épicéa à gerbe : 3 à 9 troncs égaux sortant d'une même souche, origine comme 4 « Garbenfichte. »

6. Épicéa à candélabre : plusieurs (jusqu'à 20) branches se sont érigées en cimes secondaires « Kandelaberfichte. »

8. Epicéa à stolons (*forma stonolifera* Christ[1]) ; les branches inférieures émettent des racines et des petits arbres secondaires « Schneebruchfichte, Ausläuferfichte. » Parc Marcet, parc Naville à Genève (Christ[1]) ; assez fréquente parmi les exemplaires rabougris de la limite extrême de la forêt (Eblin[2]).

9. Épicéa à gazon : tronc extrêmement réduit, branches longues et pressées au sol, formant gazon « Mattenfichte. » Un exemplaire sur l'Alpe Farrur près Tschiertschen, Grisons, (Eblin[2]) ; fréquente en Laponie.

B. Aberrations « lusus, Spielarten » avec caractères

---

[1] Voir : *Christ*, Noch eine merkwürdige Fichte; Schweizer. Zeitschrift f. Forstwesen, 1896, p. 258.

[2] Voir : *Eblin*, Ueber die Ausläufer bildende Fichte; Ibidem, p. 362.

héréditaires, non produits par les conditions extérieures,
mais ne se trouvant qu'isolément ou en petit nombre
d'individus.

10. Épicéa pleureur (var. *pendula* Jacques et Hérincq)
« Trauerfichte. » Branches primaires et secondaires pendantes : St. Antönien, Davos, Ferréra (Grisons).

11. Épicéa flagellaire (var. *viminalis* Caspary, *pendula*
Christ) « Hängefichte, Schindeltanne » de la population alpestre de la Suisse allemande). Branches primaires horizontales, secondaires longues et pendantes, peu
ramifiées. Assez répandue dans les Alpes : Val d'Anni-
viers, Via Mala, etc.

12· Épicéa vergé, (var. *virgata* Casp.) « Schlangen-
fichte, » branches primaires isolées, longues, horizontales, non ou peu ramifiées. Rare : Canton de Neuchâtel,
découvertes de M. Biolley : Buttes, Chaumont. Lignières.
Canton de Vaud, (Moreillon) : Bonmont sur Nyon. Canton de St-Gall, (Schnider) : Kaltbrunn.

13. Epicéa à colonne (var. *columnaris* Carrière)
« Säulenfichte. » Branches toutes horizontales et très
courtes, tout l'arbre formant une colonne. 3 arbres :

Stanzerhorn (prof. Engler), la Brévine (Biolley), Stockhorn, (Dr Fankhauser[1]).

14. Épicéa nain, (var. *brevis* Schr.) rabougri, exemplaire de cent ans n'atteignant que 3 m. de hauteur
(mais non rongé par les chèvres!) : Boveresse, canton
de Neuchâtel, (Pillichody).

C. Variétés, avec caractères héréditaires, géographi-
quement localisées ou réparties en grand nombre d'individus.

---

[1] Voir : *Engler*, Eine merkwürdige Fichte ; Schweiz. Zeitschrift
für Forstwesen, 1896, p. 125, (avec figure). Cet exemplaire com-
bine la forme normale avec la « columnaris ».

15. Épicéa à cônes verts (var. *chlorocarpa* Purkyñé),
« grünzapfige Fichte; » cônes mûrissants verts.

16. Épicéa à cônes rouges (var. *erythrocarpa* Purkyné)
« rotzapfige Fichte, » cônes mûrissants rouge violet.

Nᵒˢ 15 et 16 mêlés irrégulièrement dans toute la Suisse.

17. Épicéa alpestre (var. *alpestris* Brügger) « Al-
penfichte, » aiguilles plus épaisses, pruineuses, écaillés
des cônes arrondies, non rongées. Assez répandue dans
les Alpes centrales et orientales de la Suisse.

Sur le degré de glaucescence, dépendant de l'orientation morphologique de l'aiguille et de la lumière, l'auteur a fait des observations sur un exemplaire très glau-
que de Buttes (Pillichody).

18. Épicéa intermédiaire (var. *medioxima* Nÿlander)
« nordische Fichte, » comme la précédente, mais les aiguilles d'un vert luisant, non glauques. Grisons, prés de
Salux sur l'Oberhalbstein.

Dans la discussion, le Dʳ CHRIST ajoute qu'il a trouvé
dans le Weisstannenthal (St-Gall) une nouvelle forme
de l'Épicéa, à ramilles très nombreuses, divergentes de
tous côtés (*f. strigosa* Christ.); elle ressemble beaucoup au
mélèze[1].

M. le Dʳ Jacques HUBER, à Parà (Brésil), assistant au
musée d'histoire naturelle de l'Etat, a envoyé une très
belle série de photographies, illustrant la forêt vierge près
de Parà, la végétation littorale de l'île de Marajo dans
l'embouchure de l'Amazone et quelques types de végétation dans la Guyane brésilienne.

---

[1] Voir : *Christ*, Forstbotanische Bemerkungen über d. Seezthal;
Schweiz. Zeitschrift f. Forstwesen, 1895, p. 345.

Zoologie et Médecine.

Président : M. le prof. Th. STUDER, de Berne.
Secrétaire : M. le Dr Rud. BURCKHARDT, de Bâle.

W. His. Les travaux scientifiques du prof. Miescher- — C. Keller. Eléments
africains de nos différentes races d'animaux domestiques. — R. Burck-
hardt. Le cerveau des Sélaciens et son importance au point de vue de la
zoologie systématique. — Burckhardt. Le cerveau des vertébrés. — F.
Urech. Action du froid et de la chaleur sur les cocons de *Vanessa.* —
Urech. Action de la compression sur les chrysalides de *Vanessa.* — E.
Bugnion. Développement de l'épiphyse et de l'organe pariétal chez les
Reptiles. — H. Herzen. Fonction de la rate. — Radzikowski. Observations
sur le phénomène de l'électrotonus. — Santschi. De l'action du curare. —
His. Préparations anatomiques. — Dr Cattani. Malformation congénitale des
oreilles. — V. Fatio. Deux Corégones du type *dispersus* dans les lacs de
Lungern et de Sarnen. — Th. Studer. Rapport de la Société zoologique
suisse.

A la première assemblée générale, M. le prof. His, de
Leipzig, lit un exposé d'ensemble des *travaux scientifiques de Miescher,* le savant physiologiste bâlois, trop tôt
enlevé à la science en pleine carrière [1].

Dans la deuxième assemblée générale, M. le prof. Dr.
C. KELLER, de Zurich, a fait une conférence *sur les éléments d'origine africaine que l'on retrouve dans nos diverses
races d'animaux domestiques.*

Il fait remarquer tout d'abord que l'on peut tirer des
conclusions sur l'origine et l'extension de certaines races
domestiques non seulement de l'anatomie comparée ou
des recherches archéologiques mais encore de l'ethnologie.

---

[1] La communication de M. His paraîtra *in extenso* dans le n°
de décembre des *Archives*; voir aussi plus loin, p. 65.

Geoffroy Sᵗ-Hilaire admettait que nos meilleurs et nos plus anciens animaux domestiques provenaient d'Asie ; mais cette hypothèse a déjà été fortement infirmée par des découvertes précédentes et l'auteur montre par une série de faits que, à côté de l'élément asiatique, il existe en Europe un élément d'origine africaine beaucoup plus important. Parmi les chiens, ce sont les races du sud et tout particulièrement les lévriers, dont nous savons qu'ils abondaient dans l'ancienne Egypte, qui doivent être venus d'Afrique par la Méditerranée. En ce qui concerne les Equidés, l'origine asiatique est certaine pour une partie au moins des chevaux, l'âne de la petite race, au contraire, a été domestiqué pour la première fois par les peuplades hamitiques de l'Afrique orientale et a été importé de là en Egypte et en Europe. Personne ne conteste l'origine africaine du chat domestique qui a été longtemps l'objet d'un culte dans la vallée du Nil et n'a pénétré en Europe que depuis la période historique. Enfin, une bonne partie de nos races bovines d'Europe peuvent dériver de races africaines ; cette hypothèse, quoique contraire à l'opinion généralement admise, est basée sur des données anatomiques incontestables. Le passage d'Afrique en Europe a dû se faire déjà à l'époque des palafites et des restes de ces types anciens se sont conservés jusqu'à nos jours dans certaines races brunes des Alpes.

Dans la deuxième assemblée générale, M. le Dʳ Rud. BURCKHARDT, de Bâle, fait une communication *sur le cerveau des Sélaciens et son importance au point de vue de la zoologie systématique.*

L'auteur rend compte de ses recherches sur le cerveau des Sélaciens dans le but surtout de faire ressortir l'im-

portance du cerveau pour la zoologie systématique. Après
avoir mis en regard les transformations subies par le cerveau des Sélaciens et la phylogénie de cette sous-classe,
il voudrait montrer les résultats auxquels conduit l'étude
du cerveau au point de vue de la phylogénie.

Depuis les travaux de Gegenbaur sur le squelette des
Sélaciens, cette sous-classe est devenue classique pour les
recherches d'anatomie comparée, et son importance s'est
encore accrue par la découverte de nombreux Sélaciens
fossiles. Aucun autre groupe de poissons ne permet de
suivre avec autant de précision le développement phylogénique, le passage graduel du simple au composé. Aussi,
de l'étude phylogénique des Sélaciens, nous pourrons tirer
par comparaison des déductions fort utiles quant à certaines séries qui apparaissent sans transition, formant des
rameaux isolés, comme c'est le cas chez les Téléostéens.

L'auteur adopte ici à peu près la systématique des
Sélaciens telle qu'elle a été établie par Müller et Heule,
avec quelques modifications introduites par Gegenbaur,
Hasse, Petri, Garman, Fric, Bashford Dean et Jackel, et
présente une série de figures représentant les cerveaux de
35 genres de Sélaciens. De l'étude comparative de ces
cerveaux, il ressort divers faits qui modifient sur plusieurs
points la classification des Sélaciens; l'on peut en déduire d'autre part les caractères les plus importants au
point de vue systématique; ce sont: la conformation du
cervelet, le développement du cerveau antérieur, la forme
des lobes olfactifs et, à un moindre degré, le nombre des
racines nerveuses. Or, les modifications subies par ces
divers organes peuvent être de deux sortes: celles qui sont
inhérentes à l'organe cérébral lui-même et celles qui résultent de modifications subies par les organes environ-

nants, le crâne, les organes olfactifs, les vaisseaux sanguins.

Le type cérébral des Sélaciens semble devoir se rapprocher plus particulièrement du cerveau de Scymnus et peut être défini comme suit : Le cerveau primitif se compose de deux vésicules cérébrales antérieures dont les lobes olfactifs communiquent encore par une large cavité avec le ventricule commun du cerveau antérieur et du cerveau intermédiaire. Ces vésicules se continuent en un cerveau intermédiaire cylindrique à la base duquel se placent les lobes inférieurs ; en ce point le tube encéphalique se termine par l'infundibulum avec ses formations épithéliales, les sacs vasculaires et l'hypophyse ; dorsalement l'on voit se dessiner à partir du recessus neuroporicus sur la voûte du 3me ventricule la lame supraneuroporique, les Auliplexus, la paraphyse, le velum, le « Zirbelpolster » et l'épiphyse. Ensuite vient le cerveau moyen avec ses hémisphères peu bombés et en arrière le cervelet qui varie notablement dans sa forme, mais très peu dans sa structure interne et qui se continue postérieurement par les corps rétiformes. Enfin on peut observer une fosse rhomboïdale très allongée, fermée par une voûte semblable à celle du 3me ventricule, avec un plancher formé de substance médullaire solide en forme de massue.

Pour compléter cette description, il faut encore tenir compte de la différenciation histologique du cerveau. Les zones médianes sont ici encore presque entièrement épithéliales et là où elles ont pris une structure fibrillaire, cette modification est due manifestement à l'influence des zones latérales ; sauf la commissure supérieure et la région du cerveau moyen, qui sont fibrillaires, toute la zone médiane dorsale demeure constamment épithéliale ; dans la zone médiane ventrale les parties fibrillaires sont la région comprise entre le recessus neuroporicus et le nerf optique, le plancher du cerveau moyen et celui de la moelle allongée. Dans toute la série des Sélaciens, les seules parties qui deviennent fibrillaires sont la lame supraneuroporique et à un degré très faible la voûte du cervelet. Ce caractère de structure est d'une constance absolue qui contraste d'une façon remarquable avec la variabilité dans la forme.

Si nous jetons maintenant un coup d'œil sur les autres groupes de poissons, nous verrons que l'on peut ramener au type cérébral des Sélaciens non seulement celui des Petromyzontes, mais encore celui des Dipneustes et des Ganoïdes et par l'intermédiaire de ces derniers celui des Téléostéens. Il existe donc une unité dans le type cérébral des poissons.

L'importance de l'étude du cerveau pour la systématique des poissons ressort clairement d'une série de faits ; ainsi, tandis que le système squelettique présente une variabilité considérable, ne permettant pas d'établir des homologies incontestables, le système nerveux central se distingue par une constance remarquable dans un grand nombre de caractères ; le cerveau des Petromyzontes par exemple ne se différencie guère de celui des Sélaciens que par une spécialisation plus avancée de l'œil pinéal et par la structure restée épithéliale de la voûte du cerveau moyen. En outre, le système nerveux central possède déjà chez les poissons inférieurs une substance de soutien d'une si grande perfection fonctionnelle, qu'elle ne peut pas se perfectionner à ce point de vue pendant le développement très varié qu'elle subit dans la série des Vertébrés. Ajoutons à cela que la constance, que présentent

les caractères des régions épithéliales du tube cérébral
sous l'action prolongée de l'hérédité, est due au peu d'influence que pouvaient exercer sur cet organe, enfoncé
profondément dans l'intérieur du corps, les conditions
extérieures, qui ont si puissamment agi au contraire sur
le squelette conjonctif. Nous sommes ainsi amenés à modifier complètement l'importance relative donnée aux
différents organes dans la systématique des Vertébrés
inférieurs et à placer le système nerveux sur le même rang
que le système circulatoire et le système urogénital.

M. le D^r. Rud. BURCKHARDT développe à la section
quelques considérations *sur le cerveau des vertébrés* et la
phylogénie de ces animaux.

Le premier but à atteindre ici serait d'établir d'étroites
relations entre l'anatomie du cerveau d'une part et la
phylogénie de l'autre, deux sciences qui sont restées
jusqu'ici beaucoup trop séparées. La phylogénie en effet
doit se baser, outre les connaissances sur lesquelles elle
s'appuie en général, sur une étude approfondie des fonctions ; or, les anatomistes du cerveau sont restés beaucoup trop sous l'influence de la physiologie, rapportant
tout à l'étude du cerveau humain, comme cela ressort
clairement non seulement des traités d'anatomie mais encore de toute l'histoire de la neurologie. Les sujets qui
ont le plus attiré l'attention des adeptes de la neurologie
comparée sont les vésicules célébrales, le lieu d'origine
des nerfs, la structure histologique des enveloppes épaisses du cerveau chez les différents Vertébrés, et le développement des circonvolutions et des sillons du cerveau.
Les phylogénistes, au contraire, ont beaucoup négligé ce
genre de recherches et se sont souvent laissé absorber

par des questions de technique. Il existe pourtant un certain nombre de travaux de phylogénie basés plus spécialement sur l'étude du cerveau et qui méritent d'être
cités ; ce sont : une systématique des poissons basée sur
le développement du cerveau de Mayer et ensuite de
Wilder ; le cerveau des Téléostéens dérivé de celui des Ganoïdes par Goronovitch ; un essai d'histoire du développement du cerveau des Vertébrés par v. Kupffer et enfin
les recherches des homologues dans le cerveau des Te-
léostéens d'après l'étude de la couche épithéliale par Rahl
Rückhard.

Il ressort donc clairement de ce qui précède la nécessité d'étudier dorénavant la phylogénie du cerveau pour
elle-même, conjointement avec la phylogénie des autres
organes. L'étude des fonctions devra être subordonnée à
l'étude des formes et mise au service de la phylogénie.

Ce point de vue exposé, l'auteur décrit les tissus de
l'organe central et leurs relations avec les différentes parties du cerveau chez les Vertébrés plus ou moins élevés
en organisation ; il fait ressortir la constance dans les
zones médianes en opposition avec la variabilité dans les
zones latérales ; puis il s'efforce de montrer que les modifications, que subit le cerveau, sont le résultat des propriétés épithéliales du tissu nerveux d'une part, des influences extérieures de l'autre. Il en résulte que l'importance
d'un tissu nerveux au point de vue phylogénique est en
général en raison inverse de celle qu'il prend au point
de vue physiologique ; la substance névroglieuse de soutien et le tissu épithélial représentent l'élément stable
tandis que la substance ganglionnaire représente l'élément
variable du système nerveux central. La substance ganglionnaire est sous l'influence directe des circonstances

extérieures.chez les Vertébrés inférieurs ; chez les Vertébrés supérieurs il s'ajoute aux renflements des zones latérales qui fonctionnent comme centres des organes des
sens, de nouvelles agglomérations de cellules spécifique ·
ment centrales qui ne se développent probablement d'une
façon importante qu'au moment de l'adaptation à la vie
continentale. La différence que l'on constate dans la forme
et la structure des centres des organes des sens peuvent
se ramener à des différences qui commencent.à se mani-
fester de très bonne heure dans le développement des
Vertébrés, quoique ces organes aient eu primitivement
une organisation uniforme.

En terminant l'auteur insiste encore snr la nécessité
d'étudier la phylogénie du cerveau tout à fait indépendamment de la médecine et de la physiologie et d'en faire une
science spéciale étroitement reliée aux sciences naturelles.

M. le Dr Fried. Urech, de Tubingue, rapporte sur l'action du froid et de la chaleur sur les cocons de Vanessa.

Il a obtenu cette année, comme l'année dernière, en
soumettant la chenille de Vanessa io pendant la préparation
de la chrysalide, et ensuite la chrysalide à une température constante de 40°, une aberration avec trois taches
noires dans le champ médian rouge brun de la face supérieure des ailes antérieures (voir Comptes rendus de l'année 1896) et il désigne cette aberration sous le nom de
Vanessa io calore nigrum maculata (Ur.).

Suivant l'exemple d'autres expérimentateurs et en particulier d'Emil Fischer (voir Neue Untersuchungen über
Aberrationen der Vanessafalter, Berlin, Friedländer 1896),
M. Urech a soumis des chrysalides de Vanessa d'un jour
environ à cinq reprises successives pendant 2 ou 3 heures

à des températures d'environ — 5° C. et il a obtenu ainsi une série de variétés dont le type moyen est la variété désignée par Fischer sous le nom de *Vanessa io* aberr. *Antigone.* Tandis que chez *Vanessa Antigone* les écailles entre la première et la deuxième tache costale (à partir de la racine de l'aile) sont simplement pourvues du pigment jaune normal soluble dans l'eau, elles sont colorées chez un certain nombre de variétés, obtenues par M. Urech, par un pigment noir soluble seulement dans les acides, en sorte que tout le bord costal est bordé par une zone continue d'écailles noires au lieu de présenter seulement les trois taches. L'auteur propose par suite de distinguer cette variété de *Vanessa Antigone* sous le nom de *Van. Jokaste.* Ces deux variétés remplacent toutes deux les écailles bleues de l'œil supérieur sur la face supérieure de l'aile postérieure par des écailles grises; il s'est pourtant présenté des individus qui avaient conservé la coloration normale des ailes postérieures, ou d'autres encore qui avaient à la place de la tête de mort bleue une grande tache unique de même couleur. La face inférieure des ailes est moins foncée chez ces échantillons que chez les formes normales, ce que l'on peut considérer comme une compensation à la coloration plus foncée de la face supérieure. Chez un échantillon, l'action de la basse température est allée si loin que non seulement les écailles jaunes et bleues, mais encore les écailles rouges brunes ont été remplacées par des noires; mais comme cet individu présente un développement imparfait des écailles sur la face supérieure des ailes antérieures, sans que du reste les écailles aient pu être enlevées lors de l'éclosion, et comme d'autre part les ailes antérieures n'ont pris ni leur forme ni leurs dimensions normales, l'auteur préfère attendre

le résultat d'expériences subséquentes avant de dénommer
cette variété. La particularité de *Vanessa* de ne s'accou-
pler que très rarement en captivité, ne permet pas de
suivre sur cette espèce l'atténuation progressive de ces
colorations obtenues par l'effet de températures factices,
mais M. Urech estime que des chrysalides peuvent être,
dans certains cas exceptionnels, soumises naturellement
à des températures suffisamment basses pour produire
des aberrations. Ce cas pourrait se produire par exemple
si la grêle tombait en quantité suffisante sur un sol recouvert de carbonate de potasse, comme cela se voit après
un incendie de bois ou de buissons.

M. le Dᵣ Urech décrit ensuite les *résultats obtenus
en resserrant les chrysalides jeunes et encore tendres de Vanessa urticæ avec un mince fil, de telle façon que celui-ci
exerçât une pression constante sur les ailes.* Si l'on opère
avec suffisamment de prudence et que l'on relâche ensuite
le fil, l'éclosion se fait normalement et les ailes s'étalent
et se durcissent. L'effet du resserrement est double :
1° Les parties des ailes antérieures qui ont été comprimées
sous le fil sont dépourvues d'écailles ou tout au moins très
pauvres en écailles et les vaisseaux sanguins comprimés
présentent des déformations. 2° La partie de l'aile placée
au delà de la zone comprimée présente une coloration
aberrante tandis que la partie comprise entre la racine et
la zone comprimée conserve sa coloration normale, sans
du reste que le dessin de l'aile soit sensiblement modifié.
Certaines couleurs sont beaucoup plus modifiées que
d'autres, ainsi les taches noires des champs médians de
Vanessa urticæ sont conservées telles quelles, tandis que
le pigment brun rouge et jaune est devenu brun clair à

isabelle et que les taches bleues sont presque complètement disparues. Le pigment formé dans ces conditions
n'est pas soluble dans l'eau et plus difficilement soluble
dans l'acide chlorhydrique que celui des ailes de *Vanessa*
normales, il se rapproche par ses propriétés du pigment
de la face inférieure des ailes. Le fait que le pigment n'est
pas modifié entre la racine de l'aile et la zone resserrée
peut nous fournir des renseignements précieux sur le
point d'origine des pigments et leurs relations avec les
écailles, il nous prouve que les pigments doivent se former dans le voisinage de la racine d'où provient aussi le
liquide sanguin. C'est là également que doivent commencer
les nouveaux dessins en couleur dans la différenciation
des espèces comme Théodore Eimer l'a montré.

L'on peut se demander maintenant comment un resserrement de l'aile peut amener une modification dans la
couleur, d'où provient le pigment modifié, et de quelle
manière il s'est formé. Il peut être, en effet, ou bien une
modification du pigment normal, ou bien un produit tout
nouveau, ou bien un produit semblable à ceux qui se
trouvent dans les écailles de l'aile par exemple de la face
inférieure. L'on peut encore admettre que les écailles ne
recevaient plus, par suite du léger déplacement des cellules et des vaisseaux sanguins dû à la compression, qu'un
sang imparfait dépourvu des pigments jaunes et rouges.
Malheureusement la solution de ce problème est impossible tant que l'on ne connaîtra pas mieux la composition chimique des pigments de *Vanessa*. Tout ce que l'on
peut dire, c'est que le premier facteur de la coloration se
trouve dans le sang, puisque les parties externes des ailes
placées au delà de la zone resserrée sont seules décolo-
rées, tandis que dans la partie de l'aile voisine de la ra-

cine, là où les vaisseaux sanguins et les cellules productrices d'écailles n'ont pas subi d'altération, la coloration
est restée telle quelle. L'auteur a obtenu des cas de déco-
-lorations analogues se produisant le plus souvent autour
des trois taches noires du champ médian de la face inférieure des ailes antérieures et provenant d'influences extérieures non encore expliquées.

Le prof. E. BUGNION, de Lausanne, expose les résultats
de ses *recherches sur le développement de l'épiphyse et de
l'organe pariétal chez les Reptiles (Iguana, Lacerta, Coluber)*.

Contrairement à l'opinion de quelques auteurs (Béra-
neck, Francotte, etc.), d'après lesquels l'épiphyse et l'organe pariétal dériveraient de deux ébauches séparées,
M. Bugnion a observé chez les genres mentionnés ci-
dessus un diverticule unique (diverticule épiphysaire)
situé sur la ligne médiane au devant de la commissure
postérieure.

L'organe pariétal se développe de l'extrémité distale
de ce diverticule sous forme d'une vésicule creuse qui
se sépare peu à peu par étranglement circulaire et finit
par se détacher entièrement. Le nerf destiné au dit organe se forme ultérieurement non pas dans la tige du
diverticule épiphysaire, mais d'un petit renflement de la
paroi (ganglion), situé au-devant de ce dernier.

Pour ce qui est de la formation connue sous le nom
de *paraphyse*, l'auteur la considère comme un simple
plissement de l'épithélium, en rapport avec le développement de la toile choroïdienne et de ses plexus.

M. le prof. HERZEN, de Lausanne, revient encore une
fois sur la question de l'influence que la rate exerce, par

l'intermédiaire d'une sécrétion interne, sur la transformation du zymogène pancréatique en trypsine active.
Voici, en deux mots, les phases successives de cette question :

Schiff a constaté, il y a 35 ans, (voir le *Recueil* de ses
mémoires, vol. IV, Lausanne, 1897), les faits suivants :
1°. La trypsine ne se trouve dans le suc pancréatique que
pendant la congestion périodique de la rate ; 2°. Lorsque
la rate a été extirpée, le suc pancréatique ne contient
pas de trypsine ; 3°. Il en est de même pour les infusions
du pancréas. Schiff en a conclu que la rate produit une
substance en l'absence de laquelle le pancréas ne fournit
point de trypsine.

Comme la trypsine résulte de la transformation d'un
proferment qui s'accumule dans le pancréas, M. Herzen
a pensé que si on mélangeait une infusion pancréatique
riche en proferment avec une infusion de rate congestionnée, on obtiendrait *in vitro* la transformation de ce zymogène en trypsine active ; cette supposition s'est en effet
parfaitement réalisée. (Voir *Revue des Sciences pures et
appliquées*, n° de juin 1896).

Malgré l'évidence de ce fait et sans avoir aucun argument sérieux à opposer à la conclusion qui en découle,
la plupart des physiologistes ont continué à mettre en
doute le fait et la conclusion. C'est pourquoi M. Herzen
est revenu sur la question et à perfectionné sa méthode
de façon à la rendre absolument probante ; en voici la
dernière forme :

On infuse séparément dans de la glycérine pure un
pancréas riche en protrypsine, et une rate congestionnée ;
on prépare avec ces infusions les deux mélanges suivants :
A. Infusion pancréatique, plus son propre volume de

glycérine pure ; B. Infusion pancréatique, plus son propre volume d'infusion splénique ; on introduit dans ces deux mélanges la même quantité de fibrine, on bouche les deux flacons et on les conserve à la température ambiante. Peu à peu la fibrine contenue dans le flacon B se ramollit et se dissout ; au bout de *quelques semaines*, elle est complètement dissoute, tandis que celle du flacon A est absolument intacte.

Peudant *plusieurs mois*, le contenu des deux flacons ne subit plus ancun changement appréciable ; c'est dans cet état que M. Herzen les a montrés au Congrès international de Physiologie, à Berne, en 1895. — Après les avoir conservés ainsi pendant *deux ans*, il les a soumis à l'examen suivant :

La moitié de chaque liquide, A et B, est décantée et divisée en deux portions, *a'* et *a''*, *b'* et *b''*. Le liquide *a'*, traité par le réactif picrocitrique, donne un précipité insignifiant, que l'ébullition ne fait pas disparaître ; le liquide *b'* donne au contraire, avec le même réactif, un précipité abondant, qui se dissout en chauffant le mélange, et se reforme en le laissant se refroidir ; donc, *a'* ne contient pas de peptones, tandis que *b'* en contient.

Les portions *a''* et *b''* sont diluées de deux fois leur volume d'eau, additionnées de fibrine fraiche et mises à l'étuve à 35-40°. Au bout de 3 heures, *a''* n'a presque rien dissout, tandis que *b''* a dissout presque tout ; donc, *a''* ne contient que fort peu de trypsine, tandis que *b''* en contient beaucoup.

Il est ainsi définitivement prouvé que la rate fournit, pendant sa congestion périodique, un produit de sécrétion interne, sous l'influence duquel la protrypsine se transforme en trypsine active.

M. RADZIKOWSKI, de Genève, (note présentée par M. Herzen), a constaté, dans une série d'expériences faites sur la préparation classique du nerf sciatique et du muscle gastrocnémien de grenouille, que lorsque la partie centrale du nerf a perdu son excitabilité, l'application d'un courant de pile à cette partie du nerf produit néanmoins dans sa partie périphérique, encore excitable, le phénomène de l'*électrotonus*, et exerce sur l'excitabilité de cette dernière partie du nerf son influence modificatrice : diminution si le courant est ascendant et augmentation s'il est descendant.

M. Radzikowski s'est alors demandé si on ne pourrait pas, au moyen du galvanomètre, déceler la présence de l'électrotonus en tant que phénomène purement physique dans des nerfs *complètement morts ;* il s'est adressé dans ce but à des sciatiques de chiens, pris 6 à 24 h. après la mort, fixés sur une planche pendant 24 à 48 h. (jusqu'à un degré de dessiccation qui leur donnait l'aspect de cordes de violon), conservés encore plusieurs jours à l'abri de l'humidité, et enfin ramollis dans du sérum artificiel au moment de s'en servir pour l'expérience. Ces nerfs ont donné un électrotonus très manifeste et parfaitement régulier.

Ces faits prouvent que l'électrotonus est un phénomène *purement physique,* indépendant des propriétés physiologiques du nerf. Si quelques physiologistes l'envisagent encore comme étant *biologique,* c'est parce que dans les nerfs frais, il disparaît sous l'influence de l'anesthésie par des vapeurs d'éther ou de chloroforme, pour réapparaître lorsqu'on a permis à ces substances de quitter le nerf par volatilisation. Or, M. Radzikowski a constaté qu'il en est de même pour les nerfs morts, avec cette seule différence que l'. « anesthésie » se produit beaucoup plus lentement.

M. SANTSCHI, de Lausanne, (note présentée par M. Herzen), a fait une série d'expériences pour élucider la question de savoir si le *curare* n'agit réellement que sur la partie intramusculaire des nerfs moteurs, ou bien s'il affecte aussi, plus ou moins, les *troncs* nerveux, moteurs et sensitifs. On sait que les muscles les plus éloignés des centres nerveux (ceux qui ont ies nerfs les plus longs) sont les premiers à se paralyser sous l'influence du curare; ce fait semble indiquer que la *longueur* du conducteur nerveux à parcourir y est pour quelque chose; M. Herzen a montré en effet que si, avant de curariser une grenouille, on lie ses deux extrémités postérieures, l'une près du bassin, l'autre près du genou, c'est toujours le nerf de cette dernière qui cesse d'agir sur la patte avant celui de la première; cependant, dans cette expérience, la partie intramusculaire des deux nerfs a été exclue de l'empoisonnement.

M. Santschi s'est attaché à obtenir un état de choses inverse : empoisonnement de la périphérie des deux côtés, mais protection de l'un des deux nerfs contre le poison, afin de voir ensuite si le nerf non empoisonné agit encore sur les muscles empoisonnés, alors que l'autre n'agit plus.

Voici comment il a procédé : un des sciatiques d'une grenouille est mis à nu, coupé près de la colonne vertébrale et soigneusement isolé (en évitant de léser les vaisseaux), de façon à pouvoir le sortir de sa place et le défléchir, afin de le poser entre deux coussinets d'ouate imbus de sérum artificiel; cela fait, on curarise légèrement

la grenouille et on attend les premiers symptômes de
paralysie pour préparer de la même manière l'autre sciatique ; on commence alors à les irriter alternativement au moyen de secousses d'induction identiques,
appliquées à des points correspondants des deux
nerfs.

M. Santschi a constaté ainsi que c'est toujours le sciatique isolé *avant* la curarisation qui agit le plus énergi-
quement et le plus longuement sur les muscles, quelque-
fois pendant longtemps encore après que l'autre a
perdu toute influence. Or, la partie intramusculaire des
deux nerfs étant également empoisonnée, la différence
constatée dépend évidemment de l'influence du curare
sur l'un d'eux.

Des résultats semblables, mais moins nets, ont été
obtenus en expérimentant sur les fibres centripètes du
sciatique.

M. le prof. His de Leipzig présente des préparations
anatomiques microscopiques provenant de deux suppli-
ciés et prises de suite après la décapitation.

M. le Dr CATTANI, d'Engelberg, présente une fillette de
7 ans atteinte d'*une malformation congénitale des deux
oreilles* et ayant le facies d'une idiote. Trois frères ou
sœurs plus âgés qu'elle et qui sont tous morts, pré-
sentaient la même malformation outre différentes autres
complications.

L'aîné, qui était mort-né, avait des bras bien dévelop-
pés jusqu'au coude, sur lequel venait s'implanter un gros
moignon dont pendaient trois doigts (les plus externes).
Le pouce et l'index faisaient totalement défaut. Le prof.

Klebs, à Zurich, auquel on envoya le membre supérieur, constata l'absence complète du radius, ainsi que du pouce et de l'index ; il émit l'opinion qu'il fallait probablement attribuer cette difformité à un traumatisme pendant la grossesse. Un an plus tard, la même mère eut un second enfant vivant et qui présentait les mêmes difformités et en outre un bec-de-lièvre. Grâce à de bons soins, l'enfant put être conservé à la vie et transféré après quelques semaines à l'hôpital d'enfants de Bâle, où il subit l'opération du bec-de-lièvre et succomba quelque temps après à de l'atrophie infantile. Le prof. Roth, qui fit une autopsie complète, attribue les difformités à de la syphilis héréditaire.. Le Dr Cattani, qui avait soumis l'enfant et les parents à une enquête à ce sujet, n'avait pas pu arriver à un résultat positif.

Une année après, nouvel enfant mort-né présentant les mêmes anomalies que les deux précédents, à l'exception du bec-de-lièvre, mais ayant par contre des anomalies dans les yeux qui ne furent pas étudiées de plus près.

Quant à l'enfant qui est présentée aujourd'hui et qui est née un an après le troisième, la mère nie toute espèce de traumatisme pendant la grossesse comme cause possible de ces difformités. L'enquête sur la possibilité d'une syphilis héréditaire a donné un résultat négatif. Les seules indications étiologiques qui paraissent avoir de l'importance dans cette série de malformations familiales, sont que la grand'mère de ces enfants était une *potator* (alcoolique) de la pire espèce et que plusieurs membres très rapprochés par la parenté de la même famille sont idiots.

Tout en reconnaissant que la cause véritable de ces

curieuses anomalies nous échappe, nous pouvons admettre avec beaucoup de probabilité qu'elles dépendent de l'idiotie héréditaire.

Le Dr V. Fatio, de Genève, parle de la capture, dans ces deux dernières années, de deux *Corégones du type Dispersus dans les lacs de Lungern et de Sarnen* qui passaient pour privés de représentants de ce genre *(Coregonus)* depuis tantôt un quart de siècle.

Le premier de ces poissons, trouvé mort sur le bord du lac de Lungern, rappelle le Albock *(Cor. Wartmanni alpinus)* du lac de Brienz, tandis que le second, capturé dans le lac de Sarnen, ressemble beaucoup à l'Edelfisch *(Cor. Wartmanni nobilis)* du lac des Quatre-Cantons.

Des données que lui a fournies le Dr Etlin de Sarnen, à ce sujet, M. Fatio croit pouvoir conclure que les deux types primordiaux *(Balleus* frayant le plus souvent près des rives et *Dispersus* frayant généralement dans les profondeurs) ont dû être représentés dans les deux lacs en question, il y a 25 ou 30 ans encore, comme dans la plupart des lacs de la Suisse.

De l'époque de capture et de l'état de maturité des œufs des derniers sujets péchés naguère dans le lac de Sarnen, il déduit qu'il s'agissait alors de la Balche *(Cor. Schinzii helveticus)* du type *Balleus*; et il ne croit pas que le fait de ne plus trouver de Balchen dans les eaux de Lungern soit une preuve du défaut antérieur de cette espèce dans ce lac, car il est évident que l'abaissement du niveau de ce bassin, il y a 60 ans, a dû détruire les lieux de frai de ce poisson et par là sa descendance.

Il croit même que c'est à cet abaissement des eaux et aux changements de conditions qui en sont résultés qu'il faut attribuer soit directement la quasi-disparition des Corégones à Lungern, soit indirectement les troubles fatals apportés dans l'habitat de ces poissons au sein du lac de Sarnen.

Il paraît certain que les eaux de ce dernier lac ne sont plus aussi favorables qu'autrefois au développement de ces excellents Salmonides, car les nombreux alevins de la Balche du lac des Quatre-Cantons qui y ont été introduits, il y a trois ans, ne paraissent pas jusqu'ici y avoir multiplié, ni même prospéré. Il vaudrait la peine d'étudier de plus près la question sur les lieux, pour remédier, si possible, à cet état de choses très regrettable.

M. le prof. Th. STUDER, de Berne, présente le *Rapport de la Société zoologique suisse.*

LES

TRAVAUX SCIENTIFIQUES

DU

· PROFESSEUR F. MIESCHER

Rapport présenté le 13 septembre 1897 à la Société helvétique
des Sciences naturelles réunie à Engelberg

PAR

W. HIS

Professeur à Leipzig.

La Suisse a perdu dans la personne de F. Miescher,
né à Bâle le 13 août 1844, mort à Davos le 26 août 1895,
un de ses biologistes les plus distingués, un penseur profond, un expérimentateur infatigable, un bon patriote
et un noble caractère. Miescher est mort avant d'avoir
recueilli les fruits de sa vie laborieuse. Ses amis se sont
chargés de rassembler autant que possible les résultats de
ses travaux. Une édition complète de ses œuvres, soit de
celles publiées antérieurement par lui-même, soit de celles
rédigées après sa mort par MM. Schmiedeberg, Jaquet et
autres, est en voie de publication[1].

---

[1] Histochemische u. physiologische Arbeiten von F. Miescher
herausgegeben von seinen Freunden. 2 vol. Leipzig, F. C. W.
Vogel, 1897.

5

CHIMIE DE LA CELLULE, DÉCOUVERTE DE LA NUCLÉINE.

Le travail scientifique de Miescher a commencé en 1868. Le jeune savant s'était proposé d'étudier la nature chimique de la cellule. Depuis que Th. Schwann, en 1838, nous eut montré que tous les tissus du corps sont formés par des éléments semblables entre eux, *les cellules*, que l'œuf lui-même n'est à l'origine qu'une simple cellule, l'étude de la cellule, de sa formation et de son histoire a été le sujet favori des biologistes, et il n'est guère besoin de développer ici les brillants résultats acquis à la science depuis les temps de Schwann.

Pendant longtemps l'étude cellulaire est restée une science purement morphologique. La technique compliquée de l'histologie moderne en a fait presque une science chimique. Néanmoins l'histochimie comme science méthodique, basée sur l'étude approfondie des substances organiques qui forment les tissus, a de la peine à prendre son essor, quoique en dernière analyse presque tous nos problèmes histologiques aboutissent à des questions de nature chimique. L'histoire de la formation des noyaux cellulaires, celle de l'accroissement des cellules, la question de la formation des substances sécrétoires, celle de la fibre collagène, de la fibre élastique, de la substance des os et maintes autres questions qui préoccupent l'histologiste, ne sont par leur nature intime que des questions de nature chimique, embrassant la transformation des substances histogénétiques contenues dans la cellule primitive.

A l'époque où Miescher s'est mis au travail, on avait cessé de regarder la cellule comme une vésicule

close. D'après la doctrine de Schultze elle se composait du noyau et d'une substance molle, le *protoplasme*
qui en formait le corps. Les qualités vitales du protoplasme, son rôle dans le mouvement cellulaire, dans la
réception et l'assimilation des substances du dehors, etc.
venaient d'être étudiées d'une manière approfondie par
Schultze, par Kühne et par d'autres observateurs distingués. Certains auteurs soutenaient déjà alors que le
protoplasme devait avoir une organisation plus intime
sans laquelle ses actions compliquées ne seraient guère
compréhensibles. Mais la technique d'alors était impuis-
sante à la révéler et les vulgarisateurs de la science d'alors
soutenaient que le protoplasme est une masse homogène,
une « simple goutte d'albumine » comme ils aimaient
à s'exprimer. La position du noyau n'était guère plus
connue. On savait depuis longtemps, que les acides organiques rendent troubles les noyaux cellulaires, tandis
qu'ils rendent le protoplasme plus limpide et que les
noyaux ont une attraction particulière pour certaines
substances colorées. On n'allait pas au delà. Même la
conclusion que l'on aurait pu tirer de ces faits, savoir la
différence chimique du noyau et du protoplasme ne fut
ni énoncée, ni exploitée d'une manière précise.

Miescher forma le plan de fixer qualitativement et
quantitativement la composition des cellules primitives.
Comme matériel il choisit les cellules du pus, qui d'après
les observations de Cohnheim devaient être équivalentes
aux leucocytes du sang et de la lymphe. Le travail fut
entrepris dans le laboratoire de Hoppe-Seyler à Tübingue.
Il concluait que cinq substances albuminoïdes au moins,
pouvant être distinguées entre elles par leurs réactions,
concourent à la formation du protoplasme, et qu'en

outre, ce dernier contient de la lécithine, substance phos-
phorée, soluble dans l'alcool bouillant et se gonflant dans
l'eau.

Quelle est la composition du noyau ? Après avoir mis
en solution la lécithine des cellules par l'alcool bouillant,
et les corps albuminoïdes par le traitement avec du suc
gastrique artificiel, Miescher eut un résidu formé par des
noyaux libres. L'examen au microscope montra les con-
tours un peu rongés, mais absolument caractéristiques,
soit pour la forme, soit pour les dimensions. La substance
ainsi isolée à laquelle Miescher donna le nom de *nucléine*,
a les qualités d'un acide, elle se dissout dans la soude,
elle est précipitée de ses solutions par des acides, et elle
contient du phosphore. Miescher a retrouvé des substances semblables dans les noyaux des cellules du foie, des
reins et avant tout dans celles de la levûre de bière. Il
put donc énoncer l'existence de tout un groupe de nu-
cléines, c'est-à-dire de substances semblables entre elles,
et caractérisées par leur composition absolument différente
de celle des corps albuminoïdes, en ce qu'elles contiennent du phosphore.

Les recherches de Miescher ont été reprises et confirmées sur tous les points par Hoppe-Seyler. Quant à
Miescher, il élargit son champ de travail et entreprit
d'examiner les substances germinatives, l'œuf et le sperme.

TRAVAUX SUR L'ŒUF ET LE SPERME.

L'intérêt que l'examen de l'œuf présente, est très grand.
Sous une forme concentrée, l'œuf contient tout le matériel dont se composera le jeune organisme. Les substances chimiques nécessaires à la formation des cellules et

de leurs noyaux doivent y être réunies, soit qu'elles s'y
trouvent dans leur composition définitive, soit qu'elles
aient encore à se transformer pour remplir leur destina-
tion. Dans de nombreuses classes d'animaux le développement du jeune organisme se fait dans l'œuf sans autre
addition que de l'oxygène et çà et là un peu d'eau. Il semble donc qu'on puisse suivre le développement chimique
de l'organisme et en faire l'analyse dans tous ses détails,
la balance à la main.

En réalité, le problème chimique de la nature et de
l'histoire de l'œuf est très compliqué, et il n'est pas aisé de
séparer dans le mélange complexe des différentes espèces
de vitellus ce qui est essentiel de ce qui n'est qu'acciden-
tel ; sous ce rapport le sperme présente beaucoup moins
de difficultés. Composé uniquement par les spermatozoïdes il forme un matériel relativement très simple et très
pur. Après avoir découvert dans le sperme du saumon
une inépuisable source de matériel, Miescher se mit à
l'étudier avec ardeur.

Kölliker avait dans le temps démontré que les têtes
des spermatozoïdes sont des noyaux de cellules transformés. Miescher confirme cette découverte en démontrant
qu'elles renferment une substance contenant du phosphore et présentant toutes les qualités d'une vraie nucléine. Dans le sperme du saumon la nucléine, ou comme
on la désigne à présent l'acide nucléique, se trouve lié
à une base organique, que Miescher nomma protamine.

La nucléine fut retrouvée dans des spermatozoïdes du
bœuf, de la grenouille et de la carpe. On peut en conclure
qu'elle existe dans tout le règne animal comme substance
essentielle des éléments du sperme. La protamine n'est
que peu répandue, elle ne paraît donc avoir qu'une signification accessoire.

Dans les dernières années de sa vie, Miescher a repris
les études chimiques du sperme de saumon. Il se proposa
d'en faire l'analyse d'une manière absolument précise. Il
sut perfectionner ses méthodes analytiques à un très haut
degré. Pour éviter toute décomposition du matériel, il fit
toutes les opérations préparatoires dans des glacières.
Miescher s'attira ainsi une maladie de poitrine au moment où il se croyait près d'atteindre son but, et après
une année et demie de souffrances, il succomba sans être
parvenu à la rédaction définitive de ses résultats. Son ami,
M. Schmiedeberg s'est voué à la tâche de finir son œuvre
et il a réuni les notes laissées par Miescher en un tout.

Je ne puis pas entrer dans les détails de ce dernier travail sur le sperme du saumon, Miescher avait réussi à
séparer d'une manière nette par la machine centrifuge
les têtes et les queues des spermatozoïdes. Il put rassembler la matière si délicate de ces dernières en quantités
suffisantes pour en faire des analyses. Les queues des
spermatozoïdes contiennent beaucoup de lécithine à
côté d'une substance albuminoïde. Miescher croit qu'elles
appartiennent par leur organisation au type des cylindres
axes des nerfs. Déjà dans ses travaux antérieurs, Miescher
avait trouvé que la tête des spermatozoïdes était formée
par une calotte de nucléine contenant un espace intérieur.
D'après les lettres de ses dernières années, cet espace serait occupé par une substance toute particulière, contenant du fer. Miescher désignait cette substance comme
« caryogène » et il crut y avoir trouvé une matière vitale de premier ordre, une « troisième puissance biologique » comme il s'exprime. En lisant cette désignation
d'une nouvelle matière on est involontairement porté à
la supposition que cette matière peut avoir quelque rap-

port avec les corpuscules polaires ou centraux de l'histologie moderne. Ces corpuscules se sont en effet dévoilés comme troisièmes puissances dans la vie de la cellule, et l'on sait, en particulier que le spermatozoïde qui détermine l'imprégnation de l'œuf avant de se transformer en noyau, livre un corpuscule central destiné à jouer un rôle dominateur dans les actes de l'imprégnation. Des travaux ultérieurs auront à vérifier si cette supposition a quelque fondement; dans tous les cas il est très à regretter que les communications de Miescher sur sa substance caryogène soient restées si fragmentaires.

Les observations de Miescher sur le développement du sperme sont d'un autre côté d'une grande importance histologique, en ce qu'elles représentent le premier pas vers une notion chimique des actes qui accompagnent la néoformation du noyau et de la cellule. Miescher a beaucoup travaillé sans être parvenu à une rédaction finale de ses résultats. En suivant la spermatogénèse du saumon, il a établi l'existence de différentes phases, pendant lesquelles le testicule change absolument de caractère et de structure chimique. La formation de la nucléine et celle de la protamine appartiennent à des phases différentes.

Les travaux sur l'œuf ont été poursuivis par Miescher pendant 25 ans ; ils aboutissent principalement à établir que la composition du vitellus ne varie que peu dans les différentes classes des animaux. On y trouve des substances albuminoïdes, des corps gras, de la lécithine et un composé d'acide phosphorique et de substances albuminoïdes présentant certaines qualités de la nucléine. Toutes ces substances histogénétiques se trouvent réunies en un seul composé, la *vitelline* dont les réactions sont autres que

celles des substances isolées. Les corps gras par contre
et la lécithine, qui ne sont solubles ni dans l'eau, ni dans
les solutions salines, font partie de la vitelline, qui se
dissout dans les solutions salines. C'est en connexion avec
des substances albuminoïdes et la lécithine sous la
forme de combinaisons que les corps gras peuvent être
transportés par le sérum du sang et par celui de la
lymphe. Pour poursuivre le sort des substances de l'œuf
pendant la période du développement, Miescher a comparé
les analyses d'un certain nombre d'œufs frais aux analyses du même nombre de jeunes saumons qui étaient sur
le point de perdre leur sac vitellin. De cette manière il
constata la perte de $^2/_3$ des corps gras, de $^2/_9$ de la lécithine et de $^3/_{10}$ de l'acide phosphorique.

Mais pourquoi l'œuf non fécondé se comporte-t-il
comme une horloge non montée ? Pourquoi un œuf de
saumon non fécondé peut-il rester dans l'eau courante
pendant des mois sans aucun changement apparent, tandis que dans le même espace de temps l'œuf fécondé se
transforme en un embryon plein de vie ? Quelle peut être
l'action du sperme dans cette merveilleuse évolution ? Il
est intéressant de savoir que Miescher, en partant du
point de vue chimique, est arrivé en 1875, c'est-à-dire
avant les travaux de Fol et de O. Hertwig à une solution
de la question qui se rapproche en principe de celle donnée par ces auteurs morphologiques. Les deux espèces de
cellules génétiques, telle est l'idée de Miescher, peuvent
par une raison donnée avoir suivi deux voies séparées de
développement. Chacune ne représente qu'un principe
partiel et ne peut donc arriver à la perfection physiologique de l'énergie vitale. L'œuf comme production pro-
toplasmique a besoin du sperme introduisant le principe
nucléaire pour arriver à son développement réel.

Au début de son activité scientifique, Miescher s'était donné la tâche de poser les bases d'une histochimie cellulaire, c'est-à-dire d'une histochimie touchant au vrai fondement des questions histologiques. Il est mort avant d'avoir trouvé la réponse aux nombreuses questions qui l'agitaient et avant d'avoir pu rédiger toutes les observations et toutes les idées auxquelles il était parvenu. Sous ce rapport, son œuvre est restée fragmentaire, mais malgré cela on est en droit de dire qu'il a créé une nouvelle branche de la science biologique, une branche qui ne tardera pas à porter des fruits utiles pour toutes les autres branches. Vis-à-vis d'une microchimie qui se borne à étudier l'action de certains réactifs sur les tissus et qui ne peut arriver qu'à des résultats plus ou moins indécis, l'histochimie de Miescher tend à être une science sévère, une science qui ne travaille que la balance à la main et avec tout l'appareil d'une chimie de précision.

TRAVAUX SUR LA BIOLOGIE DU SAUMON DU RHIN.

Une grande partie des travaux de Miescher a été vouée à l'étude des conditions biologiques du saumon du Rhin. Le saumon venant de la mer apparaît dans le haut Rhin au printemps et pendant l'été, quelques précurseurs se montrent même pendant les mois d'hiver. Ces animaux sont bien nourris, ils ont des formes arrondies, la chair rose, les intestins enveloppés de graisse, la peau luisante et couleur d'acier. Les glandes sexuelles ne sont que faiblement développées ; pendant le séjour des poissons dans le Rhin ces glandes augmentent de volume et elles atteignent leur maturité durant l'automne. La fraie dure depuis la fin du mois de novembre jusque

dans les premières semaines de décembre. A cette époque
les saumons sont extrêmement amaigris, leur chair est
pâle et flasque, leurs intestins sans aucune graisse, la
peau est épaissie, trouble et chez les individus mâles est
tachetée de rouge et de noir. Le museau des mâles, fortement prolongé, porte dans sa partie mandibulaire une
proéminence recourbée en crochet. Tant que le saumon
habite le Rhin, son estomac et ses intestins sont vides. Il
ne prend aucune nourriture ; Miescher a trouvé que son
estomac ne produisait aucun suc digestif. Le séjour du
saumon dans le Rhin dure en moyenne entre 6 et 10
mois, il peut dans certains cas durer jusqu'à 12 et 15
mois et pendant tout ce temps le poisson est condamné
à jeûner et à vivre des provisions emmagasinées dans sa
propre chair durant son séjour marin. C'est avec ces provisions qu'il doit couvrir la dépense nécessitée par la
maturation des œufs et du sperme. Cette dépense, surtout
celle pour la maturation des œufs, est énorme. L'ovaire,
dont le poids au printemps ne dépassait pas $^1/_2$ pour cent
du poids du corps, atteint au mois de novembre un poids
de 25 ou 26 pour cent : c'est-à-dire que l'ovaire d'un
saumon de 10 kilos pèse 2 $^1/_2$ kilos. La substance de
l'ovaire est très concentrée et ses parties fixes représentent le tiers de toutes les parties fixes du corps. Cet amas
énorme de substances dans l'ovaire, qui s'est fait au dé-
pens d'autres organes, indique un changement absolu de
toute l'organisation chimique du corps. Après avoir entrevu la grande importance de ce curieux problème physiologique, Miescher s'en est emparé avec toute son énergie (depuis l'année 1875), et il a de suite établi son
plan de recherches sur une grande échelle. La complaisance
de M. F. Glaser fils, marchand de poissons à Bâle, lui a

permis de mesurer et de peser pendant de longues années plus de deux mille saumons entiers, leurs muscles, leur foie, leur rate, leur sang et surtout leurs glandes sexuelles. Miescher a poursuivi ses recherches pendant tous les mois de l'année, il a combiné le travail au microscope avec celui de la balance, et il a rassemblé un matériel unique dans son genre, dont malheureusement il n'a pu publier qu'une partie.

Miescher a commencé par prouver d'une manière irréprochable le fait fondamental suivant : que le saumon du Rhin, puise dans sa propre chair, les matières nécessaires pour produire les œufs et le sperme. La source principale est le grand muscle latéral du tronc. Depuis le mois de juillet jusqu'en novembre ce muscle diminue. Miescher a fait le bilan précis des substances albuminoïdes des corps gras et de l'acide phosphorique perdus et il a prouvé que les pertes du muscle suffisent pleinement pour couvrir les dépenses demandées par l'ovaire et par l'oxydation journalière de l'organisme.

La destruction du muscle du tronc se traduit au microscope par une dégénérescence de la substance contractile (dégénérescence graisseuse des auteurs).

Nous nous trouvons donc vis-à-vis d'un fait entièrement inattendu. Un organe très haut placé dans l'échelle histologique, le muscle, se dissout en grande partie, il se liquéfie en faveur d'un autre organe, l'ovaire ou le testicule. Il abandonne au sang une partie de ses substances albuminoïdes, de sa lécithine, de ses corps gras et de son acide phosphorique pour les faire transporter à ces autres organes en pleine voie de développement.

Un autre fait bien curieux a été signalé par Miescher. Tandis que le muscle du tronc dégénère et diminue d'une façon considérable, les muscles des nageoires et ceux des mâchoires restent intacts. Leurs fibres ne montrent aucun signe de dégénérescence, leur poids et celui de leurs substances albuminoïdes ne diminuent guère. Miescher a trouvé la clef de ce singulier contraste dans les différences de conditions respiratoires. Il put constater que le muscle du tronc reçoit bien moins de sang que les muscles des nageoires et des mâchoires, par ce fait il est mis à une certaine diète par l'oxygène. D'après Miescher, les conditions respiratoires défavorables portent en général chaque tissu à se décomposer et à liquider son albumine. Par contre, la production de la matière organisée demande la présence de beaucoup d'oxygène. L'ovaire et en partie le testicule sont richement pourvus de sang durant leur période d'accroissement. Ces organes sont donc capables de reprendre du sang les substances que le muscle du tronc à moitié asphyxié lui a abandonnées. Les muscles des nageoires et des mâchoires sont à chaque époque assez vascularisés pour ne pas prendre part à la liquéfaction.

Parmi les observations de Miescher et ses conclusions, celles qui ont rapport à la rate ont un intérêt général, en ce qu'elles démontrent le rôle que cet organe joue dans la pression sanguine. Il en est de même pour le rôle du foie comme organe accumulateur de substances albuminoïdes. Je renvoie pour ces questions aux travaux originaux et je termine en esquissant en peu de mots le côté économique des recherches de Miescher.

Les Hollandais en possession des bouches du Rhin ont de tout temps fait une chasse très énergique aux saumons entrant dans le fleuve. Par l'organisation de leur pêche, la montée des poissons dans les parties supérieures du Rhin a été de plus en plus restreinte. On a conclu des traités entre les états riverains du Rhin pour limiter en quelque manière les fâcheuses suites de la pêche hollandaise. On pouvait croire que les intérêts des Hollandais seraient pleinement opposés à ceux des habitants du haut Rhin.

Miescher, par ses recherches si étendues sur les lois de la migration du saumon, est arrivé à traiter la question à un point de vue plus élevé. « Le saumon, dit-il, qui se nourrit uniquement dans la mer et qui ne vient dans l'eau douce que pour se multiplier est un pur cadeau que nous recevons de la mer. D'un autre côté, chaque saumon que nous détruisons avant sa maturité est perdu pour la reproduction de l'espèce. Les riverains du Rhin intéressés à la pêche du saumon, avant tout ne devraient pas se regarder comme des rivaux, mais plutôt comme des collaborateurs dans une entreprise dont tous retireront un profit certain. La pleine exploitation du fleuve, le but final de toute réglementation piscicultrice ne sera possible, que quand tous les États riverains formeront une espèce de consortium, dont les membres seront toujours prêts à renoncer à un gain momentané dans l'espoir certain qu'il leur sera rendu avec usure. »

Miescher donne des conseils détaillés sur la marche à suivre et il finit par ces paroles : « Quand une fois on aura cultivé tout le long du Rhin la migration et la multiplication du saumon, avec tout le soin qu'on met à cultiver l'existence et l'exploitation des forêts, on reconnaîtra, après des années, quelle est la grandeur du cadeau que la mer nous offre, pourvu que l'homme sache ne pas le dédaigner. »

Je ne sais pas si les principes énoncés par Miescher

en 1880 et les conseils qu'il en a déduits ont depuis ce
temps été observés par les gouvernements.

Pendant les années 1876 à 1883, Miescher s'est
occupé de développer les principes d'une alimentation rationnelle à bon marché. Le gouvernement du canton de
Bâle l'avait chargé d'examiner l'alimentation de la maison de force. De semblables commissions lui furent données par d'autres gouvernements, par certains pension-
nats et par des sociétés d'utilité publique. Il finit par
rassembler ses idées dans plusieurs rapports, dont l'un
traitant de l'alimentation du peuple fut lu dans une conférence publique à Bâle. Dans ce rapport, il part du fait
connu, que nous avons besoin pour nous nourrir de substances albuminoïdes, de corps gras et d'hydrocarbures
(amidon et sucre), et que les substances albuminoïdes
sont en général moins faciles à obtenir en quantité suffisante que les substances non azotées. Il donne ensuite
une longue liste de nos aliments les plus en usage, il en
traite la composition et le prix. Un gramme d'albumine
provenant de haricot par exemple ne coûte pas la dixième
partie d'un gramme d'albumine tirée de la viande de
bœuf ou d'un œuf de poule. Mais la conclusion purement chimique que l'on peut remplacer l'albumine prise
d'une source par celle prise d'une autre source, induit en
erreur. Notre appareil digestif n'a pas la virtuosité de celui du ruminant pour pouvoir digérer toute nourriture
végétale, car l'albumine enfermée dans les cellules végétales n'est que difficilement atteinte par les organes digestifs de l'homme. Même l'albumine du pain noir d'après

les expériences de Voit et de son école, donne une perte
de 30 à 40 %, celle du pain blanc une perte de 20 %.
L'albumine des légumineuses est encore moins digestive
et les légumineuses ont en outre l'inconvénient de produire à la longue un dégoût insurmontable quand on
les apprête d'une manière trop uniforme.

Partout où il s'agit d'économiser, le mélange des substances alimentaires demande beaucoup de soins. Une
vraie économie ne se fait pas toujours par le choix des
substances les moins coûteuses, souvent ce sont des
substances en apparence peu coûteuses, comme par exemple les pommes de terre qui représentent une vraie dépense de luxe, en ce que ces substances peuvent en grande
partie traverser le corps sans être assimilées. Les rapports de Miescher sur les principes d'une bonne alimentation doivent être étudiés dans l'original. Ce ne sont
pas seulement les médecins, mais aussi tous ceux et toutes celles qui ont à conduire de grands ménages, qui y
trouveront leur profit.

Une question spécialement suisse traitée par Miescher est la production et l'emploi des *laitages*. D'une
part, Miescher apprécie hautement la grande valeur nutritive du fromage, en particulier du fromage maigre,
d'une autre part il condamne de la manière la plus sévère
l'abus qui consiste à employer le lait jusqu'à la dernière
goutte pour la production des fromages.

« Nous ne pouvons, dit-il, parler du fromage sans relever une page sombre dans les mœurs de notre patrie
suisse. C'est l'avarice sordide qui pousse dans certaines
contrées les paysans à soustraire à leurs enfants et aux
gens de leur maison le lait, cet admirable don de Dieu,
et à l'employer jusqu'à la dernière goutte à la fabrication

du fromage. L'argent ainsi gagné est un *argent de sang* (Blutgeld); c'est la moelle du peuple, c'est la force et la santé des jeunes générations qui est ainsi sacrifiée à la soif du gain. Rien d'étonnant à ce que les rapports signalent dans quelques districts des pays où se fabriquent les plus beaux fromages, jusqu'à 70 °/₀ et même 80 °/₀ de recrues réformées pour faiblesse de constitution ou déformation du squelette. Et si l'on demande à ces êtres pâles, à chairs flasques, à membres et thorax dégarnis de chair, à ventre proéminent et tombant, de quoi ils se nourrissent, ils répondent : de pommes de terre, de café, de café et de pommes de terre et de schnaps pour calmer la faim! Le drainage du lait fait dans un rayon étendu par la fabrique de lait condensé de Cham est considéré également par des personnes intelligentes de cette contrée, comme un vrai fléau pour le peuple, malgré le profit considérable qu'il en retire, grâce à l'amour du gain des paysans, même de ceux qui sont aisés; car là aussi le lait disparaît de l'alimentation du peuple. »

L'alimentation du peuple est beaucoup meilleure dans les districts riches en troupeaux de l'Allemagne, où l'exploitation des vacheries est faite dans le but de fabriquer du beurre pour l'exportation. Le lait écrémé sert là à la fabrication de fromages maigres (Handkäse, Harzkäse, Quark, etc.) qui sont, grâce à leur richesse en albumine animale et à leur prix modique, de vrais joyaux pour l'alimentation du peuple et rendent d'immenses services en comblant les lacunes de l'alimentation par les pommes de terre. Dans les environs des grandes villes, le *lait écrémé rapidement par des centrifuges* peut être vendu à l'état frais (il se vend à 10 centimes le litre à Berlin et à Magdebourg) ; il forme une boisson très agréable et très appréciée, d'une valeur alimentaire considérable, puisqu'il renferme toute l'albumine et tout le sucre du lait primitif (environ 400 grammes d'albumine pour 1 franc). Ajoutons qu'indépendamment de ce côté important pour l'alimentation populaire, le litre de lait dans une exploitation en grand, bien dirigée, rapporte net 20 centimes, c'est-à-dire à peu prés autant que dans une fromagerie au prix actuel du fromage.

TRAVAUX SUR LA RESPIRATION ET SUR L'ACTION PHYSIOLOGIQUE DU CLIMAT DES MONTAGNES.

Le dernier grand travail de Miescher, fait en collaboration avec ses élèves, est consacré à *l'action physiologique du climat des montagnes*. C'est un sujet qui à un intérêt très actuel pour la Suisse.

Miescher qui avait travaillé dans les années 1869 et 1870 dans le laboratoire physiologique de C. Ludwig, y avait pris beaucoup de goût pour tous les travaux qui s'y faisaient sur la respiration et en particulier sur la respiration des tissus.

Déjà en 1871, sa thèse de privat-docent avait pour sujet la respiration et ses différents rapports physiologiques. Ses travaux sur la vie du saumon dans le Rhin l'avaient également amené à s'occuper de la respiration des tissus, et en 1885, il publia un grand travail critique et expérimental dans lequel il développait le mécanisme chimique des mouvements respiratoires. La cause de ces mouvements avait tantôt été cherchée dans le manque d'oxygène dans le sang, tantôt dans le surplus d'acide carbonique. La littérature semblait donner des résultats très contradictoires. Miescher démontra que si les deux causes peuvent provoquer les mouvements respiratoires,

elles ont une signification très différente. Le manque
d'oxygène dans le sang agit sur les organes centraux et
quand une fois cette action se fait sentir, il y a danger
imminent pour la vie. L'acide carbonique ne provoque des
symptômes dangereux que lorsque sa pression est arrivée à un haut degré. Mais une faible augmentation de la
pression d'acide carbonique dans les poumons suffit pour
augmenter le nombre et la profondeur des mouvements
respiratoires. L'acide carbonique est donc capable de régler ces mouvements d'une manière très délicate et de
les adapter aux besoins du moment. Le mouvement des
muscles augmente immédiatement la production de l'a-
cide carbonique, ainsi que sa pression dans le sang et
dans l'air des poumons. Par là, le nombre des mouvements respiratoires et des battements du cœur augmente.

Il en résulte une amélioration générale des conditions
respiratoires des tissus. Le sang devient plus saturé
d'oxygène et son transport dans les organes est accéléré.
L'avantage porte non seulement sur les muscles, mais sur
tous les autres organes, surtout le cerveau. « Le citadin en
vacances, dit Miescher, qui a quitté la ville pour grim-
per les montagnes, ne se doute guère quand il tire péni-
blement son souffle, que sa grande occupation consiste à
nettoyer par du sang bien oxygéné son cerveau fatigué et
à faire passer l'air atmosphérique dans les coins les plus
reculés de ses tissus, pour y rafraîchir ses cellules gan-
glionnaires fatiguées et à moitié asphyxiées. »

Miescher s'est surtout préoccupé de mettre en lumière
les mécanismes délicats qui régissent notre vie physiologique normale.

« Quel est le but de la respiration normale de l'homme
et des animaux, quelles sont les lois et les limites de son

fonctionnement depuis les temps les plus reculés, bien avant qu'elle ait été soumise à toutes les hypothèses possibles ou impossibles des physiologistes ?

« Notre appareil respiratoire n'est pas plus fait pour fonctionner dans une atmosphère contenant 15, 30 ou 50 °/₀ d'acide carbonique, ou d'hydrogène pur ou dans l'air comprimé, que l'œil n'est fait pour fixer la lumière électrique ou pour voir avec des verres prismatiques. Nous avons certainement beaucoup appris en analysant brutalement les phénomènes de la respiration par nos expériences d'asphyxie et de sections nerveuses; mais pour pouvoir former dans notre esprit une bonne synthèse de l'appareil respiratoire, il est nécessaire d'observer dans sa marche spontanée et dans des conditions normales cette montre à rouages si compliqués et si délicats. »

C'est dans ce sens qu'il a dirigé ses propres recherches et celles de ses élèves. Cela a été une grande joie pour lui, que le Dr. Egger et d'autres de ses élèves, aient réussi à démontrer une relation intime entre l'hématogénèse et la pression barométrique sous laquelle nous vivons.

En 1877, le célèbre physiologiste français, M. Paul Bert a le premier énoncé l'idée que pour les habitants des hautes montagnes il pouvait y avoir une certaine compensation, par laquelle la pression diminuée de l'oxygène serait balancée par une augmentation du pouvoir respiratoire du sang, c'est-à-dire par une augmentation de la substance respiratoire du sang, l'hémoglobine.

Plusieurs savants français se sont mis à chercher les preuves expérimentales d'un pareil rapport. Je citerai avant tout le Dr Viault qui, en 1889, réussit à démontrer que dans son propre sang le nombre des globules avait augmenté, dans les régions élevées du Pérou, d'une manière considérable (de 5 millions à 7 $^1/_2$ et 8 millions par millimètre cube). Il y trouva surtout beaucoup de globulins, qu'il considérait comme des corpuscules de nouvelle formation. Un séjour sur le Pic du Midi donna à M. Viault des résultats semblables, quoique moins prononcés.

Inspiré par Miescher, le Dr Egger profita de son séjour pendant plusieurs années à Arosa, pour étudier la même question, soit chez l'homme, soit chez les animaux. Dans tous les cas observés par lui, une augmentation du nombre des corpuscules sanguins et de l'hémoglobine put être constatée. Les deux accroissements ne vont pas de pair. En général l'augmentation des corpuscules précède celle de l'hémoglobine, qui plus tard la rattrape. Chez l'homme l'augmentation des corpuscules en quinze jours était en moyenne de 16,6 %, chez le lapin en 4 $^1/_2$ semaines de 25 %.

On objecta aux résultats d'Egger, qu'il ne pouvait s'agir que d'une condensation du sang, occasionnée par l'air sec des montagnes, mais Egger démontra que le sang des lapins vivant à Arosa contenait la même quantité d'eau que le sang des lapins de Bâle. En outre, l'apparition des corpuscules de petite taille et la singulière marche de l'augmentation de l'hémoglobine étaient des preuves pour une vraie néoformation du sang.

La différence entre la hauteur d'Arosa (1890 m.) et Bâle (266 m.) est d'environ 1600 mètres. Il s'agissait de savoir si une différence moindre aurait une influence sensible sur l'hématogénèse. Miescher engagea MM. Karcher, Suter et Veillon à reprendre les recherches de M. Egger avec des appareils perfectionnés à Champéry (1052 m.), à Serneus (985 m.) et à Langenbruck (700 m.) Les résultats de ces nouvelles recherches ont été très nets

surtout pour Champéry et pour Serneus. Il est prouvé
par là que même de faibles différences de pression barométrique agissent sur l'hématogénèse d'une manière sensible et que les organes formateurs du sang, en premier lieu
la moelle des os, adaptent leur activité de la manière la plus
fine à la pression de l'oxygène dans l'air et dans le sang.

Avec le retour dans la plaine, le nombre des corpuscules sanguins et la quantité de l'hémoglobine reviennent
à leur état antérieur. L'espérance optimiste d'avoir
trouvé le secret de l'action bienfaisante de l'air des montagnes est par là un peu déçue. Ici, comme ailleurs,
le problème est plus compliqué qu'il ne le paraissait au
premier abord. Miescher a traité d'une manière très approfondie les différents côtés du problème, pour lesquels
je renvoie à l'original. La vie sur les montagnes et le mouvement musculaire qu'on s'y donne, en agissant sur la
respiration interne des tissus et sur la nutrition du cœur
relèvent toute la constitution de l'organisme et lui assurent
un profit qui persiste après le retour dans la plaine.

Je viens de finir mon rapport sur l'activité de Miescher
en développant les travaux de ses élèves. C'est en effet,
dans l'école que Miescher a su créer, que se trouve le
point lumineux qui a éclairé la fin de sa carrière et a pu
consoler ce travailleur si persévérant, cet homme si plein
d'idées ingénieuses, de quitter le riche champ d'activité
qu'il avait ensemencé avant la moisson.

Il lui a été donné de trouver des élèves capables et fidè-
les qui ont pris à tâche de suivre ses traces et de cultiver
le champ de travail qu'il a ouvert à la science. Pendant
les derniers temps de sa vie, Miescher a particulièrement
joui de la satisfaction que sa jeune école lui a procurée.

TABLE DES MATIÈRES

Pages

INTRODUCTION... 3

Physique.

Eb. de Zeppelin. Les bruits mystérieux de l'atmosphère. — Raoul Pictet.
Les cycles non réversibles dans les forces naturelles. — R. Pictet. Les
courants alternatifs dans les phénomènes de l'électrolyse. — Henri
Dufour. Action des rayons Rœntgen sur les corps électrisés. —
Hagenbach et Veillon. Renversement de l'action des soupapes électriques avec l'abaissement de la pression. — Ch. Dufour. Recherche
de la température de l'air par la marche d'un thermomètre non équilibré. — A. Riggenbach. Précipitations atmosphériques. — Ed. Sarasin. Les seiches du lac des IV- Cantons. — Prof. Arnet. Même sujet.
— R. Emdén. Vagues atmosphériques. — A. Soret. Réflexion à la
surface d'un lac agité par les vagues. — Raoul Pictet. Réservoir pour
acétylène liquide.. 5

Chimie.

H. Rupe et Rœsler. Dérivés asymétriques de la phénylhydrazine. —
Rupe et Labhard. Nouvelle synthèse d'oxytriazols. — O. Billeter et
Berthoud. Constitution des thiamides. — R. Nietzki. Action de
l'hydroxylamine sur le chlorure de picryle. — Schumacher-Kopp.
Empoisonnement par le phosphore. Lettre de Schönbein......... 29

Géologie.

H. Schardt. Origine des Alpes de la zone du Stockhorn et du Chablais.
— Schardt. Mécanisme du mouvement de la nappe de charriage du
Stockhorn. — Schardt. Concrétion de la chalcédoine. — C. Mœsch.
Dégagements d'acide carbonique dans la région de Schuls-Tarasp. —
Mœsch. Calcaire rouge du Lias sur l'Alp Laret. — Mœsch. Géologie
et orographie des environs d'Engelberg. — F.-A. Forel. Le phénomène
erratique en Finlande. — Ch. Sarasin. Ammonites Sonneratia, Desmo-
ceras, Puzosia et Hoplites.. 34

Botanique.

Pages

Rapport de la Société de botanique. — C. Schroter. Un parasite du Plankton. — Schröter. Formes du *Picea excelsa*. — Dr J. Huber. Photographies de paysages brésiliens............................. 41

Zoologie et Médecine.

W. His. Les travaux scientifiques du prof. Miescher. — C. Keller. Éléments africains de nos différentes. races d'animaux domestiques. — H. Burckhardt. Le cerveau des Sélaciens et son importance au point de vue de la zoologie systématique. — Burckhardt. Le cerveau des Vertébrés. — F. Urech. Action du froid et de la chaleur sur les cocons de *Vanessa*. — Urech. Action de la compression sur les chrysalides du *Vanessa*. — E. Bugnion. Développement de l'épiphyse et de l'organe pariétal chez les Reptiles. — H. Hertzen. Fonction de la rate. — Radzikowski. Observations sur le phénomène de l'électrotonus. — Santschi. De l'action du curare. — His. Préparations anatomiques. — Dr Cattani. Malformation congénitale des oreilles. — V. Fatio. Deux Corégones du type *dispersus* dans les lacs de Lungern et de Sarnen. Th. Studer. Rapport de la Société zoologique suisse............. 45

W. His. Les travaux scientifiques du professeur F. Miescher ....: 65

Genève. — Imprimerie REY & MALAVALLON, Pélisserie, 18.

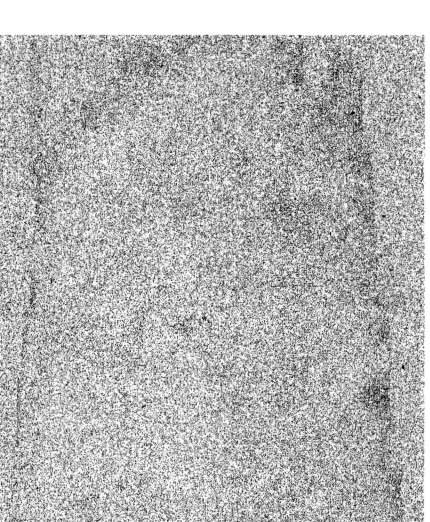

Verhandlungen

der

Schweizerischen

Naturforschenden Gesellsch

bei ihrer

Versammlung zu Bern

den 1., 2. und 3. August

1898.

81. Jahresversammlung.

Bern.
Buchdruckerei K. J. Wyss.
1898.

ACTES

ACTES

DE LA

SOCIÉTÉ HELVÉTIQUE

DES SCIENCES NATURELLES

RÉUNIE A BERNE

LES 1er, 2 ET 3 AOUT

1898.

81me SESSION

BERNE
IMPRIMERIE K.-J. WYSS
1898.

Verhandlungen

der

Schweizerischen

Naturforschenden Gesellschaft

bei ihrer

Versammlung zu Bern

den 1., 2. und 3. August

1898.

---

81. Jahresversammlung.

Bern.
Buchdruckerei K. J. Wyss.
1898.

Inhaltsverzeichnis.

Seite

Eröffnungsrede des Präsidenten, Herrn Prof. Dr. Th. Studer
in Bern i

Protokolle.

I. Sitzung der vorberatenden Kommission 23
II. Erste allgemeine Sitzung 34
III. Zweite allgemeine Sitzung 39
IV. Sektionssitzungen :
   A. Sektion für Mathematik, Astronomie, Physik . . 44
   B. Sektion für Chemie 52
   C. Botanische Sektion 65
   D. Sektion für Zoologie 72
   E. Sektion für Anthropologie 92
   F. Sektion für Geologie, Mineralogie, Petrographie und
      Paläontologie 95
   G. Sektion für physikal. Geographie 101
   H. Sektion für Anatomie und Physiologie . . . 113
   I. Sektion für klinische Medizin 128
   K. Sektion für Pharmacie 134
   L. Sektion für Tierheilkunde 151
   M. Sektion für Land- und Forstwirtschaft . . . 156

Berichte.

I. Rapport du Comité Central 1897/98 161
II. Auszug aus der 70. Jahresrechnung 1897/98 . . . 169
III. Bericht über die Bibliothek 174
   Anhang 1: Erwerbungen 177
   Anhang II: Verzeichnis der in der Bibliothek der
      Schweiz. Naturf. Gesellschaft eingehenden Tausch-
      schriften 184

		Seite
IV.	Bericht der Denkschriftenkommission	206
V.	Bericht der Kommission für die Schläfli-Stiftung	209
VI.	Bericht der geologischen Kommission	213
VII.	Rapport de la Commission géodésique	219
VIII.	Bericht der Erdbebenkommission	226
IX.	Bericht der limnologischen Kommission	228
X.	Bericht der Moorkommission	231
XI.	Bericht der Flusskommission	233
XII.	Bericht der Gletscherkommission	237
XIII.	Bericht der Kommission für die Kryptogamenflora der Schweiz	246

Personalbestand der Gesellschaft.

I.	Verzeichnis der Mitglieder der Gesellschaft und der Gäste, welche an der 81. Jahresversammlung in Bern teilgenommen haben	253
II.	Veränderungen im Personalbestand der Gesellschaft:	
	A. In Bern aufgenommen	259
	B. Verstorbene Mitglieder	261
	C. Ausgetretene Mitglieder	262
	D. Gestrichene Mitglieder	262
III.	Senioren der Gesellschaft	263
IV.	Donatoren der Gesellschaft	264
V.	Verzeichnis der Mitglieder auf Lebenszeit	265
VI.	Beamte und Kommissionen	266

Jahresberichte

der schweizerischen geologischen Gesellschaft,
schweizerischen botanischen Gesellschaft,
schweizerischen zoologischen Gesellschaft
und der
kantonalen naturforschenden Gesellschaften.

1.	Schweizerische geologische Gesellschaft	273
2.	Schweizerische botanische Gesellschaft	280
3.	Schweizerische zoologische Gesellschaft	283
4.	Aargauische naturforschende Gesellschaft in Aarau	287
5.	Naturforschende Gesellschaft in Basel	288
6.	Naturforschende Gesellschaft in Bern	290
7.	Société Fribourgeoise des sciences naturelles	291

		Seite
8. Société de Physique et d'Histoire naturelle de Genève	.	293
9. Naturforschende Gesellschaft des Kantons Glarus	. .	296
10. Naturforschende Gesellschaft Graubündens in Chur	. .	296
11. Naturforschende Gesellschaft in Luzern	. . .	297
12. Société neuchâteloise des sciences naturelles	. . .	298
13. Naturwissenschaftliche Gesellschaft St. Gallen	. . .	300
14. Naturforschende Gesellschaft Schaffhausen	. . . .	302
15 Naturforschende Gesellschaft in Solothurn	. . . .	303
16. Naturforschende Gesellschaft des Kantons Thurgau	. .	304
17. La Murithienne, société valaisane des sciences naturelles	.	305
18. Société vaudoise des sciences naturelles	. . . .	306
19. Naturforschende Gesellschaft in Zürich	. . . .	309

Nekrologe.

Apotheker Friedrich Brunner von Diessenhofen	.	313
Gottfried Ischer	.	317
Auguste de Montmollin	.	320
Emil Müller	.	325
Le Dʳ Charles Nicolas	.	329
Melchior Schuppli	.	334

Über den

Einfluss der Paläontologie

auf den

Fortschritt der zoologischen Wissenschaft.

Vorgetragen

an der

Eröffnung der 81. Jahresversammlung

der

Schweizerischen Naturforschenden Gesellschaft in Bern

von

Prof. Dr. **Theophil Studer.**

1. August 1898.

Hochgeehrte Versammlung, Verehrte Freunde!

Zum sechsten Male seit Gründung der Schweizerischen Naturforschenden Gesellschaft hat Bern die Ehre, die schweizerischen Naturforscher in seinen Mauern zu empfangen, das letzte Mal fand die Versammlung in Bern im Jahre 1878 unter unserm verehrten Ehrenpräsidenten, Herrn Hofrat Dr. Brunner von Wattenwyl statt. Damals war es, wo Sie den ersten Stein legten zu einem neuen naturhistorischen Museum, und es gereicht uns zu besonderer Freude, Ihnen nun nach zwanzig Jahren zu zeigen, wie bei den glücklichen Auspizien, unter denen Sie dem ersten naturwissenschaftlichen Institute Pate gestanden, eine Reihe wissenschaftlicher Anstalten emporgeblüht sind, die uns erlauben, mit der stets sich weiter entwickelnden Wissenschaft fortzuschreiten und uns würdig den Bestrebungen unserer Schwesterstädte an die Seite zu stellen. Wenn ich sage, dass zum sechsten Male die schweizerische Gesellschaft sich bei uns versammelt, so bezieht sich das nur auf die Zeit von der Gründung der gegenwärtigen Gesellschaft im Jahre 1816. Aber schon früher fanden sich Schweizer Naturforscher in Bern zusammen. Im Oktober des Jahres 1797 vereinigten sich die Naturforscher von Genf, Aarau, Zürich und Bern in dem bernischen Orte Herzogenbuchsee, um eine Gesellschaft aller schweizerischen Naturforscher zu gründen mit gemeinsamem Ziele der Erforschung unseres Landes. Schon waren die Statuten entworfen, ein leitendes Centralkomitee mit Sitz in Bern bestellt, als der 1798 über unser Land hereinbrechende Kriegssturm und die nun

folgenden Kriegswirren alle idealeren Bestrebungen in
den Hintergrund drängten, so dass erst im Jahre 1816
der Gedanke einer schweizerischen naturwissenschaftlichen Vereinigung wieder auflebte, um nun unsere Gesellschaft fest zu begründen und zu schöner Blüte sich
entfalten zu lassen.

Wir dürfen aber hier, am Sitze des ersten Centralkomitees der Schweiz. Naturf. Gesellschaft von 1797
dieser ersten Zeiten gedenken und zugleich den 101. Geburtstag derselben feiern. Möge niemals wieder unsere
Thätigkeit und unser Fortschreiten in so grausamer Weise
unterbrochen werden, wie es damals geschah.

Doch ich will an diesem Tage nicht weitere historische Rückblicke auf unsere Gesellschaft und deren
Entwicklung werfen. Es ist dieses schon früher und von
mehr berufener Seite geschehen. Ich möchte vielmehr
Ihre Aufmerksamkeit auf zwei Gebiete der Gesamtwissen-
schaft lenken und in der Darstellung ihrer Entwicklung
zeigen, wie die Durchdringung beider schliesslich zu den
schönsten Resultaten führte. Ich brauche nicht zu ent-
schuldigen, dass ich die mir vertrauten Gebiete der
Zoologie und Paläontologie wähle. Eine solche Diskussion
ist unserer Gesellschaft nicht fremd. Zu verschiedenen
Malen wurden Fragen, welche in das Gebiet der Paläontologie in Beziehung zur Zoologie oder der Botanik fallen,
erörtert und ich brauche nur an den klassischen Vortrag
zu erinnern, den vor nunmehr 20 Jahren Oswald Heer
in diesem selben Saale, in dem wir heute versammelt
sind, über die fossile Flora des Grinnellandes hielt, oder
an die packenden, geistreichen Vorträge von Carl Vogt
und Anderer, die wir so schmerzlich vermissen müssen.
Wenn wir aber derer erwähnen, welche als bedeutendste
Förderer beider Wissensgebiete genannt zu werden verdienen, derer, welche es verstanden haben, die Resultate
paläontologischer Forschung auf die Zoologie fruchtbrin-
gend anzuwenden, so strahlt uns neben den Namen von

Owen, Huxley und Marsh einer der unsren entgegen, es ist dieses Ludwig Rütimeyer und hier in seiner Vaterstadt, die mit Stolz ihn unter ihre Bürger zählte, sei auch seiner in erster Linie gedacht.

Wenn wir den Gang der Rütimeyer'schen Forschungen und Publikationen verfolgen, so erhalten wir gleichsam ein Bild von der Entwicklung der wissenschaftlichen Fragen selbst und so möchte ich nur in grossen Zügen dieselbe schildern.

Das Hauptwerk Rütimeyers gipfelt in seinen Forschungen über die natürliche Geschichte der Huftiere. In der heutigen Schöpfung treten uns diese Tiere in scharf von einander abgesonderten Typen vor Augen, unter denen kein engerer Zusammenhang wahrzunehmen ist. Klippdachse, Elephanten, Wiederkäuer, Schweine, Tapire, Rhinocerose und Pferde scheinen ebensoviele selbständige Formenkreise darzustellen. Dem scharfsinnigen G. Cuvier, welcher das gesamte zu seiner Zeit bekannte lebende und fossile Material beherrschte, gelang es noch nicht, ein System damit aufzustellen, welches die natürlichen Verwandtschaftsverhältnisse klarlegte. Wohl fand er, dass im Skelettbau Tapir und Pferd und selbst Rhinoceros, sowie die von ihm entdeckten Paläotherien des Pariser Gypses einen engeren Zusammenhang zeigten, aber noch brachte er im System die Flusspferde, Schweine, Tapire, Rhinoceronten und Pferde unter dem Namen der Pachydermata zusammen, denen gegenüber die Wiederkauer eine eigene zweite Ordnung bildeten. Erst Richard Owen zeigte im Jahre 1848 den Zusammenhang der Wiederkauer, Schweine und Flusspferde einerseits, die er in die Ordnung der paarzehigen Huftiere (Artiodactyla) vereinigt, und der Pferde, Rhinocerose und Tapire andrerseits, welche die natürliche Ordnung der Unpaarzeher (Perissodactyla) bildeten. Aber erst nachdem die epochemachenden Theorieen Darwins bei den Naturforschern sich Bahn gebrochen hatten, trat das Bedürfnis auf, die Tierwelt nicht nur auf ihre anatomische Übereinstimmung zu prüfen, sondern ihre buchstäblich genetische Verwandtschaft nachzuweisen und hiebei fiel der Paläontologie die wichtigste Rolle zu. Sie sollte die thatsächlichen Beweise liefern für die Entstehung der Arten aus einander, von ihr verlangte man, dass sie die vermittelnden Formen liefere zwischen heute weit getrennten Gattungen und sie hat diesen Erwartungen in vieler Hinsicht auch thatsächlich entsprochen und dazu ein wesentliches beigetragen zu haben, ist das Verdienst Ludwig Rütimeyer's.

Den Anstoss zu den jahrelang mit wachsendem Erfolg geführten Forschungen über die Huftiere gab die Untersuchung der Tierreste aus den Pfahlbauten in der Schweiz. Ferdinand Kellers Entdeckungen der Pfahlbauten und die Ausbeutung der dort hinterlassenen Kultur- und Speisereste lieferten namentlich an Knochen von Haustieren und wilden Tieren ein ungeahntes Material. Die Untersuchung der Haustierreste aus der Zeit der ersten Besiedlung des Landes, die weit hinter den Anfängen der Geschichte zurücklag, musste dem Forscher die Hoffnung erwecken, hier die Anfänge unserer Haustierrassen zu finden, um möglicher Weise Schlüsse ziehen zu können auf die wilden Stammformen. Aber bald stellte sich hier eine Schwierigkeit entgegen. Eine vergleichende Rassenosteologie der Haustiere existierte noch nicht, sie musste erst geschaffen werden und dadurch wurde das Werk über die Fauna der Pfahlbauten ein Fundamentalwerk, das neben den interessanten Thatsachen über die ältesten Haustiere des Menschen zugleich die Grundlagen einer Rassenanatomie darbot. Auf diese Untersuchungen basiert, folgte nun eine Reihe von weiteren Forschungen, welche namentlich die dort aufgetretenen Fragen über den Zusammenhang der ursprünglichen Rassen mit Wildformen, den Zusammenhang dieser mit anderen Arten und endlich die natürliche Stammesgeschichte der Huftiere im allgemeinen verfolgen liess. Welch wichtigen Faktor in der Beurteilung der Verwandtschaftsverhältnisse die Ausbildung des Gebisses darstellte, war von jeher anerkannt worden. Linnés Einteilung der Säugetiere basierte auf dem Gebiss, Cuvier zeigte, wie nach den Gesetzen der Correlation die Ausbildung des ganzen Skeletts mit der Form und Prägung der Zähne im Zusammenhang stände, so dass oft der Fund des einzigen Zahnes genügte, den ganzen Bau des Tieres, das ihn trug, und damit seine systematische Stellung festzustellen. Welche Wichtigkeit die Kenntnis des Zahnbaues für die Paläontologie erlangte, liegt auf der Hand. Stehen doch selten dem Paläontologen ganze Skelettreste zur Verfügung; häufig giebt ihm aus einer Ablagerung nur ein Zahn Kunde von der Gegenwart eines Säugetiers.

Rütimeyer hatte schon im Jahre 1862 zugleich mit den Knochen aus den Pfahlbauten, die fast nur aus Zähnen und Gebissteilen bestehenden Reste eocaener Säugetiere aus den Bohnerzlagern von Egerkingen studiert und hier die einfachen Zahnformen der eocaenen Huftiere gründlich kennen gelernt. Seinem Forschergeiste musste hier sich vor allem die Frage aufdrängen, in welcher Weise der kompliziert gefaltete Backzahn des Pferdes und des Wiederkauers aus dem einfachen Höcker oder Jochzahn entstanden sein könnte, und so entstand im Jahre 1863 eine Schrift « Beiträge zur Kenntnis der fossilen Pferde und zur vergleichenden Odontographie der Huftiere überhaupt ». War auch nach unseren heutigen ungemein erweiterten Kenntnissen der Versuch R., den komplicierten Faltenzahn des Pferdes und den Halbmondzahn des Rindes von einer Grundform, dem zygodonten oder Jochzahn, abzuleiten, ein verfehlter zu nennen, so waren dafür die verfolgte Methode der Untersuchung, die Fülle des gegebenen Materials, die gedankenreiche Verarbeitung desselben so wertvoll, dass sie eine Richtschnur geworden ist für odontologische Forschungen überhaupt. Gegenwärtig, wo die ältesten Reste der Huftiere in ganzen Skeletten und vorzüglich erhaltenen Zahnreihen aus dem unteren Eocaen aufgefunden worden sind, wissen wir, dass die Grundform des Huftiergebisses in den drei Molaren der Höckerzahn, in den vier Prämolaren der schneidende Zahn war, dass durch Zusammenfliessen der Höcker in der Transversalebene der Jochzahn und aus den Jochen durch Faltung und Zusammenbiegen derselben, der komplicierte Pferdezahn entsteht, dass andererseits der selenodonte Zahn zu Stande kommt durch Verlängerung und endlich halbmondförmige Biegung der ursprünglich kegelförmigen vier Höcker des primitiven Paarzeherzahnes. Was aber zur richtigen Erkenntnis geführt hat, war die Anwendung der Rütimeyer'schen Methode der Forschung auf neues, zur Zeit seiner ersten odontologischen Schrift noch unbekanntes Material. Waren diese odontologischen Arbeiten gleichsam Vorstudien, durch welche der Weg zu den Hauptwerken geebnet und markiert werden sollte, so folgte nun, nachdem noch einmal in einer grundlegenden Schrift die Rassenanatomie des Hausrindes und die Abstammung einer Rasse desselben von dem wilden Bos *primigenius* festgestellt worden war (Über Art und Race des zahmen europäischen Hausrindes), der Versuch einer natürlichen Geschichte des Rindes in seinen Beziehungen zu den Wiederkauern im allgemeinen.

Hier wird nun eingehend gestützt auf osteologische und Gebissmerkmale die Stellung der Rinder zu den andern lebenden und fossilen Hohlhörnern erörtert, gezeigt, wie diese schon weit differenzierte Familie als ein von den genetisch älteren Antilopen abgelöster Stamm zu betrachten ist. Wie der noch auf der Insel Celebes vorkommende Celebesbüffel, *Anoa depressicornis*, als letzter Überrest der in der späteren Miocaenzeit zum ersten Male vorkommenden primitiven Rinder zu betrachten ist, der noch nahe Beziehungen zu gewissen Antilopen zeigt, wie von da aus die Differenzierung in der Ausdehnung der Frontalregion gegenüber der Parietal- und Occipitalregion des Schädels fortschreitet in den Arten der wahren Büffel- oder Bubalus-Formen, die zuerst in der Pliocaenzeit auftreten und von da sich immer weiter ausbildet, bis zu den Gruppen der Bisonten und endlich der Bibovinen und der Taurinen oder ächten Rinder, so dass, wenn wir die Untergruppen des alten Genus Bos, die Bubalinen, Bisonten, Bibovinen und Taurinen aufstellen, wir zugleich in ihrer systematischen Aneinanderreihung die natürliche Entwicklungsreihe der höchsten Formen, der Taurina, vor uns haben. Und zu den Beweisstücken dieser Entwicklungsfolge wird nicht nur die Paläontologie herbeigezogen, sondern auch an der Entwicklung des Individuums gezeigt, wie sich dort an Schädel und Gebiss von der Geburt bis zum vollendeten Stadium derselbe Umwandlungsprocess verfolgen lässt, der sich aus den paläontologischen Thatsachen ergibt.

Doch mit diesen schönen Resultaten gab sich der Forscherdrang nicht zufrieden. Genauer sollten die Beziehungen der Rinder zu den übrigen Hohlhörnern festgestellt werden und so wurden Jahrelang die reichen Sammlungen fossiler und lebender Wiederkauer durchforscht, welche in den Museen von Florenz und London angehäuft sind. In London war es namentlich das reiche Material tertiärer Säugetiere, das von Falconer und Cautley in den Hügeln von Siwalik ausgebeutet worden war, welches reichlichen neuen Stoff zu Bearbeitung und zur Entdeckung neuer Thatsachen gab. Das Resultat dieser Forschungen wurde im Jahre 1877 in den wichtigen Abhandlungen über « Die Rinder der Tertiär-Epoche nebst Vorstudien zu einer natürlichen Geschichte der Antilopen » niedergelegt.

Hier werden nun zunächst vergleichend osteologisch und odontologisch die verschiedenen Typen der Wiederkauer verglichen, dann werden die einzelnen Gruppen und Gattungen der Antilopen nach ihren Schädelmerkmalen gekennzeichnet, in gleicher Weise die Schafe und Ziegen und endlich die fossilen Rinder in den Kreis der Betrachtung gezogen. Das Werk bietet auf anatomischer Grundlage die natürliche Gruppierung der Antilopen, zeigt einenteils die aus der Gruppe der Gemsen sich bildende Differenzierung der Schafe und Ziegen, andernteils die allmälige Entwicklung des immer mehr sich differenzierenden Rindertypus aus der Familie der Porta-einen Antilopen. Was in der früheren Arbeit in groben Umrissen geboten war, das wird hier im Detail begründet und zum Teil umgestaltet und aus Allem liest man zuletzt ein Entwicklungsgemälde, das uns im Geiste die allmälige Umgestaltung und die manigfache Differenzierung der Formen von Gruppe zu Gruppe, von Gattung zu Gattung, und endlich zur Species und zur domesticierten Rasse vor Augen führt. Freilich wird dieser Eindruck nicht leicht gewonnen. Der Forscher führt uns in die intimsten Details ein, er macht uns mit allen Schwierigkeiten, die einen Entscheid nach dieser oder jeder Richtung unsicher machen können, bekannt, nirgends trifft uns ein vorschnelles Urteil.

Ich möchte gerne ein solches Rütimeyer'sches Werk mit einem gothischen Gebäude vergleichen. Vertiefen wir uns in der Nähe in alle Details, so wird unser Geist hier durch ein Thürmchen, dort durch ein Blume oder ein Symbol, nach dieser oder jeder Richtung gelenkt und schwierig ist es, sich zurecht zu finden; erst wenn wir das ganze wirken lassen, so sehen wir den wohlgefügten Bau, auf breite Basis sich stützend, kühn in harmonischen Linien sich zu den Wolken erhebend.

Doch die Geschichte der Hohlhörner bildet nur einen Teil derjenigen der Wiederkäuer, eine wichtige, nach anderer Richtung differenzierte Abteilung bilden die Hirsche, und so wendet sich R. dieser Gruppe zu, um

mit derselben Gründlichkeit eine vorgleichende Cranio-
logie der sämtlichen lebenden Cerviden zu liefern, an
welche sich die der fossilen Formen anschliesst. Für die
vergleichende Osteologie und Odontographie ist dieses
Werk von unschätzbarem Werte; hier verfolgen wir die
Entwicklung des Hirschstammes aus den noch verallgemeinerten Formen der Zwergmoschustiere (Traguliden),
die im Eocaen, Oligocaen und im älteren Miocaen eine
so wichtige Rolle spielen, wir sehen im mittleren Miocaen
die ursprünglichsten Hirschformen, die Muntiakhirsche,
auftreten, die heute noch in Südostasien in Cervulus und
Elaphodus vertreten sind und denen Rütimeyer nach dem
Schädelbau die südamerikanischen Spiesshirsche, die
Coassinae, zugesellt.

Dann finden wir die eigentlichen Hirsche mit reich-
verzweigtem Geweih vom Pliocaen bis zur Gegenwart
ihre reiche Entfaltung nehmen. Als besonders differenzierte Hirschform wird noch die Giraffe in den Bereich
der Betrachtung gezogen.

Schon im Jahre 1862 hatte Rütimeyer die Resultate
seiner Untersuchungen über die Knochen und Gebissteile
der eocaenen Säugetiere aus den Bohnerzen von Egerkingen veröffentlicht und uns so mit den Überresten
der ältesten Säugetierfauna des Landes bekannt gemacht;
einen weiteren Beitrag zu dieser Fauna hatte in den
Jahren 1855—57 und 1869 Pictet gebracht. Nachdem nun
in Nordamerika die Ablagerungen aus der Eocaenzeit
ein ungemein reiches und vollständiges Material von
Säugetierresten geliefert hatten, die Marsh, Cope und
Osborn erlaubten ein vollständiges Bild der eocaenen
Säugetierfauna zu liefern und zum Teil ganze Stamm-
baumreihen aufzustellen, so mussten diese Entdeckungen
Rütimeyer anregen, das Egerkinger Material, das sich
unterdessen noch bedeutend vermehrt hatte, einer er-
neuten Prüfung zu unterwerfen und dasselbe mit den
amerikanischen Funden zu vergleichen.

Hier gelang es nun zunächst, einige bis dahin nur in Amerika aufgefundene primitive Huftiere *Phenacodus, Protogonia, Meniscodon* auch in der Fauna von Egerkingen nachzuweisen und damit den Beweis zu liefern, dass die eocaene Fauna Nord-Amerikas und Europas nahe Beziehungen zeigen, dass um mit Rütimeyer zu reden, «ein gemeinsames, wenn auch sehr ausgedehntes Quellgebiet für die erloschenen Typen der Bevölkerung der Alten und der Neuen Welt schon jetzt wie ein Postulat erscheint.» Im Jahre 1891 erscheint dann der abschliessende Teil der Fauna von Egerkingen, in der der unermüdliche Forscher nach Zähnen und Gebissteilen nicht weniger als 70 Säugetierspecies nachweist, worunter 38 Ungulaten (3 Condylarthra, 10 Perissodactyla, 25 Artiodactyla) und 32 Unguiculaten (5 Nager, 4 Insectivoren, 12 Carnivoren, darunter 9 Creodontia, 10 Lemuriden und 1 Tillodontie.)

Es würde zu weit führen, wollte ich ferner aller der zahlreichen Arbeiten auf palaeontologischem Gebiete erwähnen, mit denen Rütimeyer die Wissenschaft bereichert hat. Wären doch namentlich hier noch die Untersuchungen über die diluvialen Faunen der Schweiz hervorzuheben, durch die uns der Blick auf die Lebewesen erschlossen wurde, die während des ersten Auftretens des Menschen in Europa und während der teilweisen Vergletscherung des Landes die Gegend bevölkerten. Wir sehen hier, wie die polare Fauna mit den Gletschern nach Süden drang, die ursprünglichen Bewohner des Landes verdrängend, um erst mit dem Rückzug der Gletscher wieder in die gegenwärtigen Grenzen zurückzuweichen, und auch hier ergeben sich wieder Beziehungen zu der Fauna des nördlichen Amerikas, die uns zwingen, die beiden Faunengebiete als einst zusammenschliessend zu betrachten.

Wie wir aus dem hier nur flüchtig geschilderten Lebenswerke Ludwig Rütimeyers sahen, erwächst aus seinen paläontologischen Forschungen der Biologie und speziell der Zoologie ein doppelter Nutzen. Erstens lernen wir die geologische Entwicklung von Tierstämmen kennen; wir können sogar die phylogenetische Entwicklung einzelner moderner Typen verfolgen, anderseits erhalten wir Aufschluss über die gegenwärtige geographische Verbreitung der Tiere, indem wir den Ausgangspunkt ganzer Familien kennen lernen, von dem aus sie sich auf bestimmten Bahnen verbreitet haben. Sie erklärt uns auch das desparate Vorkommen von verwandten Arten auf gegenwärtig weit getrennten Gebieten. Wenn wir Arten der Gattung *Tapirus* einenteils auf den Sundainseln, andernteils in Süd-Amerika antreffen, so können wir diese merkwürdige Erscheinung jetzt erklären, da wir wissen, dass zur Tertiaerzeit das Geschlecht der Tapire sich über die ganze nördliche Hemisphäre ausbreitete, dann nach südlicheren Breiten wanderte um sich an seinen südlichsten Verbreitungsgrenzen noch bis in die Jetztzeit zu erhalten,

Was nun die phylogenetische Bedeutung der Paläontologie betrifft, so will ich hier nicht die so oft und mit so zahlreichen Gründen belegten Erörterungen wiederholen, wonach wir in Folge der Unvollkommenheit der in den Gesteinsschichten hinterlassenen tierischen Urkunden niemals ein wirkliches Bild der Entwicklung sämtlicher Tierstämme erhalten können. Sind doch, einige Ausnahmfälle ausgenommen, zunächst nur Hartgebilde, Skelettteile erhalten und entfallen daher unsrer Kenntnis alle diejenige Geschöpfe, deren Körper keine solchen hervorbrachte. Ferner lassen uns die Hartgebilde auch bei vollkommener Erhaltung nicht immer sichere Schlüsse auf die Beschaffenheit der Weichteile und der Gesamtorganisation ziehen.

Nur wo die Skelettteile ein äusseres oder inneres Bewegungsskelett darstellen, wie bei Gliedertieren und bei Wirbeltieren, oder wo sie aus der umschliessenden Haut des Tieres selbst hervorgegangen sind, wie bei

Echinodermen und zum Teil bei Korallen, können wir
aus ihren-Resten ein bestimmtes Bild des Geschöpfes
erlangen; wo aber, wie bei Mollusken, nur die Aussen-
lage einer das Tier umhüllenden Mantelfalte feste Bestandteile liefert, der eigentliche, die wichtigeren innern
Organe umschliessende Körper aber weich bleibt, werden wir nur nach Analogien mit ähnlichen Gebilden
lebender Vertreter die Stellung des fossilen Restes annähernd fixieren können. Ein Beispiel liefern die in den
Ablagerungen der Sekundärzeit so ausserordentlich zahlreich und wohlerhalten hinterlassenen Schalen der Am-
moniten, von denen wir bis jetzt nur annehmen können, dass sie Nautilus ähnlichen Cephalopoden gehörten,
deren Stellung im System der Cephalopoden aber noch
immer in Dunkel gehüllt ist. Ist doch nicht einmal die
Frage, ob sie einer der grossen Unterordnungen der
Cephalopoden, den Tetrabranchiaten, oder den Dibran-
chiaten angehörten, endgültig entschieden.

Greifen wir einige Resultate der paläontologischen
Forschung heraus, so möchte ich hier nur zwei hervor-
heben, die in Bezug auf die Phylogenie von grösserem
Interesse sind.

Wenn wir die unzähligen gegenwärtig unsre Erdoberfläche bewohnenden Geschöpfe betrachten, so sehen
wir, dass deren Arten und Gattungen eine sehr verschiedene Existenzdauer hinter sich haben. Im allgemeinen reichen Wasserbewohner weiter zurück, als Bewohner des festen Landes. Während z. B. die Meeres-
fauna der Miocaenzeit wenig Gattungen besitzt, die nicht
noch gegenwärtig leben, nur ihr Verbreitungsgebiet hat
sich infolge eingetretener Temperatur-Änderungen nach
dem Äquator verschoben, so hat sich die Landfauna
seither fundamental geändert. Von den zahlreichen Säugetieren, welche in der Miocaenzeit das Land belebten, existieren nur noch wenige Gattungen und diese von den
ursprünglichen Centren meist weit entfernt. So Rhino-

ceros, Tapirus, Hyaemoschus, Cervulus (?), Anoa, viele Antilopen unter den Huftieren, Talpa, Sorex unter den Insektenfressern, etc. Keine einzige Species aber hat sich bis in die Jetztzeit erhalten, während im marinen europäischen Miocaen schon 15—19 Procent heute lebender Molluskenarten vorkommen.

Unter den Seetieren treffen wir aber auch sehr ungleiche Existenzdauer. Viele Gattungen reichen bis in die paläozoische Zeit zurück, so unter den Würmern die Gattung Serpula und die Euniciden. Unter den Brachiopoden tritt die heute noch lebende Lingula in wenig veränderter Form schon im Cambrium auf. Unter den Mollusken kommen Placophoren, Scaphopoden, in den Gattungen Chiton und Dentalium, Patelliden, Pleurotomariiden mit Pleurotomaria, Trochiden, Solariden, Littoriniden unter den Gasteropoden, Aviculiden, Mytiliden mit Mytilus, Arciden, Nuculiden mit Nucula, Leda, Luciniden mit Lucina, Cardiiden mit Cardium schon vom Silur an auf, N a u t i l u s im Carbon.

Die ältesten Crustaceen sind in den L e p t o s t r a - c e n, deren heutiger Vertreter, N e b a l i a, eine kosmopolitische Verbreitung hat, schon im Cambrium vorhanden.

Eine grosse Anzahl von Gattungen reichen bis in die Secundärzeit hinauf, so die Pentacriniden, die regulären Seeigel und die Echinoneiden und Ananchytiden, Terebratula und Waldheimia unter den Brachiopoden. Die Pholadomyiden, die Pleurotomarien u. a. unter den Mollusken, die Eryoniden unter den Krebsen haben hier ihre Blütezeit.

Sehen wir, unter welchen Bedingungen diese alten Formen sich erhalten haben, so finden wir, dass es in der grossen Mehrzahl Tiefsee - Tiere oder wenigstens Schlammbewohner sind. Also Tiere, welche unter Bedingungen leben, in denen keine grossen Veränderungen des umgebenden Mediums stattfinden.

Küstenbewohner, die dem Einfluss der Ebbe und
Fluth, Hebungen und Senkungen des Meeresbodens, ver-
änderlichen Strömungen ausgesetzt sind, sind viel jünger.
Die meisten Riffkorallenarten z. B. reichen kaum in die
Pliocaenzeit, ihr Formenreichtum ist sehr gross und
häufig sind die Arten von einer Insel und einem Riff
zum anderen verschieden. Die Landtiere sind durchschnittlich viel jüngern Ursprungs, als die Seetiere.
Viel mehr sind sie Veränderungen der äusseren Umgebung ausgesetzt. Unsere älteren Säugetiere reichen
höchstens der Gattung nach, nie nach der Species, bis in
die Miocaenzeit, die meisten alten Formen leben noch
im Dunkel der tropischen Urwälder, wo die Lebensbedingungen während des ganzen Jahres dieselben bleiben.
In den gemässigten Zonen, wo in jüngster Zeit so man-
nigfache Wechsel der Temperatur und der Bodenbede-
ckung eingetreten sind, da mussten die angesessenen
Formen sich umändernd anpassen oder ausweichen, was
nur möglich war, wo keine Gebirge oder Meeresarme
der Auswanderung sich entgegensetzten. Es hiess hier
bei jeder Umwälzung « se soumettre ou se démettre »,
sich durch Umgestaltung anpassen oder zu Grunde gehen,
und gerade die Erfahrungen der paläontologischen Forschung scheinen darauf hinzuweisen, dass der Aufenthalt
eines organischen Lebewesens in einem der Veränderung
unterworfenen Medium einen positiven Einfluss hat auf
die Umgestaltung seiner Organisation. Wo alles stagniert,
da ist kein Fortschritt.

Eine zweite aus den paläontologischen Forschungen
sich ergebende Thatsache betrifft die Stammformen bestimmter Gruppen von Lebewesen.

Man hat sich in der Vorstellung daran gewöhnt anzunehmen, dass die Stammformen einfach organisierte
Geschöpfe darstellen, welche im Laufe der Stammesent-
wicklung immer complicierter werden, bis sie schliesslich eine höchste Stufe der Organisation erreichen.

Gerade das umgekehrte ist der Fall bei den Metazoen: in den Urformen ist der Reichtum an Organen frappierend, wenn auch diese Organe rudimentär sind, und die Weiter-Entwicklung zu verschiedenen divergierenden Formen besteht eigentlich in einem Differenzierungsprocess; bei den einen entwickelt sich mehr das eine Organ auf Kosten anderer, bei den anderen ein anderes. Je reicher die Complication der Urformen war, um so zahlreichere divergierende Ordnungen und Familien wird sie liefern können.

Das ganze läuft im gesamten organischen Leben, wie im Einzelorganismus, wie in dem Kulturleben des Menschen auf das Prinzip der Teilung der Arbeit hinaus, was erlaubt, dass je mehr diese ausgebildet ist, eine um so intensivere Leistung in den einzelnen Thätigkeiten erzielt wird.

Ich will diesen Satz durch die Kulturentwicklung des Menschen zu erläutern suchen. In den primitiven Zuständen ist jedes Individuum sein einziger Versorger. Es baut sich selbst seine Hütte, sucht sich die Nahrung, bereitet sie, stellt seine Waffen und Geräte her, kurz ist alles in allem sein Architekt, sein Töpfer, sein Waffenschmied, sein Jäger, sein Soldat und sein Gesetzgeber. Mit der weiteren Entwicklung beginnt die Teilung der Arbeit, die Horde wählt sich ein oder mehrere Oberhäupter, die sie leiten, ihr Leben unter eine Norm bringen und dafür von bestimmten Leistungen befreit werden.

Dann beginnt eine weitere Differenzierung in Jäger und Krieger und in Ackerbauer; es sondern sich diejenigen, welche die notwendigen Utensilien, Waffen und Werkzeuge herstellen, von denen, die sie zur Jagd oder Krieg oder Ackerbau gebrauchen, und jede dieser Klassen, der Handwerker, der Krieger, der Jäger, der Regent, spalten sich wieder in Specialisten, bis wir zu dem komplicierten Mechanismus kommen, wie er gegenwärtig bei den Kulturvölkern besteht. In hunderte von Berufsarten teilt sich die Kulturmenschheit, die alle der Urahn in seiner Person vereinigte.

Aber wie gross ist der Fortschritt von der Faust, die den Stein schwang, zu dem durch elektrische Kraftübertragung geschwungenen Eisenhammer, aber auch wie viele Specialisten, jeder in seinem Bereich vollkommen und einseitig ausgebildet, sind nötig, um das Werk zu vollbringen, das früher die Faust mit dem rohen Stein allerdings in unvollkommener Weise liefern musste. Dadurch, dass in der menschlichen Gesellschaft eine stets wachsende Teilung der Arbeit sich ausbildete, zerfällt sie in Klassen und Ordnungen und Specialisten, von denen jeder in seiner Thätigkeit wieder das Beste zu leisten sucht, bis auch diese wieder in Unterspecialisten zerfallen, so dass gegenwärtig an einem Instrument, wie z. B. einer Uhr, nicht mehr einer arbeitet, sondern an jedem Teil ein besonderer Specialist.

Diese Differenzierung hat freilich ihre Gefahren, es kann durch besondere eintretende Verhältnisse, sagen wir durch eine neue Erfindung, welche durch mechanische Kräfte die Handarbeit des Specialisten überflüssig macht, dieser selbst für seinen Beruf keine Verwendung mehr finden und nun wird er sich einer andern Thätigkeit den neuen Verhältnissen gemäss anpassen müssen oder zu Grunde gehen.

Nach demselben Princip entwickelt sich aus verallgemeinerten Formen in der organischen Welt eine Fülle von immer mehr einseitig differenzierten Lebewesen, die nur noch einer bestimmten Lebensweise und einem Milieu angepasst sind, deren Leistungen unter diesen Verhältnissen aber auch als die vollkommensten erscheinen. Ändern sich diese Verhältnisse, so bleibt nur übrig ein Ausweichen nach der passenden Umgebung, wenn dieses möglich ist; wo nicht, eine neue Anpassung, die aber um so schwieriger ist, je mehr das betreffende Geschöpf einer äussersten Specialisierung anheimgefallen ist.

So erklärt es sich, dass wir bei Landtieren einen so raschen Wechsel der Formen, ein Auftreten, Blühen und Verschwinden von ganzen Familien finden, denn gerade in den nördlich und südlich von den Wendekreisen gelegenen Zonen waren die Verhältnisse der Landverteilung und der Temperatur so überaus wechselnde, dass immerfort neue Lebensbedingungen sich geltend machten, die bestimmend auf die Existenz der Arten einwirken mussten. Wenn wir nun nur mit Umgehung einer Fülle von Beispielen die geologische Entwicklung der Säugetiere verfolgen, so sehen wir, dass die ältesten Formen der placentalen Säugetiere, welche in den ersten Eocänablagerungen auftreten, ein auffallend gleichförmiges Gepräge zeigen, in dem aber alle Anlagen vorhanden sind, welche nach der oder jener Richtung sich ausprägend, zu der Bildung der mannigfachen Ordnungen führen, die in der Gegenwart diese Klasse zu einer so formenreichen gestalten. Alle besitzen plantigrade, fünfzehige Extremitäten, bei allen bleiben Vorderarm und Vorderfussknochen getrennt, im Gebiss haben Schneide- und Eckzähne konische Gestalt, die Vorbackzähne sind einfach und die Backzähne haben dreihöckerige Kronen, die Zähne folgen in den Kiefern regelmässig, ohne besondere Lücken aufeinander und nur andeutungsweise können wir hier ein Hinneigen zu den heutigen Raubtieren, dort zu den Huftieren und dort zu den Halbaffen verfolgen. Nach dem Ausspruch eines berühmten Paläontologen würde vermutlich jeder Zoologe die damaligen Creodontia, Condylarthra, Pachylemuria und Amblypoda in eine einzige, einheitliche Ordnung zusammenbringen. Aber schon in der nächsten Zone beginnt die Differenzierung und wir sehen die Grundtypen der heutigen Ordnungen sich ausbilden.

Und der Mensch? Was hat ihn zu dem überlegenen Geschöpfe gemacht? Betrachten wir seine Organisation, so sehen wir, dass seine Differenzierung in Bezug auf die

Extremitäten, die bei andern Säugetieren eine so grosse
Rolle spielt, sehr wenig fortgeschritten ist; schon der
anthropoide Affe ist in dieser Beziehung specialisierter,
sein Daumen ist reduziert, die Hand ist zum Greiffuss
geworden und strebt zum simplen Hacken, ebenso ist bei
dem Menschen das Gebiss nicht specialisiert, es steht
zwischen dem der Pflanzenfresser und dem der Fleisch-
fresser mitten inne und ist für Aufnahme beider Arten
Nahrung geeignet, ebensowenig sind der Magen, der Darm
besonders einseitig ausgebildet. In vielen Beziehungen
steht daher der Mensch den primitiven placentaren
Säugetieren, besonders den älteren Lemuren näher, als
selbst der oft zu ihm in Beziehung gebrachte anthropoide
Affe; was ihm aber seine Überlegenheit sicherte, war die
frühe Specialisierung seines Gehirns, resp. seiner intel-
lectuellen Fähigkeiten. In diesen differenzierte er sich,
sie erlaubten ihm, dem waffenlos geborenen, sich gegenüber den mit allen Schutz- und Trutzwaffen ausge-
rüsteten feindlichen Mitgeschöpfen zu behaupten und sie
unterthan zu machen oder zu vernichten, sein Geist schuf
die Waffen und Werkzeuge, welche die andern Geschöpfe
aus ihrem Körper hervorzubilden gezwungen waren. So
dass schon der griechische Dichter sagen konnte: πόλλα
τα δείνα κ'ούδεν ανθρόπου δείνοτερον πελεί. Vieles Gewaltige
lebt, doch nichts ist gewaltiger als der Mensch. In seiner
eigenen Anlage liegt aber auch das Prinzip der steten
Vervollkommnung und so lange er höhern Zielen zustrebt,
wird die Species *Homo sapiens* ihr Übergewicht und ihre
Herrschaft behaupten.

Hiemit erkläre ich die 81. Jahresversammlung der
Naturf. Gesellschaft eröffnet.

Protokolle.

Sitzung der vorberatenden Kommission

den 31. Juli, nachmittags 4 Uhr,
im Turnersaal des Gesellschaftshauses Museum in Bern.

Präsident: Herr Prof. Dr. Theoph. Studer, Bern.

Anwesend sind:

A. Jahresvorstand.

Herr Prof. Dr. Th. Studer, Präsident, Bern.
» » Dr. Ed. Fischer, Vizepräsident, Bern.
» » Dr. J. H. Graf, Sekretär, Bern.
» » Dr. E. Kissling, Sekretär, Bern.
» » B. Studer - Steinhäuslin, Apotheker, Kassier, Bern.

B. Zentralkomitee.

Herr Prof. Dr. F. A. Forel, Präsident, Morges.
» » Dr. H. Golliez, Sekretär, Lausanne.
» » Dr. A. Lang, Zürich.

C. Ehemalige Jahrespräsidenten, ehemalige Mitglieder des Centralkomitees, Präsidenten der Kommissionen und Abgeordnete der kantonalen naturforschenden Gesellschaften und der permanenten Sektionen.

Aargau: Herr Dr. H. Fischer-Siegwart, Zofingen.
Basel: » Prof. Dr. Von der Mühll.
» » » E. Hagenbach-Bischoff.
» » » F. Burckhardt-Brenner.
» » » F. Zschokke.

Bern :	Herr Prof. Dr. E. Fischer.
	» » » St. v. Kostanecki.
	» » » E. Brückner.
	» B. Studer-Steinhäuslin,
	» Dr. Ch. Moser, Rechnungs-
	» H. Kesselring, revisoren.
	» Hofrat Dr. Brunner von Wattenwyl.
	» Dr. Th. Steck, Oberbibliothekar.
Freiburg	» A. Gremaud, Ingénieur cantonal.
	» H. Cuony, pharmacien.
	» Prof. Musy.
Genf :	» Prof. Dr. M. Micheli.
	» » » Ed. Sarasin.
Graubünden :	» Dr. P. Lorenz, Chur.
Luzern :	» Prof. Dr. Bachmann.
	» Dr. Schumacher-Kopp, Kantonschem.
	» Dr. O. Suidter-Langenstein.
Neuenburg :	» Prof. Dr. M. de Tribolet.
	» » » Billeter.
Thurgau :	» Dr. Eberle, Seminarlehrer, in Kreuzlingen.
Unterwalden :	» Dr. Ed. Etlin in Sarnen.
Waadt :	» Borgeaud, Directeur des Abattoirs, in Lausanne.
	» Prof. Dr. Renevier.
Zürich :	» Prof. Dr. Bamberger.
	» » » H. Wild.
	» » » A. Heim.
	» » » C. F. Geiser.
	» » » Cramer.
	» Direktor Billwiller.

Verhandlungen.

1. Der Präsident eröffnet die Sitzung und begrüsst die Anwesenden. Die Liste der Mitglieder des Jahresvorstandes, des Centralkomitees und der angemeldeten Delegierten der kantonalen Gesellschaften, der permanenten Sektionen, der Kommissionspräsidenten u. s. w. wird verlesen. Davon sind die vorstehend genannten Herren anwesend.

2. Die Herren Hofrat Dr. Brunner von Wättenwyl in Wien und Prof. Dr. Ludwig Fischer in Bern werden der Generalversammlung einstimmig zu Ehrenpräsidenten der 81. Jahresversammlung vorgeschlagen. Herr Hofrat Brunner verdankt den Vorschlag mit kurzen Worten.

3. Herr Prof. Dr. F. A. Forel verliest den Bericht des Centralkomitees über das Jahr 1897/98. Die Versammlung beschliesst einstimmig, den Bericht des Centralkomitees der Hauptversammlung zur Genehmigung zu empfehlen.

4. Herr Prof. Dr. F. A. Forel referiert über die Rechnung pro 1897/98. Das Centralkomitee hat die Rechnung geprüft; ebenso beantragen die vom Jahresvorstand bezeichneten Rechnungsrevisoren, nämlich die Herren: Apotheker B. Studer-Steinhäuslin, Dr. Ch. Moser und H. Kesselring, Sekundarlehrer, in einem schriftlichen Bericht (siehe nachfolgende Rechnung), die besagte Jahresrechnung zur Genehmigung zu empfehlen, was unter bester Verdankung an die Quästorin, Frl. Fanny Custer, angenommen wird.

5. Herr Prof. Dr. Th. Studer spricht dem Centralkomitee, dessen Amtsdauer zu Ende ist, den herzlichsten Dank aus für seine Thätigkeit und die vorberatende Kommission, so viel an ihr ist, entlastet dasselbe für seine Thätigkeit.

6. Das Centralkomitee beantragt, die bisherige provisorische Kommission für schweiz. Kryptogamenkunde der Generalversammlung zur Umwandlung in eine definitive Kommission zu empfehlen und als Mitglieder vorzuschlagen: Dr. H. Christ-Basel, Präsident, Prof. Dr. Schröter-Zürich, Prof. Dr. E. Fischer-Bern, Prof. Dr. Chodat-Genf und Dr. Jean Dufour-Lausanne. Der Vorschlag wird von der vorberatenden Kommission einstimmig unterstützt.

7. Das Centralkomitee schlägt vor, die Prüfung des Antrages auf Einsetzung einer anthropologischen Kommission der schweiz. naturf. Gesellschaft der am Dienstag tagenden anthropologischen Sektion zu übertragen, was angenommen wird.

8. Der Ausstellungskommission der schweiz. naturf. Gesellschaft in Genf, Präsident Prof. H. Golliez, wird auf Antrag des Centralkomitees zu Handen der Generalversammlung Décharge erteilt.

9. Bezüglich der Neuwahl des Centralkomitees schlägt das bisherige Centralkomitee vor:
   1. den Sitz desselben nach Zürich zu verlegen;
   2. der Hauptversammlung vorzuschlagen:
      als Präsident des Centralkomitees: Herr Prof. Dr. C. F. Geiser.
      als Mitglieder: Herr Prof. Dr. Kleiner,
            » » » Schröter,
sowie diejenigen Mitglieder, die von Amtes wegen dem Centralkomitee angehören, nämlich
Herr Prof. Dr. A. Lang, Präsident der Denkschriftenkommission,
Fräulein Fanny Custer in Aarau, Quästorin,
zu bestätigen. Beide Anträge werden der Generalversammlung einstimmig empfohlen.

§ 18 der Statuten schreibt vor, dass der Präsident des C. C. am Sitz des Centralkomitees zu wohnen habe. Herr Prof. Dr. Geiser wohnt aber in Küssnacht bei Zürich. Da ein analoger Fall (Lausanne, Prof. Dr. Forel in Morges) schon bereits einmal von der Gesellschaft erledigt worden ist, wird beschlossen, im vorliegenden Fall gleich zu verfahren und dadurch, dass Küssnacht, wie es auch thatsächlich der Fall ist, im Lokalrayon von Zürich liegt, wird erklärt, dass dem § 18 ein Genüge geleistet worden sei. Wird der Hauptversammlung einstimmig empfohlen.

10. Das Centralkomitee hatte es von der Jahresversammlung in Engelberg übernommen, über die Eingabe der Centralkommission für schweiz. Landeskunde (Präsident Hr. Dr. Guillaume, Sekretär Prof. Dr. Graf) an die Bundesbehörden betreffend die Herausgabe der Werke verstorbener schweiz. Gelehrter die Meinungen der kantonalen Gesellschaften einzuholen. Die Idee ist der nähern Prüfung wert; deshalb beantragt das Centralkomitee, das Studium der Angelegenheit an die Denkschriftenkommission zu weisen, welche sich nach Bedarf zu diesem Behufe ergänzen kann. Dieser Antrag wird der Generalversammlung einstimmig empfohlen.

11. Auf Antrag des Centralkomitees werden die folgenden Kreditgesuche der Kommissionen der Generalversammlung empfohlen:

a. der Bibliothekkommission ein Kreditgesuch von 1000 Fr. pro 1898/99,

b. der limnologischen Kommission ein Kredit von 150 Fr.;

c. der Moorkommission ein Kredit von 60 Fr.,

d. der Erdbebenkommission ein Kredit von 100 Fr.,

e. der Flusskommission ein Kredit von 100 Fr.

12. Auf Antrag von Hrn. Prof. Dr. E. Hagenbach-Bischoff wird Prof. Dr. F. A. Forel wieder zur Wahl in die Gletscherkommission vorgeschlagen.

13. 51 neue Mitglieder werden der Generalversammlung zur Aufnahme empfohlen.

14. Die Liste der neu angemeldeten Mitglieder, wird verlesen und sämtliche 51 der Gesellschaft zur Aufnahme empfohlen.

15. Als Ehrenmitglieder der Schweiz. Naturf. Gesellschaft werden der Generalversammlung einstimmig folgende Herren vorgeschlagen :

    1. Herr Prof. Mich. Foster, in Cambridge, Secr. of the R. S.

    2. » G. de Mortillet, à St-Germain en Laye, Seine et Oise, France.

    3. » Prof. Dr. Ed. Richter, in Graz.

    4. » Prof. Dr. A. G. Nathorst, in Stockholm.

    5. » Prof. Dr. E. Duclaux, Directeur de l'Institut Pasteur, Paris.

    6. » Prof. Dr. Crova à Montpellier.

    7. » Erich von Drygalski, in Berlin.

16. Durch Brief vom 14. Juli schenkt die Familie des Herrn Prof. Dr. Franz Jos. Kaufmann den gesamten naturwissenschaftlichen litterarischen Nachlass der Bibliothek der Schweiz. Naturf. Gesellschaft unter der Bedingung, dass ein bezügliches « ex libris » angebracht werde. Dieses wertvolle Geschenk wurde mit Freude empfangen und das Jahreskomitee ist beauftragt, der Familie des sel. Prof. Kaufmann den Dank der Gesellschaft auszusprechen.

17. Der Präsident gibt Kenntnis von einer Einladung zum internationalen Kongress von Hydrologie, Klimatologie und Geologie von Lüttich im Jahr 1898.

18. Der Präsident des C. C. teilt mit, dass für die Jahresversammlung des nächsten Jahres eine Einladung nach Neuenburg vorliege. Er beantragt, dass man diese Einladung mit Dank acceptiere und der Generalversammlung als Jahrespräsident vorschlage Herrn Prof. Dr. M. de Tribolet in Neuenburg. Wird angenommen. Prof. de Tribolet verdankt mit kurzen Worten die Zusage und den Vorschlag.

19. Das nachstehende vom Jahresvorstand vorgelegte Programm für die Haupt- und Sektionsversammlungen wird genehmigt:

Sonntag den 31. Juli.

8 Uhr abends: Empfang der Gäste und Kollation, dargeboten von der Bernischen Naturforschenden Gesellschaft im grossen Saale des Gesellschaftshauses Museum.

Montag den 1. August.

8 Uhr: Erste Hauptversammlung im Grossratssaale. (Siehe die Protokolle.)

1 Uhr nachmittags: Bankett im grossen Saale des Gesellschaftshauses Museum.

4 Uhr nachmittags: Aufbruch nach dem Glasbrunnen.

5 Uhr nachmittags präcis: Waldfest beim Glasbrunnen Aufführung der Festdichtung von Otto v. Greyerz, unter gütiger Mitwirkung der Studentenverbindungen Helvetia, Zofingia, Zähringia, Halleriana und anderer Mitglieder der Academia Bernensis.

7½ Uhr abends: Konzert und italienische Nacht in der Innern Enge.

Dienstag den 2. August.

Von 8 Uhr an: Sektionssitzungen. (Siehe die Protokolle.)

Am Nachmittag werden die Sektionssitzungen fortgesetzt, eventuell die Museen und Special-Ausstellungen in den Instituten besichtigt.

Folgende Museen stehen den Festteilnehmern gegen Vorzeigung der Festkarte offen:

Naturhistorisches Museum,
Kunstmuseum,
Historisches Museum,
Stadtbibliothek.

9 Uhr abends: Beleuchtung des Münsterturmes, dargeboten vom Verkehrsverein der Stadt Bern.

9¼ Uhr abends: Beleuchtung des nördlichen Aarebeckens,
besonders des Rabbenthals und Altenbergs, dargeboten von den Bewohnern des Rabbenthalquar-
tiers und der anliegenden Quartiere.

9½ Uhr abends: Fest-Kommers auf dem Schänzli.

Mittwoch den 3. August.

7 Uhr 50 Min. punkt: Abfahrt per Extrazug nach Grindelwald.

11 Uhr 25 Min. Ankunft in Grindelwald.

12 Uhr. Zweite Hauptversammlung in der Kirche
zu Grindelwald. (Siehe die Protokolle.)

2½ Uhr. Bankett im grossen Saale des «Hotel Bären»
in Grindelwald.

Schluss der Jahresversammlung.

Verzeichnis der naturwissenschaftlichen und medizinischen Institute und Museen.

Chemiegebäude, Freiestrasse.

Physikalisches Institut und tellurisches Observatorium.

Botanisches Institut, botanischer Garten und botanische
Sammlungen am Altenbergrain.

Geologisch-mineralogisches Institut.

Pharmaceutisches Institut mit pharmakognost. Museum.

Laboratorium des Kantonschemikers.

Geographisches Institut der Universität.

Die Institute der Tierarzneischule, im sog. «Tierspital».

Anatomie.

Physiologisches Institut (Hallerianum).

Gynäkologische Klinik im kantonalen Frauenspital.

Die übrigen Kliniken sämtlich im Inselspital.

Bakteriologisches Institut.

Pathologisches Institut.

Medizinisch-Chemisches und Pharmakologisches Institut.

Naturhistorisches Museum, enthaltend die zoologischen und mineralogisch-geologischen Sammlungen.

Permanente Schulausstellung.

Ausstellungen.

Während der Versammlung werden folgende

Specialausstellungen

veranstaltet, resp. werden zur Besichtigung empfohlen:

Im naturhistorischen Museum in der zoologischen Abteilung:

1. Sammlung der schweizerischen Wirbeltiere.
2. Schweizer. Fische nach Methode Davidson, trocken montiert.
3. Molluskensammlung von Shuttleworth.
4. Sammlung von Schädeln prähistorischer und moderner Haushunde.

Im naturhistorischen Museum in der geologisch-mineralogischen Abteilung:

1. Neuordnung der F. W. Oosterschen und allgemeinen alpinen Petrefaktensammlung, Einreihung der Sammlung alpiner Versteinerungen von Dr. C. Mösch.
2. Neugruppierung der hervorragenden Bergkrystall- und Rauchquarzgruppen in den Schauvitrinen des Mineraliensaales.

Im botanischen Institut:

1. Auswahl von Sammlungsgegenständen aus dem Nachlass der Bernischen Mykologen Trog und Otth.
2. Sammlung von Alkoholexemplaren, Abbildungen und Präparaten von Phalloideen und Tuberaceen.

Im zoologischen Institut:

Ausstellung von Photocol-Präparaten.

Im physiologischen Institut:

Ausstellung von Röntgenaufnahmen und Röntgen-apparaten (mit Demonstrationen), veranstaltet vom Röntgen-Institut des Inselspitals (Dr. Schenkel).

Es werden folgende Firmen ebendaselbst ausstellen:

Dr. Hasler (Eidgenössische Telegraphenwerkstatt) zu Bern: Elektrische Apparate für physiologische Untersuchungen und medizinische Heilmethoden. Gebrüder Bischhausen, Mechaniker und Optiker: Perimeter mit Momentbelichtung, Luftschreibkapsel, Hebelkontakte, Optische Apparate. Mechaniker und Optiker Büchi: Aby's Gehirnschema, Optische Apparate. Klöpfer, Instrumentenmacher: Apparat zur Narkose mit künstlicher Atmung, Chirurgische Instrumente. Pfister und Streit: Polarisations-Apparat, Haemoglobinometer, Kymographion etc. Schaerer: Medizinische Apparate und Instrumente. Hotz: Thermometer, Haemoglobinometer, Optische Instrumente.

Im pharmaceutischen Institut:

1· Ausstellung interessanter Flückigeriana (Original-dokumente, Ehrengaben, Briefwechsel, Porträts, Medaillen, Diplome, Publikationen F. A. Flückigers).

2. Ausstellung von Photographien tropischer Vegetationsformen und der Kulturen indischer Heil- und Nutzpflanzen.

3. Ausstellung neuer Heilmittel, besonders schweizerischer Fabriken.

4. Ausstellung von Aquarellen giftiger und unschädlicher Pilze, ausgeführt von B. Studer, jun., Apotheker

Im chemischen Institut, anorganische:

1. Sammlung seltener anorganischer Präparate.
2. Ausstellung von neueren Apparaten für Gasanalyse und technische Analyse.
3. Ausstellung von in der chemischen Grossindustrie benutzten Thonwaren.

Im anatomischen Institut:

Ausstellung neuer Schultisch - Konstruktionen von Herrn Dr. Schenk.

II.

Erste allgemeine Sitzung

den 1. August 1898, morgens 8 Uhr,
im Grossratssaale.

---

1. Auf Antrag der vorberatenden Kommission werden
zu Ehrenpräsidenten gewählt die Herren
Hofrat Dr. Brunner von Wattenwyl-Wien,
Prof. Dr. Ludwig Fischer-Bern.
Nachdem die beiden Herren die ihnen zukommenden Ehrensitze eingenommen, verdankt Herr
Hofrat Dr. Brunner in seinem und Herrn Fischers
Namen die ihnen erwiesene Ehrenbezeugung.
2. Nachdem der Präsident der Jahresversammlung, Herr
Prof. Dr. Th. Studer, darauf aufmerksam gemacht hat,
dass Bern es sich zur hohen Ehre anrechne, die
Schweiz. Naturf. Gesellschaft zum sechsten Mal in
seinen Mauern zu empfangen, eröffnet er die Versammlung durch eine Rede: « Über den Einfluss der
Paläontologie auf den Fortschritt der zoologischen
Wissenschaft ». (Siehe dieselbe im Anfang dieses
Heftes.)
3. Der Bericht des Centralkomitees pro 1897/98 wird
verlesen und genehmigt.
4. Die Rechnung der Gesellschaft pro 1897/98 wird auf
Antrag der Rechnungspassatoren und der vorberatenden Kommission unter bester Verdankung an die
Quästorin genehmigt.

5. Auf Antrag der vorberatenden Kommission wird
Zürich zum Sitz des Centralkomitees für 1898—1904
bestimmt, Herr Prof. Dr. C. F. Geiser wird als
Centralpräsident, die Herren Prof. Dr. Kleiner und
Schröter werden als Mitglieder gewählt. Herr Prof.
Dr. A. Lang als Präsident der Denkschriftenkom-
mission und Frl. Fanny Custer in Aarau werden auf
eine neue Amtsperiode bestätigt.

Herr Prof. Dr. C. F. Geiser verdankt die Zürich
und ihm erwiesene Ehre.

6. Der Bericht und die Rechnung der Denkschriftenkommission pro 1897/98 (Berichterstatter Prof. Dr.
A. Lang) werden genehmigt.

7. Der Ausstellungskommission für die Landesausstellung in Genf wird unter bester Verdankung für die
geleisteten Dienste Décharge erteilt.

8. Herr Prof. Dr. Alb. Heim verliest den Bericht der
Kommission der Schläflistiftung. Die auf den 1. Juni
1898 ausgeschriebene Preisfrage über den Goldauer
Bergsturz oder Untersuchung einiger prähistorischer
Bergstürze hat einen Bearbeiter gefunden, der seiner
Arbeit das Motto gegeben hat « Erosion und Accumulation ». Die Kommission beantragt, es sei dem
Verfasser der Arbeit « Erosion und Accumulation »
in Würdigung seiner vortrefflichen Arbeit ein Doppelpreis von 1000 Fr. zu erteilen. Das versiegelte Couvert, welches den Namen des Verfassers enthält,
wird dem Jahrespräsidenten zur Eröffnung übergeben;
der Verfasser ist Herr Jakob Oberholzer, Lehrer
an der höhern Stadtschule von Glarus.

Auf den 1. Juni 1899 bleibt die Preisfrage «Über
den Einfluss der äussern Lebensbedingungen auf den
Bau und die biologischen Verhältnisse der Fauna
von Alpenseen» ausgeschrieben. Auf den 1. Juni 1900
wird verlangt: « Eine Monographie der schweizerischen Rostpilze ».

Der Bericht der Kommission wird genehmigt.

9. Herr Prof. Dr. E. Schär in Strassburg hält einen Vortrag: «Über die neuere Entwicklung der Schön-bein'schen Untersuchungen über Oxydationsfermente». Nach einer kurzen, an den 30. Gedenktag des Todes dieses Forschers (29. August 1868) anknüpfen-den Einleitung werden zunächst die wichtigsten, auf Oxydationsfermente bezüglichen und an die An-schauungen über Sauerstoff-Erregung, Polarisation des Sauerstoffs, Ozonübertragung und Katalyse des Wasserstoffsuperoxydes anknüpfenden Arbeiten Schön-bein's besprochen und sodann die nach Schönbein's Tode von neueren Forschern ausgeführten Unter-suchungen über sauerstofferregende fermentartige Materien sowohl in tierischen als in pflanzlichen Ge-weben erörtert. Hierbei wurde in ersterer Beziehung hauptsächlich der Arbeiten von Hoppe-Seyler, M. Traube, sowie von Röhmann und Spitzer, in letz-terer der Untersuchungen von Bertrand und Bour-quelot über die Laccase und über die Fermente der selbstbläuenden Pilze gedacht.

10. Es erfolgt die Aufnahme von 51 neuen Mitgliedern und die Ernennung der von der vorberatenden Kom-mission vorgeschlagenen 7 Ehrenmitgliedern. (Siehe die Liste.)

11. Herr Dr. M. Standfuss, Privatdozent in Zürich, hält einen Vortrag: «Experimentelle zoologische Studien mit Ausblicken auf einige Grundfragen der Evolu-tionslehre».

Der geehrte Herr Vortragende brachte einen Aus-zug aus seiner soeben in den Denkschriften der Schweiz. Naturf. Gesellschaft (1898 p. 1—81) ver-öffentlichten Arbeit: «Experimentelle zoologische Studien mit Lepidopteren» und erläuterte das Gesagte an zahlreich vorgelegtem Demonstrationsmaterial.

12. Herr Prof. Dr. E. Yung in Genf trägt vor: «La digestion chez les poissons».

Il ramène les phénomènes digestifs à quatre types de distribution des éléments, histologiques dans la muqueuse intestinale : le *Petromyzon* chez qui la muqueuse est seulement recouverte d'éléments épitheliaux ; le *Cyprinoïde* où se manifestent des différenciations cellulaires préparant la formation des glandes ; le type *Perca* où des glandes digestives proprement dites se localisent dans l'estomac et le type *Squale* où ces glandes sont accompagnées d'un pancréas massif. M. Yung décrit pour chacun de ces types quels sont les produits de la digestion dans les diverses portions du tractus intestinal. Ses recherches viennent confirmer les vues qu'il a émises sur l'évolution de la fonction digestive, dans l'assemblée générale de Zermatt en 1895.

13. Der Bericht der Bibliothekkommission wird genehmigt und pro 1898/99 ein Kredit von 1000 Fr. bewilligt.

Hiebei gibt der Herr Präsident Kenntnis von der Schenkung des litterar. naturhistorischen Nachlasses des Herrn Prof. Dr. Franz Jos. Kaufmann sel. von Luzern. Diese Schenkung wird der Familie Kaufmann bestens verdankt.

14. Der von Herrn Prof. Dr. E. Hagenbach-Bischoff verlesene Bericht der Gletscherkommission wird genehmigt und Herr Prof. Dr. F. A. Forel wieder als Mitglied der Kommission gewählt.

15. Der von Herrn Dr. Aeppli verlesene Bericht der geologischen Kommission wird verlesen und genehmigt und

16. Ebenso der von Herrn Prof. Dr. Zschokke verlesene Bericht der limnologischen Kommission. Pro 1898/99 wird der Kommission ein Kredit von Fr. 150 bewilligt.

17. Herr Dr. Früh verliest den Bericht der Moorkommission. Derselbe wird gutgeheissen und der Kommission ein Kredit von 60 Fr. pro 1898/99 bewilligt.

18. Herr Prof. Dr. Dussaud von Paris demonstriert den im Saal montierten Mikrophonograph System Berthou-Dussaud-Jaubert. Die praktischen Versuche werden auf Dienstag den 2. August, vormittags 9 Uhr, angesetzt.

19. Schluss der Sitzung 12 Uhr.

III.

Zweite allgemeine Versammlung

den 3. August, mittags 12 $\frac{1}{4}$ Uhr, in der Kirche
zu Grindelwald.

———

1. Der Herr Präsident, Prof. Dr. Th. Studer, dankt den
   Behörden des Ortes, dass dieselben die so reich ge-
   schmückte Kirche unserer Gesellschaft für die Hauptversammlung zur Verfügung gestellt haben.
2. Der Antrag der Central - Kommission für schweizerische Landeskunde an die Bundesbehörden betreffend die systematische Herausgabe der Werke berühmter verstorbener schweizerischer Gelehrter wird
   der Denkschriften-Kommission zum nähern Studium
   und Antragstellung überwiesen, welche sich zu diesem Behufe nach Bedarf ergänzen kann.
3. Der Bericht der Flusskommission (Referent Hr. Prof.
   Dr. Brückner), sowie pro 1898/99 ein Kredit von
   100 Fr. werden genehmigt.
4. Desgleichen der Bericht der Erdbeben - Kommission,
   Referent Hr. Dr. Früh, sowie ein Kredit von 100 Fr.
   pro 1898/99.
5. Der Bericht der Kommission für Kryptogamenkunde
   (Referent Hr. Prof. Ed. Fischer) wird genehmigt, die
   Kommission definitiv bestätigt.
6. Herr Prof. Dr. R. Chodat in Genf hält seinen Vortrag: «Symbioses bactériennes et mycéliennes».

M. Chodat a exposé l'état de la question des symbioses bactériennes et mycéliennes. Il a rappelé les
expériences récentes de Mazé qui a réussi à cultiver
la bactérie des Légumineuses et à démontrer qu'elle
est capable d'assimiler activement l'azote gazeux
tout en détruisant du sucre. M. Chodat montre que
ces bactéries dont il a vérifié, avec le concours
M. Riklin, les propriétés physiologiques, se laissent
cultiver sur des milieux très variés. On peut en outre
l'inoculer aux graminées chez lesquelles elle produit
un phelloderme très singulier. Il a en outre réussi
à isoler le microorganisme qui produit les nodosites
sur les racines de l'Hippophae et des Aulnes. C'est
une bactérie ramifiée très voisine de celle des Légumineuses et qui se comporte exactement comme cette
dernière. Elle est également capable d'absorber l'azote
gazeux en culture appropriée.

Des microbes du même groupe ont été isolés des
lenticelles du collet des Myricaria et des Saules. La
morphologie curieuse de ces bactériés permet d'en
faire une série particulière à mettre en parallèle avec
les Chamaesiphoniées chez les Cyanophycées.

M. Chodat a également isolé de la plupart des
orchidées suisses et de plusieurs du midi de la France
le champignon symbiotique. Ce travail a été fait en
collaboration avec Mlle v. Schirnhofer. C'est un
Alternaria qui s'est montré incapable d'un beau développement dans des milieux de culture dépourvues d'azote combiné. Le noyau des cellules de
la racine des orchidées subit sous l'influence du
champignon une altération passagère semblable à
celle qui s'observe pour ces mêmes organes de la
cellule dans les tentacules du Drosera carnivore quand
ils sont excités par la nourriture. Ces recherches ont
été également faites par un élève de M. Chodat, le
Dr F. Barth.

S'il est donc permi d'affirmer actuellement que l'obsorption de l'azote gazeux par le microbe des Légumineuses et de l'Hippophae est un fait certain, cela ne parait pas être le cas pour le champignon symbiote de la racine de beaucoup d'orchidées.

7. Als Ort der Jahresversammlung pro 1899 wird Neuenburg und zum Jahrespräsidenten Herr Prof. Dr. M. de Tribolet gewählt. Der Letztere verdankt die Wahl.

8. Herr Prof. Dr. Brückner in Bern spricht « Über Höhengrenzen in den Schweizeralpen ». Er zeigt an der Hand der Untersuchungen, die die Herren Dr. Jegerlehner und Imhof im geographischen Institut der Universität Bern angestellt haben, wie sehr verschieden sowohl die Schneegrenze als die Waldgrenze in den verschiedenen Teilen der Schweizeralpen liegen. Die klimatische Schneegrenze, deren Begriff nach dem Vorgang Richters definiert wird, steigt nach Jegerlehner gegen das Innere des Gebirges an und liegt vor allem, was viel schärfer ausgesprochen ist, umso höher, je weniger und grösser die Erhebung einer Gebirgsgruppe ist. So liegt sie am Säntis in 2450 m., Glärnisch 2500, Titlis 2610, Tristgebiet 2750; ferner in den Walliser Alpen bei 3100 m., am Wildstrubel 2740 m., Finsteraarhorn 2950, Gotthard 2700 u. s. w.

Auch die Waldgrenze zeigt nach Imhof einen solchen Einfluss, und zwar steigt dieselbe mit der Thalsohle, also in der Regel thalaufwärts. Einige Zahlen mögen ihre Lage kurz skizzieren: Säntis 1500 m., Pilatus 1600, Engadin 2100, Wallis bis 2300 m.; Oberengadin 2160, Unterengadin 2060, Scarlthal 2200, Münsterthal 2130.

Die Ursache dieser so verschiedenen Lage von Waldgrenze und Schneegrenze liegt darin, dass je höher die Erhebung eines Gebirgsstockes ist, desto höher die isothermischen Flächen des Sommers ge-

hoben werden. Das lässt sich durch die meteorologischen Beobachtungen direkt nachweisen. Für die
Lage der Schneegrenze kommt auch noch die Niederschlagsmenge in Betracht, die z. B. sichtlich die
hohe Lage im Wallis mitbeeinflusst.

9. Eine Schenkung von Broschüren unseres Ehrenmit-
gliedes Prof. Dr. Pavesi in Pavia wird bestens verdankt.

Herr Prof. Dr. F. A. Forel übernimmt den Vorsitz
und erteilt das Wort Herrn Prof. E. Hagenbach-
Bischoff von Basel. Derselbe beantragt:

1. Die Versammlung möchte den Jahresvorstand be-
auftragen, den tiefgefühlten Dank der Gesellschaft
allen denen, Behörden und Privaten von Bern und
von Grindelwald auszusprechen, die den Empfang
der jetzigen Session zu einem so überaus glänzenden und herzlichen gestaltet haben.

2. Die Versammlung möchte dem Jahresvorstand,
vor allem dem Präsidenten, Vicepräsidenten und
Generalsekretär, sowie allen andern Mitgliedern
des Organisations-Komitees für die gelungene
Durchführung der Jahresversammlung den wärm-
sten Dank abstatten.

3. Der Jahresvorstand wird beauftragt, dem abtre-
tenden Central-Komitee für seine so überaus
fruchtbare Thätigkeit die volle Anerkennung auszusprechen.

Alle drei Anträge werden von der Versammlung
mit grossem Beifall genehmigt.

10. Herr Prof. Dr. F. A. Forel dankt mit einigen warmen Worten und bittet, das abtretende C.-C. nun
wegen seiner Amtsführung für die sechs Jahre 1892
bis 1898 noch formell zu dechargieren. Nachdem
Herr Prof. Dr. Studer wieder den Vorsitz übernommen, wird diese Decharge an das abtretende C.-C.
in allen Ehren und unter bestem Dank erteilt.

11. Hierauf erklärt der Präsident des Jahresvorstandes, Herr Prof. Dr. Th. Studer, die 81· Jahresversammlung der Schweizerischen Naturforschenden Gesellschaft für geschlossen.

Schluss der Sitzung 2 Uhr.

———

Die Versammlung begibt sich zum Schluss-Bankett ins Hotel Bären.

IV.

Protokolle der Sektionssitzungen.

A. Sektion für Mathematik, Astronomie und Physik.

Sitzung den 2. August, vormittags 8 Uhr,
im anorganischen Hörsaal des Chemiegebäudes.

Einführende: Herr Prof. Dr. J. H. Graf.
»   »   Dr. G. Sidler.
»   »   ‹ Dr. G. Huber.
Präsident: »   »   Dr. J. H. Graf.
Sekretär: »   »   Dr. P. Gruner.

---

1. Herr Prof. Dr. Geiser (Zürich): Über tripelorthogonale Flächensysteme.

Um ein tripelorthogonales Flächensystem herzustellen, darf man die erste Schar desselben nicht willkürlich wählen, sondern es muss die nach dem Parameter aufgelöste Gleichung durch eine Funktion der cartesischen Coordinaten bestimmt sein, welche einer partiellen Differentialgleichung dritter Ordnung Genüge leistet. Der Weg, auf welchem diese Differentialgleichung abgeleitet werden kann, ist durch Schläfli im 76. Bande des Crelle'schen Journals (1870) und durch Cayley in Salmons Raumgeometrie (1874) genau vorgezeichnet worden. Die explicite Darstellung derselben durch Cayley geschieht durch die schon von Schläfli angedeuteten Determinanten sechsten Grades.

Beachtet man, dass die von den genannten Autoren angewandten analytischen Methoden den Polarenbildungen für ebene Curven entsprechen, wie sie schon Hesse in seinen Vorlesungen (1861) zum Beweise des Dupin'schen Theorems benutzt hat, so gelangt man zu der einfachsten Form der Differentialgleichung vermittelst Determinanten dritten Grades, die einer sehr anschaulichen geometrischen Interpretation fähig sind.

2. Herr Dr. Ch. Moser (Bern): Über eine in der Theorie der Krankenversicherung auftretende Funktion. Es handelt sich um die Funktion

$$R(t) = \frac{\int_0^t Z(x)\,dx}{\int_0^1 Z(x)\,dx},$$

wo $Z(x)$ aus der Beobachtung zu bestimmen ist. Es wird gezeigt, wie man auf die Funktion $R(t)$ geführt wird. Sie ist berufen, in der mathematischen Theorie der Krankenversicherung eine wichtige Rolle zu spielen. Ein zahlreiches, auf Männer bezügliches Beobachtungsmaterial führt auf die durch die Gleichung

$$k\,Z(x) = e^{\frac{r}{1+cx}} - 1$$

ausgesprochene Interpretation, wobei k lediglich ein Proportionalitätsfaktor ist, r und c dagegen zwei zu bestimmende Constante darstellen. Es gelingt also, $R(t)$ durch Bestimmung von nur zwei Constanten, r und c, zu ermitteln. Dieses Resultat ist um so interessanter, als viele variable Elemente — mehr als bei astronomischen und physikalischen Beobachtungen gewöhnlich auftreten — ihren Einfluss auf die Beobachtungsreihen geltend machen. Die Constanten r und c werden für $x_1 = 1$ Woche und x_2 = 26 Wochen aus einer Serie von über 10,000 Einzelbeobachtungen bestimmt.

Die nach dem mathematischen Gesetze auftretenden Funktionswerte finden sodann eine Gegenüberstellung mit den Beobachtungsreihen. Es wird dabei gezeigt, wie vorteilhaft sich bei der mathematischen Behandlung versicherungswissenschaftlicher Probleme die Einführung von - stetigen Funktionen gestalten kann.

Schliesslich erfährt noch eine auf die Gleichung

$$v(u) = \frac{1}{u\,R(u)} \int_0^u R(t)\,dt$$

führende Anwendung der Funktion R eine besondere Berücksichtigung.

3. M. le Dr L. Crelier (St-Imier): *Loi de périodicité du développement des racines carrées en fraction continue.*

Soit la valeur $\sqrt{a}$ développée en fraction continue :

$$\sqrt{a} = b + \frac{1}{b_1} + \frac{1}{b_2} + \frac{1}{b_3} + \cdots \quad \text{à l'infini.}$$

Les quotients incomplets présentent la loi suivante :

I. Les quotients incomplets de la fraction continue représentant la racine carrée d'un nombre entier forment une période mixte.

II. Le premier quotient *b*, seul ne fait pas partie de la période.

III. Le premier terme de la période est *b*, et le dernier terme est 2*b*.

IV. Dans la période, tous les quotients incomplets depuis *b*, à l'un d'eux se reproduisent dans l'ordre inverse pour finir avec b_1, puis 2*b*.

Développement. Il y a 2 cas suivant que le terme critique se répète ou non.

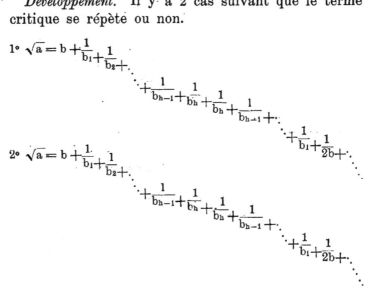

$$1^{\circ} \quad \sqrt{a} = b + \cfrac{1}{b_1 + \cfrac{1}{b_2 + \cdots}}$$

$$\cdots + \cfrac{1}{b_{h-1} + \cfrac{1}{b_h + \cfrac{1}{b_h + \cfrac{1}{b_{h-1} + \cdots}}}}$$

$$\cdots + \cfrac{1}{b_1 + \cfrac{1}{2b + \cdots}}$$

$$2^{\circ} \quad \sqrt{a} = b + \cfrac{1}{b_1 + \cfrac{1}{b_2 + \cdots}}$$

$$\cdots + \cfrac{1}{b_{h-1} + \cfrac{1}{b_h + \cfrac{1}{b_h + \cfrac{1}{b_{h-1} + \cdots}}}}$$

$$\cdots + \cfrac{1}{b_1 + \cfrac{1}{2b + \cdots}}$$

4. Herr G. Künzler (Zürich) spricht über Doppel-
cúrven von abwickelbaren Flächen.

G. Künzler definiert eine Curve △, die als Bild der
Doppelcurve betrachtet werden kann, wenn die Curve
φ_n, welche die abwickelbare Fläche zur Tangenten-
fläche hat, eindeutig auf einen Kegelschnitt K, eine
Curve 3. oder eine Curve 4. Ordnung abgebildet werden
kann. Die Diskussion von △ und K liefert auf einfache Weise einige der 14 Cremmaischen Gleich-
ungen, und lässt die, durch · die durch singulären
Elemente von φ_n, in der Doppelcurve bedingten Singularitäten erkennen. Die Curve △ kann für die
Curven 5., 6. Ordnung als Jakobische Curve eines
Curvennetzes 3. Ordnung, dessen Componenten apolar
zu K sind, betrachtet werden. Soll die Doppelcurve
einer rationalen φ_n wieder rational sein, so zerfällt
△, wenn φ_n keine höhern Singularitäten hat, in
Curven erster oder zweiter Klasse.

5. Herr Prof. Ch. Dufour (Lausanne) spricht über eine
interessante Beobachtung an der Mond-
finsternis vom 3. Juli 1898.

Zuerst hebt er hervor, wie die geringsten Rauch-
schichten in der Atmosphäre schon erhebliche Verdunklung verursachen können, was durch direkte
Versuche bestätigt wurde.

Sodann weist er darauf hin, dass eine schwache
Verdunklung in der schwachroten, bedeckten Mond-
fläche, die um 9 h. 30 m. beobachtet wurde, nicht
anders als der diffuse Schatten der südlichen Anden
sein könne.

6. M. J. Pidoux (Genève) reprend l'explication donnée par M. le professeur Amsler-Laffon qui fait intervenir un changement dans l'état de la réfraction
de l'air qui avoisine la haute montagne pour produire les phénomènes de recoloration des Alpes
pendant le coucher du soleil.

Il fait voir que l'hypothèse de M. Amsler aurait
pour effet non seulement de relever la trajectoire
des rayons solaires, mais encore celle des rayons
visuels des observateurs contemplant le phénomène
depuis la plaine.

Pour eux, comme pour le soleil, le résultat serait
un abaissement progressif, une disparition complète
de la haute montagne, puis sa réapparition. Or le
phénomène de l'Alpenglühn ne présente rien de semblable, on ne remarque pas de mouvement apparent
et il reste par conséquent inexplicable au moyen d'un
changement d'état de la réfraction atmosphérique.

Herr Ch. Dufour wünscht noch vermehrte und
genauere Beobachtungen, Herr Dr. P. Gruner hebt
hervor, dass die Theorie von Amsler immer noch
aufrecht erhalten werden könne, wenn die Aende-
rungen der Refraktion hinter dem Beobachter erfolgen.

7. Herr Prof. H u b e r legt eine Arbeit von Herrn Henri D u f o u r über « Observations sur la déperdition de l'électricité » vor.

8. Herr Dr. P. D u b o i s (Bern) spricht über « M e s s u n g d e r D a u e r der v a r i a b l e n P e r i o d e e i n e s S t r o m e s ». Er weist einen einfachen Apparat zur Messung dieser variablen Periode vor und zeigt, dass der menschliche Körper nicht nur dem Strom einen gewissen Widerstand entgegensetzt, sondern geradezu wie ein eingeschalteter Condensator wirkt.

9. Herr Prof. D. K l e i n e r (Zürich) macht Mitteilung über Messungen betreffend den zeitlichen Verlauf von Ladung und Entladung von Parraffincondensatoren. Es wird durch Curven, welche die Ladung als Funktion der Zeit darstellen, gezeigt, dass für die untersuchten Condensatoren die thatsächlich beobachteten Ladungen genau übereinstimmen mit denjenigen, welche theoretisch für rückstandsfreie Condensatoren sich ergeben.

10. Im Anschluss an diese Mitteilung wird Bericht erstattet über oscillierende Ladung von Condensatoren, wenn die Schwingungen veranlasst werden, einmal durch eine Spule mit 728 Windungen von 0,3 mm. dickem Eisendraht, sodann durch eine Spule von Kupferdraht von kleinen Dimensionen. In beiden Fällen erweist sich die beobachtete Dämpfung grösser als die der Theorie entsprechende, die Kupferspule lässt sogar nur eine einzige Schwingung zu Stande kommen; es macht sich also der Einfluss des Zurückziehens der Strömung an die Peripherie der stromdurchflossenen Drähte sehr stark geltend; inwieweit durch diesen Umstand auch die Schwingungsdauer beeinflusst werde, konnte festgestellt werden durch Vergleichung der Schwingungscurven bei Ladung von Condensatoren von 0,1 MF Capacität durch

Kupfer und Eisenspulen mit nur je 40 Windungen. Bei ungefähr gleichem, aus den Dimensionen zu berechnendem Coefficient der Selbstinduction ergaben sich die Schwingungszeiten bei Ladung durch Kupferdraht zu 0,000045 Sec. bei Ladung durch Eisendraht zu 0,000065 Sec. während für sehr schnell verlaufende Schwingungen die Schwingungzeit von der Permeabilität des stromdurchflossenen Leiters unabhängig und nur abhängig von der des umgebenden Mediums ist.

11. Herr Direktor Dr. H. Wild (Zürich) weist die neueste Form seines Polaristrobometers (konstruiert von Herrn Pfister in Bern) vor.

Die neue Form seines Polaristrobometers, welche kürzlich in der Werkstätte der Herren Pfister & Streit in Bern konstruiert worden ist, hat der Vortragende im wesentlichen bereits in der Vierteljahresschrift der Naturf. Gesellschaft in Zürich, Jahrgang 1898, beschrieben. Indem er der Sektion das Instrument zur Ansicht vorstellt, demonstriert er an demselben besonders einen seither hinzugefügten Teil, nämlich ein angesetztes Amicisches Prisma mit Collimator, welcher gestattet, unter Benutzung einer gewöhnlichen Lampe mit weissem Licht mit derselben Genauigkeit, wie bei Anwendung von Natriumlicht, die optische Drehung für Strahlen von der Brechbarkeit der D-Linie zu bestimmen.

12. Herr L. de la Rive (Genf) spricht über « die Fortpflanzung einer stetig wachsenden Verlängerung in einem elastischen Draht».

Diese Bewegung ist theoretisch berechnet und an einem elastischen Draht besonderer Art, nämlich an einem in feinen Spiralen gerollten Messingdraht von 8 m. Länge auch experimentell bestätigt worden.

13. Herr Dr. Jeanneret spricht über die Entwicklung direkter und inverser Ströme im
elektrischen Felde, wobei er auf gewisse Un-
klarheiten der gewohnten Theorie der Induktion
aufmerksam macht und eine neue Theorie aufstellt.
14. Herr Prof. Dr. E. Hagenbach (Basel) spricht über
« Störungen in Telephonleitungen durch
benachbarten elektrischen Tram».

Seine Versuche haben deutlich diesen Einfluss
nachgewiesen und gezeigt, dass derselbe nicht von
den Bodenleitungen (durch sog. vagabundierende
Ströme), sondern direkt durch Induktion erzeugt
werden.

15. Herr Prof. Dr. R. Weber (Neuenburg) weist ein
neues Hygrometer vor. Dasselbe beruht auf dem
Prinzip der Messung der Luftverdünnung, die in einem
geschlossenen Raume auftritt, wenn daselbst durch
koncentrierte Schwefelsäure alle Feuchtigkeit ab-
sorbiert wird.

16. Herr Direktor Ris (Bern) spricht über die metr-
ologischen Eigenschaften von Stahl- und
Nickellegierungen, nach den Untersuchungen
von Herrn Dr. Guillaume, Adjunkt des internationalen Mass- und Gewichtsbureau in Sèvres (vide
Bericht in den Procès-verbaux des séances de 1897
du comité international des poids et mesures, p. 93).

17. Herr Dr. Ed. Sarasin (Genf) spricht über die
Seichen des Vierwaldstättersees, und hebt
hervor, wie im Flüelen-See eine ausserordentlich
regelmässige, uninodale Bewegung konstatiert werden
konnte.

Schluss der Sitzung : 4 Uhr.

Der Sekretär : Dr. P. Gruner.

B. Sektion für Chemie.

Einführender, Herr Prof. v. Kostanecki, eröffnet die Sitzung um 9 Uhr 15 Min.

Anwesend sind 25 Mitglieder.

Präsident für die Vormittagssitzung: Herr Direktor Dr. Nœlting, Mühlhausen.

Für die Nachmittagssitzung: Herr Prof. Dr. Billeter, Neuchâtel.

Sekretär: Dr. B. Heyman, Bern.

1. Herr Prof. Bamberger, Zürich, spricht

   a) Über Hydrolyse gemischter Azoverbindungen.

Die sogen. Alphylazonitroparaffine stehen in experimentell nachweisbaren Beziehungen zum Phenylhydrazin, denn sie werden durch Alkalien hydrolytisch zerlegt in salpetrige Säure und β-Acylphenylhydrazine z. B.

$$NO_2 - C\underset{CH_2.CH_3}{\overset{N-NHC_6H_5}{<}} + H_2O =$$

$$NO_2H + OC\underset{CH_2-CH_3}{\overset{NH-NH.C_6H_5}{<}}$$

Propionyl phenylhydrazin.

Ganz analog werden aus Phenylazonitroaethan erhalten Acetylphenylhydrazin, aus Phenylazonitropentan Valerylphenylhydrazin.

Analog verhält sich Nitroformazyl, welches zerlegbar ist (auf anderem Wege) in salpetrige Säure und Oxyformazyl; letzteres wird nicht als solches erhalten, sondern durch die Stickoxyde zu einem in weissen Nadeln krystallisierten Körper zerlegt, welcher bei 174° explodiert und durch Analyse, Molecularbestimmung und Eigenschaften als Betain des Diphenyloxytetrazoliumydroxyds charakterisiert ist:

$$C = N-NHC_6 H_5$$

with ring structure containing $N = N-C_6 H_5$ and O

Dieses neutral reagierende «innere Salz» schmeckt bitter, gibt schwerlösliche Salzfällungen mit: Bichromat, Gold- und Platinchlorid, Kaliumpermanganat, Picrinsäure etc.

b) Notiz über Quecksilbermethyl.

Quecksilbermethyl wird durch Stickstoffdioxyd in eine äusserst unbeständige, in der Regel bald nach der Entstehung von selbst verpuffende oder sich zersetzende, in weissen Nadeln vom Schmelzpunkt 65—70 krystallisierende Säure verwandelt, welche folgende Zersetzungsprodukte liefert: Ameisensäure, Kohlendioxyd, Stickoxydul, Stickstoff, Spuren Kohlenoxyd, Ammoniak, Hydroxylanim.

Diese Reaktionserscheinungen finden unter gleichzeitiger Berücksichtigung der der Formel $C_2 N_3 O_4 H_5$ entsprechende Zusammensetzung in der Formel

$$HO . N = C - NH - C = N . OH$$

with HO and OH groups below

(Dioxim der Imido-Kohlensäure) einen, wie dem Vortragenden scheint, passenden Ausdruck.

Einmal — bei spontaner Verpuffung der Substanz — wurde auch Formaldehyd, am Geruch unverkennbar, erhalten.

Notiz über Alphylhydroxylamine.

Alphylhydroxylamine werden durch Luft und Wasser zu Azoxyverbindungen und Wasserstoffsuperoxyd oxydiert; die quantitative Prüfung dieser Reaktion führte zu folgender Gleichung:

$$2 (C_6H_5 - NH \cdot OH) + O_2 + H_2O = H_2O_2 + C_6H_5$$
$$- N_2O - C_6H_5 + 2H_2O$$

und zeigt, dass sich die Hydroxylamine ganz analog gewissen, zweiwertigen Metallen (Zink, Blei etc.) verhalten, welche bekanntlich ebenfalls unter Bildung von H_2O_2 oxydiert werden.

Alphylhydroxylamine werden bei dieser Gelegenheit als «Sauerstoffactivierend» erkannt; sie befähigen z. B. Indigearmin durch Luft oxydiert zu werden.

Versuche zur Methylierung des Phenylhydroxylamins zeigen, dass dieser Körper durch Diazomethan nicht, wie zu erwarten war, methyliert, sondern methyleniert wird, d. h. Diazomethan wirkt wie ein Gemisch von Methylen und Stickstoff indem es im Sinne der Gleichung

$$C H_2 N_2 + 2 \left(H \cdot N \!<^{C_6 H_5}_{OH} \right)$$

$$= CH_2 \!<^{N <^{C_6 H_5}_{OH}}_{N <^{C_6 H_5}_{OH}} + N_2 + H_2$$

Methylenphenylhydroxylamin neben Stickstoff und Wasserstoff erzeugt. Letzterer wird zur Reduktion eines Teiles des Phenylhydroxylamins, das in Anilin übergeht, verbraucht.

Diese Wirkungsweise des Diazomethans scheint typisch für Alphylhydroxylamine zu sein; sie wurde bei verschiedenen Vertretern dieser Körperklasse beobachtet.

2. Herr Dr. C. Schall, Zürich, spricht über elektrolytische Bildung von Disulfiden und eines Nitrokörpers.

Elektrolyse in wässriger Lösung wirkt in folgenden Fällen übereinstimmend mit der bekannten Jodreaktion (d. h. der Umwandlung von Körpern RCSSM in Dithiondisulfide [RCSS—] 2.) Für M = K, wenn

R die Oxymethyl (CH$_3$O—) die Oxaethyl, Oxisobutyl, Oxisoamyl, N (C$_2$H$_5$) 2 — Gruppe [für M $=$ NH$_2$ (C$_2$H$_5$)$_2$]´ sowie den C$_2$H$_5$S — Rest bedeutet (hier unter Bildung eines anscheinend neuen Körpers). Nicht aber, wenn R $=$ C$_6$H$_5$NH . NH —, in welchem Fall nur Diphenylthiocarbazid CS (NH . NHC$_6$H$_5$) 2 entstand. M und R $=$ NH$_4$ und NH$_2$ führten nicht immer zum betreffenden Dithiondisulfid.

Über Nitrobenzol aus o-Nitrobenzoesäure durch den Strom.

Möglichster Ersatz des Lösungswassers der Salze rein aromatischer Säuren durch diese selbst liefert die anscheinend noch niemals beobachtete Bildung eines sehr einfachen, aromatischen Kohlenwasserstoffs durch den Strom. — Denn geglühte Soda löst sich unter CO$_2$ — Entwicklung in einer Reihe jener, möglichst wasserfreien, eventuell verflüssigten Säuren. Bis zu 6 . 4 g in 50g o-Nitrobenzoesäure geben z. B. bei 160—180 ^{0} und noch im Aethylbenzoatdampf eine genügend haltbare Lösung. — Erst der $^1/_2$—1stündige Durchgang eines Stromes von 0 . 4 — 1 Amp. (8—15 Chromsäure und Bunsenelemente, Platinelektroden 12 – 16 □ cm, 4 . 5 mm Abstand) erzeugte (unter Gasentwicklung) nicht zu wenig N i - t r o b e n z o l, hauptsächlich aber braune, in Alkalicarbonat unlösliche Flocken und schwarze kohlige Massen, zuweilen Spuren nichtsaurer Krystalle (F . P . 149—150^0) und bei ganz geringem Wasserzusatz von Nitrophenolen.

3. Herr Prof. A. W e r n e r, Z ü r i c h: Ü b e r N i t r o - a z o -, A z o x y - und H y d r a z o - V e r b i n d u n g e n.

Ausgehend von der merkwürdigen Blaufärbung, die einige Hydrierungsprodukte von Nitroazokörpern + KOH geben, wurden die von Lermontow, Janovsky, Willgerodt diesbezüglich veröffentlichten Arbeiten und deren theoretischen Schlussfolgerungen geprüft und dabei für das Dihydrodinitroazobenzol die Konstitution des Diparadinitrohydrazobenzols mit dem Smpkt. 234⁰ und weiter die Angriffsstelle der Hydrierung in der Azogruppe erwiesen. Das Fehlen der Blaufärbung + KOH, das Willgerodt bei seinen asym. nitrierten Azokörpern beobachtet hat und das ihm zu seinen Anschauungen über die Reduktion der Nitrogruppe führte, wurde dadurch erklärt, dass an der Hand synthetisch dargestellter Trinitroazobenzole das Vorhandensein von Ortho- oder Paraständigen Nitrogruppen in beiden Kernen notwendig gefunden wurde, um die Blaufärbung herbeizuführen. Eine metaständige Nitrogruppe in einem Kern genügt bei ortho-para dinitrierten anderen Kern nicht, um diese intensive Farbenreaktion zu geben.

Bei der nun folgenden Kritik der in der Litteratur beschriebenen Nitroazokörpern wurde die Existenz von Janovskys Orthonitroazobenzol widerlegt und ebenso die Existenz von reinem Poranitroazobenzol angezweifelt. Von den zahlreichen Dinitrobenzolen bleibt uns das Diparadinitroazobenzol von Gerhardt Laurent sowie das asym. Orthoparadinitroazobenzol von Willgerodt bei kritischer Bearbeitung des Gebietes übrig. Dazu wurde aus dem Dimetadinitroazoxybenzol von Lobry de Bruyn noch ein drittes Dinitroazobenzol dargestellt.

Eine Erklärung der vielfachen unrichtigen Ergebnisse früherer Forschung darf die Schwierigkeit der Isolierung der Nitrierungsprodukte des Azobenzols angesehen werden, da neben der Nitrierung stets Oxydation zu Azoxykörpern eintritt.

Von Trinitroazokörpern wurde durch Oxydation der entsprechenden Hydrazokörpern drei Isomere dargestellt, die durch die Synthese der Hydrazoprodukte (aus Metadinitrochlorbenzol + Ortho (beziehungsweise Meta- oder Para-Nitrophenylhydrazin) in

ihrer Konstitution eindeutig erkannt wurden. Dadurch wurde einerseits zwischen den beiden Formeln,
die Klinger-Zuerdeeg für das aus Ortho- und Para-
nitroazoxybenzol und Reduktion dargestellte Trini-
troazobenzol aufstellte, eine Entscheidung getroffen
und anderseits das von Klinger-Zuerdeeg als Azo-
körper vom Schmp. 220⁰ beschriebene Produkt als
Hydrazokörper erkannt, indem sich daraus durch HgO
in alkoholischer Lösung der vermutete Paranitroazo-
körper als rote Nadeln vom Schmelzp. 172 ergab.

Was die Nitrierung von Azobenzols mit rauchen-
der Salpetersäure anbelangt, so wurde neben den
von Klinger-Zuerdeeg erhaltenen, bei 178 und 191⁰
schmelzenden Trinitroazoxybenzolen noch als Haupt-
produkt das Trinitroazoxybenzol von Schmpkt. 136⁰
erhalten.

Zinin hat durch Reduktion von Nitroazoxybenzol
einen Körper erhalten, für den Alexejeff die Formel

$$\langle\rangle - N_2 O \langle\rangle - N$$
$$\langle\rangle - N_2 O \langle\rangle - N$$

aufgestellt hatte.

Dem gegenüber wurde die Formulierung als Oxa-
zimidobenzol (84⁰) durch Reduktion unter Bildung
des Azimidobenzols vom Schmelzp. 109⁰ bewiesen
und die Identität mit dem von Gattermann, von Kehr-
mann und Messinger gewonnenen Produkt bestätigt.

4. Herr Dr. H. Rupe, Mühlhausen: a) Über die
Konstitution der Cineolsäure.

Die Cineolsäure lässt sich durch Erhitzen mit
Wasser unter Druck aufspalten; unter den Reak-
tionsprodukten wurden 2 Säuren $C_9H_{16}O_3$ untersucht
und daraus Schlüsse auf die Konstitution der Cineolsäure gezogen.

b) Über die Kondensation von Nitrobenzaldehyden mit Gallacetophenon.

Unter dem Einfluss von Chlorzink kondensieren sich zwei Molecüle Gallacetophenon mit 1 Mol. Nitrobenzaldehyd (Meta oder Para). Die Produkte färben fast genau so wie das Ausgangsmaterial. Durch Reduktion zur Amidoverbindung, Diazotierung und Kuppelung würden beizenziehende Azofarbstoffe erhalten.

5. M. le Prof. Aimé Pictet (Genève): «Sur la réduction de la nicotyrine».

M. le Prof. Aimé Pictet rend compte de la suite des recherches qu'il a entreprises avec M. P. Crépieux dans le but d'arriver à la synthèse de la nicotine. Dans la première partie de leur travail, les auteurs avaient obtenu synthétiquement la nicotyrine (formule I) à partir du mucate de β-amino-pyridine. Pour passer de ce composé à la nicotine (formule II), il s'agissait d'introduire 4 atomes d'hydrogène dans le noyau pyrrolique, sans réduire en même temps le noyau pyridique.

I. II.

III. IV.

Afin d'arriver à ce résultat, ils ont mis à profit la propriété que possèdent les dérivés du pyrrol de donner avec l'iode en solution alcaline des produits de substitution, propriété qui fait défaut aux dérivés de la pyridine. En traitant la nicotyrine par l'iode en présence de soude, ils ont obtenu un dérivé monoiodé (III) sous la forme de belles aiguilles incolores fusibles à 110°.

Cette iodonicotyrine est beaucoup plus facilement réductible que la nicotyrine elle-même. Traitée par zinc et l'acide chlorhydrique, elle fournit une base diacide et bitertiaire qui présente les plus grands rapports avec la nicotine, mais en diffère dans sa composition par 2 atomes d'hydrogène en moins. Elle constitue un produit de réduction intermédiaire entre la nicotyrine et la nicotine, et se trouve dans les mêmes relations avec ces deux bases que la pyrroline avec le pyrrol et la pyrrolidine. Il est fort probable que cette dihydronicotyrine répond à la formule IV. C'est un liquide incolore, bouillant à 248°, facilement soluble dans l'eau, possédant une réaction alcaline prononcée et ne colorant plus le bois de sapin. A l'inverse de la nicotine, elle décolore instantanément le permanganate de potassium, ce qui prouve qu'elle renferme une double liaison en dehors du noyau pyridique.

6. M. A. Granger, Prof. Dr. de l'Ecole d'application de la manufacture de Sèvres : « Phosphures et arséniures métalliques ».

J'ai montré dans un travail d'ensemble publié dans les annales [1]) de Chimie et de Physique que les phosphures métalliques ne pouvaient pas être préparés par une méthode générale.

[1]) Mai 1898.

Suivant les propriétés des métaux et l'altérabilité des phosphures auxquels ils donnent naissance, il y a lieu de chercher des procédés différents. La phosphuration directe des métaux est restreinte à quelques corps dont on peut augmenter le nombre en prenant les précautions nécessaires pour éviter la dissociation. En maintenant pendant le refroidissement, qui doit être brusque, une atmosphère saturée de vapeur de phosphore, j'ai pu isoler quelques nouveaux composés ou reprendre l'étude de ceux qui nécessitaient de nouvelles expériences pour en constater sûrement l'existence. Je citerai :

Cu^5P^2, AgP^2, Au^3P^4, PtP^2, Pt^3P^5 Pt^2P, Ni^5P^2

Je laisserai de côté un certain nombre de méthodes indirectes que, devant les contraditions des savants qui m'ont précédé, j'ai dû examiner et que je crois bon de laisser de côté par suite de leurs résultats peu satisfaisants.

J'insisterai seulement sur deux procédés que j'ai imaginés et sur lesquels je désire m'étendre un peu. Les métaux chauffés à une température convenable dans un courant de vapeur d'une combinaison halogénée du phosphore sont généralement attaqués avec formation d'un phosphore et production d'un composé du métal avec l'haloïde. C'est le trichlorure de phosphore qui donne les meilleurs résultats. On peut aussi utiliser la proposition inverse ; traiter un chlorure par la vapeur de phosphore.

Par l'action du PCl^3 sur le fer, le nickel et le cobalt réduits des oxalates, j'ai pu isoler Fe^4P^3, Ni^2P, Co^2P. Le chrôme et le manganèse sont bien attaqués par le chlorure de phosphore, mais les lavages, nécessaires pour éliminer les chlorures qui recouvrent le métal et arrêtent la réaction, altèrent la matière. Le cuivre donne le biphosphure CuP^2. Dans le cas du cadmium et du zinc il y a formation de composés complexes contenant du cadmium ou du zinc, du chlore et du phosphore qui dégagent de l'hydrogène phosphoré au contact de l'eau. Avec le mercure il faut opérer différemment ; chauffé en tube scellé avec du biiodure de phospore, le mercure donne le phosphure Hg^3P^4 et de l'iodure mercurique. Si à la température de la réaction le phosphore se détruit, on n'obtient qu'un chlorure et du phosphore, c'est ce que l'on observe avec l'argent.

Les chlorures de cuivre et d'argent chauffés dans la vapeur de phosphore se transforment en CuP^2 et AgP^2. Les chlorures des métaux du groupe du fer donnent tous naissance à des phosphures. Avec les chlorures de fer, de nickel et de cobalt, on a des sesquiphosphures. Pour préparer les phosphures de chrôme et de manganèse, il faut ajouter l'action de l'hydrogène. Traités au rouge par la valeur de phosphore et de l'hydrogène, ces deux corps donnent naissance à CrP et Mn^3P^2.

J'ai commencé à généraliser ces deux réactions. Elles me semblent convenables à la préparation de quelques arséniures. J'ai constaté déjà que le cuivre, le fer, le nickel et le cobalt sont facilement attaqués par la valeur de trichlorure d'arsénic et transformés en chlorures et arséniures dont l'étude n'est pas encore terminée.

Je crois pouvoir espérer que l'action du chlorure d'antimoine sur les métaux me permettra d'isoler quelques antimonimes.

Schluss der Vormittagssitzung um 12 Uhr.

Nachmittagssitzung.
Eröffnung der Sitzung 2 Uhr 30 Min.

1. Herr Dr. Fichter (Basel): Neue Gesichtspunkte
   zur Beurteilung der Isomerie der beiden
   Crotonsäuren.
   Herr Dr. F. Fichter referiert über eine Untersuchung, die er mit Herrn A. Krafft angestellt hat
   über das Verhältnis der beiden Crotonsäuren. Durch
   Destillation von β — Oxyglutarsäure resultiert nach
   folgender Gleichung

$$\text{COOH} \qquad\qquad \text{C O O}$$
$$\text{CH}_2\text{-CH(OH)-CH}_2\text{-COOH} \longrightarrow \text{CH}_2 - \text{CH-CH}_2\text{-COOH} \longrightarrow$$
$$\text{CH}_2 = \text{CH-CH}_2\text{-COOH}$$

eine flüssige Crotonsäure, Sd. 168°, die sich in jeder
Beziehung als identisch mit der gewöhnlichen Iso-
crotonsäure ausweist. Dadurch erscheint die Isocroton-
säure als β—γ ungesättigte Säure, sie ist demnach
mit der festen Crotonsäure structurisomer und nicht
stereoisomer. Zum Schluss werden noch andere Beweise für diese Auffassung angeführt.

2. Herr Prof. Dr. Noelting (Mülhausen) spricht
   a) über eine Synthese von Para-Rhodaminen. Dieselben sind in ihren färbenden Eigenschaften den
   gewöhnlichen (Ortho) Rhodaminen sehr ähnlich, färben
   aber blaustichiger;
   b) über eine neue Klasse von gelben Farbstoffen,
   diamidierten Triphenylamidinen;
   c) über die Konstitution von 1.2.6 Benzolderivaten.

3. Herr Prof. Bamberger (Zürich): «Darstellung von
   Nitrosobenzol (Vorlesungsversuch)».

4. Herr Prof. F. Krafft aus Heidelberg teilt, an frühere
   Beobachtungen (Archives des sciences phys. et nat.,
   IX, 411 [1883]) anknüpfend, eine von ihm wahr-
   genommene Regelmässigkeit mit, aus welcher sich

ein ganz einfacher Zusammenhang zwischen der Existenz des tropfbar flüssigen Zustandes und dem Gewicht der Molecüle ergibt. In einem fast absoluten Vacuum, wie es mit der Babo'schen Wasserquecksilberluftpumpe erzeugt und vermittelst des Kathodenlichts gemessen werden kann, sind nur noch hochmoleculare Kohlenstoffverbindungen für eine gewisse Temperaturdauer als Flüssigkeiten existenzfähig; zu diesen gehören die vom Vortragenden dargestellten Normalparaffine CnH_{2n+2}, welche als Flüssigkeiten unmittelbar oberhalb ihres Schmelzpunktes sich in nahezu vollkommen vergleichbarem Zustande befinden, wie das an ihnen beobachtete Volumgesetz. (l. c.) beweist. Diese Substanzen verharren nun im Vacuum der Quecksilberpumpe und unter einer Säule des eigenen Dampfes von ca. 60 mm. Höhe (—zum Sieden erhitzt —) für jede in ihnen enthaltene CH_2-Gruppe während eines Temperaturintervalls von 4.22^0 im flüssigen Zustande. Es ergibt sich das aus der nachfolgenden Tabelle:

Paraffin	Schmelzp.	Beob. Differenz	Siedep. bei 0.00 mm.	Berechneter Siedep.
$C_{20}H_{42}$	36.7^0	84.3^0	121^0	$20 \times 4.22^0 = 84.4^0$
$C_{21}H_{44}$	40.4^0	88.6^0	129^0	$21 \times 4.22^0 = 88.6^0$
$C_{22}H_{46}$	44.4^0	92.1^0	136.5^0	$22 \times 4.22^0 = 92.8^0$
$C_{23}H_{48}$	47.7^0	94.8^0	142.5^0	$23 \times 4.22^0 = 97^0$
$C_{27}H_{56}$	59.5^0	112.5^0	172^0	$27 \times 4.22^0 = 113.9^0$
$C_{31}H_{64}$	68.1^0	130.9^0	199^0	$31 \times 4.22^0 = 130.8^0$
$C_{32}H_{66}$	70^0	135^0	205^0	$32 \times 4.22^0 = 135^0$

Es lässt sich also vom Eicosan aufwärts für n-Paraffine, deren Schmelzpunkt bekannt ist, der Siedepunkt im Vacuum berechnen. Der Vortragende glaubt aus dieser überraschend einfachen und scharfen Gesetzmässigkeit, in deren nähere Erörterung er zunächst nicht eintreten will, schliessen zu dürfen, dass dem flüssigen wie dem colloïdalen Zustande wesentlich rotierende Bewegung der Molecüle zukommt, wozu bei den Gasen noch die fortschreitende Bewegung hinzutritt. Er spricht sich über die Anwendbarkeit dieses Prinzips auf biologische und technische Fragen, wie z. B. diejenige des Anhaftens der Farbstoffe an der Faser, in Kürze aus (Vgl. Berl. Ber. XXIX, 1334).

5. Herr Prof. v. Kostanecki (Bern): « Über weitere synthesische Versuche in der Flavongruppe ».

Wie vor Kurzem gezeigt wurde, entsteht aus dem o—Oxybenzalacetophenondibromid,

$$C_6H_4 {<}^{OH}_{CO} {-}CHBrCHBr{-}C_6H_5,$$

durch Einwirkung von alkoholischem Kali das Flavon,

$$C_4H_4 {<}^{O\ -\ C\ -\ C_6H_5,}_{CO-CH}$$

welches als die Muttersubstanz mehrerer gelber Pflanzenfarbstoffe anzusehen ist. Der Verfasser berichtet nun über die analoge Darstellung des 2-Bromflavons, welches aus dem 5-Brom — 2-Oxybenzalacetophenondibromid,

$$C_6 H_3 Br {<}^{OH}_{CO} - CH\ Br\ CH\ Br\ C_6 H_5,$$

erhalten worden ist.

Im Hinblick darauf, dass die wichtigsten gelben Pflanzenfarbstoffe den Protocatechonsäurerest enthalten, wurde der Synthese des 3'4' Dioryflavons angestrebt. Es zeigte sich aber, dass das 2-Oxy-pipenonalacetophenondibromid sich anders als das entsprechende Benzalderivat verhält. Unter Einfluss von alkoholischem Kali entstand in diesem Fall ein Oxindogenid, das Piperonalcumaranon,

$$C_6 H_4 {<}^{O}_{CO} {>} C:CH . C_6 H_3 {<}^{O}_{O} {>} CH_2.$$

Aus den Dibromiden des 2-Oxyanisalacetophenons und des Piperonalresacetophenonmonoäthyläthers wurden gleichfalls Oxindogenide und nicht die entsprechenden Flavonderivate erhalten.

6. Herr Prof. C. Friedheim (Bern): «Über Uranverbindungen».

  Durch Einwirkung von Urannitrat auf saure Lösungen von Phosphaten oder Arsenaten werden Uranphosphate oder Arsenate der allgemeinen Formel

$$RR^{II}O, X_2 O_5, 2UO_3 \quad (X = P \text{ oder As})$$

erhalten, die isomorph sind mit den natürlich vorkommenden Verbindungen.

7. M. le Prof. Billeter (Neuchâtel) décrit une manipulation pour la préparation de l'hydrogène silicié par l'action de l'acide chlorhydrique concentré sur le siliciure de magnésium.

C. Botanische Sektion.

Einführender : Herr Prof. Dr. L. Fischer (Bern).
Vorsitzender : Herr Prof. Dr. Cramer (Zürich).
Sekretär : Prof. Dr. Ed. Fischer (Bern).

1. Herr Professor Westermaier (Freiburg) trägt vor über «Spaltöffnungen und ihre Nebenapparate». Die Veröffentlichung der Arbeit, die sich der Vortragende vorbehalten hat, erfolgt demnächst an anderer Stelle.

2. Herr Professor Ed. Fischer (Bern) legt der Sektion das soeben erschienene erste Heft der Beiträge zur Kryptogamenflora der Schweiz vor, welches Untersuchungen des Vortragenden über die Entwicklungsgeschichte von circa 40 Arten schweizerischer Uredineen enthält. Einleitend gibt Vortragender eine kurze Uebersicht über den gegen-

wärtigen Stand unserer Kenntnis der schweizerischen Rostpilzflora. Dann greift er aus seinen Untersuchungen speciell diejenigen über die auf Carex montana wohnenden Puccinien heraus und diejenigen über die Zugehörigkeit des Aecidium Ligustri zu der schon von Otth beschriebenen Puccinia obtusata (P. arundinacea var. obtusata Otth). An erstere knüpft er einige theoretische Betrachtungen über die Vorstellungen, welche man sich über die Phylogenie der Uredineen machen kann.

3. Herr Professor Ed. Fischer (Bern) referiert über einige von Herrn E. Jacky im botanischen Institut in Bern ausgeführte Infectionsversuche mit alpinen Rostpilzen. Dieselben ergaben folgende Resultate: 1. Das Caeoma auf Saxifraga oppositifolia gehört in den Entwicklungskreis von Melampsora alpina Juel auf Saxifraga herbacea. 2. Ein bei Fionnay (Val de Bagnes) auf Aquilegia alpina beobachtetes Aecidium gehört zu einer Puccinia auf Agrostis alba; mit den Teleutosporen derselben konnte auch Aquilegia vulgaris inficiert werden; der Pilz ist also mit Puccinia Agrostidis Plowright zu identificieren. 3. Uromyces Aconiti-Lycoctoni ist eine Uromycopsis: es gelang durch Aussaat der Teleutosporen auf Aconitum Lycoctonum Aecidien zu erzielen, und die Sporen der letztern führten auf derselben Nährpflanze wieder zur Teleutosporenbildung. Aconitum Napellus, A. paniculatum, Trollius europaeus dagegen konnten mit diesem Uromyces nicht inficiert werden.

4. Herr Professor Ed. Fischer (Bern) berichtet über Infectionsversuche mit Protomyces macrosporus, welche von Fräulein C. Popta im botanischen Institut in Bern ausgeführt wurden. Dieselben ergaben das interessante Resultat, dass dieser Parasit nicht in so weitgehendem Masse auf einzelne Species von Nährpflanzen specialisiert ist,

wie z. B. die meisten Uredineen. Mit Sporenmaterial,
das von Aegopodium Podagraria stammte, konnten
nämlich folgende Umbelliferen erfolgreich inficiert
werden : Aegopodium Podagraria, Palimba Chabraei,
Bubon gemmiferum, Cicuta virosa, Libanotis vulgaris, Ferula thyrsiflora, Pachypleurum-alpinum, Seseli
montanum, Trinia vulgaris, Bunium virescens, Athamanta cretensis. Eine Anzahl von Versuchen ergaben
dagegen negatives Resultat, doch kann bei der geringen Zahl derselben noch nicht geschlossen werden,
dass die betreffenden Umbelliferen sich gegen Protomyces macrosporus immun verhalten.

5. Herr Dr. A. Maurizio (Wädensweil) spricht über
die Verbreitung der Wasserpilze und eine
Methode der Zählung ihrer Keime im
Wasser. Es ist diese Mitteilung ein Teilstück
einer grösseren Untersuchung : An jeder Stelle stetigen Wasserlaufes in Glasröhren, Gummischläuchen
u. a. bilden sich nach einer gewissen Zeit Pilzkrusten,
die zum grössten Teil aus Ascomycetenconidien
bestehen, jedoch immer auch Saprolegnieen enthalten.
Diese Erscheinung zeigt uns die ganze Bedürfnis-
losigkeit dieser Pilze. Es wurde behauptet, dass die
an Algen reichen und wohl allgemein die pflanzen-
reichen Gewässer keine Saprolegnieen enthalten, und
dass die Algenvegetationen die Pilze aus den Culturen
verdrängen und sie zum Absterben bringen. Diese
Angaben beruhen auf einem Irrtum. Weder die
Algen noch der Sauerstoff sind schädlich, im Gegen-
teil die Pilze wachsen besser in Kulturen mit Algen
als in solchen ohne Algen, sie haben den Sauerstoff
absolut nötig und reproducieren sich nicht bei Sauer-
stoffentzug. Diese Thatsachen werden vom Vortragenden deshalb erwähnt, weil sie die grosse Verbreitung
der Wasserpilze in natürlichen Gewässern erklären.
— Die Methode zum Feststellen der Zahl der Keime

beruht auf direkter Zählung der Mycelrasen auf den auf das Wasser ausgestreuten Ameiseneiern. Für die Zählung muss ein grösseres Wasserquantum, 80— 100 l., in 8—10 l. haltenden Gefässen verteilt, genommen werden. Nach den Versuchen des Vortragenden erlaubt die Methode die Zahl der Keime in verschiedenen Gewässern festzustellen. Ausserdem erlaubt dieses Verfahren auch Schlammproben auf Saprolegnieenkeime zu prüfen. Der Schlamm enthält meist nur Conidien und andere Dauerformen der Wasserpilze, das Wasser die Zoosporen. Die Mängel dieses Verfahrens hängen mit den allgemeinen Schwierigkeiten dieses Studiums zusammen.

6. M. le Professeur Dr. Jean Dufour présente une communication sur trois maladies de la vigne. L'une est due au Septocylindrium dissiliens Sacc., champignon qui provoque la formation de taches brunes à la face inférieure des feuilles atteintes. Celles-ci jaunissent plus ou moins et se desséchent. Les spores sont allongées et se séparent facilement les unes des autres. La maladie est apparue à Ollon et au Valais dès 1894. Elle avait été observée en 1834 dans les environs de Genève par Duby, qui avait décrit le parasite comme Torula dissiliens. Depuis lors la maladie ne s'était pas montrée en Suisse. — M. Dufour parle ensuite du Black-rot, causé par la Guignardia Bidwellii. Il montre des feuilles et grappes atteintes par ce parasite, redoutable par ses effets, car il peut anéantir en peu de temps des récoltes entières. — Enfin M. Dufour donne quelques renseignements sur les dégats causés cette année par le Peronospora viticola développé sur les grappes au moment de la floraison. Les fleurs atteintes ne se sont pas ouvertes et il en est résulté une forte coulure dans beaucoup de vignes.

7. Herr Professor Dr. C. Schröter (Zürich) hat eine
   Anzahl Exemplare seiner Abhandlung über die
   Vielgestaltigkeit der Fichte eingesandt.

8. Herr Dr. Maurizio (Wädensweil) spricht über die
   Wirkung der Algendecken auf Gewächshauspflanzen. Schmutzig-gelbe bis grüne Decken
   von Algen kommen häufig auf Gewächshauspflanzen
   vor. Die Schädigung besteht. im Lichtentzug, also
   in Hinderung der Assimilation. Dies konnte mit
   Leichtigkeit durch die Sachs'sche Jodprobe festgestellt werden. Ausserdem ist die Gallerte der Algen
   wahrscheinlich schädlich durch ihre Imbibitions-
   fähigkeit. Eine kurze Mitteilung über diesen Gegen-
   stand erscheint im V. Jahresbericht der deutsch-
   schweizerischen Versuchsstation und Schule in
   Wädensweil.

9. Herr Dr. M. Rikli (Zürich) weist Tulipa Celsiana aus der Umgebung von Brieg, neu für die
   Schweiz, vor.

10. Herr Dr. M. Rikli (Zürich) macht eine vorläufige
    Mitteilung über die Gattung Dorycnium. Dieser
    ausserordentlich polymorphen Gattung wurde bisher
    nur wenig Aufmerksamkeit geschenkt. Die zwei
    seitlichen sackartigen Taschen der Flügel und das
    stumpfe Schiffchen unterscheiden die Gattung scharf
    von Lotus. Für uns von besonderem Interesse ist
    das Dorycnium von Chur, das als D. suffruticosum
    v. germanicum (Grml.) Burnat zu bezeichnen ist.
    Das Verbreitungsgebiet ist durchaus nicht so be-
    schränkt, wie gewöhnlich angenommen wird; wir
    finden sie längs dem Vorland der nördlichen Kalk-
    alpen, von Chur bis Wien; von hier strahlt die
    Pflanze einerseits nach Mähren, andererseits längs dem
    Donauthal bis zum eisernen Tor und am Südrande
    der Alpen durch die ganze Dinara bis ins nördliche
    Griechenland aus, woselbst sie in einer Höhe von

c. 2000 M. eine eigentliche hochalpine Form, das sog. D. nanum Heldreich und Hauskn. bildet. Der Vortragende ist der Ansicht, dass die Pflanze in der warmen Periode nach der Eiszeit bei uns eingewandert ist und sich heute in unseren nordöstlichen Kalkalpen, besonders in den durch den Föhn lokal begünstigten Gebieten erhalten hat. — Gestützt auf ein sehr reichhaltiges Vergleichsmaterial unterscheidet Vortragender 6 Varietäten des D. hirsutum L. (Ser.), die auch pflanzengeographisch ziemlich scharf geschieden sind: 1. v. incanum, Riviera von Toulon bis Arma di Tabbia; 2. v. tomentosum, Italien, Süd-Tyrol, Dalmatien; 3. v. hirta, Süd-Frankreich, iberische Halbinsel, Griechenland; 4. v. ciliata, Süd-Spanien, Griechenland; 5. v. glabrescens, Marocco; 6. v. glabra, Süd-Griechenland. Somit finden sich die zottigsten Formen im nördlichen Teil, die verkahlenden Formen im Süden des Verbreitungsgebietes.

11. M. le professeur Dr R. Chodat (Genève) présente les résultats d'une étude de Mlle Goldflus (Laboratoire de Botanique de Genève) sur certaines particularités de l'ovule des Composées. L'auteur considère les cellules épithéliales et les cellules antipodes de ces plantes comme cellules digestives. En effet, l'assise interne du tegument appliquée directement contre le sac embryonnaire, de même que l'appareil antipodial subissent des modifications et sont disposées d'une telle manière que l'on ne saurait expliquer autrement leurs fonctions.

12. M. le professeur Dr R. Chodat (Genève) signale le fait publié par lui (Journal de Botanique juillet 1898) que dans la plasmolyse le plasma reste réuni à la membrane par une infinité de filets qu'on peut considérer comme résultat de la viscosité de la couche ectoplasmique.

13. M. M. Micheli (Genève) fait circuler des photographies du Clianthus Dampieri d'Australie. La plante a été greffée au moment de la germination sur des graines de Colutea frutescens. Les spécimens qu'ont obtient ainsi sont très vigoureux et c'est à peu près la seule manière de cultiver cette magnifique Légumineuse.

14. M. Micheli donne aussi quelques détails sur une exploration botanique des Etats mexicains de Michvacan et de Guerrero, qu'il a eu l'occasion d'organiser et qui promet de donner des résultats intéressants.

15. Herr Oberforstinspektor Coaz (Bern) hat Exemplare der bei Klosters neuentdeckten Betula Carpathica eingesandt.

16. M. le Dr Paul Jaccard (Lausanne) présente quelques exemplaires de Gentianes du groupe de G. acaulis et insiste sur le fait qu'il a trouvé en compagnie de M. J. Rittener la forme alpina Vill., en compagnie des deux espèces acaulis auct. et excisa Presl., à la fois dans les pentes calcaires et dans les pentes gneissiques dominant le vallon de Salanfe entre 2000 et 2500 mètres et cela aux mêmes altitudes. Ces espèces ne montrent entre elles aucun passage, il ne s'agit donc pas d'une forme biologique ou géographique, et d'après l'auteur cette forme peut être considérée comme *espèce* au même titre que les deux espèces susmentionnées.

17. Herr Dr. Dutoit (Bern) macht auf einige interessante Rubusformen aus der Umgebung von Bern aufmerksam.

D. Sektion für Zoologie.

Einführender: Herr Prof. Th. Studer.
Lokal: Hörsaal des zoologischen Instituts, Institutsgebäude, Äusseres Bollwerk.
Präsident: Herr Prof. Dr. Studer-Bern,
Sekretär: Herr Dr. R. O. Buri-Bern.

———

1. Herr Prof. H. Blanc: 1) Démonstration de préparations microscopiques ayant trait à la fécondation de l'œuf de la truite. 2) Propositions relatives au Plankton des lacs suisses.

M. le Prof. Henri Blanc (Lausanne) entretient la section de son travail sur la fécondation de l'œuf de la truite publié en 1894 et dont les résultats ont été récemment contestés par M. G. Behrens qui a étudié le même objet. Ne pratiquant que la méthode des coupes et faisant fi des germes traités et montés en toto, Behrens nie l'existence de deux sphères attractives et par conséquent de deux centrotomes distincts, d'origine différente, séparés l'un de l'autre avant la conjugaison des deux pronucléus mâle et femelle. Il n'y a pour lui, dans l'œuf de la truite, qu'un spermocentre qui se divise pour fournir les deux corpuscules polaires du futur noyau de segmentation.

Tout en reconnaissant que sa méthode ne se prête pas à l'observation de certains détails, M. H. Blanc fait circuler les dessins de préparations microscopiques utilisées pour ses recherches et faites avec des germes fixés et colorés en entier 6 et 7 heures après la fertilisation. Ces préparations qui sont examinées séance tenante par plusieurs spécialistes démontrent bien qu'au moment de la fécondation, alors que les deux pronucléus sont encore nettement séparés l'un de l'autre et lorsqu'ils sont même en pleine conjuᵥ gaison, il existe dans leur voisinage deux sphères attractives. Ces deux sphères étant distantes l'une de l'autre de 0.07 mm., il est reconnu que l'auteur du travail critiqué par M. Behrens ne pouvait interpréter autrement qu'il ne l'a fait les préparations démontrées ; qu'il lui était impossible de considérer les deux sphères comme les produits de la division d'une sphère unique et quoiqu'il n'ait pas pu observer le spermocentre et l'ovocentre, il devait, pour être logique, nier la division d'un spermocentre en deux et supposer au contraire l'existence de deux centres différents, provoquant autour d'eux, dans le protoplasme du germe, l'apparition de deux sphères attractives.

2. Herr Dr. Fischer-Sigwart: «Über einige interessante und seltene Tiere (Vögel und Säugetiere) der Schweiz ; mit Demonstrationen».

Diskussion: Dr. Fatio, Prof. Studer.

Die Staarenalbinos in Brittnau. Die erste Nachricht dieser von 1892—1897 bei Brittnau existierenden Kolonie erhielt ich im Sommer 1892, wo sich bei Brittnau ein weisser Staar mehrmals zeigte.

Am 21. Mai 1894 erhielt ich von dort einen lebenden, eben flüggen, weissen Staar, der aber, weil verwundet, schon andern Tages einging und ausgestopft wurde. Ein zweiter, der gleichen Tages dort gefangen worden, wurde wieder freigelassen, aber sofort von einer Krähe getötet.

Nun konnte ich konstatieren, dass seit 1892 ein normales Elternpaar dort alljährlich Albinos erzeugt hatte, meistens zwei, neben zwei normalen oder einen neben drei normalen. Die Albinos hatten ein schlechtes Gesicht, denn sie wurden immer sofort nach dem Ausfliegen oder innert weniger Tage von Katzen oder Krähen getödtet.

Am 20. Mai 1895 erhielt ich von Brittnau wieder
einen lebenden, jungen Staarenalbino, aus dem gleichen Staarenkasten, wie der vom vorigen Jahr, und
es gelang mir, ihn aufzuziehen. Er existiert heute
noch (1898) im Terrarium. Ausser diesen waren in
Brittnau aber noch aus zwei andern Staarenkasten
Albinos ausgeflogen, die unzweifelhaft von den normalen Jungen der vorjährigen Brut mit Albinos erzeugt worden waren. Sie kamen ebenfalls um und
nur einen konnte ich noch in präparierfähigem Zustande erhalten.

Ich konnte nun noch konstatieren, dass im Jahre
1892 auch die zweite Brut des betreffenden Paares
Albinos enthielt, dass aber seither bei der zweiten
Brut sich nie Albinos mehr fanden, wohl aber 1895
noch drei nicht entwicklungsfähige Eier, so dass
man annehmen müsste, dass die Albinos erzeugenden
Eier weniger entwicklungsfähig waren, als die normalen, und dass dieser Zustand, wenn er in stär-
kerem Grade auftritt, dann keine Entwicklung mehr
zulässt.

Im Jahre 1896 hatte das alte Paar wieder Albinos
erzeugt, deren ich aber nicht habhaft werden konnte.

Am 27. und 28. Mai 1897 wurden mir aber wieder
zwei lebende, aber verwundete Albinos gebracht,
von denen einer einging und ausgestopft wurde, der
andere wurde im Terrarium von einer Schlange ge-
fressen. Diese stammten aber nicht mehr von dem
alten normalen Paare, sondern ihre Mutter war ein
Nachkomme jener, ein partieller Albino mit normalen
Augen. Letzterem Umstande, indem er nun ein
scharfes Gesicht besass, war es zuzuschreiben, dass
er letztes Jahr den Feinden entgangen war, denen
die Albinos stets zum Opfer gefallen waren, und nun
zur Fortpflanzung schreiten konnte.

Im Jahr 1898 war dieses Weibchen sowohl, als das alte, Albinos erzeugende Paar verschwunden und man hörte in der Nähe von Brittnau nichts mehr von Albinos.

Weitere albinotische. Seltenheiten meiner Sammlung, die in letzter Zeit in meinen Besitz gelangten, sind:

. Ein Häher, partieller Albino, der am 9. Februar 1897 bei Fulenbach (Kt. Solothurn) erlegt worden ist.

Eine Rabenkrähe, fast vollkommener Albino, die Herr J. Stauffer in Luzern am 20. Sept. 1897 im Götzenthal bei Adligenschwyl, Kt. Luzern, erlegen konnte.

Von andern Raritäten habe folgende zu vermelden: *Mergus serrator* nistet in der Schweiz. Herr Präp. Zollikofer teilte mir mit, es sei am 19. Mai 1898 10 Minuten von Goldau in einem hohlen Weidenbaum eine Brut von 12 Dunenjungen samt dem alten Weibchen erbeutet worden. Eines der Jungen ist in meinem Besitze als Belegstück. Die andern, samt der Mutter, befinden sich ausgestopft im Museum in St. Gallen. Damit ist ein sicherer Beweis erbracht, dass der mittlere Sägetaucher in der Schweiz brütet.

Einige andere Vogelarten, die sonst im Norden brüteten, nehmen mehr und mehr die Gewohnheit an, bei uns zu brüten. In meiner Sammlung befindet sich ein altes Männchen von *Podiceps cristatus* im Hochzeitskleide und drei eben geschlüpfte Junge vom Hallwylersee. Der Vogel war am 6. Juni 1893 erlegt und samt 15 Eiern, die wenigstens 5 Gelege repräsentieren, nach Luzern geschickt worden. Unterwegs waren 3 von den 15 Eiern ausgeschlüpft.

Eine ebenfalls hieher gehörende Seltenheit ist ein Gelege meiner Sammlung von *Numenius arquatus*, bestehend aus vier Eiern, das am 5. Mai 1896 im

Rind, unterhalb Kloten, beim « goldenen Tor » gefunden worden. Die Eier waren schon ziemlich stark bebrütet.

Ein lebender Numenius arquatus, der im Frühling 1894 am Bodensee jung aus dem Nest genommen worden war, befindet sich seit dem Juni 1894 in meinem Terrarium.

Bei Oftringen erlegte im Frühling 1896 Herr Hilfiker-Schmitter eine K r ä h e mit vorn stark verlängertem und spitz nach unten gebogenem Oberschnabel, die sich ebenfalls in meiner Sammlung befindet.

Falco lanarius (Pall.) Ein altes Exemplar, das am 26. Okt. 1897 bei Basel erlegt worden ist, befindet sich in meiner Sammlung.

Alcedo ispida (L.). Eine Familie von 2 Alten und 7 Nestjungen wurde am 26. Mai 1898 an der Pfaffneren erbeutet, erstere vermittelst einer Reuse (Warlef).

Nun noch einige seltene Vorkommnisse von Säugetieren. Am 16. Nov. 1897 wurde am Lägern, also im Jura, durch Herrn Bildhauer Spörri in Wettingen ein weisser Hase erlegt. Durch die Zeitung erhielt ich die Nachricht und konnte den Hasen, indem ich einen Albino vermutete, im Fleisch erwerben. Er war aber so sehr zerschossen, dass ich kaum den Kopf präparieren lassen konnte. Es war kein Albino, sondern ein A l p e n h a s e, *Lepus alpinus* Schnupe, im Winterkleide.

Lepus timictus variabilis. Ein Bastard zwischen dem gemeinen Hasen und dem Schneehasen wurde im Spätherbst 1897 in Graubünden erlegt, wie mir Herr Präp. Zollikofer in St. Gallen mitteilte. Derselbe findet sich ausgestopft im Museum in St. Gallen.

3. Herr Dr. G. H a g m a n n (Strassburg): Über Variationen der Grössenverhältnisse im Gebiss einiger Raubtiere. D i s k u s s i o n: Dr. Fatio.

Anlässlich der Bearbeitung der diluvialen Fauna von Vöklinshofen im Ober-Elsass wurden zum Vergleiche im Gebisse verschiedener recenter Formen genaue Messungen ausgeführt. Einen besondern Wert wurde auf die Feststellung von Variationsgrenzen gelegt, mit Hülfe welcher die diluvialen Formen verglichen werden konnten. Für die hauptsächlichsten Formen der Raubtiere haben sich folgende Resultate ergeben:

Canis lupus. Woldřich hat in seiner Arbeit « Caniden aus dem Diluvium» drei Formen von diluvialen Wölfen unterschieden:

a) Lupus vulgaris fossilis.

b) Lupus spelaeus.

c) Lupus Suessii.

Die Variationen im Gebisse des recenten Wolfes zeigen, dass die drei Formen von Woldřich nicht stichhaltig sind. Nach Woldřich sollen sich z. B. die drei Formen nach dem Verhältnis der Reisszahnlänge zur Höhe des Unterkieferastes unterscheiden lassen. Wenn wir die Länge des Reisszahnes gleich 100 setzen, so variiert die relative Höhe des horizontalen Unterkieferastes nach den Angaben von Woldřich bei:

Lupus vulgaris fossilis von 93,0—103,5

Lupus spelaeus » von 104,0—118,0

Lupus. Suessii 122,0.

Zwanzig ausgewachsene Schädel von C. lupus der zoologischen Sammlung in Strassburg ergaben Variationen in den entsprechenden Verhältnissen von *95,0—128,0*.

Ursus. Aus Vöklinshofen liegen 2 Bärenarten vor: Ursus spelaeus u. Ursus arctos sub. fossilis Midd. Beide Formen, die nach der Länge der Backenzahnreihe kaum zu trennen wären, lassen sich nach der Höhe des horizontalen Astes des Unterkiefers mit Sicherheit auseinander halten.

Die Messungen haben weiter ergeben, dass U. spelaeus in der relativen Stärke des Gebisses von U.
thibetanus, U. ornatus, U. ferox, U. japonicus und U.
arctos übertroffen wird; nur U. malaganus, U. americanus, U. labiatus und U. maritimus haben ein relativ
schwächeres Gebiss als U. spelaeus.

Felis. Bekanntlich lassen sich die einzelnen Katzen-
Formen nach der Ausbildung des Gebisses nicht unterscheiden. Ich versuchte mit Hülfe von relativen
Zahlen eventuelle Unterscheidungsmerkmale zu erhalten, was mir jedoch nicht gelang. Es ergaben
sich unter anderm folgende Variationen.

Oberkiefer: Reisszahn $P_4 = 100$.

	F. leo.	F. tigris.	F. onca.
Länge von a*) von P_4	36,7 – 40,0	37,1 — 40,0	30,8 — 38,7
» » c » »	37,1 — 41,0	40,0 — 41,9	37,1 — 40,0
Länge von P_3	63;1 — 74,6	64,5 — 70,7	63,4 — 66,6

Unterkiefer: Reisszahn $M_1 = 100$.

	F. leo.	F. tigris.	F. onca.
Länge von a von M_1	52,9 — 53,8	50,0 — 53,5	53,1 — 54,1
Länge » c » »	48,1 — 51,9	51,5 — 54,3	49,3 — 55,8
Länge von P_4	89,2 — 103,9	89,1 — 91,3	97,7 — 106,9

Keine der drei Formen lässt sich durch diese Ver-
hältniszahlen irgendwie praecisieren.

Hyaena. In der Gattung Hyaena können wir zwei
Gruppen unterscheiden. Gruppe der Spelaea-Crocuta
und Gruppe der Striata-Brunnea. Beide Gruppen lassen
sich nach dem Gebiss scharf trennen. Sie unterscheiden sich in den Grössenverhältnissen der einzelnen
Abschnitte des Reisszahnes im Oberkiefer, was in der
folgenden Tabelle deutlich zum Ausdruck kommt.

P_4 des Oberkiefers $= 100$.

---

*) Nomenklatur der Zahnabschnitte nach Prof. Döderlein. Ele-
mente der Paläontologie. 1893.

	Spelaea-Crocuta Gruppe.	Striata-Brunnea Gruppe.
Länge von a von P$_4$:	18,3—23,5	30,2—31,4
» » a » »	32,1--39,7	32,0—33,5
» » c » »	36,4—42,9	33,5—34,2

Als weiteres Unterscheidungsmerkmal mag die Ausbildung des Talons des Reisszahnes im Unterkiefer angegeben werden. Bei der Spelaea-Crocuta-Gruppe ist der Talon sehr zurückgebildet, im Gegensatz zur Striata-Brunnea-Gruppe. Folgende Tabelle erläutert deutlich die Verhältnisse.

M^1 des Unterkiefers = 100.

	Spelaea-Crocuta Gruppe.	Striata-Brunnea Gruppe.
Länge von a von M^1:	43,1—45,2	34,9—39,5
» » c » »	37,8—41,8	33,0--37,7

Ausser diesen genannten Formen fanden sich in Vöklinshofen noch folgende Raubtiere vor: Vulpes vulpes, V. lagopus, Gulo borealis u. Felis lynx. Diese letzten Formen haben im Vergleich mit den entsprechenden recenten Formen keine wesentlichen Resultate ergeben. —

4. Herr Dr. Carl: Über die Collembola der Schweiz.

Diskussion: Prof. Zschokke.

Die Ordnung der Apterygogenea zerfällt in die Thysanura i. e. S. und in die Collembola. Von beiden Unterordnungen waren schon den älteren Entomologen Vertreter bekannt.

Linné, Fabricius, Fuesslin und Sulzer erwähnen «Fussschwanztierchen» (Lepisma) und Poduren. Freilich kannten jene älteren Forscher die phylogenetische Bedeutung, die unserer Gruppe zukommt, noch nicht. Erst unser Jahrhundert erkannte sie und legte die Beziehungen klar, die zwischen den primär flügellosen und ametabolen Insekten und allen übrigen Hexapoden, sowie den Myriapoden bestehen.

Die Apterygogenea erweisen sich als ursprüngliche,
wenig differenzierte Typen, gleichsam als der Überrest einer plastischen Materie, aus der sich die man-
nigfachsten sekundären Formen divergierend heraus-
entwickelten. Damit ist auch ihre systematische
Stellung bestimmt. Die Ametabolie, der primäre
Mangel der Flügel, der Besitz von Abdominalfüssen
im ausgewachsenen Zustande bei verschiedenen Formen, die nahezu homonome Gliederung des Nervensystems, der einfache Bau der Geschlechtsorgane
und das Fehlen der Eihäute beim Embryo sind Charaktere, die uns nötigen, die Apterygogenea als selbständige Abteilung den übrigen Insekten, den Ptery-
goten, gegenüberzustellen. Würden wir bei unserer
Betrachtung von den letzteren ausgehen, so stellten
sich uns verschiedene Eigentümlichkeiten jener niederen Formen nur als embryonale Merkmale der
höheren Typen dar. Letztere wiederholen in ihren
Jugendstadien mehr oder weniger deutlich die Organisation der apterygoten Vorahnen. Wie beim Li-
mulus die Trilobitenlarve, bei den Vermalia die Tro-
chophoralarve, so tritt noch bei höhern Hexapoda
die Campodealarve als willkommene phylogenetische
Urkunde, als unzweideutiger Hinweis auf eine ähnliche Urform auf. Wenn wir ferner bei den Chilo-
gnathen unter den Myriapoden einem Jugendstadium
begegnen, das einer Collembolaform täuschend ähnlich sieht, so können wir hier ebenfalls eine nähere
Verwandtschaft postulieren und uns eine Konver-
genz der beiden Gruppen nach unten, gegen eine
gemeinsame Urform hin vorstellen. — Gewiss trug
die Erkenntnis der stammesgeschichtlichen Bedeutung, die unsere kleine Gruppe beansprucht, nicht
unwesentlich dazu bei, bei den Forschern den Drang
zu erwecken, auch einen Blick in die Mannigfaltig-
keit ihrer Formen zu werfen, d. h. eine systema-

tische Bearbeitung derselben vorzunehmen. Die ersten
Versuche einer solchen datieren vom Anfang der
40er Jahre. Ungefähr gleichzeitig erscheinen da die
Arbeiten Bourlets über die Collemboliden Frank-
reichs und Nicolets über diejenigen des Schweizer
Jura speziell der Umgebung von Neuenburg. Ein
weiterer bedeutender Vorstoss erfolgte erst 30 Jahre
später mit dem Erscheinen von Lubbocks « Mono-
graph of the Thysanura and Collembola » und der
Arbeiten Tullbergs über skandinavische Collemboliden. In der folgenden Zeit ging die Tendenz dahin, an Stelle der bisher gebräuchlichen Farben-
charaktere konstante morphologische Merkmale zur
Bestimmung und Artabgrenzung zu verwenden. Es
folgten sich seit 1876 rasch mehrere Arbeiten von
Reuter und Schött über finnländische, schwedische
und hochnordische, von den verschiedenen Expedi-
tionen mitgebrachte Collembola.

Dalla Torre bestimmte die Vorkommnisse im Tirol,
Uzel durchforschte Böhmen, Parona Central-Italien.
Über die Collemboliden der Umgebung von Hamburg und Bremen haben Schäffer und Poppe gearbeitet.

Unsere schweizerische entomologische Litteratur
enthält über die Apterygogenea, abgesehen von der
nunmehr auch veralteten Arbeit Nicolets nichts um-
fassenderes. Was seit Nicolet über Collemboliden
aus der Schweiz bekannt geworden ist, beschränkt
sich auf zerstreute Berichte über das Massenauftreten dieser oder jener Art und die damit verbun-
dene Erscheinung des « schwarzen » und « roten
Schnees ».

Auf Anregung von Herrn Prof. Th. Studer begann
ich im Herbst des letzten Jahres im Mittellande
und in den Alpen Collemboliden zu sammeln und
zu bestimmen. Wie im Hinblick auf die Verschie-

6

denartigkeit und den grossen Wechsel der orogra-
phischen Verhältnisse innerhalb des Sammelgebietes
zu erwarten war, lieferte dieses eine beträchtliche
Anzahl von Formen. In der kurzen Zeit von neun
Monaten wurden mir aus dem Engadin, dem Berner Oberlande und der Umgebung von Bern 72 Arten
und 15 Varietäten bekannt, wovon acht Arten neu
aufgestellt worden sind. Dazu kommen noch vier
Arten von Nicolet aus dem Jura, so dass der Katalog für unser Gebiet bisher 91 Formen aufweist. Die
Alpen lieferten 48, das Mittelland 69 Arten und Varietäten. Dem gegenüber figurieren Finnland, wo
die Gruppe seit Dezemnien erforscht wird, mit 106,
Norddeutschland mit 94 Formen.

Obwohl mein Verzeichnis nicht vollständig ist und
bei längerem, über ein weiteres Gebiet ausgedehn-
tem Sammeln noch manches aus der Schweiz zu Tage
gefördert werden wird, lässt sich dennoch auf Grund
des schon vorhandenen Materials ein faunistischer
Vergleich anstellen. Auffällig ist vor allem die
grosse Zahl von Arten und Varietäten, die die
Schweiz mit Nordeuropa gemeinsam hat. 51 Formen,
die Schäffer aus der Umgegend von Hamburg verzeichnet, fanden sich hier wieder. Zieht man die
gut durchforschten Gebiete von Schweden, Norwegen
und Finnland zum Vergleiche mit der Schweiz her-
an, so ergeben sich nicht weniger als ungefähr 60
gemeinsame Arten und Varietäten. Unter diese
fallen gerade auch diejenigen Species, die in der
Schweiz die grösste horizontale und vertikale Verbreitung haben.

In den Alpen liess sich namentlich auch die vertikale Verbreitung der einzelnen Formen studieren.
Noch bei 2000 Meter ü. M. herrscht unter Moos und
Steinen reges Leben. 2340 Meter ü. M. war der
höchste Punkt, an welchem im Oberlande noch ge-

·sammelt wurde. Die Isotoma saltans reicht auf den Gletschern jedenfalls noch höher. Viele Formen sind an keine bestimmte Höhe gebunden. Sie finden sich in bedeutenden Höhen und am Rande der Eismeere ebenso häufig wie an den tiefsten Punkten des Mittellandes. Andere hingegen, wie z. B. die schon den älteren Autoren bekannte Orchesella villosa, scheinen vornehmlich höheren Lagen anzugehören. Bei einer dritten Gruppe endlich lässt sich sehr schön verfolgen, wie die Zahl der Tiere mit zunehmender Höhe rasch abnimmt und wie die Art an der obersten Grenze ihres Vorkommens nicht selten in eine etwas abweichende Form übergeht (Beispiel Orchesella rufescens). Bei der ersten Kategorie, also denjenigen Formen, die in niederen und höheren Lagen vorkommen, machte sich jedoch in manchen Fällen der Einfluss der Höhe des Standortes ü. M. direkt geltend, in dem Sinne, dass die Farbe der Tiere innerhalb derselben Art mit zunehmender Höhe immer dunkler wurde, und ihre Grösse successive abnahm.

Von vielen Arten von Collembola ist es bekannt, dass sie zu Zeiten massenhaft auf dem Schnee vorkommen und zwar entweder zerstreut und in dicken Lagen auf einzelne Flecke lokalisiert. Von beiden Arten des Vorkommens sind mir mehrere Fälle bekannt geworden, die verschiedene Arten betrafen. Dabei fand sich jedoch die gleiche Art, die massenhaft auf dem Schnee auftrat, meist auf andern Standorten, z. B. unter Rinde, Steinen u. s. w. Selbst die Isotoma saltans, das Emblème der Gletscherfauna, konnte ich fern von jeder Schnee- und Eisfläche an den Sonnenstrahlen ziemlich exponierter Stellen am Südabhange des Faulhorns (2300 Meter) antreffen. Auch bei Grindelwald fand sie sich noch eine ziemliche Strecke unterhalb des Endes der Gletscher-

zunge. Solche Vorkommnisse sprechen einerseits
dafür, dass sich hier die Lebensbedingungen bei der
gleichen-Art innerhalb ziemlich weiter Grenzen be-
wegen, andrerseits legen sie die Vermutung nahe,
dass es sich bei jenem Massenauftreten auf dem
Schnee einfach um eine ausgiebige Wanderung mit
stetem Nachschub von anderen Standorten aus handeln könnte.

5. Herr Th. Bühler-Lindemeyer (Basel): Früh-
   jahrs-Vogelzug der Umgebung Basels in den Jahren
   1895—98.

   Diskussion: Dr. Fatio.

   Wie bekannt sein dürfte, bietet die Umgebung
Basels äusserst günstige Beobachtungsstellen für die
einheimische Vogelwelt und zeichnet sich hauptsächlich die Gegend zwischen Kleinhüningen, resp. der
Schusterinsel, bis zum Isteinerklotz, mit dem unge-
fähren Mittelpunkt Näckt, in dieser Hinsicht besonders aus. Es finden sich hier sämtliche Momente
vor, die sich zu einem kürzeren oder längeren Auf-
enthalte für die gefiederte Welt eignen: Wasser in
reichlichster Menge, so der nahe Rheinstrom, Flüss-
chen wie die Kander u. Wiese u. zahlreiche Bäche
klaren Quell-Wassers, daneben grössere und kleinere
mit Schilf bewachsene Sümpfe und Tümpel. Getreide-
und Kartoffelfelder wechseln ab mit Wäldchen und
Wäldern, welche noch durch das üppig wuchernde
Unterholz allerorts Unterschlupf den verschiedensten
Vögeln bieten; daneben mächtige Komplexe Landes
nur mit Weidengebüsch bewachsen, auch Felsen wie
der Isteinerklotz fehlen nicht und Tannenwälder sind
ebenfalls in nächster Nähe, kurzum Alles ist für diese
Tierklasse aufs beste ausgestattet. Zudem bietet das
im badischen Lande streng gehandhabte Jagdgesetz
eine bedeutende Gewähr für das unnütze Morden vieler
Vögel, wie es in unserem Vaterlande, mangels anderer

jagdbarer Beute leider vielerorts vorkömmt. Ist es doch in jenen Gegenden an schönen Frühlingsmorgen eine allergewöhnliche Erscheinung, Rehe, Hasen, Fasänen und Rebhühner zu sehen, während Füchse und das andere Raubgesindel infolge der guten Jagdaufsicht beinah gänzlich fehlen.

Ein zweiter, Basel näher gelegener Ort, sind die langen Erlen, welche danks der Aufsicht des dort amtierenden Wiesenwartes, dem eifrigen Vogelfreund, Herr Schenkel, ebenfalls ein äusserst günstiges Beobachtungsfeld für Vögel sind.

Seit einer Anzahl von Jahren habe ich mir die Aufgabe gestellt, den Vogelzug und speziell den Frühjahrsvogelzug in dortiger Gegend zu studieren und möchte mir erlauben Ihnen in gedrängter Kürze einige der gemachten Beobachtungen mitzuteilen. Mein Hauptaugenmerk dabei war, nur unzweifelhafte mit Fernglas und Ohr genau wahrgenommene Vögel zu notieren und überdies nur ähnliche, mir von ferner stehender Seite zugekommene Mitteilungen in den Kreis meiner Betrachtungen zu ziehen, wenn sie von ganz gewissenhafter Quelle herrührten.

Als Frühjahrsvogelzug fand ich die Zeit von Mitte März bis Ende Mai stets als die günstigste und habe während diesen Monaten wöchentlich wenigstens 3 Excursionen, meistens allein, in der Frühe des Tages in die dortigen Gegenden gemacht. Die Zeit nach 8 Uhr morgens, inclusiv der Abendzeit gibt keineswegs das gleiche exacte Bild wie morgens früh, indem die Vögel sich tagsüber ruhig verhalten, oder dem Nahrungs- resp. den Brutgeschäften nachgehen, und zudem findet die Zugszeit im Frühjahr meistens nachts statt.

(Es folgte das genaue Verzeichnis mit Daten für die einzelnen Vogelarten.)

Aus den gemachten Beobachtungen ergab sich, dass von den Hauptrepräsentanten unserer Zugvögel

Nachtigall	Uferschwalbe
Hausrotschwänzchen	Feldlerche
Dorngrasmücke	Kukuk u.
Singdrossel	Storch
Rauchschwalbe	

am stricktesten ihr Eintreffen in unsere Gegend zur gleichen Jahreszeit einhalten, weniger exact

Weidenlaubvogel	Wildtauben
Stadtschwalbe	Wiedehopf
Mauersegler	Haidelerche
Wendehals	

und vollständig unregelmässig

der Trauerfliegenschnäpper u. der Pirol.

Es haben in den letzten Jahren in unserer Gegend unbedingt zugenommen

Wendehals	Trauerfliegenschnäpper
Goldamsel	Girlitz
Wiedehopf	Drosselrohrsänger,
Nachtigall	

dagegen abgenommen:

Schwarzkopf	Singdrossel
Stadtschwalbe	die Waldschnepfen
Gartenrotschwanz	

und beinah vollständig ausgerottet, die früher um Basel herum häufige Wachtel.

Es sollen diese Daten natürlich kein erschöpfendes Bild des Vogelzuges, noch der Vogelwelt der Umgebung Basels geben, dazu braucht es vieler Jahre und ist es mir vielleicht vergönnt, Ihnen später einmal noch exactere Mitteilungen in dieser Hinsicht zu bringen.

6. Herr Prof. Dr. C. Keller: Biologische Mitteilungen über Pediaspis aceris.

Diskussion: Prof. Emery.

Prof. C. Keller (Zürich) macht biologische Mitteilungen über Pediaspis aceris. Bisher war die Art nur bekannt als Erzeugerin von Gallen an Blättern und Wurzeln vom Ahorn. Der Vortragende hat im Frühjahr 1898 neben Blattgallen auch zahlreiche Blütengallen beobachtet. Der Fruchtknoten war mit 2—3 Gallen besetzt, während die Staubgefässe eine starke Verkürzung der Staubträger erkennen liessen.

Pediaspis aceris zeigt somit ähnliche Verhältnisse wie die auf Eichen vorkommende Gallwespe Cynips baccarum.

7. Herr Dr. F. Urech: Mitteilungen über die diesjährigen aberrativen und chromatotarachischen Versuchsergebnisse an einigen Species der Vanessa-Falter (mit Demonstrationen).

Diskussion: Dr. Standfuss.

Dr. F. Urech zeigt vor und beschreibt von ihm in diesem Sommer erzielte aberrative und chromatotarachische Vanessa-Falter nämlich von

I. Vanessa urticae.

A. Aberrationen durch abwechselnde Einwirkung von Eiskastentemperatur und gewöhnlicher Temperatur auf die noch junge Puppe erhalten, nämlich: 1. Van. urticae aberr. polaris artifice. 2. Van. urticae aberr. Donar (Urech) (bisher ichnusoides artifice genannt: ichnusoides ist aber Wärmeform) durch abwechselnde Einwirkung von kalter Mischung etwa 1^0 bis 5^0 abwechselnd mit gewöhnlicher Temperatur erhalten, nämlich *a.* inferior, *b.* media, *c.* superior, entsprechend zunehmender Ersetzung von gelbem und rotbraunem Pigmente durch schwärzliches.

B. Chromototarachische Falter durch zweck-
mässige Schnürung der noch weichen Puppen quer
über die Puppenflügelchen hin erhalten. Je nach der
Stärke des Schnurdruckes wird entweder:

1. nur die Farbe des Schuppenpigmentes in peripherischer Richtung eine andere und die Schuppen und
Flügelhaut bleiben glatt, oder

2. es wird auch die Flügelhaut an der Schnürungslinie etwas geknickt oder gerissen.

3. Es werden auch die Schuppen etwas schrumpfig
und treten in geringerer Anzahl auf.

4· Die Schuppen sind von der Schnürungsstelle an
in peripherischer Richtung nicht mehr entstanden.

Vanessa io.

A. Aberrationen: Durch abwechselnde Einwirkung von Kältemischungstemperatur (etwa —1° bis — 5°)
mit gewöhnlicher Temperatur auf die noch junge
Puppe wurde erhalten:

1. Vanessa io aberr. Iokaste (Urech). Alles gelbe
Schuppenpigment des Vorderflügels ist teils durch
rötlichbraunes, teils durch umberbraunes, teils durch
schwärzliches ersetzt. Die blauen interferenzfarbigen
und die schwarzen pigmentfarbigen Schuppen des
Auges der Hinterflügeloberseite sind durch asch-
graue ersetzt.

Durch Einwirkung von Wärme von etwa 40° auf
die junge Puppe wurde erhalten:

2. Vanessa io aberr. calore nigrum maculata
(Urech).

B. Chromototarachische Falter. Auch bei
dieser Species wurde durch Schnürung eine Veränderung des Pigmentstoffes erhalten, jedoch gelang es
schwieriger als wie bei Van. urticae, sie ohne starke
Verschrumpfung des ganzen Flügels zu erhalten.

Diese geringere Widerstandskraft gegen drukatro-
phische Einwirkung steht in Übereinstimmung mit
der gegen Temperatureinflüsse.

8. Herr Prof. Dr. A. Lang: «Über Vererbungserschei-
nungen bei Helix nemoralis und Helix hortensis».
Diskussion: Prof. Studer.

9. Herr Prof. Dr. Emery: «Über einen schwarzen Oli-
gochäten von den Alaska-Gletschern. »
M. Russell a observé sur le glacier de Malaspina
dans l'Alaska un petit ver noir qui se trouve en
grande quantité à la surface de la neige avant le
lever du soleil, mais s'enfouit profondément aussitôt
que le soleil est levé. M. le D[r] De Filippi qui accom-
pagnait l'expédition de S. A. R. le duc des Abruzzes
au Mont St-Elie a retrouvé cet animal qui doit
constituer un nouveau genre (*Melanenchytraeus*) dans
la famille des Enchytréides. Le caractère le plus
remarquable de ce ver est la pigmentation noire
intense de son épiderme qui ne se retrouve dans
aucun autre Oligochète décrit jusqu'à ce jour. Toutefois il existe dans les Alpes d'autres limicoles
pigmentés. Quelques exemplaires d'une espèce iné-
dite ont été récoltés dans un petit lac du Mont-Rose
par le regretté R. Zoja (quelques exemplaires de ce
ver passent sous les yeux de l'assemblée), la pigmentation est bien marquée, quoique moins intense que
chez le ver de l'Alaska. Il serait à désirer que les
naturalistes qui explorent les Alpes portassent leur
attention sur les Oligochètes limicoles des hautes
régions dont l'étude a été jusqu'ici négligée.
La communication de M. Emery est suivie de la
démonstration de préparations microscopiques.

10. Herr Meyer-Eimar: Über ein neues Fossil aus
dem Eocaen Aegyptens.
Diskussion: Prof. Studer.

11. Herr Dr. Fatio: Über Aufstellung von Lokalfaunen in Museen.

Diskussion: HH. Prof. Godet, Prof. Musy, Bühler-Lindemeyer.

M. le Dr V. Fatio, de Genève, parle de l'utilité qu'il y aurait à faire, dans chacun de nos Musées suisses, non pas des collections de vertébrés et d'invertébrés du pays entier, collections fédérales qui ne pourraient être que des copies plus ou moins complètes les unes des autres, mais bien des collections cantonales ou locales qui, embrassant un champ d'exploration beaucoup plus restreint, permettraient une étude beaucoup plus circonstanciée de la distribution, du développement, de la biologie et de la variabilité d'espèces en nombre bien plus limité.

Il rappelle les directions qu'il donnait déjà à ce sujet en 1872, dans une communication en assemblée générale de la Soc. helvét. des Sc. Nat., à Fribourg, et appuie tout particulièrement sur l'établissement indispensable d'une carte détaillée du champ d'étude et surtout d'un catalogue spécial où toutes données d'âge, de sexe, d'époque, de provenance exacte, etc., ainsi que toutes observations biologiques, morphologiques ou autres se rapportant à chaque individu en collection seraient consciencieusement enregistrées sous le numéro porté sous celui-ci.

Considérant que des collections locales ainsi établies seraient appelées à rendre de grands services aux zoologistes tant de la Suisse que de l'étranger, il recommande la chose aussi bien aux directeurs de nos différents Musées qu'à la société zoologique suisse récemment fondée en vue de l'étude de la Faune du pays, et aux diverses autorités cantonales qui feraient œuvre d'utilité publique et de patriotisme en accordant largement les facilités et les subsides indispensables à semblables intéressantes créations.

12. Herr Prof. Y u n g. - Vorweisung einiger Exemplare
des vor cirka 10 Jahren in Europa eingeführten cana-
dischen Fisches Eupomotis gibbosus aus dem Hafen
von Genf.

M. Emile Yung présente trois exemplaires de
Perche du Canada ou *Sun-Fish (Eupomotis gibbosus*
Linné)[1] prise dans une nasse à l'intérieur du port
de Genève. Ce poisson a été introduit en Europe, il
y a une dizaine d'années et paraît s'être acclimaté
dans certains fleuves de France, notamment la Loire
(voir l'Intermédiaire des biologistes, 1re année,
p. 61 et 80) et dans l'établissement piscicole de
M. le prof. Dr H. Oltramare, à Genève. Ce dernier a
obtenu des pontes de progéniteurs acquis à Paris,
il en a ensemencé le Rhône et le fait que divers
pêcheurs en ont retrouvé des adultes jusque dans le
lac, prouve que ces poissons recontrent dans notre
pays des conditions favorables à leur entretien.

13. Herr Prof. M u s y. Über ausgestorbene Tiere des
Kantons Freiburg.

M. M. Musy, professeur à Fribourg, donne le résultat
de son étude sur l'époque de la disparition de quelques mammifères du sol fribourgeois d'après les
primes payées pour les animaux nuisibles et les récompenses accordées aux paysans qui apportaient
aux membres du gouvernement du gibier de haute
chasse.

Il en résulte que le *Castor* (Castor fiber L.) dispa-
rut probablement dans le courant du XIme ou du
XIIme siècle, l'*ours* (Ursus arctos L.) vers la fin du
XVIIme, le *cerf* (cervus elaphus L.) à la fin du
XVIIIme siècle. Le *loup* (canis lupus L.) fut abondant

---

[1] D'après Giard, le poisson pris dans la Loire et cité plus bas
serait: *Lepomis megalotis* Rafin et appartiendrait à la famille des
Centrachidæ (Percoïde).

pendant les XVme, XVIme et XVIIme siècles, il dimi-
nua beaucoup pendant le XVIIIme et ne disparut
tout-à fait qu'au commencement du XIXme. Le *lynx*
(Felis lynx L.) semble avoir toujours été rare, le
dernier connu a été tué près de Charmey en 1826.
Le *sanglier* (Sus scrofa L.) était abondant pendant
les XVme et XVIme siècles et il ne disparut qu'au
commencement du XIXme, pendant lequel on en
tua encore quelques-uns. On a prétendu avoir tué
des *chats sauvages* (Felis catus L.) au Vuilly en 1890
et 1891 ; étaient-ils bien authentiques? c'est douteux !
Le *bouquetin* (capra ibex L.) semble n'avoir jamais
habité le territoire fribourgeois et le *chevreuil* (cervus
capreolus L.), rare déjà au commencement du siècle, a
beaucoup de peine à s'y maintenir et surtout à s'y
multiplier [1]).

14. Herr Dr. Haviland Field (Zürich). Demonstration
des Zettelkataloges von Concilium Bibliographicum
in Zürich.

E. Sektion für Anthropologie.

Nachmittags 3 Uhr.

Einführender: Herr Prof. Th. Studer.
Lokal: Hörsaal des zoologischen Instituts, Instituts-
gebäude, Äusseres Bollwerk.
Präsident: Herr Prof. Dr. Kollmann aus Basel, und nach
dessen Abreise Herr Prof. Dr. Studer.
Sekretär: Herr Dr. R. O. Buri-Bern.

1. Herr Dr. Martin: Vorschlag zur Gründung einer
anthropologischen Kommission der Schweiz. Naturforschenden Gesellschaft.

---

[1]) Voir Bulletin de la Soc. frib. des Sc. nat. Vol. VIII, 1898.

Diskussion. Herr Prof. F. A. Forel, als Centralpräsident, berichtet über diesen Antrag. Das Centralkomitee der Schweiz. Natürf. Gesellschaft beschloss,
denselben zu weiterer Beratung der anthropologischen
Sektion der Jahresversammlung zu überweisen.

Herr Dr. Martin erläutert seinen Antrag dahin-
gehend, dass eine eingehende Untersuchung der
schweizerischen Bevölkerung organisiert werden solle.
Nach gewalteter Diskussion, an der sich Prof. Kollmann, Dr. P. Sarasin, Prof. C. Keller, Herr Pitard
und Prof. Studer beteiligten, wird beschlossen:

Es sei in Zukunft eine anthropologische Sektion
der Schweiz. Naturf. Gesellschaft zu bilden, deren
nächste Aufgabe die Feststellung der Forschungs-
methoden sein würde.

2. Herr Dr. V. Gross: « Sur le cimetière helvète de
Vevey ».

Diskussion: Herr Pitard, Prof. Studer.

Studer konstatiert unter den Knochen solche vom
Hirsch, auch solche von Haustieren, wie: Schwein,
kleines Rind und Pferd. Ein schlanker Metatarsus
zeigt vollkommen den Charakter des kleinen orien-
talischen Pferdes, wie es von der Bronzezeit bis zur
vorrömischen, gallischen Zeit in der Schweiz gefunden wird.

3. M. Eugène Pitard présente deux communications:
1. Sur une série de crânes dolichocéphales
provenant de la vallée du Rhône (Valais).
Il fournit toutes les indications relatives aux indices
et aux mesures pour montrer les rapports qui existent entre ces crânes et les différences qu'il y a
entre eux et les autres crânes Valaisans qui sont
en grande majorité brachycéphales.

Les anciens dolichocéphales de la vallée du Rhône
sont nos dolichocéphales et mésaticéphales, avec
grande prédominance de ces derniers. Ils sont les uns

chamaeprosopes, les autres leptoprosopes, mais avec
grande majorité de ceux et leur indice orbitaire les
classes surtout parmi les mésosectes et leur indice
nasal parmi les mésorhiniens. Il y a une grande
différence entre la forme du crâne ancien et la forme
actuelle dans divers endroits du Valais.

2. Sur 51 crânes de criminels français.
Cette étude a été faite au laboratoire d'Anthropologie de l'Ecole des Hautes-Etudes à Paris. Comme
conclusion, M. Pitard a montré que certains caractères
distinguent toujours les crânes de criminels des
autres crânes, notamment la petitesse du frontal. Le
travail sera publié dans le *Bulletin de la Société
d'Anthropologie de Paris, 1898.*

4. Herr Dr. J. Nüesch spricht über neuere Grabungen
und Funde in dem Kesslerloch bei Thayngen und
legt einen Teil der Artefakte vor, die er bei der
Ausräumung der Höhle und bei tieferen Grabungen
vor derselben gefunden hat. Es zeigte sich bei den
Grabungen, dass ganze Partien des Höhlenbodens
noch völlig intakt waren, und dass viele Gegenstände
an völlig primärer Lagerstätte sich befanden. Über
die faunistischen Ergebnisse will er später referieren,
wenn die Schweizer. Naturf. Gesellschaft die Mittel
zur Verfügung stellen könnte, um Grabungen beim
südöstlichen Eingang der Höhle vornehmen zu können.
Er stellt einen diesbezüglichen Antrag.

Einstimmiger Beschluss: « Die anthropologische
Sektion unterstützt einstimmig den Antrag des Hrn.
Dr. Nüesch, es möchte die Schweiz. Naturf. Gesell-
schaft die Mittel gewähren, dass die Station vom
Kesslerloch in Thayngen systematisch, namentlich auch
in zoologischer Beziehung untersucht werden kann. »

5. Herr Dr. O. Schürch: Die Schädelformen der Bevölkerung des schweizerischen Mittellandes.

Diskussion: Dr. Martin.

F. Sektion für Geologie, Mineralogie, Petrographie und Paläontologie.

Sitzung: Dienstag den 2. August im Hörsaal
des geologisch-mineralog. Instituts.

Einführender: Herr Dr. Edmund von Fellenberg, Bern.
Präsident: » Prof. Dr. C. Schmidt, Basel.
Sekretäre: » Prof. Dr. Hans Schardt, Montreux.
  » Dr. R. Zeller, Bern.

1. Herr Dr. Tobler (Basel) spricht über seine im
   Sommer 1897 ausgeführten Untersuchungen der
   Klippen am Vierwaldstättersee. Über die
   Tectonik der zweifellos überschobenen Massen lassen
   sich noch keine allgemein gültigen Angaben machen,
   dagegen ist es gelungen, eine Reihe neuer strati-
   graphischer Horizonte festzustellen, z. B. fossilfüh-
   rendes Rhät in thonig-schiefriger Ausbildung, Hettangien, mittlerer Lias (γ—δ), Klausschichten und
   ächtes Callovien. Von besonderem Interesse ist die
   Konstatierung der Chablaisbreccie im Gebiet von
   Iberg und der Mythen. Die facielle Ausbildung der
   gesamten Schichtserie ist vollkommen analog derjenigen in den Freiburg-Chablaisalpen; gewisse Beobachtungen lassen darauf schliessen, dass innerhalb
   der Klippenregion am Vierwaldstättersee ähnliche
   Faciesgebiete unterschieden werden können wie dort.
   Herr Prof. Schardt, Montreux, möchte die vom
   Vortragenden angewandte Bezeichnung vindelicische
   Facies durch Stockhorn- oder Klippenfacies ersetzt
   wissen. Hr. Prof. C. Schmidt und der Vortragende
   wehren sich für den Gümbelschen Namen, man
   einigt sich auf den Ausdruck Klippenfacies.
2. Herr Prof. Dr. F. Mühlberg, Aarau, bespricht die
   Überschiebungen und Überschiebungs-
   klippen im Jura und speciell am Lägern.

Trotzdem der Lägern als relativ hoher östlicher
Ausläufer des Jura ausgezeichnet und daher bereits
vielfach geologisch untersucht worden ist, sind dessen
Verhältnisse in wesentlichen Punkten bisher noch
nicht richtig dargestellt worden. Im Gegensatz zu
der vulgären Vorstellung, dass der Lägern ein normales einfaches Gewölbe mit aufgebrochenem d. h.
erodiertem Scheitel sei, weist der Referent an der
Hand von Profilen und Photographien nach, dass der
Bau des Berges in seiner ganzen Erstreckung einseitig ist und dass noch erhebliche Überschiebungs-
klippen vorhanden sind, entweder Teile des Süd-
schenkels oder abgescherte, hervorragende Teile des
Nordschenkels, welche in nördlicher Richtung über
jüngere Partien des Nordschenkels hinübergeschoben
und durch Erosion isoliert worden sind. Gleichsin-
nige Überschiebungen hat der Referent im ganzen
nördlichen Jura bis über St. Ursanne hinaus nachweisen können. Diese Unregelmässigkeiten sind also
ein wesentlicher Teil des Charakters des Juragebirges.
Die nähern Verhältnisse sollen demnächst in einer
Schilderung der anormalen Lagerungsverhältnisse des
Jura veröffentlicht werden.

In der Diskussion macht Herr Prof. Heim darauf
aufmerksam, dass Scheitelbrüche mit Überschiebungen für den Jura charakteristisch sind. Herr Prof.
C. Schmidt, Basel, hat ähnliches am Clos du Doubs
beobachtet.

3. Herr Prof. Dr. C. Mayer-Eymar spricht über die
   Grundsätze der internationalen stratigra-
   phischen Terminologie.

4. M: Amedée Gremaud, Ingénieur à Fribourg, parle
   des *pierres perforées,* qu'il divise en 3 groupes suivant la cause perforatrice : 1) perforation mécanique
   résultant du mouvement de rotation d'un petit cailloux sur une pierre plus tendre que ce dernier

(marmites de géants); 2) perforation par l'érosion d'un filon traversant la pierre ou de pétrifications (bélemnites); 3) perforation par des animaux, tels que tarets, pholades, lithodomes, oursins perforants, etc. Ces animaux sont pourvus d'outils différents, de là des procédés et des résultats différents. Les ouvertures excessivement fines traversant obliquement et en ligne parfaitement droite certaines pierres calcaires, semblent indiquer l'existence d'un petit animal dont l'outil perforateur doit avoir beaucoup d'analogie avec la perforatrice employée dans la construction des tunnels.

5. Herr Dr. Otto Hug, Bern, hat die im Berner Museum befindliche oberliasische Ammonitenfauna von les Pueys und Téysachaux einer Untersuchung unterzogen. Es ist die Fauna des Toarcien (Lias ε). Hauptfossil ist Harpoceras serpentinum. Die Stücke sind sehr gut erhalten. Bemerkenswert ist die Ähnlichkeit mit den nordischen Formen. 12 Arten hat dieser alpine Fundort mit England und Württemberg gemein.

6. Herr Max Mühlberg von Aarau, z. Z. in Freiburg i. B., macht einige Mitteilungen über die Stratigraphie des nordschweizerischen braunen Juras. — Grenze zwischen Murchisonae- und Sowerby-Schichten; Hauptrogenstein; der Anteil des Malms (Macrocephalus- bis Cordatuszone) am braunen Jura. Der Referent begründet die Vermutung, dass das Eisenoxydhydrat in den Eisenoolithen festländisches Verwitterungsprodukt sei: Zeichnerische Darstellungen und Demonstration von Belegstücken für die behaupteten Erosionserscheinungen in der Grenzlage zwischen den Murchisonae- und Sowerby-Schichten und im untern Malm begleiten die Mitteilungen. (Näheres in einer bevorstehenden grössern Veröffentlichung.)

In der Diskussion bezweifelt Hr. Prof. Dr. Schardt, Montreux, das Vorhandensein von Erosionserscheinungen. Die Gegenwart von Pholaden bedinge noch keine Trockenlegung und für die Auffassung der bisanhin als Concretionen betrachteten Knauer als Gerölle sei der Referent jeglichen Beweis -schuldig geblieben.

7. Herr Prof. Baumhauer, Freiburg, spricht zunächst über die genetische Auffassung der Zwillingsbildung an Krystallen, sowie über das gleichzeitige Auftreten mehrerer Zwillingsgesetze an demselben Krystall. Darauf behandelt er « als Konkurrenz der Zwillingsgesetze » die Erscheinung, dass ein Individuum hinsichtlich seiner Lage zu einem andern unter dem Einfluss zweier sehr nahe verwandter Verwachsungsgesetze zugleich steht. Eine Reihe von Beobachtungen, insbesondere am Kupferkies, deutet darauf hin, dass ein Krystall eine zwischen zwei krystallonomischen Stellungen gleichsam schwebende Lage einnehmen kann. Im Fernern teilt der Referent Beobachtungen mit, nach denen die scheinbar regellose Verteilung der Äzfiguren nicht auf äussere Ursachen zurückzuführen ist, sondern, wie die Versuche am Kolemanit beweisen, stellen die geäzten Stellen gleichsam schwache Stellen im Krystallgebäude dar. Diese Thatsache ist von Bedeutung für unsere Auffassung von der Homogenität der Krystalle. (Näheres wird in Groths Zeitschrift für Krystallographie erscheinen.)

8. Herr Field, Zürich, spricht über die Bibliographie des Concilium bibliographicum und demonstriert den auf Grundlage des Decimalsystems sehr einfach und übersichtlich geordneten Zeddelkatalog.

Gemeinsame Sitzung mit der geograph. Sektion
nachm. 3 Uhr am gleichen Orte.

Präsident: Herr Prof. Ed. Brückner-Bern.

———

1. Herr Prof. Dr. Ed. Richter - Graz spricht über
Eiszeitforschung in den Alpen. Nachdem bislang die
Glacialforschung sich mehr mit der Untersuchung
des Alpenvorlandes als der Alpen selbst beschäftigt,
beginnt man nun wieder letzteren sich zuzuwenden
und der Referent begrüsst als ersten wichtigen Beitrag die Abhandlung von Prof. Baltzer über den
diluvialen Aaregletscher. Referent untersuchte seiner-
seits die jetzt eisfreien krystallinischen Ketten der
östlichen Centralalpen in Steiermark, welche jedenfalls nie vollständig vereist waren und dadurch Anhaltspunkte zur Bestimmung der eiszeitlichen Schnee-
grenzhöhe zu geben geeignet sind. Als sicherste
Eiszeitspuren glaubt der Referent im Gebirge Kaare
und Hochseen betrachten zu dürfen. Aus diesen liess
sich die eiszeitliche Schneegrenze in Steiermark auf
1600–1700 m. ermitteln. Die Mächtigkeit der diluvialen Eisströme ergibt sich einerseits aus der Lage
des Erraticums, andrerseits aus der Schliffgrenze,
die um so deutlicher wird, je mehr man in das Gebirge eindringt. Die Oberfläche dieser Eisströme sinkt
in einem viel kleinern Winkel als die Thalsohlen im
Hintergrund der Thäler. Nach Analogie der heutigen
Verhältnisse müsste man annehmen, dass im Innern
des Gebirges auch zur Eiszeit die Schneegrenze viel
höher lag als am Rande. Selbst wenn man aber
demnach die Schneegrenze im Innern des Gebirges
auf 2000–2400 m. (Rand 1400–1600) setzt, genügt
diese Höhe nicht, die Grösse der diluvialen Eismassen
zu erklären. Wohl aber begreifen sie sich bei Berücksichtigung der kolossalen Anstauung, welche die

Eisströme durch das Zufliessen zahlreicher Seitengletscher, für welche der Platz nicht vorhanden war,
erlitten. Diese Anstauung bewirkte eine Vergrösserung des Einzugsgebietes. Bei der Einschaltung der
Seitengletscher in die Haupteisströme kam die Grund-
moräne der erstern in oder auf die letzteren zu liegen, so dass nicht nötig ist anzunehmen, die ungeheuren Mengen Gletscherschlamm des Alpenvorlandes
seien am Grunde transportiert worden.

An der Diskussion beteiligen sich die Herren Prof.
Heim, Prof. Penck, Prof. Brückner, Dr. Zeller und
Dr. E. von Fellenberg.

2. Herr Prof. S c h a r d t - Montreux parle sur la recurrence des glaciers jurassiens.

3. Herr Dr. J. F r ü h - Zürich bespricht unter Vorweisung von Photographien die Schuppenstruktur des
Schnees als Folge der Bestrahlung einer horizontalen
oder nach SE—W geneigten Schneedecke zur Zeit
geringer Sonnenhöhe wie im Dezember-Januar und bei
ruhiger, klarer Witterung. Diese Schuppenstruktur
darf nicht verwechselt werden mit der « surface
écailleuse » von Saussure. Der Referent bittet um
Mitteilung korrespondierender Erscheinungen am
Hochgebirgsschnee im Sommer.

4. Herr Dr. J. F r ü h - Zürich legt Originalstücke honig-
wabenähnlich erodierter Kalksteine aus dem Huron-
see vor und vergleicht sie mit besondern Formen
der galets sculptés vom obern Zürichsee. Entgegen
der Ansicht von Bell, der diese Erosionsform auf
einen Schwefelsäuregehalt des Wassers zurückführen
möchte, glaubt Früh eher an die Mitwirkung von
Mikroorganismen.

Prof. P e n c k-Wien macht darauf aufmerksam, dass
ähnliche Erosionsformen an österreichischen Seen
bereits von Simony auf biologische Vorgänge bezogen
worden sind.

5. Herr Gymnasiallehrer Lüthy-Bern weist ein Relief aus der Gegend des St. Gotthard von X. Imfeld vor, das nach einer neuen Methode in Metallkomposition reproduziert ist.

Schluss der Verhandlungen 5½ Uhr abends.

Der deutsche Sekretär : Dr. R. Zeller.

G. Sektion für physikalische Geographie.

Dienstag den 2. August, morgens 8 Uhr.

Einführender: Herr Prof. Dr. E. Brückner.
Lokal: Hörsaal der Schul-Ausstellung, Institutsgebäude.
Anwesend: 28 Herren.

Verhandlungen.

1. Wahlen: Zum Präsidenten wird der Einführende der Sektion, Herr Prof. Dr. Brückner, zum Sekretär Herr G. Streun, Lehrer an der Rütti, gewählt.
2. Vortrag des Hrn. Billwiller, Direktors der schweizerischen meteorolog. Centralanstalt in Zürich, über: «Merkwürdige Vorkommnisse des Föhn».

Herr Direktor Billwiller, Zürich, bespricht die merkwürdige Thatsache des allerdings seltenen, gleichzeitigen Auftretens von Föhn zu beiden Seiten der Alpen, welche scheinbar mit der heutigen, von den Meteorologen allgemein adoptierten Föhntheorie im Widerspruch steht. Unser Alpenföhn kommt in der Regel dadurch zu Stande, dass auf der einen Seite des Gebirges der Luftdruck erheblich höher ist, als auf der andern, welche unter dem Einfluss eines in grösserer oder geringerer Entfernung vorüberziehenden barometrischen Minimums steht. Die Luft wird dann nach der Seite des geringern Drucks aspiriert und erlangt die für den Föhn charakteristischen Eigenschaften, die relativ hohe Wärme und Trockenheit, durch das Herabsteigen von den Alpenkämmen in die Thäler. Es gibt nun aber auch Fälle, wo durch eine gleichzeitige Zunahme des Luftdruckes von beiden Seiten gegen die Alpen hin, welche durch Luftzufuhr von oben herab bedingt wird, wie dies in den Gebieten der Anticyklonen Regel ist, Föhnerscheinungen in den nördlichen und südlichen Alpenthälern gleichzeitig auftreten. Der Vortragende weist dies im Detail an einem Beispiel nach. Am 14. April 1898 zeigen die Beobachtungen einer Reihe von Stationen sowohl nördlicher als südlicher Thäler die charakteristischen Föhnmerkmale (relativ hohe Wärme und Trockenheit) bei gleichzeitigem Abfluss der Luft in der Richtung nach der Thalmündung. Die Annahme, dass in diesem und ähnlichen Fällen die Luftzufuhr direkt aus den obern Regionen erfolgt, erklärt die Erscheinung vollkommen und bringt sie in Einklang mit den Föhnerscheinungen, wie solche im Winter oberhalb der als Nebelmeer über den Niederungen stagnierenden kalten Luftschichten zur Zeit des Regimes von Anticyklonen auftreten.

Diskussion: Herr Prof. von Wild: Der Begriff «Föhn» wird in neuerer Zeit zu weit gefasst. Als Föhn sollte nur eine Windströmung bezeichnet werden, welche auf den beiden Seiten eines Gebirges vollständig verschiedenen Charakter hat, auf der Südseite feucht, auf der Seeseite warm und trocken erscheint, wie das eben bei dem typischen Föhn der Alpen der Fall ist. Der von Herrn Billwiller besprochene Fall ist eine allgemeinere Erscheinung, ein Herabsinken der Luft in Anticyklonen und dürfte daher nicht als Föhn bezeichnet werden.

Herr Billwiller: Früher wurden allerdings nur heftige warme und trockene Winde, deren Auftreten an das Vorhandensein von Gebirgen geknüpft war,

als Föhn bezeichnet. In neuerer Zeit dagegen wurde
der Begriff Föhn weiter gefasst nnd jede Windströmung, welche mit Erwärmung und Austrocknung
infolge des Herabsinkens der Luft verbunden war,
als Föhn bezeichnet.

Herr Hergesell: Ein Föhn zu Strassburg, welcher sich einstellt, wenn eine Depression im Westen
liegt, hat mit dem Gebirge nichts zu thun. Er ist
einfach der Fallwind einer Anticyklone, der aber
gleichwohl als Föhn bezeichnet wird; Redner ist
für eine weite Fassung des Begriffes Föhn.

Herr Riggenbach: Der Begriff «Föhn» sollte
näher präzisiert werden. Anticyklonale Fallwinde,
welche bei hohem Luftdrucke sich in der Gegend
von Basel mit Föhnerscheinungen einstellen, nennt
in Basel niemand Föhn. Fallwinde dagegen, welche
vom Schwarzwald her wehen, werden als Föhn bezeichnet. Bei den Fallwinden am Hauenstein, welche
besonders im Winter auftreten, wenn das schweizerische Mittelland mit Nebel bedeckt ist, und an mit-
gerissenen Nebelfetzen deutlich erkennbar sind, wird
die hervorgebrachte, geringe Erwärmung in den
tiefern Lagen gewöhnlich nicht bemerkt. Auch diese
Fallwinde werden infolge dessen von der Bevölkerung nicht als Föhn bezeichnet.

Herr Früh teilt mit, dass in der Gegend des Rhein-
thals (St. Gallen) sehr verschiedene Winde unter
den Begriff Föhn zusammengefasst werden, darunter
auch solche, die nur in einem anticyklonalen Herabsinken der Luft bestehen.

Herr Richter möchte den Ausdruck Föhn auf
alle Winde angewendet sehen, welche eine Erwärmung und Austrocknung der Luft am Beobachtungs-
ort hervorbringen. Andere Fallwinde, welche das
nicht thun, wie z. B. die Bora, sind mit Föhn nicht

identisch, obwohl ihnen nahe verwandt. Sie gehören eben wie der Föhn auch zu den Fallwinden.

Herr Brückner meint, der Begriff Föhn sei in neuerer Zeit zu stark verallgemeinert und infolge dessen etwas verwässert worden. Man sollte- ihn entschieden präciser fassen und nur durch das Gebirge hervorgerufene trockene, warme Fallwinde Föhn nennen. Andere, wenn auch verwandte Luftbewegungen sollte man auch anders bezeichnen. Vielleicht wäre diesem Bedürfnis nach präcisen Ausdrücken durch Anwendung zusammengesetzter Wörter abzuhelfen, wie: Höhenföhn für die absteigende Luftbewegung in Anticyklonen, Thalföhn für den echten Föhn etc., wie solche in beschränktem Masse bereits in der Meteorologie gebraucht werden.

Herr Billwiller macht darauf aufmerksam, dass scharfe Grenzen zwischen Winden, welche die Bewohner unserer Alpenthäler « Föhn » nennen, und andern Fallwinden, die ähnliche Erscheinungen, wie dieser Föhn, hervorbringen, kaum gezogen werden können, und dass eine ins Einzelne gehende Klassifikation der diesbezüglichen Vorkommnisse nicht durchführbar sei.

Herr Billwiller weist ferner die Photographie einer Luftspiegelung aus der Gegend des Malojapasses vor.

3. Vortrag von Herrn Prof. H. v. Wild-St. Petersburg (z. Z. Zürich) über die Bestimmung der erdmagnetischen Inklination und ihrer Variationen.

Der Vortragende weist darauf hin, dass unter den drei üblichen Bestimmungselementen der erdmagnetischen Kraft, Deklination, Inklination und Horizontal-Intensität, die Inklination immer noch dasjenige ist, welches sowohl bezüglich seines absoluten Wertes als seiner Variationen die relativ geringste Sicherheit in seiner Ermittlung darbietet. Er teilt daher die Resultate kritischer Betrachtungen der verschiedenen Bestimmungsmethoden der Inklination, sowie der Bemühungen zu deren Verbesserung mit.

Zu den absoluten Messungen der Inklination haben nur das Nadel-Inklinatorium und das Induktions-Inklinatorium in solchem Umfange gedient, dass ein bestimmteres Urteil über ihre Leistungsfähigkeit möglich ist.

Nach des Vortragenden langjährigen Erfahrungen an Nadel - Inklinatorien bester Qualität und sorgfältigster Behandlung, denen entsprechende Erfahrungen auch anderer Forscher zur Seite stehen, ist es, wie im Detail nachgewiesen wird, nicht möglich, mit einem solchen Instrument die Inklination bis auf weniger $\pm$ 1′ absolut sicher zu bestimmen, und selbst relative Werte der Inklination können nicht von einem Jahr zum andern über diese Grenze hinaus vergleichbar damit ermittelt werden.

Dagegen kann das Induktions - Inklinatorium von Weber, wenn es in richtiger Weise benutzt wird, nach des Vortragenden Mitteilungen nicht bloss eine relative Sicherheit der einzelnen Messungen der Inklination bis zu $\pm$ 3″,5 oder $\pm$ 0′,06 darbieten, sondern es zeigen Beobachtungen mit verschiedenen Instrumenten der Art durch ihre Übereinstimmung auch eine absolute Genauigkeit der Angaben derselben bis auf mindestens 0′,1 Inklination an.

Darnach erscheint der Schluss des Vortragenden gerechtfertigt, dass die vollständige Ausschliessung der Nadel - Inklinatorien und ihr Ersatz durch das Induktions - Inklinatorium nur noch eine Frage der Zeit sein könne.

Unter den Variations - Instrumenten zur Ermittelung der Variationen sei es direkt der Inklination, sei es der davon abhängigen Verti-

kal - Intensität, ist nach den Erfahrungen des
Vortragenden und anderer Forscher zur Zeit nur
die Lloyd'sche Wage als befriedigendes Instrument zu bezeichnen und das noch viel gebrauchte
Eisen - Induktions - Variometer von Lloyd
und Lamont ganz zu verwerfen. Bemühungen, die
Lloyd'sche Wage durch ein feineres empfindlicheres
Instrument zu ersetzen, sind bis jetzt noch nicht ge-
glückt; am meisten Aussicht hiezu bietet eine Vervollkommnung des Variations-Induktions-Inklinato-
riums dar, das Kupffer nach W. Webers Ideen
1841 konstruieren liess.

Der Vortragende weist zum Schluss eine von
Edelmann in München konstruierte, nach seinen
Angaben mit Temperatur - Kompensation versehene
und auch sonst modificierte Lloyd'sche Wage vor
und macht auf eine neue Konstruktion eines
Induktions-Inklinatoriums für absolute Messungen aufmerksam, welches nach gemeinsamen Ideen
von Herrn Prof. Edelmann und ihm kürzlich in des
erstern Atelier ausgeführt worden ist, und das Dank
der Gefälligkeit des Herrn Prof. Edelmann ebenfalls
der Versammlung vorgewiesen werden konnte. Es
ist ein Null-Instrument, bei welchem als neu ein
Trommel-Induktor ähnlich dem einer Dynamomaschine
benutzt wird.

4. Vortrag von Herrn Prof. Dr. Hergesell, Direktor
des meteorologischen Instituts von Elsass-Lothringen
in Strassburg, über wissenschaftliche Luft-
schiffahrt.

Herr Hergesell berichtet über die Ergebnisse der
letzten internationalen Auffahrten. Unter Hinweis
auf die Wichtigkeit der Meteorologie der höhern
Luftschichten, wobei er besonders den soeben gehörten Vortrag des Herrn Billwiller erwähnt, spricht
er zunächst über den täglichen und nächtlichen

Gang der Temperatur. Hann hat bereits durch seine Untersuchungen der Barometer-Registrierungen der Höhenstation nachzuweisen versucht, dass schon in Luftschichten, deren Seehöhe 1000 Meter und mehr übersteigt, der tägliche Gang sehr gering ist. Redner berichtet über die Ergebnisse der Beobachtungen in einem Fesselballon, der nahezu 17 Stunden mit Beobachtern in einer mittlern Höhe von 700 Metern gehalten wurde. Das Resultat ist, dass in den Nachtstunden so gut wie gar keine Temperaturschwankung schon in der geringen Höhe von 700 Meter vorhanden ist. In den Tagesstunden stellte sich ein täglicher Gang ein, dessen Amplitude aber nur 3 bis 4° beträgt. Derselbe wird nicht durch Strahlung des Erdbodens, sondern durch vertikale Konvektionsströme in der Atmosphäre verursacht.

Redner geht dann auf die internationale Organisation der wissenschaftlichen Ballonfahrten über und berichtet kurz über die Ergebnisse der Beratung der im März zu Strassburg versammelten internationalen aeronautischen Kommission.

Die internationale Auffahrt, die am 8. Juni von verschiedenen Stellen Europas nach Beschlüssen dieser Konferenz stattfand, hat grosse Erfolge gehabt.

Prof. Hergesell schildert insbesondere den Aufstieg des Strassburger Registrierballons. Derselbe erreichte eine Höhe von 10,000 Meter und dort eine Temperatur von —49° C. Die Erfolge wurden hauptsächlich durch Verwendung eines neuen Registrier-Thermometers, des sog. Lamellen-Thermometers, erzielt.

Redner schliesst mit dem Wunsche, dass auch die Schweiz sich der grossen internationalen Vereinigung der wissenschaftlichen Ballonfahrten anschliessen möge, indem er vor allem die Wichtigkeit des Aufstiegs eines Registrierballons inmitten der grossen Alpenwelt hervorhebt.

5. Herr Prof. Riggenbach-Burckhardt-Basel legt eine Reihe von Wolkenphotographien vor, welche die Entwicklung von Cumulo-Nimbus, Mammato-Cumulus und Boen-Wolken darstellen.

6. Herr Prof. Brückner liest eine Abhandlung von Hrn. Dr. Maurer (Zürich) über «Beobachtungen der Schneeverhältnisse am Titlisgipfel (3239 m.) mittels Fernrohr und Mikrometer» vor. Verfasser konnte diesem ebenso interessanten als dankbaren Gebiete in den letzten Jahren etwas näher treten durch die hervorragend günstige Lage der neuen Lokalitäten (493 m. ü. M.) unserer schweiz. meteorologischen Centralanstalt, die für Anstellung von Fernbeobachtungen an dem gegen Südosten und Süden in der Distanz von 50.—70 km. ausgebreiteten Kranze von Hochalpengipfeln (Glärnisch, Tödi, Clariden, Urirothstock, Titlis u. s. w.) ganz besondere Vorteile bieten. Unsere instrumentellen Hilfsmittel bestehen in einem ausgezeichneten $2^1/_2$-zölligen Merz'schen Tubus, der mit einem Fadenmikrometer kombiniert, zwei Ramsden'sche Okulare (30- u. 60-facher Vergrösserung) für die Beobachtung besitzt (und zu dessen Anschaffung die Direktion der Meteorologischen Centralanstalt bereitwillig die Mittel zur Verfügung stellte). Das Mikrometer enthält einen fixen Mittel- und beweglichen Seitenfäden, dessen Abstand von ersterem an einer Skala und der (für je eine Umdrehung) in 100 Teile geteilten seitlichen Trommel (bis auf Zehntel-partes) leicht und sicher ermittelt werden kann. Ein Skalenteil der Trommel entspricht einem Winkelwert von 3,"0' also in der Entfernung des Titlis (67,857 Km.) sehr nahe dem Höhenunterschied von 1 Meter, was für die ersten Erhebungen sich zunächst als völlig ausreichend erwies. Das Fernrohr ist in unserm Arbeitszimmer auf einem soliden hölzernen Dreifuss azimutal montiert und wird, so oft

es die Witterungsverhältnisse gestatten, auf den Gipfel des Titlis und seinen anstehenden Hochfirn gerichtet, der bei gutem, sichtigem Wetter vor den nach Westen gelegenen Institutsfenstern in schimmerndem Glanze herüberleuchtet.

Besonderes Interesse dürfte an dieser Stelle eine erste resümierende Darstellung über die voriges Jahr angestellten Beobachtungen bieten. Der Frühling des Jahres 1897 nimmt in den Annalen der Witterungsgeschichte für immer eine hervorragende Stellung ein wegen der riesigen Schneemassen, welche die Monate April und Mai noch dem Hochgebirge brachten, zu denen des voraufgegangenen Winters und des denkwürdigen 96er Sommers, der ja bekanntlich in seiner zweiten Hälfte, gleich dem von 1816, zu einem der kühlsten und unfreundlichsten des ganzen Jahrhunderts gehörte. Seit dem 15-jährigen Bestande unserer Bergstation auf dem Säntis (2500 m.) sind dort überhaupt niemals so beträchtliche Schneehöhen zur Beobachtung gekommen, wie gerade zu Beginn des letztjährigen Frühjahrs und Vorsommers. Mitte April betrug am Observatorium auf dem Säntis-Gipfel die maximale Schneehöhe noch volle 542 cm., Mitte Mai 514 cm., Anfangs Juni 365 cm., Mitte Juni 271 cm. und bis Anfang Juli war sie erst auf 180 cm. herabgegangen.

Als wir an den zwei wundervoll klaren Tagen des 29. und 30. Mai vor. Jahres mit dem Fernrohr die Schneeverhältnisse am Titlis sondierten, war es nicht möglich, zwischen dem Gipfel und der schwachgewölbten anstehenden Firnkuppe irgend einen messbaren Niveauunterschied herauszufinden. Von einer scharf markierten, links unterhalb des Gipfels befindlichen Felszacke gemessen, die ständig als Repère dient, ergab sich der Abstand des Firnsaumes nach wiederholter, sorgfältiger Messung an den beiden Tagen

zu 186 bis 187ᵖ ¹); bis zum 18. Juni, der wiederum
eine tadellos klare Alpenansicht brachte, konnte keine
weitere Veränderung konstatiert werden. Das letzte
Drittel des Juni führte dann, unmittelbar nach der
Sonnenwende, eine aussergewöhnliche Wärmeperiode
ein, die im Hochgebirge eine vehemente Schnee-
schmelze veranlasste. So ausserordentlich rasch und
intensiv verlief die letztere, dass z. B. im Thalbecken
der Rhone — ohne einen Tropfen Regen — grosse
Überschwemmung und Wassernot eintrat, und das
Niveau des Genfersee's bis Anfang Juli fast um 75 cm.
über Mittel stieg. Sehr deutlich zeigte sich diese
exceptionelle Wärmeperiode im Stande unseres Firn-
pegels am Titlisgipfel. Zwischen der bezeichneten
Mire (Felszacke) und dem nahe horizontalen, obersten
Saume der Firnkuppe war am 29./30 Juni und 1. Juli
die Distanz bereits auf 183ᵖ herabgegangen, und
zwischen dem Gipfel und der Firnkuppe liess sich,
infolge der starken Schneesinterung, eine deutliche
muldenförmige Einsenkung konstatieren. Für den
mehrfach erwähnten Abstand — Δ — zwischen Mire
und Firnsaum ergab sich dann ferner:

am 20. Juli Δ = 180ᵖ, 9. Sept. 177ᵖ, 24. Sept. 178ᵖ,
15. Okt. 178ᵖ, 15. Nov. 177.5ᵖ, 13. Dez. 179ᵖ,

so dass am Schlusse des Jahres, gegenüber dem Stande
im Anfang des Hochsommers, zum mindesten eine
mikrometrische Differenz von 7 partes = 21″ resultiert.

Wie bekannt, brachte der Herbst und Vorwinter
letzten Jahres dem ganzen Alpengebiet eine lang anhaltende Trockenperiode, die ohne nennenswerten
Unterbruch in ihrem ersten Teile bis Ende November
währte. Am Schlusse derselben bot sich eine treffliche Gelegenheit mit stärkern optischen und feinern

¹) p = 1 pars mikrom.

mikrometrischen Mitteln noch weitere Kontrolmess-
ungen auszuführen. Herr Prof. Wolfer hatte die
Güte, auf unsere Bitte am 6-zölligen Refraktor der
nebenan befindlichen Sternwarte des eidg. Polytechnikums, mit dem grossen Positionsmikrometer und 75-
facher Vergrösserung am 28. und 30. November v. J.,
beides prachtvolle Föhntage, in den frühen Morgen-
und Abendstunden eine entsprechende Reihe von
Messungen zu gestatten. Für die mittlere Winkeldistanz Δ zwischen der mehrfach erwähnten Mire
(Felszacke) und dem Saume des Hochfirns erhielten
wir aus diesen zahlreichen Beobachtungen nach deren
Reduktion den Betrag $\Delta = 535.''1$. Da ein Skalenteil unseres kleinen Mikrometers am $2^1/_2$ zölligen
Merz'schen Tubus $3.0''$ gibt, so ist in Teilen des letztern demnach $\Delta = 178.3^p$, was mit den oben gegebenen Bestimmungen vortrefflich harmoniert. Für
die Distanz δ zwischen Oberfläche der Firnkuppe und
Signalspitze des Titlis ergab sich als Mittelwert δ
$= 20,51'' = 6.84^p$. In der Entfernung des Titlis entspricht 1 Meter Höhendistanz $3,04''$; daher beträgt
vom Frühjahr 1897 bis Anfang Dezember
desselben Jahres der Schneeabgang auf
dem Titlisgipfel bezw. dem anstehenden Hochfirn (in einer Höhe von 3239 Meter)

$$\frac{20.51}{3.04},\text{ d. i. nahe.7 Meter.}$$

Da dieser letztere Betrag zumeist aus gesintertem
Firnschnee besteht, dürfen wir für die Schicht frisch
gefallenen Schnees, welche zur Ernährung des Hochfirns am Titlisgipfel in dem schneereichen Beobach-
tungsjahr 1896/97 verwendet worden ist, mindestens
die 3- bis 4-fache Höhe rechnen.[1]) Wir erhalten damit
Annäherungszahlen, die den von Schlagintweit, Heim,

---

[1]) Vergl. Heim's Handbuch der Gletscherkunde pag. 89/90.

Kerner v. Marilaun u. a. über die jährliche Schnee-
menge in der Firnregion gegebenen Daten ziemlich
nahe kommen.

Zum Schlusse bemerken wir noch, dass ein Einfluss
der terrestrischen Refraktion sich infolge der bestehenden sehr geringen Höhenunterschiede an den
meisten Beobachtungstagen nur in minimem Grade
bemerklich machte, zumal die Resultate auch nur im
Differenzbetrage davon beeinflusst werden konnten.
Immerhin gelangten, bei stärkerer Luftbewegung in
der Höhe, einige bemerkenswerte Fälle zur Beobachtung (so am 24. Sept. und 15. Oct.), die sich wegen
der zeitweilig merkwürdigen abrupten Änderung in
der gemessenen Winkeldistanz Δ zur weitern Diskussion an anderm Orte eignen.

7. Herr Professor Dr. Brückner-Bern sprach über
Schwankungen in der Güte der Weinernte in Deutschland, die im Zusammenhang mit den 35jährigen
Klimaschwankungen stehen. In jedem der weinbau-
enden Bezirke Deutschlands markieren sich die
trocken-warmen Zeiträume um 1830 und um 1860
durch qualitativ gute Weinjahre, die feuchtkühlen
Zeiträume um 1850 und 1880 durch schlechte Weinjahre. Seit 1880 ist wieder eine sichtliche Besse-
rung eingetreten. Das Material zu der nach strengen statistischen Methoden durchgeführten Untersuchung bot die vom Generalsekretär des deutschen
Weinbauvereins zusammengestellte Tabelle über die
Qualität der einzelnen Jahrgänge von 1820 bis 1895.

8. Vortrag des Herrn G. Streun-Bern über das
Nebelmeer in der Schweiz.

Redner zeigt an Hand von Kärtchen, welche für
jeden Tag die Ausdehnung des Nebelmeeres im schweizerischen Mittellande während der Nebelperiode vom
letzten Herbst zur Darstellung bringen, dass die

Verbreitung des Nebels durch die allgemeine Wetterlage und durch topographische Verhältnisse bedingt ist. Winde mit irgendwie nennenswerten Stärkegraden und Höhen vertreiben das Nebelmeer. Die obere Grenze des Nebelmeeres vom letzten Herbst war ·im Mittel 900 Meter, dessen Mächtigkeit zirka 400 Meter.

Diskussion: Herr Billwiller weist auf die Verschiedenheit des Nebels und der Nebelbildung auf Bergen und in tiefen Lagen hin.

Herr Penck macht Mitteilungen über die Nebelverhältnisse am Semmering bei Wien, welche mit den vom Vortragenden für das schweizerische Mittelland gefundenen Resultaten recht gut übereinstimmen. Auch in den Ostalpen hat die Oberfläche des Nebelmeers oft eine mittlere Höhe von zirka 800—1000 Meter, und die Mächtigkeit der Nebelschicht beträgt auch hier ungefähr 400—500 Meter.

Nachmittags vereinigen sich die Sektionen für Gelologie und für physikalische Geographie zu einer gemeinsamen Sitzung. (Siehe Protokoll S. 99.)

H. Sektion für Anatomie und Physiologie.

Sitzung: Dienstag den 2. Aug., im Hörsaal der Anatomie.

Einführende: Für Physiologie Prof. Dr. H. Kronecker (Bern), für Anatomie Prof. Dr. H. Strasser (Bern).
Präsidenten: die HH. Einführenden.
Sekretäre: Herr Pros. Dr. K. W. Zimmermann (Bern) und Herr Dr. Asher (Bern).

Herr Prof. Strasser (Bern) begrüsst die Anwesenden in der neuen Anatomie, welche durch die folgenden wissenschaftlichen Verhandlungen ihre erste offizielle Weihe erhalten soll.

1. Herr Prof: Kollmann (Basel) spricht «über die Beziehungen der Vererbung zur Bildung der Menschenrassen». Er gibt einen Überblick über die Thatsachen, welche dafür sprechen, dass die typischen Merkmale der verschiedenen Menschenrassen sich seit prähistorischer Zeit nicht allmählich umgewandelt, sondern unverändert vererbt und höchstens durch Kreuzung innerhalb bestimmter Grenzen gemischt haben. «Die Menschenrassen von einst und jetzt sind identisch». Dies gilt für die Weichteile ebenso gut wie für die Merkmale des Skelettes und berechtigt zu dem Versuch, durch Messungen am recenten Menschen festzustellen, welche Formen und Verhältnisse der Weichteile jeweilen mit einem bestimmten Rassentypus des unterliegenden Skelettes vergesellschaftet sind. Fussend auf solchen Untersuchungen, die an 23 Leichnamen verschiedenen Alters hergestellt sind, hat der Vortragende mit Herrn Historienmaler Büchly für den in Auvernier gefundenen Schädel einer Pfahlbaufrau die Verhältnisse der bedeckenden Weichteile festgestellt und eine «Restauration» des jenem Schädel entsprechenden Kopfes nach genauer bezeichneter Methode vorgenommen. Das Resultat — eine Büste aus Modellierthon — erregt das höchste Interesse der Anwesenden. Es hat sich ein Gesichtstypus ergeben, wie er auch heutzutage noch unter uns gefunden wird.

Herr Kollmann demonstriert ferner mehrere Tafeln, welche frühe Entwicklungsstufen von Cercopithecus cynomolgus und eines Semnopithecus presbytes darstellen. Es können in gewissen Punkten deutliche Unterschiede im Vergleich zu menschlichen Embryonen desselben Alters konstatiert werden.

(Ein ausführlicher Bericht über beide Vorträge erscheint in den «Archives des Sciences physiques» à Genève.)

Herr Z i m m e r m a n n bemerkt in der Diskussion, dass der jüngere Affenembryo, was den Entwicklungsgrad betrifft, ziemlich genau mit dem von ihm rekonstruierten menschlichen Embryo von 7 mm. Länge übereinstimmt. Er möchte auch noch besonders hervorheben, dass sowohl beim Affenembryo, wie bei seinem menschlichen Embryo die erste Kiemenspalte o f f e n war, während das Offensein von Kiemenspalten, soweit Säugetiere in Frage kommen, seines Wissens nur beim Schaf und zwar an der z w e i t e n Kiemenspalte beobachtet wurde.

2. Herr Prof. B u r c k h a r d t - Basel hält den angekündigten Vortrag: « Über den anatomischen Bau des Selachierhirns ».

Im Anschluss an die Mitteilungen vom vorigen Jahre teilt der Vortragende seine Untersuchungen über den Bau des Centralorgans der Wirbeltiere, auf Grund seiner Untersuchungen am Selachierhirn mit. Seine Ausführungen gipfeln darin, die Modifikationen im Bauplan des Hirns auf den Einfluss der Sinnesorgane und ihre specifische Ausbildung zurückzuführen. Die Ausführungen des Vortragenden werden durch zahlreiche Handzeichnungen und grössere Tafeln illustriert. Eine etwas ausführlichere Mitteilung erscheint in den « Archives » de Genève.

Herr K o l l m a n n hebt in der Diskussion hervor, dass die Rolle des Ektoderms in Wirklichkeit mit der Anlage des centralen Nervensystems nicht abgeschlossen ist, sondern noch eine weitere, umfangreiche Aufgabe hat, die der Vortragende angedeutet hat. Es gehen aus dem Ektoderm wenigstens bei Batrachiern Ganglien für das Sinnesorgan des Geruches und des Gehörs, ebenso bei Fischen und Amphibien die Seitenorgane hervor. Damit ist aber doch wohl die Rolle des Ektoderms abgeschlossen. Ein Übergang in Mesoderm ist nirgends nachzuweisen, was gegenüber jener Auffassung hervorzuheben ist, welche das Mesoderm als selbständiges Keimblatt beseitigen möchte.

Die systematische Anatomie führt zwar den Olfactorius und Opticus noch unter den Gehirnnerven auf, aber sie betrachtet beide als Abschnitte des Riech- und des Zwischenhirns.

Herr Dr. Asher weist hin auf die schöne Übereinstimmung, welche besteht zwischen den Anschauungen Burckhardt's und denen von Flechsig's über die Bedeutung der Sinnesorgane für die Morphologie des Gehirns. Er frägt, ob nicht der aus der menschlichen Physiologie übernommene Begriff «Gehörblase» zu ersetzen ist durch einen neutralen Namen.

3. Herr Prof. B u g n i o n , Lausanne, spricht über: La formation des os chez les Batraciens urodèles. (Mikroskopische Belegpräparate wurden im Studiensaale der Anatomie demonstriert.)

Les animaux qui ont fait l'objet de cette étude sont le Triton, la Salamandre, l'Axolotl et le Protée. En résumé (à part les os de revêtement) c'est l'ossification périchondrale qui domine. Apparaissant à la même époque sur toute la surface des pièces cartilagineuses, les couches périchondrales forment à elles seules la partie essentielle du squelette. Toutefois il y a aussi une ossification enchondrale qui succède à la première et marque le passage à l'état adulte. Quant à la question de savoir si l'os enchondral se forme d'après le mode direct (métaplastique) ou indirect (néoplastique) l'auteur observe une certaine réserve, il lui a paru cependant que (aux deux bouts de la cavité médullaire) de nombreuses cellules cartilagineuses se transforment directement en corpuscules osseux et sécrétent de toute pièce la substance osseuse, qui les enveloppe. On pourrait donc observer chez les amphibiens les quatre modes d'ossification généralement admis: l'ossification endomembraneuse, périchondrale (périostale), endochondrale directe et endochondrale indirecte.

Une communication plus détaillée sera publiée dans les « Archives » à Genève.

In der Diskussion bemerkt Herr Strasser:

Auch bei Säugetieren wird eine perichondrale Knochenzwinge vollständig kontinuierlich gebildet. Sie wird hier nachträglich von der Osteoblastenwucherung durchbrochen. Wenn solches bei Urodelen thatsächlich nicht stattfindet, so ist das osteoplastische Vermögen des aus Knorpelzellen entstandenen Knorpelmarkes dargethan. Darin und in dem Nachweise, dass der veränderte Zellenleib der einzelnen auf Kosten der Knorpelgrundsubstanz sich vergrössernden Knorpelzellen die Fähigkeit hat, Knochengrundsubstanz zu bilden, läge die grosse Bedeutung der Bugnion'schen Untersuchung. Es würde sich hier um ein Mittelding zwischen der rein metaplastischen und der rein neoplastischen, endochondralen Knochenbildung handeln.

4. Herr Prof. Aug. Ch. F. Eternod - Genf hält seinen angekündigten Vortrag über: « Les premiers stades de la circulation sanguine dans l'œuf et l'embryon humain ».

Cette communication fait suite à celles faites au XIme congrès médical de Rome et à la réunion de la Soc. helv. des Sc. nat., à Zurich.

C'est au Laboratoire d'Embryologie de l'Université de Genève que reviendra la gloire d'avoir saisi pour la première fois les premiers linéaments de la circulation de l'homme en voie de développement.

De nombreux dessins obtenus par voie de reconstruction graphique, ainsi que sept modèles, vraies reconstructions plastiques, en cire, en gelatine transparente et en fils de nickel, sondés à l'argent facili-

taient la compréhension de ce problème difficile qui
a demandé plusieurs années pour trouver sa solution.

Au début l'homme a deux aortes, deux veines
chorio - placentaires et deux cœurs qui produisent
plus tard un cœur à quatre cavités, une aorte, deux
artères et une veine chorio-placentaires.

Ein ausführliches Referat über diesen Vortrag mit
Abbildungen wird in den « Archives » erscheinen.

An der Diskussion beteiligten sich die Herren
Kollmann, Zimmermann, Strasser.

Herr Prof. Kollmann äusserte sich folgendermassen:
Der hier beschriebene Gefässverlauf verdient besonderes Interesse. Die Entwicklung des Herzens erscheint so früh, dass wir, wie es scheint, verzichten
müssen, Stufen zu finden, wie sie vom Kaninchen
z. B. bekannt sind (die Stufe der Herzrinne). Der
Menschenembryo entwickelt sein Herz nach dem
vorliegenden Fall überdies sehr weit vorn. Ausserdem entstehen die Aortenbogen bemerkenswerter
Weise früher als die Kiemenbogen. Diese sind zu
dieser Zeit, wie sich zeigt, noch unvollkommen angedeutet. Alle diese drei Vorgänge sind für unsern
jetzigen Standpunkt über die Entwicklungsgeschichte
des Menschen eigentlich Überraschungen.

5. Herr Zimmermann (Bern) demonstrierte

1. Rudimente von Kopfhöhlen bei einem menschlichen Embryo von 3 mm. Länge. Sie waren jeder-
seits vorhanden (rechts drei grössere, links sechs
kleinere aber von verschiedener Grösse) und lagen
nahe bei einander. Sie lagen an der Stelle, wo sich
später die Augenmuskeln entwickeln. Da beiderseits
die Anzahl der Bildungen verschieden war, der Raum
aber, den sie in Anspruch nahmen, rechts und links
der Gleiche war, so ist nicht anzunehmen, dass jedes
Rudiment einer bestimmten Kopfhöhle der Selachier
entspricht, sondern dass rechts wie links die ganze

Gruppe wahrscheinlich eine einzige Kopfhöhle der Selachier vertritt.

2. Ein starkes Ganglion am Nervus facialis der Maus (fast ausgewachsener Embryo) an der Stelle, wo der M. stapedius entspringt und die Chorde tympani abgeht.

Bei einem Rinderembryo wurde die gleiche Beobachtung gemacht, doch lag das Ganglion dicht am Ursprung der Chorda und erstreckte sich sogar etwas in dieselbe hinein, so dass es wohl richtiger der Chorda zuzurechnen ist.

6. Herr Dr. Asher (Bern). Die anatomischen und physiologischen Grundlagen der Sehschärfe. Die Thatsache, dass auf 3 Millionen Zapfen nur 1 Million Opticusfasern kommen, bereitet der Vorstellung, dass der Zapfen die Seheinheit sei, gewisse Schwierigkeiten. Die letzteren werden durch die neueren Erfahrungen über die anatomischen Beziehungen zwischen Zapfen, bipolaren Ganglienretten und Sehnervenfasernetz in der Retina eher gesteigert. Untersuchungen des Vortragenden zeigten, dass auf der Netzhaut kein Bild von der Kleinheit eines Zapfendurchmessers vorkommt und zwar wegen der Aberration, zu Folge der nicht stigmatischen Vereinigung von Lichtstrahlen. Das Aussehen sehr kleiner Sehobjecte wird bedingt durch die Lichtmenge, welche sie aussenden, und den Zustand der Netzhaut. Ersteres wird durch die experimentell festgestellte Thatsache bewiesen, dass zwei kleine Sehobjecte extensiv und intensiv sich gleich verhalten, so lange das Product aus Lichtfläche mal Lichtstärke gleich bleibt. Von zwei sehr kleinen Objekten (bis zu 2 Minuten Sehgrösse) erscheint das mit der grösseren Lichtmenge als das grössere. Unter der Voraussetzung, dass dem grösser erscheinenden Objekte das grössere Netzhautbild entspricht, folgt zunächst, dass die Lichtfläche

des gesehenen Objectes auf der Netzhaut weit grösser
ist als das schematische Netzhautbild, somit auch,
mit Rücksicht auf die gewählten Versuchsbedingungen,
als ein Zapfendurchmesser. Aber nicht die Lichtfläche,
sondern die Empfindungsfläche ist die bestimmende Grösse für das Aussehen der Sehdinge; diese
hängt ab von der Unterschiedsempfindlichkeit und
von dem subjectiven Kontraste. Der Kontrast wiederum ist abhängig vom Zustande des Sehorgans. Die
physiologischen Grundlagen der Sehschärfe sind aber
viel verwickelter, als dass man dieselben mit Hilfe
schematischer Ausrechnungen erschöpfend darstellen
könnte.

Herr Strasser bemerkt: Überhaupt bietet die
durch R. y Cajàl zuerst ins Licht gesetzte Thatsache, dass von einem Zapfen aus die Erregung zu
mehreren Nervenzellen und Nervenbahnen weiter
gelangen kann, grosse Schwierigkeit für das Verständnis des Bestehens gesonderter kleinster, einzelnen Zapfen entsprechender Empfindungsflächen.
Sollte das Prinzip der Bevorzugung der kürzesten
Leitungsbahn bei schwachen Erregungen einiges zur
Erklärung beitragen?

Herr Kronecker hebt hervor, dass auch in andern
Sinnessphären z. B. im Bereich der Tastempfindungen
angenommen wird, dass Sonderempfindungen nur
möglich sind, wenn unerregte Elemente zwischen
erregten liegen.

7. Dr. H. C. Wood (Philadelphia). Über die Bewegung
des Schleiendarmes. (Aus dem physiologischen Institute der Universität Bern).

Der Schleiendarm enthält neben glatter Muskulatur merkwürdigerweise auch quergestreifte, und dem-
zufolge zwei Arten von Bewegungen: langsame und
schnelle. Aber auch die schnelle Kontraktion des
quergestreiften Darmmuskels ist langsamer (1 Sec.

Zuckungsdauer) als diejenige der Rumpfmuskulatur (Flossenmuskel), deren Zuckung in 0,1" bis 0,2" abläuft. Fundamental verschieden sind die Darmmuskeln von den Gliedermuskeln durch ihre Erregbarkeit. — Die quergestreiften Darmmuskeln reagieren auf einzelne Induktionsströme, nur, wenn diese recht intensiv sind, wohl aber auf wiederholte schwache Reize. Die Summation beginnt bei etwa 0,2" Reizintervall und wird maximal bei etwa 0,05" Intervall. Die Zusammenziehung überdauert kurze Reizperioden (5 Sec. bis 10 Sec.), endigt aber vor Schluss längerer Reizung. Die quergestreifte Darmmuskulatur enthält also Reflexorgane, wie solche beim (glatten) Froschmagen von Barbèra nachgewiesen sind. Schliessung konstanten Stromes durch ein Darmstück veranlasst Dauerkontraktion, die mit Öffnung des Stromes verschwindet.

Kurze Stromstösse summieren ihre Wirkungen noch bei längeren Intervallen, als Induktionsströme.

Der isolierte, gestreckte Darm zieht sich in fünf Abschnitten zusammen. Die glatte Muskulatur des obersten (Magen) Darmabschnittes frischer Schleien macht oft langsame spontane Bewegungen.

Ausser den von R. Dubois - Reymond und von Oppel beschriebenen Schichten glatter Muskulatur, fand ich noch um die subseröse, quergestreifte Muskulatur eigenartig verteilte glatte Faserbündel. [1]

---

[1] Nachträglicher Zusatz zum Protokoll durch Hrn. Dr. Wood: Meine Versuche wurden am 23. November 1897 begonnen, die Resultate der Schweizerischen Naturforscher-Versammlung zu Bern am 2. August mitgeteilt, nach am 30. Juli gedruckter Anmeldung. Jetzt finde ich in dem am 25. Juli ausgegebenen Hefte von Pflügers Archiv eine von Mahn unter Langendorfs Leitung in Rostock ausgeführte Untersuchung über das physiologische Verhalten des Schleiendarmes.

Dort sind viele Beobachtungen mitgeteilt, die den meinigen ähnlich sind. Mein Versuchsplan war aber ein ganz anderer, und demgemäss sind auch meine Methoden und Resultate abweichend von denjenigen meines Rivalen. — In der Zeitschrift für Biologie soll dies begründet werden.

8. Dr. R. Wybauw (Brüssel). Nichtwirkung des Vagus auf das ausgewachsene Herz. (Aus dem physiologischen Institute der Universität Bern).

Das «überlebende» Herz, mittels künstlicher Durchspühlung am Leben erhalten, unterscheidet sich wesentlich vom normalen.

Wir betrachten die Herrschaft des Vagus als wesentliches Kriterium für die normale Innervation des Herzens.

Die Verbindungen des Vagus sind im Herzen der Schildkröte einfacher als in denjenigen von Fröschen und Kröten. Darum wählte ich meistens erstere als Versuchsobjekt.

Durch die Aorta führte ich Kroneckers «Perfusionskanüle» in den Ventrikel und durchspülte denselben unter sehr niedrigem Drucke (2—3 cm. Wasser) so lange mit 0,6 procentiger Kochsalzlösung, bis dieselbe kaum mehr von Blut gerötet ausfloss. Die Vorhöfe bleiben dabei bluthaltig.

Nach mehrstündiger Perfusion pulsierte der Ventrikel noch schwach, oft in anderem Rhythmus als die kräftiger schlagenden Vorkammern. Wenn ich in diesem Stadium den auf das normale Herz wirksamen Vagus (meist den rechten) stark tetanisierte, so schlug die Kammer in unveränderter oder wenig geminderter Frequenz weiter, während die Vorkammern gehemmt wurden. Oft genügte es, die Perfusion für mehrere Minuten zu unterbrechen, um den Ventrikel, der nun von den Vorhöfen wieder mit Blut versorgt wurde, der Vaguswirkung zugänglich zu machen. Ähnliches sahen wir auch an Kaninchenherzen.

Hieraus schliessen wir, dass die von abnormen Flüssigkeiten gereizte Kammer von den normalen Nerven-Verbindungen unabhängig pulsiert: durch Reizung ihrer intermuskulären Nervennetze. Wenn

auch diese gelähmt wird: durch intensives Aus-
waschen der Nährflüssigkeiten (dass noch Spuren
bleiben), durch Tetanisieren oder starke Abkühlung
— so hört die Koordination der Herzpulse auf; die
Muskelnetze geraten in fibrilläre Zuckungen (Flim-
mern).

9. Dr. H. Ito, Japan. Über den Ort der Wärme-
bildung durch Hirnreiz. (Aus dem physiologischen
Institute der Universität Bern).

Als wärmster Ort im Kaninchen ergab sich aus
meinen Versuchen das Duodenum (bis 0.7⁰ höher als
im Rektum). Doch konnte die Differenz sehr klein
sein. Auch Magentemperatur meist über Rektaltemp.
Lebertemperatur ungefähr gleich Rektumtemperatur.
Herzwärme (vom Oesophagus aus gemessen) wenig
unter Rektalwärme. Hauttemp. über dem Dünndarm
(Dr. Lamb) meist über Rektaltemperatur.

Aronsohn-Sachs' Stich ins Corpus striatum ergab
in 26 von 37 Fällen Temperaturerhöhung.

Die Temperaturmessungen an verschiedenen Kör-
perstellen ergaben, dass die Wärme nicht zu steigen
beginnt in den Muskeln, nicht im Gebiete der Ver-
dauungsdrüsen, auch nicht durch Schmerzempfindung,
die nicht zu bemerken war bei den still dasitzen-
den Tieren, die beim Einstiche nicht zuckten.

Nach Ausschaltung des Gehirns durch Paraffin-
injektion stieg die Rektaltemperatur einmal bis um
0,5⁰ ohne beträchtliche Krämpfe. Kurarisierte Tiere
wurden aber bei solchen Versuchen nicht wärmer.

Im weiteren teilt Herr Kronecker (Bern) folgende
Untersuchungsberichte (10—13) mit:

10. Pelagie Betschasnoff, St. Petersburg. Abhängigkeit der Pulsfrequenz des Froschherzens von seinem
Inhalte. Aus dem physiologischen Institute der Universität Bern.

Nachdem Kronecker und Stirling (1874) auf die Bedeutung der Füllflüssigkeiten des Froschherzens für die Ernährung aufmerksam gemacht hatten, hat Rossbach auf Kroneckers Rat Lucianis Perioden in rhythmische Pulsationen umgewandelt, indem er Serum durch verdünntes Blut ersetzte. Ich habe untersucht, wie die Schlagfolge des Froschherzens von der Verdünnung des perfundierten Kalbsblutes durch Kochsalzlösung auch von Zusätzen sehr geringer Mengen anderer Salze abhängt.

Ich fand im allgemeinen sehr verdünnte Blut-Kochsalzlösungen z. B. 1 Teil Blut mit 6 oder 8 Teilen physiologischer Kochsalzlösung (0,6 %) die seltensten Pulse geben, unter Umständen die Herzen für lange Zeit still stehen lassen. Dabei ist die Erregbarkeit meist nicht aufgehoben; zuweilen jedoch, bei niederer Temperatur, wird das Herz nicht nur schlaglos, sondern auch unerregbar. Physiologische Kochsalzlösung ruft sogleich wieder ziemlich häufige Schläge hervor, ebenso konzentriertere Blutlösungen. Natürlich sind Pulse nach Salzwasserperfusion klein, nach Blutperfusion gross.

Zusatz von geringen Mengen $CaCl_2$, wie es Ringer in seinen Salzlösungen nützlich fand, regt mit Blutzusatz mehr an als blosse Kochsalzlösung.

Soda in Ringers Konzentration (0,1 %) scheint ein wenig zu erregen.

In vereinzelten Fällen (vielleicht bedingt durch abnormes Blut) gab konzentriertes Blut seltenere Pulse, als verdünntes. Kochsalzlösung aber wirkte stets reizend.

11. Julia D i v i n e, Moskau. Über die Atmung des Krötenherzens. Aus dem physiologischen Institute der Universität Bern.

Gegenüber mancherlei Einwänden wird bestätigt, dass sauerstofffreies oder -armes Blut mit H oder

CO gesättigt) das durchblutete Krötenherz ebenso-
gut ernährt (gleiches Schlagvolumen) wie arterielles
Blut (mit physiologischer Kochsalzlösung verdünntes
Kalbsblut); CO_2 gesättigtes Blut vermindert schnell
die Leistungsfähigkeit. Das Herz erholt sich unter
dem Einflusse CO_2 freien (auch CO haltigen) Blutes.
Doch wird das temporär asphyctische Herz meist
schneller leistungsunfähig als das Ofreie.

Die Leistungsfähigkeit (Arbeit am Quecksilber-
manometer) nimmt schneller ab als die Volumen-
verminderung.

12. Nandine Lumakina, Moskau. Über die nervösen
Verbindungen auf den Herzen der Hunde und Pferde.
Aus dem physiologischen Institute der Universität
Bern.

Die makroskopischen sehr reichen Nervengeflechte
zeigen auf dem Pferde- und Hundeherzen drei grosse
Züge: auf der Vorderseite am absteigenden Stamme
der Coronararterie, an der Circumflexa und am Aste,
der über der Kammerscheidewand läuft. Die Haupt-
verzweigung geschieht am linken Ventrikel.

Fast alle Nerven endigen unter dem Perikard an
der Grenze zwischen erstem und zweitem Drittel,
wie das Vignal am Menschenherzen gefunden.

Die physiologische Bedeutung dieser Nerven haben
wir erst zu studieren begonnen. Bei einem Kaninchen fand ich nach Unterbindung eines Hauptastes
des hinteren Stammes den Ventrikel in anderer Frequenz als den Vorhof pulsieren, wie Kronecker es
bei einem Hunde gesehen. Bei einem Hunde fand
ich nach Unterbindung eines hinteren Astes aus-
setzende Pulse. Vagusreizung hemmte nur den rechten Vorhof, dann kontrahierte sich die rechte Kammer vor dem rechten Vorhofe.

Wiederholt haben wir alle sichtbaren Nerven in
der Vorhofkammerfurche ohne Effekt unterbunden.

Also müssen tiefe mikroskopische Geflechte die oberflächlichen ersetzen können.

13. Ludmilla Schïlina, Krasnojarsk. Vergleich von Ludwigs Kymograph mit Hürthle's Tonographen.

Aus dem physiologischen Institute der Universität Bern.

Seitdem Vierordt 1855 Ludwigs Kymographion als unbrauchbar erklärt hat, sind mit Hilfe desselben mehr Entdeckungen gemacht worden als mit irgend einem physiologischen Apparate.

Ich prüfte den Kymographen mit Hürthle's neuern Tonographen, indem ich die Angaben derselben unter langsamen und schnellen, bekannten Impulsen verglich und die Zeichnungen, welche beide unter dem Einflusse von Blutdruckschwankungen machten.

Es ergab sich, dass der Tonograph sowohl den mittleren Blutdruck unter Umständen unrichtig anzugeben vermag, als auch die Pulsformen verunstaltet. Die Zahl der Pulse giebt er meist richtig an. Die kymographischen Wellen schwanken in der Regel symmetrisch um den richtigen Blutdruck und zeigen nur nach abnorm starken Anstössen (Vaguspulse) Nachschwingungen.

Schwache äussere Erschütterungen verunstalten das Tonogramm, lassen das Kymogramm unverändert.

Die Sphygmographen sind vortrefflich zur Pulsschreibung.

14. Herr Dr. Lüscher (Bern) spricht über « Unblutige Ausschaltung von Grosshirn, Mittelhirn und Medulla oblongata ».

Die von Marckwald auf Kronecker's Vorschlag ausgebildete Methode der unblutigen Ausschaltung von Teilen des centralen Nervensystems diente zur Untersuchung der Innervation der Atmung und des Gefässmechanismus am Kaninchen. Während Marck-

wald besonders die Atmungsinnervation durch Auf-
schreibung der Atembewegungen zergliederte, sind
die hier folgenden Ergebnisse durch Untersuchung
der kymographischen Blutdruckkurve gewonnen.

1. In Bezug auf die Atmung bestätigten sich
Marckwald's Angaben vollständig. Ausschaltung ein-
schliesslich der Medulla oblongata sistierte die Atmung sofort und dauernd. Spinale Atemcentren
waren nicht nachweisbar, auch dann nicht, wenn das
Rückenmark auf verschiedene Weise als erregungs-
fähig sich erwies. War die Medulla erhalten, Grosshirn und Mittelhirn aber ausgeschaltet, so verhielt
sich die Atmung im wesentlichen normal, sowie
aber die Nervi vagi durchtrennt wurden, brach
Krampfatmung aus. War noch das Mittelhirn erhalten, so rief die Durchschneidung der Vagi keine
Krampfatmung hervor.

2. Der Tonus des Gefässsystems blieb, wenn nur
noch das Rückenmark funktionierte, in vielen Versuchen auf einer verhältnismässig ansehnlichen Höhe,
und war nicht auf Reizung des Rückenmarks zurückzuführen. Durch verschiedene Eingriffe liess sich
der Tonus steigern.

3. Asphyxie wirkte auf die spinalen Gefässcentren,
im Gegensatz zu älteren Angaben, sehr schnell.

4. Asphyxie erzeugte Vaguspulse, auch dann, wenn
die beiden Vagi durchschnitten waren.

5. Die Herzthätigkeit war nach totaler Ausschaltung im wesentlichen ungestört.

6. Reizung der Splanchnici, peripher, steigerte
den Blutdruck ansehnlich, centrale Reizung war erfolglos. Durchschneidung eines Splanchnicus hatte
keinen drucksenkenden Einfluss.

7. Abklemmung der Aorta oberhalb des Zwerch-
fells und am Bogen der Aorta hob den Druck bis
über die Norm. Nach Lösung der Klemme liess sich

durch abermaliges Zuklemmen die vorherige Druck-
höhe wieder erreichen.

8. Ein charakteristisches Symptom für das Gelingen der Totalausschaltung ist die plötzliche Erreg-
barkeitssteigerung der Analgegend.

Schluss der Verhandlungen 12¹/₂ U. — Der Nachmittag von 3—5 U. wurde den Demonstrationen im physiologischen und anatomischen Institut gewidmet.

J. Sektion für klinische Medizin.

Sitzung vom 2. August 8¹/₂ Uhr.

Einführender: Herr Prof. Dr. Müller.
Lokal: Hörsaal des physiologischen Instituts.
Präsident: Herr Prof. Dr. Dor-Lyon.
Sekretär: Herr Dr. Wormser-Bern.

1. Herr de Cérenville (Lausanne) spricht über eine
neue Methode der physikalischen Diagno-
stik, die er als «Effleurement» oder «Frôlement»
bezeichnet. Sie wurde vor 15 Jahren zuerst von Marcel (Lausanne) angewandt zur Bestimmung der Höhe
pleuritischer Exsudate: mit dem befeuchteten Zeige-
finger streicht man von oben nach unten über den
Rücken des Patienten. An der Grenze des Ergusses
wechselt die vorher erhaltene Gefühlswahrnehmung
ganz deutlich. (Analog der Bestimmung des Flüs-
sigkeitsniveaus in grossen Fässern durch die
Küfer.) De C. hat das Verfahren sehr oft bestätigt
gefunden und hat es ausgedehnt auch auf solide
Gebilde (Herzgrenzen etc.). Es ist leichter und genauer als die Perkussion und gibt z. B. für die normale Herzgrenze nicht die gewohnte Dreieckfigur,
sondern eine den thatsächlichen Verhältnissen besser
entsprechende, nach oben konisch zulaufende Grenze

Noch wertvoller ist das Verfahren z. B. bei Emphysem, wo die Perkussion nur ganz kleine Dämpfungen giebt, oder bei Verdrängung des Herzens durch pleuritische Exsudate.

Die Zeit erlaubt dem Redner nicht, über die Natur der bei dem Effleurement wahrgenommenen Empfindung, sowie über einige spezielle Punkte (Milzgrenzen u. a.) zu sprechen.

Diskussion: Herr Sahli (Bern) bestätigt, dass man mit dem Effleurement Grenzen bestimmen kann, besonders oberflächliche; für die tiefen sei die Sache viel schwieriger, wie ja auch die Perkussion. Das Gefühl sei eine Art von Erzittern, wie von Schwingungen herrührend. Er bestreitet, dass diese Methode mehr leiste als die sehr leise, aber doch nicht palpatorische Perkussion. Auch für tiefe Dämpfungen ist die möglichst schwach ausgeführte Perkussion richtiger. Das Effleurement ist vielleicht leichter zu erlernen, aber es giebt keine besseren Resultate als die Perkussion.

Hr. Dr. Dubois (Bern) sieht im neuen Verfahren den Vorteil, dass man sich weniger leicht suggestionieren lasse, als bei der Perkussion; man perkutiert unwillkürlich leiser, wenn man sich der vermuteten Grenze nähert.

Hr. de Cérenville hält seine Ansicht aufrecht, dass die ganz leise Perkussion palpatorisch sei. Er glaubt nicht, und zwar auf Grund von Versuchen, dass die Gefühlswahrnehmung auf einer Vibration beruhe. Sein Verfahren sei wertvoll für taube oder des Gebrauchs einer Hand beraubte Ärzte, ferner bei schreienden Kindern.

2. Hr. Kottmann (Solothurn) spricht über Peri- und Paratyphlitis sowie über Senkungsabszesse, bes. nach dem Rectum. Peri- und Paratyphlitis sind klinisch nur bei Abszessbildung zu unterscheiden.

Der Eiter kommt entweder aus dem Proc. vermif. durch die Lymphgefässe in das Paratyphlon, oder Cœcum und Processus liegen zum Teil extraperitoneal. Letzteres Verhalten ist nur in 4 Prozent der Sectionen gefunden worden. Paratyphlitis ist nur durch Senkung der Abszesse zu erkennen und aus der raschen Bildung von Phlegmonen. Die wichtigste Senkung ist die nach dem Rectum. K. hat zehn Fälle derart beobachtet. Beginn wie eine gewöhnliche Perityphlitis; nach Remission gegen den 8. bis 12. Tag wieder Verschlimmerung, starke subjektive Beschwerden, Abdomen aufgetrieben, Puls frequent. Per rectum fühlt man die hintere Wand vorgetrieben durch einen prallelastischen Tumor, dessen untere Grenze zirka 5 cm. über dem Anus liegt (wegen der Fascia pectinea). Spontane Entleerung stets nach dem Rectum, deshalb auch Therapie: Incision vom Rectum aus, womit meist definitive Heilung erzielt wird.

Diskussion: Hr. P. Müller (Bern) weist auf die Wanderung der Abszesse nach dem Lig. latum hin und auf die Schwierigkeit der Diagnose zwischen Perityphlitis und rechtsseitiger Adnexerkrankung, ferner auch auf die schlechte Prognose der Komplikation von Schwangerschaft und Perityphlitis.

3. Hr. His (Leipzig) spricht über die Bedeutung der Harnsäure bei Gicht.

Bei reichen wie armen Gichtkranken ist der Harn oft ganz normal, dagegen findet sich stets Harnsäure im Blut, dies im Gegensatz zu Anæmie, Leukæmie etc., wo bei vermehrtem Harnsäuregehalt des Blutes auch der Harn harnsäurereicher ist. Gicht und Nephritis sind ætiologisch nicht gleich zu stellen (Nephritis ohne Gicht wie Gicht ohne Nephritis sind sehr häufig). Auch die Retentionshypothese ist nicht zu halten, da Fütterung mit nucleïnreichen

Substanzen (Thymus z. B.) auch bei Gichtkranken vermehrte Harnsäureausscheidung bewirkt. Analog dem Zucker bei Diabetes wird wohl die Harnsäure in eine weiter nicht verbrennbare Verbindung umgewandelt, welche als solche circuliert. Von Zeit zu Zeit setzt das Gichtblut seine Harnsäure als saures Salz ab. Die Alcalescenz ist daran nicht schuld, sie ist nie vermindert, das Serum des Gichtblutes ist nicht mit Harnsäure übersättigt. Viele Autoren suchen die Ursache der Ablagerung in den Geweben (Ebstein nimmt Necrosen an); doch ist dies nicht wahrscheinlich. Garrot meint, dass Harnsäure und deren Salze gar nicht giftig seien. Dem widersprechen Versuche von Ebstein. Zur Aufklärung der Toxikologie der Harnsäure hat H. harnsaure Salzlösungen Kaninchen subcutan injiciert und die Herde mikroskopisch untersucht: Zunächst Gewebsnekrose, bindegewebige Hypertrophie in der Umgebung. Vom 6. bis 8. Tag sind Riesenzellen im Herd nachweisbar (sie wurden auch im menschlichen Tophus gefunden). Auch bei Injektion von Kalk entsteht eine Infiltration, jedoch geringer und später als im Uratherd. Nach zirka zwei Monaten sind die Herde ganz verschwunden und zwar zum grössten Teil durch Phagocytose, nicht durch Lösung. Die Phagocyten wurden durch die aufgenommenen Körnchen nicht alteriert (Immunität oder Umwandlung der giftigen Harnsäure in unschädliche Verbindungen). — Bei Injektionen in die Bauchhöhle und die Gelenke geschieht dasselbe. — Die Phagocytose (von Riehl auch ım frischen menschlichen Tophus gefunden) lehrt die Zwecklosigkeit der therapeutisch angewandten Lösungsmittel der harnsauren Salze.

Dem Gichtanfall folgt eine gesteigerte Harnsäureausscheidung; 1—2 Tage vor dem Anfall dagegen ist sie deutlich vermindert. Nur in 3 von 17 Anfällen fehlte diese Verminderung, und zwar, weil diese drei Anfälle den vorhergegangenen zu rasch folgten.

Diskussion: Hr. Sahli (Bern) fragt, ob Versuche über allgemeine Giftwirkung der Harnsäure angestellt worden seien, und ob bei den Harnsäurebestimmungen auf die Nahrung geachtet wurde.

Hr. Hanau (St. Gallen) hat bei allen Sektionen von Schrumpfniere nach Tophis gesucht, sie nie gefunden. — Bei Injektion von staubförmigen Fremdkörpern (Kohle etc.) kommt es auf die Menge an: kleine Mengen werden resorbiert, bei grösseren giebt es Nekrosen. H. fragt, ob auf die Mengen geachtet wurde.

Hr. His antwortet Sahli, dass Ebstein allgemeine Giftwirkungen nicht hatte nachweisen können; die Nahrung sei bei den zum Teil jahrelang beobachteten Patienten möglichst gleichmässig gewesen. — Was die Mengenverhältnisse bei den Injektionen betrifft, so seien die Versuche noch nicht abgeschlossen.

4. Hr. Hanau (St. Gallen): Demonstration eines ähnlich wie bei Lepra verstümmelten Fusses — Stumpf à la Chopart mit zwei rudimentären Zehen — mit tiefem Ulcus perforans plantare. Wegen des letzteren war es von Dr. Feurer amputiert worden. Im Gegensatz zu der chirurgischen Annahme einer Missbildung stellte der Vortragende die Diagnose auf Verstümmelung durch traumatische Geschwüre und Necrosen infolge mangelnder Empfindung, wahrscheinlich durch Spina bifida occulta. Die bezügliche Untersuchung bestätigte dieselbe. Vortragender bespricht eingehender die Verstümmelungen bei Lepra, Syringomyelie und das Mal perforant und erklärt diese Affectionen alle für traumatisch, ermöglicht durch die ihnen gemeinsame Empfindungsstörung, deren Ursache allerdings verschieden bei den einzelnen Krankheitsformen ist. (Autoreferat.)

Diskussion: Hr. Sahli (Bern) fragt, ob in dem betreffenden Fall vor der Amputation auf Sensibilität geprüft worden ist (wird verneint). Diese Sensibilitätsstörung findet sich eben nicht immer; so fehlt sie bei einem Kretin, den S. in Beobachtung hat, der ganz typisches Mal perforant an Händen und Füssen aufweist.

Hr. Jadassohn (Bern) weist hin auf den Pemphigus leprosus, wo Blasen auf ganz intakter, sensibler Haut entstehen. Ferner erwähnt er die Beobachtung eines alten Leprösen, bei dem im Verlauf von 24 Stunden an Teilen, die Traumen nicht ausgesetzt waren, bis handgrosse Hautnekrosen auftraten, die meist ebenso rasch wieder heilten. J. bezweifelt, ob man diese Erscheinungen nach Hanau erklären kann.

Hr. Hanau möchte den Fall von Sahli durch allgemeinen geistigen Stumpfsinn erklären. — Die acuten Hautnekrosen beruhen vielleicht doch auf plötzlicher Nervenlähmung.

5. Hr. P. Müller (Bern) demonstriert Röntgenaufnahmen von Becken gravider Frauen. Die Bilder sind wenig deutlich, trotzdem der Fötus während der Aufnahme nach oben gedrängt war. Auch anderwärts sind Versuche in dieser Richtung nicht gut gelungen. Viel deutlicher ist ein Bild eines Falles von Symphyseotomie.

6. Hr. Schenkel (Bern) demonstriert eine Sammlung von Röntgenbildern.

Schluss der Sitzung.

K. Sektion für Pharmacie.

Lokal: Hörsaal des pharmac. Institutes der Universität Bern.

Zeit: 2. Aug., vorm. 8 Uhr.

Anwesend sind: 41 Mitglieder.

Einführender: Herr Prof. Dr. Tschirch.

Präsident der Vormittagssitzung: Herr Prof.
  Dr. Schär-Strassburg.

Sekretäre: Herr Dr. Oesterle-Bern.

  Herr Dr. Baur-Zürich.

---

1. Herr Dr. Schaerges-Basel: «Guajakol und dessen Derivate».

Der Vortragende erwähnt die Arbeiten eines Reichenbach, Gorup-Besanez, Hofmann, Biechele und Anderer über Kreosot und dessen Bestandteile und wendet sich dann dem Kreosot der Pharmakopoeen zu, das der Hauptsache nach aus Guajakol und Kreosot bestehen soll.

Nachdem Marfori die antiseptische und bakterientötende Kraft des Guajakols erkannt hatte und in dieser Beziehung dasselbe sogar über das Phenol stellt, nachdem ferner durch Sahli die weniger giftigen Eigenschaften des Guajakols gegenüber dem Kreosot festgestellt waren, hat sich das Guajakol neben dem Kreosot Eingang in die Pharmacie verschafft, wie unter anderem die Aufnahme beider Produkte in die Pharmakop. Helvetic. ed. III. beweist.

Schaerges will als Guajakol nur noch den festen, kristallisierten, bei 28° schmelzenden Monomethyläther des Brenzcatechins angesprochen wissen.

Bezüglich der Darstellung des Guajakols aus Kreosot bespricht der Vortragende das Patent Lederer, bezüglich der Guajakol-Synthese die Patente Merk und Kalle.

Da aber dem Guajakol giftige Eigenschaften nicht vollständig abzusprechen sind, und da das Guajakol die Schleimhäute, namentlich diejenigen des Magens bedeutend reizt, wird eine Dauerkur in den meisten Fällen unmöglich gemacht und kann nur schwer eine genügende Quantität des Medikamentes dem Organismus einverleibt werden. Aus diesem Grunde gingen seit ca. acht Jahren verschiedene Chemiker daran, Guajakol-Ester darzustellen, welche den Magen ganz oder wenigstens grösstenteils unzersetzt passieren, und erst im Darme und selbst da nur eine partielle Spaltung erfahren.

Der Vortragende bespricht derartige Verbindungen, d. h. die Guajakol-Ester der Zimmtsäure, phosphorigen Säure, der Fettsäuren, der Benzoesäure und namentlich auch der Kohlensäure.

Da sich aber derartige Ester zu interner Behandlung der Tuberkulose nach Anschauung hervorragender Kliniker nicht eignen, stellte die chemische Fabrik F. Hoffmann, La Roche & Cie. in Basel die Sulfosäuren des Guajakols dar und liess deren Eigenschaften studieren. Das Resultat der Vorversuche gab der erwähnten Firma Veranlassung, das orthoguajakolsulfosaure Kalium als « Thiocol » Bacteriologen, Physiologen und Medizinern behufs eingehenden Versuchen zur Verfügung zu stellen, und bis jetzt liegen von ärztlicher Seite durchgehend günstige Urteile über das Präparat vor.

F. Hoffmann, La Roche & Cie. haben gefunden, dass bei Einhalten niedriger Temperaturen die Sulfurierung des Guajakols eine Orthoguajakolsulfosäure liefert, welche gut kristallisiert und auch gut kristallisierbare Salze bildet.

Die Säure, sowie deren Salze färbt sich mit Eisenchlorid blau; die Färbung schlägt auf Zusatz von

Ammoniak in Gelb über. Mit Eisenoxydul - Salzen färbt sich die Orthosäure nur schwach.

Die bei höherer Temperatur gewonnene Para-Guajakolsulfosäure (bezw. deren Salze) liefert beim Verschmelzen mit Ätzalkalien Methyloxyhydrochinon.

Die Parasäure färbt sich mit Eisenchlorid prachtvoll grün und auf nachträglichen Zusatz von Ammoniak feurig bordeaux-rot. Ferrosulfat 'färbt blau, Ammoniak ändert die Färbung in Rot. Beide Guajakolsulfosäuren reduzieren Silber und Eisensalze äusserst kräftig.

Permanganatlösung wird momentan entfärbt und die Guajakolsulfosäure zu Schwefelsäure, Oxalsäure und Kohlensäure oxydiert.

Der Vortragende ist der Ansicht, dass das Thiocol, in den lebenden Organismus eingeführt, nicht nur als Antisepticum wirkt, sondern auch als Specificum gegen Tuberkulose zu betrachten ist und glaubt, dass die leichte Oxydierbarkeit des Präparates von wesentlicher Bedeutung ist.

Herr Apotheker B. Studer, jun., verlangt das Wort, um der Versammlung mitzuteilen, dass der kantonale Apotheker-Verein es sich zur Ehre macht, die Anwesenden zum Mittagessen einzuladen.

2. Herr Prof. Dr. E. Schär, Strassburg: « Über merkwürdige physikal.-chemische Eigenschaften des Chloralhydrats und deren Verwendung in der pharmaceutisch-chemischen Analyse».

Der Vortragende referiert über eine in seinem Institute durch Apotheker R. Manch ausgeführte einlässliche Studie; da diese Arbeit demnächst in einer pharmac. Zeitschrift publiciert werden soll, so sollen nur einige der wichtigsten Punkte besprochen werden.

Das Chloralhydrat ist in physikalisch-chemischer Richtung ganz besonders ausgezeichnet:

1. durch seine Löslichkeit in chemisch sehr heterogenen Flüssigkeiten, wie z. B. Wasser, Alkohol, Chloroform, Benzol, Fetten, ätherischen Ölen etc.;

2. durch das intensive Lösungsvermögen seiner konzentrierten, d. h. 60—80 %igen wässrigen Lösungen gegenüber einer sehr grossen Zahl von Körpern, sehr verschiedener, anorganischer und organischer Natur, unter denen von besonderem pharmac. Interesse sind: Alkaloide und deren Salze, Santonin, Harze und Gummiharze, äther. Öle, fette Öle, verschiedenste Farbstoffe (während andrerseits einige wenige Substanzen, wie z. B. reiner Kautschuk und Guttapercha, Indigoblau, Wachsarten, Cellulose so gut wie unlöslich sind);

3. durch die Eigenschaft mit einer grösseren Zahl verschiedener organ. Substanzen, wie z. B. Stearoptenen, Phenolen, organ. Säuren, Alkaloiden u. s. w. sich zu verflüssigen, wobei als Regel gelten kann, dass die mit Chloralhydrat sich verflüssigenden Stoffe an und für sich in konzentrierter Chlorallösung ausserordentlich leicht löslich sind;

4. durch die Fähigkeit, bei Stärke, welche in Chlorallösung wirklich gelöst ist, die Eigenschaft der Jodamylumbildung durch Jod-Zusatz aufzuheben, während andrerseits in einer rötlich gefärbten, jodhaltigen Stärke - Chlorallösung durch Aufschichten von etwas Wasser nach kurzer Zeit an der Grenzschicht auffällige blaue Färbung durch nachträgliche Jodamylumbildung auftritt. Die Stärke wird durch Contact mit konzentrierter Chlorallösung in Amylogen, teilweise in Amylodextrin übergeführt, während Dextrin und Zucker nicht gebildet werden.

Bezüglich der zahlreichen Anwendungen der Eigenschaften des Chloralhydrates in pharmaceutisch-chemischer Richtung verweist der Vortragende auf den Inhalt der zu publizierenden Abhandlung.

Anschliessend an diesen Vortrag äussert Hr. Prof.
Tschirch die Ansicht, dass vielleicht mit Hülfe der
eigentümlichen Eigenschaften des Chloralhydrates
die Möglichkeit gegeben sei, Beziehungen zwischen
den « Resenen » und den « Terpenen » festzustellen.
Prof. Tschirch weist an Hand von Versuchsmate-
rial nach, dass das « Kalken » der Muskatnüsse thatsächlich diese Frucht vor Insektenfrass schützt. Er
legt ferner der Versammlung die neuesten Tafeln des
Tschirch - Oesterle'schen Anatomischen Atlasses vor
und demonstriert einige Präparate wie Kupferphyll-
siganat, Amylogen, Glycyrrhinin ammoniacale.

3. Dr. Schumacher - Kopp, Luzern : Über die
Prüfung von Olivenöl.

Der Vortragende legt dar, dass die sogenannte
Baudouin-Reaktion modifiziert von Villa-vecchia und
Fabris bei der Prüfung von Olivenöl auf Sesamöl
mit Furfurol unbedingt eine bleibende Rotfärbung
verlangt, um positiv gedeutet werden zu dürfen.

Andere Rotfärbungen schlagen nach einigen Stunden in Grün um.

Einen Parallelismus zwischen der Intensität der
Rotfärbung und der Refraction mit dem Zeiss'schen
Refractometer konnte der Vortragende bis jetzt nicht
erkennen. Erst bei einem Sesamölzusatz von 25 %
übersteigt die Refraktion die bis jetzt für reines
Olivenöl festgestellten Maximalgrenzen (55.°) um 0,2°.

4. Herr Prof. Tschirch demonstriert der Versammlung stereoskopische Aufnahmen von tropischen Ve-
getations- und Habitusbildern.

5. Herr Prof. Hartwich - Zürich.
1. Über einige Pfeilgifte von der Halbinsel Malakka.

Die Untersuchung dieser vom Privat - Docenten
Dr. Martin von Zürich bei den Orang Sakeis

gesammelten Gifte ergab, dass dieselben in allen
Fällen Antiarin, fast immer Strychnin-Alkaloide:
Brucin und Strychnin und zuweilen Derrid
enthalten. Arsen und Antimon, die in Malakka resp.
Borneo zuweilen dem Gifte zugesetzt werden, konn-
ten in keinem Falle nachgewiesen werden.

Für den Nachweis der Pflanzengifte teilt der Vortragende ein Verfahren mit, das sich an den Stas-
Otto'schen Gang zur Ausmittelung von Pflanzen-
giften anschliesst.

Zum Nachweis des Antiarins eignet sich das Verhalten gegen Cer-Sulfat-Schwefelsäure, womit der
Körper orangerot wird. Zum Nachweis der Derrids
benutzt der Vortragende das von Gresshoff aufgefundene Verhalten gegen Salpetersäure. Das Derrid
giebt damit eine drachenblutrote Färbung.

2. zeigt der Vortragende eine neue, falsche, aus
Brasilien stammende Sarsaparille vor, die vielleicht
von Herreria Sarsaparilla Mart. stammt. Sie sieht
äusserlich der officinellen Droge ausserordentlich
ähnlich, unterscheidet sich aber durch das Fehlen
von Oxalat-Nadeln im Parenchym und abweichende
Beschaffenheit der Endodermis.

An der, an die erste Mitteilung des Vortragenden
sich knüpfenden Diskussion beteiligt sich Hr. Dr.
Schumacher - Luzern, indem er Mitteilungen über
Köcher, Pfeile und Lanzen der Wilden macht.

6. Herr Dr. C. Nienhaus-Basel: Über die Holz-
stofffabriken der Schweiz mit besonderer
Berücksichtigung der Kocherlaugen.

Der Vortragende bespricht die Entwicklung der
Holzstoff-Bereitung und berührt das Mitscherlich'sche
Patent.

Er wendet sich hierauf der Holzstofffabrikation
zu, wie sie von den verschiedenen Fabriken in der
Schweiz betrieben wird.

Nach der Mitscherlich'schen Methode arbeiten die Fabriken

		gegründet	Ableitung	
1.	in Attisholz	1882	in die Aare
2.	» Cham	1882	» » Lorze
3.	» Perlen	1883	» » Reuss
4.	» Biberist	1884	» » Emme
5.	» Balsthal	1884/85	» » Dünnern
6.	» Kaiseraugst	1890	» den Rhein.

Nach kurzer Schilderung des Verfahrens wurde die chemische Zusammensetzung der zur Verwendung kommenden Sulfitlauge und zwar bei Beginn des Kochens, sowie nach Beendigung derselben (Kocherlauge) mitgeteilt.

Die Ableitung der Kocherlaugen geschieht teils direkt durch Abblasen mit gespanntem Dampf, teils unter Benützung von grösseren Sammelbassins. Wesentliche Schädigungen durch diese Verunreinigungen der Gewässer sind nicht zu konstatieren.

Eine Verwertung der Kocherlaugen findet bis jetzt nicht statt. Die verschiedenen Versuche in dieser Richtung wurden erwähnt und die Gewinnung von sog. Dextron für Appreturzwecke als ausführbar bezeichnet. Die Darstellung des Dextrons geschieht durch Konzentration der Lauge zum specifischen Gewicht 1,3 und Aussalzen mit neutralen Alkalisalzen.

Herr Bauler-Neuenburg teilt in der Diskussion mit, dass im Val de Travers eine Sulfit-Cellulose-Fabrik eingerichtet sei und frägt den Vortragenden, ob der Betrieb dieser Fabrik keine Veranlassung zu Klagen wegen Verunreinigung der Gewässer gegeben habe. Der Vortragende verneint diese Frage.

7. Zum Schlusse der Sitzung demonstriert Hr. Dr. Oesterle die von der Chem. Fabrik auf Aktien, vorm. Schering, Berlin, ausgestellten Formalindesinfektionslampen.

Schluss der Vormittagssitzung 11 U. 15.
Die Versammlung besichtigt die verschiedenen, im pharmac. Institute befindlichen Ausstellungen.

Wiedereröffnung der Sitzung 2 U. 55.
Vorsitzender : Herr Prof. Hartwich-Zürich.

---

1. Herr Dr. Kunz - Krause - Lausanne : « Über die Farben- und Fällungsreaktionen der Tannoide und deren Abhängigkeit von der Natur, bezw. Konstitution des einen, bezw. der beiden Reaktionscomponenten ».

Die Fällungs- bezw. Farbenreaktionen der sogen. « allgemeinen Gerbestoffreagentien » (Leim, Eiweiss. Alkaloide, Brechweinstein, Ferrichlorid) sind zuerst am Tannin beobachtet worden. Da das Tannin ein Anhydrid der Gallussäure ist, muss sich eine vergleichende Untersuchung auf diese und auf deren Anhydride erstrecken. Es sind dies folgende Verbindungen :

Gallussäure . . . . $C_7H_6O_5$
α. Digallussäure (von Schiff) . $C_{14}H_{10}O_9$
β. » (von Böttinger) . $C_{14}H_{10}O_9 + 2H_2O$
Ellagensäure bezw. Ellagsäure . $C_{14}H_{10}O_{10}$
Hamamelitannin . . . . $C_{14}H_{14}O_9$
Chebulinsäure . . . . $C_{28}H_{24}O_{19}$
Tannin . . . . . . $C_{50}H_{46}O_{37}$ (?)

Die Gesamtheit aller für diese Verbindung in Betracht kommenden Reaktionen zerfallen in 3 Gruppen :

1. in solche, welche nur der Gallussäure eigentümlich sind ;
2. in solche, welche von der Gallussäure und obigen Derivaten geteilt werden ;
3. in solche, welche nur obigen Derivaten der Gallussäure eigen sind.

Die Reaktionen der Gruppe 3 (z. B. Fällung durch Leim) werden geteilt von den Phlobaphene- und Rothe-bildenden Tannoiden. Daher dürfen die Phlobaphene und Rothe nicht mehr als Oxydationsprodukte von Tannoiden aufgefasst werden, sondern als bestimmte Phasenprodukte eines successiven Deshydrationsprozesses aromatischer Oxysäuren.

Leim, Eiweiss, Alkaloide, Brechweinstein sind spec. Gruppenreagentien für die aus zwei, eventuell mehreren Molekülen Protocatechusäure, bezw. Gallussäure durch Wasserabspaltung hervorgehenden Anhydridtannoide, d. h. für die zwei natürlichen Gruppen

der Protocatechu-Anhydrid-Tannoide und

» Gallo- » »

Der Vortragende weist auf die mögliche Existenz genetischer Beziehungen zwischen den beiden Tannoiden « Chebulinsäure » und « Tannin » hin. Zwei Moleküle Chebulinsäure unter Austritt von einem Molekül Wasser ergeben ein Molekulargewicht von 1310. (Isabanejew fand für Tannin 1322.) Durch Capillaranalyse hat der Vortragende den Beweis erbracht, dass das Tannin keinen einheitlichen Charakter besitzt. Im Anschluss hieran erörtert der Vortragende unter Vorweisung von umfangreichem Material die Verwendbarkeit der Capillaranalyse für pharmaceutische Zwecke.

2. Herr Dr. Kunz-Krause: « Über ein natürliches System der Tannoide ».

Auf Grund der verschiedenen Farbenreaktion des Ferrichlorids mit Protocatechusäure und mit Gallussäure lässt sich die Gesamtheit aller Tannoide auf diese beiden Oxybenzoesäuren zurückführen, d. h. die einzelnen Tannoide erscheinen je nach der ihnen eigenen Farbenreaktion mit Ferrisalzen als Derivate entweder der Protocatechusäure oder aber der Gallussäure. Weiterhin zerfallen die Tannoide in die beiden Hauptgruppen

I. Nicht glykosidische Verbindungen und
II. Glykosidische   »
Die Hauptgruppe I teilt sich in
  a. Ausgangsverbindungen (Tannogene nach Brämer),
unter denen die tannoidbildenden Oxysäuren der
Benzol- und der Styrolreihe zu verstehen sind.
  b. Nicht glykosidische wirkliche Tannoide (dazu
gehören u. a. die Gallo-Anhydridtannoide).
  Die Hauptgruppe II zerfällt in
  c. Glykotannoide.
  d. Phloroglucotannoide.
Für einzelne Gruppen war es schon möglich, cha-
rakteristische Reaktionen festzustellen, so z. B. für
die Anhydridtannoide und die Glykotannoide der
Styrol-Reihe, welche in alkoholischer Lösung mit
metallischem Natrium gelbe Niederschläge liefern.
  Auf die Anfrage Tschirch's, unter welche Kategorie
die « Tannole » zu rechnen sind, reiht der Vortragende dieselben vorläufig zu den Protocatechu-
Phlorogluco-Tannoiden.
3. Herr Dr. A w e n g - B a r r : «Beitrag zur Kenntnis der
  wirksamen Bestandteile von Cort. frangulae, rhiz.
  rhei und fol. Sennae».
  Die wirksamen Bestandteile der genannten Drogen
lassen sich in wasserlösliche und wasserunlösliche
trennen. Beide Gruppen bestehen aus Glycosiden ; die
wasserunlöslichen Glycoside können durch Einwirkung
von Schimmelpilzen aus den wasserlöslichen abge-
spalten werden. Es handelt sich höchst wahrscheinlich
um vier gemeinsame Glycoside, welche in allen drei
Drogen in wechselndem, gegenseitigem, quantitativem
Verhältnis vorkommen. Die nähere Untersuchung
derselben ist noch nicht abgeschlossen.
  Betreff der galenischen Präparate ist zu bemerken,
dass sich zu flüssigen Präparaten nur die wasserlöslichen Glycoside eignen, und zwar in einem Lö-

sungsmittel, das Schimmelpilze nicht aufkommen lässt. Als Typus eines Präparates, das sämtliche wirksamen Bestandteile enthält, kann das hydroalkoholische Rhabarberextrakt gelten. Bei Darstellung der Präparate ist eine Spaltung der Glycoside durch Säuren oder Alcalien sorgfältig zu vermeiden, da ein Teil der Spaltungsprodukte unwirksam ist.

Bei Vergleich verschiedener Rhabarberproben zeigten sich grosse Unterschiede sowohl in absolutem, wie in relativem Gehalt an wasserlöslichen und wasserunlöslichen Glycosiden. Dieser Unterschied ist offenbar zu berücksichtigen bei Feststellung des Wertes und Wahl der Verwertung einer bestimmten Rhabarberprobe.

Weber frägt, ob Rh. Frangula, Cathartica, Purshiana gleich wirksam seien, damit eventuell bei Ausgabe einer neuen Pharmakopoe eine Vereinfachung durch Weglassen der wenig wirksamen Drogen eintreten könnte.

Ferner frägt Weber, welcher Körper durch das einjährige Lagern in der Frangularinde zerstört wird.

Aweng kann die Frage bezüglich Wirksamkeit erst beantworten, wenn alle Körper genau untersucht sind. Durch das Lagern wird das Ferment in der Frangularinde zerstört.

4. Herr Conrady-Leutmannsdorf: «Décocte und Infuse». Verlesen durch Dr. Baur-Zürich.

Verfasser hat Versuche angestellt, in welcher Weise die Drogen am vollständigsten erschöpft werden. Er gibt der Percolation der gepulverten Droge den Vorzug, aus folgenden Gründen:

1. Leichtere Erschöpfung.

2. Sicher gleichmässige Bereitung, da im Pulver die extrahierte Fläche gleichbleibend ist; während die mehr oder weniger fein geschnittene Droge proportional der Extraktion Widerstände bietet.

3. Die Erschöpfung erfolgt ohne Pressung und Coliertuch.

4. Es resultieren stets blanke Filtrate.

5. Herr B. Studer: «Der Apotheker als Pilzexperte».

In kurzen Zügen weist der Vortragende nach, warum von allen naturwissenschaftlichen Berufsarten der Apotheker in erster Linie zum Pilzexperten berufen sei. Er knüpft daran den Wunsch, dass im Studienplan der Pharmaceuten und konsequenterweise auch im Prüfungsreglement die Pilzkunde mehr als bisher Berücksichtigung finden möchte, und schliesst mit den Worten, dass von dem Augenblicke an, wo die Salus publica diese neue Leistung vom Apotheker verlangt, er sich derselben nicht entziehen dürfe.

Anschliessend an diesen Vortrag macht Keller auf die Ausstellung von Pilzaquarellen des Vortragenden aufmerksam; er rühmt dessen Fleiss und betont, dass eine derartige Arbeit dem ganzen Stande zur Ehre gereicht.

6. Herr Tschirch berichtet über Versuche, das Capaloin kristallinisch zu erhalten, die er mit Herrn Hiepe angestellt. Es ist gelungen, auch aus der Capaloe, aus der bisher ein kristallinisches Aloin nicht erhalten werden konnte, ein solches darzustellen. Der Vortragende legt Kristalle davon vor. Man übergiesst Capaloe mit einer zur völligen Lösung derselben unzureichenden Alkoholmenge, trocknet den Rückstand, extrahiert ihn im Soxhlet zuerst mit Äther, dann mit Alkohol und fällt die alkoholische Lösung fraktioniert mit Äther aus. Zuerst fällt eine braune Schmiere (und diese ist es, die die Kristallisation des Capaloins in der Droge hindert), dann fällt das Capaloin in gelben Flocken aus, die sich — ziemlich schwer — aus Alkohol-Äther umkristallisieren lassen. Das Capaloin bildet nahezu farblose

10

∴ Nadeln, die meist um einen Punkt rosettenartig vereinigt sind. In seinen Reaktionen weicht es von dem Barbaloin und Nataloin stark ab und ist dem Socaloin am ähnlichsten.

7. Herr Tschirch legt Kristalle von Xanthorhamnin vor, die er in Gemeinschaft mit Herrn Polacco aus den Fruct. rhamni cathartici erhalten. Bisher war dieser Körper nur aus den Gelbbeeren erhalten worden. Er lässt sich aber auch ohne Schwierigkeiten aus den Kreuzdornbeeren darstellen. Man perkoliert ein Kilo derselben mit Wasser und schüttelt das Percolat mit Äther aus. Der nach Abziehen des Äthers übrigbleibende gelbe Rückstand liefert aus siedendem Alkohol umkristallisiert reichliche Mengen gelber in Alcalien mit gelber Farbe löslicher Kristallnadeln, deren Eigenschaften mit denen der Xanthorhamnin's aus Gelbbeeren übereinstimmen.

8. Herr Tschirch berichtet über eine Untersuchung des Olibanum, die derselbe mit Herrn Halbey unternommen. Die allgemeinen Ergebnisse der Untersuchung, die im Archiv der Pharmacie ausführlicher veröffentlicht wird, sind folgende:

· Das Olibanum (der echte Weihrauch von Boswellia Carteri) besteht aus:

Alkohollösliche Bestandteile (ca. 72%)	freie Boswellinsäure $C_{31}H_{51}O_2COOH$		33,0 %	
	Boswellinsäure in Esterbindung		1,5 »	
	Olibanoresen $(C_{14}H_{22}O)$		33,0 »	
	Ätherisches Öl	Pinen Dipenten Phellandren Cadinen	4—7 »	
	Bitterstoff		0,5 »	

In Alkohol unlösliche Bestandteile (ca. 28 %)	Gummi (Kalk — (und Magnesium —) Salz der Arabinsäure . 20,0 %	
	Bassorin . . . . : 6—8 »	
	Pflanzenreste . . . . . . 2—4 »	

Eingehender studiert wurde die Boswellinsäure und ihre Salze, die ein weiteres Glied der Harzsäuren (Resinolsäuren Tschirch's) darstellt, aber kein Hydroxyl zu enthalten scheint. Der relative Reichtum an Resen lässt das Olibanum sofort als ein Produkt der Burseraceen erkennen, die, soweit sie bisher untersucht wurden, alle resenreiche Harze liefern. So nach Tschirch und Bar das Opopanax, nach Tucholka die Bisabolmyrrhe, nach Tschirch und Glimmann das Dammar.

9. Herr Tschirch teilte mit, dass es ihm gelungen sei, in der Fruchtschale der Kaffeepflanze vortrefflich ausgebildete, tiefviolette bezw. blauschwarze Chromatophoren aufzufinden. In der Epidermis finden sich kugelige oder wulstige Chromatophoren neben rotem Zellsaft, in der subepidermalen Partie reichlich nadelförmige, um einen Punkt rosettenartig gestellte Kristalle ungleicher Länge. In einer Zelle findet sich bald nur eine Rosette, bald deren mehrere.

Das Material stammte aus dem botanischen Garten in Bern, woselbst der Kaffee in diesem Jahre reife Früchte entwickelt hatte, und wurde im frischen Zustande untersucht.

10. Herr Tschirch berichtet über eine Untersuchung des Stocklack (Lacca in ramulis), die er in Gemeinschaft mit Herrn Farner vorgenommen. Die vorläufigen Ergebnisse dieser noch nicht ganz abgeschlossenen Arbeit sind folgende:

Der Stocklack besteht aus:
Wachs . . . . . . 6 %
Laccain-Farbstoff 6,₅ »

Reinharz . . . 74,₅ » } davon ätherlöslich 35 %[1])
                        } » ätherunlöslich 65 » [2])

Rückstand (Sand,
Holzstücke, In-
sektenhäute) . 9,₅ »
Wasser, Verlust ꝛc. 3,₅ »

Zunächst wurde das Wachs durch Petroläther-
extraktion isoliert, der wachsfreie Rückstand alsdann
mit Wasser erschöpft und so der Rohfarbstoff erhalten. Derselbe ist in Alcalien mit violetter Farbe
löslich und enthält die zuerst von R. E. Schmidt
isolierte Laccainsäure ($C_{16}H_{12}O_8$). Darauf wurde der
Rückstand am Rückflusskühler mit Alkohol erschöpft
und aus der alkoholischen Lösung das Reinharz mittelst Salzsäure ausgefüllt. Es bildet ein hellbräun-
lich gelbes Pulver und enthält mindestens 4 Körper.
Es wurde in wenig Alkohol gelöst und die Lösung
mit dem zehnfachen Äther gefällt: es fällt ein gelb-
lich-weisses Harz aus (siehe weiter unten). Die
obenstehende ätherische Lösung wurde im Scheide-
trichter mit 1 %₀₀-Sodalösung solange ausgeschüttelt,
als sie sich noch violett färbt. Die Sodalösung wird
alsdann vom Äther befreit und mit Bleiacetat gefällt.
Der violette Niederschlag wird in Alkohol suspendiert, mit Schwefelsäure zerlegt und die nun dunkel-
braune Lösung mit Thierkohle behandelt. Die Lösung
wird mit alkoholischer Bleiacetatlösung gefällt: es
fällt ein violetter Lack. Nach wiederholter Behandlung in gleicher Weise erhält man, wenn der Farb-

---

[1]) Hierin der Riechstoff, ein Teil des Harzkörpers und das Erythrolaccin.

[2]) Hierin: der Rescinotannolester der Aleuritinsäure.

stoff mit Thierkohle völlig entfernt ist, schliesslich
eine schmierige, gelblich-weisse Masse, die neben
Fettsäuren auch den Riechstoff des Lackes enthält.

Der violette Farbstoff - Bleiniederschlag wird in
Alkohol suspendiert, mit Schwefelsäure zerlegt, die
saure Farbstofflösung in Wasser gegossen und die
braunen Flocken durch wiederholtes Ausfällen der
alkoholischen Lösung mit Wasser gereinigt. Aber
auch jetzt ist der Farbstoff noch nicht kristalli-
sationsfähig. Er wird in wenig Alkohol gelöst und
die Verunreinigungen mit Benzol ausgefällt. Aus der
Benzollösung nimmt 1 $^0/_{00}$ - Sodalösung den Farbstoff
ziemlich rasch auf und kann daraus mit Salzsäure
ausgefällt werden. Die Fällung kristallisiert aus
wasserhaltigem Alkohol in rhombischen Blättchen.
Sublimiert bildet er prächtig rote, zu Flocken vereinigte Nädelchen, die ähnlich wie Alizarin aussehen.
Der neue Farbstoff, der zu 1 $^0/_0$ im Schellack enthalten ist und diesem die eigentümliche, gelbe Farbe
verleiht, gehört zu den Alizarinfarbstoffen.
Wir nennen ihn Erythrolaccin.

Der mit Äther ausgefällte Harzkörper (siehe oben)
bildet die Hauptmasse des Harzes. Er wurde in Alkohol gelöst und mit saurem Wasser gefällt. Es
resultiert ein fast weisses Pulver. Dasselbe wurde
mit 10 $^0/_0$-Kalilauge und Wasserdampf verseift. Aus
dem übersäuerten Verseifungsprodukte zieht Äther
eine neue Säure aus, die, über das Magnesiumsalz
gereinigt, aus wasserhaltigem Alkohol in rhombischen
Blättchen, aus Wasser in Nadeln kristallisiert, bei
106^0 schmilzt und der Formel $C_{13}H_{26}O_7$ entspricht.
Wir nennen die Säure Aleuritinsäure und haben
ihre Mg.-, Pb- und Ba-salze studiert.

Gebunden ist die Aleuritinsäure an ein Resinotannol.
Dasselbe in reiner Form zu isolieren war bisher
nicht möglich.

11. Herr Dr. Issleib-Bielefeld: «Über Cearin».

.Der in den meisten Ländern offizinellen Salbengrundlage, der weissen Paraffinsalbe, haftet der
Mangel an, dass. dieselbe flüssige Medikamente nur
in kleinen Mengen zu binden vermag.

Im Gegensatz dazu bindet das Wollfett grosse
Mengen wässriger Flüssigkeiten. Die chemische Analyse des Wollfettes ergibt die Anwesenheit beträcht-
licher Mengen Carnaubasäure und Carnaubylalkohol.
Da Carnaubasäure auch ein Bestandteil des Carnauba-
wachses (v. Copernicia cerifera) ist, lag der Gedanke
nahe, dieses Wachs zur Herstellung einer Salbengrundlage zu benützen und zu prüfen, ob dieselbe infolge des Gehaltes an Carnaubasäure, ähnlich wie
das Wollfett, die Eigenschaft besitzt, wässrige Flüssigkeiten in beträchtlichen Mengen zu binden.

Die Versuche ergaben ein positives Resultat; zur
Verwendung gelangte ein gebleichtes Carnaubawachs,
das mit 4 Teilen. Paraffin. liquid. 0,880 spec. Gew.
zusammengeschmolzen wurde. Das Produkt nennt
der Verfasser Cearin, nach der brasilianischen Provinz Ceara, dem Produktionsgebiete des Carnauba-
Wachses.

Cearin vermag ca. 15 % Wasser zu binden; die
neue Salbengrundlage übertrifft die Paraffinsalbe in
der Fähigkeit, wässrige Flüssigkeiten aufzunehmen
und kommt ihr in chemischer Beständigkeit gleich.

Schluss der Sitzung 4 U. 45.

L. Sektion für Tierheilkunde.

Lokal: Hörsaal der Veterinär-Anatomie.
Einführender und Präsident: Herr Direktor
Berdez; Schriftführer: Dr. Wilhelmi.
Die Sitzung dauerte von 9 bis 12½ Uhr.

1. Herr Dr. A. Wilhelmi: Über Amphalitis der
Kälber.

Referent berichtet über die bakteriologische Analyse der Nabelabscesse und Arthriten einiger von ihm
untersuchter Kälber. In sämtlichen Fällen liess sich
ein Bacterium isolieren, welches durch Übertragung
ähnliche Krankheits-Erscheinungen hervorrief. Er
macht speciell aufmerksam auf ein Bacterium, welches er vermittelst Punktion aus dem Nabel lebender
Tiere erhielt und wahrscheinlich eine Varietät des
Bact. Coli sei und durch Übertragung auf scheinbar
gesunde Tiere schon innerhalb wenigen Stunden
hochgradige Gelenkserkrankungen hervorrief. Auch
beweist er durch Versuche, dass nicht die Einwanderung der Bact. in die Gelenke diese Symptome
hervorruft, sondern lediglich nur das Toxin. Zu
diesem Zwecke wurden durch Wärme abgetötete oder
filtrierte Bouillonkulturen in Mengen von $1/_{10}$—1 cm^3
intravenös verabreicht und dadurch die gleichen
Gelenk- und Darmerkrankungen hervorgerufen.

Allein Verabreichung von lebenden Bouillonkulturen in Mengen von 1 Liter per os verursachten
nicht die geringsten Störungen des Gesundheits-
zustandes.

In der Diskussion macht Hr. Prof. Dr. Guillebeau
darauf aufmerksam, dass bei diesem Falle das Inva-
sionsvermögen des betreffenden Bacteriums in Betracht komme. Herr Borgeaud (Lausanne) teilt mit,
dass er in chronischen Fällen aus metastatischen

Abscessen .ein morphologisch und kulturell gleiches
Bacterium isolieren konnte. Übereinstimmend mit dem
Referenten glaubt er auch den Sitz dieser Erkran-
kungen im Nabel. oder in der Bauchhöhle über dem-
selben zu suchen. Im Fernern beteiligte sich an der
Diskussion Herr Direktor Berdez.

2. Herr Dr. A. Wilhelmi: Weisse Fleckniere
der Kälber. Der Referent äussert die Ansicht, dass
die weisse Fleckniere wahrscheinlich nicht, wie Kitt
annimmt, eine Nephritis sei. Er demonstrierte an
Präparaten die anatomischen Veränderungen und
spricht über die histologische Beschaffenheit. In der
Untersuchung zahlreicher Schnitte findet er stets
das Fehlen der Glomeruli und an deren Stelle ein
üppiges Rundzellengewebe. Die Rindensubstanz allein,
welche diese Anomalie besitzt, lässt in den meisten
Fällen noch sehr deutlich die Harnkanälchen. erkennen, welche entweder im Verlaufe der Henle-
schen Schleife oder dem aufsteigenden Schenkel in
einer Knospe endet. Da diese Fleckniere niemals von
Erkrankungserscheinungen begleitet waren, und bei
Rindern oder Kühen niemals Überreste dieser Anomalie angetroffen werden, komme er zu der Ansicht,
dass es sich wahrscheinlich um eine Hemmungsbil-
dung handle, welche sich später ausgleicht.

An der Diskussion teilt Borgeaud (Lausanne) mit,
dass er bei cirka 5 % der Schlachtkälber die weisse
Fleckniere antreffe, niemals aber bei älteren Tieren.
Auch sei ihm nie bekannt geworden, dass solche
Tiere Krankheitserscheinungen gezeigt haben. Herr
Prof. Dr. Guillebeau erklärt, wie man durch Kochen
pathologischer Nierenstücke mit Salpetersäure die
Harnkanälchen mit ihren Knospen frei erhalten kann.
Herr Prof. Dr. Rubeli teilt mit, dass solche Unter-
suchungen einen wesentlichen Beitrag zur Kenntnis
der embryonalen Nierenhistologie liefern können.

3. Herr Prof. Dr. A. Guillebeau trägt über Hypo-trichose der Schweine vor. Diese Anomalie, welche auch als Schrotausschlag bezeichnet wird, besteht in dem Auftreten von Gruppen meist brauner Cysten auf dem Rücken, den Ohren und den Schenkeln der Schweine. Die Cysten, die immer auf den Epithelüberzug der Haut beschränkt sind, enthalten sehr häufig, wenn auch nicht immer, ein oder mehrere Haare, die in der Cystenwand ganz eingeschlossen sind oder in andern Fällen dieselbe auch durchbrechen. Man hat diesen Inhalt auf den Parasitismus von Bacterien oder Coccidien zurückzuführen versucht. Am wahrscheinlichsten ist jedoch die Annahme, dass die Cyste durch den Verschluss des Haarbalges oder der Hautdrüse entsteht. Dieser Verschluss veranlasst die Haare, die Lagen jüngster Epithelzellen zu durchwachsen und die verhornten Epithelien als Cystenwand abzuheben. Die braunen Körper in den Bälgen sind Sedimente der Schweissdrüsen: Der Verschluss der Haarbälge könnte die Folge eines mechanischen, durch Scheuern veranlassten Erythems gesucht werden.

In der Diskussion bemerkt Herr Borgeaud, dass er diese Cysten in Lausanne öfters zu sehen Gelegenheit habe.

4. Prof. A. Guillebeau teilt über den Uterus-krebs der Kühe mit, dass er dieses Leiden in den letzten Jahren mehrmals zu sehen Gelegenheit hatte. Das betroffene Organ nimmt an Umfang bedeutend zu und sein Gewicht steigt von 600—700 Gramm auf 2500—6500 Gramm. Die Zunahme des Volumens beginnt in der Regel am Cervix uteri. Das Gewebe wird hart und enthält mit Cylinderepithel ausgekleidete tubulöse Drüsen in kleiner Zahl. Öfters beobachtet man eine allmälige Verwandlung

dieser Röhrchen in zuerst schlanke, später dickere Epithelzapfen. Metastasen kommen vor. Erweichungen wurden noch nicht beobachtet.

5. Herr Prof. Guillebeau hält einen Vortrag über die Beziehungen der sexuellen Psychopathie zu der Tierheilkunde. Häufiger als man bis dahin annahm, kommen in unserem Lande Fälle von Tierschinderei, bei welchen zur Befriedigung des sexuellen Dranges schwere Verletzungen von Tieren, meist weiblichen Rindern und jungen Ochsen verübt werden. Stöcke werden wiederholt schonungslos im After und im Wurfe vorgestossen, so dass tiefe, weit in die Bauchhöhle vordringende Verletzungen entstehen, welche zu tötlich endenden septischen Wunden und zu Peritonitis Anlass geben. In einigen Fällen wurden nur ein bis zwei Tiere auf einmal verletzt und diese Handlung in kurzen Zwischenräumen wiederholt, in andern Fällen werden mehrere, bis acht Tiere gleichzeitig misshandelt, was dann zu der Diagnose einer Seuche oder Intoxication unbekannten Wesens Anlass giebt. Eine genaue und vollständige Untersuchung schützt vor Verwechslung. Die Missethäter sind öfters geistesschwache Jünglinge, die für die alltägliche Arbeit auf dem Felde und im Stalle sich als brauchbar erwiesen, aber dem mächtig an sich herandrängenden sexuellen Triebe keine sittliche Schranke entgegenzustellen vermögen und als entartete Menschen eine sonderbare und grausame Art der Befriedigung sich verschaffen.

In der Diskussion teilte H. Borgeaud mit, dass er auch in der Westschweiz einen Fall von Tierschinderei bei einer Stute zu beobachten Gelegenheit hatte.

6. Herr Prof. Dr. Rubeli: Zur Lage der linken Niere bei Rindsföten.

Die linke Niere liegt bei jüngeren Rindsföten dem linken Psoas ventralwärts auf. Eine Verlagerung fand sich das erste Mal bei einem Fötus von 16$^1/_2$ Centimeter Länge, wobei das craniale Ende ventral- und medianwärts unter die Wirbelsäule, resp. unter die grossen Gefässe, Aorta und Vena cava post., vorrückt, das caudale Ende der Niere dagegen noch in ursprünglicher Lage verbleibt. Ein gleicher Befund zeigt ein Fötus von 22 cm. Länge. Bei einem Fötus von 35 cm. Länge ist die Niere ganz in die Medianebene verlagert, immerhin ist das craniale Ende nach rechts, das caudale nach links hin gerichtet, so dass das Organ eine Schräglage einnimmt. In allen diesen Fällen liegt der Pansen der Niere direkt an, und unzweifelhaft lässt sich aus diesen Befunden, sowie aus anderen, bei denen die Niere noch kaum sichtbar aus ihrer ursprünglichen Lage abgewichen ist, entnehmen, dass die Verlagerung der Niere entsprechend dem caudalen Vorrücken des dorsalen Pansensackes einhergeht und dass also bei den Wiederkäuern der Pansen die Niere aus ihrer, bei den übrigen Haustieren allgemein behaupteten Stellung heraus und nach rechtshin verdrängt.

7. Herr Prof. Noyer spricht über die aseptische Castration von Hengsten. Er empfiehlt dazu den Instrumentensatz von Prof. Hofmann in Stuttgart, der so ausgedacht ist, dass die Wunde mit der Hand niemals berührt zu werden braucht. Dieser Satz besteht aus einem vornen convexen, hinten concaven Bistouri, einer Zange zum Fassen des Hodens, einer langen Kluppe zum Comprimieren des Samenstranges und einer Raspel, mit der die Hodenarterie durchgequetscht wird. Vor der Operation wird das Operationsfeld sorgfältig aseptisch gemacht

und die Instrumente ausgekocht. Nach der Operation füllt man den Hodensack mit 1 prozentigem Sublimatglycerin und reibt auf der inneren Seite der Schenkel und in den Leisten eine 1 procentige Sublimatlösung ein. Ohne jede Art von Nachbehandlung, ohne Blutung, heilt die Wunde in kürzester Zeit ab.

M. Sektion für Land- und Forstwirtschaft.

Den 2. August 1898 im Chemiegebäude.

Einführender und Präsident: J. Coaz.

Aufgelegt werden zwei Bände des illustrierten Lehrbuches für die gesamte schweizerische Alpwirtschaft von Prof. F. Anderegg.

---

1. Herr Moser, Vorstand der bernischen landwirtschaftlichen Schule Rütti, spricht über neue Fütterungsversuche in genannter Anstalt. Der Vortrag wird nächstens im Druck erscheinen.

2. Herr Professor Anderegg in Bern bringt eine Anregung zur Anhandnahme einer systematischen Gruppierung unserer schweizerischen Rindviehschläge.

   Die Sektion beschliesst, die Anregung dem Central-Komitee der Schweizerischen Naturforschenden Gesellschaft zu näherer Prüfung und Beschlussnahme zu empfehlen.

3. Herr Lederrey in Bern, Verwalter der eidgenössischen landwirtschaftlichen Versuchs- und Untersuchungsanstalten, spricht über « L'organisation des établissements suisses d'essais et d'analyses agricoles».

   Er wirft zunächst einen kurzen Rückblick auf den allmähligen Übergang der landwirtschaftlichen Empirie zum wissenschaftlichem Studium der Landwirtschaft in der Schweiz und erwähnt der Bestrebungen und Leistungen von Privaten, Kantonen und dem Bunde auf diesem Gebiete in den letzten Jahrzehnten und geht sodann einlässlich auf die von der Bundesversammlung unterm 26. März 1897 beschlossene Gründung einer eidgenössischen land- und milchwirtschaftlichen Versuchs- und Untersuchungs-Anstalt im Liebefeld bei Bern über.

Die Organisation dieser Anstalt wird einlässlich besprochen und die Baupläne derselben werden vorgezeigt und erläutert.

4. Herr Prof. Dr. Keller in Zürich macht auf einige Schädigungen unserer Kulturgewächse durch Gallen aufmerksam; so seien die Cynipiden-Gallen forstlich keineswegs indifferent.

Im Speciellen verbreitet sich derselbe über die auf Ähren vorkommende Gallwespe Pediaspis aceris, deren Blattgalle das Blätterwerk stark verunstaltet und vorübergehend die Zuwachsverhältnisse ungünstig beeinflussen kann.

Als neue Thatsache hebt der Vortragende, an der Hand von Belegstücken hervor, dass nicht nur die Blätter, wie bisher angenommen wurde, sondern auch die Blüten von Gallen besetzt werden. Letztere sitzen ausschliesslich am Fruchtknoten und bedingen eine starke Verkürzung der Staubträger.

5. Herr Jean Dufour, Direktor der Weinbaustation in Lausanne, macht eine Mitteilung über einige neue Krankheiten der Weinrebe und über ihre Behandlung vom praktischen Gesichtspunkte aus.

6. Herr J. Coaz, eidgenössischer Oberforstinspektor in Bern, spricht über den Schaden, welchen Lawinen den Waldungen der Alpen bringen, und über die Verbaue der Lawinenzüge, um demselben zu begegnen.

7. Hr. Dr. P. Liechti, Vorstand der schweizerischen landwirtschaftlichen Versuchs- und Untersuchungs- anstalt in Bern, spricht über die Methoden zur Be- stimmung des Düngerbedürfnisses der Kulturböden unter darauffolgender Demonstration von exakten Düngerbedürfnisversuchen in Gefässen, ausgeführt in der Vegetationsanlage der Anstalt, welche be- sichtigt wird.

Berichte der Kommissionen.

Rapport du Comité central

pour l'année 1897-98.

Messieurs,

Le Comité central vient nous présenter son rapport sur l'activité de la Société pendant l'année 1897-1898; comme les précédentes, cette année a été heureuse et nous pouvons constater un développement normal de notre association.

Les comptes bouclent heureusement cette année par un léger boni, de fr. 71. 69 pour la caisse centrale, cela malgré les dépenses extraordinaires que nous avons eues pour la session d'Engelberg et pour l'impression d'un nouveau catalogue. Mais nous sommes encore loin d'avoir comblé le déficit de l'année précédente et rétabli l'ancien solde en caisse trop fortement atteint par la dépense extraordinaire des actes de la session de Zürich.

Le capital inaliénable a reçu un accroissement de fr. 150. Nous recommandons ce fonds au bon souvenir, de ceux de nos membres qui sont disposés à contribuer à des œuvres pies.

Nos rapports avec nos sociétés constituantes se sont bornés à la consultation que nous leur avons demandée au sujet de l'initiative de la Commission centrale de la bibliographie nationale. Nous vous présenterons un rapport spécial et des propositions sur cette affaire. (Voir plus bas.)

Les hautes autorités fédérales ont continué à nous témoigner une bienveillance dont nous sommes reconnaissants. Les Chambres fédérales nous ont accordé les subsides habituels pour nos commissions subventionnées; elles y ont ajouté à partir du 1er janvier 1898 un subside de fr. 1200 pour la publication d'une flore cryptogamique suisse. Nos collègues de la Société botanique, au nom desquels nous avons sollicité cette nouvelle subvention, ayant hâte d'entrer en activité, le Comité central a nommé une Commission provisoire chargée de cette affaire et l'a composée de : MM. Christ à Bâle, Schröter à Zürich, Ed. Fischer à Berne, Chodat à Genève et Jean Dufour à Lausanne. Cette commission a été installée le 14 avril, dans une séance à Olten; elle a établi un programme et des règlements qui ont été approuvés par le Comité central et elle a commencé sa gestion. Nous vous proposons de la confirmer définitivement sous le titre de : « Commission de la Flore crytogamique suisse ».

Nous avons reçu du Département fédéral de l'Intérieur une demande de rapport sur les services rendus par la Revue suisse de zoologie, publiée par le Musée d'histoire naturelle de Genève. Après avoir consulté les naturalistes les plus compétents, nous avons pu donner des éloges très mérités à cette publication importante, organe très apprécié de la Société zoologique suisse, et nous avons pu la recommander à la bienveillance des hautes autorités fédérales pour une subvention qu'elle sollicite.

Le rapport final de la Commission de l'Exposition de Genève, égaré dans des transmissions postales compliquées, ne nous est pas arrivé à temps pour que nous puissions vous le présenter à l'Assemblée générale d'Engelberg. Le Comité central en a pris connaissance et l'a approuvé de manière à pouvoir le publier dans les Actes de la session d'Engelberg; mais il a dû réserver à l'Assemblée générale de Berne de liquider définitivement cette affaire.

Nous vous proposons de donner décharge à la Commission, composée de MM. Golliez à Lausanne, C. de Candolle, A. le Royer et P. van Berchem, à Genève, en y ajoutant l'expression de notre reconnaissance pour les services rendus à la Société et pour l'activité déployée à cette occasion.

Nous avons, d'après les décisions prises à Engelberg, fait imprimer une nouvelle édition du catalogue des membres, n° 19, janvier 1898; il a été distribué à tous les membres de la Société. Vu le travail extraordinaire que cette publication a imposé à notre questorat, nous avons accordé à celui-ci une allocation supplémentaire de fr. 100.

Notre Commission des rivières nous a demandé d'intervenir auprès de la Commission fédérale de météorologie pour obtenir un développement plus complet du réseau des observations pluviométriques suisses, spécialement dans les cantons de Berne, du Valais et du Tessin, jusqu'ici trop insuffisamment étudiés à ce point de vue. Nous avons transmis avec recommandation le rapport de notre Commission à M. le Président de la Commission de météorologie et nous avons appris avec satisfaction et reconnaissance que notre demande a été accueillie favorablement.

Pour l'étude des propositions Dr R. Martin à Zürich (Actes de Zürich, p. 196) et Comte Eb. de Zeppelin-Ebersberg à Emmishofen (Actes d'Engelberg, p. 71), nous avons prié le comité annuel de la session de Berne d'organiser une section d'anthropologie devant laquelle ces questions pourront être développées. Cette séance aura lieu mardi 2 août, à 3 heures du soir.

Au sujet de l'initiative Becker, reliefs géographiques (Actes de Zürich, p. 197), les présidents de nos Commissions de géologie et de géodésie avaient, l'année dernière, demandé que cette question fût renvoyée à la session actuelle. Vu la solution, malheureusement négative, donnée a cette affaire par les Chambres fédérales, dans la session de printemps 1898, nous n'avons pas de nouvelles propositions à vous faire actuellement à ce sujet que nous sortons pour le moment des tractandas.

La Société de géologie avait, dès ses débuts, mis en dépôt à notre bibliothèque à Berne les livres et cartes qui sont sa propriété. Elle nous a proposé de nous les céder gratuitement (Actes d'Engelberg, p. 175). Sur le préavis de la Commission de la bibliothèque, cette offre a été accueillie par nous avec reconnaissance, et ce précieux don est dorénavant incorporé dans notre bibliothèque.

Nous avons participé au jubilé de deux de nos membres, M. le prof. Dr K. Cramer à Zurich, après quarante ans d'activité à l'Ecole polytechnique fédérale et M. le prof. Dr Hann à Vienne, à l'occasion de son départ pour l'université de Graz. Au nom de la Société nous avons envoyé à ces collègues des adresses de félicitation, qui ont été fort bien accueillies.

Quant aux Commissions de la société, nous vous avons déjà entretenu de la décharge à donner à la Commission de l'Exposition de Genève et de la création d'une nouvelle commission de la Flore cryptogamique; nous n'avons pas de propositions à vous faire au sujet du personnel des Commissions déjà existantes. Nous aurons dans cette séance à vous demander l'ouverture de crédits pour quelques-unes de ces commissions.

Notre Comité central de Lausanne est arrivé au bout de sa charge. Vous l'aviez nommé à Bâle en 1892 pour une période de 6 ans; il doit remettre à d'autres la gestion que vous lui avez confiée.

Pendant ces six années le développement de la Société a été normal et heureux. Aucun orage n'est venu troubler le ciel serein des naturalistes suisses. Vous avez continué avec succès les travaux de nos prédécesseurs; vous avez entrepris de nouvelles études. Voici en résumé les principales affaires qui ont été mises en train ou exécutées pendant cette période.

1. Nous avons repris pour notre compte l'étude scientifique du glacier du Rhône, à laquelle nous nous étions intéressés, directement ou indirectement, à diverses reprises; cette étude étant abandonnée par le Club alpin suisse, qui pendant vingt ans l'avait soutenu par des subsides importants et par une gestion désintéressée, nous avons fait entre nous une souscription qui a produit une somme suffisante pour que nous ayons pu conclure avec le Bureau topographique fédéral un traité assurant les travaux pour la période 1894 à 1899 (Actes de Lausanne 29, 85.)

2. Nous avons acquis les blocs erratiques du Steinhof près Soleure, menacés d'être livré à l'exploitation des granitiers. (Bâle 41. Lausanne 30, 124.)

3. Nous avons sollicité l'intérêt des hautes autorités fédérales pour l'étude des variations des glaciers et obtenu l'organisation méthodique de ces études par les forestiers suisses, sous la direction de l'Inspectorat fédéral des forêts. (Bâle 50. Lausanne 82.)

4. Nous avons recommandé aux hautes Autorités fédérales l'acquisition des précieuses collections paléontologiques et archéologiques du Schweizersbild près Schaffhouse, réunies par l'activité persévérante de notre collègue le Dr J. Nuesch, professeur à Schaffhouse. Ces collections sont exposées dans une des salles du Musée national de Zurich. Grâce à une allocation supplémentaire de la Confédération, nous avons pu publier dans nos Mémoires la description et les résultats scientifiques de ces fouilles. (Lausanne 30. Schaffhouse 8, 39, 55, 113.)

5. Nous avons adressé à la Confédération la demande de s'intéresser à l'étude du magnétisme terrestre en Suisse. Les pourparlers et travaux préliminaires continuent sur ce point important qui aboutira, nous l'espérons, à une solution satisfaisante. (Zermatt 21, 26, 128.)

6. Nous avons participé à l'Exposition nationale suisse de Genève en 1896. Nos collections et celles des sociétés suisses, qui, répondant à notre appel, ont joint leur exposition à la nôtre, ont obtenu l'honneur d'être classées *hors concours*. (Schaffhouse 39. Engelberg 134.)

7. Nous avons correspondu avec la Société royale de Londres pour les travaux préliminaires du Catalogue international de littérature scientifique. Nous y avons intéressé les hautes Autorités fédérales qui se sont fait représenter aux conférences de Londres en 1896 et 1898 et ont remis la suite de cette affaire à la Commission de la Bibliothèque nationale à Berne. (Zermatt 22, 59.)

8. Sur la demande de la Société de Botanique, nous avons sollicité et obtenu des subsides de la Confédération pour la publication d'une flore cryptogamique suisse. (Zermatt 44.)

9. Nous avons admis à titre de sections constituantes de notre Société, le Naturwissenschaftlicher Verein de Winterthour et la Société suisse de zoologie, section permanente de la Société.

10. En fait de Commissions de notre Société, nous avons établi une Commission de la bibliothèque, une Commission des glaciers, une Commission des rivières, une Commission de la Flore cryptogamique, une Commission des houillères dépendant de la Commission géologique. Pour l'Exposition de Genève, nous avons créé une Commission temporaire qui a achevé sa mission.

Nous avons établi un compte séparé pour la Commission de publication de Mémoires. (Zurich 32.)

11. Nous avons publié les volumes XXXIII et XXXV de nos nouveaux Mémoires.

12. Pour ce qui regarde la gestion financière, nous avons donné dans nos rapports annuels les faits principaux; nous nous bornerons à résumer ici le tableau général des soldes des différents postes en 1892 et 1898 au début et à la fin de notre gestion.

	1892.	1898.	Différence.
Caisse centrale .	4,196. 94	3,493. 10	— 703. 84
Capital inaliénable ..	10,550. —	12,510. 40	+ 1,960. 40
Bibliothèque . .	73. 78	197. 48	+ 123. 70
Mémoires . . .	—	3,180, 70	+ 3,180. 70
Fondation Schläfli. Capital	14,000. —	14,000..—	—
» Caisse	593. —	2,684. —	+ 2,090. 80
Comm. géologique .	13,527. 18	227. 76	— 13,299. 42
» houillères .	+	365. 70	+ 365. 70
» géodésique .	34. 82	810 01	+ 775. 19
» des glaciers .	—	5,348. 40	+ 5,358. 40
» Flore crytogam.	—	1,200. —	+ 1,200. —

13. Les nombres des membres de la Société a subi les changements suivants.

	1892.	1897.	1898.
Membres effectifs . . .	758	740	721
» à vie . . .	23	38	39
» nouveaux . .	84	71	59

14. Quant à nos sociétés constituantes, nous résumons ici le nombre de leurs membres d'après les derniers rapports entre nos mains, pour donner une idée de l'importance du groupe d'hommes qui sont associés dans la Société helvétique, confédération de nos sociétés scientifiques suisses

		Année de fondation.	Nombre de membres.
	Société géologique suisse . . .	1882	171
	Société botanique suisse	1889	125
	Société zoologique suisse . . .	1894	17
Argovie.	Aarg. Naturf. Gesellschaft in Aarau	1811	181
Bâle.	Naturf. Gesellschaft in Basel . .	1817	237
Berne.	Naturf. Gesellschaft in Bern . .	1786	168
Fribourg	Société frib. des sciences naturelles	1832	100
Genève.	Société de physique et d'histoire nat.	1790	167
Glaris.	Naturf. Gesellschaft d. Kant. Glarus	1888	49
Grisons.	Naturf. Gesellsch. Graubündens i. Chur	1825	181

		Année de fondation.	Nombre de membres.
Lucerne.	Naturf. Gesellschaft in Luzern	1855	73
Neuchâtel.	Société neuch. des sciences naturelles	1832	209
St-Gall.	Naturwissensch. Gesellsch. i. St. Gallen	1819	745
Schaffhouse.	Naturf. Gesellschaft in Schaffhausen	1872	97
Soleure.	Naturf. Gesellschaft in Solothurn	1823	255
Tessin.	Società Ticin. d. scienze nat. in Lugano	1890	25
Thurgovie.	Naturf. Gesellschaft d. Kant. Thurgau	1854	142
Vaud.	Société vaud. des sciences naturelles	1815	297
Valais.	La Murithienne	1861	140
Zürich.	Naturf. Gesellschaft in Zürich	1746	250
»	Naturwissensch. Verein Winterthur	1884	44

Quant à nos successeurs dans le Comité central, pour continuer l'alternance entre les deux parties principales de notre patrie, la Suisse allemande et la Suisse-romande, après avoir eu le Comité central à Bâle en 1874, à Genève en 1880, à Berne en 1886, à Lausanne en 1892, nous vous proposons de le transférer à Zürich pour la période 1898 à 1904, et nous allons vous faire des présentations pour les hommes à qui vous donnerez cette charge. Vous la leur remettrez avec confiance, assurés qu'entre leurs mains, les intérêts moraux et matériels de la science suisse seront prudemment et sûrement sauvegardés.

Nous avons l'honneur de vous demander décharge de notre gestion.

Lausanne, juillet 1898.

Le Président :
F.-A. Forel.

Le Secrétaire :
H. Golliez.

II.

Auszug aus der 70. Jahresrechnung pro 1897|98.

Quästor: Frl. Fanny Custer.

	Fr.	Cts.
A. Central-Kasse.		
Einnahmen.		
Vermögensbestand am 30. Juni 1897 . . .	3,421	41
Aufnahmsgebühren	84	—
Jahresbeiträge	3,531	—
Zinsgutschriften und bezogene Zinse . . .	579	15
Diverses	12	—
	7,627	56
Ausgaben.		
Bibliothek	1,020	—
Jahresversammlung in Engelberg . . .	297	—
Verhandlungen, Compte-rendu und andere Druck-		
sachen	1,766	10
Kommissionen	300	—
Diverses	751	36
Saldo am 30. Juni 1898	3,493	10
	7,627	56
B. Unantastbares Stamm-Kapital.		
(inbegriffen Fr. 500. — Bibliothek-Fonds).		
Bestand am 30. Juni 1897	12,360	40
Zuwachs durch ein neues Mitglied auf Lebenszeit	150	—
Bestand am 30. Juni 1898	12,510	40
C. Bibliothek-Rechnung.		
Einnahmen.		
Saldo am 30. Juni 1897	73	78
Beiträge der Central-Kasse	1,000	—
Beiträge der Bernischen Naturf. Gesellschaft .	150	—
Zinse des Kochfundus	37	50
Erlös aus verkauften Drucksachen . . .	50	—
	1,311	28

	Fr.	Cts.
Ausgaben.		
Bücheranschaffungen	82	95
Buchbinderarbeiten	433	05
Salär für Aushülfe	325	—
Mobiliar	56	30
Porti, Frachten und Verschiedenes . . .	216	50
Saldo am 30. Juni 1898	197	48
	1,311	28

D. Schläfli - Stiftung.

a. Stammkapital.

Bestand und Art der Anlage wie letztes Jahr .	14,000	—

b. Laufende Rechnung.

Einnahmen.

Saldo am 30. Juni 1897	2,160	71
Zinsgutschrift und bezogene Zinse . . .	604	80
	2,765	51

Ausgaben.

Druck und Adressieren der Circulare . . .	50	—
Aufbewahrungsgebühr der Wertschriften u. Porti	31	19
Saldo am 30. Juni 1898	2,684	32
	2,765	51

E. Denkschriften-Kommission.

Einnahmen.

Saldo am 31. Dezember 1896	62	05
Beiträge des Bundes	4,700	—
Verkauf von Denkschriften	1,351	80
Zinsgutschriften	74	80
	6,188	65

Ausgaben.

Druck von Denkschriften	2,660	55
Miete, Versicherung und Verschiedenes . .	347	40
Saldo am 31. Dezember 1897	3,180	70
	6,188	65

	Fr.	Cts.
F. Geologische Kommission.		
Einnahmen.		
Saldo am 31. Dezember 1896	1,365	46
Beitrag des Bundes	10,000	—
Verkauf von Textbänden und Karten . . .	1,673	65
Zinse	139	—
	13,178	11
Ausgaben.		
Taggelder an die im Feld arbeitenden Geologen	4,408	15
Druck und Karten zu Lieferung XXX, XXXV und XXXVII	7,758	10
Verschiedenes	784	10
Saldo am 31. Dezember 1897	227	76
	13,178	11
G. Kohlen-Kommission.		
Einnahmen.		
Saldo am 31. Dezember 1896	1,330	20
Zinsgutschrift	29	15
	1,359	35
Ausgaben.		
Arbeiten der Kommission und Reiseentschädigungen etc.	992	40
Porti	1	25
Saldo am 31. Dezember 1897	365	70
	1,359	35
H. Commission de Géodésie.		
Recettes.		
Solde au 31 décembre 1896	1,658	41
Subside de la Confédération pour 1897 . .	15,000	—
Divers	937	55
	17,595	69

	Fr.	Cts.
Dépenses.		
Ingénieur et frais	6,531	15
Stations astronomiques	2,341	30
Nivellement de précision	3,000	—
Instruments	364	60
Séances et imprimés	3,357	30
Association géodésique internationale . . .	1,000	—
Divers	191	60
Solde au 31 décembre 1897	810	01
	17,595	96

J. Gletscher-Kommission.

Einnahmen.

Saldo am 30. Juni 1897	5,326	93
Beitrag aus dem « Brunnerlegat» der schweizer. meteorol. Centralanstalt für Aufstellung eines Apparates zur Messung der Niederschläge .	600	—
Aversalbeiträge	520	—
Jahresbeiträge pro 1897	375	—
» pro 1898	260	—
Zinse	163	35
	7,245	28

Ausgaben.

Zahlungen an das eidg. topographische Bureau für Vermessungen am Rhonegletscher . .	1,844	75
Gratifikation, Aufbewahrungsgebühr der Wertschriften	24	—
Drucksachen, Schreibmaterialien, Frankaturen etc.	28	13
Saldo am 30. Juni 1898	5,348	40
	7,245	28

	30. Juni 1897		30. Juni 1898	
Gesamtvermögen der Gesellschaft.	Fr.	Cts.	Fr.	Cts.
Aktiv-Saldo.				
Central-Kasse	3,421	41	3,493	10
Stamm-Kapital	12,360	40	12,510	40
Bibliothek	73	78	197	48
Denkschriften	* 62	05	* 3,180	70
Schläfli-Stiftung : Stamm-Kapital .	14,000	—	14,000	—
» » Kasse . . .	2,160	71	2,684	32
Geologische Kommission . . .	* 1,365	46	* 227	76
Kohlen-Kommission	* 1,330	20	* 365	70
Geodätische Kommission . . .	* 1,658	41	* 810	01
Gletscher-Kommission . . .	5,326	93	5,348	40
Gesamt-Saldo . . .	41,759	35		
Vermehrung auf 30. Juni 1898 . .	1,058	52		
	42,817	87	42,817	87

* Die mit einem Stern bezeichneten
Rechnungen sind auf den 31. Dezember 1897
abgeschlossen worden.

Im Auftrage des diesjährigen Jahres-Komitees (Präsident Prof. Studer) haben die Unterzeichneten die 70. Rechnung der Schweizerischen Naturforschenden Gesellschaft mit den vorhandenen Belegen verglichen und mit denselben in Übereinstimmung gefunden.

Bern, 25. Juli 1898.

Heinr. Kesselring.
Dr. Ch. Moser.
B. Studer, Apoth.

III.

Bericht über die Bibliothek

der Schweizerischen Naturforschenden Gesellschaft

für das Jahr 1897/98.

Mit dem Jahre 1897/98 sind nun endlich wieder normale Zustände für unsere Bibliothek eingetreten.

Die Einnahmen, die aus den Beiträgen der schweizerischen und bernischen naturforschenden Gesellschaft, den Erträgnissen des Kochfundus und aus Verkauf von Litteratur sich zusammensetzen, beliefen sich auf 1311 Fr. 28 Cts. Diesen stehen als Ausgaben gegenüber: 1113 Fr. 80 Cts.

Es bleibt mithin auf folgende Rechnung ein Aktivsaldo von Fr. 197 und 48 Cts., wobei aber in Betracht zu ziehen ist, dass die Kosten für Spedition der Verhandlungen und der Mitteilungen des Jahres 1897 in der Rechnung noch nicht inbegriffen sind. Dieselben werden den Aktivsaldo wohl erreichen.

Die Bibliothekgeschäfte wurden von Fräulein Stettler und dem Oberbibliothekar in bisheriger Weise besorgt. Um die ausgedehnte Sammlung von Broschüren leichter zugänglich zu machen, wurden dieselben in eigenen Kasten in alphabetischer Reihenfolge der Autoren untergebracht. Dieselben erfüllen nunmehr 99 kleine und 49 grosse bequem eingerichtete Klappschachteln. Die Einreihung der Broschüren nahm Fräulein Stettler während längerer Zeit in Anspruch. Vor und nachher wurde fleissig am neuen Zeddelkatalog gearbeitet; derselbe, dürfte, sofern nicht neuerdings wieder dringendere Arbeiten hindernd dazwischen treten, in spätestens zwei Jahren vollendet sein.

, Dank dem grossherzigen Beschluss der schweizerischen geologischen Gesellschaft, ihre Bibliothek der schweizerischen naturforschenden Gesellschaft zu übermachen, ging diese bisher nur in unsern Räumen deponierte Büchersammlung vollständig an die Bibliothek der schweizerischen naturforschenden Gesellschaft über. Es wird nun die Aufgabe der Bibliothek - Verwaltung sein, die Doubletten auszuscheiden und passend zu verwerten Der Erlös soll in erster Linie zu Einbänden und zur Kompletierung allfälliger Lücken verwendet werden.

Auch im Berichtsjahre hat der Schriftenaustausch mit andern Gesellschaften erheblichen Zuwachs erfahren. Ausserdem sind zahlreiche Schenkungen zu verzeichnen.

Über beides gibt nachfolgendes Verzeichnis genaueren Aufschluss.

Da kein gedruckter Katalog über den Zuwachs der Bibliothek seit dem Jahre 1882 existiert und das im Jahre 1882 erschienene Supplement zum Hauptkatalog vergriffen ist, und die Kosten der Erstellung eines neuen, den Zuwachs seit 1864 enthaltenden Kataloges die finanziellen Verhältnisse unserer Gesellschaft wohl übersteigen, erlaubt sich die Bibliothekkommission den Vorschlag zu machen, vorerst dem diesjährigen Zuwachsverzeichnis eine vollständige Liste der Tauschgesellschaften mit den Titeln der von denselben einlangenden Publikationen in den Verhandlungen dieser Jahresversammlung drucken zu lassen, mit dem Wunsche, die Kosten für Erstellung von zirka 400 Separatabzügen aus der Gesellschaftskasse zu bestreiten.

Zur Bestreitung der jährlich wiederkehrenden Bedürfnisse der Bibliothek ersuchen wir auch für das Jahr 1898/99 um einen Kredit von 1000 Franken, der mit den Beiträgen der bernischen naturforschenden Gesellschaft und den Erträgnissen des Kochfundus etwa in folgender Weise Verwendung finden würde:

1. Bücheranschaffungen und Ergänzungen . . Fr. 100
2. Buchbinder-Arbeiten . . . . » 400
3. Bibliothekaushülfe . . . . » 300
4. Beschaffung neuer Büchergestelle . . . . » 100
5. Kosten des Tauschverkehrs u. Verschiedenes » 300

Für Zuwendungen an die Bibliothek im Berichtsjahre haben wir nachfolgenden Herren den Dank der Gesellschaft auszusprechen.

Arctowski, H. (Bruxelles), R. Ball (Dublin), Hofrat Carl Brunner von Wattenwyl in Wien, Prof. Ed. Bugnion in Lausanne, Familie Daubrée in Paris, Herrn Dominguez in Oaxaca (Mexico), Prof. Ed. Fischer in Bern, Prof. M. Flesch in Frankfurt a. M., Dr. A. E. Foote in Philadelphia, Prof. Aug. Forel in Zürich, Graells de la Paz in Madrid, Prof. J. H. Graf in Bern, J. Guébhard in Draguignan, J. Hauser in Nürnberg, Charles Janet in Beauvais, Dr. O. E. Imhof in Brugg, Prof. N. Lerch in Freiburg, A. Liversidge in Sydney, Prof. M. Musy in Freiburg, G. Omboni in Padua, P. Polis in Aachen, F. Rogel in Prag, M. Sagasta in Madrid, Prof. H. Schardt in Montreux, G. V. Schiaparelli in Mailand, Prof. Dr. Theoph. Studer in Bern, J. Thoulet in Nancy, Vilantonio, G., in Neapel, Dr. Vogler in Schaffhausen, Henry H. Ward in Lincoln (Nebraska), Prof. R. Weber in Neuenburg, den Herren Wehrli und Burckhardt in La Plata, Prof. L. Weineck in Prag.

Und endlich sei es der Bibliothekkommission gestattet, Fräulein Elise Stettler für getreue Aushülfe und Fräulein Fanny Custer in Aarau für ihr freundliches Entgegenkommen bestens zu danken.

Bern, 29. Juni 1898.

Der Präsident der Bibliothekkommission:

Dr. **Th. Studer**, Prof.

Der Oberbibliothekar:	Der Beisitzer:
Dr. **Theod. Steck.**	Dr. **Fr. Lang**, Professor.

Anhang I.
Erwerbungen durch Geschenk
seit Juli 1897.

Amberg, B., Prof. Zur Chronik der Witterung. III. Teil. Luzern 1897, 4⁰. (Geschenkt von Herrn Prof. Dr. E. Fischer.)

Arctowski, H. La généalogie des Sciences. Quelques remarques sur la bibliographie des mémoires scientifiques et le principe de la classification naturelle des sciences ; extrait. Bruxelles 1898. 8⁰.

— Materyaly do Bibliografii Prac Naukowych Polskich. Bruksella 1897. 4⁰.

Ball, R. The twelfth. and concluding Memoir on the theory of Screws. With a Summary. Extr. Dublin, 1898. 4⁰.

Batavia (van der Stok). Wind and weather currents and tidal streams in the east Indian Archipelago. Batavia 1897. Fol.

Braunschweig, Naturwissenschaftl. Verein, Braunschweig im Jahre 1897. Festschrift, den Teilnehmern an der 59. Versammlung deutscher Naturforscher und Ärzte gewidmet von der Stadt Braunschweig. Braunschweig 1897. gr. 8⁰.

Brunner von Wattenwyl. Betrachtungen über die Farbenpracht der Insekten. Mit 9 Tafeln in Buntdruck. Leipzig 1897. Fol.

— Orthopteren des malayischen Archipels, gesammelt von Prof. W. Kükenthal in den Jahren 1893 u. 94, bearbeitet von B. v. W. Separatabdr. Frankfurt a. M. 1898. 4⁰.

Bruxelles, Académie Royale. Règlements et documents concernant les trois classes. Bruxelles 1896. 12⁰.

— Notices biographiques et bibliographiques. 1896. 4ᵐᵉ édition. Bruxelles 1897. 12⁰.

Budapest, Ungarische Akademie der Wissen-
schaften. Ornithologischer Nachlass von J. S. von
Petenyi, eingeleitet von O. Herman, bearbeitet von
Titus Csörgey. Budapest 1896. 4⁰.

Chicago, Academy of sciences.
Annual address 1878. Chicago 1878. 8⁰.
Constitution and by-laws 1882 and 95. Chicago
1887 and 95.
Backer, F. C. A Naturalist in Mexiko. Chicago
1895. 8⁰.
Caton, J. D. Artesian Wells. Chicago 1874.
Hale, E. M. The Nelumbium luteum. Chicago
1871. 12⁰.
Bradwell, J. B. The Paramidophenol and Ami-
dol Developers. Chicago 1892. 8⁰.

Daubrée, Auguste, sa vie et ses œuvres — de la part
des enfants de M. Daubrée. s. l. et d. gr. 8⁰.

Dominguez, A. M. Constituciones medicas de la ciudad
de Oaxaca. Diss. Oaxaca 1897. 8⁰.

Fischer, Ed., Prof. Dr. Beiträge zur Kenntnis der
schweizer. Rostpilze. Separatabdr. Bern 1897. 8⁰.
— Beiträge zur Kenntnis der schweizer. Rostpilze.
2 Broschüren. Separatabdr. Bern 1897. 8⁰.
— Bemerkungen über Geopora und verwandte Hypo-
gaeen. Separatabdr. Bern 1897. 8⁰.

Flesch, M., Prof. Dr. 17 Broschüren medizinischen In-
halts. Frankfurt a. M.

Foote, Dr., A. E. Illustrated Catalogue of Minerals.
Philadelphia s. d. 8⁰.

Forel, A., Prof. Quelques Formicides de l'Antille de
Grenada récoltés par M. H. H. Smith. Separatabdr.
London 1897.
— Ameisen aus Nossi-Bé, Majunga, Juan de Nova
(Madagaskar), den Aldabra-Inseln und Sansibar.
Frankfurt a. M. 1897. 4⁰.

Geographische Gesellschaft, Die, in Bern 1873 bis 98. Ein Rückblick gelegentlich der Feier des 25jährigen Bestehens der Gesellschaft. (Prof. Dr. J. H. Graf.) Separatabdr. Bern 1898. 8⁰.

Giampietro Vitantonio. Casograve di febbre malarica a tipo subcontinuo guarito col bagno freddo nel lenzuolo. extr. Napoli 1896. 8⁰.

— Elenco delle ultime pubblicazioni mediche. Napoli.

— Secondo elenco delle ultime pubblicazioni mediche. Napoli 1894. 8⁰.

Graells, Don Maria de la Paz. Fauna Mastodologica Iberica (T. XVII. Memorias de la R. Ac. de Ciencias Madrid). Madrid 1897. 4⁰.

Graf, Prof. Dr., J. H. Beitrag zur Geschichte der Verbauung der Emme im Kanton Bern. Separatabdr. Bern 1897. 16⁰.

— Ludwig Schläfli 1814—95. Ein Lebensbild. Separatabdruck. Bern 1897. 8⁰.

— Verzeichnis der gedruckten mathematischen, astronomischen u. physikalischen Doktor-Dissertationen der schweizer. Hochschulen bis zum Jahr 1896. Separatabdr. Bern 1897. 8⁰.

Guebhard, A. Petit Manuel de Photographie Spirite sans « Fluide ». Extrait. s. l. 1897. 8⁰.

— A propos des enregistrements photographiques d'effluves humains. Extrait. Paris 1898. 8⁰.

— Sur les phénomènes de segrégation moléculaire observables dans les liqueurs troubles abandonnés au repos. Extrait. Tours 1898. 8⁰.

— Sur les prétendus enregistrements photographiques de fluide vital. Extrait. Paris 1898. 8⁰.

— Sur la prépondérance de l'action mécanique des courants de convection dans les enregistrements de figures d'effluves sur plaques voilées, etc. Extrait. Paris 1898. 4⁰.

Guebhard, A. Société d'études scientifiques et archéologiques de Draguignan. Procès-verbaux de la séance du 1er décembre 1897. Draguignan 1897' 8⁰.

Halpertu, Rebecca. Über die abnorme Krümmung der Wirbelsäule bei congenitaler Spaltbildung der Leibeswand. Dissertation. Berlin, s. d.

Hannover. Naturwissenschaftl. Gesellschaft. Katalog der systematischen Vogelsammlung des Provinzial-Museums Hannover. Hannover 1897. 8⁰.

- Katalog der Vogelsammlung aus der Provinz Hannover. Hannover 1897. 8⁰.

Verzeichnis der im Provinzial-Museum zu Hannover vorhandenen Säugetiere. Hannover 1897. 8⁰.

Flora der Provinz Hannover, zusammengestellt von W. Brandes. Hannover und Leipzig 1897. 8⁰.

Hauser, J. F.; Theoretische Studien über das Wasser und seine Verwandlungen. Nürnberg 1897. 8⁰.

Honoré, Charles. Loi du rayonnement solaire. Montévidéo 1896. 4⁰.

Janet, Charles. Etudes sur les fourmis, les guêpes et les abeilles, notes 12 et 18. Limoges 1895 et 97.

- Les fourmis, conférence. Paris 1896. 8⁰.

- Sur les rapports des Lépismides myrmécophiles avec les Fourmis. Paris 1896. 4⁰.

- Sur les rapports du Discopoma comata Leonardi avec le Lasius mixtus Nylander. Paris 1897. 4⁰.

- Sur les rapports de l'Antennophorus Uhlmanni Haller, avec le Lasius mixtus Nylander. Paris 1897. 4⁰.

Imhof, Dr. E. O. Die Binnengewässer-Fauna der Azoren. Referat nach de Guerne und Barrois. Separatabdr. Sept. 1896. 8⁰.

- Fauna der Seen. Referate. Separatabdr. März 1898. 8⁰.

Kharkow, université, J. Denissow, Dochmien? bei Aeschylus. Kharkow 1898. 8⁰.

Krakau, Akademie. Misura universale di Tito Livio Burattini. Krakau 1897. gr. 8⁰.

Lerch, M., prof. Sur quelques formules relatives au nombre des classes. Extr. Paris 1897. 8⁰.

— Über eine Eigenschaft der Factorielle. Separatabdr. Prag 1898. 8⁰.

Lisbonne, Célébration nationale en 1898 du 4ᵐᵉ centenaire de la découverte du chemin maritime des Indes. Programme général. Lisbonne 1897. 8⁰.

Liversidge, A. On the Crystalline structure of Gold and Platinum Nuggets and Gold ingots. Sydney 1895. 8⁰.

— Abbreviated Names for certain Crystal Forms. Models to show the Axes of Crystals. Brisbane 1895. 8⁰.

Madrid. IX. Internationaler Kongress für Hygiene und Demographie. 1. Provisorisches Programm. 2. Statuten. 3. Ausstellung: Programmstatuten. Madrid 1897 u. 1898. 12⁰.

Mexico, observatoire météorologique. Informe acerca de los Temblores en la ciudad de Tehuantepec. Mexico 1897. 8⁰.

— Ensayo practico de Repoblacion de Bosques. Mexico 1897. 8⁰.

Miescher, Fr., histochemische und physiologische Arbeiten, gesammelt und herausgegeben von seinen Freunden. Bd. 1 u. 2. Leipzig 1897. gr. 8⁰.

Museo nacional de Costa Rica, Informe 1896—97. San José 1897. 8⁰.

Musy, M., prof. Statistique sur la distribution des poissons dans les lacs et les cours d'eau du canton de Fribourg. Fribourg 1880. 8⁰.

— Essai sur la chasse aux siècles passés et l'appauvrissement de la faune fribourgeoise. Extrait. s. l. 1898. 8⁰.

Nebraska, University. Ch. Bessey: The Phylogeny and taxonomy of angiosperms. Lincoln 1897. 8⁰

Polis-Aachen, P. Die Niederschlagsverhältnisse der nördlichen Eifel. Separatabdr. 1897. 8⁰.

Razoumowski, Gregor, Graf (1759—1837). Bibliographisches Verzeichnis seiner · wissenschaftlichen Werke und Abhandlungen. Halle a. S. 1897. 8⁰.

Rogel, F. Die Entwicklung nach Bernoulli'schen Funktionen. Separatabdr. Prag 1896. 8⁰.

— Note zur Entwicklung der Euler'schen Funktionen. Separatabdr. Prag 1896. 8⁰.

— Theorie der Euler'schen Funktionen. Separatabdr. Prag 1896. 8⁰.

— Combinatorische Beziehungen zwischen Summen von Teilerpotenzen. Separatabdr. Prag 1897. 8⁰.

— Eine besondere Gattung goniometrischer Nulldarstellungen. Separatabdr. Barmen 1897. 8⁰.

— Lineare Relationen zwischen Mengen relativer Primzahlen. Separatabdr. Barmen 1896. 8⁰.

— Die Summierung einer Gattung trigonometrischer Reihen. Separatabdr. Greifswald 1897. 8⁰.

Sagasta, M. (Excmo. Sr. D. Praxedes). Discursos leidos ante la R. Acad. de Ciencias. Madrid 1897. 8⁰.

Salonique. Gymnase bulgare des garçons « St-Cyrille et méthode ». Bulletin annuaire de la station météorologique près du· gymnase pour l'année 1897. quer 8⁰.

Schardt et Du Pasquier. Revue géologique pour 1895. Lausanne. 1897. 8⁰.

Schiaparelli, G. V. Osservazioni astronomiche e fisiche sull' asse di rotazione e sulla topografia del pianeta Marte. Separatabdr. Roma 1897. 4⁰.

Smithonian Institution (S. P. Langley). Memoir of George Brown Goode 1851—1896. Washington 1897. 8⁰.

· Studer, Th.. Prof. Dr., Beiträge zur Geschichte unserer Hunderassen. (Separatabdr., Naturwissenschaftliche Wochenschr.) Bd. XII. 28. Berlin 1897. 4°.

Thoulet, M. J.. Notice sur les travaux scientifiques publiés par J. Thoulet. Nancy 1897. 8°.

Trieste, Museo civico di Storia naturale. Flora di Trieste e de' suoi dintorni del Dr. Carlo Marchesetti. Trieste 1896 — 97. 8°.

Vogler, Dr. Nachträgliches über die Anthrenus-Larven. Separatabdr. Neudamm 1897/98.

Ward, Henry B. The Parasitic Worms of Domesticated Birds. Separatabdr. Lincoln, Nebraska 1897. 8°.
— Development of methods in microscopical technique. Separatabdr. Lincoln, Nebraska 1897. 8°.

Washington. The Smithsonian Institution 1846 — 96. The History of its first half Century. Washington 1897. 4°

Weber, R., Prof. Dr. V. Wietlisbach, Nekrolog †26. November 1897.

Wehrli, L. et Burckhardt, C. Rapport préliminaire sur une expédition géologique dans la Cordillère argentino-chilienne. La Plata 1897. 4°.

Weineck, Prof. Dr. L. Über das feinere selenographische Detail der focalen Mond-Photographien der Mt. Hamiltoner und Pariser Sternwarte. Prag 1897. 8°.

Von Prof. Bugnion in Lausanne geschenkt: 40 Ex. «Verhandlungen» verschiedener Versammlungen und 4 Broschüren.

Auhang II.
Verzeichnis
der

in der Bibliothek der Schweiz. Naturforschenden Gesellschaft
eingehenden Tauschschriften.

1. **Aachen.** *Meteorologische Station I. Ordnung:* Deutsches meteorologisches Jahrbuch.
2. **Aarau.** *Naturforschende Gesellschaft:* Mitteilungen.
3. **Aguascalientes (Mexico).** El instructor.
4. — El campo.
5. **Albany.** *University of the State of New-York:*
   a. Annual reports of the regents of the univ.
   b. Annual reports of the N. Y. State Museum.
   c. Bulletin of the N. Y. State Museum.
6. — *New York State Library:*
   a. State library bulletin.
   b. Annual reports.
7. **Altenburg.** *Naturforschende Gesellschaft des Osterlandes:* Mitteilungen aus dem Osterlande.
8. **Amiens.** *Société Linnéenne du Nord de la France:* Bulletin.
9. **Amsterdam.** *Akademie der Wissenschaften:*
   a. Jaarboek.
   b. Verhandelingen.
   c. Verslagen en Mededeelingen.
10. **Annaberg-Buchholtz.** *Verein für Naturkunde:* Jahresberiehte.
11. **Annecy.** *Société florimontane:* Revue Savoisienne.
12. **Association, australasian** *for the advancement of science:* Reports of the meetings.
13. **Association, british** *for the advancement of science:* Reports of the meetings.
14. **Association, american** *of the advancement of science:* Proceedings.

15. **Augsburg.** *Naturhistorischer Verein :* Berichte.
16. **Aussig.** *Naturwissenschaftlicher Verein:* Mitteilungen.
17. **Autun.** *Société d'histoire naturelle :* Bulletin.
18. **Austin.** *Texas Academy of Science :* Transactions.
19. **Baltimore.** *John Hopkins University :*
　a. American chemical journal.
　b. American journal of mathematics.
　c. Annual reports.
　d. Studies from the biological laboratories.
　e. Circulars.
20. **Bamberg.** *Naturforschende Gesellschaft :* Berichte.
21. **Basel.** *Naturforschende Gesellschaft :* Verhandlungen.
22. **Batavia.** *Natuurkundige Vereeniging in Nederl. Indie:* Natuurkundig Tijdschrift.
23. — *Observatory.* Regenwaarnemingen in Nederlandsch Indie.
24. — *Magnetical and meteorol. Observatory :* Observations.
25. **Battle Creek.** Modern medicine and bacteriological review.
26. **Bautzen.** *Naturwissenschaftliche Gesellschaft Isis :* Sitzungsberichte und Abhandlungen.
27. **Belfort.** *Société belfortaine d'émulation :* Bulletin.
28. **Bergen.** *Museum :* Aarbog.
29. **Berlin.** *Akademie der Wissenschaften :* Sitzungsberichte.
30. — *Botanischer Verein der Provinz Brandenburg :* Verhandlungen.
31. — *Deutsche geologische Gesellschaft :* Zeitschrift.
32. — *Deutsche chemische Gesellschaft :* Berichte.
33. — *Gesellschaft für Erdkunde :*
　a. Zeitschrift.
　b. Verhandlungen.
34. — *Gesellschaft naturforschender Freunde :* Sitzungsberichte.
35. — *Physikalische Gesellschaft :* Verhandlungen.

36. **Berlin.** *Physikalisch-technische Reichsanstalt :*
    a. Wissenschaftliche Abhandlungen.
    b. Bericht über die Thätigkeit.
37. — *Deutscher Seefischereiverein :* Mitteilungen.
38. — Naturwissenschaftliche Wochenschrift.
39. **Bern.** *Geographische Gesellschaft :* Jahresberichte.
40. — *Eidg. statistisches Bureau :* Statistisches Jahrbuch.
41. — *Naturforschende Gesellschaft :* Mitteilungen.
42. — *Burgeryemeinde :* Verwaltungsberichte.
43. — *Schweizerische Landesbibliothek :* Jahresberichte.
44. — *Naturhistorisches Museum :* Berichte.
45. — *Centralkommission für schweiz. Landeskunde :* Mitteilungen.
46. **Besançon.** *Société d'émulation du Doubs :* Mémoires.
47. **Beziers.** *Société d'étude des sciences naturelles :* Bulletin.
48. **Bistritz.** *Gewerbeschule :* Jahresberichte.
49. **Bonn.** *Naturhistorischer Verein der preuss. Rheinlande :*
    a. Verhandlungen.
    b. Sitzungsberichte.
50. **Bordeaux.** *Académie nationale des sciences, belles-lettres et arts :* Recueil des actes.
51. — *Société Linnéenne :* Actes.
52. — *Société des sciences physiques et naturelles :*
    a. Mémoires.
    b. Observations pluviométriques.
53. **Boston.** *American Academy of arts and sciences :*
    a. Proceedings.
    b. Memoirs.
54. — *Society of natural history :*
    a. Proceedings.
    b. Memoirs.
    c. Occasional papers.
55. **Braunschweig.** *Verein f. Naturwissensch. :* Jahresbericht.
56. **Bremen.** *Naturwissenschaftlicher Verein :* Abhandlungen.
57. — *Meteorolog. Station I. Ordnung :* Deutsches meteorolog. Jahrbuch.

58. **Breslau.** *Schlesische Gesellschaft für vaterländ. Kultur:*
    a. Jahresberichte.
    b. Ergänzungshefte.
59. **Brookville.** *Indiana Academy of science:* Proceedings.
60. **Brünn.** *Mährisch-schlesische Gesellschaft für Ackerbau:*
    a. Mitteilungen.
    b. Centralblatt für den mähr. Landwirt.
    c. Notizenblatt der histor.-statist. Sektion.
61. — *Naturforschender Verein:*
    a. Verhandlungen.
    b. Berichte der meteorolog. Kommission.
62. **Bruxelles.** *Société belge de géologie:* Bulletins.
63. — *Société belge de microscopie:*
    a. Annales.
    b. Bulletin.
64. — *Académie royale des sciences, des lettres et des beaux-arts:*
    a. Nouveaux mémoires.
    b. Mémoires couronnés.
    c. Mémoires couronnés et autres mémoires.
    d. Annuaire.
    e. Bulletins.
65. — *Société malacologique de Belgique:*
    a. Annales.
    b. Procès-verbaux.
66. — *Société entomologique de Belgique:*
    a. Mémoires.
    b. Annales.
67. **Budapest.** *Akademie der Wissenschaften:*
    a. Naturwissenschaftl. Abhandlungen (Ertekések).
    b. Mathemat.-naturw. Abhandlungen (Ertekések).
    c. Mathemat. und naturwiss. Anzeiger (Ertesitő).
    d. Mathemat. u. naturwissenschaftl. Mitteilungen (Közlemények).
    e. Mathemat. u. naturw. Berichte aus Ungarn.
    f. Rapport sur les travaux de l'acad. hongr. de sc.

68. **Budapest.** *Ungar. Nationalmuseum:*
Természetrajzi Füzetek.
69. — *K. ungar. geolog. Anstalt:*
    a. Mitteilungen aus dem Jahrbuche.
    b. Jahresberichte.
70. — *K. ungar. geolog. Gesellschaft:*
    a. Földtani Közlöny (Geolog. Mitteilungen).
    b. Földtani Ertesitő (Geolog. Anzeigér).
71. — Rovartani Lapók (entomolog. Monatsschrift).
72. **Buenos-Ayres.** *Instituto geographico argentino:* Boletin.
73. — *Sociedad cientifica argentina:* Anales.
74. — *Museo nacional:*
    a. Anales.
    b. Memoria.
75. — *Direccion general de correos y telegrafos:*
Antecedentes administrativos.
76. **Buffalo.** *Society of natural sciences:* Bulletin.
77. **Bukarest.** *Societatii di sciinte fisice:* Buletinul.
78. **Caen.** *Société Linnéenne de Normandie:* Bulletin.
79. **Cambridge** (England). *Philosophical Society:*
    a. Transactions.
    b. Proceedings.
80. **Cambridge** (Mass.). *Museum of comparative zoology:*
    a. Annual reports of the curators.
    b. Bulletins.
81. **Caracas.** *Junta central de aclimatation:* Anales.
82. **Catania.** *Accademia gioenia di scienze naturali:*
    a. Atti.
    b. Bullettino delle sedúte.
83. **Czernowitz.** *Bukowiner Landesmuseum:* Jahrbuch.
84. **Châlons-sur-Sâone.** *Société de sc. natur. de Sâone et Loire:*
Bulletin.
85. **Chapel Hill.** *Elisha Mitchell scientific society:* Journal.
86. **Charkow.** *Société de médecine scièntifique et d'hygiène:*
Travaux.
87. — *Université impériale:* Annales.

88. **Chemnitz.** *K. sächs. meteorolog. Institut :*
    a. Jahrbuch.
    b. Das Klima des Königreichs Sachsen.
    c. Abhandlungen.
89. — *Naturwissenschaftliche Gesellschaft :* Berichte.
90. **Cherbourg.** *Société nationale des sciences naturelles et mathématiques :* Mémoires.
91. **Chicago.** Journal of comparative neurology.
92. — *Academy of sciences :*
    a. Bulletin.
    b. Annual reports.
93. — *Geological and natural history survey :* Bulletin.
94. **Christiania.** Nyt magazine for naturvidenskaberne.
95. — *Videnkabs Selskabet :* Skrifter.
96. — *Norwegische Kommission der europ. Gradmessung :* Geodätische Arbeiten.
97. **Chur.** *Naturf. Gesellschaft Graubündens :* Jahresbericht.
98. **Cincinnati.** *Society of natural history :* Journal.
99. **Colorado Springs.** *Colorado College scientific society :* Colorado college studies.
100. **Colmar.** *Naturhistorische Gesellschaft :* Mitteilungen.
101. **Cordoba** (Argent.). *Academia nacional de ciencias :* Boletin.
102. **Danzig.** *Naturforschende Gesellschaft :* Schriften.
103. **Darmstadt.** *Verein für Erdkunde :* Notizblatt.
104. **Davenport.** *Academy of natural sciences :* Proceedings.
105. **Des Moines.** *Jowa Geological survey.*
106. — *Jowa Academy of sciences :* Proceedings.
107. **Dijon.** *Académie des sciences, arts et belles-lettres :* Mémoires.
108. **Donaueschingen.** *Verein für Geschichte und Naturgeschichte :* Schriften.
109. **Dorpat** (Jurjew). *Naturforschende Gesellschaft :*
    a. Archiv f. d. Naturkunde Liv-, Esth- u. Curlands.
    b. Sitzungsberichte.
    c. Schriften.

110. **Dresden.** *Naturwissenschaftliche Gesellschaft Isis:*
    Sitzungsberichte und Abhandlungen.
111. — *Verein für Erdkunde:* Jahresbericht. .
112. **Dublin.** *Royal Irish Academy:*
    a. Proceedings.
    b. Transactions.
    c. Cunningham memoirs.
113. — *Royal Dublin Society:*
    a. Scientific transactions.
    b. Proceedings.
114. **Dürckheim a/d. H.** Pollichia.
115. **Düsseldorf.** *Naturwissenschaftl. Verein:* Mitteilungen.
116. **Edinbourgh.** *Botanical society:* Transactions and proceedings.
117. — *Royal society:*
    a. Transactions.
    b. Proceedings.
118. — *Royal physical society:* Proceedings.
119. — Medical Journal. .
120. — *Royal college of physicians:*
121. **Ekatherinbourg.** *Société ouralienne d'amateurs des sciences naturelles:* Bulletin.
122. **Elberfeld.** *Naturwissenschaftl. Verein:* Jahresbericht.
123. **Emden.** *Naturforschende Gesellschaft:* Jahresbericht.
124. **Erlangen.** *Physikalisch-medicinische Societät:*
    Sitzungsberichte.
125. **Firenze.** *Bibliotheca nazionale centrale:* Bolletino delle pubblicazioni italiane.
126. **Frankfurt a/M.** *Senckenbergische Naturf. Gesellschaft:*
    a. Abhandlungen.
    b. Berichte.
127. — *Freies deutsches Hochstift:*
    a. Berichte
    b. Lehrgänge.
    c. Haushaltungspläne.
128. — *Physikalischer Verein:* Jahresberichte.

129. **Frankfurt a/O.** *Naturwissenschaftlicher Verein:*
    a. Helios.
    b. Societatum litterae.
130. **Frauenfeld.** *Thurgauische Naturforschende Gesellschaft:*
    Mitteilungen.
131. **Freiburg i/B.** *Naturforschende Gesellschaft:* Berichte.
132. **Fribourg.** *Société fribourgeoise des sc. nat.:* Bulletin.
133. **Fulda.** *Verein für Naturkunde:* Berichte.
134. **Genève.** *Société de physique et d'histoire naturelle:*
    Mémoires.
135.   — *Institut national genevois:*
    a. Mémoires.
    b. Bulletin.
136.   — *Conservatoire et jardin botaniques:* Annuaire.
137. **Genova.** *Museo civico di storia naturale:* Annali.
138.   — *Società ligustica di scienze naturali e geografiche:*
    Atti.
139. **Giessen.** *Oberhessische Gesellschaft für Natur- und*
    Heilkunde: Berichte.
140. **Glarus.** *Naturforschende Gesellschaft:* Neujahrsblatt.
141. **Görlitz.** *Naturforschende Gesellschaft:* Abhandlungen.
142.   — *Oberlausizische Gesellschaft der Wissenschaften:*
    Neues lausizisches Magazin.
143. **Göttingen.** *K. Gesellschaft der Wissenschaften:*
    a. Nachrichten (mathem.-physikal. Klasse).
    b. Geschäftliche Mitteilungen.
144. **Graz.** *Naturwissenschaftlicher Verein für Steiermark:*
    Mitteilungen.
145.   — *Verein der Aerzte in Steiermark:* Mitteilungen.
146. **Greifswald.** *Geographische Gesellschaft:* Jahresbericht.
147.   — *Naturwissenschaftl. Verein von Neuvorpommern und*
    Rügen: Mitteilungen.
148. **Granville.** *Denison University:* Bulletin of the scientific laboratoïres.
149. **Güstrow.** *Verein der Freunde der Naturgeschichte in*
    Mecklenburg: Archiv.

150. **Halifax.** *Nova scotian Institute of science:* Proceedings
 and transactions.
151. **Halle.** *K. Leopold.-carolin. Akademie der Naturforscher:*
 a. Nova acta.
 b. Leopoldina.
 c. Katalog der Bibliothek.
152. — *Naturforschende Gesellschaft:*
 a. Abhandlungen.
 b. Berichte.
153. — *Verein für Erdkunde:* Mitteilungen.
154. — *Naturwissensch. Verein für Sachsen u. Thüringen:*
 Zeitschrift.
155. **Hamburg.** *Naturwissenschaftlicher Verein:*
 a. Abhandlungen.
 b. Verhandlungen.
156. — *Verein für naturwissenschaftliche Unterhaltung:*
 Verhandlungen.
157. — *Wissenschaftliche Anstalten:* Jahrbuch.
158. **Hanau.** *Wetterauische Gesellschaft für Naturkunde:*
 Berichte.
159. **Hannover.** *Naturwissenschaftliche Gesellschaft:*
 Jahresbericht.
160. **Harlem.** Archives néerlandaises des sciences exactes
 et naturelles.
161. — *Musée Teyler:* Archives.
162. **Heidelberg.** *Naturhistorisch-medicinischer Verein:*
 Verhandlungen.
163. **Helsingfors.** *Societas pro flora et fauna feunica:*
 a. Acta.
 b. Meddelanden.
 c. Botanische Sitzungsberichte.
164. **Hermannstadt.** *Siebenbürg. Verein für Naturwissensch.:*
 Verhandlungen und Mitteilungen.
165. — *Verein für Siebenbürg. Landeskunde:* Archiv.
166. **Hof** (Bayern). *Nordoberfränkischer Verein für Natur-,*
 Geschichts- und Landeskunde: Berichte.

167. **Jena.** *Medizin.-naturwissenschaftliche Gesellschaft:*
Jenaische Zeitschrift für Naturwissenschaft.

168. **Iglo.** *Ungarischer Karpathenverein :* Jahrbuch.

169. **Innsbruck.** *Ferdinandeum :* Zeitschrift.

170. — *Medizin.-naturwiss. Verein :* Berichte.

171. **Illinois.** *State laboratory of natural history :* Bulletin.

172. **Indianopolis.** *Indiana academy of sciences :* Proceedings.

173. **Karlsruhe.** *Naturwiss. Verein :* Verhandlungen.

174. **Kasan.** *Société physico-mathématique :* Bulletin.

175. **Kassel.** *Verein für Naturkunde :* Berichte.

176. — Botanisches Centralblatt.

177. **Kiel.** *Naturwissenschaftl. Verein f. Schleswig-Holstein :*
Schriften.

178. — *Mineral. Institut der Universität :* Mitteilungen.

179. **Kiew.** *Société des naturalistes :* Mémoires.

180. **Kjöbenhavn.** *Naturhistoriske Förening :* Videnskabelige
Meddelelser.

181. — *Botaniske Förening :* Botanisk Tidskrift.

182. **Klagenfurt.** *Naturhist. Landesmuseum von Kärnten :*
a. Jahrbuch.
b. Berichte über das Landesmuseum.
c. Diagramme der magnetischen und meteorolog.
Beobachtungen.

183. **Klausenburg.** *Siebenbürgischer Museumsverein :* Sitzungsberichte :
a. naturwissenschaftliche Abteilung.
b. medizinische Abteilung.

184. **Königsberg.** *Ostpreuss. physikal. ökonom. Gesellschaft :*
Schriften.

185. **Krakau.** *Akademie der Wissenschaften :*
a. Anzeiger.
b. Abhandlungen und Sitzungsberichte.
c. Berichte der physiogr. Kommission.
d. Denkschriften.
e. Geolog. Karte von Galizien.

186. **Laibach.** *Musealverein für Krain :* Mitteilungen.

13

187. **Landshut.** *Botanischer Verein :* Berichte.
188. **Laplata.** *Museo de la Plata :* Revista.
189. — *Facultad de agronomia y veterinaria :* Revista.
190. **La Rochelle.** *Société des sciences naturelles :* Annales.
191. **Lausanne.** *Société vaudoise des sciences nat. :* Bulletin.
192. **Lawrence.** *Kansas University :*
    a. Quarterly.
    b. Geological survey of Kansas.
    c. Experiment station ; annual reports.
193. **Leyden.** *Nederlandsche dierkundige Vereeniging :*
    Tijdschrift.
194. **Leipzig.** *K. sächs. Gesellschaft der Wissenschaften :*
    a. Berichte über die Verhandlungen.
    b. Abhandlungen.
195. — *Fürstl. Jablonowskische Gesellschaft :*
    a. Jahresberichte.
    b. Preisschriften.
196. — *Polytechnische Gesellschaft :* Jahresbericht.
197. — *Naturforschende Gesellschaft :* Sitzungsberichte.
198. — *Verein für Erdkunde :*
    a. Mitteilungen.
    b. Wissenschaftliche Veröffentlichungen.
199. — Insektenbörse.
200. **Liège.** *Société royale des sciences :* Mémoires.
201. — *Société géologique de Belgiqae :* Annales.
202. **Lille.** *Société géologique du Nord :* Annales.
203. **Lincoln.** *University of Nebraska.* Agricult. exp. station :
    a. Annual report.
    b. Bulletin.
    c. Press-Bulletin.
204. **Linz.** *Museum Francisco-Carolinum :* Jahresbericht.
205. — *Verein f. Naturkunde in Oesterreich ob der Enns :*
    Jahresbericht.
206. **Lissabon.** *Sociedad de geographia :*
    a. Boletim.
    b. Actas.

207. **Lissabon.** *Section des travaux géolog.:* Communicaçoes.
208. **London.** *Royal society:*
  a. Philosophical transactions.
  b. 30th November.
  c. Proceedings.
209. — Nature.
210. — *Geological society:*
  a. Quarterly journal.
  b. Abstracts of the proceedings.
  c. Geological litterature.
211. — *R. microscopical society:* Journal.
212. **Lübeck.** *Naturhistorisches Museum:* Mitteilungen.
213. **Lüneburg.** *Naturwissenschaftlicher Verein:* Jahreshefte.
214. **Luxembourg.** *Institut royal grand-ducal:* Publications.
215. — *Société botanique:*
  Recueil des mémoires et des travaux.
216. — *Fauna. Verein der Luxemburger Naturfreunde:*
  Mitteilungen.
217. **Luzern.** *Naturforschende Gesellschaft:* Mitteilungen.
218. **Lyon.** *Académie des sciences, belles-lettres et arts:*
  Mémoires.
219. — *Société d'agriculture:* Annales.
220. — *Musée d'histoire naturelle:* Archives.
221. — *Université:* Annales.
222. **Madison.** *Wisconsin academy of sciences, arts and letters:*
  Transactions.
223. **Madrid.** *Instituto geografico y estadistico:*
  a. Memorias.
  b. Almanaco nautico.
224. **Magdeburg.** *Naturwissenschaftlicher Verein:*
  Jahresberichte und Abhandlungen.
225. **Manchester.** *Literary and philosophical society:*
  Memoirs and proceedings.
226. **Mannheim.** *Verein für Naturkunde:* Jahresbericht.
227. **Marburg.** *Gesellschaft zur Beförderung der gesamten*
  Naturwissenschaften: Sitzungsberichte.

228. **Marseille.** *Faculté des sciences :* Annales.
229. **Melbourne.** *Róyal society of Victoria :*
    a. Transactions.
    b. Proceedings.
230. — *Geological society of Australia :* Transactions.
231. **Meriden.** *Scientific association :* Transactions.
232. **Mexico.** *Sociedad cientifica Antonio Alzate :*
    Memorias y revista.
233. — *Ministerio di Fomento :* Anales.
234. — *Museo nacional :* Anales.
235. — *Observatoire meteorol. central :* Bolletin mensual.
236. — *Academia mexicana de ciencias exactas físicas y naturales :* Anuario.
237. — La fàrmacia.
238. — Boletin de agricultura, mineria et industrias.
239. — *Asociacion de Ingenieros y Arquitectos :* Anales.
240. — *Comision geologica :* Boletin.
241. **Milano.** *Società italiana di scienze naturali e del museo :*
    a. Atti.
    b. Memorie.
242. **Minneapolis.** The american geologist.
243. — *Geological and natural history survey of Minnesota :*
    a. Bulletin.
    b. Annual report.
    c. State zoologist, report.
244. — *Minnesota academy of natural sciences :*
    a. Bulletin.
    b. Occasional papers.
245. **Milwaukee.** *Public museum :* Annual report.
246. **Modena.** *Società dei naturalisti :*
    a. Annuario.
    b. Atti.
247. — *Accademia regia di scienze, lettere ed arti :*
    Memorie.
248. **Monaco.** *Prince Albert 1er :* Résultats des campagnes scientifiques.

249. **Montbéliard.** *Société d'émulation :* Mémoires.
250. **Montevidéo.** *Museo nacional :* Anales.
251. **Montpellier.** *Académie des sciences et lettres :* Mémoires.
252. **Montreal.** *Société royale du Canada :* Proceedings and transactions.
253. **Moscou.** *Société impériale des naturalistes :*
    a. Bulletin.
    b. Nouveaux mémoires.
254. **Mulhouse.** *Société industrielle :* Bulletin.
255. **München.** *Akademie der Wissenschaften :*
    a. Sitzungsberichte der mathem. physikal. Klasse.
    b. Abhandlungen der mathem. physikal. Klasse.
256. — *Sternwarte :* Neüe Annalen.
257. — *Gesellschaft für Morphologie und Physiologie :* Sitzungsberichte.
258. **Münster i. Westfalen.** *Provinzialverein für Wissenschaft und Kunst :* Jahresbericht.
259. **Nancy.** *Société des sciences :*
    a. Bulletin.
    b. Bulletin des séances.
260. — *Académie de Stanislas :* Mémoires.
261. **Nantes.** *Société des sciences naturelles de l'ouest de la France :* Bulletin.
262. **Napoli.** *Accademia delle scienze fisiche e matematiche :*
    a. Rendiconti.
    b. Atti.
263. **Neapel.** *Zoologische Station :* Mitteilungen.
264. **Neisse.** Philomathie.
265. **Neuchâtel.** *Société des sciences naturelles :* Bulletin.
266. — *Société neuchâteloise de géographie :* Bulletin.
267. **New-Haven.** *Connecticut Academy of arts and sciences :* Transactions.
268. **New-York.** *Academy of sciences :*
    a. Annals.
    b. Transactions.
    b. Memoirs.

269. **New-York.** *American museum of natural history :*
    a. Bulletin.
    b. Annual report.
    c. Memoirs.
270. — *Microscopical society :* Journal.
271. **Nürnberg.** *Naturhistorische Gesellschaft :* Abhandlungen.
272. **Oaxaca** (Mexico). *Observatorio meteorologico :* Boletin.
273. **Odessa.** *Société des naturalistes de la Nouvelle Russie :*
    Zapiski.
274. **Offenbach.** *Verein für Naturkunde :* Berichte.
275. **Osnabrück.** *Naturwissenschaftlicher Verein :* Berichte.
276. **Ottawa.** *Commission de géologie du Canada :*
    a. Maps.
    b. Palaeozoic fossils.
    c. Contributions to Canadian palaeontology.
    d. Rapport annual.
277. **Padova.** *Società veneto-trentina :*
    a. Atti.
    b. Bolletino.
278. **Paris.** *Société botanique de France :* Bulletin.
279. — *Société géologique de France :*
    a. Bulletin.
    b. Compte-rendu des séances.
280. — *Museum d'histoire naturelle :* Bulletin.
281. — *Société philomatique :*
    a. Bulletin.
    b. Comptes-rendus.
282. — *Ecole polytechnique :* Journal.
283. — *Société zoologique de France :*
    a. Bulletin.
    b. Mémoires.
284. — *Comité international des poids et mesures :*
    Procès-verbaux des séances.
285. — Feuille des jeunes naturalistes.
286. — *Société de spéléologie :* Spelunca.
287. — *Observatoire météorologique du Mont Blanc :* Annales.

288. **Passau.** *Naturhistorischer Verein :* Jahresberichte.
289. **Perugia.** *Accademia medico-chirurgica :*
Atti e rendiconti.
290. **Pharmacie.** Schweizerische Wochenschrift.
291. **Philadelphia.** *Academy of natural sciences:* Proceedings.
292. — *American philosophical society :*
a. Proceedings.
b. Transactions.
293. — *Zoological society :* Report of the board of directors.
294. — *Wagner free institute of science :* Transactions.
295. — Journal of comparative medecine.
296. **Pisa.** Il nuovo cimento, giornale di fisica.
297. — *Scuola normale superiore :* Annali.
298. — *Società toscana di scienze naturali :*
a. Memorie.
b. Processi verbali.
299. **Portland.** *Society of natural history :* Proceedings.
300. **Prag.** *Académie des sciences de l'empereur François-Joseph Ier :*
a. Rozpravy.
b. Bulletin international.
301. — *K. böhmische Gesellschaft der Wissenschaften :*
a. Jahresbericht.
b. Sitzungsberichte.
c. Abhandlungen.
302. — *Lese- u. Redehalle der deutschen Studenten :* Berichte.
303. — *Deutscher naturwiss. - medizin. Verein für Böhmen « Lotos » :*
a. Zeitschrift für Naturwissenschaft.
b. Abhandlungen.
304. — *Sternwarte :* Magnetische und meteorolog. Beobachtungen.
305. **Pressburg.** *Verein für Naturkunde :* Verhandlungen.
306. **Pruntrut.** *Société jurassienne d'émulation :* Actes.
307. **Regensburg.** *K. botanische Gesellschaft :* Denkschriften.
308. — *Naturwissenschaftlicher Verein :* Berichte.

309. **Reichenberg.** *Verein der Naturfreunde :* Mitteilungen.
310. **Rio de Janeiro.** *Museo nacional :* Archivos.
311. — *Observatoire impériale :*
     a. Revista do observatorio.
     b. Annuario.
312. **Rivista di patologia vegetale.** (A. et N. Berlese.)
313. **Rochester.** *Academy of science :* Proceedings.
314. — *Geological society of America :* Bulletin.
315. **Roma.** *R. Accademia dei Lincei :*
     a. Rendiconti.
     b. Memorie.
     c. Rendiconti dell' adunanza solenne.
316. — *R. comitato geologico d'Italia :* Bolletino.
317. — Specola vaticana.
318. — Rivista di artiglieria e genio.
319. **Rovereto.** *Accademia degli agiati :* Atti.
320. **Salem.** *Essex institute :* Bulletin.
321. — *Peabody Academy of science :* Reports.
322. **San Fernando.** *Instituto y observatorio de marina :*
     Anales. *a.* Observac. astronom.
            b. Observac. meteor. y magn.
323. **San Francisco.** *California academy of sciences :*
     a. Proceedings.
     b. Occasional papers.
324. — *State mineralogist :* Annual report.
325. **St. Gallen.** *Naturforschende Gesellschaft :* Berichte.
326. — *Ostschweizerische geogr.-commercielle Gesellschaft :*
327. **San José** (Costa Rica). *Museo nacional :*
     a. Anales.
     b. Bolletin trimestrial.
328. — *Fisico-geografico nacional :* Anales.
329. **Saint Louis.** *Academy of sciences :* Transactions.
330. — *Missouri botanical garden :* Annual report.
331. **Santiago.** *Société scientifique du Chili :* Actes.
332. — *Deutscher wissenschaftlicher Verein :*
     Verhandlungen.

333. **St. Petersburg.** *Académie impériale des sciences:*
    a. Mémoires.
    b. Bulletins.
    c. Annuaire du musée zoologique.

334. — Journal, russisches f. Medicin, Chemie u. Pharm.

335. — *Société physico-chimique russe*: Journal.

336. — *Comité géologique:*
    a. Mémoires.
    b. Bulletin.

337. — *K. russische mineralogische Gesellschaft:*
    a. Verhandlungen.
    b. Materialien zur Geologie Russlands.

338. — *Société des naturalistes:*
    a. Travaux.
    b. Comptes-rendus des séances.

339. — *Jardin impérial de botanique:*
    Acti horti petropolitani.

340. — *Observatoire physique central:*
    a. Annalen.
    b. Repertorium für Meteorologie.

341. — *K. russische geographische Gesellschaft:*
    a. Nachrichten (Iswestija).
    b. Berichte.

342. **San Salvador.** *Observatorio astronomico y meteorologico:*
    a. Annales.
    b. Observaciones meteorologicas.

343. **Sarajevo.** *Bosnisch-herzegovinisches Landesmuseum:*
    Wissensch. Mitteilungen aus Bosnien und der Herzegovina.

344. — *Landesregierung für Bosnien und Herzegovina:*
    Ergebnisse d. meteorol. Beobachtungen der Landesstationen in Bosnien-Herzegovina.

345. **Schweiz.** *Schweiz. Botanische Gesellschaft:* Berichte.

346. — *Schweiz. entomologische Gesellschaft:* Mitteilungen.

347. — *Schweiz. geologische Gesellschaft:* Mitteilungen.
    (Eclogae geolog. helveticae).

348. **Schweiz.** *Schweizerische naturforschende Gesellschaft:*
   a. Verhandlungen (actes, atti).
   b. Comptes rendus.
   c. Neue Denkschriften.
349. — *Schweizerische geologische Kommission:*
   Beiträge zur geologischen Karte der Schweiz.
350. — *Schweizerische geodätische Kommission:*
   a. Procès verbaux.
   b. Das schweizerische Dreiecknetz.
351. — *Schweizerische paläontologische Gesellschaft:*
   Abhandlungen (durch Kauf).
352. — *Centralanstalt für forstliches Versuchswesen:*
   Mitteilungen.
353. — *Topographisches Bureau:*
   Topographischer Atlas der Schweiz.
354. — Landwirtschaftliches Jahrbuch.
355. — *Meteorologische Centralanstalt in Zürich:*
   a. Monatl. Übersicht der in der Schweiz gemessenen Niederschlagsmengen.
   b. Annalen.
356. — *Eidgenössisches Oberbauinspektorat.*
   Hydrometr. Abteilung:
   a. Wasserverhältnisse der Schweiz.
   b. Graphische Darstellung der Schweiz. hydrom. Beobachtungen.
   c. Tabellarische Zusammenstellung der Hauptergebnisse der schweizer. hydrometrischen Beobachtungen.
357. **Siena.** *R. accademia dei fisiocritici:*
   a. Atti.
   b. Processi verbali delle adunanze.
358. **Sion.** *Société murithienne:*
   Bulletin.
359. **Solothurn.** *Naturforschende Gesellschaft:*
   Berichte über die Thätigkeit.
360. **Stavanger.** *Museum:* Aarsberetning.

361. **Stockholm.** *K. svenska vetenskaps Akademie:*
    a. Lefnadsteckingar.
    b. Ofversigt af förhandlingar.
    c. Handlingar.
    d. Bihang till Handlingar.
362. — Meteorologiska Jaktagelser i Sverige.
363. — *Königl. Bibliothek:* Sveriges offentlige Bibliotek: Accessionskatalog.
364. — Sveriges geologiska Undersökning.
365. **Strassburg.** *Kommission zur geolog. Erforschung von Elsass-Lothringen:*
    Abhandlungen zur geolog. Spezialkarte.
366. — *Geologische Landesanstalt:* Mitteilungen.
367. **Stuttgart.** *Verein für vaterländische Naturkunde in Württemberg:* Jahreshefte.
368. **Sydney.** *Linnean Society of New-South-Wales:* Proceedings.
369. **Tacubaja** (Mexico). *Observatorio astronomico nacional:*
    a. Annuario.
    b. Boletin.
370. **Thorn.** *Copernikus Verein für Wissenschaft und Kunst:*
    a. Jahresbericht.
    b. Mitteilungen.
371. **Tokyo.** *Imperial University. College of science:*
    a. Journal.
    b. Calendar.
372. — *Zoological society:* Annotationes zoologicae japon.
373. **Topeka.** *Kansas Academy of science:* Transactions.
374. **Torino.** *R. Accademia reale delle scienze:*
    a. Memorie.
    b. Atti.
    c. Osservazioni meteorologiche.
375. — *Osservatorio:* Bolletino meteorologico ed astronom.
376. — *Società meteorologica italiana:* Bolletino mensuale.
377. — *Musei di zoologia ed anatomia comparata:* Bolletino.

378. **Toronto.** *Canadian Institute:*
    a. Proceedings.
    b. Annual report.
    c. Transactions.
379. **Trenton.** *Natural history society :* Journal.
380. **Triest.** *Società adriatica di scienze naturali :*
    Bolletino.
381. — *Museo civico di storia naturali :*
    Atti.
382. — *Osservatorio astronomico-meteorologico.:*
    Rapporto annuale.
383. **Tuft** (Mass.). *Tufts College :* Studies.
384. **Ulm.** *Verein für Mathematik und Naturwissenschaften :*
    Jahreshefte.
385. **Upsala.** *Universitas :* Arsskrift.
386. — *Geolog. Institution of the University :* Bulletín.
387. — *Mineralogisk geol. Institution of the University :*
    Meddelanden.
388. — *Observatoire de l'université :* Bulletin météorolo-
    gique mensuel.
389. — *Regia societas scientiarum :* Nova acta.
390. **Venezia.** *Istituto veneto di scienze, lettere ed arti :*
    a. Memorie.
    b. Atti.
391. **Verdun.** *Société philomatique :* Mémoires.
392. **Verona.** *Accademia d'agricoltura, arti e commercio :*
    Memorie.
393. **Washington.** *Bureau of Education :*
    a. Report of the commissionar.
    b. Circulars and bulletins.
394. — *Departement of agriculture :*
    a. Yearbook.
    b. Farmers bulletin.
    — — *Division of ornithology and mammalogy ;*
    a. Bulletin.
    b. North american fauna.

395. **Washington.** *Geological survey:*
    a. Annual reports.
    b. Monographs.
    c. Bulletins.
    d. Statistical papers.
    e. Mineral resources of the U. St.
    f. Geologic Atlas of the U. St.
396. — *Bureau of Ethnology:*
    a. Annual reports.
    b. Contributions to american ethnology.
    c. Bulletins.
397. — *U. S. Surgeon General office:*
    Index catalogue of the library.
398. — *United States National Museum:*
    a. Reports.
    b. Bulletin.
    c. Proceedings.
399. — *Smithsonian Institution:*
    a. Annual report.
    b. Contributions to knowledge.
    c. Miscellaneous collections.
400. — *Philosophical society:* Bulletin.
401. — *National academy of sciences:* Memoirs.
402. — *Microscopical publishing company:* The american
    monthly microscop. journal.
403. **Wellington.** *New Zealand Institute:* Transactions and
    proceedings.
404. **Wernigerode.** *Naturw. Verein des Harzes:* Schriften.
405. **Wien.** *K. Akademie der Wissenschaften:*
    a. Denkschriften.
    b. Sitzungsberichte.
    c. Mitteilungen der prähistor. Kommission.
406. — *K. K. Naturhistorisches Hofmuseum:* Annalen.
407. — *K. K. Geologische Reichsanstalt:*
    a. Abhandlungen.
    b. Jahrbuch.
    c. Verhandlungen.

408. **Wien.** *Verein der Geographen:* Berichte.
409. — *K. K. Gradmessungsbureau:* Astronom. Arbeiten.
410. — *Oesterr. Gradmessungskommission:* Verhandlungen.
411. — *K. K. Universitätssternwarte:* Annalen.
412. — *Sonnblick Verein:* Jahresberichte.
413. — *K. K. Centralanstalt für Meteorologie:* Jahrbücher.
414. — *Verein zur Verbreitung naturwiss. Kenntnisse:* Schriften.
415. — *K. K. zoolog.-botan. Gesellschaft:* Verhandlungen.
416. — *Naturwissenschaftlicher Verein an der Universität:* Mitteilungen.
417. — *Oesterr. Touristenklub. Sektion für Naturkunde:* Mitteilungen.
418. — *Deutscher und österreichischer Alpenverein:*
   a. Zeitschrift.
   b. Mitteilungen.
419. — *Niederösterreich. Gewerbeverein:* Wochenschrift.
420. **Wiesbaden.** *Nassauischer Verein für Naturkunde:* Jahrbücher.
421. **Würzburg.** *Physikal.-medizin. Gesellschaft:*
   a. Verhandlungen.
   b. Sitzungsberichte.
422. — *Polytechn. Verein:* Gemeinnützige Wochenschrift.
423. **Zürich.** *Sternwarte des eidgenössischen Polytechnikums:* Publikationen.
424. — *Naturforschende Gesellschaft:*
   a. Neujahrsblatt.
   b. Vierteljahrsschrift.
425. — *Physikalische Gesellschaft:* Jahresbericht.
426. **Zwickau.** *Verein für Naturkunde:* Jahresbericht.

IV.

Bericht der Denkschriftenkommission

für das Jahr 1897/98.

————

Im Januar des laufenden Jahres konnte endlich die zweite Hälfte des Bandes XXXIII der Denkschriften herausgegeben werden. Sie enthält die schon im letzten Berichte angekündigte Arbeit des Herrn Prof. A. Baltzer in Bern, betitelt: «Studien am Unter-Grindelwaldgletscher über Glacialerosion, Längen- und Dickenveränderung in den Jahren 1892 bis 1897». Die Abhandlung umfasst 20 Seiten Text und ist durch 10 Lichtdrucktafeln illustriert. Auch ist ihr ein Plan des alten Gletscherbodens beigefügt.

Inzwischen ist auch schon eine Abhandlung zu dem Bande XXXVI fertig gedruckt worden. Sie ist betitelt: «Experimentelle Zoologische Studien mit Lepidopteren» und hat zum Verfasser Herrn Dr. M. Standfuss, Docent beider Hochschulen in Zürich, und enthält 81 Seiten Text und 5 Tafeln in Lichtdruck.

Die Rechnungsverhältnisse der Denkschriftenkommission gestalteten sich im Jahre 1897 im Auszuge folgendermassen:

Einnahmen.

Saldo vom 31. Dezember 1896	Fr.	62.	05

Beitrag des Bundes (Normaler Kredit Fr.
2000, Extrakredit, Nachzahlung pro 1896

Fr. 2700 [1])	»	4700.	—
Verkauf der Denkschriften durch Georg & C⁰	»	424.	30
» » » » die Quästorin	»	892.	50
» von Einzelabhandlungen . .	»	35.	—
Zinse	»	74.	80
Summa der Einnahmen	Fr.	6188.	65

Ausgaben.

Druck von Denkschriften	Fr.	2660.	55

Drucksachen, Miete des Denkschriften-
lokals, Versicherung, Honorar der Quä-

storin	»	347.	40
Saldo auf neue Rechnung	»	3180.	70
Summa wie oben	Fr.	6188.	65

In vorzüglicher Hochachtung

Namens der Denkschriftenkommission,
Der Präsident:
Prof. Dr. Arnold Lang.

Zürich, den 3. Juli 1898.

---

[1] Rest des Betrages der Subskription des Bundes auf 200 Exemplare von Band 35.

V.

Jahresbericht

der

Kommission für die Schläfli - Stiftung

erstattet dem

Centralkomitee der Schweiz. Naturforschenden Gesellschaft.

1. Die auf den 1. Juni 1898 ausgeschriebene Preisfrage über den Goldauer Bergsturz oder Untersuchung einiger prähistorischer Bergstürze hat einen Bearbeiter gefunden.

Das Motto des Verfassers lautet, «Erosion und Accumulation». Die Arbeit besteht in einem sehr schön und klar geschriebenen Bande von 242 Quarttextseiten, zwei grossen geologischen Karten im Masstabe 1 : 10000, einer grossen Anzahl von Ansichten und Profilen. Alle graphischen Darstellungen zeichnen sich ebenfalls durch grosse Klarheit in der Auffassung und Darstellung aus. Die Preisarbeit «Erosion und Accumulation» betrifft die Bergstürze des Klönthales, der Umgebung von Glarus und des Oberseethales bei Näfels, welche alle bisher nur vermutet, niemals eigentlich untersucht worden sind.

Die Untersuchungen des Verfassers wie seine Darstellung zeugen von einem tiefen wissenschaftlichen Geiste und einer grossen Gewissenhaftigkeit und Ausdauer. Sie sind in vielen Beziehungen geradezu musterhaft. Alles wird sorgfältig geprüft und klar gelegt. Die hier niedergelegten Untersuchungen zeugen von durchaus unabhängiger selbständiger Arbeit und von einem guten Beobachterblick.

Am Ausgange des Klönthales werden vier verschiedene Bergstürze nachgewiesen, und in ihren Erscheinungen genau gegen einander abgegrenzt. Der älteste ist älter als die letzte Vergletscherung. Er kam vom Glärnisch herunter. Ihm gehören ein Teil des Sackberges und die Hügel bei Glarus an. Er wurde teilweise durchthalt und abgetragen. Dann folgte postglacial prähistorisch, zum Teil über diesen hinwegfahrend, ein gewaltiger Felsschlipf vom Deyenstock (Nordseite des Klönthales). Diese beiden Bergstürze stauten den Klönsee, der hier zum ersten Mal als reiner Bergsturzsee erwiesen wird. Die Oberflächenformen, die Anordnung der Trümmer, die durch die Stürze bedingten Fluss- und Bach-Verlegungen, die Geschichte der seitherigen Erosionen sind bis ins Einzelne sorgfältig geprüft und dabei eine grosse Menge interessanter Erscheinungen beobachtet, die Volumina, die Sturzhöhen und Böschungen sind festgestellt. Dann kommt hier noch ein prähistorischer kleinerer Bergsturz vom Vorderglärnisch und derjenige vom Jahr 1593 und 1594 dazu, wiederum zum Teile die andern überdeckend, und die bisherigen irrtümlichen Darstellungen über die letzteren werden kritisch geprüft und berichtigt.

In einem zweiten Hauptteil wendet sich der Verfasser den bisher noch ganz unerklärten Schuttmassen im Oberseethal westlich Näfels zu. Dieselben erweisen sich als Trümmerströme von zwei Bergstürzen postglacialer Zeit, von denen der eine, vom Rautispitz kommend, den Obersee, der andere, jüngere, von Platten kommend, quer über den ersteren sich werfend, den Haslensee gebildet hat. Dem ersteren gehören auch die Hügel von Näfels an.

Anordnung, sprachliche Darstellung sind von musterhafter Klarheit, Einfachheit, Präzision und überall in der grossen Arbeit spricht sich eine feine Bescheidenheit des Verfassers aus. Die vorliegende Arbeit hat keine nennenswerten Lücken, sie gehört zum Vollkommensten der Art, was gemacht werden konnte ; sie bereichert unsere Kenntnis alter grosser Bergstürze und ihrer Folgen für die Gestaltung der Landschaft wesentlich und gereicht dem Forscher, von dem sie stammt, zur hohen Ehre.

Die Arbeit « Erosion und Accumulation » hat mit dem Gutachten des Geologen in der Kommission bei allen Kommissionsmitgliedern cirkuliert, und es ist von denselben der einstimmige Beschluss gefasst worden, « e s sei dem Verfasser der Arbeit « Erosion und Accumulation » in Würdigung seiner vortrefflichen Arbeit ein Doppelpreis von 1000 Fr. zu erteilen. »

Das versiegelte Couvert, welches den Namen des Verfassers enthält, wird dem Jahrespräsidenten zur Eröffnung in einer der allgemeinen Sitzungen der Jahresversammlung in Bern von dem Unterzeichneten übergeben werden.

2. Auf den 1. Juni 1899 bleibt die Preisfrage «Über den Einfluss der äusseren Lebensbedingungen auf den Bau und die biologischen Verhältnisse der Fauna von Alpenseen » ausgeschrieben.

3. Auf den 1. Juni 1900 wird verlangt eine « Monographie der Schweizerischen Rostpilze ».

4. Das Stammkapital der Schläflistiftung hatte ursprünglich nur ca. 10,000 Fr. betragen. Die Zinsen, welche öfter durch Nichtlösen von Aufgaben frei wurden, sind von Zeit zu Zeit in einigen Posten zum Kapital geschlagen worden, wodurch es allmälig möglich geworden ist, statt wie früher 400 Fr. nun 500 Fr. als Normalpreis zu geben. Es ist gewiss sehr im Interesse der Stiftung, wenn allmälig die Preise noch höher gestellt werden können. Da nun die laufende Rechnung einen Barsaldo von 2765$^1/_2$ Fr. aufweist, so hat die Kommission ein-

stimmig beschlossen, es solle in Benützung dieser günstigen Situation das Stammkapital von 14,000 auf 15,000 Franken erhöht werden.

5. Der Rechnungsauszug der Schläflistiftung per 1. Juli 1898 weist folgende Zahlen auf:

Stammkapital (in Obligationen deponiert) Fr. 14,000. —

Laufende Rechnung:

Einnahmen.

Saldo vom 30. Juni 1897	.	. Fr.	2160, 71
Zinse des Stammkapitals	.	. »	520. —
Zinse der laufenden Aktiva	.	. »	84. 80
		Fr.	2765. 51

Ausgaben.

Druck und Spedition der Cirkulare	Fr.	50. —
Wertschriftenaufbewahrung	.	. »	14. —
Porti des Quästorrates	. .	. »	17. 19
		Fr.	81. 19

Saldo auf 1. Juli 1898 . . . . . Fr. 2684. 32

Wir verdanken die Rechnungsführung unserer vortrefflichen Quästorin und erteilen ihr Décharge.

Für die Kommission der Schläfli-Stiftung,

Der Präsident:

Dr. **Alb. Heim,** Prof.

Zürich V, 9. Juli 1898.

VI.

Bericht der geologischen Kommission

für das Jahr 1897/98.

———

Während des Berichtsjahres ist der P e r s o n a l -
b e s t a n d der Kommission unverändert geblieben.

Von den h. Bundesbehörden haben wir für 1898 wieder den gèwöhnlichen Kredit von Fr. 10,000. –– erhalten,
wofür wir auch an dieser Stelle unsern besten Dank aussprechen.

Im Zeitraum des Berichtes sind diesmal keine neuen
Publikationen zur Versendung gelangt, obschon an den
rückständigen Texten und an neuen Untersuchungen
rüstig weiter gearbeitet worden ist.

Die **rückständigen** Texte der « Beiträge » zeigen
jetzt folgenden Stand :

1. T e x t z u B l a t t XVII : Herr Prof. Dr. H. Schardt
   in Veytaux arbeitet an der zusammenfassenden Darstellung der « P r é a l p e s v a u d o i s e s, f r i b o u r-
   g e o i s e s et b e r n o i s e s » (Stockhornzone) und
   Herr Dr. M. Lugeon in Lausanne untersucht die
   « H a u t e s A l p e s à f a c i è s h e l v é t i q u e »
   (vgl. auch den Bericht von 1896/97. — Die Arbeiten
   werden s. Z. in der « Neuen Folge » der « Beiträge »
   erscheinen.)

2. L i e f e r u n g XXVI (Text zu Blatt XXIII). Herr
   Prof. Dr. C. Schmidt in Basel setzt seine Untersuchungen über das Monte Rosa-Gebiet fort.

3. Lieferung XXVIII (Text zur Gletscherkarte in
1 : 250,000 von Alph. Favre). Für diese, zwei mal
ihres Bearbeiters beraubte Lieferung ist nunmehr
folgende Lösung getroffen worden: Herr Ernest
Favre in Genf hatte die Freundlichkeit, in einer
kurzen Einleitung den Standpunkt der Glazialfor-
schung zur Zeit der Publikation der Karte klar zu
legen nebst einigen biographischen Notizen über
seinen Vater Alphonse Favre. Dem werden als Neu-
drucke beigefügt: 1. Alph. Favre, Sur la con-
servation des blocs erratiques, 2. Alph.
Favre, Texte explicatif du phénomène
erratique et de la Carte des anciens
glaciers; beide erschienen früher in den «Archives des sciences physiques et naturelles».
. Den Schluss bildet die Biographie Léon du
Pasquier's, verfasst von Herrn Prof. M. de Tribolet in Neuenburg. Als Schmuck wird die Lieferung die Bildnisse der Forscher Alph. Favre und
Léon du Pasquier enthalten, welche beide mitten in
der Arbeit für einen grossen Textband zur Gletscherkarte vom Tode ereilt worden sind.

4. Lieferung XXIX (Geologische Bibliographie der
Schweiz). Herr Louis Rollier in Biel arbeitet an
der geologischen Bibliographie weiter, und es ist zu
hoffen, dass das Material dazu in zirka einem Jahr
beisammen sein wird. Wir wiederholen hier die
Empfehlung, welche wir das letzte Mal schon
unserem Berichte beifügten:
Die sämtlichen Fachgenossen, welche irgend eine
geologische Arbeit über die Schweiz publiziert haben,
sind ersucht, die betreffenden Arbeiten, so viel wie
möglich in Separat-Abdrücken, an Herrn Louis
Rollier, Wyssgässli 10 in Biel zu senden. —
Nur so wird es dem Verfasser möglich sein, gerade
die neuern Publikationen über die Schweiz, die ja

oft in allerlei Zeitschriften zerstreut sind, auch zu
benutzen und nicht bloss den Titel, sondern auch
kurz den Inhalt der betreffenden Arbeiten wieder-
zugeben.

Neue Publikationen sind folgende in Angriff genommen, z. T. schon seit längerer Zeit:

1. Herr Prof. Dr. Fr. Mühlberg in Aarau arbeitet an
   der Untersuchung und Kartierung der anormalen
   Lagerungs-Verhältnisse im Grenzgebiet
   von Plateau- und Kettenjura. Davon ist der
   östliche Teil, die Lägern, nunmehr beinahe fertig,
   und es sind als Beigaben zum Text die Blätter 37,
   39, 40 und 42 in 1 : 25,000 als geologische Darstellung in Aussicht genommen.
2. Herr Dr. E. Kissling in Bern konnte im letzten
   Sommer wegen Krankheit und schlechtem Wetter
   seine Untersuchung der Molasse im Grenzgebiet der
   Blätter XII und XIII nicht weiter fördern.
3. Herr Dr. Aug. Tobler in Basel untersucht die
   Klippenregion von der Sarner-Aa bis zu
   den Mythen.
4. Für die Sammlung des Materials über Terrainbewegungen in der Schweiz sind Aufrufe und
   Zirkulare an alle Interessenten versandt worden. Wer
   dabei aus Versehen übergangen worden ist, oder
   wer einen Fall von Terrainbewegung mitteilen, bew.
   beschreiben möchte, wolle sich gefl. an das Bureau
   der geologischen Kommission (Polytechnikum Zürich)
   wenden, welches ihm gerne die nötigen Formulare etc.
   zustellen wird.
5. Herr Rittener-Ruff in Ste Croix hat kürzlich die geologische Aufnahme und Kartierung der beiden Blätter 282: Côte aux Fées und 283: Ste Croix in
   1 : 25,000 übernommen.

In **Revision** begriffen sind die folgenden zwei Blätter der geologischen Karte in 1 : 100,000, deren erste Auflage vergriffen ist:

1. Blatt VII. Die Neuaufnahmen für den jurassischen Teil hat Herr L. Rollier, für die Molasse Herr Dr. E. Kissling besorgt. Die Karte wird nächstens der lithographischen Anstalt übergeben werden können, und der zugehörige Text befindet sich im Druck. Er wird Lieferung VIII der neuen Folge und zugleich ein zweites Supplement zu Lieferung VIII der ersten Folge sein.

2. Blatt XVI: Die Revision ist ebenfalls vollendet. Das schweizer. Gebiet hat Herr Prof. Dr. H. Schardt neu aufgenommen; Chablais und Savoyen werden nach den Aufnahmen von Herrn Prof. Dr. E. Renevier dargestellt. Ein Textband, der die Karte begleiten soll, ist uns auf Ende 1898 versprochen.

Die **schweizerische Kohlenkommission** endlich erstattet über ihre Thätigkeit 1897/98 folgenden Bericht:

Es wurden 1897 zwei Sitzungen abgehalten.

Das Material, welches von kantonalen Behörden und von Privaten einging, wurde vollständig gesichtet, ebenso die Litteratur-Auszüge, welche von den Herren Dr. L. Wehrli und E. Letsch gemacht worden sind. Beides wurde unter die Mitarbeiter nach deren Gebieten verteilt.

Zur einheitlichen Bearbeitung der Resultate wurde ein ausführliches Programm für den Schlussbericht aufgestellt. — Einzelne Gebiete, z. B. die östliche Molassezone, sind beinahe fertig, die westliche weit vorgerückt.

Sodann wurde eine Sammlung der schweizerischen Kohlenvorkommnisse in Handstücken, inbegriffen das Liegende und Hangende, begonnnen.

Eine gewisse **Erweiterung des Arbeitsfeldes** steht der geologischen Kommission wahrscheinlich und hoffentlich bevor, wenn wenigstens die von Herrn Staatsrat

Bossy von Freiburg zuerst im Ständerat, dann im Nationalrat gestellte Motion in den eidgenössischen Räten zur Annahme gelangt. Diese Motion wurde auf Grundlage mehrerer Beratungen, welche Herr Bossy mit dem Präsidenten der Kommission hielt, etwas umgeändert und lautet in der neuen Fassung:

« Mit Rücksicht auf die Vorteile, welche die natio-
« nale Industrie aus einer genauen Kenntnis der Mineral-
« und Gesteinlager unseres Landes ziehen würde, sowie
« mit Rücksicht auf die bisher negativ ausgefallenen Re-
« sultate, welche dem Mangel an einer wissenschaftlich
« und technisch richtigen Durchführung der Arbeiten
« zugeschrieben werden müssen, wird der h. Bundesrat
« eingeladen, die Frage zu prüfen,

« ob nicht die Aufgabe der schweizer. geolog. Kom-
« mission in der Art zu erweitern sei, dass sie in An-
« lehnung an das schon von ihr Geleistete und Begonnene
« und unter Mithülfe der bestehenden wissenschaftlichen
« und technischen Institute der Schweiz (eidgenössische
« Baumaterialprüfungsstation) ausgerüstet und in der
« Lage sei:

« *a*. durch den industriellen Bedürfnissen angepasste
« Studien die noch ungelösten, sowie die in Zukunft neu
« auftauchenden Fragen zu lösen, welche sich auf schwei-
« zerische Mineral- und Gesteinslagerstätten
« von technischer Bedeutung beziehen,

« *b*. insbesondere auf Grundlage der vorhandenen
« wissenschaftlichen Arbeiten und neuer Untersuchungen
« eine Rohmaterialkarte der Schweiz in 1 : 100000
« mit Text successive herauszugeben,

« *c*. Konzessionsbegehren zu begutachten, technische
« Expertisen aller Art zu liefern (bei Eisenbahnbauten,
« Rutschungen, Bergstürzen, Quellfassungen, Bohrungen
« nach Kohlen etc. etc.), sei es um ein Auffinden nütz-
« licher Lager zu erleichtern, sei es um diejenigen An-

« strengungen zu vermeiden, deren Nutzlosigkeit die
« Geologie voraussehen kann. » —

Die Motion wird vermutlich in der Dezembersitzung
zur Behandlung gelangen.

Die geologische Kommission würde sich herzlich
freuen, ihre Thätigkeit erweitern zu können. An schönen,
technisch wie wissenschaftlich zugleich wichtigen und
nützlichen Aufgaben fehlt es ebensowenig wie an tüchtigen Arbeitskräften; es fehlt nur an den finanziellen
Mitteln. Wir würden uns glücklich schätzen, wenn wir
die guten, jungen, einheimischen Geologen im Lande zu
dessen Nutzen beschäftigen könnten, anstatt dass sie
Anstellungen in Deutschland, Portugal, Argentinien etc.
suchen müssen. Die geolog. Kommission hat stetsfort
grosse Schwierigkeit, Gleichgewicht in ihrem Büdget zu
erlangen, und es ist recht peinlich, dass so oft dieses
Gleichgewicht nur dadurch erreicht werden kann, dass
man die Arbeitsfreudigkeit unserer Geologen dämpft und
die Lösung wichtiger Probleme in die ferne Zukunft
verschiebt.

Zürich, im Juni 1898.

Für die geologische Kommission,
Der Präsident:
Dr. **Alb. Heim**, Prof.
Der Sekretär:
Dr. **Aug. Aeppli.**

VII.

Rapport de la Commission géodésique

pour l'année 1897/98.

Le procès-verbal de la 41me séance réglementaire de la Commission, réunie le 11 juin 1898 à l'Observatoire de Neuchâtel, est actuellement entre les mains des Autorités fédérales et des savants suisses. Ce document renferme, comme d'habitude, toutes les données essentielles de l'activité scientifique et administrative de cette Commission; il suffit donc de les résumer brièvement, de les compléter pour le monument actuel et d'y ajouter, suivant l'usage, quelques renseignements sur le développement de l'œuvre géodésique internationale.

I. Les déterminations astronomiques des latitudes et azimuts ont été exécutées suivant le programme en 1897 dans les trois stations suivantes, où l'on a trouvé:

Stations	Latitude astronomique
Säntis	47⁰ 15′ 7,″40 ± 0,″07
Hohentannen . . .	47⁰ 27′ 19,″17 ± 0,″11
Bissegg	47⁰ 33′ 48,″00 ± 0,″11

Stations	Direction	Azimut astronomique
Säntis	vers Gäbris	32⁰ 57′ 52,″18 ± 0,″33
Hohentannen	» Nollen . . .	287 42 7, 37 ± 0, 29
Bissegg	» Homburg . .	355 22 23, 20 ± 0, 36

En comparant à ces nombres les coordonnées géodésiques des mêmes stations, on trouvera les déviations de la verticale, qui seront publiées dans un des prochains volumes du Réseau géodésique suisse, après qu'on aura toutefois procédé à la vérification de l'azimut important Hohentannen-Nollen, qui présente des anomalies inexpliquées jusqu'à présent.

Comme l'ingénieur, qui a dû exécuter dans un certain nombre de stations de pendule la détermination de l'heure, a en même temps fait des mesures approximatives des latitudes de ces points, en confrontant ces mesures avec les latitudes géodésiques, empruntées à la triangulation, on trouve, par exemple, les résultats suivants:

Stations	Lat. astronomique	Lat. géodésique	Différence astr.-géod.
Ponte	46° 34′ 45,″5	46° 34′ 43″	+ 2,″5
Zernez	42 3	41 58	+ 5
Santa-Maria	36 43	36 48	— 5
Schuls	47 53	47 55	— 2
Fluela	45 17	45 5	+ 12
Landquart	58 10	58 9	+ 1

On voit donc que, dans cette région également, la déviation de la verticale en latitude ne présente une valeur un peu considérable qu'à la Fluela.

Dans la campagne actuelle, M. Messerschmitt a fait les mesures astronomiques, suivant les décisions de la Commission, dans les stations de Zugerberg, Stanserhorn, Brienzer-Rothhorn, Männlichen und Spiez, auxquelles il convient d'ajouter la station de pendule de Meiringen et les mesures de contrôle à Moudon. Ces observations seront réduites dans le courant de l'hiver.

Suivant les résultats que fourniront les reconnaissances qui doivent être exécutées cet automne pour les mesures à faire dans le Rheinthal, la Commission décidedera finalement sur le meilleur réseau à choisir dans le méridien du Gäbris.

Le VIIIme volume de la Triangulation suisse, qui contiendra les observations et les résultats de la déviation de la verticale dans les régions du centre et du Nord de la Suisse, va sortir de presse et sera prochainement distribué.

Dans la pensée de la Commission, ce volume aurait dû comprendre, comme Annexe, le beau travail sur «L'influence de l'attraction des masses visibles sur la direction de la verticale», que le savant géologue Léon Du Pasquier avait entrepris à notre demande et que sa mort prématurée avait empêché de terminer. La Commission avait chargé M. Messerschmitt de continuer ces études dans le même sens et suivant les méthodes employées par L. Du Pasquier, ce qui a été fait. Toutefois, comme Madame Du Pasquier a remis dernièrement au Président un nombre assez considérable de données, calculs et cartes, retrouvés dans les papiers du défunt, la Commission a transmis ces documents à son ingénieur et a réservé la publication de cette importante étude dans un des prochains volumes de la Triangulation suisse.

II. Les recherches de la pesanteur au moyen des observations de pendule comprennent cette fois dix stations, savoir:

Ponte	$g = 9,^m 80263$	Fluela	$g = 9,^m 80131$
Zernez	270	Landquart	527
Santa-Maria	299	Säntis	141
Martinsbruck	412	Hohentannen	570
Schuls	370	Bissegg	698

Il est intéressant de confronter, pour deux de ces stations, nos valeurs suisses avec celles de M. le colonel de Sterneck, après les avoir réduites à la même altitude. On trouve:

	pour Martinsbruck	pour Santa-María
D'après de Sterneck	$g = 9,^m80402$	$g = 9,^m80309.$
» Messerschmitt	412	299
Différence	— 10	+ 10

Ces faibles différences s'expliqueront probablement en partie par le fait que la correction nécessaire pour tenir compte des oscillations du pilier, qui a été apportée aux mesures de M. Messerschmitt, n'a pas été appliquée aux observations de M. de Sterneck.

La Commission a décidé d'envoyer son ingénieur, à la fin de la campagne, à Padoue, pour y faire des observations correspondantes de son pendule avec ceux de M. le professeur Lorenzoni.

III. Parmi les travaux de nivellement, nous mentionnons, outre de nombreux rattachements de repères du Bureau hydrométrique, des opérations nouvelles dans la Suisse occidentale :

entre Roche-Villeneuve - Chessel-Porte de Scex-
    Bouveret-St-Gingolph . . . . 19,6 km.
Bex-Massongex-Monthey - Colombey - Bex, avec
    2 mires . . . . 16,5 »
Martigny-Branson-Fully - Charrat - Riddes, avec
    2 mires . . . . 18,8 »

Quant aux nivellements de contrôle, nous signalons la ligne Delémont - Delle comme définitivement achevée par le tronçon Develier-Les Rangiers-Delle (37,1 km.) ; ensuite St-Imier - Chaux-de-Fonds (16,1 km.), qui sera complété cette année par le nivellement Chaux-de-Fonds-Vue-des-Alpes-Hauts-Geneveys-Dombresson - Pâquier - St-Imier, de sorte que le polygone sera fermé. L'opération Roche-Chillon a confirmé le tassement qui s'est produit dans la dépression du Léman et qui avait déjà été entrevu par la comparaison des nivellements de 1870 et 1881. Enfin, la ligne de Sargans-Ragaz a également permis de constater pour le repère N F. 197 à Ragaz un affaissement de 15 mm. par rapport à sa cote du « Catalogue des hauteurs ».

Le Bureau topographique a communiqué, dans son rapport, des tableaux de raccordement de notre réseau suisse avec le réseau français d'un côté et avec celui de l'Allemagne de l'autre. Les cotes qui résultent de ces différents raccordements pour notre repère fondamental de la Pierre-du-Niton, montrant des écarts qui, pour quelques-uns dépassant les limites des erreurs d'observation, peuvent s'expliquer par des équations insuffisamment connues des mires employées dans les différents pays aux différentes époques et, pour un ou deux, pour le raccordement à Morteau par exemple, par un déplacement qu'aurait subi avec le temps un des repères sur lesquels repose cette jonction. Mais ces causes ne nous paraissent cependant pas suffisantes pour rendre compte de la différence systématique qu'on constate entre les résultats des rattachements avec la France d'une part et avec l'Allemagne d'autre part. Car, par la moyenne des premiers, on trouve pour l'altitude de la Pierre-du-Niton $373^m,567$ et, par les jonctions avec l'Allemagne, $373^m,232$. Cet écart considérable de $0^m,335$ ne peut, nous semble-t-il, être attribué qu'à une véritable différence de niveau des mers auxquelles les cotes ont été rapportées.

En somme, on a exécuté en 1897 des nivellements continus sur des lignes d'une longueur de 254 km., parmi lesquels 110 km. ont été nivelés avec deux mires en même temps.

D'un autre côté, on a continué le repérage des anciens nivellements pour des lignes de 305 km. La 7me livraison de la publication « Repères du nivellement de précision », qui a paru en 1897, comprend les lignes de Steckborn-Schaffhouse-Unterhallau, Schaffhouse-Koblenz-Stein-Säckingen. La 8me livraison est en préparation au Bureau topographique fédéral.

Le programme des travaux de nivellement et de repérage pour l'exercice de 1898, proposé par M. le Colonel Lochmann et approuvé par la Commission, comprend entre autres, parmi les opérations de contrôle, celles des lignes entre Brigue et Bérisal, et entre Gondo et Isella, dont on comprend l'importance pratique au point de vue du rattachement du tunnel du Simplon.

IV. La question du levé magnétique de la Suisse, dont la Commission géodésique avait pris l'initiative, comme cela résulte de nos précédents Rapports, a fait un premier pas vers sa réalisation. La Commission météorologique ayant approuvé notre idée de remettre à une Commission mixte d'experts le soin de s'occuper de toute la question magnétique en Suisse, le Département fédéral de l'Intérieur a bien voulu, en avril dernier, constituer cette Commission magnétique spéciale, qui vient d'avoir une première réunion à Berne. Il s'ensuit que notre Commission n'a plus à s'occuper directement de ce sujet, mais il va sans dire qu'elle sera toujours prête à donner son appui à l'entreprise magnétique, lorsqu'on le lui demandera.

V. L'Association géodésique internationale se trouve maintenant reconstituée définitivement et de la manière la plus heureuse, car non seulement parmi les grands Etats de l'ancienne Convention, l'Autriche-Hongrie s'y trouve remplacée par les deux moitiés de la monarchie, qui ont adhéré séparément à la nouvelle Convention, — la Russie, la Roumanie et la Serbie ont également envoyé leur adhésion; mais encore la Grande-Bretagne, qui avait déjà appartenu autrefois à l'Association, a décidé, sur l'initiative de la Royal Society, de rentrer dans cette organisation scientifique internationale, où elle apporte les trésors de ses grandes mesures géodésiques exécutées sous les latitudes les plus diverses de son immense empire.

Un seul pays, la République Argentine, s'est retiré de l'Association, dont elle avait fait partie jusqu'à présent.

La prochaine Conférence générale est convoquée pour le 3 octobre 1898 à Stuttgart. Parmi les nombreux objets importants dont elle aura à s'occuper, figurera entre autres l'organisation du Service des latitudes dans 4 stations placées sous le même parallèle, en vue de l'étude des mouvements de l'axe terrestre

Le Président de la Commission géodésique:

Dr. **Ad. Hirsch.**

Neuchâtel, juillet 1898.

VIII.

Bericht der Erdbebenkommission

für das Jahr 1897/98.

Im Jahre 1897 haben wir 29 zeitlich getrennte, in der Schweiz wahrgenommene, d. h. von mehr als einem Beobachter oder von einer bezüglich ihrer Zuverlässigkeit uns bekannten Person gemeldete Erdstösse registriert. Dieselben verteilen sich auf die einzelnen Monate wie folgt :

I	II	III	IV	V	VI	VII	VIII	IX	X	XI	XII
3	1	1	.	.	3	2	1	1	12	.1	.1	3

Auf die Zeit der relativen Ruhe des Menschen von 8^h p. — 8^h a. fallen 19, auf diejenige der Thätigkeit von 8^h a.—8^h p. dagegen 10 wahrgenommene Erschütterungen.

Sechszehn dieser Erdstösse gehören zu nachstehenden 9 Erdbeben von räumlich mehr oder weniger grossen Ausdehnung :

1. 12. Jan. Lokalbeben Lutry-Chexbres-Vevey.
2. 11. Mai Erdbeben im obern St. Gallischen Rheinthal.
3. 15. Juni Lokalbeben im untern Murggebiet (Thurgau).
4. 25. Juni Lokalbeben bei St. Blaise (stark).
5. 28. Aug. Erdbeben im untern Rhonethal.
6. 11. Sept. Erstes Erdbeben in der nordwestlichen Waadt
    (Grandson-Orbe-Moudon).
7. 18. Sept. Erdbeben in Graubünden.
8. 25. Sept. Erdbeben im Gros de Vaud.
9. 6. Dez. Zweites Erdbeben in der nordwestlichen Waadt.

Sehr bemerkenswert ist die Verteilung dieser seismischen Gebiete:

· Eine breite, die ganze Schweiz von Nord nach Süd durchziehende ruhige Zone scheidet die beiden bewegten Gebiete vollständig: das westliche (unteres Rhonethal, oberer Genfersee und Neuenburgersee) von dem östlichen (Schaffhausen-Thurgau-Rheinthal-Glarus-Bünden).

Die Bearbeitung des von den Kommissionsmitgliedern und der meteorologischen Centralanstalt gesammelten Beobachtungsmaterials hat, wie bisher, unser Aktuar, Herr Dr. Früh, übernommen, und es wird der ausführliche Bericht in den Annalen der Meteorologischen Centralanstalt (Jahrgang 1897) publiziert werden.

Das Projekt der Errichtung eines magnetischen-meteorologischen Observatoriums, welches auch seismische Beobachtungen umfassen soll, ist insofern seiner Verwirklichung etwas näher getreten, als auf Anregung der eidg. meteorologischen und der geodätischen Kommission das eidg. Departement des Innern nun eine Spezialkommission mit Herrn Prof. H. Wild als Präsident ernannt hat, mit dem Auftrag, ein Programm für die magnetische Aufnahme der Schweiz und die Errichtung eines magnetisch-meteorologisch und geodynamischen Observatoriums aufzustellen.

Zur Fortführung unserer Arbeiten im nächsten Jahr ersuchen wir um einen Kredit von Fr. 100.

Zürich, den 15. Juli 1898.

Für die Erdbebenkommission,
Der Präsident:
R. Billwiller.

IX.
Bericht der limnologischen Kommission
für das Jahr 1897/98.

Auch im verflossenen Jahre richtete sich die Aufmerksamkeit unserer Kommission hauptsächlich auf die wissenschaftliche Untersuchung des Vierwaldstättersees. Die beiden zoologischen Arbeiten, die der letztjährige Bericht erwähnt, Untersuchung der Mollusken und des tierischen Plankton, werden im nächsten Herbst druckbereit vorliegen. Herr Dr. E. Sarasin-Diodati verfolgte, unterstützt von der städtischen Baudirektion, seine limnographischen Beobachtungen in Luzern. Seit dem 4. Mai 1898 funktioniert nun der Limnograph in Flüelen und bereits ist Herr Dr. Sarasin in der Lage zu melden, dass sich dort, wie in Luzern, sehr typische Oscillationen von 44—45 Minuten Dauer zeigen. Weitere Beobachtungsstationen am Vierwaldstättersee sind in Aussicht genommen.

Über Temperatur- und Durchsichtigkeitsmessungen am Vierwaldstättersee liegt eine wertvolle Arbeit aus der Feder des Herrn Prof. X. Arnet in den «Mitteilungen der Naturf. Gesellschaft in Luzern» vor. Ebendaselbst erschien ein Aufsatz des Unterzeichneten über einen Schmarotzer der Coregoniden. In der genannten Zeitschrift sollen alle wissenschaftlichen Dokumente über unsere Untersuchung des Vierwaldstättersees niedergelegt werden.

In Angriff genommen ist ferner die Ausführung des chemischen Programms durch Herrn Dr. E. Schumacher, bevorstehend die Wiederaufnahme der botanischen Arbeiten durch Herrn Dr. H. Bachmann.

Zur Anstellung physikalischer Beobachtungen an verschiedenen Stationen des Seeufers stellten sich eine ganze Reihe freiwilliger Hülfskräfte in verdankenswerter Weise zur Verfügung. Zu Zwecken der Seeuntersuchung wurde ein eigenes, neues Schiff angekauft.

Über die wissenschaftliche Erforschung des Züricher Sees berichtet Herr Dr. J. Heuscher, dass speciell die Planktonstudien, die bakteriologischen Untersuchungen, sowie die Temperaturmessungen eifrig fortgesetzt wurden. Es finden regelmässige Exkursionen in 14tägigen Intervallen zu physikalischen, chemischen, zoologischen und botanischen Zwecken statt. Herr K. Bretscher hat seine interessanten Beobachtungen über die Oligochaeten des Zürichsees wieder aufgenommen.

An die Kosten der Neuanschaffung eines Planktonnetzes für den Zürichsee steuerte die Kasse der limnologischen Kommission Fr. 50 bei.

Herr Dr. J. Heuscher ist im Begriff, die Resultate seiner Beobachtungen am Thuner- und Brienzersee dem Druck zu übergeben.

Die Rechnung der limnolog. Kommission schliesst bei

Fr. 150. — Einnahmen, und
» 133. 99 Ausgaben,

Mit Fr. 16. 01 Überschuss.

Indem wir die Bestrebungen unserer Kommission, die wissenschaftliche Erforschung der Seen der Schweiz zu fördern, Ihrem fortdauernden Wohlwollen angelegentlich empfehlen, bitten wir Sie, uns wieder einen Kredit von **Fr. 150** eröffnen zu wollen.

In vollster Hochachtung

Der Präsident der limnolog. Kommission:
Prof. Dr. **F. Zschokke.**

Basel, im Juni 1898.

Rechnung der limnologischen Kommission
pro 1897/98.

Einnahmen:

Beitrag der schweiz. Naturf. Gesellschaft   Fr. 150. —

Ausgaben:

Defizit von 1896/97	Fr.	20. 44
Beitrag an den Ankauf eines Plankton-netzes für den Züricher See . .	»	50. —
Reisebeiträge an Mitarbeiter an der Untersuchung des Vierwaldstättersees	»	61. 25
Frankaturen	»	2. 30
	Fr.	133. 99

Einnahmen	Fr.	150. —
Ausgaben	»	133. 99
Überschuss	Fr.	16. 01

X.

Bericht der Moorkommission

pro 1997/98.

_____

Zu der redaktionellen Arbeit kamen im verflossenen Jahr noch einige Exkursionen. Veranlassung zu den letzteren gaben zunächst ausgezeichnete und höchst interessante Aufschlüsse in den Mooren zwischen Ober-rieden und Au durch die Rheinkorrektion. In zu-vorkommendster Weise wurden wir hierin durch Mate-rialien und Belehrung unterstützt von Seite des bau-leitenden Oberingenieurs, Herrn Wey.

Dasselbe Entgegenkommen erfuhren wir von der Verwaltung der grössten Moor-Kolonie der Schweiz, Witzwil im Berner Seeland.

Dadurch wurden wir in den Stand gesetzt, einen Überblick über das ganze Moorgebiet zwischen St. Jean-Hageneck-Aarberg-Kerzers und dem Neuenburgersee zu gewinnen. Wir lernten bei dieser Gelegenheit ein aus-gedehntes Vorkommen von Lebertorf kennen südlich St. Johannsen in vollkommen typischer Ausbildung.

Auch an dieser Stelle sei den Herren Wey und Kellerhals der wärmste Dank für ihre freundliche Unter-stützung ausgesprochen.

Endlich wurden in Wauwil noch einige Verifika-tionen vorgenommen.

Die beigelegte Rechnung zeigt:

Saldo vom vorigen Jahr . . . . Fr. 68. 10
Ausgaben pro 1897/28 . . . . » 74. —
Darnach ergibt sich ein Defizit von . . . » 7. 30

Um finanziell nicht ganz entblösst zu sein, ersuchen wir die Schweizerische Naturforschende Gesellschaft nach einer zweijährigen Pause nochmals um einen kleinen Beitrag von Fr. 60.

Zürich, 4. Juli 1898.

Für die Kommission:
Dr. J. Früh.

XI.

Bericht der Flusskommission

für das Jahr 1897/98.

Die Arbeiten der Kommission haben ihren Fortgang genommen und, wenigstens was die Sedimentation im Vierwaldstättersee anbetrifft, zu wertvollen Resultaten geführt. Wie früher berichten wir der Reihe nach über die verschiedenen Arbeitsgebiete.

1. Messung des Schlammabsatzes im Vierwaldstättersee. Nach mehrfachen Fehlversuchen ist es endlich Herrn Prof. Heim gelungen, die an zwei Stellen im Vierwaldstättersee versenkten Kasten zu heben. Der Schlammabsatz betrug während eines Jahres auf dem flachen Boden des Urnersees oberhalb des Rütli, zirka 250 m vom Ufer in 200 m Tiefe, $1^1/_2$ cm nassen bläulichgrauen, sehr zähen und ganz feinen, einzelne Buchenblätter und Tannennadeln enthaltenden Schlammes. Insgesamt fanden sich im Sammelkasten 5,5 kg Schlamm vor, getrocknet (bei $90 - 100^0$) 2,7 kg. Es macht das per Quadratcentimeter Grundfläche 1,91 gr nassen = 0,95 gr getrockneten Schlammes oder eine Thonschicht von 3,8 mm, in verfestigtem Zustand gedacht. Der Schlamm enthält nur einen kleinen Teil in Salzsäure löslicher Partikelchen. Alle Teilchen sind sehr klein (0,007 bis 0,0009 mm Durchmesser); Quarz- und Glimmerpartikelchen herrschen vor. Leere Diatomenschälchen finden sich in allen Präparaten, aber nie als Hauptbestandteil.

Weit grösser war der Absatz auf dem ebenen Boden
bei Treib unterhalb des Muottadeltas in 125 m Tiefe.
Die Dicke der frischen, nassen Schlammschicht betrug
$7^1/_2$—8 cm!! Der Schlamm ist gebändert geschichtet,
sehr zähe und haftend. Gesamtgewicht bei 2704 cm²
Auffangfläche 34,23 kg, Trockengewicht 19,2 kg. 1 cm²
Grundfläche erhielt hier in einem Jahr 12,66 gr nassen
= 7,14 gr getrockneten Schlamm, letzterer als ver-
festigtes Gestein gedacht, 2,85 cm dick. Diese Zahlen
sind erstaunlich hoch und erwecken den Verdacht, es
könnten dieselben durch die Arbeiten für das Elektrici-
tätswerk an der Muotta, die mit starker Schutt- und
Schlammlieferung verbunden waren, beeinflusst sein. Das
nächste Jahr wird hierüber Aufklärung bringen; denn
beide Kasten sind an denselben Stellen wieder versenkt
worden und sollen nächstes Jahr wieder gehoben werden.

2. Die Schöpfversuche an der Rhone bei
Porte-du-Scex beginnen diesen Herbst. Die ganze
Installation, die Besoldung des Beobachters etc. ist vom
eidg. hydrometrischen Bureau in dankenswertester Weise
übernommen worden. Es sollte das Schöpfen schon im
Juni begonnen werden. Doch stellten sich im letzten
Moment technische Schwierigkeiten ein, die erst behoben
werden mussten. Die Proben werden zuerst dreimal täglich entnommen werden, um die im Zusammenhang mit
der täglichen Periode der Wasserführung stehende tägliche Periode des Schlammgehaltes zu konstatieren. Im
Winter werden einmal tägliche Beobachtungen genügen.
Die Untersuchung der Proben, die stets sofort nach
Entnahme per Post nach Genf gesandt werden sollen,
wird von Herrn Prof. Duparc geleitet werden.

3. Zu den Aufgaben der Flusskommission gehört es
auch, die Wassermenge zu bestimmen, die abspühlend
an den Gehängen der Berge in Aktion tritt. Hierzu ist
eine genaue Kenntnis des Regenfalls in den verschiedenen Teilen des Landes erforderlich. Zwar besitzen wir

.die treffliche Regenkarte der Schweiz von Billwiller;
aber gerade für das Gebirge ist dieselbe, wie Billwiller
betont, unsicher, weil die Zahl der Stationen zum Teil
sehr gering ist. Das veranlasste die Flusskommission,
die Verteilung der Regenstationen nach Flussgebieten
zu untersuchen. Manche Gebiete sind sehr gut besetzt,
so die Umgebung des Genfersees, das Linthgebiet, das
Reussgebiet und das Rheingebiet ausserhalb der Alpen.
Genügend besetzt ist auch das Rhonegebiet innerhalb
der Alpen, schwächer, aber doch noch leidlich das obere
Linth- und Reussgebiet. Dagegen ist die Zahl der Stationen im Aaregebiet, soweit es nicht auf den Jura ent-
fällt, viel zu klein, desgleichen im Inn- und Tessingebiet,
sowie im obern Rhonegebiet. Das alpine Aaregebiet
zählt nur 3 Stationen auf 1000 qkm, das Aaregebiet des
Mittellandes nur 3,6, das alpine Rhonegebiet 3,2, das
Inngebiet 3,3 und das Tessingebiet 4,0. Die entsprechenden alpinen und voralpinen Gebiete Österreichs haben
alle doppelt soviel Stationen als die genannten schweizerischen. Dieser Mangel ist auch von der eidgenössischen meteorologischen Centralanstalt mehrfach hervorgehoben worden. Während die andern Kantone ihm
zum guten Teil durch Gründung kantonaler Stationen
abgeholfen haben, ist das in den Kantonen Bern, Tessin
und Wallis nicht geschehen. Dem Mangel würde im
Wesentlichen durch die Errichtung von zirka 100 Regenstationen abgeholfen werden, von denen 50 auf das Aaregebiet (fast ganz auf den Kanton Bern), 25—30 auf das
Rhonegebiet, je 10 auf das Inngebiet und Tessingebiet,
endlich einzelne auf das obere Linth- und Reussgebiet
entfallen sollten.

Die Flusskommission hat ein motiviertes Gesuch an
das Centralkomitee gerichtet, es möchte dasselbe bei den
hohen Bundesbehörden die nötigen Schritte thun, damit
die Zahl der Stationen entsprechend vergrössert werde.
Die Bundesbehörden, insbesondere die eidgen. meteoro-

logische Centralanstalt und das eidgen. hydrometrische
Bureau, die beide an einer Verdichtung des Netzes der
Regenstationen grosses Interesse haben, haben die Anregung wohlwollend aufgenommen. Es werden nunmehr
in der nächsten Zeit ca. 100 Regenstationen neu eingerichtet werden.

4. In Engelberg wurde der Flusskommission ein
Jahreskredit von Fr. 100. — gesprochen. Derselbe wurde
verwendet wie folgt:

Druckkosten des letzten Berichtes . .	Fr.	4. 80
Abschrift der Eingabe der Kommission .	»	3. 40
An Herrn Prof. Heim als Beitrag zu den erheblichen Kosten (Ostern 1898, unbezahlter Rest aus 1897) der Messung des Schlammabsatzes	»	91. 80
Ausgaben	Fr.	100. —

In Anbetracht des Umstandes, dass auch im nächsten
Jahre die Kasten zu heben sein werden und dass ausserdem auch die Schöpfversuche einige Kosten verursachen
werden, wenn auch den Hauptteil derselben das hydrometrische Bureau trägt, erlaubt sich die Flusskommission,
das ergebene Gesuch zu stellen, es möge ihr auch für
das Jahr 1898/99 ein Kredit von Fr. 100. — bewilligt
werden.

Bern, Ende Juli 1898.

Für die Flusskommission:
Ed. Brückner.

XII.

Bericht der Gletscher-Kommission
für das Jahr 1897/98.

Wir berichten, wie gewöhnlich, zuerst über die Vermessungen des Rhonegletschers, deren regelmässige Fortsetzung die Hauptaufgabe unserer Kommission bildet.

Die Vermessungen fanden nach dem von unserer Kommission aufgestellten Programme zwischen dem 23. August und 5. September 1897 statt, so dass bei der vorjährigen Zusammenkunft unserer Gesellschaft in Engelberg in der Sitzung vom 15. September schon die Hauptresultate mitgeteilt werden konnten. Die Arbeiten wurden wieder durch den in jeder Hinsicht sachkundigen Herrn Ingenieur Held mit der gewohnten Sorgfalt und Genauigkeit ausgeführt, wobei, wie früher, die fünf ortskundigen Gehülfen zu Oberwald mitwirkten. Das Wetter war im ganzen nicht günstig.

Dem ausführlichen Berichte des Herrn Held über diese 24. Kampagne entnehmen wir folgendes:

1. Nivellement der Querprofile.

Für die Veränderungen der vier Querprofile auf dem Gletscher und der vier Querprofile in der Firngegend ergab sich folgendes:

Mittlere Änderung des Eisstandes in Metern:

Auf dem Gletscher:		im Jahr 1897	seit 1874
Grünes Profil	(1810 m. ü. M.)	— 5,18	— 98,63
Blaues »	(1900 » »)	— 0,51	— 52,39
Gelbes »	(2400 » »)	+ 0,83	— 4,71
Rotes »	(2560 » »)	+ 1,39	— 4,83

Auf dem Firn: seit 1882
Unteres Thäliprofil (2750 m. ü. M.) + 0,83 — 3,83
Unteres Grossfirnprofil (2800 » ») + 1,11 — 2,46
Oberes » (2950 » ») — 0,30 — 2,38
Oberes Thäliprofil (3050 » ») + 0,31 — 0,93

Die Profile unter dem Sturz zeigen auch in diesem
Jahr ein Sinken, das jedoch merklich geringer ist als im
Vorjahr, während alle Profile oberhalb des Sturzes mit
Ausnahme des Grossfirnprofiles ein Anwachsen zeigen.

2. Aufnahme von Steinreihen.

Von den im Jahre 1874 gelegten 51 Nummersteinen
der gelben Reihe konnten im Berichtsjahre oberhalb des
Sturzes nur noch elf beobachtet werden, nämlich acht
am rechtsseitigen und drei am linksseitigen Gletscher-
rande; sie geben genügend Aufschluss über die bis jetzt
noch nicht genau ziffernmässig festgesetzte Eisbewegung
längs dem Ufer.

Von der roten Reihe konnten oberhalb des Sturzes
auf dem rechten und linken Ufer je sieben, und unterhalb des Sturzes für die mittlere Gegend fünf Nummer-
steine eingemessen werden.

Auch die im Jahre 1887 gelegte Steinreihe der Mo-
ränenbucht wurde wieder vermessen.

3. Messung der Firnbewegung.

Die Grösse der Firnbewegung wird bekanntlich mit
Hilfe der Abschmelzstangen ermittelt. Auch diesmal
ergab die Beobachtung nur unbedeutende Veränderungen
gegenüber dem Vorjahr; eine Ausnahme davon machte
nur die Stange VI im untern Grossfirn, die wohl infolge
des geringen Falles in diesem Jahr nur einen Weg von
90 Metern gegenüber dem vorjährigen Weg von 113,5
Metern zurücklegte. Diese Stange hat in den letzten
14 Jahren den grössten beobachteten Weg im Firngebiet

nämlich 1372 Meter zurückgelegt; es macht das 98 m. per Jahr, was ungefähr der Eisgeschwindigkeit zwischen dem roten und gelben Profil gleichkommt. Es wird noch einige Jahre dauern, bis wir ein klares Bild über die Firnbewegung an den einzelnen Stellen erhalten; in grossen Zügen gibt uns jedoch die 14jährige Beobachtung schon deutlichen Aufschluss, und wir können z. B. annehmen, dass die Stange XVI im oberen Grossfirn von der Zeit der Einstellung im Jahre 1883 an etwa 83 Jahre brauchen wird, um den 7170 m. langen Weg bis zu dem 1150 m. tiefer liegenden Ende der Gletscherzunge zurückzulegen.

4. Jährliche Eisbewegung in den Profilen.

Im gelben und roten Profil waren die Geschwindigkeiten etwas grösser als im Vorjahr; es entspricht das der bekannten Erfahrung, dass mit dem Anschwellen des Eisstromes die Geschwindigkeit zunimmt.

5. Topographische Aufnahme der Gletscherzunge.

Die Gletscherzunge ist seit der vorjährigen Messung wieder zurückgegangen, und es wurden dadurch 3480 m.² Strandboden blossgelegt. Der stärkste Rücktritt ist unmittelbar rechts von der Rhone und beträgt 26 m., im Mittel ist derselbe etwa 11,6 m.; es ist somit der Rückgang etwas geringer als im Vorjahr. Die Form der Zunge ist sich ziemlich gleich geblieben.

6. Einmessungen des Eisrandes der Gletscherzunge.

Auch im Jahre 1897 hat Felix Imahorn von Oberwald entsprechend den ihm gegebenen Weisungen durch monatliche Einmessungen die Schwankungen des Eisrandes der Gletscherzunge ermittelt. In den Monaten

Januar bis Mai so wie im Dezember fand ein Vorrücken statt, das im ganzen im Mittel 3,2 Meter betrug, während in den Monaten Juni bis November der Rand der Gletscherzunge zurückging, und zwar im Mittel um 20,65 Meter.

Das etwas selten vorkommende Vorrücken bis in den Mai hinein erklärt sich aus der kalten Frühlingswitterung.

7. Abschmelzung von Firn und Eis.

Aus den Beobachtungen an den Abschmelzungsstangen ergaben sich im letzten Beobachtungsjahre für die vier Profile im Gletschergebiet folgende Abschmelzungsgrössen in Metern:

Grünes Profil	Blaues Profil	Gelbes Profil	Rotes Profil
9,14	9,19	3,18	1,79

Diese Zahlen sind sämtlich etwas grösser als im letzten Jahr, besonders im grünen und blauen Profil.

Im Firngebiet ergab sich ein tieferer Stand des Firns im untern Thäli und unteren Grossfirn, während im oberen Thäli und oberen Grossfirn der Stand des Firns um die verhältnismässig bedeutenden Grössen von 1,10 und 3,06 Meter sich gehoben hat.

8. Allgemeines Resultat.

Der Winter 1896/97 war sehr schneereich, es hatte das zur Folge, dass die Zone des Winterschnees Ende August schon beim roten Profil in der Höhe von 2560 m. begann, und dass im obern Thäli, wie im obern Grossfirn, keine Spalten offen waren. Damit hängt auch das schon oben besprochene Beobachtungsresultat zusammen, dass die Profile oberhalb des Sturzes eine Zunahme zeigten. Immerhin dauerte auch in diesem Jahre das Zurückweichen der Gletscherzunge fort.

9. Pegelbeobachtungen.

Die Wassermessungen an der Rhonebrücke beim Hotel Gletsch wurden durch das eidgenössische hydrometrische Bureau regelmässig fortgesetzt und die Zusammenstellungen veröffentlicht.

Die Pegelbeobachtungen am Muttbach bei der Strassenbrücke sind infolge der Veränderung des Profils durch wechselnde Geschiebsanhäufungen ziemlich wertlos. Die Herstellung eines gemauerten Kanals würde grosse Kosten verursachen und sich kaum lohnen.

10. Messung der Niederschläge.

Wie schon vor einem Jahr gemeldet wurde, hat der Vergleich der in Oberwald einerseits mit der grossen wasserdichten Kiste und andrerseits mit dem gewöhnlichen Regenmesser erhaltenen Niederschlagsmengen gezeigt, dass dieser etwas rohe Beobachtungsapparat für die im Winter unzugänglichen Regionen Verwendung finden kann. Es wurde deshalb eine zweite etwas grössere Kiste gleicher Art, die 1,8 m.^{3} fassen kann, gebaut, und auf dem Eis des Gletschers beim roten Profil in der Höhe von 2560 m. aufgestellt. Um die Kiste vor dem Umstürzen zu bewahren, ist sie auf einer Art langem Schlitten befestigt.

Vom 13. November 1897 bis zum 23. Juni 1898 ergab sich für die gemessenen Niederschläge bei einer Kistenöffnung von 1 m.^{2}:

Kiste im roten Profil:	Kiste in Oberwald:	Meteorolog. Station in Oberwald:
1217,5 Liter	904 Liter	1111 Liter
	was Regenhöhen von	
1217,5 mm.	904 mm.	1111 mm.

entspricht.

Wenn wir annehmen, dass die Messung mit Kiste im roten Profil im gleichen Verhältnis wie unten in Ober-

16

wald hinter der wirklichen Niederschlagsmenge zurück-
bleibt, so ergäbe sich für das rote Profil die Niederschlagsmenge von 1496,3 mm., also etwa 35 % mehr als
in Oberwald. Leider zeigen die Unterschiede der Messungen mit Kiste und Regenmesser so grosse Unregelmässigkeiten, dass die gefundene Zahl noch nicht als
sicheres Resultat aufgeführt werden darf; immerhin
scheint sich schon aus den noch ziemlich unvollkomme-
nen Beobachtungen zu ergeben, dass in der oberen Region des Gletschers die Niederschlagsmenge merklich
grösser ist als unten im Thal.

11. Einzelne Beobachtungen.

Der Bericht des Herrn Held enthält eine Reihe sorgfältiger Beobachtungen über den Eisrand des Gletscher-
sturzes nahe beim Hotel Belvedere; man sieht daraus
deutlich, wie das Eis im Winter gegen das Ufer an-
drängt und im Sommer wieder zurückweicht.

* * *

Was die Beobachtungen über andere Gletscher betrifft, so sei auf den 18. Bericht über die periodischen
Veränderungen der Alpengletscher verwiesen, der im
XXXIII. Jahrbuche des schweizerischen Alpenklubs erschienen ist. In demselben hat unser unermüdlicher
Centralpräsident Herr F. A. Forel in Verbindung mit
unserem Kommissionsmitgliede Herrn Prof. M. Lugeon
und Herrn Forstinspektor E. Muret aus Morges in
übersichtlicher Form Alles zusammengestellt, was im
verflossenen Jahre über die verschiedenen Gletscher der
Schweizeralpen hauptsächlich von den Forstangestellten
durch Vermittlung des eidgenössischen Oberinspektorates,
dann aber auch durch Mitglieder des Alpenklubs und
andere Freunde unserer Alpennatur gemeldet wurde.
Ganz besondere Aufmerksamkeit wurde der Frage des
Rückganges oder Vorrückens gewidmet. Von 56 Glet-

schern, die beobachtet wurden, sind 39 im Rückgang,
12 im Wachstum und 5 stationär. Es ist für das Studium der Gletscherfrage von grösster Wichtigkeit, dass
möglichst viele solche Beobachtungen gesammelt, geordnet
und für die Zukunft aufbewahrt werden; wir richten
deshalb an alle Mitglieder unserer Gesellschaft und
sämtliche Freunde der Alpenforschung die Bitte, unsere
Kommission, und speciell den eifrigen Verfasser der
Gletscherchronik, Herrn Professor Dr. F. A. Forel in
Morges, durch Mitteilung solcher Beobachtungen zu
unterstützen.

* * *

Im letzten Berichte haben wir die Wünschbarkeit
von Versuchen über die Mächtigkeit des Gletschereises
und die Geschwindigkeit der Bewegung in verschiedenen
Tiefen besprochen; wir haben diese Frage nicht ausser
Acht gelassen und hoffen im künftigen Jahre Näheres
darüber berichten zu können. Die unserer Kommission
zum Zwecke solcher viel Geld kostenden Versuche ge-
schenkten 500 Franken bilden den Anfang eines Fonds,
der auf weitere Zuschüsse von Freunden der Alpenforschung wartet.

* * *

Die Jahresrechnung ergibt ein verhältnismässig günstiges Resultat, indem an die bis zum Dezember 1897
Fr. 906. 40 betragenden Kosten, die für Herstellung und
Transport der Niederschlagskisten und die damit angestellten Beobachtungen verausgabt wurden, die eidgenössische meteorologische Kommission in sehr verdankenswerter Weise Fr. 600 aus dem Brunner'schen Legate
beigetragen hat. Der für die Rhonegletschervermessung
disponible Saldo unserer Kasse beträgt Fr. 4830. 90; es
wird derselbe in Verbindung mit den noch ausstehenden
Jahresbeiträgen von rund Fr. 500 unter allen Umständen
ausreichen, die Vermessungen fortzuführen bis zum Jahre

1899, wo der mit dem eidgenössischen topographischen Bureau abgeschlossene Vertrag abläuft. Hoffentlich wird nun bald die schon längst erwartete Veröffentlichung der Beobachtungen mit den dazu gehörigen Karten, Plänen und Photographien erscheinen und das Interesse für diese wichtige vaterländische Untersuchung in solchem Grade verstärken und wecken, dass die Mittel zur Fortsetzung dieses Werkes und zum Abschluss eines neuen Vertrages zusammengebracht werden können.

Basel, Ende Juli 1898.

Für die Gletscherkommission,
deren Präsident:
Hagenbach - Bischoff.

Rechnung der Gletscherkommission.

Einnahmen.

Saldo am 30. Juni 1897	Fr. 5326.	93
Beitrag der eidg. meteorolog. Kommission aus dem Brunner'schen Legate für die Niederschlagsmessungen	» 600.	—
Geschenk des Hrn. Prof. F. A. Forel für Untersuchungen über Eistiefe . . .	» 500.	—
1 Aversalbeitrag	» 20.	—
Jahresbeiträge pro 1897	» 375.	—
Jahresbeiträge pro 1898	» 260.	—
Zinse	» 163.	35
	Fr. 7245.	28

Ausgaben.

Zahlungen an das eidg. topogr. Bureau für Vermessungen am Rhonegletscher . .	Fr.	1844. 75
Gratifikationen, Aufbewahrungsgebühr der Wertschriften	»	24. —
Druckschriften, Schreibmaterialien, Frankaturen	»	28. 13
Saldo am 30. Juni 1898	»	5348. 40
	Fr.	7245. 28

Der Saldo zerfällt in:

Disponibler Saldo für die Rhonegletschervermessungen	Fr.	4830. 90
Specialfonds für Untersuchungen über Eistiefe . . . . . Fr. 500. —		
dazu Jahreszins à 3½ % . » 17. 50		
	»	517. 50
	Fr.	5348. 40

XIII.

Erster

Bericht der Kommission für die Kryptogamenflora der Schweiz.

Im Jahre 1893 wurde im Schosse der schweizerischen botanischen Gesellschaft die Frage aufgeworfen, ob nicht der Zeitpunkt gekommen sei, die Publikation einer grösseren, die Phanerogamen und Kryptogamen umfassenden Schweizerflora an die Hand zu nehmen. Der Vorstand prüfte diese Frage des Näheren und kam zum Resultate, dass die Anhandnahme eines derartigen Unternehmens in der That sehr wünschbar sei, und zwar speciell für die Kryptogamen, dass dies aber für die meisten Gruppen nicht unmittelbar geschehen könne, sondern vielmehr mit Vorarbeiten begonnen werden müsse. Letztere würden in der Veröffentlichung von monographischen Bearbeitungen einzelner schweizerischer Pflanzengruppen (Familien oder grösseren Gattungen) bestehen. Da nun aber zu solchen Veröffentlichungen die Finanzmittel der botanischen Gesellschaft nicht ausreichen, so wandte sich der Vorstand der Letztern an das Centralkomitee der Schweizerischen Naturforschenden Gesellschaft mit dem Gesuche um ihre Mithülfe, eventuell um Vermittlung eines Bundesbeitrages. Das Centralkomitee begrüsste den Plan und schlug den Petenten vor, sie möchten für die Publikation der in Rede stehenden Monographien die Denkschriften benutzen und sich zu dem Zwecke mit der Denkschriftenkommission in Verbindung setzen.

Am 5. September 1893 wurde in Lausanne die ganze Angelegenheit dem Plenum der botanischen Gesellschaft unterbreitet; dieses erklärte nach stattgehabter Diskussion ebenfalls die Herstellung einer Kryptogamenflora für wünschbar und beauftragte den Vorstand mit weiteren Schritten. Der letztere wandte sich nun unter dem 20. Oktober 1894 an die Denkschriftenkommission mit dem Gesuche, es möchte dieselbe die Veröffentlichung einer fortlaufenden Serie von Beiträgen zur Kryptogamenflora der Schweiz ermöglichen, sei es so, dass dieselben in die Denkschriften aufgenommen und unter gemeinsamem Titel in den Buchhandel gebracht werden, sei es so, dass für dieselben neben den Denkschriften eine besondere Serie von Publikationen eröffnet würde. Letzterer Modus wurde dabei speciell empfohlen. In ihrem Antwortschreiben vom 19. Januar 1895 erklärte die Denkschriftenkommission ihre Bereitwilligkeit, wie bisher so auch fernerhin tüchtige botanische Arbeiten in den Denkschriften zu publizieren, dagegen sei es nicht ihre Sache, neben den Denkschriften noch ein besonderes Publikationsmittel für botanische Arbeiten einzuführen, es müsse vielmehr hier die botanische Gesellschaft selbständig vorgehen und sich bei der Muttergesellschaft oder durch diese beim Bundesrate um Subventionen bewerben, falls sie nicht in der Lage sei, besagte Publikationen auf eigene Kosten durchzuführen.

Auf das hin beauftragte in der Versammlung von Zermatt, am 10. September 1895, das Plenum der botanischen Gesellschaft den Vorstand damit, ein erneutes Gesuch an das Centralkomitee der Schweizerischen Naturforschenden Gesellschaft zu richten. Dies geschah unter dem 6. Juli 1896. Das Centralkomitee unterbreitete und empfahl dieses Gesuch dem eidgenössischen Departement des Innern. Letzteres verlangte nun zunächst ausführlichere Angaben und Kostenvoranschläge. Diese erfolgten in der Weise, dass das Komitee der botanischen Gesellschaft für den Abschluss des Unternehmens einen Zeitraum von zwölf Jahren und eine jährliche Subvention von Fr. 1200 in Aussicht nahm. Zugleich war es auch in der Lage, bereits einige Monographien zu nennen, die ihm zur Publikation in Aussicht gestellt worden waren. Zu einer längeren Discussion mit dem Centralkomitee der Schweizerischen Naturforschenden Gesellschaft führte die Frage nach der geschäftlichen Leitung des Unternehmens. Letzteres wünschte für dieselbe eine von der Schweizerischen Naturforschenden Gesellschaft zu ernennende Kommission nach dem Vorbilde der geologischen, limnologischen etc. Kommission; die Mehrheit des Vorstandes der botanischen Gesellschaft dagegen schlug eine dreigliedrige Kommission vor, von welcher zwei Mitglieder durch die botanische, eines durch die Naturforschende Gesellschaft zu ernennen wären. Um sich in ihrem Vorgehen nicht von der Muttergesellschaft zu trennen, gab schliesslich die botanische Gesellschaft in diesem Punkte nach, wodurch das ganze Unternehmen aus den Händen der botanischen Gesellschaft in die der Schweizerischen Naturforschenden Gesellschaft überging. In dieser Form wurde das Gesuch wieder den Bundesbehörden unterbreitet.

Unter dem 28. Dezember 1897 erhielt das Centralkomitee der schweizerischen Naturforschenden Gesellschaft vom eidgenössischen Departement des Innern die Mitteilung, dass das in der letzten Session durch die eidgenössischen Räte genehmigte Budget einen Kredit von Fr. 1200 für die Darstellung der Kryptogamenflora der Schweiz vorsieht.

Damit war das Zustandekommen dieses längst geplanten Werkes gesichert, und es handelte sich nun vorerst um die Ernennung der Kommission. Dieselbe wurde, damit die

Arbeit sofort beginnen könne, vom Centralkomitee proviso-
risch, unter Vorbehalt der Genehmigung durch die Plenar-
versammlung der Schweizerischen Naturforschenden Gesellschaft, ernannt. Aus acht vom Komitee der botanischen
Gesellschaft vorgelegten Vorschlägen wurden gewählt
die Herren Dr. H. Christ in Basel, Prof. Dr. C. Schröter
in Zürich, Prof. Dr. R. Chodat in Genf, Prof. Dr. Jean
Dufour in Lausanne, Prof. Dr. Ed. Fischer in Bern.

Am 14. April 1898 hielt diese Kommission in Olten
ihre konstituierende Sitzung ab, bei welcher auch der
Centralpräsident der Schweizerischen Naturforschenden
Gesellschaft zugegen war, und organisierte sich in der
Weise, dass Herr Dr. H. Christ zum Präsidenten, Herr
Prof. Dr. J. Dufour zum Vice - Präsidenten, Herr Prof.
Dr. Ed. Fischer zum Sekretär ernannt wurde. Die Funktionen des Kassiers übernahm auf Anfrage hin in be-
reitwilligster Weise Frl. Fanny Custer, Quästor der
Schweizerischen Naturforschenden Gesellschaft, wofür
wir ihr unsern herzlichen Dank aussprechen. Im fernern
wurde durch ein Reglement der Geschäftsgang der Kommission geordnet. Die übrigen Geschäfte wurden auf
dem Cirkulationswege erledigt: dieselben bestanden vorerst im Abschlusse eines Druck- und Verlagsvertrages
mit der Firma K. J. Wyss in Bern, vorläufig bis Ende
1899. Sodann handelte es sich um die Herausgabe des
ersten Heftes der Beiträge zur Kryptogamenflora der
Schweiz. Wir sind in der Lage, Ihnen dasselbe schon
bei der Jahresversammlung vollendet vorzulegen. Es
enthält eine Arbeit von Prof. Ed. Fischer: Entwicklungs-
geschichtliche Untersuchungen über Rostpilze, eine Vor-
arbeit zur monographischen Darstellung der schweizerischen Uredineen (mit 16 zinkographischen Textfiguren
und zwei Tafeln).

Für das nächste Jahr steht eine Bearbeitung der
schweizerischen Grünalgen aus der Hand von Herrn
Prof. R. Chodat in Aussicht.

Eine Rechnung können wir Ihnen noch nicht vorlegen, da die Verrechnung für den Druck des ersten Heftes noch nicht erfolgt ist. Dagegen bitten wir Sie, auch für das nächste Jahr bei den Bundesbehörden um einen Kredit von Fr. 1200 für unsere Arbeiten nachzusuchen.

Bern, im Juli 1898.

Namens der Kommission für die Kryptogamenflora
der Schweiz:

Der Sekretär: **Ed. Fischer**, Prof.

Personalbestand der Gesellschaft.

Verzeichnis der Mitglieder der Gesellschaft und der Gäste,

welche an der 81. Jahresversammlung in Bern teilgenommen haben.

Teilnehmerliste.

Ehrengäste.

Hr. Bundespräsident Ruffy.
» B.-R. Lachenal, Bern.
» R.-R. Jöliat, Bern.
» Stadtpräs. Lindt, Bern.
» Gemeinderat Schenk, Bern.
» Reisinger, Vizepräs. des Burgerrates, Bern.
» Dr. E. v. Fellenberg, Burgerrat, Bern.
» Prof. Dr. Lotmar, Rekt. der Hochschule, Bern.
» Forstmeister Zeerleder, Bern.

Eingeladene.

Hr. Dr. Thiessing, Redakt., Bern.
» Dr. O. v. Greyerz, Gymnasiallehrer, Bern.
» Inspekt. Davinet, Bern.
» Fritz Widmann, Maler, Bern.

Aargau.

Hr. Fischer-Siegwart, Dr. H., Zofingen.
» Urech, Dr.

Basel.

Hr. Bucherer, Dr.
» Bühler, Theod.
» Burckhardt, Prof. Dr., Fr.
» Burckhardt, Prof. Dr., Rud.
» Buxtorf, cand. phil.
» Fichter, Dr.
» Hagenbach - Bischoff, Prof. Dr. E.
Frl. Hagenbach.
Hr. Kollmann, Prof. Dr.
Frl. Kollmann.
Hr. Riggenbach, Prof. Dr.
» Ruge, Dr.
» Sarasin, Dr. F.
» Sarasin, Dr. P.
» Schärges, Dr.

Hr. Schiess - Gemuseus,
    Prof. Dr.
» Schiess, Dr.
Frl. Schiess.
Hr. Stehlin, Dr.
» Tobler, Dr. A.
» Veillon, Dr.
» Von der Mühll, Prof. Dr.
» Zimmerlin, Gerold.
» Zschokke, Prof. Dr.

Bern.

Hr. Andreæ, Apotheker.
» Asher, Dr., Assistent u.
    Docent.
» Badertscher, Dr.
» Bednarski.
» Berdez, Prof. Dr.
» Brückner, Prof. Dr.
Frau Prof. Brückner.
Hr. von Büren, Eugen.
» Coaz, Forstinspektor.
» Crelier, Dr. Louis,
    St. Immer.
» Dubois, Dr.
» Dutoit, Dr.
» Emilewitsch, Dr.
» Feuerstein, Chemiker.
» Fischer, Prof. Dr. Ed.
» Fischer, Prof. Dr. L.
» Forster, Prof. Dr.
» von Freudenreich, Dr.
» Friedheim, Prof. Dr.
» de Giacomi, Dr.
» Gonin, Dr., St. Imier.
» Graf J. H., Prof. Dr.

Frau Prof. Graf.
Hr. Gressly H., Oberst.
» Gross, Dr., Neuenstadt.
» Gruner, Dr.
» Guillebeau, Prof. Dr.
» Hahn O., Fürsprech.
» Hiepe E., stud.
» Huber G., Prof. Dr.
» Huber Rud., Dr.
» Hug, Dr.
» Jacky Ernst, cand. phil.
» Jadassohn, Prof. Dr.
» Isenschmid, stud.
» Jto, Dr., Japan.
» Kästlin, Bern.
» Kaufmann, Dr.
» Kesselring.
» Keto, cand. phil.
» Kissling, Dr.
» Kleiner.
Frl. Kleiner F.
Hr. Kocher, Prof. Dr.
» v. Kostanecki, Prof. Dr.
» Kronecker, Prof. Dr.
Frau Prof. Kronecker.
Hr. Kummer Jb., Dr.
» Langhans, Prof. Dr.
» Lanz, Dr.
» Lederrey Vinc., admi-
    nistrateur.
» Lindt jun., Dr.
» Lochmann, Oberst.
» Lüscher Hm.
» Lüthi E., Gymn.-Lehrer.
» Lütschg, Alt - Waisen-
    vater.

Hr. Marti, Pfarrer.
» Moser Ch., Dr.
» Müller P., Prof. Dr.
» Müller Felix, Dr.
» Oesterle, Dr., Apoth.
» Otti, Prcf. Dr., Rüti.
» Pfister, Mech.
» Pflüger, Prof. Dr.
» Reber, Dr., Niederbipp.
» Renfer H., Assist. am
    Observatorium, Bern.
» Renfer, stud. phil.
» Ris-Schnell.
» Sahli, Prof. Dr.
» Schenkel, Dr.
» Schlachter L., Dr.
» Schneider, Sem.-Lehrer,
    Hofwyl, M'buchsee.
» Schumacher, Oberst.
» Schwab Alfred.
» Schwab, Dr.
» Sidler,- Prof. Dr.
» Simon, Fürsprecher.
Frl. Stämpfli Johanna.
Hr. Steck, Dr.
Frau Steck.
Hr. Strasser, Prof. Dr.
» Streun, Lehrer, Rüti.
» Studer B. sen., Apoth.
» Studer B. jun., Apoth.
» Studer Th., Prof. Dr.
Frau Prof. Studer.
Hr. Tanner, Apotheker.
» Thiessing, Dr.
» v. Tscharner L., Oberst.
» Tschirch, Prof. Dr.

Frau Prof. Tschirch.
Hr. Valentin, Prof. Dr.
» Volz W.
» Walthard, Dr.
Frau Dr. Walthard.
Hr. Wyss, Dr.
» Wüthrich, Dr.
» Zimmermann, Dr.

Fribourg.

M. Baumhauer, Prof. Dr.
» Cuony, Pharm.
» Gremaud, Ing., Fribourg.
» Musy, Prof. M., Fribourg.
» Westermayer, Prof. Dr.,
    Fribourg.

Genève.

M. Bedot Maurice, Dr., Dir.
» Blind, Dr.
Mme. Blind.
M. Chodat, Prof.
» Dussaud, Prof. Dr.
Mme. Dussaud.
M. Fatio V., Dr.
» Flournoy Ed.
» Eternod A. C. F., Prof.
    Dr.
Mme. Eternod.
M. Fuhrmann, Dr.
» Jeanneret, Dr.
» Micheli, Prof. Dr.
» Pictet A., Prof. Dr.
» Pidoux Just., Assistent
» Pittard, Prof.

M. Proudhomme de Borre A.
» Rilliet A., Prof. Dr.
» Sarasin Ed., Dr.
» Soret, Prof. Dr.
» Traz E. de, Versoix.
» Yung E., Prof. Dr.

Graubünden.

Hr. Lorenz, Dr.
» Lorenz, Ing.

Luzern.

Hr. Bachmann, Prof. Dr. H.
» Schumacher, Dr.
» Suidter O., Apotheker.

Neuchâtel.

M. Bauler E.
» Billeter, Prof. Dr.
» Godet, Prof. Paul.
» Jeanrenaud A., Dr.,
    Cernier.
Mlle. Parrot.
M. Philippin.
» Schardt, Prof. Dr.
» de Tribolet, Prof. Dr.
» de Tribolet, étudiant.
» Tripet E., Prof.
» Weber R., Prof. Dr.

St. Gallen.

Hr. Hanau, Dr.

Schaffhausen.

Hr. Nuesch J., Dr.

Solothurn.

Hr. Pfau, Apoth.
» Rossel A., Prof. Dr.,
    Luterbach.
» Walther, Prof.

Tessin.

Sign. Seiler, Prof.

Thurgau.

Hr. Eberli, Dr. J., Kreuz-
    lingen.
» Deucher Ad., Dr.,
    Steckborn.
» Kolb, Dr., Güttingen.

Unterwalden.

Hr. Ettlin, Dr., Sarnen.

Vaud.

M. Amann Jules, Pharm.,
    Lausanne.
Mme. Amann.
M. Borgeaud, Directeur,
    Lausanne.
» Blanc Henri, Prof. Dr.,
    Lausanne.
» Bugnion, Prof. Dr.,
    Lausanne.
» Bührer C., Pharm.,
    Montreux.
» de Cérenville, Prof. Dr.,
    Lausanne.
» Cornu F., Corseaux.
» Delessert E., Cully.

M. Dufour Ch., Prof., Morges.
Mme. Dufour.
M. Forel F. A., Prof. Dr., Morges.
Mlle. Forel Hilda.
  » Forel Marie.
M. Goll Herm., Lausanne.
  » Golliez, Prof. Dr:
  » Kunz-Krause H., Dr., Lausanne.
  » Muret Ern., Morges.
  » Renevier E., Prof., Lausanne.
  » Rey G., Prof.
  » Roud Aug.
  » Schenk, Dr.
  » Tauxe Alph., Ingenieur, Lausanne.
  » Vionnet P. L.

Valais.

M. de Torrenté A., Sion.

Zürich.

Hr. Aeppli Aug., Prof. Dr., Zürich.
  » Bamberger, Prof. Dr:, Zürich.
  » Bauer, Dr.
  » Billwiller, Direktor.
  » Cramer C., Prof. Dr., Zürich.
  » Feist, Dr.
  » Field, Dr.
  » Früh F., Dr.

Hr. Geiser, Prof. Dr.
  » Germann H., Horgen.
  » Hartwich, Prof. Dr.
  » Heim, Prof. Dr.
  » Keller, Dr., Sanitätsrat.
  » Keller C., Prof. Dr.
  » Kleiner, Prof. Dr.
  » Krauer-Widmer, Zürich
  » Künzler G., Winterthur.
  » Lang A., Prof. Dr., Zürich.
Frau Prof. Lang, Zürich.
Hr. Martin R., Dr., Zürich.
  » Maurizio, Dr. Ad.
  » Mayer-Eymar, Prof. Dr.
  » Pfeiffer, Dr.
  » Seiler, Dr.
  » Standfuss, Dr.
  » Strasny, Dr.
  » Weber F., Apotheker.
  » Werner A., Prof. Dr., Zürich.
  » Wild, Prof. Dr., kaiserl. russ. Staatsrat.

Ausland. — Etranger.

Hr. Aschau, Finland.
  » Aweng E., Dr., Barr, Elsass.
  » von Bistram Alex., Freiherr, Kurland.
Frl. Bopta, Dr., Holland.
Hr. Bruins, Holland.
  » Dr. C. Brunner v. Wattenwyl, Hofrat, Wien.

17

Hr. Büttikofer, Dr. Direktor,
    Rotterdam.
M. Dor H., Prof. Dr., Lyon.
Hr. Edelmann, Prof. Dr.,
    München.
» Emden, Dr., München.
M. Emery C., Prof. Dr.,
    Bologne.
» Granger A., Prof. Dr.,
    Paris.
Hr. Hagmann, Dr., Strass-
    burg.
» Hergesell, Prof. Dr.,
    Strassburg.
» His, Prof. Dr. jun.,
    Leipzig.
» Krafft, Prof. Dr.,
    Heidelberg.

Hr. Krauss, Dr., Tübingen.
» Mayer Rud., München.
» Nölting, Dr., Direktor,
    Mülhausen.
» Notberg, Dr., Viersen.
» Penck, Prof. Dr., Wien.
» Polacca, Triest.
» Richter Ed., Prof. Dr.,
    Graz.
» Schär, Prof. Dr.,
    Strassburg.
» Wild Eugen, Prof.,
    Mülhausen.
» Will, cand. phil., Hanau.
» Wood, Dr., Philadelphia
» Wybaum, Dr., Brüssel.

II.
Veränderungen im Personalbestand der Gesellschaft.

A. In Bern aufgenommen.

1. Ehrenmitglieder (7).

Herr Crova, André, Prof. Dr., Montpellier.
» Drygalski, von, Erich, Dr. phil. u. Privatdocent, Berlin.
» Duclaux, E., Prof. Dr., Direct. de l'Institut Pasteur, Paris.
» Foster, Mich., Prof., Secret. of the R. S., Cambridge.
» Mortillet de, G., St. Germain en Laye, Seine et Oise.
» Nathorst, A. G., Prof. Dr., Stockholm.
» Richter, Eduard, Prof. Dr., Universität Graz.

2. Ordentliche Mitglieder (52).

Herr Allemann, Jak., Arzt, Zweisimmen.
» Bellenot, Gust, Prof. Dr., Ec. de Commerce, Neuchâtel.
» Benteli-Kaiser, A., V. D. M., Bern.
» Bircher, Dr., Advokat, Zürich V.
» Borgeaud, Alb., Direct. des Abattoirs, Lausanne.
» von Büren, Eug., Banquier, Bern.
» Cornaz, Arth., Dr. med., Neuchâtel.
» Correvon, Henry, Direct. d. jardin alpin, Genève.
» de Coulon, Georges, Propriét., Neuchâtel.
» Friedheim, Karl, Prof. Dr., Bern.
» Fuhrmann, Otto, Dr. phil., Genève.
» Geering, Ernst, Dr., Reconvillier.

Herr de Giacomi, Joach., Dr. med., Bern.
> .Hohl-Stämpfli, Hs., Dr. med., Bern.
> Jacky, Ernst, cand. phil., Bern.
> Jadassohn, Jos., Prof. Dr., Bern.
> Isely, Louis, Prof. à l'Acad., Neuchâtel.
> Kesselring, Hrch., Sek.-Lehrer, Bern.
> Haller, Gottl:, Ingen, Bern.
> Kummer, Jak., Dr. med., Oberst, Bern.
> Lederrey, Vinc., Verwalt. d. schweiz. landw. Versuchsanstalt, Bern.
> von Lerber, Alfr., Dr. med., Laupen.
> Lorenz, Rich., Prof. Dr., Zürich.
> Lüscher, Fritz, Dr. med., Docent, Bern.
> Mellinger, Karl, Dr. med., Prof., Basel.
> Metzner, Rud., Dr. med., Prof., Basel.
> Müller, Peter, Prof. Dr., Bern.
> Muret, Maur., Dr. med., Priv.-Doc., Lausanne.
> Nœlting, Em., Dr. phil., Direktor der Chemieschule Mühlhausen i. E.
> Pidoux, Just., Astron., Observatorium, Genève.
> de Pury, Herm., Prof. de Chimie, Neuchâtel.
> Renfer, A., Gymn.-Lehrer, Burgdorf.
> Renfer, Herm., Assist. a. physik. Instit., Bern.
> Repond., Paul, Médec., Fribourg.
> Rocco, J. B., Bergwerks-Konsul., eidgen. Inspektor, Bern.
> Schenk, Assistent au.laborat. zoolog., Lausanne.
> Schenkel, Hs., Dr. phil., Leiter des Röntgen-Instituts am Inselspital, Bern.
> Schürch, Otto, Dr. phil., Zahnarzt, Langnau.
> Simond, Henri, Rentier, Serrières-Neuchâtel.
> von Speyr, W., Prof. Dr., Direktor der Waldau bei Bern.
> Stäger, Rob., Dr. med., Bern.
> Stebler, Joh., Tierarzt, Aarberg.
> Stingelin, Theod., Dr. phil., Bezirkslehrer, Olten.

Herr Strelin, Alex., Dr. med., Bern.
> Tauxe, Alph., Ingén. Chim., Lausanne.
> Tobler, Aug., Dr. phil., Geolog, Basel.
> von Tscharner, Beat., Dr. med., Bern.
> Vögeli, Gottl., Arzt, Thun.
> Volz, Walter, Aarberg.
> Wanzenried, Albr., Sek.-Lehrer, Gross-Höchstetten.
> Wollensack, Hrch., Dr. med., Giessbach (im Sommer),
    Arco, Südtirol (im Winter).
> Wyss, G., Dr. phil., Buchdrucker und Verleger, Bern.

B. Verstorbene Mitglieder.

1. Ehrenmitglieder (3).

	Geburts-jahr	Aufnahms-jahr
Herr Leuckart, Rud., Prof. Dr., Geh.-Rat (Zool.), Leipzig	1822	1892
> Marcou J., (Geol.), Cambridge, U.S.A.	21	93
> Sandberger, Frid., Dr., Prof. der Universität (Geol.) Würzburg	26	68

2. Ordentliche Mitlieder (17).

	Geburtsjahr	Aufnahmsjahr
Herr Bänziger, Jak. Th., Dr. med., Augenarzt, St. Gallen	1828	1871
> Bouthillier de Beaumont, B. H., Présid. hon. d. l. Soc. d. géogr., Genève	19	86
> Brunner, Fr., Apoth. (Bot.), Diessenhofen	21	49
> Deggeler, Jul., Apoth., Schaffhausen	25	52
> Geronimi, Dr. med., Bez.-Arzt, Ilanz	39	74
> Hartmann, H., Directeur de fabrique, Fribourg		91
> Lepori, Giac., Ingen., Castagnola, Lugano		89
> Montmollin, de, A., (Géol.), Neuchâtel	08	37
> Mösch, K., Dr. phil., Prof., Direct. und Conversat., Zürich	26	54

	Geburts-jahr	Aufnahms-jahr
Herr Müller, Emil, Dr. med., Bezirksarzt, Winterthur,	22	49
» Nicolas, Ch., Dr. med., Prof., Neuchâtel	46	74
» Plantamour, Ph., Dr. ès-sciences, (Chim.), Genève	16	42
» Rhiner, Jos., Philolog (Bot.), Schwyz	30	80
» Schmidhauser, J., Reallehrer (Math.), Basel	42	76
» Schuppli, M., a. Direktor (Bot.), Hilterfingen	24	49
» Seiffert, F. W., Apoth., Feuerthalen	47	73
» Wagner, Karl, Dr. phil., (Math.), Zürich	70	94

C. Ausgetretene Mitglieder (8).

Herr Arnold, Fr., Stadt-Oberförster, Solothurn	56	88
» Chossat, Théod., Dr. med., Genève	44	65
» Hausammann, A., Dr. med., Lausanne	51	95
» Hegetschweiler, C., Dr. med., Riffersweil	38	73
» Lorenz, Theodor, Geologe, Freiburg i. B.	75	96
» Stierlin, Rob., Dr., Luzern	44	74
» von Tavel, Fr., Dr. phil., Privatdocent (Bot.), Zürich	63	86
» Vetterli-Vogler, E., Kaufm., Schaffhausen	61	94

D. Gestrichene Mitglieder.

Herr Barbier, Henri, Dr. ès-sciences, Lyon.
» Dutoit, A. L., Genève.
» Egger, M., Dr. med., Paris.

III.

Senioren der Gesellschaft.

Herr Hagenbach, F., a. Stadtrat, Basel	1804, 1. Dezbr.
» Chaix, Paul, Prof., Genève	1808, 1. Oktob.
» Reynier, Dr. med., La Coudre, Neuchâtel	1808, 11. Novbr.
» Pfyffer, Jos., Arzt, Luzern	1813, 13. März.
» Frey, B., Dr. med., Schaffhausen	1814, 29. Oktob.
» Mayor, Aug. F., Neuchâtel	1815, 24. Juli.
» Gabrini, Ant., Dr. med., Lugano	1815, 20. Septbr.
» Oltramare, Gabr., Prof., Genève	1816, 19. Juli.
» Naville, Ern., Prof., Genève,	1816, 13. Dezbr.
» Andreæ, V., Phärm., Tavel près Clarens	1817, 9. Juni.
» Burckhardt-His, Mart., Dr. med., Basel	1817, 21. Oktobr.
» Escher, J. J., Dr. juris, Oberrichter, Zürich	1818, 18. Febr.
» Lanz, Jos., Dr. med., Biel	1818, 12. Dezbr.
» Mayor, Isaac, Dr. med., Genève	1818, 20. Oktbr.
» Wullschleger, Jak., a. Lehrer, Lenzburg	1818, 18. Oktobr.

IV.

Donatoren der Gesellschaft.

Die schweizerische Eidgenossenschaft.

			Fr.
1863	Legat von Dr. Alex. Schläfli, Burgdorf	{Schläfli-Stiftung}	9,000. —
1880	id. Dr. J. L. Schaller, Frei- burg	{ Unantastb. Stamm-Kapital }	2,400. —
1886	Geschenk des Jahreskomitees von Genf	{ id. }	4,000. —
1887	id. zum Andenken an den Präsid. F. Forel, Morges .	{ id. }	200. —
1889	Legat von Rud. Gribi, Unter- seen (Bern) . . .	{ — }	25,000. —
1891	id. von J. R. Koch, Bern .	{ Kochfundus der Bibliothek }	500. —
1893	Geschenk des Jahreskomitees von Lausanne . . .	{ Unantastb. Stamm-Kapital }	92. 40
1893	id. von Mr. L. C. de Coppet, Nizza	{ Gletscher- Untersuchung }	2,000. —
1893	id. von verschiedenen Sub- scribenten (s. Verhandl. v. 1894 u. 1895) . . .	{ id. }	4,036. 64
1894	id. (s. Verhandl. 1894 u. 95)	id.	865. —
1895	id. id.	id.	1,086. —
1896	id. id.	id.	640. —
1897	id. z. Andenken an Prof. Dr. L. Du Pasquier, Neuchâtel	{ id. }	500. —
1897	id. id.	{ Unantastb. Stamm-Kapital }	500. —
1897	id. von Prof. Dr. F. A. Forel, Morges	{ Gletscher- Untersuchung }	500. —

V.

Verzeichnis der Mitglieder auf Lebenszeit.

Herr Alioth-Vischer, Basel	seit 1892
» Andreazzi Ercole, Lugano	» 1889
» Balli Emilio, Locarno.	» 1889
» Berset Antonio, Fribourg	» 1891
» Bertrand, Marcel, Paris	» 1886
» Bleuler Herm., Zürich	» 1894
» Choffat Paul, Lissabon	» 1885
» Coppet L. C., de, Nice	» 1896
» Cornu Felix, Corseaux près Vevey	» 1885
» Delebecque A., Thonon	» 1890
» Dufour Marc, Lausanne	» 1885
» Ernst Jul. Walt., Winterthur	» 1896
» Favre Guill., Genève	› 1896
» Fischer Ed., Bern	» 1897
» Flournoy Edm., Genève	» 1893
» Forel F. A., Morges	» 1885
» Galopin Charles, Genève	» 1886
» Hagenbach-Bischoff, Basel	» 1885
» Micheli Marc., Genève	» 1885
» Renevier Eug., Lausanne	» 1885
» Riggenbach-Burckhardt, Basel	» 1892
» Rilliet Alb., Genève	› 1885
» Sarasin Edouard, Genève	» 1885
» Sarasin Fritz, Basel	» 1890
» Sarasin Paul, Basel	› 1890
» Soret Charles, Genève	» 1885
» Stehlin G., Basel	» 1892
» Von der Mühll Karl, Basel	» 1886

Beamte und Kommissionen.

---

1. Centralkomitee.

In Lausanne 1892 — 98.

		ernannt
Herr Forel, F. A., Prof. Dr., Morges, Präsident		1892
» Dufour, Henri, Prof., Lausanne, Vize-Präsident		1892
» Golliez, Henri, Prof., Lausanne, Sekretär		1892
» Lang, Arnold, Prof., Dr., Zürich		1893
Fräulein Custer, Fanny, Aarau, Quästor		1894

Neués Centralkomitee.

In Zürich 1898 — 1904.

Herr Geiser, C. F., Prof. Dr., Küssnacht - Zürich, Präsident	1898
» Lang, Arnold, Prof. Dr., Zürich, Vice-Präsident	1893
» Schröter, C., Prof. Dr., Zürich, Sekretär	1898
» Kleiner, A., Prof. Dr., Zürich	1898
Fräulein Fanny Custer, Aarau, Quästor	1894

2. Bibliothek.

In Bern.

Herr Steck, Theodor, Dr., Bern, Oberbibliothekar	1896
» Kissling, E., Dr., Bern	1888
Fräulein Stettler, Elise, Bern	1893

3. Jahresvorstand.
In Bern 1897.

Herr Studer, Th., Prof. Dr., Bern, Präsident.

> Fischer, E., Prof. Dr., Bern, Vice-Präsident.
> Graf, J. H., Prof. Dr., Bern, Generalsekretär.
> Kissling, E., Dr. phil., Bern, Protokollführer.
> Studer-Steinhäuslin, B., Kassier, Bern.
> Badertscher, Sekundarlehrer, Bern.
> Brückner, E., Prof. Dr., Bern.
> Strasser, Hans, Prof. Dr., Bern.
> Davinet, Inspektor, Bern.
> Dr. L. von Tscharner, Oberst, Bern.
> Tschirch, Prof. Dr., Bern.

In Neuenburg 1895.

Herr M. v. Tribolet, Prof. Dr., Neuenburg, Präsident.

4. Kommissionen:

a) Bibliothek-Kommission: ernannt

Herr Studer, Theoph., Prof. Dr., Bern, Präsident	1894
» Lang, Fr., Prof. Dr., Solothurn	1894
» Steck, Theodor, Dr., Bern, Oberbibliothekar	1896
» Graf, J. H., Prof. Dr., Bern, Ehrenmitglied	1896

b) Denkschriften-Kommission:

Herr Lang, Arnold, Prof. Dr., Zürich, Präsident	1892
» Micheli, Marc, Prof. Dr., Genf	1882
» Cramer, C., Prof. Dr., Zürich	1884
» Fischer, L., Prof. Dr., Bern	1886
» Bedot, Maurice, Prof. Dr., Genf	1892
» Renevier, E., Prof. Dr., Lausanne	1893
» Hagenbach-Bischoff, Prof. Dr., Basel	1895

c) Kommission der Schläfli-Stiftung:

Herr Heim, Albert, Prof. Dr., Zürich, Präsident	1886
» Soret, Charles, Prof. Dr., Genf	1886
» Blanc, Henri, Prof. Dr., Lausanne	1894
» Fischer, L., Prof. Dr., Bern	1894
» Studer, Theoph., Prof. Dr., Bern	1895

d) Geologische Kommission:

ernannt

Herr Heim, Alb., Prof. Dr., Zürich, Präsident	1888
» Lang, Fr., Prof. Dr., Solothurn, Ehrenpräsident	1872
» Favre, Ernest, Genf	1888
» Baltzer, A., Prof. Dr., Bern	1888
» Renevier, E., Prof. Dr., Lausanne	1894
» Grubenmann, U., Prof. Dr., Zürich	1894
» Aeppli, Aug., Dr. Prof., (Sekretär)	1894

Eine Subkommission der geolog. Kommission ist die
Kohlen-Kommission:

Herr Mühlberg, Fr., Prof. Dr., Aarau, Präsident	1894
» Letsch, E., Zürich, Sekretär	1897
» Heim, Alb., Prof. Dr., Zürich	1894

e) Geodätische Kommission:

Herr Hirsch, H., Prof. Dr., Neuenburg, Präsident	1861
» Gautier, Raoul, Prof., Genf, Sekretär	1891
» Lochmann, J. J., Oberst, Chef des Eidgenössischen topographischen Bureaus, Bern	1883
» Rebstein, J., Prof. Dr., Zürich	1888
» Riggenbach, A., Prof. Dr., Basel	1894
» Dumur, Oberst, Lausanne, Ehrenmitglied	1887

f) Erdbeben-Kommission:

Herr Billwiller, Rob., Direktor der meteorologischen Centralanstalt Zürich, Präsident	1878
» Heim, Alb., Prof. Dr., Zürich, Vize-Präsident	1878
» Früh, J. J., Dr., Zürich, Sekretär	1883
» Forster, A., Prof. Dr., Bern	1878
» Amsler-Laffon, J., Prof. Dr., Schaffhausen	1878
» de Torrenté, A., Forstinspektor, Sitten	1880
» Brügger, Ch., Prof. Dr., Chur	1880
» Soret, Ch., Prof. Dr., Genf	1880
» Hess, Cl., Prof. Dr., Frauenfeld	1883
» Riggenbach, A., Prof. Dr., Basel	1896
» Bührer, C., Clarens	1897
» Schardt, Prof. Dr., Neuchâtel	1897

g) *Limnologische Kommission*:

ernannt

Herr Zschokke, Fr., Prof. Dr., Basel, Präsident	1890
» Sarasin, Ed., Dr., Genf	1892
» Duparc, Ls., Prof. Dr., Genf	1892
» Heuscher, J., Prof. Dr., Zürich	1894
» Suidter, O., Apotheker, Luzern	1896

h) *Moor-Kommission*:

Herr Früh, J. J., Dr., Zürich, Präsident	1890
» Schröter, C., Prof. Dr., Zürich	1890

i) *Fluss-Kommission*:

Herr Brückner, Ed., Prof. Dr., Bern, Präsident	1893
» Heim, Alb., Prof. Dr., Zürich	1893
» Duparc, Louis, Prof. Dr., Genf	1893

k) *Gletscher-Kommission*:

Herr Hagenbach-Bischoff, Prof. Dr., Basel, Präsident	1893
» Coaz, eidgen. Forstinspektor, Bern	1893
» Heim, Alb., Prof. Dr., Zürich	1893
» Sarasin, Ed., Dr., Genf	1893
» Lugeon, M., Dr., Prof., Lausanne	1897
» Forel, F. A., Prof. Dr., Morges	1898

l) *Kommission für schweizerische Kryptogamenkunde*:

Herr Christ, H., Dr., Basel, Präsident	1898
» Schröter, C., Prof. Dr., Zürich	1898
» Fischer, E., Prof. Dr., Bern	1898
» Chodat, R., Prof. Dr., Genf	1898
» Dufour, Jean, Dr., Lausanne	1898

Jahresberichte

der

Schweizerischen geologischen Gesellschaft,
Schweizerischen botanischen Gesellschaft,
Schweizerischen zoologischen Gesellschaft
und der

kantonalen

Naturforschenden Gesellschaften.

1. Société géologique suisse.

Messieurs et honorés confrères,

Votre Comité, que vous avez l'an passé prorogé pour une année, ne s'est réuni qu'une fois pendant cette période, le 14 mai, et a traité les affaires surtout par correspondance.

Vous aurez à le renouveler dans cette assemblée.

Personnel. — Nous n'avons fait que deux pertes cette année:

M. Léonidas Spendiaroff, mort subitement à Saint-Pétersbourg, pendant la durée du Congrès, après s'être rendu très utile pendant l'excursion à l'Oural; et M. Stein, de Saint-Gall, qui a démissionné pour raison de santé.

En revanche, nous avons à vous annoncer 15 nouvelles adhésions, qui sont, par ordre de date:

Mineral - petrographisches Institut des Eidgenössischen Polytechnikums, Zürich.

Mineral-geologische Anstalt der Universität, Basel.

MM. Liebheim, E., Bergingenieur, Strassbourg.

Rüst, Dr. C., Privat-docent, Université, Genève.

Preiswerk, H., Stud. phil., Basel.

Buxtorf, Aug., Stud. phil., Basel.

Bühler, Th., Apotheker, Spalenberg, Basel.

Egger, H., Lehrer, Basel.

18

MM. Kægi, H., Basel.
Wallrath, Basel.
George, H., libraire, Lyon.
Büchel, Joh., Reallehrer, Peterzell, Saint-Gall.
Mayer, L., Conservateur du Musée, Belfort (Haute-Saône).
Stingelin, Dr. Theod., Bezirksschule, Olten.
Bistram, Freiherr Alexander, Freiburg i./B.

Notre effectif s'élève ainsi à 172 membres.

Comme nous devons imprimer en automne une nouvelle liste de membres, avec adresses, il est désirable que l'on fasse inscrire, sans tarder, tous ceux qui voudraient se joindre à nous, et que l'on rectifie toutes les adresses devenues fautives.

Comptabilité. — Nos dépenses ont bien excédé les prévisions du budget. Elles sont presque doubles de celles de l'exercice précédent, soit par suite de la liquidation de notes arriérées, soit par le développement de notre organe, les *Eclogæ*.

Voici le résumé habituel de nos comptes, tel qu'il a été établi par notre caissier, et soumis à MM. les contrôleurs:

Recettes.

6 cotisations arriérées	Fr.	30	—
135 cotisations 1897—1898	»	675	—
4 cotisations anticipées	»	20	—
1 cotisation à vie	»	100	—
9 finances d'entrée	»	45	—
Vente de publications, et insertions . . .	»	118	85
Intérêts perçus	»	81	85
Produit de l'année . . .	Fr.	1070	70
Reliquat au 30 juin 1897	»	1113	07
Total disponible .	Fr.	2183	77

Dépenses.

Eclogœ et autres frais d'impression . . .	Fr.	1475	60
Frais de route du Comité	»	100	15
Photographies	»	16	—
Frais de ports et d'encaissement	»	41	93
Dépenses effectuées . .	Fr.	1633	68
Mis au fonds de réserve	»	100	—
Solde à compte nouveau .	»	450	09
Total égal . . .	Fr.	2183	77

Notre fonds de réserve se monte actuellement à 1900 francs.

Les dépenses à prévoir pour l'exercice 1898—1899 sont:

Publication des *Eclogœ*, etc.	Fr.	1000	—
Frais de route du Comité	»	100	—
Frais de bureau, ports, etc.	»	50	—
Éventualités	»	50	—
Total	Fr.	1200	—

Mais pour y pourvoir, il faudrait que nos recettes s'accrussent dans une forte proportion, et pour cela que le nombre de nos membres augmente.

Bibliothèque. — Conformément aux pouvoirs que vous nous aviez votés dans votre assemblée de 1897, nous avons abandonné en toute propriété, à la *Bibliothèque de la Société helvétique des sciences naturelles*, l'ensemble de nos livres, cartes, etc. Pour l'avenir, nous avons avisé nos correspondants d'adresser directement à cette Bibliothèque tous leurs envois destinés à la *Société géologique suisse*.

Comme nous n'avons pas de siège, il est évident que nous n'avons aucun intérêt à avoir notre bibliothèque particulière. La *Bibliothèque helvétique* sera d'ailleurs toujours à la disposition de chacun de nos membres.

Nous continuerons toutefois à publier ici, à titre
d'accusé de réception, la liste des ouvrages à nous en-
voyés, laquelle nous sera fournie par M. le bibliothécaire
de la *Société helvétique des sciences naturelles*.
Voici cette liste pour l'année 1897—1898.

A. *Périodiques (reçus en échange)*.

BALTIMORE. *Maryland geological survey*. Vol. I. Baltimore 1898.
In-8⁰,

BASEL. *Naturforschende Gesellschaft*, Verhandlungen. Band XII.
Heft 1. Basel 1898. In-8⁰.

BRUXELLES. *Société belge de géologie, de paléontologie et d'hydrologie*. Bulletin. Tome X. Fasc. 1—3; XI. 2, 3. Bruxelles 1897—1898. In-8⁰.

DARMSTADT. *Verein für Erdkunde und geologische Landesanstalt*. Notizblatt. 4. Folge. Heft 18. Darmstadt 1897.
In-8⁰.

FRIBOURG. *Société fribourgeoise des sciences naturelles*. Bulletin.
Vol. VII. Fribourg 1898. In-8⁰.

ST. GALLEN. *Naturwissenschaftliche Gesellschaft*. Bericht über
die Thätigkeit 1895—1896. St. Gallen 1897. In-8.

HALIFAX. *Nova Scotian institute of science*. Proceedings and
transactions. Vol. IX. Part. 3. Halifax 1897. In-8⁰.

LAWRENCE. *Kansas university quarterly*. Series A. Vol. VII.
N⁰ 2. Lawrence 1898. In-8⁰.

LIÈGE. *Société géologique de Belgique*. Annales. Tome XX, liv.
3. Tome XXIV, liv. 2. Tome XXV, liv. 1. Liège 1895 à
1898. In-8⁰.

LILLE. *Société géologique du Nord*. Annales. Tome XXIV,
XXVI. Lille 1896—1897. In-8⁰.

MINNEAPOLIS. *The american geologist*. Vol. XIX, 5, 6; XX,
1 - 6. Minneapolis 1897—1898. In-8⁰.

MONTEVIDEO. *Museo nacional*. Anales. Tome III. Fasc. 9. Montevideo 1898. In-4⁰.

NEUCHATEL *Société neuchâteloise de géographie*. Bulletin. Vol.
IX et X. Neuchâtel 1897—1898. In-8⁰.

PARIS. *Société géologique de France*. Bulletin. 3ᵉ Serie. Tome
XXIV, N⁰ˢ 10, 11. Tome XXV, N⁰ˢ 1—3. Paris 1897 à
1898. In-8⁰.

SAINT-PÉTERSBOURG. *Comité géologique*. Bulletins. Tome XVI,
N⁰ˢ 3 - 9. Saint-Pétersbourg 1897. In-8⁰.

Rochester. *Geological society of America.* Bulletin. Vol. VIII.
Rochester 1897. In-8°.
Roma. *R. Comitato geologico d'Italia.* Bollettino. Anno 1898.
N° 1. Roma 1898. In-8°.
Stuttgart. *Verein für vaterländische Naturkunde.* Jahreshefte.
Jahrg. 54. Stuttgart 1898. In-8°.
Upsala. *Geological institution of the university.* Bulletin. Vol.
III, p. 1 et 2. Upsala 1897—1898. In-8°.
Washington. *United Staates-geological survey:*
a. Annual report. 1895-96. P. 1 et 2. Washington 189 ?. In-8°.
b. Bulletins. N°s 87, 127, 130, 135—139, 141—148. Washington. 1896—1897. In-8°.
c. Monographs:
Vol. XXV. Warren Upham. The geological lake Agassiz.
1895. In-4°.
Vol. XXVI. John Strong Newberry: The flora of the
Amboy Clays. Washington 1895. In-4°.
Vol. XXVII. Samuel Franklin Emmons, Whitmann Gross
and George Homans Eldrige: Geology of the Denver
basin in Colorado. Washington 1896. In-4°.
Vol. XXVIII. C. R. v. Hise, W. Sparley Bayley and H.
Lloyd Smiths: The Marquette Iron bearing district of
Michigan with Atlas. Washington. 1897. In-4° et folio.
Zürich. *Naturforschende Gesellschaft.* Vierteljahrsschrift. Jahrgang 43. Heft 1.—3, Zürich 1898. In-8°.

B. *Ouvrages offerts par les auteurs, ou d'autres.*

Böhm, August von Böhmersheim. Recht und Wahrheit in der
Nomenklatur der oberen alpinen Trias. Wien 1898. In-8°.
Brunhès, Jean. Les principes de la géographie moderne. Paris
1897. In-8°.
Idem. Le septième congrès géologique international en Russie.
Paris 1898. In-8°.
Choffat, Paul. Le faciès ammonitique et faciès récifal du
Turonien portugais. Paris 1897. In-8°.
Idem. Observations sur l'article de. M. Rollier intitulé: Des
faciès du Malme. Lausanne 189 ?. In-8°.
Idem. Les eaux d'alimentation de Lisbonne. Bruxelles 1897. In-8°.
Idem. Sur le Crétacique de la région de Montégu. Paris 1897. In-4°.
Daubrée, Auguste. Discours prononcés aux funérailles de M.
Daubrée, le 1er juin 1896, avec préface par M. Bertrand
(Don de la famille Daubrée). Paris 1897. In-8°.

DELEBECQUE, ANDRÉ, Les lacs français. Paris 1898. In-8°.

TARR, RALP. S. The margin of the Cornell glacier. Minneapolis. 1897. In-8°.

DE VOGDT, CONSTANTIN. Le jurassique à Soudak. Saint-Pétersbourg 1897.

Bericht der Centralkommission über den Stand der Arbeit an der Bibliographie der schweizerischen Landeskunde. Protokoll der IX. Plenarsitzung. Ende März 1898. Bern 1898. In-8°.

Publications. — Nous avons publié, pendant l'exercice 1897-1898, les fascicules 3, 4 et 5 du vol. V des *Eclogæ*. M. le Dr Schardt, qui continue seul la rédaction de la *Revue géologique suisse*, a eu bien à faire pour la mettre à jour. La *Revue* de 1896 n'a pu paraître qu'en avril 1898 et forme le fascicule 5. Celle de 1897, qui est sur le point de paraître, constituera le fascicule 6.

Nous sommes en tractation avec la Commission de la carte géologique suisse, pour que celle-ci adopte aussi les *Eclogæ* comme son organe courant, ce qui augmenterait l'intérêt et l'utilité de notre publication, déjà fort appréciée, nous dit-on, à l'étranger aussi bien que dans notre patrie.

Congrès géologiques internationaux. — Les Comptes du Congrès de 1894, retardés par des questions de librairie, etc., ont pu être bouclés récemment. Conformément à la décision du Comité d'organisation, ils ont été contrôlés par MM. Dr H. Kronauer, Prof. Dr Heim et Dr A. Aeppli, tous trois à Zürich, qui les ont reconnus exacts. Le total des dépenses s'élève à 26,131 fr. 95, laissant un petit solde en caisse de 123 fr. 38. Le Comité d'organisation, au bout de sa mission, a abandonné ce solde à la *Société géologique suisse*, sous déduction des frais de la circulaire de clôture. Cette petite valeur figurera dans nos comptes en cours. Le dit Comité a également fait don à notre Société des volumes restant en librairie (environ 200 exemplaires) du *Compte-rendu du Congrès de 1894*.

Le solde du subside fédéral, revenant aux membres de notre Société qui ont participé aux excursions du Congrès de 1897, a été réparti aux intéressés conformément aux décisions du Comité, approuvées par l'autorité fédérale.

Le Congrès de Saint-Pétersbourg a été très fréquenté. Une 40ᵉ de membres de notre Société en faisaient partie, parmi lesquels une 15ᵉ de Suisses ont participé soit aux séances, soit à une partie des excursions.

Le prochain Congrès se tiendra à Paris en 1900, en connexion avec l'Exposition universelle.

Session helvétique de 1898. — Votre Comité a chargé son président de représenter la *Société géologique* à l'assemblée des délégués.

Il s'est montré peu favorable à la proposition, qui doit y être discutée, de publier une édition complète spéciale des travaux des savants suisses décédés, et a chargé ceux de ses membres qui assisteront à la dite assemblée d'y présenter diverses objections.

Enfin, votre Comité avait prié M. le prof. Baltzer d'organiser, dans la région des Alpes bernoises, notre excursion de cet été. Mais notre collègue ayant été empêché au dernier moment par son état de santé, nous avons dû renoncer pour cette fois à notre excursion officielle.

Conclusion. — En terminant, nous avons à vous demander:

1º De sanctionner les comptes de 1897—1898, après avoir entendu le rapport de MM. les contrôleurs.

2º De voter le budget des dépenses du nouvel exercice.

3º De nommer un nouveau Comité de sept membres pour la période triennale 1898 à 1901.

Pour le Comité:

Le président: E. Renevier, prof.

Ce rapport a été approuvé en séance du Comité, le 1ᵉʳ août 1898.

2. Schweizerische botanische Gesellschaft.

Vorstand:

Präsident: Herr Dr. H. Christ in Basel.
Vice-Präsident: »   Prof. Dr. C. Schröter in Zürich.
Sekretär: »   Prof. Dr. Ed. Fischer in Bern.
                 »   Prof. Dr. R. Chodat in Genf.
                 »   Prof. F. O. Wolf in Sitten.

Kassier: Herr Apotheker B. Studer-Steinhäuslin in Bern.

Redaktions-Kommission: Herr M. Micheli in Genf.
                        »   Prof. C. Schröter in Zürich.
                        »   Prof. Ed. Fischer in Bern.

Zahl der Mitglieder (auf 31. Juli 1898).
Ehrenmitglieder: 2.
Ordentliche Mitglieder: 114.

A.

Auszug aus dem Jahresbericht des Vorstandes.

Das verflossene Vereinsjahr hat endlich die Erfüllung unserer Wünsche betreffend die Herausgabe von Beiträgen zur Kryptogamenflora der Schweiz gebracht, eine Angelegenheit, die unsere Gesellschaft seit 1893 beschäftigte. Freilich liegt diese Sache, wie bereits im letzten Bericht erwähnt wurde, nunmehr in den Händen einer Kommission der schweizerischen naturforschenden Gesellschaft (s. Bericht der Kommission für die Kryptogamenflora der Schweiz).

Im verflossenen Jahre hat sodann auch eine andere Angelegenheit ihre Erledigung gefunden, nämlich der Abschluss des Vertrages mit dem eidgenössischen Schulrate betreffend Abtretung unserer Bibliothek an das eidgenössische Polytechnikum.

Im 8. Heft der Berichte der botanischen Gesellschaft nehmen die Original-Arbeiten einen geringeren Raum ein als in den meisten früheren Heften, dafür aber sind die Referate und der Abschnitt: «Fortschritte der Floristik» um so umfangreicher; wir erblicken übrigens hierin keinen Nachteil, denn nach unserem Dafürhalten sollen die Berichte der schweizerischen botanischen Gesellschaft in erster Linie ein Centralorgan für die schweizerische Flora sein, welches den Leser über alle wichtigeren Publikationen und Entdeckungen, welche die Pflanzenwelt unseres Landes betreffen, auf dem Laufenden halten sollen, also eine Art Repertorium der Schweizerflora. Um dieser Aufgabe mehr und mehr gerecht zu werden, bedürfen wir aber einer viel intensiveren Mitarbeit unserer Mitglieder, speziell durch Mitteilung ihrer Funde zu Handen der «Fortschritte der schweizerischen Floristik».

Der Mitgliederbestand der botanischen Gesellschaft weist leider wieder einen Rückgang auf: wir haben nur drei Eintritte zu verzeichnen; diesen gegenüber stehen sechs Austritte, ferner der Hinschied der Herren Direktor M. Schuppli, Gérard, Rektor der Universität Montpellier und Joseph Rhiner in Schwyz.

B.

Auszug aus dem Protokoll
der 9. ordentlichen Versammlung.

Dienstag den 2. August 1898, Vormittags 8$^1/_4$ Uhr,
im botanischen Institut in Bern.

Anwesend sind zirka 15 Mitglieder.

1. Der Jahresbericht des Vorstandes wird verlesen
   und genehmigt.
2. Auf Antrag der Rechnungs-Revisoren HH. Prof.
   Schinz und Micheli wird die Jahresrechnung pro
   1897 unter bester Verdankung an den Rechnungsgeber genehmigt.
3. Es wird beschlossen, ein Cirkular zur Gewinnung
   neuer Mitglieder zu erlassen.

Der Vorsitzende:

L. Fischer, Prof.

Der Sekretär:

Ed. Fischer, Prof.

3. Bericht der zoologischen Gesellschaft

von Dr. Th. Studer, Professor.

Übersicht über die auf die Fauna der Schweiz bezüglichen Arbeiten während des Jahres 1897/98.

(Oktober 1897 bis August 1898)

1. Bibliographie.

Neu vollendet und erschienen sind folgende Bibliographien:

Crustacea	von Dr. Heuscher.
Anneliden	» Dr. Hescheler.
Rotiferen	» Dr. Heuscher.
Bryozoa	» Dr. Studer.
Turbellaria	» Frl. Dr. Plehn.
Hydroiden u. Spongien	» Dr. Studer.
Protozoen	» Dr. H. Blanc.

In Bearbeitung sind:

Säugetiere	von Dr. Fischer-Sigwart.
Fische	» Dr. Fischer-Sigwart.

Beides nahezu vollendet:

Insekten. — Durch die entomologische Gesellschaft.

Redakteur	Dr. Th. Steck.
Apterygogenea	von Dr. Carl (vollendet).
Myriapoden	» Dr. Rothenbühler (vollendet).
Arachnoidea	» Dr. Schenkel.
Helminthen	» Dr. Zschokke.

Es ist zu erwarten, dass der grösste Teil dieser Arbeiten in diesem Jahre noch vollendet sein werde.

2. Arbeiten.

Von einzelnen Ordnungen des Tierreichs sind folgende Arbeiten zu verzeichnen:

Aves. — Gerber in Zurzach. *Frühjahrszug der Vögel in der Westschweiz im Jahre 1897.* Schweizerische Blätter für Ornithologie. Zürich, 21. Jahrgang, 1897.

Gerber. *Sommeraufenthalt und Herbstzug der Vögel in der Westschweiz im Jahre 1897.* Schweizerische Blätter für Ornithologie. Zürich, 22. Jahrgang, 1898, Nr. 1—8.

Sehr interessante genaue Beobachtungen über Zugzeiten und Überwintern einheimischer Vögel, besonders aus der Gegend von Zurzach. Wertvoll ist namentlich auch die Beifügung der meteorologischen Daten zu denen des Zuges.

Fischer - Sigwart, H. *Ornithologische Beobachtungen vom Jahre 1897.* Schweizerische Blätter für Ornithologie. 22. Jahrgang, 1898, auch separat. 18 Seiten.

Zusammenfassung seiner Beobachtungen über Vorkommen, Zugzeit, Varietäten der im Gebiet von Zofingen und einem weitern Umkreis vorkommenden Vögel. Als seltene Erscheinung wird erwähnt, dass *Falco lanarius* Pall., bei Basel am 26. Oktober 1897 erlegt wurde. Ausführliche Beobachtungen finden sich über den Storch und seine Lebensweise in Zofingen. Dasselbe Thema behandelt der Verfasser auch im Zofinger Tagblatt vom 8.—11. Februar 1898.

Pisces. — Lorenz, P. in Chur. *Die Fische des Kantons Graubünden.* Beilage zur Schweizerischen Fischerei-Zeitung 1897—98 und zum Jahresberichte der Naturforschenden Gesellschaft Graubündens, Bd. 41, 1898.

135 Seiten mit Beilage einer hydrographischen Karte Graubündens. Eine ausführliche, erschöpfende Arbeit, worin die Fischereiverhältnisse Graubündens von der historischen Zeit bis zur Jetztzeit verfolgt werden, ferner die Verteilung der Fischarten auf die Gewässer Grau-

bündens eingehend behandelt wird. Interessant sind besonders auch die Angaben über Höhenverbreitung der Fische.

Mollusken — Hofer. *Beitrag zur Mollusken-Fauna des Kantons Aargau.* Mitteilungen der aargauischen naturforschenden Gesellschaft, 1898.

109 Species mit genauen Fundortsangaben.

Suter, Henry. *Verzeichnis der Mollusken Zürichs und Umgebung.* Revue suisse de zoologie, Genève, tome 5, fasc. 3, 1898.

Verzeichnis von 105 Species mit genauen Fundortsangaben.

Insecta. — Die von der entomologischen Gesellschaft begonnene *Fauna helvetica* wird stetig fortgesetzt. In den drei ersten Heften der Mitteilungen der Schweizer. entomologischen Gesellschaft, vol. 10, 1897—98, folgen die Fortsetzung der *Coleoptera Helveticæ,* deren zweiter Teil nun vollendet ist, von Dr. Stierlin in Schaffhausen; das dritte Heft enthält die Fortsetzung der *Hymenoptera,* und zwar den Anfang der *Apidæ* von E. Frey-Gessner.

Weitere Beiträge zur Insektenfauna liefern:

Favre und Wullschlegel. *Note sur Melitæa Berisalensis.* Mitteilungen der Schweizerischen entomologischen Gesellschaft, vol. 10, H. I, p, 34.

Beschreibung dieser als neue Art zu betrachtenden Form, die von Bühl für eine Aberration von *M. Athalia* gehalten wurde.

Frey-Gessner, E. *Ueber die Erkennungszeichen des hochalpinen dreifarbigen Hummelarbeiter alticola, Derhamellus ilulia var, 3, mendax u. lapponicus.* Mitteilungen der Schweizerischen entomologischen Gesellschaft, vol. 10, 4. 3, p. 127.

Frey-Gessner, E. *Onethocampa pityocampa Sch. und Dermestes·aurichalceus.* Mitteilungen der Schweizerischen entomologischen Gesellschaft. vol. 10, H. 3, p. 133.

Letzterer als Parasit in den Nestern von *Onethocampa*
überwinternd und schon Mitte März in lebenden Nestern
gefunden.

J o n e s, Alb. H. *Notes on the Rhopalocera, etc., of
the Alps, particularly the Upper Engadine.* Entomol. Monthly Magaz. (2), vol. 9 (34). Febr., p. 25—28. 1898.

Arachnoidea. — S i m o n, E. *Matériaux pour servir
à la faune arachnologique de la Suisse.* Revue suisse de
zoologie. Tome 5, fasc. 2, 1897, p. 101.

Verzeichnis von 63 bei Bex gesammelten Arten.

Myriopoda. — B r o e l e m a n n, H. *Myriopodes de
Bex.* Revue suisse de zoologie. Tome 5, fasc. 2, 1897, p.
105 (vid. S i m o n).

Neun bei Bex gesammelte Arten.

Rotatoria. — W e b e r, E.-F. *Note sur quelques mâles
de Rotateurs.* Revue suisse de zoologie, tome 5, fasc. 2,
1897, 9 Seiten und eine Tafel.

Beschreibung der Männchen von *Copeus labiatus,
Diglena forcipata, Dinocharis pocillum, Scaridium longicaudum, Salpina brevispina, Salpina mucronata.*

W e b e r, E.-F. — *Faune Rotatorienne du bassin du
Léman.* 1re partie: *Rhizota et Bdelloïdea.* Revue suisse de
zoologie, tome 5, fasc. 3, 1898.

92 Seiten mit sechs zum Teil kolorierten Tafeln.
Dieses schöne Werk verspricht nach seiner Vollendung
grundlegend für die Kenntnis der schweizerischen Rotatorienfauna zu werden.

Turbellaria. — D u P l e s s i s, G. *Turbellaires des
cantons de Vaud et de Genève.* Revue suisse de zoologie,
tome 5, fasc. 2, 1897. 21 Seiten. Die Arbeit repräsentiert
das Resultat der langjährigen Studien des Verfassers
über die Turbellarien.

Wir lernen eine reiche und sorgfältig bearbeitete
Fauna kennen, zu der das Becken des Genfer- und des
Neuenburgersees ein wichtiges Kontingent liefern. Wichtig ist die Entdeckung des *Rhynchodesmus terrestris* Leidy

im Orbethal. Das erste konstatierte Vorkommen einer Landplanarie in der Schweiz.

Ausser diesen bis jetzt erschienenen Beiträgen zur Schweizerischen Fauna werden nächstens in der Revue suisse de zoologie erscheinen:

Weber, F. F. *Fauna Rotatorienne du bassin du Léman.* 2. Teil.

Gräter, A. *Harpacticiden der Val Piora.*

Rothenbühler, H. *Beitrag zur Myriapodenfauna der Schweiz.*

Carl, J. *Collembola der Schweiz.*

---

4. Aargau.

Aargauische Naturforschende Gesellschaft in Aarau.

(Gegründet 1811.)

Präsident: Herr. Dr. F. Mühlberg.
Vice-Präsident: »   Dr. L. P. Liechti.
Aktuar: »   Dr. Schwere.
Kassier: »   H. Kummler.
Bibliothekar;   »   S. Döbeli.

Ehrenmitglieder: 4. Korrespondierende Mitglieder: 7. Ordentliche Mitglieder: 164. Jahresbeitrag: Fr. 8.

Vorträge:

Herr C. Wüst: Über merkwürdige unterirdische Luftströmungen.

» Alfred Zürcher: Facettenaugen und ihr Sehen.

» A. Kalt, Oberarzt: Aus dem Leben der Bakterien.

» A. Schmutziger: Die Gewinnung und Verarbeitung des Schellakes.

» Dr. F. Mühlberg: Die scheinbaren Bewegungen der Kiesbänke in den Flussbetten.

» Dr. F. Mühlberg: Die Ergebnisse der neuesten Bohrungen auf Steinsalz zu badisch Rheinfelden.

» Dr. F. Mühlberg: Die Grundwasserverhältnisse in diluvialen mit späteren Kiesablagerungen erfüllten Rheinbetten oberhalb Rheinfelden.

Herr Dr. E. Imhof: Über hydrographische Karten.

» Dr. E. Hassler: Paraguay, das Land und seine Bewohner.

» Holliger, Seminarlehrer in Wettingen: Biologisches aus. dem Gebiet der Wasserpflanzen.

» Dr. F. Mühlberg: Über angebliche diluviale, riesige Saurier-Reste aus einer Kiesgrube am Hertenstein bei Baden.

» E. Custer: Über Klärmittel.

An der Jahresversammlung der Naturforschenden Gesellschaft in Lenzburg referierte Dr. F. Mühlberg: Über den jetzigen Stand der Aufnahmen zur Quellenkarte des Kantons Aargau; ferner: Über die bisherigen Arbeiten der Schweizerischen Kohlenkommission. Herr W. Thut von Lenzburg: Die Versuche zur Kultur amerikanischer Reben am Goffersberg und im Ghei bei Seengen. Herr C. Wüst: Die Konstruktion der Blitzableiter (unter Berücksichtigung einer neuen Ansicht über die Wirkungsweise derselben). Hr. Alt-Rektor Wullschlegel in Lenzburg wies seine prächtige Insektensammlung vor.

5' Basel.

Naturforschende Gesellschaft in Basel.

(Gegründet 1817.)

Vorstand für 1896/98.

Präsident: Herr Prof. Dr. C. Schmidt.

Vice-Präsident: » Dr. P. Sarasin.

I. Sekretär: » Prof. Dr. K. Von der Mühll.

II. Sekretär: » Dr. H. Veillon.

Bibliothekar: » Prof. Dr. G. W. A. Kahlbaum.

Ehrenmitglieder: 5. Korrespondierende Mitglieder: 26. Ordentliche Mitglieder: 216. Jahresbeitrag: Fr. 12.

In 12 Sitzungen wurden folgende Vorträge gehalten:

1897, 3. November. Herr Prof. Dr. G. W. A. Kahlbaum: Über Andrée's Ballonfahrt.

17. November. Herr F. Immermann: Über Doppeleier.

Herr Prof. Dr. J. Kollmann: Über eine neue, durch Radiographie nachgewiesene Anomalie der Hand.

1. Dezember. Herr D. H. Rupe: Chemische Mitteilungen über osmophore Gruppen.

Herr Prof. Dr. C. Schmidt: Demonstration von Gesteinen und Mineralien aus Russland.

15. Dezember. Herr Dr. H. Veillon: Die Telegraphie ohne Draht.

1898, 5. Januar. Herr Dr. H. Kreis: Über Butteruntersuchungen.

Herr Prof. Dr. C. Schmidt: Demonstrationen von Gesteinen und Photographien vom grossen und kleinen Ararat.

19. Herr Dr. F. Suter: Die Veränderungen des Blutes im Gebirge.

2. Februar. Herr Dr. A. Gutzwiller: Über die geologischen Verhältnisse von Finland.

16. Februar. Herr Prof. G. W. A. Kahlbaum: Sublimation von metallischem Kupfer.

Herr Dr. P. Sarasin: Über die Molluskenfauna der Süsswasserseen von Central-Celebes.

16. März. Herr G. Hagmann: Die diluviale Fauna von Voklinshofen im Elsass.

4. Mai. Herr Prof. Dr. C. Schmidt: Ein Besuch in der Petrolstadt Baku.

1. Juni. Herr Prof. Dr. G. von Bunge: Die Milch.

6. Juli. Herr Prof. Dr. E. Hagenbach-Bischoff: Die Verflüssigung der Luft.

Herr Prof. Dr. G. W. A. Kahlbaum: Neue Methoden zur Erreichung sehr hoher und sehr niedriger Temperaturen.

Am 19. Mai (Himmelfahrt) fand ein Ausflug nach Müllheim, Sulzburg und Staufen statt in Gemeinschaft mit der Naturforschenden Gesellschaft von Freiburg i. B. Die geologische Führung übernahm Herr Prof. Steinmann, die botanische Herr Prof. Oltmanns.

19

6. Bern.

Naturforschende Gesellschaft Bern.

(Gegründet 1786.)

Vorstand:

Präsident: Herr Prof. Dr. Ed. Fischer.
Vice-Präsident: » Prof. Dr. von Kostanecki.
Sekretär: » Dr. P. Gruner.
Kassier: » B. Studer-Steinhäuslin, Apotheker.
Redaktor der Mitteilungen: Herr Prof. Dr. Graf.
Bibliothekare: » Herr Dr. Th. Steck.
  » Dr. E. Kissling.
Geschäftsführer d. Lesezirkels: » Dr. Th. Steck.
Ordentliche Mitglieder: 148. Korrespondierende Mitglieder: 19.
Jahresbeitrag Fr. 8. Zahl der Sitzungen: 10.

1897, 6. November. Herr Prof. Tschirch: Gedächtnisrede
auf Hrn. Prof. Dr. Drechsel.

  Herr Prof. Brückner: Klimaschwankungen und
gute und schlechte Weinjahre.

20. November. Herr Prof. Baltzer: Fossile Mamuth-
tiere aus dem Eise Neu-Sibiriens.

  — Lieferung XXX der Beiträge zu der geologischen Karte der Schweiz.

  — Neues Barytvorkommen aus dem Oberland.

4. Dezember. Herr Dr. Otto Hug: Der Isteiner-Klotz
bei Basel.

19. Dezember. Herr Dr. E. Kissling: Quellenerguss
der städtischen Wasser-Versorgung in den letzten
30 Jahren.

  Herr Dr. Kaufmann demonstriert Spinnennester
aus Corsika und Lärchennadelballen aus dem Silsersee.

  Herr Prof. Graf weist Reproduktionen alter Karten vor.

  Herr Prof. Studer spricht über die Fortpflan-
zungsgeschichte der Aale.

1898, 15. Januar. Herr Prof. Ed. Fischer: Die ältesten bekannten Algen.

29. Januar. Herr Prof. Tschirch: Harzfluss und Harzgallen bei Coniferen.

Herr Prof. Th. Studer: Vorweisung interessänter Knochen aus dem Torfmoos.

12. Februar: Demonstrationsabend.

12. März. Herr Prof. von Kostanecki. Ansichten über die Ursache der Färbung von Kohlenstoff-Verbindungen.

30. April. Herr Dr. L. Asher: Die neuen Lehren über Farbenempfindungen.

Herr Prof. Th. Studer: Blinde Brunnenkrebse aus einem Sodbrunnen.

11. Juni. Demonstrationsabend.

Als Delegierte an die Schweizerische Naturforschende wurden gewählt die HH. Prof. Ed. Fischer und Prof. von Kostanecki.

Der Sekretär: **Dr. P. Gruner.**

7. Fribourg.

Société Fribourgeoise des sciences naturelles.

Bureau en 1897/98:

Président: Mr. le prof. M. Musy.
Vice-président et Caissier: » le prof. J. Brunhes.
Secrétaire: » le Dr. V. Nicolet.

Nombre des membres honoraires 3; internes 81; externes 17. Cotisation annuelle, membres internes 5 fr., externes 3 fr.

14 Séances de 4 novembre 1897 au 7 juillet 1898.

Principales communications.

Mr. le prof. Dr. Baumhauer, à l'occasion de l'exhibition des roches de l'Auvergne, nous montre quelques préparations microscopiques de cristaux et de roches volcaniques.

Mr. le prof. Dr. Bistryscky : Sur la condensation de l'acide amygdalique avec les phénols d'après les recherches faites dans le laboratoire qu'il dirige à la Faculté des Sciences de Fribourg.

Mr. le prof. Brunhes: Sur la traduction française du traité de Géologie du prof. Ed. Suess.

Mr. le prof. Dr. de Girard: Sur la nature géologique de la dépression de l'Orbe. Mr. de Girard s'applique à démontrer que la dépression qui sépare le Jura du plateau suisse est bien un pli concave.

— Sur le relief du Mont-Blanc exposé à Genève.

Mr. le Dr. Gockel: 1. Electricité et température de l'air. L'auteur donne un résumé des expériences qu'il a faites à Ladenburg, ces expériences ont porté sur les relations qui existent entre l'électricité atmosphérique et la température.

2. La télégraphie sans fil, avec expériences. Cette communication faite dans une séance publique avait attiré un auditoire très nombreux qui a été fort intéressé par les expériences de Mr. le Dr. Gockel.

Mr. le prof. Dr. Kathariner: Über die Schutzfärbung im Tierreich. L'auteur exhibe à l'appui de ce thèse une quantité de spécimens des plus intéressants et des plus éloquents.

Mr. le prof. Dr. de Kowalski: Sur l'emploi des équations en physique.

2. Sur l'air liquide. Cette communication fut faite dans une séance publique à Pérolles et accompagnée d'expériences.

Mr. le prof. Musy exhibe la collection des roches de l'Auvergne que Mr. Paul Gautier, conservateur du Musée Lecoq à Clermont-Ferrand, nous envoie par l'entremise de M. Nicolet, notre secrétaire. Sur la proposition de Mr. le Dr. Nicolet cette collection est remise au Musée d'histoire naturelle.

Mr. le Dr. Nicolet exhibe des photographies du corps humain obtenues par les rayons X (Radiographies).

La diphthérie dans le canton de Fribourg de 1896—1898.

Mr. l'abbé de Raemy: Résumé des observations météorologiques faites à Bourquillon en 1897.

Mr. le Dr. Repond: Présentations d'œufs de truites fécondés.

Mr. le Dr. Roskromsky: Sur la théorie de la dissociation à l'occasion de son 10me anniversaire.

Mr. le prof. Dr. Westermaier: Sur le mécanisme qui préside à l'ouverture et à la fermeture des stomates.

Conférences publiques.

Mr. le prof. Dr. M. Arthus. — L'œuvre de Pasteur. 4 conférences: I. Les générations spontanées. II. Les fermentations. III. Les maladies microbiennes. IV. Les virus et les vaccins.

Mr. le prof. J. Brunhes. — Les phénomènes volcaniques de la Crimée.

Mr. le prof. Dr. M. Lugeon de Lausanne. — Les déserts.

Mr. le Dr. Nicolet. — Hygiène de la voix parlée et chantée (2 conférences).

Prof. **M. Musy**, président.

8. Genève.

Société de Physique et d'Histoire naturelle de Genève.

Composition au 1er Janvier 1898.

Comité 1898.

Mr. Albert Rilliet, professeur de physique, président.
» Amé Pictet, vice-président.
» Aug. H. Wartmann, trésorier.
» P. van Berchem, secrétaire des séances.
» F. Louis Perrot, secrétaire correspondant (ou secrétaire des publications).

Membres ordinaires: 59; émérites: 6; honoraires: 57. Associés libres: 46.

Liste des travaux présentés en 1897.

Météorologie, Physique, Chimie.

M. le prof. R. Gautier: Résumé des observations météorologiques pour l'année 1896, résultats des moyennes générales auxquelles s'est ajoutée une nouvelle période de 20 ans.

M. Lullin: Rhéomètre hydraulique robuste et sensible pour la mesure des courants à une grande profondeur. — Photographies de la chûte des gouttes d'eau.

M. Ch. Eug. Guye: Variations de température dans un fil soumis au passage d'un courant alternatif. Fabrication du carbure de calcium à Vernier près Genève. — Wattmètre électrostatique sur le principe des instruments Curie et Thomson.

M. le prof. Soret: Calculs relatifs à la lumière réfléchie par les vagues.

M. le prof. Amé Pictet, avec M. Genequand: Sur les iodométhylates de nicotine.

M. Dussaud: Sur l'emploi combiné du phonographe et du microphone.

M. Margot: Interrupteur rapide pour bobines d'induction fondé sur la spirale de Roget.

M. le Dr Marcet: Calorimètre pour mesurer la chaleur humaine.

M. Albert Brun: Procédé pour reconnaître et distinguer les huiles végétales.

M. le prof. Guye et Mlle Aston: Influence de la température sur le pouvoir rotation de l'alcool amylique. — Avec M. Detoit: Effets thermiques produits par le mélange de liquides organiques sans action chimique les uns sur les autres.

Zoologie, Médecine.

M. le Dr Kummer: Etude et classification des fractures de l'astragale.

M. le Dr Prevost et M. Radzikowski: Influence de la pilocarpine sur les sécrétions pancréatiques et biliaires.

M. Preudhomme de Borre: Influence de la destruction
des oiseaux sur la propagation des insectes.

M. V. Fatio: Corègone du lac de Sarnen.

M. le Dr D.'Espine et Mlle Schepiloffi Effets du permanganate de potasse sur les microbes typhiques.

Botanique.

M. le prof. Chodat: Les algues de quelques lacs suisses et
français. La Flore pélagique de plusieurs lacs suisses.
Avec M. Preda: Sur le sac embryonnaire des hybrides
de narcisses.
Avec M. Bouvier: Sur la membrane plasmique. — Les
algues du lac de Genève.

M. Briquet: Caractères carpologiques de quelques ombellifères. — Caractères carpologiques du Bupleurum.

M. Aug. de Candolle: Recherches sur les lianes surtout
dans les pipéracées.

M. Preudhomme de Borre: Altération des fruits du
prunier produite par les hannetons ayant dévoré les feuilles.

Géologie; physique du globe.

M. le prof. Duparc et M. Mrazek: Classification des roches
cristallines de la zone centrale des Carpathes roumains.

M. Auriol: Carte agronomique de la commune de Vandœuvres.

M. le prof. Ch. Sarasin: Coupe de terrains à la Coulouvrenière près Genève. — Etude de divers genres d'ammonites.

M. le prof. Forel: Sur les rapports entre les seiches et la
variation de la pression atmosphérique.

M. Etienne Ritter et M. Duparc: Le minerai de fer
d'Ain Oudrer.

9. Glarus.

Naturforschende Gesellschaft des Kantons Glarus.

Vorstand.

Präsident: Herr J. Oberholzer, Lehrer an der höhern Stadtschule in Glarus.

Aktuar: » Joh. Wirz, Sekundarlehrer in Schwanden.

Quästor: » D. Vogel, Lehrer in Glarus.

Ehrenmitglied: 1. Ordentliche Mitglieder: 46.

Vorträge:

Herr Dr. A. Zschokke in Glarus : Die alkoholische Gährung
und die Herstellung alkoholfreier Getränke. (Mit Demonstrationen.)

» Dr. H. Wegmann in Mollis : Das Acetylen und seine
Verwendung als Leuchtgas. (Mit Demonstrationen.)

Publikation: Neujahrsblatt, Heft I.

---

10. Graubünden.

Naturforschende Gesellschaft Graubündens in Chur.

Gesellschaftsjahr 1897/98.

Jahresbeitrag Fr. 5. — Eintrittsgebühr Fr. 5. —

Mitglieder: Ehrenmitglieder . : . 12

Korrespondierende Mitglieder . 36

Ordentliche Mitglieder . . 133

Vorstand: Präsident: Dr. P. Lorenz.

Vizepräsident: Dr. J. F. Kaiser.

Aktuar : Dr. P. Bernhard.

Kassier : Hauptmann P. J. Bener.

Bibliothekar : Major A. Zuan.

Assessoren : Prof. Dr. G. Nussberger.

Prof. Dr. Chr. Tarnuzzer.

Rechnungsrevisoren : Prof. C. Poult.

Ingenieur Fr. v. Marchion.

In 10 Sitzungen sind über folgende Themata Vorträge gehalten worden:

Prof. Dr. Tarnuzzer: Das Rutschgebiet von Peiden. — Zur Geologie von Parpan und Umgebung.

Prof. Dr. Nussberger: Über Nahrungsmittelfälschungen und deren Nachweis.

Dr. P. Bernhard: Über schädliche Lichtwirkungen.

Kantonstierarzt Isepponi: Serumeinspritzungen zur Erkennung, Verhütung und Heilung von ansteckenden Krankheiten.

Dr. R. La Niccà: Über künstliche Immunität gegen Infektionskrankheiten.

Advokat L. Caflisch: Die alten Flussläufe unseres Landes. (Inn und Maira.)

Oberingenieur G. Gilli: Das Bündner Strassennetz, dessen Ausdehnung und Kosten.

Professor Chr. Bühler: Demonstrationen am Mang'schen Universalapparat.

Dr. P. Lorenz: Vorschläge zur Revision des bündnerischen Fischereigesetzes. (Eingabe an den Grossen Rat.)

11. Luzern.

Naturforschende Gesellschaft in Luzern.

(Gegründet 1855.)

Präsident: Herr Dr. E. Schumacher-Kopp.

Vizepräsident u. Aktuar: Herr Dr. Fr. Heinemann, Stadtbibl.

Kassier: K. von Moos, Amtsförster.

Redaktor der « Mitteilungen »: Herr Prof. Dr. H. Bachmann.

Mitgliederzahl: 75. Jahresbeitrag: Fr. 4.

Vorträge:

1. Dr. Schumacher-Kopp: Unser Absturz am Oberen Kehleg'etscher.
2. Prof. Arnet: Die Seiches des Vierwaldstättersees.
3. Redaktor Zimmermann: Über «Niederschlags-Krystalle».

4. Dr. Heinemann: Über 2 Krebsoperationen im Jahr 1735.
5. Hool, Sekundarlehrer: Die Att'schen Ameisen und ihre Pilzgärten.
6. Dr. Schumacher-Kopp: Über Petroleum-Schmieröl- prüfungsapparate.
7. Prof. Dr. Bachmann: Über Pilzkulturen von Mucor mucedo und dessen Parasiten.
8. Redaktor Zimmermann: Über Hygrometrie und das neue Lambrecht'sche «Thermohygroskop» und «Wetter- telegraph».
9. Forstinspektor Burri: Der Hochgebirgswald und die Überschwemmungen.
10. Prof. Arnet: Flüssige Luft und tiefe Temperaturen.
11. Forstinspektor Burri: Die kulturgeschichtliche und wirt- schaftliche Bedeutung der Wälder.
12. Otto Suidter: Die afrikanische Warneidechse.
13. Prof. Arnet: Die amerikanischen Windmotoren.
14. Dr. Schumacher-Kopp: Die japanesischen Färber- schablonen.
15. Prof. Dr. Bachmann: Botanische Kuriositäten (springende Bohnen etc.)

---

12. Neuchâtel.

Société neuchâteloise des sciences naturelles.

(Fondée en 1832.)

Comité pour l'exercice 1897—1898.

Président : M. M. de Tribolet, prof.
Vice-Président : » O. Billeter, prof.
Secrétaires : » H. Rivier, prof.
  » H. de Pury, chimiste.
Rédacteur du Bulletin : » F. Tripet, prof.
Caissier : » E. Bauler, pharmacien.

Membres actifs : 165 ; correspondants : 37 ; honoraires : 18.
Cotisation annuelle : Pr les membres internes 8 fr., externes 5 fr.
Nombre des séances : 13, plus une séance publique à Cernier.

Travaux et communications.

MM. E. B a u m b e r g e r, prof. et H. M o u l i n, pasteur. — La série crétacique à Valangin.

M. A l f. B e r t h o u d, prof. — Recherches sur l'action de l'isocyanate de phényle avec les thiamides.

M. A l f. B é l l e n o t, ing. — Danger du croisement des fils téléphoniques avec ceux des tramways électriques.

M. O. B i l l e t e r, prof. — Quelques analyses types de vins de Neuchâtel. — Préparation et propriétés de l'hydrogène silicié.

M. G. B o r e l, Dr. méd. — L'histérie chez les hommes assurés. — Localisations de la mémoire dans le cerveau humain, en particulier de la mémoire des signes conventionnels.

M. A. C o r n a z, Dr. méd. — Histoire d'une angine diphthéritique. — Les avantages de la stérilisation du lait.

M. E d. C o r n a z. Dr. med. — Anthérozoïdes chez *Gingko biloba* et *Cycas revoluta*. — Trois cas de tératologie végétale. Résumé d'une notice de M. Clarence Bicknell, à Bordighera, sur les roches gravées du val Fontanalba en Ligurie. — Quelques faits de la pathologie de Neuchâtel à la fin du 16e siècle. — Vie et travaux du Dr Ch. Nicolas. — Sur quelques découvertes intéressantes du capitaine Chaillet dans les germes *Hieracium* et *Rosa*, d'après l'herbier de Haller fils.

M. M a x D u P a s q u i e r, insp. forestier. — Moyens mis en œuvre par la nature pour reconstituer le boisement des pâturages.

M. L. F a v r e, prof. — Explosion d'une chaudière à vapeur à la Neuveville. — Analyse d'une notice du professeur Al Agassiz sur les bancs de coraux des îles Fidji. — Sur la carrière scientifique du géologue Jules Marcou. — Extrait d'un journal américain sur le rôle de l'éther cosmique dans les phénomènes naturels.

M. O. F u h r m a n n, prof. — Sur les phénomènes de la régénération chez les invertébrés.

M. P. G o d e t, prof. — Sur les métamorphoses de l'anguille.

M. Ad. Hirsch, prof. — Sur le tremblement de terre du 22 février 1898.

M. Jeanprêtre, chimiste. — Le rôle de la chimie dans le domaine de l'œnologie.

M. S. de Perrot. ing. — Principaux résultats hydrologiques obtenus dans le canton de Neuchâtel en 1897.

M. L. Rollier, géol. — A travers l'Ardenne. — Sur une poche d'albien aux gorges de l'Areuse. — Note sur les surfaces des roches polies et striées par dislocation.

M. F. de Rougemont, pasteur. — Diptères et Lépidoptères inédits de la faune neuchâteloise.

M. H. Schardt, prof. — Origine des lacs du pied du Jura. — Sur un nouveau gisement du calcaire cénomanien. — Les conditions géologiques des eaux d'alimentation de Cernier. — Origine des sources du Mont de Chamblon près d'Yverdon.

M. M. de Tribolet, prof. — Sur un projet de traversée des Alpes en ballon. — Notice biographique sur Auguste de Montmollin.

M. F. Tripet, prof. — Sur les fruits du *Gingko biloba*. — Sur la station de l'*Ophrys aranifera* au Landeron. — Avortement des carpelles chez de nombreux individus d'*Anemone sulphurea*.

---

13. St. Gallen.
Naturwissenschaftliche Gesellschaft.
(Gegründet 1819.)

Präsident : Herr Prof. Dr. B. Wartmann, Museumsdirekt.
Vize-Präsident : » Dr. G. Ambühl, Kantonschemiker.
Korresp. Aktuar : » Th. Schlatter, Erziehungsrat.
Protokoll » » Dr. H. Rehsteiner.
Bibliothekar :. » Schmid, Reallehrer.
Kassier : » J. J. Gschwend, Kassier d. Kreditanstalt.
Beisitzer : HH. J. Brassel, Reallehrer ; Dr. Mooser, Professor ; Dr. Steiger, Professor ; Dr. Vonwiller, Spital-Direktor ; Wild, Forstinspektor.

Ehren-Mitglieder: 33. Ordentliche Mitglieder: 710. Jahresbeitrag für Stadtbewohner: 10 Fr., für Auswärtige: 5 Fr.
16 Lectoren brachten in 13 Sitzungen 20 Vorträge und Mitteilungen. Im August fand eine Exkursion zur Rheinkorrektion
statt unter Führung von Herrn Rhein-Ingenieur Wey.

Vorträge und Mitteilungen.

Herr E. Bächler, Assistent am naturhistorischen Museum:
   Einiges über die Lebensweise der Schlafmäuse.

» Dr. Dreyer: Chemische und mechanische Schutzmittel
   der Pflanzen. — Über heterospore Filicineen.

» Reallehrer Falkner: Die geologischen Verhältnisse St.
   Gallens und seiner Umgebung.

» U. Früh: Entstehung und Vorzeit des Alpsteins, sowie
   der st. gallisch-appenzellischen Molasse.

» Dr. Emil A. Göldi, Museumsdirektor in Pará: Eine
   Naturforscher-Fahrt nach dem Litoral des südlichen
   Guyana zwischen Oyapock und Amazonenstrom.

» Professor Dr. Gutzwiller aus Basel: Die naturhistorischen Verhältnisse von Finnland.

» Dr. Hanau: Mitteilungen über Reptilien.

» Prof. Dr. Hartwich aus Zürich: Die Verwendung des
   Opiums als Genussmittel und der indo-chinesische
   Opiumhandel.

» A. Kaiser in Arbon: Die Schöllersche Expedition in
   Aequatorial-Ost-Afrika. Geologische, botanische und
   zoologische Beobachtungen, gesammelt in den Jahren
   1896 und 1897.

» Dr. Leutner: St. Gallens Fischmarkt.

» Dr. H. Rehsteiner: Leuchtbakterien und leuchtendes
   Fleisch.

» L. Tschümperli, Präparator: Ein Besuch bei den
   Tembé-Indianern am obern Rio Capim.

» Prof. Dr. Wartmann, Museums-Direktor: Zoologische
   und botanische Demonstrationen aus dem Museum und
   dem botanischen Garten, in verschiedenen Sitzungen.

Herr Prof. Dr. Jul. W e b e r aus Winterthur: .Die Entwick-
: lungsgeschichte der Erde und ihrer Bewohner.
»   Dr. W e r d e r   Assistent am kantonalen chemischen La-
boratorium: Der gegenwärtige Stand der Carbid- und
Acetylenfrage. — Einige Versuche zur leichten Unter-
scheidung der Margarine von der Naturbutter.
»   Forstinspektor W i l d : Riesenbäume der Schweiz. — Die
Kultur der Weinrebe.

---

14. Schaffhausen.

Naturforschende Gesellschaft.

Präsident :	Herr Dr. G. Stierlin, Bezirksarzt.
Vizepräsident :	» Dr C. Vogler.
Sekretär :	» Wanner-Schachenmann.
Kassier :	» Frey-Jezler, Fabrikant.
Beisitzer :	» Prof. Meister und Wanner-Müller.

Anzahl der Mitglieder 80. Jahresbeitrag Fr. 2.

Vorträge:

Dr. S t i e r l i n : Neuere Anschauungen über die Entstehung der
Arten im Pflanzenreich.
Professor M e i s t e r : Die Wasserläufe in der Umgebung von
Schaffhausen seit der letzten Interglazialzeit.
Dr. V o g l e r : Haarbildungen bei wirbellosen Tieren.
Dr. M a n d a c h : Der Kletterfisch (Anabas scandae).

15. Solothurn.

Naturforschende Gesellschaft in Solothurn.

(Gegründet 1823.)

Ehrenpräsident :	Herr Dr. Fr. Lang, Professor.
Präsident :	» J. Enz, Professor.
Vizepräsident :	» Dr. A. Walker, Arzt.
Aktuar :	» A. Meier, Kanzleisekretär.
Kassier :	» H. Rudolf, Verwalter.
Beisitzer :	» Dr. A. Kottmann, Spitalarzt.
	» U. Brosi, Direktor.
	» C. Gresly, Kaufmann.
	» A. Strüby, Professor.
	» J. Walter, Professor.

Ehrenmitglieder : 6. Mitglieder : 250. Jahresbeitrag : Fr. 3.

Vorträge pro 1897/98.

Herr Dr. A. Rossel, Prof. : Das Argon und das Helium, zwei neue Elemente.

» J. Keller, Schuldirektor : Über Quellwasser.

» Dr. Mehlem, Arzt in Montreux : Stoffwechsel und Stoffwechselkrankheiten.

» Puschmann, Zeichnungslehrer : Wanderungen im Riesengebirge.

» Gyr, Förster : Die Moose in den solothurnischen Forsten.

» Hafner-Scheidegger, Wassertechniker : Die Wasserversorgung in Zürich.

» Dr. A. Walker, Arzt : Die Hundswut.

» Dr. Barbieri, Prof. in Zürich : Der heutige Stand der Photographie in Farben.

» J. Enz, Prof. : Die Entwicklung der Telegraphie ohne Draht.

» Meile, Bahningenieur : Der Tunnelbau.

» Dr. Greppin, Direktor der Irrenanstalt Rosegg : Die Gehirnerweichung.

» Dr. Zschokke, Prof. in Basel : Aussterbende Tiere in der Schweiz.

Herr Stüdi, Förster: Die Einwirkung verschiedener Durch-
forstungsgrade auf den Zuwachs der Waldbestände.

» Dr. Stingelin, Bezirkslehrer in Olten: Das Glacial-
phänomen.

» U. Brosi, Direktor: Eine Reise von Hamburg über Kopen-
hagen und Christiania nach Drontheim im August 1897.

Anmerkung. Ausser diesen grösseren Vorträgen wurden noch
eine Reihe kleinerer Mitteilungen in Diskussion gebracht.

16. Thurgau.

Naturforschende Gesellschaft des Kantons Thurgau.

(Gegründet 1854.)

Vorstand (1898):

Präsident:	Herr Prof. Dr. Cl. Hess.
Vizepräsident:	» Dr. med. O. Isler.
Aktuar:	» A. Schmid, Kantonschemiker.
Quästor:	» Prof. Wegelin.
Kurator:	» Prof. Dr. Cl. Hess.
	» Dr. J. Eberli, Seminarlehrer.

Ehrenmitglieder: 13. Ordentliche Mitglieder: 125.
Jahresbeitrag: 5 Fr.

Vorträge und Mitteilungen.

a. An der Jahresversammlung am 16. Oktober 1897
im « Löwen » in Kreuzlingen.

Herr Th. Würtenberger in Kreuzlingen: Der tertiäre
Kastanienbaum.

» Dr. O. Nägeli in Zürich: Über die Pflanzengeographie
des Thurgaus.

» Dr. Eberli in Kreuzlingen: Über einen Fall von Atavismus.

b. An der Jahresversammlung am 12. Oktober 1898
im « Hotel Bahnhof » in Frauenfeld.

Herr Dr. J. Früh, Dozent am eidg. Polytechnikum in Zürich:
« Genetische Darstellung der Oberflächenformen des
Thurgaus ».

c. Im naturwissenschaftlichen Kränzchen. in Frauenfeld.
.(Winter 1897/98.)

·1: Herr A. Schmid, Kantonschemiker in Frauenfeld : Über
die Zersetzung der Fette und Öle.

2. » ·Dr. Rüttimann, Assistent am kant. Laboratorium
in Frauenfeld: Über die Fortschritte in der Farben-
technik.

3. » ·Dr. Hess: Über die Tesla-Ströme (mit Experimenten).

17. Valais.

La Murithienne, société valaisane des sciences naturelles.

(Fondée en 1861.) ·

Comité pour 1896-1899 :

Président :   M. le chanoine Besse à Lens.
Vice-Président: » Emile Burnat à Nant sur Vevey.
Secrétaire-Caissier : » Aloys Ruppen à Sierre.
Bibliothécaire :   » ·Joseph de Werra à Sion.

Rédacteurs du Bulletin : M. le chanoine Besse à Lens,
M. le Dr Wilczek à Lausanne, M. F. Duflon à Villeneuve,
M. L. Henchoz à Villeneuve.

Nombre des membres en juillet 1898 : Membres effectifs : 133. Membres honoraires : 16. Cotisation annuelle : 4 fr.

La réunion annuelle de 1898, tenue à Saas-Grund, a été
suivie de deux excursions scientifiques à Saas-Fée et à Mattmark.

Communications scientifiques :

M. Besse M. Possibilité de cultiver l'*Erable à sucre* en
Valais (au nom de M. le Dr Beck). — Hybride nouveau
de *Potentille.* ·

M. Gohl. Profils de la chaîne du Caucase dessinés par M. le
prof. Heim ; rapide aperçu sur les aspects divers de la
chaîne, sa nature pétrographique. et l'hydrographie de la
région.

M. Frey-Gessner. Exposé de ses recherches sur les *apides.*

20

M. W ö l f. Mémoire de quelques habitants et explorateurs de
Saas. — Découverte de *Microlonchus salmanticus*, espèce
nouvelle pour la Suisse, faite par le R. S. d'Ellmon (Angleterre). — Pinguicula *leptoceras*, à Saas. — Hybride nouveau: Centaurea *axillaris-montana*. — *Chrysanthemum
Leucanthemum* f. *Siscoidea*.

M. J a c c a r d, H. Découvertes de *Coeloylossum viride* var.
islandicum, de *Carex Buxbaumii*, de *Helianthemum grandi-
florum*, var. *glabrum*, toutes plantes nouvelles pour le Valais.

M. R u p p e n: Alchimilles de Saas.

---

18. Waadt.

Société vaudoise des sciences naturelles.

Comité :

Président :	M. A. Borgeaud, direct. des Abattoirs, Lausanne.
Vice-président :	» J. Amann, pharmacien, »
Membres :	» E. Bugnion, Dr professeur, »
	» P. Jaccard, Dr professeur,
	» P. Vionnet, avenue Bergières, »
Secrétaire :	» L. Pelet, Dr prof., Valentin 54, »
Bibliothécaire :	» H. Lador, Musée géologique »
Editeur du Bulletin :	M. F. Roux, professeur, »
Caissier :	M. A. Ravessoud, comptable, Montbenon 4, »

Au 7 Juillet 1898 :
Membres honoraires 47. Membres effectifs 257.

La Société est en correspondance avec 281 sociétés, avec
lesquelles elle échange son bulletin.

Cotisation annuelle :
Membres lausannois fr. 10. Membres forains fr. 8.

Il y a eu dans le dernier exercice 15 séances ordinaires
et 2 assemblées générales.

Les communications suivantes ont été entendues :

M. J. Amann: Le microscope de Koritzka. — La mesure de longueur d'onde des rayons X. — Théorie dynamique des échanges organiques. — Observations d'urologie. — Dosage de l'acide urique. — Appareil pour la détermination de l'urée. — Lunette marine de Zeiss.

M. Barber, H.: Anomalie du foie chez un homme adulte.

M. Benoit, L.: Propriété particulière du trapèze.

M. Bieler, Samuel: La télégonie chez le cheval. — Inclusions d'oranges. — La conformation du pied du cheval. — Les pigeons à grosse gorge.

M. Blanc, H.: Le plancton nocturne du lac Léman.

M. Borgeaud, A.: Un nouveau parasite de l'intestin du bœuf.

M. Brunner, H.: Propriétés oxydantes et condensantes de l'oxygène naissant. — Réaction de la Morphine.

M. Bugnion, E.: Lépidoptères exotiques. — Nouvelle théorie du sommeil.

M. Bührer, C.: Tremblement de terre du 22 février 1898.

MM. Bührer, C. et Dufour, H.: Observations actinométriques.

M. Delessert, E.: Les graines sauteuses du carpocapsa saltitans. — Observation d'un bolide.

M. Dufour, Jean: Les glandes perlées de la vigne.

M. Dufour, Henri: Le caractère météorologique du mois d'octobre 1897. — La déperdition de l'électricité. — Observations d'héliotropisme.

MM. Dufour, H. et Dutoit, C.: Transmission des ondes électriques et la télégraphie sans fil.

M. Dutoit, C.: Photographies radiogr. du croton colliguaja.

M. Dusserre, C.: Analyse des sols de la commune de l'Isle.

M. Forel, Aug.: La parabiose chez les fourmis.

M. Forel, F.-A.: Les terrains glaciaires et les osars de Finlande. — Observations de mirages. — Couche huileuse à la surface des lacs. — Le raz de marée de Grandson. — Origine des eaux du Brassus. — Fendues du lac de Joux. — Places libres non congelées des lacs. — Les sables des lacs.

M. Galli-Valerio, B.: Notes helminthologues.

M. Guilliemin, E.: Le scrutateur électrique.

M. Herzen: La fonction trypsinogène de la rate.

M. Jaccard, Paul: Voyage dans le Turkestan. — Fixation de l'azote gazeux. — Les travaux récents de la paléontologie végétale.

M. Kunz-Krause, H.: L'analyse par voie capillaire. — Formation de la carbylamine dans les alcaloïdes contenant le groupe alkylimide.

M. Lugeon, M.: Strato-relief de la région des Beauges. — Carte géologique des Beauges.

M. Mercanton, P.: Texture glaciaire superficielle de la Mer de Glace. — Cas de givre en trémies. — Phosphorescence des neiges et des glaciers.

M. Möehlenbruck, H.: Stéthoscope pour machines.

M. Morton: Tortues d'Algérie et de Madagascar.

M. Pelet, L.: La combustion dans les calorifères à feu continu. — La combustion dans les fourneaux à pétrole et la viciation de l'air.

M. Renevier, E: Incrustations siliceuses et rognons calcédonieux — Nouvelles acquisitions du Musée géologique. — Excursion géologique en Russie.

M. Roux, F.: Photographies d'argyronètes.

M. Schardt, H: Origine des grands lacs du Jura. — Inoceramus fossile du Flysch. — Stratigraphie du calcaire du Mont-Arvel. — Tectonique de la chaîne des Cornettes de Bize. — Origine des sources vauclusiennes du Mont de Chamblon.

M. Schenk, A.: Anthropologie des populations lacustres. — Ethnogénie des populations helvétiques.

M. Wilczek, E.: La toxicité des graines d'Euphorbe. — Sur le citron.

19. Zürich.

Naturforschende Gesellschaft in Zürich.

Die Naturforschende Gesellschaft Zürich hielt im Berichtsjahre 1897—98 10 Sitzungen ab, die sich regen Besuches er-
freuten. Von 14 Vortragenden wurden 8 Vorträge und 10 Mitteilungen entgegengenommen.

a) Vorträge:

1) Herr Prof. Dr. G. Lunge: Nachruf an Vict. Meyer.

2) » Prof. Dr. E. Schulze: Über den Umsatz der Eiweiss-
stoffe im Leben der Pflanze.

3) » Prof. Dr. C. Keller: Über eine neue bildliche Darstellung des ausgestorbenen Ur (Bos primigenius).

4) » Prof. Dr. Roth: Über Dampfdesinfektion.

5) » Prof. Dr. A. Weilenmann: Über elektrische Strahlung und Marconi's Telegraphie.

6) » Prof. Dr. Osc. Wyss: Bakteriologische Untersuchung
bei einer Fischseuche.

7) » Prof. Dr. A. Heim: Über den Kaukasus und Finnland.

8) » Prof. Dr. Beck: Über ein neues Instrument zur
Ortsbestimmung.

b) Mitteilungen.

1) Herr Prof. Dr. J. Pernet: Über einen neuen Längen-
komparator.

2) » Prof. Dr. C. Schröter: Über die springenden Bohnen
aus Mexiko.

3) » Prof. Dr. Heim: Über die Rutschungen im Campo
(Tessin).

4) » Prof. Dr. H. Schinz: Über Verbreitung der Früchte
durch Tiere.

5) » Prof. Dr. v. Frey: Über das Spygmomanometer von
Dr. Riva.

6) » Dr. Früh: Über die Mineralien des Torfes und deren
Beziehung zum Aufbau der Moore.

7) » Prof. Dr. Heim: Über Gesteinsproben mit Linear-
streckung.

8) Herr Ing. Hilgard: Über Vorkommensarten von natürlichem Gold in den Vereinigten Staaten.

9) » Prof. Dr. Lang: Über eine fünffingerige Schweineextremität. — Über die Kunst des Schreibens bei den Schnecken.

10) » Prof. Dr. C. Schröter: Über die Vielgestaltigkeit der Fichte.

Von diesen Vorträgen und Mitteilungen entfallen auf Zoologie 3, Geologie und Mineralogie 5, Physik und Mechanik 3, Physiologie 2, Bakteriologie 2, Chemie 1, Botanik 3.

Der 42. Jahrgang der Vierteljahrsschrift enthält Nachrufe auf Prof. Dr. Arnold Meyer von Prof. Lang, auf Prof. Dr. Kenngott von Prof. Grubenmann, auf Hrn. Linthingenieur Legler von Prof. Dr. Beck und auf Prof. Dr. Vict. Meyer von Prof. Lunge.

Die 11 wissenschaftlichen Abhandlungen der Vierteljahrsschrift verteilen sich folgendermassen auf die verschiedenen Wissenszweige: Anatomie und Zoologie 2, Mathematik 1, Mechanik und Physik 2, Geologie 2, Paläontologie 1, Mathematik 1, Chemie 2.

Die astronomischen Mitteilungen sind fortgesetzt worden, und das Schlussheft enthält einen Auszug aus den Sitzungsberichten und einen Bibliothekbericht.

Das Neujahrsblatt der Gesellschaft enthält einen geschichtlichen Rückblick über die Neujahrsblätter von Prof. Dr. Rudio und eine Abhandlung von Herrn Prof. Dr. Hartwich. «Über Opium».

Nekrologe.

Nekrologe.

† Apotheker Friedrich Brunner von Diessenhofen.

1821—1898.

Den 26. Januar d. J. wurden dem Schosse der Erde die sterblichen Überreste eines ehrwürdigen Greises übergeben, der als Vertreter unseres Berufes den Fachgenossen älterer Schule, welche mit ihm verkehrt hatten, als der Typus des gewissenhaften, praktisch und wissenschaftlich stets auf der Höhe der Zeit stehenden Apothekers gegolten hat.

Friedrich Brunner erblickte im Jahre 1821 das Licht der Welt als Sohn des in Diessenhofen verbürgerten und dort seinen Beruf ausübenden Herrn Apotheker Jonas Brunner. Von der Natur mit den reichsten Geistesgaben ausgestattet, besuchte er, um sich auf die pharmaceutische Lehre vorzubereiten, nach Absolvierung der Alltagsschule die Lateinschule seiner Vaterstadt. Dieselbe genoss in jener Zeit nicht nur in der nähern Umgebung, sondern auch in einem grossen Teile des Kantons Thurgau, der damals noch keine Kantonsschule besass, mit Recht eines ausgezeichneten Rufes. Nach dem Grundsatze « non multa sed multum » beschränkte sich der Unterricht auf nach heutigen Begriffen nur wenige Fächer: alte und neue Sprachen, Mathematik und Geschichte, diese aber um so intensiver und so weitgehend, dass die Schule als Progymnasium auch von vielen Auswärtigen besucht wurde. Schon hier legte der Verstorbene den Grund zu seinem vielseitigen und gründlichen Wissen, das er zeitlebens durch unermüdliches Studium ergänzte und erweiterte.

Von dieser Schule aus begann er die pharmaceutische Laufbahn und trat in die Lehre bei Herrn Apotheker Brenner in Weinfelden, einem tüchtigen Fachmanne, der ihn in die pharmaceutische Kunst einführte. — Nach vollendeter Lehrzeit folgte er dem Drange jugendlicher Wanderlust und Lern-begierde und versah in Deutschland und der Schweiz mehrere Gehülfenstellen, unter anderm war er auch eine Zeit lang Assistent bei Herrn Professor Bischoff in Lausanne. Seine akademischen Studien machte er in Deutschland. Zuerst bezog er die Universität Jena, wo er auch den bekannten Chemiker Hlasiwetz zu seinen Commilitonen zählte ; dann ging er nach Berlin, dem damaligen Wirkungskreis Mitscherlichs, dessen Vorlesungen er besuchte. Oft und gerne erinnerte er sich seines berühmten Lehrers, wie überhaupt seines Aufenthaltes an den beiden Stätten der alma mater.

Zurückgekehrt in seine Vaterstadt, legte er das Staats-examen ab und übernahm bald das väterliche Geschäft, da sein Vater leider frühe zur ewigen Ruhe ging. Mit der ihm eigenen Energie, mit grösster Sorgfalt und Gewissenhaftigkeit widmete er sich nun seinem Berufe. Die Receptur nahm ihn damals vermutlich nicht sehr in Anspruch, da die Ärzte noch Hausapotheken führten ; um so mehr widmete er sich der Darstellung chemischer und pharmaceutischer Präparate, von denen er nach und nach viele in grösserm Massstabe herstellte, behufs Wiederverkaufs an seine Kollegen, wobei ihm seine gründlichen theoretischen Kenntnisse und seine eminent prak-tische Hand sehr zu statten kamen.

Die zunehmende Receptur und wohl auch die nach und nach entstehenden grösseren Betriebe drängten ihn indes später von dieser Thätigkeit zurück, und er beschränkte dieselbe mehr und mehr, doch immerhin so, dass er seine Lehrlinge als ge-wissenhafter Principal mit diesen Arbeiten vertraut machen konnte. Manch jungen Mann hat er so zum Fachgenossen ausgebildet und mit Güte und Strenge ihm den Weg zum Fortkommen und zur Existenz geebnet. Jeder wird ihm dafür auch allzeit ein dankbares Andenken bewahren.

Im Jahre 1855 vermählte er sich mit Fräulein Elise Aeppli von Diessenhofen und schuf sich so ein äusserst glückliches Familienleben, da ihm seine Gattin, eine ebenso tüchtige, wie liebevolle Gattin, die von allen, die sie kannten, hoch verehrt und geliebt wurde, zwei Söhne schenkte, deren Erziehung er sich trotz aller Arbeit und emsigen Studiums mit sorgfältiger Liebe widmete.

Ein schwerer Schlag war es für den Heimgegangenen, als nach kaum 20jähriger Ehe, die teure Lebensgefährtin von ihrer Familie und der irdischen Heimat abberufen wurde. Aber die alles heilende Zeit, beständige Thätigkeit im Geschäft, sowie seine fortgesetzten Studien, spendeten Trost dem schwer Geprüften. Er hatte die Freude, zu sehen, wie seine Söhne mit grossem Erfolg ihre Studien absolvierten, — der eine ist jetzt seit geraumer Zeit ein geachteter Arzt in Zürich, während der Jüngere vor zirka acht Jahren das väterliche Geschäft übernahm.

Mit dem Verlassen der praktischen Laufbahn aber hörte seine Thätigkeit nicht auf. Er hatte sich ein an seine Apotheke angrenzendes Haus erworben, zog nun mit seinen Sammlungen und Büchern hinein und richtete sich ein anmutiges Gelehrtenheim ein, um nun so recht mit vollen Zügen seinem wissenschaftlichen Eifer sich hinzugeben.

Wer hätte in dem schlichten und so bescheiden sich gebenden Apotheker den Mann gesucht, dem kein wissenschaftliches Gebiet eine terra incognita war! Da war es das klassische Altertum mit seiner Geschichte und Philosophie, welches er mit einer Vorliebe pflegte, die ihm schon in der Lateinschule eingeflösst wurde. Die griechischen und römischen Klassiker waren ihm liebe Freunde, deren Sprache er mit der Gründlichkeit eines Philologen von Fach kannte. Dann wieder vertiefte er sich in die ernsten Lehren der Weltgeschichte oder liess seinen forschenden Geist in das Gebiet der Philosophie schweifen. Auch in der Mathematik durfte er sich an schwierige Probleme wagen.

Dass er daneben auch seine Fachwissenschaften nicht vernachlässigte, ist selbstverständlich. Er, ein Schüler Mitscherlischs, hat sich noch im vorgerückten Alter mit den Theorien der modernen Chemie bekannt gemacht, obschon er, ein Parteigänger Kolbes, mancherlei Einwendungen dagegen geltend machte. Seine unausgesetzte Arbeit aber galt der Botanik, namentlich der speziellen, davon giebt sein grosses, wohlgeordnetes Herbarium Kunde. Er war ein gründlicher Kenner der schweizerischen und süddeutschen Flora, wenngleich er wenig Wesens davon machte. Sein von ihm herausgegebenes Werkchen: «Verzeichnis der in der Umgebung von Diessenhofen wild wachsenden Pflanzen» ist ein Muster gründlicher und gewissenhafter Arbeit. Seine letzte und sehr bedeutende Arbeit, welche er schon vor Jahren begonnen, ist eine Sammlung von Pilzen, die er namentlich aus der engern und weitern Umgebung seiner Vaterstadt, oder auch aus den Alpen zusammengesucht hatte. Alle hat er sie sorgfältig bestimmt, präpariert und mit einer bewunderungswürdigen Accuratesse und Nettigkeit gezeichnet und gemalt. Eine stattliche Reihe dicker Bände dieser Abbildungen nebst Text sind das Resultat seiner rastlosen Thätigkeit, die er bis wenige Wochen vor seiner Auflösung fortgesetzt hat.

Seine zahlreichen Exkursionen führte er selten allein aus; es machte ihm, dem rüstigen und ausdauernden Fussgänger, Freude, mit andern Pflanzenfreunden das Land zu durchstreifen. Der Schaffhauser Jura, das prächtige Höhgau mit seinen Basaltkegeln bis weit hinauf in die Umgebung des Bodensees, sowie auch von Zeit zu Zeit die Alpen, waren namentlich ihm wohlbekannte Gebiete für seinen naturwissenschaftlichen Eifer. Aber es war nicht die Sammelwut eines trockenen Gelehrten, es war vielmehr auch eine angeborene, innige Liebe zur Natur und ihren Geschöpfen, die von seinem tiefen Gemüte Zeugnis ablegt. In früheren Zeiten nahm er oft seine Knaben mit, sowie häufig auch eine ganze Schar von Neffen und Nichten, die ihm stets mit grossem Jubel folgten, und zu denen auch Schreiber dies gehörte, der diese Spaziergänge zu seinen lieblichsten Jugenderinnerungen zählt.

Für das öffentliche Leben hat er stets lebhaftes Interesse gezeigt und versah auch kleinere Beamtungen: so war er längere Zeit Mitglied und Präsident der Sekundarschulpflege.

Im Frühling letzten Jahres stellten sich bei ihm heftige Schmerzen ein, die er zuerst für Ischias hielt. Ein Aufenthalt in Baden war leider erfolglos. Gegen Herbst wurde er mehr und mehr ins Bett gefesselt; doch wenn er dasselbe auf einige Stunden verliess, setzte er sich zu seiner Arbeit und zeichnete und malte Pilze. Bei Anfang des neuen Jahres aber trat rascher Zerfall seiner Kräfte ein und, nachdem ihn einige Tage Bewusstlosigkeit schon von den Seinen getrennt, schlummerte er am 23. Januar dem ewigen Lichte entgegen.

Aus der Schweiz. Wochenschrift für Chemie und Pharmacie 1898, Nr. 7

† Gottfried Ischer.

1832—1896.

Am 4. Dezember 1896 verschied in Biel plötzlich am Schlagfluss Gottfried Ischer, Pfarrer in Mett, einer der ältesten Mitarbeiter der geologischen Karte der Schweiz. Freunde und Amtsgenossen haben in der Tageslitteratur und in einem Erinnerungsheft mit äusserst gut getroffenem Bild die Thätigkeit des Verblichenen als Bürger und Seelsorger besprochen und sein gutes Herz, sein Pflichtgefühl und seine grenzenlose Hingebung in der Ausübung seines Amtes ans richtige Licht gestellt.

Hier soll besonders seine wissenschaftliche Laufbahn hervorgehoben und gewürdigt werden.

Am 19. Dezember 1832 in Thun geboren, Sohn des Herrn Chr. Karl Ischer, Pfarrer in Hilterfingen, verlebte Gottfried Ischer mit seinem ältern Bruder (der ebenfalls Pfarrer wurde) die erste Jugendzeit im väterlichen Pfarrdorfe am Thunersee. Später besuchte er in Bern das Gymnasium, wo er Bernhard Studers Unterricht genoss. An der Hochschule, obschon dem theologischen Studium obliegend, versäumte er auch nicht mit

vielen andern, die so anregenden Vorlesungen des berühmten
Meisters und Begründers der Alpengeologie zu hören. War ja
Studer selber aus dem Pfarramte, das er zwar kaum betrat,
zur Geologie übergetreten und zählte unter seinen Zuhörern
immer viele Studierende anderer Fakultäten.

Nach bestandener theologischer Prüfung und Aufnahme
ins bernische Ministerium, im Jahre 1857, vikarierte Ischer mehrere Jahre da und dort, studierte hierauf noch von 1860 bis
1861 in Berlin und Paris und wurde, nach kurzer Thätigkeit
als Religionslehrer am Seminar von Münchenbuchsee, als Pfarrer
in die Gemeinde Lenk im Obersimmenthal berufen. Hier ver-
heiratete er sich mit Frl. Steinhäuslin, aus welcher Ehe zwei
Söhne, von welchen der eine Arzt, der andere Apotheker wurde,
sowie eine Tochter entsprossen.

Die Nähe der mächtigen Gebirge des Wildstrubels und
des Wildhorns, deren merkwürdiger Aufbau aus liegenden
Falten stellenweise so scharf und deutlich hervortritt, die oft
so ergiebigen Fundstellen von Petrefakten, und die grossartige
Alpennatur überhaupt erweckten in Ischer den Drang zur
geologischen Erforschung dieses Gebirgslandes. Das von Studer
gelegte Korn erwachte und kam in üppigen Trieb. Aber auch
die welligen, weniger schroffen, von ausgedehnten Bergwiesen
bedeckten Gebirge des Simmenthales und des Saanenlandes
zogen Ischers Wissensdurst an, und so kam es, dass die damals von Bernhard Studer präsidierte geologische Kommission
Ischer mit der geologischen Aufnahme und Bearbeitung des
nordöstlichen Teiles des Blattes XVII der Dufourkarte beauftragte. Zum Teil allein, zum Teil in Begleit des Lehrers Bratschi,
kartierte und sammelte Ischer aufs Eifrigste in seinem Aufnahmsgebiet.

Im Herbst 1870 erhielt er einen Ruf nach der Pfarrge-
meinde Mett-Madretsch bei Biel. In Anbetracht der Erziehung
seiner Kinder nahm er diese neue Stellung an, obschon er nur
ungern aus dem schönen Alpenthale wegzog. Mehr als 25
Jahre übte er in Mett seine segensreiche Pfarrthätigkeit, bis
ihn der Tod mitten in der Arbeit schmerzlos überraschte.

Von Mett aus unternahm er noch zahlreiche Reisen in sein Aufnahmsgebiet, über welches er anno 1878 einen kurzen Überblick veröffentlichte. [1])

Die Kartenarbeit selbst kam erst 1882 zum Abschluss und zur Publikation; sie umfasst ein Gebiet von mehr als 1000 Quadratkilometer, und ist gewiss einer der am sorgfältigsten und am gewissenhaftesten aufgenommenen Teile unserer geologischen Karte der Schweiz. Jeder, der die so schwierigen Probleme der geologischen Beschaffenheit und des Aufbaus unserer Alpen auch nur annähernd kennt, wird der Arbeit Ischers die gebührende Bewunderung zollen. Die hohen Felsgräte und die mit Eis und Schnee bedeckten Kuppen machten gar oft die Arbeit sehr mühsam. Dennoch sind Ischers Aufnahmen gerade in den Hochalpen äusserst genau. Wie sorgfältig er da gearbeitet hat, geht unter anderm daraus hervor, dass bei Lauenen und bei der Lenk die Überlagerung der Trias und Juraschichten der Klippenzone, über Tertiär und Kreide der helvetischen Facies, aufs Deutlichste dargestellt ist, obschon damals von Überschiebungen noch nicht die Rede war.

Die vorhin erwähnte, kleine Schrift im Jahrbuche des S. A. C. ist der einzige gedruckte Bericht, den wir über Ischers geologische Forschungen besitzen. Der Textband über das Aufnahmsgebiet, welcher in den Beiträgen zur geologischen Karte der Schweiz hätte erscheinen sollen, ist nie zum Druck fertig geworden, was Ischer oft sehr bedrückt hat. Er ist eben immer und vor allem seiner Pflicht als Pfarrer treu geblieben und hat dem mächtigen Reiz der Wissenschaft tapfer widerstanden. Es ist gerade rührend, wie er einst aus einem der entferntesten Gebiete der Walliser Alpen schleunigst zur Beerdigung eines armen, alten Mütterchens in Madretsch herbeeilte; denn keiner, auch nicht der Ärmste in seiner Gemeinde, dürfe ohne sein Geleite zu Grabe getragen werden!

Seine Sammlungen, welche besonders reich an Petrefakten aus seinem Aufnahmsgebiet sind, haben nach seinem Tode das

---

[1]) Blick in den Bau der westlichen Berner Alpen. *Jahrbuch S. A. C.* XIII. 1878.

Museum von Biél bereichert. In Mett hat er sich als Experte
bei Quel'enfassungen und Friedhofanlagen sehr verdiént gemacht und nebenher auch das Tertiär der Umgebung untersucht. Ihm verdankt man die Entdeckung einer fossilführen-
den Schicht im Brüggwald, welche sich als obere Süsswasser-
molasse erwies.   H. Sch.

---

† Auguste de Montmollin.

1808—1898.

Fils de Frédéric-Auguste, trésorier général, conseiller et
secrétaire d'Etat, Auguste de Montmollin est né le 19 avril
1808 et mourut de vieillesse le 5 janvier 1898.

Par l'exemple de son père, il était initié dès sa jeunesse
déjà à l'étude. Dès l'abord, il se sentit entraîné vers les travaux intellectuels et la tournure de son esprit le poussa instinctivement du côté des sciences exactes et naturelles. Ennemi
de toute occupation frivole, l'étude était un besoin pour son
âme avide d'une nourriture forte. Il suivit à Paris les cours
de l'Ecole polytechnique qui disposait alors d'un certain nombre de places réservées à des Suisses. A côté de ses études
proprement dites, dirigées plus spécialement du côté des
sciences exactes, son goût pour l'histoire naturelle se développa
par l'accueil bienveillant qu'il trouva auprès de plusieurs
hommes distingués, sous la direction desquels il s'attacha
d'une manière plus particulière à la géologie.

A cette époque, cette science était pour ainsi dire née
d'hier, encore dans les langes, s'appuyant un peu sur tout ce
qui l'environnait, sans s'inquiéter de la valeur et de la solidité
de ses points d'appui. Or pour une science jeune, il fallait la
hardiesse et la témérité de la jeunesse.

Bourguet, de Saussure, L. de Buch, avaient déjà attiré
l'attention des géologues sur les roches des environs de Neu-

châtel et quoique ils confondissent les *calcaires jaunes* avec la formation jurassique, il faut cependant remarquer qu'à cette époque où bon nombre de principes géologiques étaient encore inconnus, de Saussure regardait ces calcaires comme l'écorce des roches du Jura et L. de Buch les distinguait sous le nom de couches adossées contre le pied des montagnes du Jura.

La première personne qui ait étudié avec le secours des lumières de la géologie moderne, ces couches devenues célèbres, est Auguste de Montmollin. Son mérite est d'avoir distingué le premier, en appelant les ressources de la paléontologie à l'aide de celles qui peut fournir la stratigraphie, l'ensemble des couches représentées par la pierre jaune de Neuchâtel et les marnes de Hauterive, du reste des assises qui constituent le relief de nos régions, en lui donnant le nom de *terrain crétacé du Jura.*

Ayant dans les années 1825 à 1827 recueilli un certain nombre de fossiles dans les marnes bleues inférieures au calcaire jaune de Neuchâtel, Montmollin eut l'idée de les soumettre à l'examen d'Alexandre Brongniart, ainsi qu'à quelques autres géologues qu'il eût l'occasion de rencontrer pendant son séjour à Paris, et constata que leurs analogues appartenaient à l'horizon du Greensand anglais, par conséquent à l'époque crétacée et non point au terrain jurassique comme il l'avait cru jusqu'alors avec tous les géologues. C'est alors que de retour à Neuchâtel, il mit tous ses soins à rechercher la confirmation d'un fait qui lui paraissait avec raison comme nouveau pour la géologie du Jura.

En mars 1833, il présentait le résultat de ses recherches à la Société des sciences naturelles de Neuchâtel, sous la forme d'un travail publié plus tard, en 1835, dans le premier volume des Mémoires de cette Société, sous le titre: *Mémoire sur le terrain crétacé du Jura,* un travail qui est resté dès lors le point de départ de toutes les études faites sur cette division des terrains sédimentaires. Montmollin mentionne déjà une liste de 49 espèces recueillies dans le terrain qu'il décrit et fait remarquer avec raison que la plupart de ces formes sont

nouvelles pour la région, en ce sens qu'elles diffèrent essentiellement de celles du terrain jurassique et offrent des rapports frappants avec celles des assises inférieures de la Craie.

A peu près à la même époque où Montmollin faisait connaître son terrain crétacé du Jura, le géologue français
Thirria décrivait des couches de même nature qu'il avait
observé en Franche-Comté, et proposait de leur donner le nom
de *Jura-Crétacé*, afin de rappeler à la fois leur nature et leur
position stratigraphique. C'est alors que Thurmann cherchà à
concilier les prétentions rivales de Montmollin et de Thirria,
qui désignaient le même terrain sous deux noms différents.

En 1834, avait lieu à Neuchâtel, chez Montmollin, la
première réunion de la Société géologique des Monts-Jura, et
c'est dans un dîner chez ce savant, que Thurmann proposa de
baptiser le nouveau terrain distingué par l'amphitryon, du
nom de *Néocomien*. Avec ce coup d'œil de géologue qu'il
possédait à un si haut degré, Thurmann avait compris que
ces couches de Neuchâtel représentaient un nouveau terme
dans la série stratigraphique, terme qui n'existait pas en
Angleterre ou y était représenté par des formations mal défi-
nies et ayant un type tout différent.

Cette dénomination de Néocomien paraissait répondre à
un besoin, car elle n'avait pas plutôt échappé aux lèvres du
géologue de Porrentruy, qu'elle était adoptée partout. Malheureusement bien des personnes ignorant plus ou moins les
limites exactes de l'horizon géologique désigné par cette nouvelle appellation, l'ont appliquée faussement et ont donné à
cette nouvelle subdivision des proportions différentes de celles
qui lui avaient été assignées à l'origine.

En 1837, lors de la réunion de la Société helvétique des
sciences naturelles à Neuchâtel, où Agassiz prononça son ma-
gistral discours qui fut comme la pierre d'angle de la théorie
glaciaire, Montmollin présenta sa Carte géologique du canton
de Neuchâtel qui était comme le couronnement de ses travaux
des années précédentes. Il faut remarquer qu'à cette époque on
commençait à peine les cartes géologiques, car on n'avait

encore aucune nomenclature consacrée d'une manière un peu générale pour les terrains sédimentaires. Cette carte qui venait rivaliser avec celle du Jura bernois, publiée l'année précédente par Thurmann, est une image fidèle des rapports qui existent entre la géologie et l'orographie. On ne peut la voir sans admirer avec quelle exactitude son auteur a appliqué les lois orographiques qui venaient d'être reconnues et tracé les limites des différents terrains.

Après les luttes politiques de 1831, les esprits cultivés sentaient le besoin de rompre avec les préoccupations qui divisaient si profondément le pays, en créant un terrain neutre d'où la politique était bannie. Quelques hommes, six seulement, s'associèrent pour fonder la Société des sciences naturelles de Neuchâtel. Parmi eux se trouvait Montmollin.

Lorsque Agassiz quitta Neuchâtel en 1845, pour se rendre dans sa nouvelle patrie, plusieurs professeurs cherchèrent à s'entendre pour remplir le programme de ses leçons. C'est alors qu'on demanda à Montmollin de se charger en partie du moins, de cette difficile suppléance. Son activité et son dévouement ne reculèrent pas devant cette nouvelle besogne et à partir de l'automne 1847, il professa un cours de géologie générale. Malheureusement son enseignement fut de peu de durée, la première Académie de Neuchâtel s'étant trouvée supprimée quelques mois seulement après l'entrée en fonctions du nouveau professeur.

Le monde savant avait encore beaucoup à attendre d'Auguste de Montmollin, car il était dans la force de l'âge, au plus beau moment de son activité scientifique. Il avait tout ce qu'il faut pour fournir une belle et utile carrière et pour faire avancer à grands pas la branche des sciences qu'il cultivait et où il venait de débuter d'une manière si brillante. La voie qu'il avait tracée par ses travaux si consciencieux et si persévérants, quoiqu'ils fussent renfermés dans un cercle modeste et restreint, était largement ouverte devant lui, prête à le conduire aux plus hautes distinctions. Malheureusement diverses circonstances vinrent s'opposer à ce qu'il en fût ainsi, et le flambeau qu'il avait si brillamment allumé, s'est éteint non moins rapidement. Certains frottements pénibles qu'il eût à subir de la part d'autres hommes de science et dans lesquels il voyait ses convictions religieuses gravement atteintes, paraissent avoir été un des motifs dominants de sa retraite.

Auguste de Montmollin était un des plus anciens membres de la Société helvétique des sciences naturelles, dont il faisait partie depuis 1837 ; il était aussi membre de la Société géologique de France. Il avait été nommé membre correspondant de la Société du Muséum d'histoire naturelle de Strasbourg et de la Senckenbergische Naturforschende Gesellschaft, une des principales associations scientifiques de l'Allemagne.

A côté de ses occupations scientifiques, Montmollin voua une bonne partie de son temps à l'administration de la ville de Neuchâtel dont il fut le maître-bourgeois et le député au Corps législatif. Et si les évènements politiques de 1856 mirent fin à sa carrière publique, il ne se retira cependant pas dans l'inactivité ; il ne cessa au contraire, de consacrer son temps et ses peines à des œuvres d'utilité publique et de bienfaisance. Son caractère, son esprit bienveillant et juste, le noble emploi qu'il faisait de son temps, de ses facultés et de sa fortune, lui avaient acquis l'estime et la considération générales. Il demeurait un peu isolé dans notre génération de fin de siècle, comme un chêne centenaire au milieu d'une jeune forêt, mais il était salué avec respect par tous ceux qui le connaissaient.

Si Auguste de Montmollin n'a pas beaucoup enrichi de ses travaux le domaine de la science, son nom n'en mérite pas moins d'être honorablement cité et mis au nombre de ceux que celle-ci réclame pour ses disciples et ses propagateurs.

Ainsi qu'on l'a dit en son lieu, il est à jamais attaché au Calcaire jaune de Neuchâtel et aux marnes bleues de Hauterive, tout comme celui de Thurmann est sculpté au sommet des montagnes du Jura et buriné sur les marteaux des géologues jurassiens.   M. de Tribolet.

† Emil Müller.

1822—1897.

Am 28. April 1897 starb, 75 Jahre alt, in Winterthur, Dr. med. Emil Müller, alt Sanitätsrat und Bezirksarzt, an einer rechtsseitigen Lungenentzündung eines raschen, aber sanften Todes.

Seit August 1896 hatte sich bei ihm ein Halsübel zu entwickeln begonnen, das sich nach wenig Wochen als ein von der rechten fossa pyriformis laryngis ausgehendes Carcinom herausstellte. Das Leiden machte durch Schluckbeschwerden, in den ersten Monaten durch besonders heftig auftretende Hinterhaupt- und Stirnschmerzen, später mehr durch zunehmende Heiserkeit dem alten Manne, der schon während seines Lebens, und besonders in den letzten Jahrzehnten viel Sorgen und Mühen überstanden hatte, auch die letzten Lebensmonate zur quälenden Pein. Doch die schlimmsten Stadien der schrecklichen Krankheit blieben ihm erspart. Mit staunenswerter Ruhe und Resignation hatte er so genug ertragen, ohne je bei jemandem Trost zu suchen. Als eine glückliche Erlösung aus einer qualvollen, drohend und klar mit all' ihren Schrecken vor Augen stehenden Zukunft trat zur rechten Zeit der ersehnte Tod ein.

Emil Müller wurde am 1. März 1822 in Genua geboren als Sohn eines aus Herisau stammenden Kaufmanns. Mit 13 Jahren kam er an das Gymnasium in Zürich und studierte nach Absolvierung desselben ebendaselbst. Im Jahre 1846 bis Ende 1847 besuchte er die Universitäten Halle und Prag. Zu seinen Lehrern durfte er einen Henle, Volkmann, Oppolzer, Hasse zählen, deren er sich in aufrichtiger Verehrung besonders gerne erinnerte. Nachdem er noch einige Zeit nach bestandenem Staatsexamen als Assistenz-Arzt bei Dr. Locher in Zürich zugebracht hatte, etablierte er sich im Herbst 1848 in Winterthur. Hier entwickelte er nun während beinahe 50 Jahren eine ebenso vielseitige und angestrengte als segensreiche

Thätigkeit. Als äusserliche Anerkennung seiner Tüchtigkeit wurde er schon im Jahre 1856 als Bezirksarzt-Adjunkt und im Jahre 1865 als Bezirks-Arzt von Winterthur gewählt, welche Stelle er während 33 Jahren bis Ende 1896 mit nie erlahmendem Eifer, stets zunehmendem Interesse und Liebe zu diesem Zweige seines Berufes versah. Den besten Lohn für die viele Mühe und Arbeit, die er als Gerichtsarzt geopfert hat, erblickte er für sich in der allseitigen, unbeschränkten, mit den Jahren immer mehr sich steigernden Anerkennung und Wertschätzung, die seine Gutachten, wo immer dieselben gefordert wurden, bei Gerichten oder einzelnen Juristen, genossen. Und etwas anderes als ungeteiltes Lob war kaum zu erwarten bei den vortrefflichen Veranlagungen für diese Bethätigung, welche seinen Gutachten den Stempel der überzeugenden Wahrheit aufdrückten. Denn sie alle, diese unzähligen, gerichtlichen und bei Unfallverletzungen ausgestellten Gutachten zeichnen sich aus durch eine absolute Objektivität, wie sie nur derjenige besitzen kann, der in jedem Falle mit gewissenhaftester Genauigkeit verbunden mit gründlichstem Wissen zu untersuchen gewohnt ist, und der nur durch scharfe Logik in Anwendung seiner vieljährigen, vielseitigen Erfahrung das klare, richtige Bild vom wirklichen Sachverhalt zu bilden sich bestrebt ist.

An diese Thätigkeit schliesst sich jene andere amtliche Bethätigung an, deren ungeheure Arbeit in den Medizinalberichten des Kantons Zürich vom Jahre 1862—92 niedergelegt ist, und welchen als Beigabe in den letzten Jahren interessante, kurze Abhandlungen über Scharlach und Masern während der letzten 50 Jahre mitgegeben waren als wissenschaftliche Nebenbeschäftigung des anderseitig doch genug in Anspruch genommenen Arztes.

Diese eigener Initiative entsprungenen Berichte führen uns über auf diejenige Arbeit Emil Müllers, durch welche er sich als gründlicher, wissenschaftlicher Forscher einen Namen weit über die Grenzen der Schweiz hinaus verdient hat. Von der Schweizerischen Naturforschenden Gesellschaft war im Jahre

1863 eine Kommission zur Untersuchung über die Verbreitung der Lungenschwindsucht niedergesetzt worden. Vom Jahre 1865 bis 1870 hatte Emil Müller als Aktuar dieser Kommission die nicht kleine Aufgabe, alle von über 200 Schweizerärzten einlaufenden Berichte zu ordnen, und weitere fünf Jahre nahmen ihn allein in Anspruch, das gesammelte Material selbständig zu verarbeiten. Im Jahre 1875 war das Werk, von dessen Arbeitssumme noch vorhandene Protokolle und Briefe eine deutliche Sprache reden, vollendet und erschien als Bericht der von der Naturforschenden Gesellschaft eingesetzten Kommission, erstattet von ihrem Aktuar E. Müller.

Die Abhandlung enthält die ersten, umfassenden Angaben über das Vorkommen der Lungenschwindsucht in der Schweiz, dargestellt an einem Beobachtungsmaterial von mehr als einer Million Seelen, etwas weniger als der Hälfte der damaligen schweizerischen Bevölkerung. Trotz der häufig sehr unvollständigen, zu Grunde liegenden Angaben werden vom Verfasser richtige Anregungen gegeben und Folgerungen gezogen, welche durch ihre spätere Bestätigung die hohe Einsicht desselben in seine Aufgabe erkennen lassen. Es wird darin der Einfluss der Höhenlage, des sozialen Standes auf Lungenschwindsucht besprochen; andere aetiologische Momente z. B. auch die Häufigkeit der Trunksucht als Ursache dieser Krankheit, erwähnt und vom Einfluss der Berufsarten gesprochen.

Mir als Angehörigen einer jungen Generation, der die durch solche Arbeiten erst gefundenen Verhältnisse als beinahe allbekannte Thatsachen kennt, ist es unmöglich den Wert der Arbeit richtig zu schätzen. Auf die hohe Wertschätzung des Berichtes dürfen wir aber schliessen aus den begeisterten Zuschriften, welche den Verfasser beglückwünschten zu seiner Arbeit und die nicht nur aus der Schweiz, auch aus Deutschland und Frankreich stammten. Die naturwissenschaftliche Gesellschaft in Dresden ernannte ihn zu ihrem korrespondierenden Mitgliede und im Jahre 1890, also 15 Jahre nach dem Erscheinen des Berichtes wurde an Dr. Emil Müller auf Vorschlag von Prof. Hirsch in Berlin die ehrenvolle Anfrage gestellt, ob er nicht das Referat über Lungenschwindsucht am 10. internationalen Medizinischen Kongress in Berlin übernehmen wolle. Auf Antrag von Herrn Prof. Oskar Wyss wurde ihm im Jahre 1876 von der Universität Zürich die Würde eines doct. hon. c. der med. Fakultät verliehen. Vom Jahre 1875 an gehörte er während 18 Jahren dem Sanitätsrate an, in welchem Kollegium er ein hohes Ansehen genoss.

In dieser Zeit, wo er so sauer verdiente, ehrenvolle Anerkennung von wissenschaftlicher Seite erntete, traf ihn der schwerste Schlag seines Lebens. Im Jahre 1876 starb die heissgeliebte Gattin, erst 46 Jahre alt, an Lungenschwindsucht. Der treue Gatte hat ihren Tod nie verschmerzt und sich bis ans Lebensende vereinsamt gefühlt. Von dieser Zeit an zog er sich immer mehr aus Gesellschaften und geselligen Kreisen zurück und widmete sich als oft recht einsamer Mann seiner mannigfaltigen Berufsthätigkeit, in der er Trost und Vergessen suchte. Ausser einem lebhaften Sinn für Kunst und Litteratur liess ihm sein Bestreben nach tieferer Erkenntnis auf wissenschaftlichem Gebiete keine Ruhe, und bis zum letzten Tage blieb ihm das regste Interesse für alles, was die Medizin neues von Wert zu Tage förderte.

Als Kollege sowohl, wie als Freund und Bürger war er seines geraden, einfachen, aufrichtigen Wesens halber, von allen, die ihn kannten, hoch geachtet und jener so seltenen Eigenschaft, sich seinen Mitmenschen wie und wo immer möglich dienstbar zu erweisen, verdankt die ärztliche Gesellschaft neben andern Gesellschaften langjährige Dienste als Präsidium und Quästor, für welche ihn seine nähern Kollegen in den letzten Jahren durch verschiedene Dankesbezeugungen in hochherziger Weise belohnten.

Neben allen diesen öffentlichen Bethätigungen war er ein sehr beliebter und deshalb viel beschäftigter Arzt in Winterthur und Umgebung. In einem Nachrufe schreibt ein trauernder Freund über diese Thätigkeit: «Im Kreise von Tüchtigen und im Wetteifer mit Wackern mit voran zu stehen, ist das schönste Lob. Dr. Müller hat es sich erworben durch selbst-

lose Hingabe an seine Pflicht, bei der er seine ganze Kraft
einsetzte, vor der jede andere Rücksicht persönlicher Art
zurücktrat; durch seine gewissenhafte Bemühung, nur den
wahren Zwecken seines Berufes zu dienen; durch strengste
Wahrhaftigkeit in dessen Ausübung, die allen und jeden Char-
latanismus gründlich hasste und im Heilverfahren am Liebsten
das einfachste Mittel anwandte; durch männlich-sicheres Auftreten am Krankenbette, das Vertrauen erweckte, und schliesslich durch eine Auffassung von seiner Berufsarbeit, die diese
nicht nur den Armen gegenüber als freundlich geleistete Hülfe
erscheinen liess, sondern ihn im allgemeinen in der materiellen
Wertschätzung seiner Thätigkeit fast nur allzusehr beeinflusste.
Er war mit einem Worte sein Leben lang nicht nur ein guter
Arzt, sondern dabei immer auch ein guter Mensch. »

Eine gewaltige Arbeitslast ist von Dr. Emil Müller be-
wältigt worden; verdiente Anerkennung hat er zu Lebzeiten
vielfach gefunden; wir aber wollen ihn den guten Bürger, den
weisen, nie rastenden Arzt und den edlen Menschen als ein
leuchtendes, nie vergängliches Vorbild in unserer Erinnerung
festhalten. R. I. P.   A. MÜLLER.

† Le Dr. Charles Nicolas.
1846—1898.

Bien que notre regretté collègue n'ait jamais pu assister
aux séances de la Société helvétique des Sciences naturelles, de
laquelle il faisait partie depuis 1874, sa carrière médicale a
été trop remarquable pour qu'il ne soit pas légitime de lui
consacrer une notice nécrologique dans les *Actes* de la dite
Société.

Paul-Charles-Edouard Nicolas naquit à Neuchâtel, le
27 juin 1846. Il était originaire de Mézières (Vaud): mais sa
famille ayant été agrégée à la commune de Neuchâtel, elle fut
naturalisée de ce chef en 1867 dans notre canton.

Pendant le cours de ses études dans sa ville natale, il fut atteint d'une attaque de rhumatisme articulaire aigu, qui eut pour conséquence une affection organique du cœur. Ayant choisi la carrière médicale, il fréquenta successivement les universités d'Erlangen, Wurzbourg et Berne, où il fut pendant un an assistant de la Maternité. Il entra ensuite à l'hôpital Pourtalès à Neuchâtel, en qualité d'interne de ce service médico-chirurgical, fut ensuite 1er interne du service clinique du professeur Breisky, à Berne, où il subit ses examens doctoraux à partir du 2 mars 1870, puis passa ses examens d'Etat à Neuchâtel.

Il fit peu après partie de l'ambulance suisse qui, ayant pour chef le Dr Rodolphe Demme, se porta du côté des troupes allemandes, et fut en activité à Pont-à-Mousson et à Nancy, prit ensuite part en qualité de médecin-adjoint à la mise sur pied d'un bataillon neuchâtelois envoyé à la frontière dans le Jura bernois, repartit après cela pour le théâtre de la guerre, où il fonctionna comme médecin suisse dans une ambulance allemande à Fontenoy, près de Belfort, d'où il ne tarda pas à être rappelé pour assister à Neuchâtel en qualité d'adjudant le Dr François de Pury, médecin cantonal en chef, surchargé d'occupations par l'arrivée dans notre pays de l'armée de Bourbaki. Quand son chef eut été nommé médecin fédéral de division, Nicolas continua à lui être attaché comme adjudant.

Il se rendit successivement à Prague, Vienne, Berlin et Paris, puis vint en automne de 1872 s'établir à Neuchâtel.

Admis en 1869 déjà dans le sein de la Société des Sciences naturelles de Neuchâtel et dans celui de la Société neuchâteloise des Sciences médicales — qui fut dissoute en 1874, — il fut secrétaire de l'une et de l'autre, et fut reçu en 1874 membre de la Société helvétique des Sciences naturelles.

Dès 1872 il fit partie de la Commission de Salubrité publique de Neuchâtel, et en fut vice-président; mais il y donna sa démission définitive lors de sa nomination à la vice-présidence de la Commission d'Etat de Santé. Il fut médecin de la

Crèche dès sa fondation (1874) jusqu'à la fin de 1886, et de l'hôpital de Chantemerle (maladies contagieuses) de 1877 jusqu'à la fin de 1883.

En 1878, le Conseil fédéral le nomma membre de la Commission fédérale des examens professionnels de médecine au siège de Genève, où il fut chargé des questions relatives à l'hygiène. Il fut aussi pendant un certain temps membre de la Commission consultative de l'enseignement supérieur de notre canton et de la Commission du Musée d'histoire naturelle de notre ville.

Reçu en 1882 membre de la Société médicale neuchâteloise, il en fut secrétaire (1884), puis président (1888 et 1889), et à ce titre, Neuchâtel étant alors Vorort de la Société médicale de la Suisse romande, il présida celle-ci, le 12 octobre 1888, à son assemblée générale d'Ouchy.

Appelé en 1884 au poste de médecin-chirurgien de l'hôpital de la Providence, il se consacra complètement à cette tâche, y organisa une salle d'opérations modèle, et fut la cause de l'augmentation annuelle du nombre des malades de cet établissement charitable. On ne peut mieux dépeindre ce qu'il s'y montre, que ne l'a fait le Dr F. Morin (*Revue médicale de la Suisse romande*, XVIII, 1898, p. 104—105). Il y pratiqua de nombreuses opérations généralement suivies de succès, parmi lesquelles plusieurs ovariotomies. Mais, le 30 juin 1889, l'état de sa santé lui fit renoncer à l'hôpital de la Providence, comme plus tard il refusa pour la même cause la place de médecin-chirurgien de l'hôpital Pourtalès, qui lui fut offerte lors de la démission du titulaire pour le 1er janvier 1893.

Nommé dès 1876 membre suppléant de la Commission d'Etat de Santé, il en devint membre effectif, puis fut appelé en juillet 1889 à la vice-présidence de ce corps consultatif, et en outre au poste de médecin-inspecteur des maisons de santé du Canton, qu'il ne conserva que jusqu'à la fin de 1893. Dans la première de ces deux fonctions il démontra amplement sa force de travail et son aptitude exceptionnelle pour tout ce qui concerne l'hygiène.

Le Conseil d'Etat du canton de Vaud rendu attentif à ce fait l'appela à la chaire d'hygiène de la nouvelle université de Lausanne avec le titre de professeur extraordinaire. Nicolas créa lui-même pour son enseignement une collection précieuse, dont il confectionna lui-même une bonne partie des objets.

C'est pour la même raison que, s'agissant d'étudier la question de l'alimentation en eau de la ville de Lausanne, il fut appelé avec le Dr Roth, professeur de bactériologie à Zurich, et M. Roger Chavannes, ingénieur à Neuchâtel, à présenter sur cette question un travail dont il fut le rapporteur.

Le Conseil fédéral qui l'avait déjà nommé « membre de la Commission surveillante du siège de Lausanne pour l'examen professionnel des médecins » (1893), le désigna le 3 janvier 1898 comme « membre suppléant du Comité-directeur préposé au siège de Neuchâtel, mais domicilié à Lausanne, pour le reste de la période administrative courante jusqu'à la fin de l'année 1898. »

Mais, quelque court que fût ce terme, il fut encore trop long pour celui qu'il désignait à cette fonction. En effet, le 26 janvier 1898, Nicolas se dirigeant vers la gare de Neuchâtel pour aller donner un cours d'hygiène à Lausanne, tomba sans connaissance et ne tarda pas à rendre le dernier soupir dans un magasin, d'où il fut reconduit à domicile dans la voiture d'ambulance de la Croix-Rouge.

Lors de ses funérailles, à son domicile, M. le Conseiller d'Etat Robert Comtesse, chef du Département de l'Intérieur, et M. le pasteur Henri Du Bois rendirent hommage à ses qualités et aux services signalés qu'il avait rendus dans l'exercice de sa profession et au sein de la Commission de Santé; puis, au cimetière, M. le professeur et Dr Marc Dufour, pro-recteur de l'université de Lausanne, le professeur et Dr Dind, doyen de cette faculté de médecine, et le Dr F. Morin, président de la Société médicale neuchâteloise, accentuèrent l'étendue de la perte que venait de faire la science par la mort d'un homme aussi capable que consciencieux dans l'accomplissement du devoir.

Renvoyant pour plus de détails à la notice nécrologique de M. le Dr F. Morin et à celle que publiera la Société des Sciences naturelles de Neuchâtel, nous donnons en terminant l'indication des principaux travaux du Dr Nicolas.

De la mensuration obstétricale des ouvertures inférieures du bassin. D. I. Bern. Neuchâtel, 1870, in 8°, pp. 100, avec une double planche de 4 figures. — Sur la fréquence avec laquelle les maladies doubles atteignent un côté du corps, dans le Bulletin de la Société des Sciences naturelles de Neuchâtel, IX. 3, 1873, p. 473—478. — Des microbes en général et de leurs qualités pathogéniques, Ibid., XIII, 1883, p. 244—267. — Des causes de la fièvre typhoïde en général et à Neuchâtel en particulier, Ibid., XIII, 1883, p. 283—288, avec 3 courbes graphiques. — La fièvre typhoïde à Neuchâtel, dans la Revue médicale de la Suisse romande, IV, 1884, p. 305—317, avec les mêmes courbes graphiques. — De l'action explosive des projectiles d'après les expériences de M. le professeur Kocher de Berne, dans le Bulletin, etc., XIV, 1884, p. 127—135. — Notice sur l'épidémie de fièvre typhoïde à Zurich au printemps 1884, ibid., XV. 1886, p. 143—148. — Modèle de table d'opérations, dans la Revue, etc., VIII, 1888, p. 342—345, avec une planche. — Instructions sur les premiers secours à donner en cas d'accidents ou de maladies subites. Neuchâtel, 1888, pp. 19, avec 4 planches. Publé par la Société du chemin de fer du Jura neuchâtelois. (Epuisé) — Rapport sur la crémation, 8°, pp. 41, annexé au suivant. — La Santé publique dans le canton de Neuchâtel en 1889. Rapport présenté au nom de la Commission d'Etat de Santé. Neuchâtel, 1890, pp. 136, avec des tabelles. — Et successivement le même Rapport pour les années 1890 (pp. 98), 1891 (pp. 87), 1892 (pp. 80), 1893 (pp. 106), 1894 (pp. 80), 1895 (pp. 87) et 1896 (pp. 98), tous accompagnés de tabelles. — Leçon d'ouverture du cours d'hygiène pratique. Lausanne, 1891, in 8°, pp. 35. — Instructions au public pour se défendre contre la tuberculose. Neuchâtel, Juin 1891. — Rapport adressé au conseil communal et à la municipalité de Lausanne sur l'alimentation en eau de la ville, par le Dr Nicolas (rapporteur), le Dr Roth et M. K. Chavannes, ingénieur, Neuchâtel, 1897, in 8° (pp. 53).

Neuchâtel, le 11 Juin 1898. Dr ÉDOUARD CORNAZ.

---

† Melchior Schuppli.

1824—1898.

Melchior Schuppli wurde am 29. November 1824 in Strass bei Frauenfeld geboren. Seine Eltern waren Landleute, der Vater verstarb, als der kleine Melchior 12 Jahre alt war. Auf Betreiben des Pfarrers von Gachnang kam Schuppli 16jährig ins Seminar Kreuzlingen, das unter der Leitung von Vater Wehrli stand. Nach Absolvierung des Seminarkurses vertraute man ihm die Leitung der Übungsschule des Seminars und machte ihn 19jährig zum Lehrer am Seminar selbst. Sein Wissensdrang bewog ihn aber, Kreuzlingen zu verlassen und sich zur Vervollständigung seiner Studien nach Genf zu begeben, wo eifrig Französisch, Mathematik und Naturwissenschaften gepflegt wurden. Hier entfaltete sich seine Liebe zur Botanik, die ihm zeitlebens manche frohe Stunde bereitete, hier in Genf lernte er auch seine zukünftige, treue Lebensgefährtin kennen. Nachdem Schuppli im vierten Jahre seines Genfer Aufenthaltes noch im Pensionat Janin unterrichtet hatte, wurde er 1849 an die neugegründete Sekundarschule Bischofszell im Kanton Thurgau berufen, welches Institut er rasch in die Höhe brachte. Dies verschaffte ihm weit und breit den Namen eines tüchtigen Schulmannes, so dass er 1861, abermals durch Berufung, an die Realschule St. Gallen übersiedelte. Nach fünfjähriger Thätigkeit schenkte man ihm in Anerkennung seiner Wirksamkeit das Burgerrecht. Von 1867—69 übernahm er als Direktor die Leitung der Stickereifabrik Rittmeyer in Bruggen bei St. Gallen. Wohl hatte er eine gewisse Befriedigung, durch

Wohlfahrtseinrichtungen aller Art, wie die Erbauung gesunder Wohnräume, die Errichtung einer Volksbibliothek und einer Sparkasse zur Hebung der dortigen Arbeiterbevölkerung etwas beizutragen, allein es zog ihn wieder zur Schule zurück. So übernahm er denn 1869 Unterricht an der Neuen Mädchenschule, an der Lerberschule und am Seminar Muristalden in Bern, worauf ihm die Direktion der erstgenannten Anstalt übertragen wurde. Hier in Bern entfaltete Herr Schuppli eine umfassende Thätigkeit als Pädagoge. Er gehörte schon sehr frühe (1849) der Schweizerischen und dann seit 1870 der Bernischen Naturforschenden Gesellschaft an und war ein eifriges und begeistertes Mitglied des Alpenklubs. In Unterrichtsfragen war sein Rat gesucht; er wurde in die Kommission der städtischen Realschule und des städtischen Gymnasiums gewählt und genoss das Vertrauen der Behörden und der weitesten Kreise seiner Mitbürger. Was er als Direktor der Neuen Mädchenschule geleistet zu beschreiben, ist Aufgabe Anderer; er konnte von dieser seiner lieben Anstalt nur langsam loskommen. 1890 gab er einen Teil des Unterrichts ab und zog sich nach Hilterfingen bei Oberhofen am Thunersee zurück, wo er ein Gut gekauft hatte, um sich in seiner freien Zeit im Garten mit seinen ihm lieben Pflanzen zu beschäftigen. 1894 legte er die Leitung der Schule nieder, 1896 zog er sich ganz von derselben zurück. Auch an seinem neuen Wohnort lässt Herr Schuppli Spuren seiner Wirksamkeit zurück, er beteiligte sich energisch bei der Gründung der dortigen Sekundarschule und wurde Mitglied ihrer Kommission, und verhalf Hilterfingen zu einem Postbureau. Bis zum Juni 1897 war es ihm noch ein Genuss, in der nahen und blühenden Haushaltungsschule Ralligen zu unterrichten. Allmählich fing seine, sonst so gute Gesundheit an zu wanken. Es stellten sich die Beschwerden des Alters, besonders ein Magenleiden ein. Vergeblich suchte er Heilung im Schwefelberg, wohl schien es, als ob er sich wieder kräftigen wollte, da brach das Leiden mit neuer Wucht herein. Eine Magenoperation musste zum zweiten Male gemacht werden; sie schien gelungen, brachte ihm Linderung, umgeben von den

Seinigen starb er aber am Morgen des 14. Märzes 1898: Ein
reich ausgefülltes Leben liegt vor uns, er war ein Mann ohne
Falsch, von redlichem Streben und grosser Schaffensfreude, ein
Freund der Natur und der hehren Alpenwelt. Von seinen
Schriften interessieren uns hier nur diejenigen, welche auf die
Natur Bezug haben. Es finden sich von ihm kleinere Aufsätze
in den «Mitteilungen aus der Neuen Mädchenschule», wie zum
Beispiel : « Monatsbilder » ; « Wanderung der Alpenpflanzen » ;
« Drei Tage auf Fully-Alp » : « Ein Blatt aus der Küchen-
chemie ». — Ferner : Die « Linea borealis » am Engstligenfall
bei Adelboden, Berner Oberland. Jahrbuch des S. A. C. XIII.
S. 582. — Verzeichnis der Flora von Sigriswylkette und
Justusthal. Jahrbuch des S. A. C. XX. — Verzeichnis von im
November und Dezember blühend gefundenen Phanerogamen.
Mitteilungen der Bern. Naturf. Ges. 1880, XXVIII. — Über
das Geweih eines Elentieres. Mitteilungen der Bern. Naturf. Ges.
1871. X. J. H. GRAF.

Geschenke und Tauschsendungen für die
Schweizerische Naturforschende Gesellschaft sind

An die

Bibliothek der Schweiz. Naturforschenden Gesellschaft

BERN (Schweiz)

zu adressieren.

Les dons et échanges destinés à la Société
helvétique des Sciences naturelles doivent être adressés
comme suit:

A la

Bibliothèque de la Société helvétique des Sciences naturelles

BERNE (Suisse)

ARCHIVES DES SCIENCES PHYSIQUES ET NATURELLES

OCTOBRE, NOVEMBRE ET DÉCEMBRE 1898

COMPTE RENDU DES TRAVAUX

PRÉSENTÉS A LA

QUATRE-VINGT-UNIÈME SESSION

DE LA

SOCIÉTÉ HELVÉTIQUE

DES

SCIENCES NATURELLES

RÉUNIE A

BERNE

Du 31 juillet au 3 août

1898

GENÈVE

BUREAU DES ARCHIVES, RUE DE LA PÉLISSERIE, 18

LAUSANNE	PARIS
BRIDEL ET Cie	G. MASSON
Place de la Louve, 1	Boulevard St-Germain, 120

Dépôt pour l'ALLEMAGNE, H. GEORG, A BALE

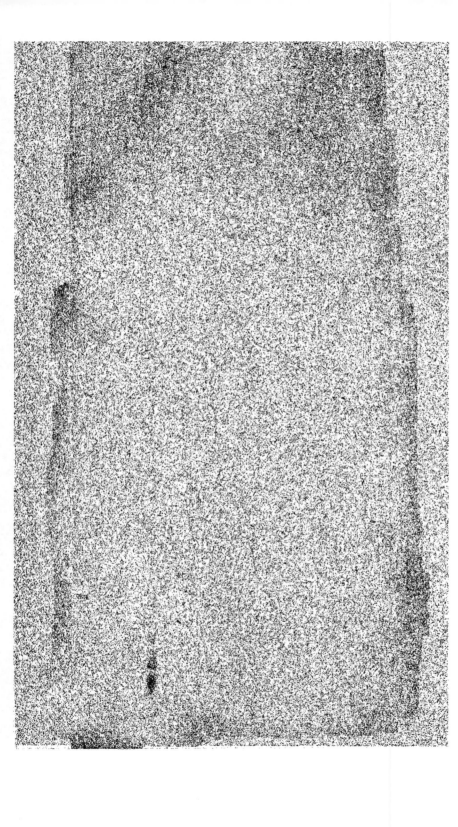

ARCHIVES DES SCIENCES PHYSIQUES ET NATURELLES

OCTOBRE, NOVEMBRE ET DÉCEMBRE 1898

COMPTE RENDU DES TRAVAUX

PRÉSENTÉS A LA

QUATRE-VINGT-UNIÈME SESSION

DE LA

SOCIÉTÉ HELVÉTIQUE

DES

SCIENCES NATURELLES

RÉUNIE A

BERNE

Du 31 juillet au 3 août

1898

GENÈVE

BUREAU DES ARCHIVES, RUE DE LA PÉLISSERIE, 18

LAUSANNE | PARIS

BRIDEL ET Cie | G. MASSON

Place de la Louve, 1 | Boulevard St-Germain, 120

Dépôt pour l'ALLEMAGNE, H. GEORG, A BALE

1898

GENÈVE. — IMPRIMERIE REY & MALAVALLON
précédemment Aubert-Schuchardt.

QUATRE-VINGT-UNIÈME SESSION

DE LA

SOCIÉTÉ HELVÉTIQUE DES SCIENCES NATURELLES

RÉUNIE A

BERNE

du 31 juillet au 3 août 1898.

———

La 81e réunion de la Société helvétique des Sciences naturelles, s'est tenue à Berne du 31 juillet au 3 août. Le comité local, sous la présidence de M. le prof. Th. Studer, en avait réglé avec beaucoup de soins tous les détails, et les congressistes, au nombre de deux cents environ, qui avaient répondu à son appel, ont pu apprécier la manière distinguée dont le président et ses collaborateurs s'étaient acquittés d'une tâche souvent ingrate. Ils leur en doivent beaucoup de remerciements.

Après avoir, selon l'usage, consacré la première soirée à la séance de la commission préparatoire et à une réunion familière dans la grande salle du Museum où une collation leur fut offerte par la Société bernoise des sciences naturelles. les participants ont pu, le lundi 1er août, entendre dans la première assemblée générale, plusieurs communications intéressantes, entremêlées des tractanda administratifs ordinaires. Le discours d'ouverture du président, sur « l'influence de la paléontologie sur les progrès de la science zoologique », en a dignement ouvert la série qui s'est continuée par un mémoire de M. le prof. Schär, de Strasbourg, sur les travaux de Schœnbein et de ses successeurs sur les ferments d'oxydation. M. le prof. Yung, de Genève, a parlé de la digestion chez les poissons et M. le Dr Standfuss, de Berne, de recherches expérimentales dans le domaine de la zoologie. M. F. Dussaud, de Genève, a présenté le microphonographe, système Berthon-Dussaud-Jaubert, dont il est le principal inventeur, et les assistants ont pu se rendre compte par eux-mêmes de la valeur de cet appareil.

Les séances de sections commencées le 2 août au matin, se sont prolongées pour plusieurs d'entre elles dans l'après-midi. Elles ont permis aux congressistes de visiter et d'admirer les nouveaux instituts que Berne a fait construire ces dernières années, pour loger les divers laboratoires scientifiques. Cette visite était facilitée par le fait qu'un superbe volume contenant les plans et la description de tous ces bâtiments avait été remis à chaque participant du Congrès au nom du Département de l'instruction publique du canton de Berne.

Le dernier jour de la réunion, un train spécial auquel s'étaient joints M. le Président de la Confédération Ruffy et M. le Conseiller fédéral Lachenal transportait les naturalistes à Grindelwald, où ils furent admirablement reçus par la population du village, ayant à sa tête M. le pasteur Strasser. La dernière Assemblée générale se tint dans l'église et on y entendit d'intéressants mémoires de MM. les professeurs Cho-

dat et Brückner. Un banquet à l'Hôtel de l'Ours termina
la fête.

Nous ne parlerons pas ici des réjouissances de toutes
sortes qui avaient été combinées par le comité et qui
permettaient aux membres du Congrès de se reposer de
leurs travaux scientifiques, nous devons cependant faire
exception pour une exquise représentation théâtrale,
organisée en plein air dans un site charmant au centre
d'une forêt et au pied d'une source « Glasbrunnen ».
Composé exprès pour cette réunion par le docteur
Otto de Greyers et joué par des étudiants et des
enfants, ce « Festspiel » intitulé *l'Eau* a laissé un déli-
cieux souvenir à tous ceux qui ont eu le privilége d'y
assister.

C'est à Neuchâtel que les naturalistes suisses se
réuniront l'année prochaine.

Nous allons maintenant rendre compte des divers
travaux présentés dans les séances générales et dans les
sections en les classant suivant les branches de la science
auxquelles ils se rapportent.

Mathématiques, Astronomie et Physique

Président: M. le prof. Dr J.-H. GRAF, de Berne.
Secrétaire: M. le Dr P. GRÜNER. de Berne.

F. Dussaud. Présentation de son microphonographe. — C. F. Geiser. Systèmes triples orthogonaux. — Ch. Moser. Sur une fonction qui intervient dans la théorie de l'assurance contre la maladie. — L. Crelier. Loi de périodicité du développement des racines carrées en fraction continue. — G. Künzler. Sur les lignes doubles des surfaces développables. — Ch. Dufour. L'éclipse de lune du 3 juillet 1898. — J. Pidoux. Coloration des Alpes et réfraction. — H. Dufour. Déperdition de l'électricité. — P. Dubois. Sur le moyen de mesurer la durée de la période d'état variable d'un courant. — D. Kleiner. Sur les condensateurs et la durée nécessaire à leur charge. — Le même. Induction magnétique dans le fer traversé par un courant. — H. Wild. Modèle perfectionné de son polaristrobomètre. — L. de la Rive. Propagation d'un allongement croissant d'une manière continue dans un fil élastique. — Jeanneret. Problèmes d'électricité. — Ed. Hagenbach - Bischoff. Bruits causés dans le téléphone par la marche des tramways électriques. — R. Weber. Nouvel hygromètre. — Ris. Les travaux de M. Guillaume sur les aciers au nickel. — Ed. Sarasin. Continuation de ses etudes sur les seiches du Lac des IV Cantons.

Dans la première assemblée générale, M. le Dr Frantz DUSSAUD, de Genève, expose et décrit son *microphonographe*. Il rappelle qu'il a communiqué en 1896, à Zurich, à la session de la Sociéte helvétique des Sciences naturelles les résultats obtenus au moyen d'un appareil de son invention auquel il a donné ce nom. Cet appareil se composait, on s'en souvient, d'une combinaison du phonographe, du microphone et du téléphone. Le microphone reposait sur la membrane du phonographe et était ébranlé directement, c'està-dire mécaniquement et non par des ondes sonores. Le courant d'une pile passait successivement dans un rhéostat, dans le microphone et dans le récepteur téléphonique. Le *microphonographe* permettait d'obtenir les résultats suivants :

1° Entendre dans le téléphone ce que disait le phonographe avec une augmentation d'intensité considérable grâce à l'ébranlement mécanique du microphone. Cette amplification avait pour but de faire entendre le phonographe à davantage de personnes ou à des sujets dont l'ouïe est affaiblie, afin de les soumettre à des exercices auditifs qui, comme on le sait, développent en eux le sens de l'ouïe. Ces exercices, qui doivent être faits pendant un temps très long, sont fort fatiguants pour la voix de l'instituteur, l'appareil vient l'aider en servant de répétiteur.

2° Faire varier à volonté, grâce au maniement du rhéostat, l'intensité des paroles ou des sons émis par le phonographe depuis ceux à peine perceptibles pour une oreille normale jusqu'à ceux qu'il lui est impossible de supporter, permettant ainsi d'apprécier le degré d'audition chez les sujets atteints d'une surdité plus ou moins accentuée.

3° Faire entendre le phonographe à des distances considérables grâce à la transmission électrique de ce qu'il dit, transmission dont le rendement est infiniment supérieur à celui par l'air, soit qu'on adjoigne au phonographe un cornet ou des tuyaux de caoutchouc.

Depuis, M. Dussaud a perfectionné son *microphonographe* en colloboration avec MM. Jaubert et Berthon, et c'est le dernier modèle ainsi réalisé permettant d'obtenir les résultats précités avec toute la précision désirable que M. Dussaud a fait fonctionner à la première assemblée générale de la session.

M. le prof. Dr C.-F. GEISER, de Zurich. *Sur la théorie des systèmes triples orthogonaux.*

M. Geiser a examiné l'interprétation géométrique de l'équation différentielle dont dépendent les familles de Lamé. On désigne sous ce nom toutes les familles de surfaces qui font partie d'un système triple de surfaces orthogonales. Si l'on représente les trois familles de surfaces par les équations

$$u\,(x_1, x_2, x_3) = \varsigma \quad v\,(x_1, x_2, x_3) = \sigma \quad w\,(x_1, x_2, x_3) = \tau,$$

dans lesquelles x_1, x_2, x_3 sont les coordonnées cartésiennes d'un point de l'espace, et ς, σ, τ, les paramètres des trois familles, la solution du problème des systèmes triples orthogonaux dépend de l'intégration d'une équation aux dérivées partielles du troisième ordre à laquelle doit satisfaire l'un des paramètres. Cette équation a été étudiée d'une manière approfondie par O. Bonnet, Darboux, Cayley et Schläfli. M. Geiser établit d'abord la forme donnée par ce dernier en s'inspirant de la méthode suivie par Hesse dans la démonstration du théorème de Dupin. En considérant ensuite les variables x_1, x_2, x_3 comme coordonnées trilinéaires homogènes du plan, il montre que les relations fondamentales d'un système triple orthogonal donnent lieu à une intéressante interprétation géométrique ; leur étude se trouve ramenée à celle d'un système de trois coniques. Bien que la plupart des résultats aient déjà été donnés par Cayley, la méthode adoptée par M. Geiser présente l'avantage d'une plus grande simplicité.

M. le D^r Ch. MOSER, privat-docent à l'Université de Berne, parle d'*une fonction qui intervient dans la théorie de l'assurance contre la maladie.*

Si l'on prend comme abscisse le temps t et comme ordonnée le nombre $Z(t)$ des cas de maladie dont la durée a excédé le temps t, on obtient une courbe dont l'équation est $y = Z(t)$. L'aire de cette courbe, comprise entre les abscisses o et t représente alors la *durée totale de maladie* subie par tous les assurés. pendant une période t de leur traitement. Cette quantité est donc égale à : $\int_0^t Z(t)\, dt$.

Si l'on prend, comme une unité de temps, l'année tropique, et comme unité de la durée totale de maladie, l'aire de la courbe qui correspond à une année, cette durée totale pour une période t de traitement sera

$$R(t) = \frac{\int_0^t Z(t)\, dt}{\int_0^1 Z(t)\, dt}.$$

C'est de cette fonction $R(t)$, que s'occupe l'auteur et il en montre le rôle important pour divers calculs d'assurance. La fonction $Z(t)$ peut être déterminée approximativement par l'expérience ; mais l'auteur indique aussi une formule empirique qui représente très exactement la courbe $y = Z(t)$ obtenue au moyen des observations faites pendant plusieurs années par la Caisse d'assurance du canton de Berne et portant sur 10.493 adultes du sexe masculin. Cette loi empirique s'obtient en posant :

$$Z(t) = e^{\frac{r}{1 + ct}} - 1$$

et en déterminant les deux constantes arbitraires r et c

au moyen de deux valeurs particulières attribuées à la variable *t*. On trouve ainsi $r = 5,2447$ et $c = 6,5147$, et il en résulte le tableau comparatif suivant entre les résultats du calcul et ceux de l'observation :

DURÉE		$Z(t)$		DIFFÉRENCE
en semaines	en années	Calculé	Observé	
1	0,019165	1000	1000	0
2	0,03833	624	622	+ 2
3	0,0575	423	421	+ 2
4	0,0767	305	306	− 1
8	0,1533	122	126	− 4
13	0,2491	61	62	− 1
17	0,3258	42	43	− 1
21	0,4025	31	31	0
26	0,4983	23	23	0
39	0,7474	14	13	+ 1
—	1,0000	10	9	+ 1

On a réduit à 1000 le nombre des cas de maladie dont la durée est supérieure à une semaine, parce que la fonction $R(t)$ ne change pas lorsqu'on multiplie $Z(t)$ par une constante. La divergence que l'on remarque entre le calcul et l'observation pour les valeurs de *t* inférieures à une semaine s'explique par le fait que la Caisse d'assurance ne paie pas de prime pour les maladies qui durent moins de trois jours, sauf en cas de mort..

L'auteur applique la même loi empirique à un problème où il s'agit d'une Caisse d'assurance nouvellement ouverte et où l'on est conduit à l'expression :

$$v(\alpha) = \frac{1}{\alpha\, R(\alpha)} \int_0^\alpha R(t)\, dt$$

α représentant une certaine période de transition et il trouve pour $\alpha = 1 : \nu(1) = 0,86$, résultat qui concorde avec la valeur fournie par les observations consignées dans une publication du Département fédéral de l'Industrie [1].

Dr L. CRELIER, professeur, St-Imier. — *Loi de périodicité du développement des racines carrées en fraction continue.*

La valeur $\sqrt{a}$ se développe aisément en une fraction continue de quotients incomplets :

$$b, \; b_1, \; b_2, \; b_3, \; \ldots\ldots, \; b_p, \; \ldots\ldots$$

Pour les calculer, nous avons recours aux opérations simples ci-dessous ;

$$x_1 = \frac{1}{\sqrt{a}-b} = \frac{\sqrt{a+b}}{a-b^2} = \frac{\sqrt{a+b}}{n_1} = \frac{2b}{n_1} + \frac{\sqrt{a}-b}{n_1} = b_1 + \frac{\sqrt{a}-(b-r_1)}{n_1}$$

$$x_. = \frac{n_1}{\sqrt{a}-(b-r_1)} = \frac{n_1\left(\sqrt{a+b}-r_1\right)}{a-(b-r_1)^2} = \frac{a+b-r_1}{n_2} = b_2 + \frac{\sqrt{a}-(b-r_2)}{n_2}$$

$$\cdots\cdots\cdots\cdots\cdots\cdots\cdots\cdots\cdots\cdots\cdots\cdots\cdots$$

$$x_p = \frac{n_{p-1}}{\sqrt{a}-\left(b-r_{p-1}\right)} = \frac{n_{p-1}\left(\sqrt{a+b}-r_{p-1}\right)}{a-(b-r_{p-1})^2} = \frac{\sqrt{a+b}-r_{p-1}}{n_p} =$$

$$b_p + \frac{\sqrt{a}-(b-r_p)}{n_p} ; \left\{ \frac{\sqrt{a}-(b-r_p)}{n_p} = \frac{1}{x_{p+1}} \right\} ;$$

r_p représente le reste de la division :

$$\frac{2b-r_{p-1}}{n_p} \quad \text{et} \quad b_p = \frac{2b-r_{p-1}-r_p}{n_p}$$

[1] Voir Mémoire sur la charge financière des caisses contre les maladies. Publié par le Département fédéral de l'Industrie. Deuxième édition, page 192.

Ce développement suppose : $a - (b - r_{p-1})^2 = n_{p-1} \cdot n_p$; cette formule se vérifie pour les premières valeurs, et en la supposant vraie pour deux valeurs $n_{p-2} \cdot n_{p-1}$, on démontre aisément qu'elle subsiste pour le produit suivant : $n_{p-1} \cdot n_p$; elle est donc générale.

En remarquant : $n_p > r_p$; $n_p > r_{p-1}$; $n_p < 2b$; $r_p < b$; on peut démontrer le théorème suivant :

Théo. I : *Dans le développement de $\sqrt{a}$ en frac. cont., si, à un moment donné on a : $n_p = n_{p+1}$, ou encore $n_{p-1} = n_{p+1}$, à partir de n_{p+1} toute la série des valeurs (n) obtenues avant (n_p) ou (n_{p-1}) se répète dans l'ordre inverse; les valeurs (b) suivent la même loi.*

La valeur (n_λ) qui devient égale a (n_1), entraîne une valeur suivante $(n_{\lambda+1})$ égale à 1 et des valeurs $b_\lambda = b_1$ et $b_{\lambda+1} = 2b$; à partir de cette valeur 2 b, tous les quotients depuis b_1, à 2 b forment une période.

On a donc :

$$
\begin{array}{ll}
b_p = b_{p+1} & \quad b_{p-1} = b_{p+1} \\
b_{p-1} = b_{p+2} & \quad b_{p-2} = b_{p+2} \\
b_{p-2} = b_{p+3} & \quad b_{p-3} = b_{p+3} \\
\cdots & \quad \cdots \\
b_1 = b_{2p} = b_\lambda & \quad b_1 = b_{2p-1} = b_\lambda
\end{array}
$$

ou

On peut encore déduire les deux théorèmes suivants :

Théo. II. *Si l'on a une fois deux termes n_μ et $n_{\mu+1}$ tels que $n_\mu = n_\lambda$ et $n_{\mu+1} = n_{\lambda-1}$, n_λ et $n_{\lambda-1}$ étant des termes précédemment obtenus, la loi précédente subsiste pour les valeurs (n) et (b) entre n_λ et n_μ ainsi que pour les valeurs correspondantes avant $n_{\lambda-1}$ et après $n_{\mu+1}$.*

Théo. III. *Si, au contraire, on a $n_\lambda = n_\mu$ et $n_{\mu+1} = $*

$n_{\lambda+1}$, *les valeurs* n_μ *et* $n_{\mu+1}$ *font partie d'une période qui est la répétition d'une autre formée suivant le théo. I, et à laquelle appartiennent* n_λ *et* $n_{\lambda+1}$.

Tous les produits $n_{\lambda-1} \cdot n_\lambda$ figurant dans le calcul des quotients incomplets peuvent se former en retranchant de (a) les carrés parfaits inférieurs, et en décomposant les restes en produits de deux facteurs satisfaisant aux conditions énoncées précédemment.

En développant les quotients incomplets, arrivé pour la première fois à une valeur n_λ qui se répète (n_λ étant égal à une valeur antérieure n_μ), trois alternatives peuvent d'abord se présenter : 1° Le produit suivant $n_\lambda \cdot n_{\lambda+1}$, peut être un des produits où l'on a rencontré n_μ : $n_{\mu-1} \cdot n_\mu$, ou $n_\mu \cdot n_{\mu+1}$; 2° il peut aussi être $n_\lambda \cdot n_{\lambda-1}$; (on aurait $n_{\lambda-1} = n_{\lambda+1}$) ; 3° on peut avoir $n_{\lambda+1} = n_\lambda$.

Les deux dernières alternatives entraînent la périodicité établie au théo. I ; la première est à rejeter à cause des théo. III et IV ; une quatrième alternative seule peut encore se présenter : il y aura un produit $n_\lambda \cdot n_{\lambda+1}$ avec $n_{\lambda+1}$ différant de $n_{\lambda-1}, n_\lambda, n_{\mu-1}$ et de $n_{\mu+1}$.

Comme il n'y a· évidemment qu'une valeur ($n_{\lambda+1}$) satisfaisant aux conditions du développement, et que le nombre des produits est limité, en continuant de raisonner ainsi à chaque terme répété, on arrivera forcément à un moment où la série des produits $n_p \cdot n_{p+1}$ sera épuisée, alors cette 4ᵉ alternative ne pourra plus subsister, la 1ᵉ étant impossible ; on retombera comme seule issue, dans l'une des deux autres.

Dans les deux cas la périodicité des quotients imcomplets est établie.

I. *Les quotients incomplets de la fraction continue représentant la racine carrée d'un nombre entier forment une période mixte.*

II. *Le premier quotient incomplet (b) seul ne fait pas partie de la période.*

III. *Le premier terme de la période est (b_1) et le dernier est $(2b)$.*

IV. *Dans la période tous les quotients incomplets depuis (b_1) à l'un d'eux se reproduisent dans l'ordre inverse pour finir la période avec (b_1) puis $(2\,b)$.*

DÉVELOPPEMENT : Il y a deux cas suivant que le terme critique se répète ou non :

$$1° \ \sqrt{a} = b + \cfrac{1}{b_1 +} \cfrac{1}{b_2 +} \cdots + \cfrac{1}{b_{\lambda-1} +} \cfrac{1}{b_\lambda +} \cfrac{1}{b_{\lambda-1} +} \cdots + \cfrac{1}{b_1 +} \cfrac{1}{22 +} \cdots$$

$$2° \ \sqrt{a} = b + \cfrac{1}{b_1 +} \cfrac{1}{b_2 +} \cdots + \cfrac{1}{b_{\lambda-1} +} \cfrac{1}{b_\lambda +} \cfrac{1}{b_\lambda +} \cfrac{1}{b_{\lambda-1} +} \cdots + \cfrac{1}{b_1 +} \cfrac{1}{22 +} \cdots$$

G. KUENZLER. — *Sur les lignes doubles des surfaces développables.*

L'auteur montre que lorsqu'on représente sur une courbe plane C' la courbe C_n qui sert à engendrer une surface développable, la ligne double de la surface se trouve aussi représentée univoquement par une courbe Δ. La discussion à laquelle donnent lieu les courbes Δ et C'

conduit à quelques-unes des 14 équations de Cremona et fait connaître les singularités de la ligne double. L'équation de la courbe Δ se trouve facilement lorsque la courbe C_n est rationnelle ; pour une courbe C_4 (c'est-à-dire du quatrième degré) la courbe correspondante Δ est une conique apolaire de C' ; pour des courbes C_5 et C_6, on peut représenter Δ comme la courbe jacobienne d'un réseau de courbes du troisième ordre dont les composantes sont apolaires de C'. Si la ligne double correspondant à une courbe C_n rationnelle est elle-même rationnelle, Δ, se dédouble en courbes de première ou de seconde classe, à moins que C_n ne possède des singularités. Ces remarques seront développées en détail dans un mémoire qui paraîtra prochainement.

M. Ch. Dufour, professeur à Morges, parle de *quelques particularités de l'éclipse de lune du 3 juillet 1898*. La couleur d'un rouge sombre que l'on voit sur la lune au moment des éclipses totales, est attribuée à la réfraction de la lumière du soleil par l'atmosphère de la terre. Cependant, dans des cas très rares, cette lumière manque, alors la lune est complétement invisible. Autrefois on attribuait cette absence de lumière aux nuages qu'il y avait dans notre atmosphère et qui arrêtaient les rayons du soleil.

M. Dufour l'attribue plutôt au trouble causé dans cette atmosphère par la fumée et la poussière rejetées par les grandes éruptions volcaniques. Il en voit la preuve dans le fait que la lune a disparu ainsi trois fois dans le XIXe siècle, d'abord en 1846, après que, en 1815, le volcan de l'île de Sumbava près des Célèbes, eut jeté une grande quantité de fumée.

L'obscurité était si compléte à 60 milles du volcan, qu'on ne pouvait pas voir ses doigts en mettant sa main devant les yeux ; puis deux fois en 1884, c'est-à-dire dans les deux seules éclipses totales de cette année-là, alors que l'atmosphère de la terre était encore troublée par l'éruption de Krakatoa.

Il rappelle que le charbon est très opaque, ensuite des expériences qu'il a faites avec M. Brunner, professeur de chimie à l'Université de Lausanne. Il a trouvé qu'une plaque de verre avait une opacité sensible quand elle était couverte d'une couche de noir de fumée, épaisse de $\frac{1}{30000}$ de millimètre ; que si elle était recouverte d'une épaisseur de charbon de $\frac{1}{2000}$ de millimètre, on ne pouvait voir au travers aucun objet terrestre, mais quelle serait excellente pour observer une éclipse de soleil ; enfin qu'une couche de noir de fumée, épaisse de $\frac{1}{700}$ de millimètre était suffisante pour rendre le soleil invisible, même dans les plus beaux jours.

Il est donc très possible qu'une très légère quantité de charbon, resté dans l'air, ait pu arrêter les rayons de lumière qui, sans cela, seraient arrivés sur la lune.

Revenant ensuite à l'éclipse du 3 juillet 1898, M. Dufour parle d'un certain affaiblissement de cette lumière de la lune vers 9 h. 30. (heure de Greenwich), prés des régions méridionales de la partie éclipsée de la lune. Une observation pareille a été faite par M. Ed. Perrot, pasteur à Ste-Croix. M. Dufour pense qu'on peut l'attribuer au puissant relief des Andes dans le voisinage du 40° degré de latitude sud : parce qu'alors ces montagnes étaient sur une assez grande étendue, à la circonférence du grand cercle qui séparait l'hémisphère éclairé de l'hémisphère sombre de la terre. Elles avaient alors le soleil couchant, et leur ombre en se projetant sur la lune, pouvait fort bien produire l'affaiblissement de lumière observé en ce moment sur notre satellite. Vingt minutes plus tard, alors que ce grand cercle de séparation passait généralement sur l'Océan Pacifique, cet affaiblissement de lumière avait disparu.

M. J. PIDOUX, astronome à l'observatoire de Genève. — *Alpenglühn et Réfraction.*

L'idée d'attribuer à des changements de réfraction les phénomènes lumineux qui se succèdent parfois sur les Alpes neigeuses colorées par le soleil couchant a été émise par M. le prof. Amsler-Laffon dans la 77ᵉ session de la Société helvétique des Sciences naturelles, réunie à Schaffhouse en 1894. Malheureusement, cette explication, aussi élégante qu'ingénieuse, ne correspond pas à la réalité des faits.

Supposons le soleil, prés de son coucher, descendant peu à peu sur le point B de l'horizon. Il éclaire encore la haute montagne depuis son sommet A jusqu'au point C, prés de sa base. Lorsque intervient le changement de réfrangibilité de l'air, les rayons solaires se redressent et n'éclairent la montagne que jusqu'au point C', situé au-dessus de C. Pour le soleil, la montagne s'est affaissée, s'est effondrée de la quantité CC'. Lorsque l'inversion thermique de l'air est assez forte, les rayons sont assez relevés pour passer au-dessus du sommet A. La montagne est alors entièrement effondrée, elle a disparu pour le soleil. En d'autres termes : Tout changement dans la réfrangibilité de l'air a pour conséquence un *mouvement apparent* des objets situés au delà.

Au lieu du soleil, éclairant la montagne par ses rayons qui remontent du point B de l'horizon, nous pouvons supposer un spectateur placé dans le voisinage du point B, tournant le dos au soleil couchant et regardant la montagne lointaine éclairée par les derniers rayons du soleil. Ses rayons visuels participeront évidemment à toutes les modifications de la trajectoire des rayons solaires, car ils suivent des directions aussi rapprochées que l'on voudra bien supposer. Ainsi, pour l'observateur comme pour le soleil, la haute montagne devra s'affaisser, disparaître puis réapparaître de nouveau.

Or ce phénomène n'a pas encore été constaté, et même se produirait-il que ce ne serait en aucune façon le spectacle de l'Alpenglühn ; il faudrait lui donner un nouveau nom : « Alpentanz », par exemple.

Ainsi, le seul fait que l'Alpenglühn est visible — (effets de lumière sur un objet *immobile*) — prouve que les changements de réfraction n'y sont pour rien, puisque ces derniers ne peuvent produire que des mouvements apparents.

Ces deux choses, Alpenglühn et Réfraction, non seulement ne sont pas liées entre elles mais s'excluent mutuellement : la présence de l'une suffit à prouver l'absence de l'autre.

M. le prof. H. Dufour, de Lausanne, adresse à la Section une note sur la *déperdition de l'électricité*.

M. le Dr P. Dubois, de Berne, décrit une méthode

rapide et exacte qu'il a imaginée pour déterminer les *durées relatives de la période d'état variable de ferme-ture dans diverses conditions de résistance, de self-induction et de capacité de circuit.*

Le principe de la méthode est le suivant :

Un condensateur de capacité C mis en communi-cation avec une source électrique du potentiel V, prend aussitôt une charge Q = CV, qu'on peut mesurer au galvanomètre balistique. Cette charge se fait très rapi-dement si les résistances *sur le chemin de charge* sont minimes ; elle s'effectue, au contraire, très lentement si de grandes résistances ou la self-induction viennent ralentir le flux.

Pour apprécier la durée de la période d'état variable il suffit de pratiquer une fermeture du courant *si courte que la rupture ait lieu en pleine période d'état varia-ble.*

On détermine ainsi une des ordonnées $x\,y$ de la courbe *A B.* Il est évident que si par le fait d'un obs-tacle à l'ascension du courant la courbe devient *A B,*

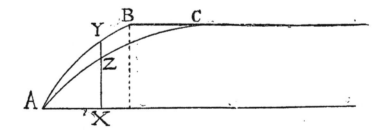

la valeur de l'ordonnée mesurée sera $x\,z$. Cette valeur relative vis-à-vis de $x\,y$ indique dans quelle mesure le flux a été ralenti.

On obtient ce *court contact* par le *choc d'une bille d'acier contre une masse d'acier.* Une batterie *B* est

mise en communication, par un de ses pôles, avec
l'une des armatures d'un condensateur C. L'autre pôle
aboutit à une bille d'acier, suspendue à un fil métallique. Ecartée de sa position verticale et abandonnée à
elle-même, elle vient frapper le bloc d'acier et communique une *charge partielle* que mesure le galvanomètre balistique G.

En A et B on peut interrompre le circuit et intercaler
sur le chemin de charge des résistances diverses,
rhéostats exempts de self-induction, solénoïdes, capaci-
tés diverses et apprécier ainsi la durée de la période
d'état variable dans ces diverses conditions. En procédant ainsi le Dr Dubois, est arrivé aux résultats suivants :

1° *Les résistances dont le coefficient de self-induc-*
tion et la capacité sont négligeables ralentissent le
flux en raison directe de leur résistance ohmique.

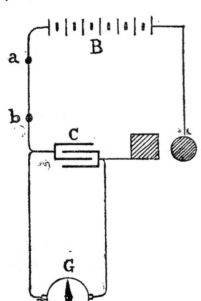

2° *Les solénoïdes op-*
posent à l'établissement
du courant une résis-
tance beaucoup plus
grande que leur résis-
tance ohmique.

3° *L'insertion d'un*
condensateur convenable
aux bornes de la résis-
tance annule l'effet aussi
bien de la résistance oh-
mique que de la self-in-
duction.

4° *La résistance du*
corps représente, en pé-
riode d'état variable,

*une résistance beaucoup plus faible que sa résistance
ohmique. Sa capacité annule sa résistance.*

*5° Cette résistance du corps, pour la période d'état
variable reste fixe et minime (400 à 2100 ohms) en
dépit des énormes variations que peut présenter, pour
le régime permanent, la résistance ohmique (500 à
500.000 ohms.*

*6° Cette résistance croît avec la longueur du seg-
ment du corps interposé et dépend aussi de la surface
des électrodes.*

*7° Le corps est un condensateur à diélectrique semi-
liquide d'une capacité de 0,165 microfarads, dans les
conditions où se sont faites les expériences précitées.*

La méthode est précieuse pour la détermination de
la capacité des condensateurs à diélectrique liquide. La
brièveté du contact élimine les effets de polarisation
qui, dans la charge à refus, troubleraient les résultats.
Ce contact de la bille d'acier a l'avantage d'avoir toujours la même durée. Les recherches de Schneebeli à
Zurich ont montré que si on fait varier la masse de la
bille et la hauteur de chûte, la durée du contact ne
varie qu'à partir de la septième puissance.

M. le prof. A. KLEINER, de Zurich, expose les résultats d'un travail, *sur le temps nécessaire à la charge
apériodique de condensateurs en paraffine.*

Afin de fixer l'emploi des condensateurs en paraffine
tels qu'ils ont été décrits en 1896 à la réunion de la
Société helvétique des Sciences naturelles, j'ai étudié
avec le pendule de Helmholtz et le galvanomètre balistique, la manière dont la charge des condensateurs
grandit avec le temps employé à cette charge et com-

paré les résultats avec ceux qui ressortent de la formule :

$$Q = Q_0 \left(1 - e^{-\frac{t}{wc}} \right)$$

La concordance entre les charges observées expérimentalement et calculées théoriquement est facile à voir d'après le tableau suivant, dans lequel les temps sont exprimés en millionièmes de seconde et où les déviations du galvanomètre donnent la mesure des charges :

```
t .......... 8,1-16,2-24,3-32,4-40,0-48,6-56,7-72,9-89,3-15,3-121,7-142,3
α obs ...... 25,5-43,5-56,0-65,0-74,5-79,0-86,0-91,0-93,0-94,5- 95,5- 96,0
α calc .... 25,2-43,7-57,4-67,5-74,9-80,5-84,6-89,8-92,6-94 2- 95,0- 95,7
```

Le potentiel pour le chargement était de 8,35 volt, la capacité de 0,0053 micr. far. la résistance du conducteur 9986 obms. Une concordance analogue entre la théorie et les mesures fut trouvée pour la marche temporelle de la décharge et pour d'autres résistances dans le circuit conducteur.

M. KLEINER parle ensuite de *la charge oscillante de condensateurs, au moyen de bobines d'induction faites de différentes matières.*

Les courbes que donne la charge avec le pendule de Helmholtz et le galvanomètre balistique furent établies pour une capacité de 0,1 microfarad en disposant dans le circuit une fois une bobine de fil de fer de 0,3 millimètres d'épaisseur et de 728 tours une autre fois une bobine de fil de cuivre de mêmes dimensions.

Dans le premier cas il put être constaté 6 oscillations entières ; mais dans le chargement au moyen du fil de cuivre, l'amortissement fut si fort qu'il n'y eut qu'une

seule oscillation. La durée d'oscillation fut pour le fil
de fer 0,004081 secondes. Le fait que l'amortissement
est beaucoup plus considérable que ne le voudrait la
formule : $\delta = \pi \, w \, \sqrt{\dfrac{C}{L}}$ s'explique par cela que,
lors d'une certaine rapidité de variation d'intensité
du courant, celui-ci est limité à la surface du conducteur qu'il traverse, ce qui rend la résistance sensiblement plus grande que celle qui correspondrait à la
section du fil.

Pour reconnaître si cette circonstance a aussi une
influence sur le coefficient de self-induction, et qui doit
s'exprimer dans la durée d'oscillation d'après la formule : $T = 2 \, \pi \, \sqrt{LC}$ il fut fait des observations sur les
oscillations dans des conditions telles que pour les bobines de fer et de cuivre il était facile de déterminer la
durée d'oscillation.

Pour des dimensions égales des bobines de 40 tours
chacune et pour une capacité $C = 0,1$ micr. far. la
durée d'oscillation fut trouvée $T = 0,0000648$ sec.
pour le fer, et $T = 0,0000454$ sec. pour le cuivre. Il
est par conséquent prouvé, et cela en concordance avec
les résultats des théories connues, que pour des oscillations relativement lentes, la durée d'oscillation dépend
de la perméabilité du milieu que traverse le courant,
tandis que pour des oscillations rapides, il n'y a, comme
on sait, que la perméabilité du milieu qui entoure le
conducteur que parcourt le courant qui a de l'influence
sur la durée d'oscillation.

Des observations de ce genre paraissent donner un
moyen approprié pour suivre en la mesurant, la profondeur à laquelle pénètre le courant dans le con-

ducteur qu'il traverse, pour différentes périodes d'oscillations.

·M. le Dʳ H. WILD montre à la section *la nouvelle forme de son polaristrobomètre.*

La dernière disposition de cet appareil, telle qu'elle a été construite par l'atelier de MM. Pfister et Streit à Berne, a déjà été publiée par l'auteur dans la *Vierteljahreschrift der naturf. Gesellschaft in Zurich,* Jahrgang 1898. Il présente l'instrument à la section en insistant surtout sur un accessoire ajouté depuis cette publication. Celui-ci consiste en un spectroscope Amici à vision directe avec collimateur et permet de déterminer la rotation du plan de polarisation pour la raie D du spectre en se servant de la lumière blanche d'une lampe à gaz ou d'acétylène, avec la même exactitude que si l'on observe d'après la publication antérieure avec la lumière homogène de sodium fournie par une lampe à gaz fixée à l'appareil. De cette manière, l'application d'un compensateur à prismes de quartz pour l'observation de la rotation avec la lumière blanche devient superflue et de même les corrections que ces compensateurs demandent toujours.

M. L. DE LA RIVE fait une communication : *Sur la propagation d'un allongement graduel dans un fil élastique.*

Les deux extrémités d'un fil élastique sont l'une A fixe et l'autre B entraînée d'un mouvement continu avec une vitesse constante de manière à donner lieu à un allongement graduel du fil. Comment l'allongement se propage-t-il dans le fil à partir de B vers A ?

Une solution qui satisfait aux conditions du problème est :

$$u = A x t + \frac{A l^2}{\pi^2 a} \left\{ \begin{array}{l} \dfrac{\cos \pi (x + at)}{l} - \dfrac{1}{2^2} \cos 2 \pi \dfrac{(x + at)}{l} + \text{etc.} \\[2mm] - \cos \pi \dfrac{(x + at)}{l} + \dfrac{1}{2^2} \cos 2 \pi \dfrac{(x + at)}{l} - \text{etc.} \end{array} \right\}$$

x est la distance du point considéré à l'origine fixe, a la vitesse de propagation du son, l la longueur du fil. Il résulte de cette expression que :

1° la vitesse d'allongement en un point M est périodique et la durée de la période est $2l/a$.

2° L'allongement n'a lieu en M qu'entre l'instant où la perturbation partie de B parvient en M et celui où la perturbation réfléchie à l'extrémité fixe repasse par M.

3° la vitesse d'allongement au point M est constante et la même qu'à l'extrémité B.

L'auteur a vérifié la périodicité de l'allongement prés de l'extrémité fixe d'un ressort à boudin en laiton dur, long de 8 m. — Un cylindre tournant par un mouvement d'horlogerie sur lequel s'enroule un fil entraîne l'extrémité inférieure du ressort qui est suspendu verticalement.

L'allongement est de 18 cm. en 40 s. A deux mètres de l'extrémité supérieure, en visant les spires du ressort contre une règle graduée verticale, on voit que le mouvement a lieu par échelons et qu'à la fin de chaque période la vitesse devient à peu prés nulle. — On observe 27 périodes en 40 s., d'autre part une perturbation partant de l'extrémité inférieure met $3/2$ seconde pour revenir après s'être réfléchie. valeur de la période qui donne 26,6 en 40 secondes.

M. JEANNERET, de Genève, parle de *l'évolution des courants directs et inverses dans le champ voltaïque.* Dans ce travail purement théorique et qui d'après l'auteur lui-même ne se prête pas à être résumé, il expose ses vues particulières sur la genèse des courants induits. Il pense résoudre ainsi certaines difficultés qui l'ont arrêté au début de ses études, et qui pourraient se présenter à d'autres.

M. le prof. HAGENBACH-BISCHOFF, de Bâle, a étudié les *perturbations produites dans les appareils téléphoniques par le passage des tramways-électriques dans leur voisinage.* Il a reconnu que les bruits anormaux perçus dans ces appareils ne proviennent que de l'induction du fil de contact du tramway sur le conducteur aérien unifilaire du téléphone. Le courant, dit vagabondant, c'est-à-dire le passage de l'électricité dans les rails de retour du courant sur la plaque de terre du téléphone ne produit point de bruit dans celui-ci. Il ne s'y produit pas davantage de bruit quand ce sont des câbles qui sont exclusivement employés pour le téléphone. Il n'y a pas non plus de perturbation à craindre dans le cas d'un téléphone servi par une double ligne aérienne, dans laquelle le fil d'aller et le fil de retour sont disposés prés l'un de l'autre sur les mêmes poteaux, de telle sorte que les actions inductrices s'annulent. Si l'on intercalle dans le circuit du tram une bobine avec noyau de fer (Drosselspule) les variations du courant inducteur sont atténuées, et l'on peut réduire de moitié à peu prés, le bruit produit par l'induction sans arriver à le supprimer complètement.

M. R. WEBER, professeur à Neuchâtel, indique quelques améliorations qu'il a apportées pour son usage personnel à l'*hygromètre à absorption*, mais qu'il préfère ne pas publier encore.

M. RIS, de Berne, signale à la Section les intéressantes recherches de M. C.-E. Guillaume sur le *nickel et ses alliages* [1].

M. Ed. SARASIN communique la suite de ses recherches sur les *Seiches du lac des IV-Cantons*, qu'il a entreprises à la demande de la Commission d'étude de ce lac.

Le limnimètre enregistreur, qui a marché du 15 juillet au 15 décembre 1897, à Lucerne [2], a été installé par lui le 4 mai dernier à Fluelen dans un pavillon de bains prés de l'ancien « Urnerhof », actuellement dépôt fédéral de matériel d'ambulances. M. Gisler, directeur de ce dépôt, a bien voulu accepter d'en surveiller la marche ; M. Sarasin tient à lui exprimer toute sa reconnaissance pour ce concours dévoué, ainsi qu'à M. le prof. Bachmann, de la Commission d'étude du lac.

Les tracés obtenus jusqu'ici dans cette station concordent avec ceux obtenus l'année d'avant à Lucerne. Seulement, tandis que dans cette dernière station la période longue, de 45 minutes, n'est presque jamais apparue sous forme de sinusoïde simple, mais toujours accompagnée des mouvements de 24 et de 10 minutes, c'est le contraire qui a lieu à Fluelen où cette période

---

[1] Voir *Archives des sc. phys. et nat.*, 1898, t. V, p. 255 et 305.
[2] Voir *Arch. des sc. phys. et nat.*, t. IV, p. 458 et t. V, p. 389.

constitue le type habituel et où elle se produit avec
une extraordinaire régularité, en séries très prolongées.
Aucun autre lac de Suisse n'a donné d'aussi belles séries d'uninodales, si ce n'est ceux de Genève et de Constance. C'est ainsi que, du 6 mai au soir au 8 mai au
matin, ce mouvement de balancement rythmique a
montré pendant plus de 36 heures une parfaite régularité, atteignant, à la suite d'un fort orage, une amplitude de dénivellation de 8 à 10 cm. Cette seiche est
évidemment l'uninodale du lac entier, et des observations faites à Lucerne le 22 juin par M. Bachmann,
simultanément avec celles de Fluelen, le prouvent en
montrant nettement l'opposition du mouvement dans
ces deux stations, quand même la seiche à Lucerne
était fortement dicrote. Les périodes moitié et quart
de celle-là sont, au contraire, beaucoup plus rares et
effacées à Fluelen.

Les deux promontoires des Nasen doivent être sensiblement au centre d'oscillation du lac, ce qui favorise-
rait la production d'uninodales régulières dans la portion
du lac Nasen-Fluelen, régulière elle-même comme
forme. Au contraire, la forme irrégulière de la portion
occidentale du lac se prêterait moins bien à ces mouvements réguliers de longue période, et ce serait
l'uninodale Nasen-Lucerne et la binodale de celle-ci qui
domineraient à Lucerne.

Chimie.

Président : M. le prof. E. NOELTING, de Mulhouse.
Secrétaire : M. le Dr HEYMAN, de Berne.

E. Bamberger. Hydrolyse des composés azoïques. Mercure-méthyle. Alphylhydroxylamines. — C. Schall. Dithiodisulfures. Décomposition électro-
trolytique de l'acide o-nitrobenzoïque. — A. Werner. Composés nitro-azo-
azoxiques et hydrazoïques. — H. Rupe. Acide cinéolique. Condensation
des aldéhydes nitrobenzoïques avec la gallacétophénone. — A. Granger.
Phosphures métalliques. — A. Pictet. Reduction de la nicotyrine. —
E. Noelting. Benzényl-diphénylamidines diaminées. Pararhodamines.
Colorants dérivés de l'acide 2.8 naphtylamine-sulfonique. Dérivés 1. 2. 6
du benzène. — F. Fichter. Acides crotoniques. — S. von Kostanecki.
Derivés de la flavone.

M. le prof. E. BAMBERGER (Zurich). — 1. *Sur l'hydrolyse des composés azoïques mixtes.* — La relation
que présentent les alphylazonitroparaffines avec la phénylhydrazine est démontrée expérimentalement par le
fait qu'elles sont décomposées par les alcalis en acide
nitreux et β-acylphénylhydrazines. Exemple :

$$NO_2-C{\displaystyle {N-NHC_6H_5 \atop C_2H_5}} + H_2O = HNO_2 + OC{\displaystyle {NH-NHC_6H_5 \atop C_2H_5}}$$

Phénylazonitropropane   Propionylphénylhydrazine

Dans les mêmes conditions, le phénylazonitroéthane
se convertit en acétylphénylhydrazine, et le phénylazo-
nitropentane en valérylphénylhydrazine.

Le nitroformazyle se comporte d'une manière analogue ; on peut le décomposer, quoique par un moyen
un peu différent, en acide nitreux et oxyformazyle ;

celui-ci ne peut être isolé comme tel, car il se transforme immédiatement, en présence des oxydes de
l'azote, en un corps cristallisé en aiguilles blanches,
qui explode à 174° et qui, d'après son analyse, son
poids moléculaire et toutes ses propriétés, doit être
considéré comme la *bétaïne de l'hydrate de diphényl-
oxytétrazolium* :

$$C \bigg\langle \begin{array}{l} N - N - C_6H_5 \\ | \\ N = N - C_6H_5 \end{array}$$
$$O \underline{} |$$

Ce corps, qui possède une réaction neutre et une sa-
veur amère, fournit des sels insolubles avec le permanganate et le bichromate de potassium, les chlorures d'or
et de platine, le triiodure de potassium, l'acide picri-
que, etc.

2. *Sur le mercure-méthyle*. — Ce composé est
transformé par le peroxyde d'azote en un acide extrêmement peu stable, qui cristallise en aiguilles blanches
fusibles à 65-70° (selon la rapidité d'élévation de la
température) et possède la formule $C_2H_5N_3O_4$. Le plus
souvent cet acide se décompose spontanément peu après
sa formation, en fournissant de l'acide formique, de
l'anhydride carbonique, du protoxyde d'azote, de
l'azote, de l'ammoniaque, de l'hydroxylamine et des
traces d'oxyde de carbone ; dans un cas on a observé
aussi la production d'aldéhyde formique, reconnaissable à son odeur. Ces faits trouvent leur interprétation dans la formule constitutionnelle suivante :

$$HO-N=C-NH-C=N-OH$$
$$\underset{OH}{|}\underset{OH}{|}$$

qui ferait du corps en question la *dioxime de l'acide iminocarbonique.*

3. *Sur les alphylhydroxylamines.* — L'action simultanée de l'air et de l'eau sur les alphylhydroxylamines les transforme en composés azoxiques et en peroxyde d'hydrogène. L'examen quantitatif de cette réaction conduit à l'équation suivante :

$$2\ (C_6H_5\text{-}NHOH) + O_2 + H_2O =$$
$$H_2O_2 + C_6H_5\text{-}N_2O\text{-}C_6H_5 + 2\ H_2O$$

On voit, d'après ce résultat, que ces hydroxylamines se comportent comme certains métaux bivalents (Zn, Pb, etc.) qui, eux aussi, sont oxydés avec formation de peroxyde d'hydrogène.

On a reconnu aussi à cette occasion que les alphylhydroxylamines sont capables de rendre l'oxygène actif; elles permettent, par exemple, au carmin d'indigo d'être oxydé par l'air.

L'auteur a essayé, en collaboration avec M. Tschirner, de méthyler la phénylhydroxylamine au moyen du diazométhane; il a observé que ce dernier agit dans ce cas comme un mélange de méthylène et d'azote et donne naissance à la *méthylènediphénylhydroxylamine,* selon l'équation :

$$CH_2N_2 + 2\left(NH <^{C_6H_5}_{OH}\right) = CH_2 <^{N\ <^{C_6H_5}_{OH}}_{N\ <^{OH}_{C_6H_5}} + N_2 + H_2$$

L'hydrogène mis en liberté réduit une partie de la phénylhydroxylamine et la convertit en aniline.

Ce mode d'action du diazométhane semble être

particulier aux alphylhydroxylamines ; il a été constaté pour plusieurs représentants de cette classe de corps.

M. le Dr C. SCHALL (Zurich). — 1. *Formation électrolytique des dithiodisulfures.* L'électrolyse en solution aqueuse des corps de la formule générale RCSSM les transforme en dithiodisulfures, $(RCSS)_2$, dans les cas suivants :

Lorsque M = K et R = les groupes oxyméthyle $(CH_3O -)$, oxyéthyle, oxyisobutyle, oxyisoamyle, ou le groupe C_2H_5S-.

Lorsque M = H_2 $(C_2H_5)_2N$ et R = $(C_2H_5)_2N-$.

Mais la réaction n'a pas lieu lorsque M = K et R = $C_6H_5-NH-NH-$; il ne se forme alors que la diphénylthiocarbazide, CS $(NH - NH - C_6H_5)_2$.

En prenant M = NH_4 et R = NH_2 on n'a pas obtenu dans tous les cas le dithiodisulfure correspondant.

2. *Décomposition électrolytique de l'acide o – nitrobenzoïque.* — Si l'on soumet à l'action du courant une solution des sels de certains acides aromatiques dans ces acides eux-mêmes, on observe la formation d'hydrocarbures. On obtient une solution de ce genre en dissolvant du carbonate de soude dans l'acide préalablement désséché et au besoin fondu. On peut, par exemple, dissoudre jusqu'à 6, 4 gr. de carbonate de soude dans 50 gr. d'acide o-nitrobenzoïque porté à la température de 160-180° ou même à celle de la vapeur du benzoate d'éthyle. Dans cette dernière solution, l'auteur a fait passer pendant '/$_2$-1 h. un courant de 0,4-1 ampère (8-15 éléments Bunsen ou au bichromate, électrodes en platine de 12-16 cm²,

distantes de 4,5^{mm}). Il a obtenu une certaine quantité
de *nitrobenzène*, des flocons bruns insolubles dans les
carbonates alcalins, des matières charbonneuses noires
et parfois des traces de cristaux fusibles à 149-150° et
ne possédant pas de propriétés acides. Lorsqu'on
ajoute à la solution une très faible quantité d'eau, il se
forme aussi des nitrophénols.

M. le prof. A. WERNER (Zurich). *Sur les composés
nitro-azo-azoxiques et hydrazoïques.* — Nous n'avons
pas reçu le résumé de cette communication.

M. le Dr H. RUPE (Bâle). — 1. *Sur l'acide cinéolique.* L'acide cinéolique, $C_{10}H_{16}O_5$, préparé par M. Wallach en oxydant le cinéol, se décompose lorsqu'on le
chauffe à 160° avec de l'eau. Parmi les produits de
cette décomposition l'auteur a isolé deux nouveaux
acides, possédant tous deux la formule $C_9H_{16}O_3$, laquelle
diffère de celle de l'acide cinéolique par CO_2 en moins.

Le premier de ces corps, qu'il nomme *acide cinéolénique*, cristallise en prismes ou en tables fusibles à
83-84°; il entre en ébullition à 127,5-129,5° sous une
pression de 13^{mm}, et à 250° sous la pression atmosphérique. Il n'est attaqué ni par le brome ni par le permanganate et renferme très probablement encore la
chaîne fermée du cinéol.

Le second acide cristallise dans l'eau, dans laquelle
il est beaucoup plus soluble que son isomère, sous la
forme de petites aiguilles; il fond à 53-54° et bout à
158-160° sous 13^{mm} de pression. Son sel de magnesium est insoluble dans l'eau froide. On peut aussi
l'obtenir en chauffant l'acide cinéolénique à 150° avec

de l'eau. Il réagit immédiatement avec le brome et le permanganate et ne contient par conséquent plus le noyau du cinéol. Comme il n'entre pas en réaction avec la semicarbazide et ne forme pas de lactone, il ne constitue ni un acide cétonique ni un acide δ-hydroxylé ; mais il renferme probablement un groupe OH dans la position β, car la distillation sous la pression atmosphérique lui fait perdre une molécule d'eau et le convertit en un nouvel acide liquide de formule $C_9H_{14}O_2$.

L'auteur est amené par ces faits à proposer les formules suivantes pour l'acide cinéolique et pour ses produits de décomposition :

Acide cinéolique
Formule de Wallach

Acide cinéolique
Nouvelle formule

Acide cinéolénique

Acide fusible
à 53-54°

Acide
$C_9H_{14}O_2$

Ces formules concordent avec celles de la terpine, du terpinéol, etc.

L'auteur a encore étudié l'action du brome sur l'anhydride cinéolique ; il a obtenu des dérivés bromés bien cristallisés qui sont dépourvus de propriétés acides.

2. *Sur la condensation des aldéhydes nitrobenzoïques avec la gallacétophénone* (en collaboration avec M. J. LEONTJEFF). En chauffant à 90-100° une mol. de gallacétophénone avec 1-2 mol. d'aldéhyde nitrobenzoïque *meta* ou *para* et du chlorure de zinc, on obtient des produits de condensation de la formule

$$(OH)_3\ C_6H_2 — CO — CH_2 \atop (OH)_3\ C_6H_2 — CO — CH_2 {\Large\rangle} CH — C_6H_4 — NO_2\ (3\ \text{ou}\ 4)$$

Ces corps ne sont pas oxydés par le peroxyde de plomb ; ils n'appartiennent donc pas à la série du triphénylméthane. Leurs propriétés tinctoriales sont à peu près les mêmes que celles de la gallacétophénone. Réduits par le chlorure stanneux et l'acide chlorhydrique, ils fournissent des bases faibles qui, diazotées et copulées avec les phénols, donnent des colorants azoïques tirant sur mordants.

M. A. GRANGER, professeur à l'Ecole d'application de la Manufacture de Sèvres. — *Sur quelques phosphures et arséniures métalliques.*

J'ai montré dans un travail d'ensemble publié dans les Annales de Chimie et de Physique que les phosphures métalliques ne pouvaient pas être préparés par une méthode générale. Suivant les propriétés des métaux et l'altérabilité des phosphures auxquels ils donnent naissance, il y a lieu de chercher des procédés différents. La phosphuration directe des métaux est restreinte à quelques corps dont on peut augmenter le nombre en prenant les précautions nécessaires pour éviter la dissociation. En maintenant pendant le refroidissement, qui doit être brusque, une atmosphère saturée de vapeur de phosphore, j'ai pu isoler un certain nombre de ces composés : Cu^5P^2, AgP^2, Au^3P^4, Pt^2P, Pt^3P^5, PtP^2, et reprendre l'étude de ceux qui nécessitaient de nouvelles expériences pour en constater l'existence. Je passe sous silence un certain nombre de méthodes indirectes que, devant les contradictions des savants qui m'ont précédé, j'ai dû étudier à nouveau et que je crois bon de laisser de côté par suite de leurs résultats peu satisfaisants. Je vais seulement insister sur deux procédés que j'ai imaginés et sur l'intérêt desquels je·crois devoir m'étendre un peu.

Les métaux, chauffés à une température convenable dans un courant de vapeur d'une combinaison halogénée. du phosphore, sont généralement attaqués avec formation d'un phosphure et production d'un composé haloïde du métal. C'est le trichlorure de phosphore qui m'a donné presque toujours les meilleurs résultats.

On peut aussi réaliser la proposition inverse et traiter un chlorure par la vapeur de phosphore.

Par l'action du trichlorure de phosphore sur le fer, le nickel et le cobalt, réduits de l'oxalate, j'ai pu isoler Fe^4P^3, Ni^2P, Co^2P. Le chrôme et le manganèse sont altérés par les lavages nécessaires pour éliminer les chlorures qui recouvrent le métal et arrêtent la réaction ; dans ce cas on ne peut donc obtenir de résultats. Le cadmium et le zinc donnent des composés complexes contenant du cadmium ou du zinc, du chlore et du phosphore, qui, lorsqu'ils sont préparés à une température pas trop élevée, dégagent de l'hydrogène phosphoré au contact de l'eau. Si, à la température de la réaction, le phosphure se détruit, on n'obtient qu'un chlorure; c'est le cas du plomb et de l'argent. Le cuivre donne un biphosphure CuP^2. Avec le mercure il faut opérer un peu différemment ; chauffé en tube scellé, au-dessus de 300°, avec du biiodure de phosphore, il se transforme en phosphure Hg^3P^4 et en iodure mercurique.

Inversement les chlorures de cuivre, de fer, de nickel et de cobalt se transforment en phosphures quand on les chauffe dans la vapeur de phosphore. Le chlorure de cuivre donne le biphosphure CuP^2 obtenu précédemment, les chlorures de fer, nickel et cobalt les sesquiphosphures Fe^2P^3, Ni^2P^3, Co^2P^3. Avec le chlorure d'argent on a un biphosphure. Pour préparer les phosphures de chrôme et de manganèse, il faut joindre à l'action du phosphore celle de l'hydrogène. Traités au rouge par la vapeur de phosphore et de l'hydrogène les deux chlorures donnent naissance à CrP et Mn^3P^2.

J'ai commencé à généraliser ces deux réactions qui me semblent convenables à la préparation de quelques arséniures. J'ai constaté déjà que le cuivre, le fer, le nickel et le cobalt étaient facilement attaqués par la vapeur de $AsCl^3$ et transformés en arséniures dont la composition et les propriétés sont encore à l'étude.

Je crois pouvoir espérer que par l'action de $SbCl^3$ sur les métaux je pourrai peut-être isoler aussi quelques antimoniures.

M. le prof. Amé PICTET (Genève). *Sur la réduction de la nicotyrine* (en collaboration avec M. le Dr P. CRÉPIEUX). — On sait que la nicotyrine (formule I) est le premier produit d'oxydation de la nicotine (II), dont elle diffère par 4 atomes d'hydrogène en moins dans le noyau pyrrolique.

I   II

Les auteurs ont cherché à régénérer la nicotine à partir de la nicotyrine. Il s'agissait pour cela de réduire le noyau pyrrolique sans hydrogéner en même temps le noyau pyridique. Ils y sont parvenus dans une certaine mesure en passant par l'intermédiaire du dérivé iodé et en utilisant la propriété que possèdent les dérivés du pyrrol, de donner avec l'iode en solution alcaline des produits de substitution, propriété qui fait défaut aux dérivés de la pyridine.

Lorsqu'on traite la nicotyrine par l'iode en présence de soude caustique, on obtient un produit solide, qui cristallise dans l'eau bouillante ou dans l'alcool dilué en longues aiguilles incolores. Ce composé possède la formule $C_{10}H_9IN_2$, et constitue un *monoiodonicotyrine*. C'est une base monoacide tertiaire, qui forme des sels jaunes, et colore en vert le bois de sapin, propriétés qui la rapprochent de la nicotyrine. Il est infiniment probable que l'atome d'iode se trouve dans le noyau pyrrolique, et cela dans la position β' (Formule III).

L'iodonicotyrine est beaucoup plus facilement réductible que la nicotyrine elle-même. Lorsqu'on la traite par le zinc et l'acide chlorhydrique, elle échange non seulement son atome d'iode contre un atome d'hydrogène, mais elle fixe encore deux autres atomes d'hydrogène au noyau pyrrolique, et on obtient une base de formule $C_{10}H_{12}N_2$, la *dihydronicotyrine* (IV), qui présente les plus grands rapports avec la nicotine, dont elle ne diffère plus que par 2 atomes d'hydrogène en moins.

III   IV

La dihydronicotyrine est un liquide incolore qui bout à 248°. Comme la nicotine, elle est facilement soluble dans l'eau, présente une réaction alcaline prononcée, ne colore pas le bois de sapin, forme des sels incolores et constitue une base diacide et bitertiaire. Elle décolore instantanément le permanganate en solution sulfurique, ce qui prouve qu'elle renferme encore une double liaison en dehors du noyau pyridique.

M. le prof. E. Nœlting (Mulhouse) communique quelques travaux entrepris en collaboration avec ses élèves.

1. *Sur une nouvelle classe de matières colorantes, les benzényl-di-phényl-amidines diaminées* par MM. Nœlting et Kuntz.

La benzényl-di-phényl-amidine

$$C \overset{\displaystyle C_6H_5}{\underset{\displaystyle NHC_6H_5}{= N.\,C_6H_5}}$$

et son dérivé méthylé

$$C \overset{\displaystyle C_6H_5}{\underset{\displaystyle N \underset{C_6H_5}{\overset{CH_3}{<}}}{= N.\,C_6H_5}}$$

sont blancs aussi bien à l'état de bases qu'à l'état de sels et ne possèdent aucune propriété tinctoriale.

Si l'on introduit dans ces deux substances un groupe amide, NH_2, ou mieux un groupe amido-diméthylé, $N(CH_3)_2$, on obtient des dérivés, tels que

$$C \overset{\displaystyle C_6H_4N(CH_3)_2}{\underset{\displaystyle N \underset{C_6H_5}{\overset{CH_3}{<}}}{= N - C_6H_5}}$$

qui sont des matières colorantes jaunes de faible intensité.

Si l'on introduit *deux* groupes basiques les propriétés tinctoriales sont considérablement augmentées.

Ainsi

$$C \overset{\displaystyle C_6H_4N(CH_3)_2}{\underset{\displaystyle N \underset{C_6H_5}{\overset{CH_3}{<}}}{= N - C_6H_4NH_2}} \qquad et \qquad C \overset{\displaystyle C_6H_4N(CH_3)_2}{\underset{\displaystyle N \underset{C_6H_5}{\overset{CH_3}{<}}}{= N - C_6H_4N(CH_3)_2}}$$

sont des colorants jaunes très puissants teignant la soie, la laine et le coton mordancé au tanin en nuances vives et intenses. Jusqu'à présent les dérivés dans lesquels les groupes NH$_2$ sont en para ont été seuls étudiés.

On les prépare tous de la même manière, par action de la diméthyl-paramido-benzo-méthyl-anilide

$$C_6H_4N(CH_3)_2$$
$$|$$
$$CO$$
$$| \quad CH_3$$
$$N<$$
$$\quad C_6H_5$$

sur l'aniline, le para-phénylène-diamine ou la diméthyl-para-phénylène-diamine en présence d'oxychlorure de phosphore.

La benzényl-diphényl-méthyl-amidine peut donc être considérée comme un chromogène

$$\bigcirc - C = N - \bigcirc$$
$$| \quad CH_3$$
$$N<$$
$$\quad C_6H_5$$

analogue jusqu'à un certain point à l'azobenzène

$$\bigcirc - N = N - \bigcirc$$

L'une et l'autre deviennent colorants par introduction des groupes auxochromes, amide, mais tandis que l'azobenzène est déjà coloré par lui-même le nouveau chromogène est incolore comme la xanthone, la flavone et autres.

2. *Sur les isomères des rhodamines, les para-rhoda-mines,* par MM. NŒLTING et PAIRA. Les rhodamines doivent être considérées comme les dérivés ortho-carboxylés des diamido-phényl-pyrones tétraalcoylées

On les obtient par l'action de l'anhydride phtalique sur les métamidophénols dialcoylés. Il paraissait inté-ressant de préparer aussi les isomères de la méta et de la para-série. Ils ne sauraient être préparés par l'action des acides isophtalique et téréphtalique sur les méta-midophénols, mais on peut les obtenir par une voie détournée. En effet, en condensant les nitrobenzaldé-hydes avec les dialcoylmétamidophénols on obtient des dérivés triphénylméthaniques

$$C_6H_4NO_2$$
$$|$$
$$C—C_6H_3(OH)(NR_2) \quad 1.3 \text{ et } 1.4$$
$$\diagdown C_6H_3(OH)(NR_2)$$
$$H$$

et par déshydratation ultérieure les dérivés pyroniques

$$C_6H_4NO_2$$
$$|$$
$$C—C_6H_3(NR_2) \quad 1.3 \text{ et } 1.4$$
$$| \quad >O$$
$$H \diagdown C_6H_3(NR_2)$$

En remplaçant successivement le groupe NO_2 par NH_2, CN et COOH et en oxydant ensuite les leucobases on devra obtenir les rhodamines isomériques. L'expérience a pleinement réalisé ces prévisions dans la para-série, la seule qui ait été étudiée jusqu'à présent.

Les para-rhodamines

montrent la plus grande analogie au point de vue des propriétés chimiques et tinctoriales avec les rhodamines ordinaires ; leur nuance est toutefois plus bleuâtre. Par éthérification elles fournissent les anisolines correspondantes.

Les pyrones amidées et cyanées sont naturellement aussi des matières colorantes, ainsi que les pyrones nitrées, dont la préparation avait été indiquée il y a quelques années par un brevet des Farbenfabriken, autrefois F. Bayer et Cie, à Elberfeld.

3. *Matières colorantes azoïques dérivées de l'acide 2-8 naphtylamine-sulfonique, par* MM. NŒLTING et BIANCHI.

On sait par les expériences de M. Witt que le diazo-

benzène se copule avec l'acide 2.8 naphtylaminesul-
fonique en donnant un dérivé diazoamidé

$$SO_3H \quad \begin{array}{c} H \\ -N \diagup \\ \diagdown N = N - C_6H_5 \end{array}$$

Il en est de même avec le paranitro-diazobenzène,
si l'on opère en solution alcaline. Le produit obtenu

$$SO_3H \quad \begin{array}{c} H \\ -N \diagup \\ \diagdown N = N - C_6H_4NO_2 \end{array}$$

teint la soie et la laine en jaune et montre tous les
caractères des dérivés diazoamidés.

Il en est tout autrement si la copulation a lieu en
solution acide. On obtient alors un véritable dérivé
azoïque

$$SO_3H \quad \begin{array}{c} -N = N - C_6H_4NO_2 \\ -NH_2 \end{array}$$

teignant la soie et la laine en rouge-ponceau et donnant
par réduction un acide diamidonaphtylamine-sulfo-
nique.

4. *Sur quelques dérivés 1.2.6 du benzène, par*
MM. Nœlting et Filipkowski.

D'après la formule du benzène de Kékulé les dérivés
trisubstitués du benzène 1.2.6.

$$\begin{array}{ccc} A & & A \\ y \diagup \diagdown x & \text{et} & x \diagup \diagdown y \end{array}$$

devraient être différents, de même que les dérivés 1.2 et 1.6. Pour ces derniers l'expérience a au contraire montré maintes fois leur identité, et ceci a été un argument contre la formule de Kékulé et en faveur de la formule à liaisons centrales (Baeyer).

Pour les dérivés 1.2.6, il n'existe qu'un travail de M. Lobry de Bruyn qui a montré que les deux cyanures

$$CH_3O \underset{}{\bigcirc} OC_2H_5 \quad \text{et} \quad C_2H_5O \underset{}{\bigcirc} OCH_3$$

avec CN en haut

sont identiques. Il semblait intéressant d'examiner l'identité ou la non-identité des dérivés 1.2.6 dans un nombre plus considérable de cas.

A cet effet le dinitrotoluène 1.2.6

$$NO_3 \underset{}{\bigcirc} NO_2$$

avec CH$_3$ en haut

qu'on peut obtenir maintenant à l'état de pureté de la Chemische Fabrik Griesheim était une matière première toute indiquée.

En y remplaçant successivement les deux groupes nitro NO_2 par des groupes X et Y on peut obtenir toute une série de composés

$$y \underset{}{\bigcirc} x \quad \text{et} \quad x \underset{}{\bigcirc} y$$

avec CH$_3$ en haut

qu'on peut ensuite comparer entre eux.

Jusqu'à présent on a préparé

ainsi que

qui ont montré entre eux une identité complète.

Ces expériences seront continuées.

M. le Dr F. FICHTER (Bâle). *Sur la constitution des deux acides crotoniques.* — L'auteur a soumis, en collaboration avec M. A. KRAFFT, l'acide β-oxyglutarique à la distillation dans le vide. Il se forme, à côté de l'acide glutaconique, que M. von Pechmann avait déjà obtenu dans cette réaction, des quantités considérables d'un autre acide monobasique liquide, possédant la formule $C_4H_6O_2$. La formation de ce composé doit être représentée par les deux équations suivantes ;

$$CH_2 - CHOH - CH_2 - COOH \atop | \atop COOH = {CH_2 - CH - CH_2 - COOH \atop | \qquad | \atop CO - O} + H_2O$$

$$CH_2 - CH - CH_2 - COOH \atop | \qquad | \atop CO - O = CH_2 = CH - CH^2 - COOH + CO_2$$

Il faut admettre comme produit intermédiaire un acide β-lactonique qui, comme les β-lactones de M. Einhorn, se décomposerait sous l'influence de la chaleur en donnant de l'anhydride carbonique et un composé non saturé.

D'après les formules ci-dessus, l'acide $C_4H_6O_2$ possèderait la constitution de l'acide vinylacétique que l'on a jusqu'ici vainement tenté de préparer. Or, toutes ses propriétés montrent qu'il est absolument identique à l'acide isocrotonique, à cette seule différence prés, que ce dernier, préparé suivant le procédé. de **M.** Geuther, renferme toujours une certaine quantité d'acide crotonique solide.

Ces résultats conduisent à la conclusion que l'isomérie des deux acides crotoniques est due à la position différente de la double liaison et non à une cause d'ordre stéréochimique.

M. le prof. S. DE KOSTANECKI (Berne). *Nouveaux essais synthétiques dans le groupe de la flavone.* — L'auteur a montré récemment que le dibromure de l'*o*-oxybenzalacétophénone

$$C_6H_4 \Big\langle {}^{OH}_{CO - CHBr - CHBr - C_6H_5}$$

fournit, sous l'action de la potasse alcoolique, la *flavone*

$$C_6H_4 \Big\langle {}^{O - CH}_{CO - \overset{\|}{C}H - C_6H_5}$$

substance mère de plusieurs colorants végétaux jaunes.

Il a préparé de même la *2-bromoflavone* en partant du dibromure de la 5-bromo-2-oxybenzalacétophénone

$$C_6H_3Br \Big\langle {}^{OH}_{CO - CHBr - CHBr - C_6H_5}$$

Considérant que la plupart des colorants végétaux jaunes renferment le reste de l'acide protocatéchique, il a cherché à réaliser la synthèse de la 3'4'-dioxyflavone en soumettant à l'action de la potasse alcoolique le dibromure de la 2-oxypipéronalacétophénone ; mais il n'a obtenu dans ce cas qu'un oxindogénide, la *pipéronalcoumaranone* :

$$C_6H_4\!\!\underset{CO}{\overset{O}{\diagdown}}\!\!C = CH - C_6H_3\!\!\underset{O}{\overset{O}{\diagdown}}\!\!CH_2$$

Le dibromure de la 2-oxyanisalacétophénone et celui de l'éther monoéthylique de la pipéronalrésacétophénone fournissent aussi des oxindogénides et non des dérivés de la flavone.

———

Dans la première Assemblée générale du 1er août, M. le prof. E. SCHAER (Strasbourg) a fait une conférence sur les *travaux de Schönbein sur les ferments oxydants*. Il a résumé les recherches de ce savant sur la polarisation et l'activité de l'oxygène, la catalyse du peroxyde d'hydrogène et l'ozonisation, ainsi que sur le rôle que certains ferments jouent dans ces phénomènes. Puis il a exposé les résultats récents obtenus dans ce même domaine depuis la mort de Schönbein et passé en revue les travaux de Hoppe-Seiler, M. Traube, Röhmann et Spitzer, ainsi que ceux de MM. Bertrand et Bourquelot sur la laccase et sur les ferments de certains champignons.

Pharmacie.

Président: M. le prof. A. Tschirch, de Berne.
Secrétaire: M. le Dr Oesterle, de Berne.

E. Schaer. Hydrate de chloral. — C. Hartwich. Poisons indiens. Fausse salsepareille. — Schaerges. Dérivés du gaïacol. — C. Nienhaus. Fabrication de la cellulose. — Schumacher-Kopp. Analyses d'huiles. — H. Kunz-Krause. Tannoïdes. — A. Tschirch. Aloïne. Oliban. Gomme laque. Xanthorhamnine. Chromatophores du café. — Aweng-Barr Principes actifs de diverses drogues. — A. Conrady. Décoctions et infusions. — Issleib. Céarine. — B. Studer. Expertise des champignons.

M. le prof. E. Schaer (Strasbourg) rend compte d'une *étude des propriétés physiques et chimiques de l'hydrate de chloral,* faite sous sa direction par M. R. Mauch. Ce travail devant paraître prochainement *in extenso* dans un journal spécial de pharmacie, il n'en indique que les résultats principaux.

Au point de vue physico-chimique l'hydrate de chloral se distingue par les propriétés suivantes :

1. Par sa solubilité dans des liquides chimiquement très différents, comme l'eau, l'alcool, le chloroforme, le benzène, les huiles grasses et essentielles, etc.

2. Par le pouvoir dissolvant très considérable que possèdent ses solutions aqueuses concentrées (60-80 %) pour un grand nombre de substances minérales ou organiques ; parmi ces substances, celles qui présentent de l'intérêt au point de vue pharmaceutique sont les suivantes : alcaloïdes et leurs sels, santonine, résines, huiles grasses et essentielles, matières colorantes des fleurs, curcumine, colorant du seigle ergoté, couleurs d'ani-

4

line, etc. D'autres corps, comme le caoutchouc, la guttapercha, l'indigo, les cires, la cellulose, sont au contraire
à peu près insolubles dans la solution de chloral.

3. Par la propriété qu'il a de se liquéfier (le plus
souvent avec abaissement, dans quelques cas avec élévation de température) au contact d'un grand nombre
de composés organiques, tels que les stéaroptènes, les
phénols, les acides, les alcaloïdes, etc. On remarque
alors comme un fait constant que les corps au contact
desquels l'hydrate de chloral se liquéfie sont eux-mêmes
extrêmement solubles dans la solution aqueuse concentrée de ce composé.

4. Par la faculté qu'il possède d'empêcher la coloration bleue de l'amidon par l'iode. La solution d'amidon dans l'hydrate de chloral devient seulement
rougeâtre par addition d'iode ; si on fait couler avec
précaution sur ce mélange un peu d'eau, il apparaît
au bout d'un temps très court, à la limite de séparation
des deux couches superposées, une coloration bleue
très intense. L'amidon est transformé par la solution
concentrée de chloral en amylogène et en amylodex-
trine, mais il ne se forme ni dextrine ni sucre.

L'auteur renvoie au mémoire détaillé pour les nombreuses applications que ces propriétés de l'hydrate de
chloral peuvent trouver en pharmacie et en chimie.

M. le prof. C. HARTWICH (Zurich).— 1. *Sur quelques
substances employées dans les Indes pour empoisonner
les flèches.* Il existe, dans l'Asie méridionale et orientale, deux contrées dans lesquelles les indigènes font
encore actuellement usage de flèches empoisonnées.

L'une de ces contrées s'étend sur le versant méridional de l'Himalaya, jusqu'à la Chine à l'Est et jusqu'au royaume de Siam au Sud. Les Mongols qui l'habitent empoisonnent leurs flèches avec le suc de différentes espèces d'aconits, en particulier avec celui de l'*Aconitum ferox*.

Au Sud de cette contrée s'en trouve une autre qui comprend la partie orientale de l'Inde, la presqu'île de Malacca et la plus grande partie des îles de la Sonde jusqu'aux Philippines ; ses habitants, presque tous Malais, emploient surtout le suc laiteux de l'*Antiaris toxicaria*, mais aussi l'écorce de diverses *Strychnos*, le *Derris elliptica*, certaines Apocynées, Aroïdées, etc.

L'auteur indique les réactions qui peuvent servir à reconnaître les principes toxiques de l'*Antiaris* (antiarine), des *Strychnos* (strychnine et brucine) et du *Derris* (derride). Il a surtout étudié les poisons des Orang-Benués (presqu'île de Malacca) et il a trouvé que, sur 6 échantillons examinés, l'antiarine ne manque dans aucun ; les alcaloïdes des Strychnos ont pu être décelés dans 4 cas, le derride dans un seul.

Des recherches de l'auteur et de celles plus anciennes de Santesson il résulte que ce n'est pas, comme on le croit généralement, le *Strychnos Tieuté* seul, ne renfermant que de la strychnine, qui est employé pour la préparation des poisons, mais que l'on utilise encore au moins deux autres espèces du même genre, dont l'une contient de la brucine et l'autre de la brucine et de la strychnine.

Pour reconnaître la présence des principes provenant de la plupart des Strychnos, on peut se servir d'une réaction de la *strychnochromine*, découverte en 1824 par Pelletier et Caventou dans le *Strychnos Tieuté*.

Cette substance donne avec l'acide nitrique une coloration d'abord verte, puis bleue. Elle se trouve aussi, d'après l'auteur, dans le *St. Nux vomica*, le *St. Colubrina* et le *St. Gaultheriana*, et, d'après Pelletier et Caventou, dans le *St. Pseudochina* de l'Amérique du Sud ; mais elle fait défaut au *St. ligustrina*.

2. *Sur une fausse salsepareille du Brésil.* Ce produit, dont une certaine quantité est arrivée récemment à Hambourg, ne se distingue pas de la vraie salsepareille par son odeur ; on n'aperçoit pas davantage de différence dans la coupe sous un faible grossissement. Mais l'étude anatomique plus approfondie montre que le parenchyme de l'écorce ne contient ni amidon ni aiguilles d'oxalate, et fait apercevoir encore d'autres différences dans les caractères botaniques, en particulier en ce qui concerne l'épaisseur des cellules de l'endoderme. La plante qui produit cette fausse salsepareille n'est pas connue ; peut-être est-ce le *Herreria Salsaparilla* Martius, dont les racines sont employées sous les noms de *Salsaparilla brava* et de *Salsaparilla do mato*.

M. le Dr SCHAERGES (Bâle). *Sur le gaïacol et ses dérivés.* — L'auteur expose d'abord les principales méthodes de préparation du gaïacol, soit à partir de la créosote, soit par voie synthétique à partir de la pyrocatéchine et de l'anisol. Il parle ensuite de la préparation de ses éthers, en s'appuyant sur les données de divers brevets allemands. Il passe enfin aux acides gaïacol-monosulfoniques *ortho* et *para* de la maison F. Hoffmann, La Roche et Cᵒ, de Bâle. Ces deux acides que l'on obtient par sulfonation directe du gaïacol en observant certaines conditions précises de température, sont bien cristallisés, ainsi que leurs sels. Les sels alcalins sont facilement solubles. L'orthosulfonate de potassium a reçu le nom de *thiocol* et est employé avec succès dans le traitement de la tuberculose pulmonaire.

M. le Dʳ C. Nienhaus (Bâle). *Sur l'état actuel de la fabrication de la cellulose en Suisse.* — Les fabriques de cellulose qui employent aujourd'hui en Suisse le procédé dit au sulfite, bréveté par Mitscherlich, sont les suivantes :

1° Attisholz, établie en 1882, envoyant ses résidus dans l'Aar.

2° Cham, 1882, avec déversement dans la Lorze.

3° Perlen, 1883,   »   »   la Reuss.

4° Biberist, 1884,   »   l'Emme.

5° Balsthal, 1884-1885   »   »   la Dünnern.

6° Kaiseraugst, 1890   »   »   le Rhin.

Après une courte description du procédé, l'auteur donne la composition des solutions de sulfite, au début et à la fin des opérations *(Kocherlaugen)*. Le déversement de ces dernières dans les cours d'eau ne semble pas présenter de grands inconvénients. On n'a pas réussi jusqu'à présent à les utiliser. L'auteur énumère les divers essais faits dans ce sens et préconise leur emploi pour la fabrication de la *dextrone*, que l'on obtient en concentrant les solutions jusqu'à la densité de 1.3 et en précipitant par un sel alcalin neutre ; le produit ainsi obtenu peut être utilisé dans l'apprêt des tissus.

Dans la discussion qui suit, on indique qu'une nouvelle fabrique de cellulose, travaillant aussi d'après le procédé au sulfite, vient de s'établir dans le Val-de-Travers ; elle n'a donné lieu jusqu'ici à aucune plainte.

M. le D⟨r⟩ Schumacher-Kopp (Lucerne). *La réaction du furfurol dans les analyses d'huiles.* — On ne peut tirer de résultat positif de la réaction de Baudoin, modifiée par Villavecchia et Fabris, et employée pour déceler la présence d'huile de sésame dans l'huile d'olives au moyen du furfurol, que si la coloration rouge produite est durable. En effet, certaines colorations rouges dues à d'autres impuretés tournent au vert au bout de quelques heures.

Il n'est pas possible de constater, au moyen du réfractomètre de Zeiss, une relation entre le pouvoir réfringeant du mélange et l'intensité de la coloration rouge produite par le furfurol. Ce n'est qu'après l'addition de $25\,^0/_0$ d'huile de sésame que la réfraction dépasse de 0,2° la limite maxima (55°) admise jusqu'ici pour l'huile d'olives pure.

M. le D⟨r⟩ Kunz-Krause (Lausanne). *Sur les tannoïdes.* — Nous n'avons pas reçu le résumé de cette communication.

M. le prof. A. Tschirch (Berne). — 1. *Sur l'aloïne du Cap.* — L'auteur annonce qu'il a réussi en collaboration avec M. Hiepe, à retirer de l'aloès du Cap de Bonne-Espérance une aloïne cristallisée, ce qui n'avait pu être effectué jusqu'ici. Pour l'obtenir on additionne l'aloès d'une quantité d'alcool insuffisante pour le dissoudre entièrement, on sèche le résidu, on l'extrait dans l'appareil de Soxhlet d'abord par l'éther puis par l'alcool, et on soumet la solution alcoolique à une précipitation fractionnée au moyen de l'éther. Il se dépose d'abord des substances résineuses brunes, puis l'aloïne elle-même, sous la forme de flocons jaunes. En faisant cristalliser ceux-ci dans un mélange d'alcool et d'éther on obtient, quoique assez difficilement, des aiguilles presque incolores, réunies le plus souvent en rosettes. L'aloïne du Cap diffère fortement par ses réactions de la barbaloïne et de la nataloïne et se rapproche de la socaloïne.

2. *Sur l'oliban.* — D'une étude détaillée que l'auteur a entreprise avec M. HALBEY, il résulte que l'oliban ou encens possède la composition suivante :

Partie soluble dans l'alcool environ 72 %	Acide boswellique libre, $C_{31}H_{51}O_2$. COOH.	33 %
	» » sous forme d'éthers	1,5
	Olibanorésène, $C_{14}H_{22}O$	33
	Huiles essentielles (pinène, dipentène, phellandrène, cadinène)	4-7
	Principe amer	0,5
Partie insoluble dans l'alcool environ 28 %	Gomme (arabates de chaux et de magnésie)	20
	Bassorine	6-8
	Résidus végétaux	2-4

On a étudié plus spécialement l'acide boswellique et ses sels. La richesse relative en résène fait reconnaître immédiatement l'oliban comme provenant d'un végétal de la famille des Burséracées ; toutes les plantes de cette famille produisent, en effet, des résines riches en résène.

3. *Sur la gomme laque.* — La composition de ce produit a été établie comme suit par l'auteur, en collaboration avec M. FARNER :

Cire	6 %
Laccaïne	6,5
Partie soluble dans l'éther, renfermant le principe odorant, une partie de la résine et l'érythrolaccine	35
Partie insoluble dans l'éther, renfermant une combinaison de l'acide aleuritinique avec un résinotannol	65
Résidu (sable, morceaux de bois, restes d'insectes).	9,5
Eau et perte	3,5

La séparation de ces diverses substances se fait de la manière suivante :

On élimine d'abord la cire par extraction au moyen de l'éther de pétrole, puis on traite le résidu par l'eau, ce qui fournit la matière colorante brute, soluble en violet dans les alcalis et renfermant l'*acide laccaïque*, $C_{16}H_{12}O_8$, isolé pour la première fois par M. R.-E. Schmidt.

On épuise ensuite le résidu par l'alcool bouillant et on précipite la solution par l'acide chlorhydrique ; on obtient ainsi la résine sous la forme d'une poudre jaune brunâtre. Celle-ci contient au moins quatre corps différents. On la redissout dans une petite quantité d'alcool et on ajoute à cette solution dix fois son volume d'éther ; il se dépose une résine jaune pâle (voir plus bas).

La solution éthérée, une fois séparée de ce dépôt, est agitée avec une solution de carbonate de soude au millième, aussi longtemps que cette dernière se colore en violet. On l'additionne alors d'acétate de plomb, ce qui fournit un précipité violet. On met celui-ci en suspension dans l'alcool, on le décompose par l'acide sulfurique,, on traite la solution par le charbon animal et on la précipite de nouveau par l'acétate de plomb alcoolique. Après plusieurs traitements semblables on parvient à éliminer complètement la matière colorante sous la forme de sa combinaison plombique et on obtient une masse poisseuse blanc jaunâtre qui contient des acides gras et le principe odorant de la gomme laque.

La combinaison plombique du colorant est mise de nouveau en suspension dans l'alcool et décomposée par l'acide sulfurique, puis la solution versée dans l'eau. On obtient ainsi des flocons bruns, que l'on purifie en précipitant plusieurs fois leur solution alcoolique par l'eau. On élimine encore certaines impuretés par précipitation au moyen du benzène, puis on extrait la solution benzénique au moyen du carbonate de soude ; on précipite enfin le colorant par l'acide chlorhydrique et on le fait cristalliser dans l'alcool dilué, dans lequel il se dépose sous la forme de paillettes rhombiques. Après sublimation il forme de petites aiguilles rouges qui présentent de grandes ressemblances avec l'alizarine. Ce nouveau corps, qui reçoit le nom d'*érythrolaccine*, et auquel la gomme laque doit sa couleur, appartient au groupe des colorants dérivant de l'anthracène.

La substance précipitée par l'éther (voir plus haut) forme la majeure partie de la résine. Dissoute dans l'alcool et précipitée par l'eau, elle se transforme en une poudre presque blanche. En la saponifiant par la potasse à 10 $\%$ on obtient un nouvel acide que l'on peut purifier par l'intermédiaire de son sel de magnésium. Il cristallise dans l'alcool étendu en paillettes rhombiques, dans l'eau en aiguilles, et fond à 106°. Sa composition répond à la formule $C_{13}H_{26}O_4$. Les auteurs l'ont nommé *acide aleuritinique* et ont préparé ses sels de magnesium, de baryum et de plomb. Il est lié dans la gomme laque à un résinotannol qui n'a pu jusqu'ici être isolé à l'état de pureté.

4. *Sur la xanthorhamnine.*— M. Tschirch présente des cristaux de ce composé, qu'il a retiré avec M. Połacco des fruits du *Rhamnus cathartica* et qu'on n'avait trouvé jusqu'à présent que dans la graine d'Avignon. On l'obtient par digestion avec l'eau et extraction du produit par l'éther ; celui-ci laisse par évaporation un résidu que l'on fait cristalliser dans l'alcool bouillant. On obtient ainsi des aiguilles jaunes, solubles dans les alcalis, et dont les propriétés concordent avec celles de la xanthorhamnine retirée de la graine d'Avignon.

5. M. Tschirch a observé enfin, dans l'enveloppe des fruits du caféier, l'existence de *chromatophores* très bien formés, de couleur violet foncé ou noir bleu. Ils se trouvent dans l'épiderme à côté d'un suc cellulaire rouge. Dans la partie sous-épidermique on rencontre en abondance des cristaux aciculaires de longueur variable réunis en rosettes ; chaque cellule renferme une ou plusieurs de ces rosettes.

L'échantillon frais qui a servi à cette étude provenait du Jardin botanique de Berne, où le caféier a donné cette année des fruits arrivés à complète maturité.

M. le Dr Aweng-Barr. *Contribution à l'étude des principes actifs de Cort. Frangulæ, Rhiz. Rhei et Fol. Sennæ.* — Ces principes sont des glucosides, au nombre

de 4 probablement, qui sont communs aux trois produits et s'y trouvent en proportions variables. On peut
les diviser en deux groupes, suivant leur solubilité dans
l'eau ; les glucosides insolubles peuvent être séparés
des glucosides solubles par l'action des moisissures.
L'étude complète de ces corps n'est pas encore terminée.

En ce qui concerne les préparations galéniques, il
faut remarquer que les glucosides solubles conviennent
seuls aux préparations liquides, et encore faut-il employer un véhicule qui les mette à l'abri de l'action
des moisissures. Comme type d'une préparation renfermant l'ensemble des principes actifs, on peut citer
l'extrait hydro-alcoolique de rhubarbe. En préparant
ce produit on doit éviter avec soin le dédoublement des
glucosides par les acides ou les alcalis, car les substances qui prennent ainsi naissance sont en partie
inactives.

En comparant divers échantillons de rhubarbe on a
trouvé de grandes différences, soit dans leur teneur
absolue en glucosides, soit dans les proportions relatives de ceux-ci. Ce point doit évidemment être pris en
considération lorsqu'on veut fixer le prix ou choisir le
mode d'emploi d'un échantillon donné.

M. A. Conrady (Leutmannsdorf, Silésie). *Décoctions
et infusions*. — A la suite de recherches expérimentales sur la solubilité dans l'eau des principes essentiels
des drogues, l'auteur pose les thèses suivantes :

La préparation des décoctions et des infusions selon
les pharmacopées actuelles ne répond plus aux exigences
de la pharmacognosie scientifique.

Jusqu'ici toutes les drogues étaient soumises à des traitements identiques ; il faudra dorénavant, au contraire, traiter chacune d'elles d'après ses caractères individuels, et en particulier, déterminer dans chaque cas la température de l'eau à laquelle l'extraction se fait le plus facilement et le plus complètement.

On prendra dans tous les cas les drogues à l'état pulvérisé.

La percolation remplacera partout la décoction et l'infusion.

Il conviendra d'employer des appareils qui permettent de régler exactement la température à laquelle doit se faire l'extraction.

Ces thèses sont recommandées à l'examen des directeurs des pharmacies cantonales.

M. ISSLEIB (Bielefeld). *Sur la céarine.* — L'emploi de la paraffine pour la préparation des onguents a le grand inconvénient de fournir une masse qui ne peut absorber qu'une petite quantité (4-5 °/₀ au maximum) de médicaments liquides. La graisse de laine ou lanoline est susceptible, au contraire, de s'en incorporer de beaucoup plus fortes proportions, mais elle se comporte à ce point de vue d'une manière extrêmement variable suivant les échantillons.

L'examen chimique de la lanoline y démontre l'existence de l'acide carnaubique et de l'alcool carnaubylique. Or, ce même acide carnaubique fait aussi partie constituante de la cire de Carnauba, qui provient d'un palmier du Brésil, le *Copernicia cerifera*.

Comme il est fort probable que la faculté d'absorption de la lanoline est en relation avec sa teneur en acide carnaubique, l'idée devait se présenter de préparer une base d'onguents avec la cire de Carnauba, qui renferme le même principe.

Toutefois la cire naturelle paraissait impropre à ces essais, vu sa forte coloration, qui va du jaune verdâtre au gris. La cire blanchie pouvait seule être utilisée. Or on n'a pas réussi jusqu'à présent à blanchir directement la cire de Carnauba; on ne peut le faire qu'après l'avoir préalablement mélangée à d'autres substances, telles que la cire du Japon, la cire d'abeilles, la cérasine, la paraffine. Encore faut-il remarquer expressément que ces divers mélanges, qui trouvent leur emploi dans la fabrication des bougies, ne peuvent pas tous être utilisés en pharmacie. On doit rejeter en particulier ceux qui sont préparés à l'aide de la cire d'abeilles ou de la cire du Japon, car ils deviennent facilement rances.

L'auteur a choisi un mélange renfermant $25\,^o/_o$ de cire de Carnauba et $75\,^o/_o$ de paraffine, et blanchi au soleil. Ce dernier point est de grande importance, car les produits qui ont été blanchis par les procédés artificiels contiennent du chlore.

On a pris une partie de ce mélange et on l'a fondu avec 4 parties de paraffine liquide de densité 0,880. Le produit ainsi obtenu a été appelé *céarine*, du nom de la province de Ceára (Brésil) d'où vient la cire de Carnauba.

Ainsi que l'on pouvait s'y attendre, la céarine absorbe encore plus d'eau que la paraffine, soit environ $15\,^o/_o$. On peut, à l'aide de la céarine, préparer l'onguent de plomb sans avoir à concentrer préalablement la *Liq. Plumbi subacet.* On peut également préparer l'onguent à l'iodure de potassium sans addition d'hyposulfite de soude. En outre, la céarine est, au point de vue chimique, aussi inaltérable que la paraffine. Elle semble donc constituer une base excellente pour la préparation des onguents.

M. B. STUDER (Berne). *Le pharmacien comme expert dans les questions concernant les champignons.* — L'auteur montre pourquoi le pharmacien est tout particulièrement qualifié pour remplir les fonctions d'expert dans toutes les questions relatives aux champignons. Il émet en conséquence le vœu que, dans l'établissement des programmes d'études et d'examens de pharmacie, ces cryptogammes soient pris en sérieuse considération.

Géologie et Géographie.

Présidents : MM. C. Schmidt, de Bâle, et Brueckner, de Berne.
Secrétaires : MM. R. Zeller et H. Schardt.

Tobler. Sur la stratigraphie des klippes du canton d'Unterwalden. —
F. Muhlberg. Sur les recouvrements de la chaîne du Lägern et la formation
des klippes. — Mayer-Eymar. Bases de la terminologie stratigraphique
internationale. — Gremaud. Perforations de galets par actions mécaniques, par érosion et par des animaux — Otto Hug. La faune ammonitifère du Lias supérieur des Pueys et de Teysachaux (Moléson). — Max
Mühlberg. Le Dogger du Jura septentrional. — Baumhauer. Concurrence
de différentes lois de macles et phénomènes accessoires de la structure des
cristaux. — Field. Bibliographie internationale. — Richter. Traces d'anciens
glaciers dans l'intérieur des Alpes. — H. Schardt. La recurrence des
glaciers jurassiens après le retrait du glacier du Rhône. — J. Frueh.
Structure écailleuse de la neige. Galets sculptés. — Luethy. Relief du
Gothard.

M. le Dr Aug. Tobler, de Bâle, fait une communication sur les recherches qu'il a faites pendant l'été
1897 dans la *région des Klippes autour du lac des
Quatre-Cantons*. Après quelques remarques sur la tectonique si compliquée de cette région, il expose la
découverte qu'il a faite d'un horizon stratigraphique
inconnu jusqu'ici : les bancs calcaires de l'Alp Holz-
wang sur le Stanzerhorn font partie du Hettangien et
correspondent absolument aux couches hettangiennes
des Préalpes romandes.

Le terme le plus ancien du Lias est assez généralement formé par une brèche à Echinodermes riche en
silice et renfermant de petits fragments de dolomie
corrodée. Les bancs calcaires du sommet du Buoch-

serhorn, désignées par Stutz[1] comme couches à *Am. psilonotus*, sont en réalité du Dögger. Le calcaire à *Arietites* ou à *Gryphea* dans le vrai sens du mot n'a été encore trouvé nulle part, et les couches, considérées jusqu'à présent comme telles, de l'Alp Huetleren sur le Buochserhorn, correspondent au Lias moyen. D'autre part les couches de Klaus sont très répandues dans la région et renferment des fossiles à la Kinne sur le Stanzerhorn. Elles sont remplies par endroit d'empreintes de *Cancellophycus* et renferment quelques échantillons de *Lytoceras tripartitum* bien déterminables. Les mêmes couches se retrouvent au sommet du Buochserhorn, mais les échantillons de *Lyt. tripartitum* trouvés par Stutz en cet endroit sont très mauvais et l'on s'explique ainsi qu'il ait pu les prendre pour des *Psiloceras psilonotum*. Depuis lors l'auteur a découvert de meilleurs exemplaires qui montrent clairement les sutures et les constrictions, et peuvent être déterminés avec certitude comme *Lyt. tripartitum* Rasp.

L'auteur a étudié à nouveau un gisement de Callovien signalé déjà par Stutz[2] au Griggeli (Kleine Mythe), gisement très fossillifère qui a livré, outre une série de *Phylloceras* du type méditerranéen, un *Macrocephalites Herveyi*. Il a retrouvé d'autre part à la Müllerbodenalp sur le Buochserhorn les mêmes couches de Dogger à débris végétaux que Stutz[3] avait signalées au Stanzerhorn.

Une découverte qui mérite une attention spéciale est

---

[1] U. Stutz. Das Keuperbecken am Vierwaldstättersee. *Neues Jahrbuch für Mineralogie*, etc. 1890. Band. II, page 112.

[2] U. Stutz, loc. cit., page 114.

[3] U. Stutz, loc. cit., page 116.

celle de l'existence de la brèche de la Hornfluh dans la région des Klippes du Lac des Quatre-Cantons ; cette formation si caractéristique se retrouve en blocs isolés à Iberg dans le canton de Schwytz et d'autre part en place et alternant avec des couches de Dogger normales et fossilifères sur le chemin qui conduit de Zwischen-mythen au Haken.

La série jurassique offre dans la région étudiée la même nature pétrographique et les mêmes caractères paléontologiques que dans les Préalpes romandes. Les nombreuses observations faites par l'auteur semblent montrer qu'il existe des analogies certaines dans la répartition des faciès entre les environs du Lac des Quatre-Cantons d'une part et les Alpes du Stockhorn de l'autre.

M. le Dr F. MÜHLBERG, d'Aarau, rapporte sur les *Phénomènes de recouvrement et les Klippes de recouvrement dans le Jura et plus spécialement dans le Lägern.*

Quoique la chaîne du Lägern, qui forme le dernier chaînon du Jura vers l'Est, ait déjà été étudiée et décrite à plusieurs reprises, sa structure géologique n'a pas été exactement expliquée jusqu'ici ; l'erreur commise généralement consiste à admettre d'emblée que le Lägern, comme les autres chaînes du Jura, seraient des plis absolument normaux ; on a même cité la montagne en question comme un type d'anticlinal simple rompu, le sommet en ayant été enlevé par érosion.

Or cette manière de voir ne résiste pas à un examen approfondi des faits ; le Lägern ne présente nullement

un plan symétrique ; il y a au contraire chevauchement
du flanc Sud sur le flanc Nord avec formation par endroits de véritables klippes de recouvrement. Celles-ci
sont formées, ou bien par des lambeaux du flanc Sud,
on bien par des paquets arrachés au flanc Nord et en-
traînés par la masse chevauchante ; elles ont été refoulées vers le Nord par-dessus les couches plus récentes
du flanc Nord, subissant dans ce mouvement des dislo-
cations diverses, et ont été ensuite séparées du flanc
Sud par une érosion intense.

L'auteur montre, à l'appui de sa manière de voir,
une série de profils et de photographies prises dans la
carrière de pierre à ciment et à Sackhölzli, prés d'Eh-
rendingen et dans les environs de Hertenstein, prés de
Baden.

Les autres chaînes du Jura septentrional ont une
structure absolument analogue ; depuis le Lägern au
moins, jusqu'à Porrentruy, l'on retrouve partout, dans le
nord du Jura, la structure isoclinale, les chevauche-
ments et les klippes de recouvrement. L'auteur a indiqué cette position tectonique du Jura dans son esquisse
géotectonique du nord-ouest de la Suisse, et il se réserve de revenir en détail sur ce sujet dans ses prochai-
nes publications.

M. MAYER-EYMAR parle de quelques principes de la
terminologie stratigraphique internationale et propose
la latinisation des terminaisons des noms d'étages. Au
lieu de dire Mayen*cien,* Torto*nien,* Néoco*mien,* etc.,
il faudrait dire Moguntia*num,* Dertonia*num,* Neoco-
mia*num,* etc. Comme chaque étage se compose,
d'après M. Mayer, de deux sous-étages, le nom de

chacun de ceux-ci devrait avoir une terminaison spéciale *on* pour l'inférieur et *in* pour le supérieur.

M. A. Gremaud, ingénieur à Fribourg, traite des *galets perforés* qu'il groupe en 3 catégories : les galets perforés mécaniquement, ceux perforés par érosion et ceux perforés par des organismes.

La perforation mécanique s'est faite suivant un procédé absolument analogue à celui des marmites de géants, par le mouvement rotatoire d'un petit caillou dur sur un galet plus tendre. Des échantillons de galets ainsi perforés sont très fréquents soit dans le lac de Morat soit dans la Sarine. Ceux que l'on trouve dans le lit des fleuves présentent le plus souvent des perforations à section ovale ou même irrégulière. Il arrive d'autre part fréquemment que la cavité ne traverse pas la pierre de part en part, le caillou ayant été enlevé ou usé avant la fin de son travail. Une autre sorte de perforation mécanique est produite par l'action de goutte d'eau tombant constamment sur le même point. La perforation par érosion se produit toutes les fois qu'une veine ou un fossile plus tendre ou plus soluble que la roche enveloppante est supprimé par voie mécanique ou chimique.

La perforation organique peut être l'œuvre d'animaux très divers ; ainsi le taret commun, le pholade dactyle, le lithodome lithophage et divers oursins ; et ces organismes peuvent agir mécaniquement ou chimiquement, ou encore combiner ces deux actions, cette question a du reste été étudiée déjà par plusieurs naturalistes : Laurent en 1850, Aucapitaine en 1853, Cailliaud. Les agents perforants varient beaucoup, la

forme des cavités devra varier de même et M. Gremaud
a constaté des perforations à section circulaire, rectan-
gulaire, triangulaire. D'autre part le parement des
ouvertures est tantôt lisse, tantôt strié, tantôt annelé.
Le type le plus curieux qu'il ait observé est fourni par
des perforations dirigées obliquement à la surface du
galet et suivant une ligne droite, quoique l'action per-
forante ait commencé à la fois sur les deux faces
opposées, les deux cavités ainsi pratiquées se joignant
au milieu avec une exactitude surprenante. Ce travail
semble avoir été opéré avec des pointes très fines et
d'une certaine longueur ; du reste il est impossible
actuellement de déterminer avec certitude quel est
l'animal auteur de ce travail et si il faut l'attribuer à
une ou plusieurs espèces ; les ouvertures varient en effet
tant au point de vue de leur forme qu'à celui de la
nature pétrographique des galets dans lesquels elles
sont pratiquées. Pourtant M. Gremaud a trouvé dans
le lit de la Sarine un petit animal qui lui a paru constitué de façon à pouvoir effectuer les fines ouvertures
en question. Cet animal, de la grandeur d'une petite
guêpe, sans ailes, avait un abdomen en forme de ballon
armé de deux pointes en forme de stylets. Celles-ci pour
raient, d'après l'auteur, fonctionner alternativement
comme organes perforateurs à la façon des fleurets des
perforatrices, tandis que l'abdomen remplirait l'office
de matelas d'air. Nous aurions ici une organisation qui
rapellerait par divers traits l'organe perforant de
l'Echinus, tout en s'en distinguant par une disposition absolument différente de la musculature.

Du reste l'auteur, en présence des faits qui sont loin
d'être certains, ne veut pas tirer de conclusion et désire

avant tout attirer l'attention des naturalistes sur cette question encore très imparfaitement connue des divers organismes perforants.

M. Otto Hug parle des Ammonites du Lias supérieur des gisements des Pueys et des Teysachaux au Moléson.

Il y a constaté les espèces suivantes :

* *Phylloceras Pompeckji* Hug.
* *Lytoceras cornucopiæ* Y. et B.
  Lytoceras sp. ind.
  Harpoceras serpentinum Rein.
* » *Fellenbergi* Hug.
   » *exaratum* Y. et B.
   » *lytherpe* Y. et B.
   » *capellinum* Schloth.
   » cf. *Bayeni,* Dunc.
   » *bifrons* Brug.
   " *Levisoni* Simps.
   " *Renevieri* Hug.
   » *Kisslingi* Hug.
   » cf *Bodei* Denkm.
   » sp.
  Cœloceras commune Sow.
   » *enguinum* Rein.
   » *crassum* Phil.
   » *subarmatum* Y. et B.
  Aptychus Elasme W, v. Mayer.

Cette faune ammonitique porte un caractère franchement centroeuropéen et sa présence dans une région où domine dans le Dogger en particulier le facies méditerranéen peut paraître étrange. Les espèces marquées d'un * n'ont été trouvées jusqu'ici que dans les pays septentrionaux (Angleterre, Wurtemberg). Les autres sont connues autant dans le facies méditerranéen que dans le facies de l'Europe centrale, à l'exception du *Harp. Renevieri* qui est inconnu dans d'autres localités. Un mémoire paléontologique sur cette faune paraîtra dans les *Mém. Soc. pal. Suisse*, t. XXV.

M. Max MÜHLBERG d'Aarau, assistant à l'Institut géologique de Fribourg en Brisgau, rapporte sur la *Stratigraphie du Jurassique moyen dans la Suisse septentrionale*.

Il y a trois zones dans la série médiojurassique du nord de la Suisse, qui présentent un intérêt spécial. L'on remarque tout d'abord des phénomènes d'érosion entre la zone à *Am. Murchisonæ* et la zone à *Am. Sowerbyi*, et ce fait paraît correspondre à l'absence de la zone à *Am. concavus* dans le Jura suisse. Il semble pourtant que les sédiments de cet âge ne font pas entièrement défaut.

En second lieu la partie inférieure du Hauptrogenstein, désignée par Thurman sous le nom de « oolithe subcompacte », s'amincit progressivement dans l'est du canton d'Argovie et n'est que partiellement remplacée par le facies argileux souabe. La partie supérieure de cette série (Marnes à *Ostrea acuminata* et grande oolithe de Thurmann), correspond à peu près aux couches à *Am. Parkinsoni* de la Souabe. Le Hauptrogenstein est d'autre part plus ancien que l'horizon de Bath en Angleterre.

Il faut noter, en troisième lieu, que la différence de facies que M. Rollier a signalée à la base du Malm existe non seulement dans le Callovien supérieur et l'Oxfor-

dien inférieur, mais déjà dans les couches à *Am. macrocephalus*. Tout le Malm inférieur (depuis les couches à
Am. macrocephalus jusqu'au terrain à chailles), passe
dans l'Est du canton d'Argovie au facies très réduit de
l'oolithe ferrugineuse et finit par disparaître par amin-
cissement progressif vers l'est. Ce fait semble indiquer une émersion avec érosion ; l'hydroxyde de fer de
l'oolithe ferrugineuse pourrait fort bien provenir de la
désaggrégation à l'air libre de certaines roches.

L'auteur a appuyé sa manière de voir sur les périodes d'émersion et d'érosion, par la démonstration d'une
série de figure et d'échantillons. Il publiera prochainement un travail plus complet sur cet objet.

M. Baumhauer présente des observations sur la *conception génitique des macles et sur la présence de
plusieurs Lois de macle sur un même cristal.*

Il appelle concurrence des lois de macle, l'apparition de deux macles très voisins chez un cristal suivant
sa position par rapport à un autre cristal. Des observations faites sur la chalcopyrite ont démontré que de
cette matière un cristal peut affecter une position incer-
taine entre deux formes cristallonomiques.

M. Baumhauer a observé en outre que la position
des figures particulières que l'on obtient en attaquant
une surface de cristal avec un dissolvant n'est pas due
au hasard ou à l'influence du dissolvant, mais le lieu
de leur formation est déterminé d'avance. Cela est
prouvé par le fait que deux lamelles d'un même cristal
obtenues par clivage, ont montré les mêmes figures.

Cette observation est très importante relativement à
l'idée que l'on se fait habituellement sur l'homogénéité
des cristaux.

M. FIELD fait la démonstration d'un catalogue à fiches selon le système décimal adopté par le *Concilium bibliographicum*.

M. RICHTER, professeur à Graz. *Sur les traces laissées par les anciens glaciers dans l'intérieur des Alpes.*

M. Richter a étudié la région des Alpes Centrales orientales en Styrie. Cette région est intéressante, parce que la glace n'y a certainement pas recouvert toute la région et peut ainsi offrir des repères plus sûrs pour la détermination de l'ancienne limite des neiges éternelles.

Les Kahrs (excavations dues à l'érosion glaciaire) et les lacs élevés sont les traces les plus manifestes de la présence de glaciers. D'après la présence de ces deux formes morphologiques, la limite des neiges à l'époque glaciaire aurait été en Styrie voisine de 1600-1700 m., pendant que sur le versant N. des Alpes elle doit avoir été à 1200-1400 m.

Les groupes montagneux isolés, dont les vallées ne furent pas comblées par de grandes masses de glace, permettent les plus sûres constatations dans ce sens. Dans les régions par contre où de formidables courants de glace remplissaient les grandes vallées, ce n'est que dans les parties supérieures de celles-ci dans la région collectrice que se voient des Kahrs et des lagots, et non sur le parcours du grand courant de glace. C'est pour cette raison que les Kahrs et lagots sont situés d'autant plus haut que l'ancienne limite des neiges était plus élevée.

La signification des Kahrs et lagots est donc différente suivant la région. Dans les parties extérieures des Alpes ils indiquent le niveau des neiges éternelles de l'époque glaciaire ; dans l'intérieur de la chaîne ils déterminent tout au plus le niveau du glacier.

La hauteur du courant de glace peut être déterminée d'une part par le niveau des dépôts erratiques, d'autre part par les polis glaciaires. Le niveau des anciens polis entre en contact avec celui des névés actuels d'où résulte que la limite des neiges était à l'époque glaciaire à peu prés la même qu'aujourd'hui.

En reconstituant les anciens glaciers, on remarque que leur talus est bien moins incliné que le thalweg des vallées qu'ils occupaient. Dans leur cours moyen surtout, la hauteur de la glace était très considérable ; de grandes surfaces du glacier purent se joindre par cette circonstance à la région des névés ; cela explique l'avancement énorme des glaciers par l'adjonction au champ collecteur de toute la région du glacier dont l'altitude était supérieure à la limite des neiges. Inversément, une forte ablation jusqu'au-dessus de cette limite du glacier pouvait soustraire en peu de temps au champ nourricier une très grande surface et provoquer un mouvement brusque de recul.

Cet épaississement qui ressemble aux grandes crues qui ont toujours lieu aussi sur le cours moyen et inférieur des cours d'eau, a été provoqué par la rencontre de divers glaciers confluents, coulant dans des vallées distinctes et qui furent forcés, après leur jonction, de s'introduire dans une vallée bien plus étroite que le total des vallées qu'ils avaient occupées précédemment. Le glacier réuni devait donc gagner en hauteur, ce qu'il n'avait pas en largeur. Les divers glaciers représentaient donc des lames de glace placées de champ.

Leurs moraines devaient former des bandes de moraines internes comprises entre ces lames de glace.
(Drumlins?). Conclusions :

1. La formation des glaciers diluviens n'exige pas
un changement climatique aussi considérable qu'on le
croit communément. L'épaississement du glacier dans
les vallées moyennes ayant augmenté le champ nourricier, peut avoir suffi pour faire progresser les langues
des glaciers.

2. L'avancement et le retrait des glaciers peut avoir
été provoqué par des changements de niveau, ayant
augmenté ou diminué la surface du champ nourricier.

3. Les moraines comprises entre les lames verticales
de glace ont amené au fur et à mesure de la fusion la
nappe de moraines de fond sur et devant le champ
d'ablation du glacier. Les dépôts de boue n'ont pas
nécessairement été transportés au-dessous du glacier,
par le mouvement de celui-ci.

M. H. SCHARDT présente l'original de la nouvelle
feuille XVI de l'atlas géologique Suisse, dont il vient de
terminer la revision.

M. Schardt attire surtout l'attention sur l'application
de la nomenclature et du figuré des dépôts glaciaires,
conformément à un système nouveau adopté par la
Commission géologique suisse. Outre les dépôts des
glaciers alpins, cette nouvelle carte figure aussi les
dépôts des glaciers jurassiens, en particulier les moraines datant de l'époque que M. Schardt appelle la *phase
de récurrence des glaciers jurassiens*. M. Schardt a été
surpris de trouver souvent fort loin du pied du Jura,
des dépôts morainiques renfermant une forte proportion

de matériaux de provenance jurassienne, reposant à la surface de moraines de fond à matériaux exclusivement alpins. Ces dépôts ont évidemment été formés après le retrait du glacier du Rhône. Il y en a de très beaux aux environs de Gex, prés de Nyon, Gingins, Trélex, Coinsins, Aubonne, Gimel, Bière. Ces dépôts morainiques ne peuvent être attribués qu'à des glaciers descendus du Jura, *après le retrait des glaciers alpins*. Un glacier important a ainsi envahi le pays de Gex ; un autre, plus puissant encore, descendu du Col de St-Cergues, a créé un superbe paysage morainique aux environs de Gingins, Trélex, Givrins, Coinsins. De même, le glacier du Marchairuz a poussé un·moment donné jusqu'à Aubonne. Devant les moraines de ces glaciers s'étendent des terrasses fluvio-glaciaires qui se soudent, à l'approche du lac Léman, aux Deltas des cours d'eau actuels, mais se trouvent à des altitudes que le niveau du lac Léman n'a jamais atteintes.

Il y a donc eu, après le retrait du glacier du Rhône, une récurrence des glaciers jurassiens qui ont envahi, sur une assez grande distance du Jura, le terrain que les glaces alpines venaient d'abandonner, en superposant aux dépôts exclusivement alpins, des moraines et des terrasses fluvio-glaciaires souvent presque entièrement formées de matériaux jurassiens, ou mêlées de débris alpins, ramenées en arrière par le mouvement de retour des glaces. En effet, cette récurrence, en somme anormale, s'explique aisément de la manière suivante : Pendant la forte expansion des glaces alpines le glacier du Rhône *refoulait* littéralement les glaces propres au Jura, en forçant celles-ci à s'écouler vers l'ouest, où elles ont déposé des moraines énormes au delà de Pontarlier, dans la vallée de Mièges, etc. Au moment du retrait du glacier du Rhône, une rupture se produisit dans la nappe de glace, non pas au pied même du Jura, mais à une certaine distance de celui-ci. Le glacier du Rhône se retirait dans le bassin du Léman, tandis que la branche rhénane était supprimée ; alors, les glaces refoulées du Jura se firent jour en descendant vers le plateau suisse. Le premier avancement était une phase de progression excessive, mais de courte durée, ainsi que le prouvent les faibles dimensions des moraines terminales.

Le glaciaire de la région du Léman est particulièrement compliqué par le fait que le phénomène qui vient d'être décrit a dû se répéter au moment de chaque retrait du glacier du Rhône après la suppression de sa branche rhénane. De même, au moment de la progression, la branche rhodane, en suivant la dépression du lac Léman, a dû avancer d'abord seule au delà du Jura ; ce n'est qu'ensuite, avec l'augmentation de l'altitude de la glace, que la branche rhénane a pu se développer.

M. le Dr J. FRUEH, de Zurich, expose une série de photographies qu'il a faites en décembre 1897, et destinées à montrer la *structure écailleuse de la neige* telle qu'elle se produit sous l'action des rayons solaires lorsque le soleil est bas et l'atmosphère tranquille, comme c'est le cas, par exemple pendant un anticyclone. Cette structure, qui est la vraie structure écailleuse, est bien distincte de la « surface écailleuse » de Saussure (*Voyages*, IV, 1776, § 2013), un phénomène qui semble n'avoir pas été très bien compris par Ratzel

(*Die Schneedecke, Kirchhoffs-Forschungen*, IV, 1889).

En terminant, l'auteur prie ses collègues de bien vouloir lui communiquer les observations analogues.

M. FRUEH présente ensuite à la section des échantillons de *honycombed limestone du lac Huron*; ces curieuses formations ont été décrites par R. Bell (*Bull. of the geol. Soc. of America*, vol. VI, 297-304) qui les considère comme les résultats de l'action de l'eau du lac chargée d'acide sulfurique sur des galets calcaires. L'auteur a trouvé des galets sculptés analogues dans le lac de Zurich, et admet que l'érosion qu'ils ont subie est due, en tout cas, en grande partie à des organismes, algues, bactéries [1].

M. LUETHY, de Berne, présente un *relief de la région du St-Gothard* exécuté d'après X. Imfeld par un procédé nouveau, un alliage métallique spécial.

---

[1] Voir ci-dessus communication de M. Gremaud, p. 484.

Zoologie.

Président : M. le Prof. Th. STUDER, de Berne.

Secrétaire : M. le Dr R.-O. BURI, de Berne.

Standfuss. Études de zoologie expérimentale en corrélation avec la théorie de l'évolution. — Blanc. Fécondation de l'œuf de la truite. — Fischer-Sigwart Mammifères et oiseaux rares de Suisse. — Hagmann. Variabilité dans la longueur des dents de quelques carnivores — Carl. Sur le genre Collembola en Suisse. — Buhler-Lindemeyer. Époque du passage des oiseaux migrateurs à Bâle en 1895-98. — Keller. Recherches sur le Pediaspis aceris. — Urech. Variétés aberrantes des Vanessa. — Lang. Helix nemoralis et Helix hortensis. — Émery. Sur un Oligochète noir de l'Alaska. — Meyer-Eimar. Fossile nouveau de l'Éocène d'Égypte. — Fatio Sur la représentation des Faunes locales dans les musées. — Yung. Intestin des poissons. Plankton du Léman. Spécimen de l'Eupomotis gibbosa pêché dans le port de Genève. — Musy. Quelques animaux disparus dans le canton de Fribourg. — Haviland-Field. Le Concilium bibliographicum.

Dans la première assemblée générale, **M. le Dr STAND-FUSS**, de Zurich, rend compte d'une série d'expériences qu'il a faites sur des *Lépidoptères* soit en soumettant des chrysalides à diverses températures, soit en provoquant des accouplements hybrides.

La première catégorie d'expériences consistait d'une part à élever ou abaisser la température du milieu ambiant d'une façon constante mais modérément et sans dépasser $+ 4°$ comme minimum $+ 39°$ comme maximum, d'autre part à exposer temporairement la chrysalide à des températures allant jusqu'à $— 18°$ et $+ 45°$. Ces opérations ont provoqué chez presque toutes les espèces étudiées des modifications sensibles du papillon soit dans sa couleur, soit dans sa forme ou sa taille (voir pour les détails dans les *Denkschriften der Schweiz. naturforsch. Gesells.*, 1898, p. 1 à 40).

Certains types aberrants obtenus par l'emploi temporaire de températures élevées se rapprochent beaucoup de certaines variétés très rares rencontrées dans la nature qui sont dues évidemment à des causes semblables. D'autre part l'auteur est arrivé à élever, en suivant le plus possible les conditions normales d'existence de cette espèce, des produits d'une variété très aberrante de *Vanessa urticœ* obtenue par l'emploi temporaire de basses températures. Des papillons ainsi obtenus, la plupart ont repris les caractères normaux de l'espèce, tandis que quatre individus mâles ont conservé des caractères aberrants de la même nature que ceux de leurs parents. Or, parmi les innombrables individus provenant de la *Vanessa urticœ* normale qui ont été élevés dans les mêmes conditions que ces descendants d'une variété aberrante, aucun n'a présenté les mêmes caractères que ceux-ci et ces constatations ont par suite un grand intérêt au point de vue de l'action des conditions extérieures sur la transformation des espèces.

Pour ses essais d'hybridations l'auteur est parti de l'idée que, si la multiplication des espèces s'est faite et se fait encore par la scission de certains groupes d'individus en deux ou plusieurs séries divergeant progressivement jusqu'à la spécialisation complète, les essais de croisement pourraient servir de critère pour établir le degré de divergence et de différence physiologiques entre des formes voisines. Cette manière de voir a été pleinement justifiée par l'expérience. En effet, en partant d'accouplements hybrides incapables de créer des produits ou du moins des produits viables, il a composé une succession de couples formés d'individus appartenant à des espèces de plus en plus voisines jusqu'à ce qu'il arrivât à obtenir une forme bâtarde apte à la reproduction quoique à un médiocre degré.

Les caractères des hybrides primaires obtenus par le croisement de deux espèces différentes varient assez et se rapprochent plutôt de ceux des types anciens que de types récents. Des hybrides secondaires produits par accouplement de deux hybrides primaires ont été obtenus, mais pas encore élevés ; quant aux hybrides secondaires obtenus par le croisement d'un hybride primaire mâle avec une femelle d'une des deux espèces originelles ou d'une troisième espèce, leurs caractères varient beaucoup d'un individu à l'autre. Il ressort de l'étude de tous ces hybrides secondaires une tendance générale à revenir aux caractères d'un type ancien, tendance plus marquée encore chez les formes bâtardes dérivées de trois espèces différentes.

Parmi ces produits de croisement l'on distingue des mâles plus ou moins aptes à la reproduction suivant les individus, des femelles presque toutes stériles et, en proportion très variable suivant les accouplements, des individus gynandromorphes.

Ces faits jettent un jour intéressant sur les causes qui règlent le développement des produits des accouplements normaux en individus mâles normaux et individus femelles normaux.

Le Prof. Henri BLANC de Lausanne, entretient la Section de son travail sur la *fécondation de l'œuf de la Truite* publié en 1894 et dont les résultats ont été récemment contestés par G. Behrens qui a étudié le même objet.

Ne pratiquant que la méthode des coupes, faisant fi des germes traités et montés *in toto*, Behrens nie l'existence de deux sphères attractives et par conséquent de deux centrosomes distincts, d'origine différentes, séparé l'un de l'autre avant la conjugaison des deux pronucléus ♂ et ♀. Il n'y a pour lui, dans l'œuf de la Truite, qu'un spermocentre qui se divise pour fournir les deux corpuscules polaires du futur noyau de segmentation.

Tout en reconnaissant que sa méthode ne se prête pas à l'observation de certains détails, M. H. Blanc fait circuler les dessins de préparations microscopiques, utilisées pour ses recherches et faites avec des germes colorés et montés en entier 6 à 7 heures après la fertilisation. Ces préparations qui sont examinées séance tenante par plusieurs spécialistes démontrent bien qu'au moment de la fécondation, alors que les deux pronucléus sont encore nettement séparés l'un de l'autre et lorsqu'ils sont même en pleine conjugaison, il existe dans leur voisinage deux sphères attractives. Ces deux sphères étant distantes i'une de l'autre de 0,07 mm., il est reconnu que l'auteur du travail critiqué par Behrens ne pouvait interpréter autrement qu'il ne l'a fait, les préparations démontrées ; qu'il lui était impossible de considérer les deux sphères comme les produits de la division d'une sphère unique et quoiqu'il n'ait pas pu observer de spermocentre et d'ovocentre, il devait, pour être logique, nier la division d'un spermocentre en deux et supposer au contraire, l'existence de deux centres différents provoquant autour d'eux, dans le protoplasme du germe, l'apparition de deux sphères attractives.

M. le Dr FISCHER-SIGWART, de Zofingue, parle de *quel-*
ques animaux rares observés en Suisse pendant ces
dernières années.

Il signale tout d'abord un couple d'étourneaux qui
vécut de 1892 à 1897, dans les environs de Brittnau
et donna le jour chaque année à un ou deux petits albinos; ceux-ci ne se sont jamais trouvés que dans la première couvée, sauf en 1892 où la seconde couvée en
contenait deux; par contre dans la seconde couvée de
1895, sur sept œufs, quatre donnèrent des individus
normaux, trois ne furent pas viables, et l'auteur attribue ce fait à une dégénérescence des parents qui serait
aussi la cause de l'albinisme d'une partie de la progéni-
ture. Parmi les descendants normaux du couple en
question, plusieurs, semble-t-il, ont hérité de la tendance à avoir des petits albinos. En outre M. Fischer a
observé, en 1897, une femelle semi-albinos, provenant toujours de la même paire, ayant une tête bian-
ché et une raie blanche sur la poitrine et le ventre,
mais des yeux normaux, et dont deux petits étaient
albinos.

Ces différents étourneaux albinos, étant pourvus
d'yeux très imparfaits, ne tardent pas à devenir la
proie des chats ou des corneilles. M. Fischer a pourtant pu en recueillir plusieurs, presque tous griève-
ment blessés; l'un d'eux vit encore actuellement.

L'auteur signale en outre un albinos partiel de
geai, tué en février 1897, prés de Fulenbach (Soleure), et un albinos presque parfait de corneille, tué
en septembre 1897, dans le Götzenthal prés d'Adlin-
genschwyl (Lucerne).

Il peut être intéressant de citer ici une capture faite

en mai 1898, prés de Goldau par M. Zollikofer, d'une nichée d'harle huppé avec la mère et douze petits, car elle prouve que cette espèce peut nicher en Suisse. Du reste d'autres oiseaux qui nichent dans la règle dans le Nord, prennent de plus en plus l'habitude de nicher chez nous. Ainsi l'auteur possède : 1° un vieux mâle en plumage de noce et trois petits récemment éclos de grêbe huppé, provenant des environs du lac de Hall-wyl ; 2° quatre œufs de courlis cendré, trouvés en mai 1896, prés de Kloten (Zurich) ; 3° un individu de la même espèce encore vivant, qui fut pris dans le nid sur les bords du lac de Constance au printemps 1894.

En fait d'échantillons curieux de sa collection, M. Fischer signale encore une variété de corneille avec le bec supérieur très long et fortement recourbé, tuée en 1897 prés de Hagethal (Haute Alsace), un lièvre blanc des Alpes, tué dans le Jura. Il indique enfin l'existence dans les collections du Musée de St-Gall, d'un bâtard de lièvre commun et de lièvre blanc, qui a été tué dans les Grisons en 1897.

M. le Dr G. HAGMANN, de Strasbourg, parle des variations qu'il a observées dans les dimensions relatives des diverses dents chez quelques carnassiers.

Il a entrepris en effet pour son étude de la faune pléïstocène de Vöklinshofen (Haute Alsace), une série de mensurations sur des mâchoires, soit de carnassiers quarternaires, soit de types voisins récents, dans le but de fixer les limites des variations dont chaque espèce est susceptible ; les résultats ainsi obtenus sont les suivants :

Canis Lupus. Woldkirch a distingué, parmi les représentants pleïstocènes de cette espèce, trois types : Lupus vulgaris fossilis, L. spelaues et L. Suessii, nettement distincts d'après lui par les relations de grandeur entre la longueur de la carnassière et la hauteur du maxillaire inférieur.

Or M. Hagmann a constaté que sur vingt exemplaires de loups adultes des collections zoologiques de Strasbourg ces mêmes relations varient au moins autant qu'entre les trois types de Woldkirch ; il en conclut que cette distinction ne peut être conservée.

Ursus. Ce genre est représenté à Vöklinshofen par U. spelaeus et U. arctos, deux espèces à peine distinctes par la longueur de leur rangée de molaires, mais différant sensiblement par la hauteur de la branche horizontale de leur maxillaire inférieur. M. Hagmann a constaté en outre que la mâchoire de U. spelaeus est moins puissante que celle de U. arctos et de la plupart des ours, U. malaganus, U. americanus, U. labiatus et U. maritimus, ayant seuls une mâchoire moins puissante encore.

Felis. La disposition de la mâchoire ne pouvant servir à distinguer les diverses espèces de félins, l'auteur a cherché, sans succès du reste, à établir des caractères distinctifs sur les dimensions relatives de la carnassière et de la prémolaire suivante. Il donne un tableau de ses mesures pour F. leo, F. tigris et F. onca.

Hyena. Il existe dans ce genre deux groupes : celui de H. spelaea et H. crocuta et celui de H. striata et H. brunnea, nettement distincts par la forme de leurs carnassières. La carnassière inférieure a en effet un talon très réduit dans le premier groupe, tandis qu'il est bien développé dans le second et la carnassière supérieure présente dans le premier groupe un tubercule antérieur externe beaucoup moins développé, un tubercule postérieur externe plus développé que dans le second.

Outre les espèces sus-mentionnées l'on a découvert encore à Vöklinshofen les carnassiers suivants : Vulpes vulpes, V. lagopus, Guio borealis, et Felis lynx.

M. le Dʳ CARL fait une communication sur les *Collembolidés* de la Suisse.

C'est en automne 1897 qu'il a commencé à collectionner et déterminer les Collembolidés du plateau suisse et des Alpes et en neuf mois il a récolté en Engadine, dans l'Oberland bernois et dans les environs de Berne 72 espèces et 15 variétés. Si l'on y ajoute 4 espèces signalées par Nicolet dans le Jura le nombre des formes différentes connues en Suisse s'élève à 91 dont 41 vivent dans les Alpes et 69 sur le plateau suisse.

Quoique les résultats déjà acquis aient besoin d'être compiétés par des recherches sur des territoires plus étendus, l'on peut déjà en déduire quelques données intéressantes. Il faut remarquer tout d'abord la forte proportion d'espèces communes à la Suisse et à l'Europe septentrionale ; c'est ainsi que 51 des espèces signalées par Schæffer dans les environs de Hambourg se retrouvent dans notre pays et l'on connaît maintenant environ 60 espèces ou variétés communes à la Suisse d'une part, la Scandinavie et la Finlande de l'autre. C'est justement parmi ces formes septentrionales que se trou-

vent les types les plus répandus soit en distance horizontale soit en distance verticale.

A 2000 mètres l'on trouve encore dans les Alpes
d'abondants Collembolidés cachés sous la mousse et les
pierres; l'auteur en a récolté jusqu'à 2340 mètres et il
admet que l'Isotoma saltans remonte plus haut encore
sur les glaciers. Certaines espèces sont aussi abondantes
à de grandes hauteurs et dans le voisinage des glaciers
que dans les régions les plus basses du plateau; d'autres au contraire, teiles que l'Orchesella villosa, vivent
surtout sur les points élevés. Enfin d'autres encore
sont abondantes dans les régions basses, deviennent
de plus en plus rares à mesure qu'on s'élève et prennent parfois aux altitudes extrêmes qu'elles peuvent
atteindre un type un peu aberrant. Du reste chez les
espèces qui habitent aussi bien les régions basses que les
régions élevées l'on constate souvent une modification
de l'animal qui tend à prendre une couleur toujours
plus foncée et dont la taille diminue progressivement à
mesure qu'il vit à de plus grandes altitudes.

L'auteur a constaté à diverses reprises l'existence
de certaines espèces en quantité considérable sur la
neige. Plusieurs d'entre elles se rencontrent à la fois
sur la neige et dans des conditions bien différentes, par
exemple sous des écorces ou sous des pierres. L'isotoma
saltans en particulier, qui est pour ainsi dire l'emblème
de la faune des glaciers, a été retrouvé d'une part sur
une place très ensoleillée du versant Sud du Faulhorn
loin de toute flaque de neige, d'autre part près de
Grindelwald bien au-dessous de l'extrémité du glacier.
Il semble donc que les conditions d'existence de certaines espèces sont des plus larges et que la multitude

d'individus qui circulent par moments sur la glace proviennent de migrations parties d'un tout autre point.

M. Th. BÜHLER-LINDEMEYER, de Bâle, fait une communication sur le *passage des oiseaux au printemps* dans les environs de Bâie. Il y a déjà plusieurs années qu'il a entrepris ses recherches sur les oiseaux de passage plus spécialement au printemps ; il a toujours procédé avec la plus grande prudence ne tenant compte que des oiseaux qu'il a vus ou entendus lui-même et de ceux qui lui ont été signalés par des personnes absolument sûres. Depuis le milieu de mars jusqu'à la fin de mai il a fait au moins trois fois par semaine des excursions matinales dans les régions les plus favorables à l'établissement des oiseaux et, des nombreuses observations ainsi recueillies, il a pu tirer les déductions suivantes :

Il existe une série d'oiseaux qui apparaissent dans nos pays toujours exactement à la même époque de l'année ; ce sont : le Rossignol, le Rouge-queue, la Fauvette grisette, la Grive musicienne, l'Hirondelle de cheminée, l'Hirondelle de rivage, l'Alouette des champs, le Coucou, la Cigogne.

D'autres passent moins exactement ; ce sont : le Pouillot véloce, l'Hirondelle de fenêtre, le Martinet noir, le Torcol, le Ramier, la Huppe et l'Alouette lulu.

Enfin le Gobe-mouches becfigue et le Loriot sont tout à fait irréguliers.

D'autre part l'auteur a constaté une augmentation sensible des Torcols, Loriots, Huppes, Rossignols, Gobe-mouches becfigues, Serins, Rousserolles, et au contraire une diminution très marquée des Fauvettes à

tête noire, Hirondelles de fenêtre, Rossignols de Mars,
Grives musiciennes et Bécasses. La Caille très commune
dans les environs de Bâle il y a quelques années, a
maintenant presque complètement disparu.

L'auteur se propose du reste de compléter ses observations en continuant ses études pendant beaucoup
d'années encore.

M. le prof. Dr C. KELLER, de Zurich, expose à la Société quelques observations qu'il a faites sur la *biologie
du Pediaspis aceris*. L'on savait jusqu'à présent que cette
espèce produit des galles sur les feuilles et les racines
de l'érable. Or l'auteur à découvert ce printemps des
galles attribuables à cet insecte non seulement sur les
feuilles, mais aussi en nombre considérable sur les
fleurs de cet arbre. Le pistil portait alors 2 ou 3 galles
tandis que les étamines avaient subi un raccourcisse-
ment notable de leur filet.

Pediaspis aceris présente ainsi une analogie curieuse
avec Cynips baccarum, la guêpe des noisetiers.

M. le Dr F. URECH, de Tubingue, montre quelques
échantillons aberrants qu'il a obtenus dernièrement soit
de *Vanessa urticæ*, soit de *Vanessa io*.

En ce qui concerne la première espèce il a obtenu
tout d'abord par l'action alternative des températures
froides et normales sur les chrysalides jeunes une Vanessa urticæ aberr. polaris artifice et une Vanessa urticæ
aberr. Donar (appelée jusqu'ici ichnusoïdes artifice).

D'autre part, en serrant au moyen d'un fil la chrysalide encore tendre au-dessus des ailes rudimentaires,
il a constaté qu'avec une faible pression la couleur du

pigment des écailles sur la région externe de l'Aile est seule modifiée tandis que la membrane de l'aile et les écailles restent intactes. Avec une pression plus forte la membrane se plisse sous le fil, puis avec une pression plus forte encore, les écailles sont gênées dans leur développement et finalement elles ne se développent plus du tout depuis la ligne de pression sur toute la partie externe de l'aile.

Les chrysalides de Vanessa Io exposées alternativement à des températures normales et froides donnent des Vanessa Io aberr. Iokaste chez lesquelles tout le pigment jaune des ailes antérieures est remplacé par du pigment en partie brun rougeâtre, en partie brun et en partie noire, et les écailles bleues et noires des yeux des ailes postérieures deviennent grises. Si l'on fait agir d'autre part des températures alternativement normales et élevées l'on obtient la Vanessa Io aberr. calore nigrum maculata.

L'auteur a provoqué aussi chez cette espèce des modifications de la substance pigmentaire en comprimant les ailes par une liaison de la chrysalide, quoiqu'il soit difficile de ne pas amener par cette opération une atrophie des ailes.

M. le prof. Dr A. LANG, de Zurich, fait une communication sur quelques cas d'*atavisme chez Helix nemoralis et Helix hortensis*.

C. EMERY. — *Sur un oligochète noir des glaciers de l'Alaska.*

Ce petit ver a été observé par Russell sur la neige qui recouvre le glacier de Malaspina et retrouvé dans les mêmes lieux par le D^r De Filippi qui faisait partie de l'expédition de S. A. R. le Duc des Abruzzes au Mont St-Elie. On le rencontre avant le lever du soleil à la surface; puis il disparaît sous la neige à une grande profondeur. Cet animal doit constituer un nouveau genre dans la famille des Enchytréides. Son caractère le plus remarquable est la pigmentation noire de l'épiderme qui est unique parmi les Oligochètes décrits jusqu'à ce jour. Mais il existe des espèces alpines encore inédites qui offrent une pigmentation marquée de la peau, quoique moins intense que chez le ver de l'Alaska. Quelques exemplaires d'une espèce récoltée dans un petit lac sur le Mont-Rose, par le regretté R. Zoja sont présentés à l'assemblée. Il serait à désirer que l'attention des naturalistes qui explorent les Alpes se portât sur les Oligochètes limicoles, jusqu'ici fort négligés.

M. Meyer-Eimar, de Zurich, montre et décrit un nouveau fossile de l'Eocène d'Egypte.

Le Dr V. Fatio, de Genève, parie de l'utilité qu'il y aurait à faire, dans chacun de nos Musées suisses, non pas des collections de vertébrés et d'invertébrés du pays entier, collections fédérales qui ne pourraient être que des copies plus ou moins complètes les unes des autres, mais bien des collections cantonales ou locales qui, embrassant un champ d'exploration beaucoup plus restreint, permettraient une étude beaucoup plus circonstanciée de la distribution, du développement, de la biologie et de la variabilité d'espèces en nombre par le fait plus limité.

Il rappelle les directions qu'il donnait déjà à ce sujet

en 1872, dans une communication en assemblée générale de la Société helvétique des Sciences naturelles, à Fribourg, et appuie plus particulièrement sur l'établissement indispensable d'une carte détaillée du champ d'étude et surtout d'un catalogue spécial où toutes données d'âge, de sexe, d'époques, de provenance exacte, etc., ainsi que toutes observations biologiques, morphologiques ou autres se rapportant à chaque individu en collection seraient consciencieusement enregistrées, sous le numéro porté par celui-ci.

Dans le cas où un Musée tiendrait absolument à embrasser dans ses collections la faune suisse entière, il voudrait que l'on distinguât de manière ou d'autre, tout ce qui provient du canton, du bassin ou de tel ou tel champ d'étude déterminé ; les sujets composant la faune ou la collection locale devraient porter alors une étiquette de couleur particulière et faire l'objet d'une mention toute spéciale dans le catalogue.

Il explique à ce propos la subdivision du pays en onze régions comprenant de une à quatre zones superposées, ainsi que les signes conventionnels abréviatifs proposés par V. Fatio et Th. Studer, dans leur Catalogue distributif des Oiseaux de la Suisse, en 1892, et demande seulement qu'on porte dorénavant à 6, au lieu de 5, les chiffres de fréquence comparée.

On est aujourd'hui dans le siècle de la division du travail, et, pour le naturaliste voyageur qui visite nos collections suisses, il importe souvent bien plus de trouver une représentation aussi complète que possible des espèces ou des formes qui figurent dans telles ou telles conditions que de rencontrer des représentants égrenés d'espèces exotiques.

Les Musées suisses, sauf dans certains groupes peut-être, ne peuvent avoir la prétention de lutter, pour les collections générales, avec ceux de plus grands centres beaucoup plus favorisés et fortunés.

Considérant que des collections locales bien établies seraient appelées à rendre de grands services aux zoologistes, tant de la Suisse que de l'étranger, M. Fatio recommande la chose aussi bien aux directeurs de nos différents Musées qu'à la Société zoologique suisse récemment fondée en vue de l'étude de la Faune du pays, et aux diverses autorités cantonales qui feraient œuvre d'utilité publique et de patriotisme en accordant largement les facilités et les subsides indispensables à semblables intéressantes créations.

Dans la première assemblée générale, M. le prof. Emile YUNG résume les recherches qu'il a faites sur *la structure intime et les fonctions de l'intestin des Poissons.* Le point capital sur lequel il insiste est la diversité des moyens employés par ces animaux pour atteindre le même but : la digestion des proies ingérées. Les uns y parviennent au moyen des sucs sécrétés par l'épithélium à peu près uniforme qui tapisse d'un bout à l'autre leur intestin rectiligne (*Petromyzontes*). Les autres déploient une grande variété d'éléments, tous d'origine épithéliale, il est vrai, mais différenciés selon les régions de leur intestin qu'on peut diviser en un œsophage, un estomac au sens histologique du mot, un intestin moyen et un intestin terminal (*Sélaciens*). Chez les derniers, un foie et un pancréas distincts viennent compléter encore le tube digestif si hautement organisé. Entre ces deux extrêmes, existent une quantité de types intermédiaires chez lesquels on assiste à la transformation progressive des cellules épithéliales en cellules gastriques.

Pour en donner une idée, M. Yung expose une grande planche sur laquelle il a figuré l'intestin de *Petromyzon marinus*, de *Leuciscus rutilus*, de *Perca fluviatilis*, d'*Esox lucius* et de *Scyllium catulus*, avec les formes cellulaires contenues dans sa muqueuse. Ces cinq espèces correspondent à cinq des principaux stades évolutifs du tractus intestinal : *a*, intestin droit à diamètre peu variable et à épithélium cylindrique prédominant ; *b*, intestin recourbé à double anse, avec une dilatation dans la région stomacale et un épithélium à cellules caliciformes en majorité, épithélium formant des cryptes mais non de véritables glandes gastriques, intestin dépourvu par conséquent d'estomac au sens propre ; *c*, intestin recourbé à plusieurs anses et atteignant parfois une très grande longueur, avec un estomac en sac, tapissé dans sa portion antérieure de glandes gastriques et dans sa portion postérieure de glandes muqueuses, pancréas diffus ; *d*, intestin recourbé à deux ou un plus grand nombre d'anses, avec un estomac proprement dit, tapissé sur toute son étendue de glandes gastriques, de glandes muqueuses entremêlées, pancréas également diffus ; *e*, intestin recourbé à deux anses, avec un vaste estomac divisé en deux portions, l'une très large, l'autre (le tube pylorique) très étroite, mais tapissées toutes deux de glandes gastriques en majeure partie ; pancréas massif.

Faute de temps, M. Yung ne peut développer les résultats physiologiques de son étude ; ce sont à ses yeux les plus nouveaux. Chez les Cyclostomes et chez les Cyprinoïdes, la digestion se fait surtout en un milieu neutre ou légèrement alcalin et revêt le type d'une digestion pancréatique. En revanche, chez les Sélaciens et particulièrement chez les Squales, la digestion se fait alternativement en milieu acide, puis en milieu alcalin ; elle est successivement du type gastrique et du type pancréatique se rapprochant ainsi de la digestion des animaux supérieurs seuls bien connus sous ce rapport.

M. le prof. E. Yung, de Genève, poursuivant depuis huit mois des recherches quantitatives sur le *plankton du lac Léman* a pu se convaincre des imperfections de la méthode employée généralement dans cette étude. Persuadé, d'autre part, que les résultats publiés jusqu'ici par divers auteurs ne peuvent être comparés, par la raison qu'ils ont été obtenus par des procédés différents, M. Yung est tenté de considérer ces résultats comme ne présentant à peu près aucune valeur scientifique. Aussi propose-t-il à la section d'examiner la question de savoir quelle serait *la meilleure méthode à suivre pour recueillir et pour doser le plankton*. Personnellement, il fait usage d'un filet à petite ouverture (filet d'Apstein, petit modèle) dont la surface filtrante est calculée de façon à ce que toute l'eau qui entre puisse passer à travers et que, par conséquent, tous les organismes contenus dans cette eau se ramassent dans le réservoir cylindrique qui termine le filet. Il est certain que les filets à large ouverture livrent entrée à plus d'eau qu'il n'en peut filtrer par leurs parois ; il en résulte à l'intérieur du filet la formation d'un remou qui entraîne au dehors une fraction (incalculable et variant avec la vitesse) du plankton. On ne sait jamais exactement de la sorte la quantité d'eau qui a vraiment filtré et l'on ne peut établir aucun rapport précis entre cette quantité d'eau et le volume du plankton qu'elle contient. M. Yung critique aussi les pêches horizontales parce que le filet traîné après le bateau n'occupe pas un niveau fixe et qu'il est difficile de ramener à chaque opération la même vitesse, la même inclinaison du filet et conséquemment la même quantité d'eau explorée. Ces raisons sont suffisantes pour justifier le choix qu'il a fait de pêches verticales : il est toujours facile de connaître le volume de l'eau filtrée qui équivaut à celui d'un cylindre d'eau de 10 centimètres de diamètre (diamètre de l'ouverture du petit filet d'Apstein) et d'une hauteur égale à la profondeur à laquelle le filet a été descendu. Quant au dosage du plankton, M. Yung l'effectue dans des tubes hauts d'un mètre et larges de 2 $\frac{1}{2}$ centimètres, effilés à leur extrémité inférieure et reliés par un caoutchouc à des éprouvettes graduées en dixièmes de centimètre cube. Ces tubes présentent l'avantage de pouvoir recevoir toute la pêche préalablement fixée au formol à 2 °/₀ ; celle-ci y séjourne au moins vingt-quatre heures afin d'assurer son tassement. Et pour éviter les erreurs dues à la présence des grands Crustacés qui gênent l'accumulation régulière du fin plankton, on filtre au préalable le produit de la pêche sur une toile métallique dont les mailles mesurent 1/10 de mm. de côté et l'on sépare ainsi le gros et le petit plankton que l'on dose tour à tour.

M. Yung est prêt à adopter une autre méthode si ses collègues en planktonologie s'y décident, mais ce qu'il désire avant tout, c'est une unité dans les procédés de recherches. Ce ne sont pas tant les résultats absolus qui importent, mais bien des résultats comparatifs. En terminant M. Yung, préconise la méthode américaine utilisant la pompe aspirante, tout en reconnaissant que son prix élevé la rend difficile.

La question est renvoyée à l'examen de la Commission limnologique.

M. E. YUNG présente trois exemplaires d'un nouveau poisson recueillis dans une nasse à l'intérieur du port de Genève. Il s'agit de la *perche-soleil* ou *perche du Canada*, le *Sun-Fish*, introduit en Europe il y a déjà une dizaine d'années et qui paraît s'être acclimaté dans certains fleuves français, notamment la Loire (Voir l'*Intermédiaire des Biologistes*, 1e année, pages 61 et 81). M. le Dr Oltramare obtint, il y a deux ans, dans son établissement de pisciculture de Genève, une ponte prospère de progéniteurs achetés à Paris ; il en sema des jeunes dans le Rhône et les individus apportés récemment à M. Yung par un pêcheur prouvent qu'ils y ont trouvé les conditions favorables à leur croissance. La perche-soleil est un joli poisson à coloration verte et vert-bleuâtre qui le fait ressembler à un Labre.

M. le professeur M. MUSY, de Fribourg donne le résultat de son étude sur l'époque de la disparition de quelques mammifères du sol fribourgeois.

Ses recherches ont consisté à étudier les diverses lois qui, depuis le XVe siècle jusqu'à nos jours, ont réglé la chasse d'une part la destruction des fauves de l'autre et sur lesquelles il donne divers renseignements. Il a pu ainsi fixer assez approximativement l'abondance de quelques espèces pendant les siècles passés ainsi que le moment de leur disparition par les primes payées pour les fauves tués et par les récompenses accordées pour le gibier de haute-chasse apporté aux membres du gouvernement.

On trouve des restes de *castor* (Castor fiber L.) dans les palafittes du lac de Morat et la Bibera (Bibernbach), qui se jette dans le même lac, doit certainement son nom à des colonies de cet intéressant rongeur. Sans pouvoir se baser sur des documents bien authentiques, on peut affirmer que cette espèce a disparu dans le courant du XIme ou du XIIme siècle.

L'*ours brun* (Ursus arctos L.) était fréquent pendant le XVIme et le XVIIme siècie. De 1507 à 1698 on en tua trente et un, principalement dans la région montagneuse qui s'étend de Planfayon à Bellegarde. Il a disparu dans le courant du XVIIme siècle ; celui qui fut tué à Barberêche en 1698, semble avoir été le dernier.

Le *cerf commun* (Cervus elaphus L.), était très abondant aux XVme et XVIme siècles. Les nombreux bois qui ornent les galeries de nos anciens châteaux en sont une preuve. Les derniers ont été tués, l'un le 27 juillet 1748, prés de Broc, l'autre le 15 octobre de la même année prés de Cerniat et le troisième prés de Morat en 1750. On peut donc admettre que le cerf a disparu vers la fin du XVIIIme siècle et celui qui fut tué en 1871 dans les bois de Cottens était un sujet égaré.

Le *loup* (Canis lupus L.) abondait pendant les XVme, XVIme et XVIIme siècles et il parcourait la plaine aussi bien que la montagne. Chacun pouvait le tuer et recevait une prime pour chaque capture. *Trois cents loups* au moins ont été tués depuis 1504 à 1800. Au commencement du XVIme siècie ils se faisaient surtout tuer dans la plaine, plus tard ils devinrent particuliérement fréquents dans la région des Alpettes. Au XVIIIme siècle, les loups étaient devenus très rares et cependant le dernier ne fut tué que le 27 avril 1837, dans les environs de Riaz.

Le *lynx* (Felis lynx L.), semble avoir toujours été très rare, le dernier connu a été tué prés de Charmey, en 1826.

Le *sanglier* (Sus scrofa L.) est surtout mentionné dans le courant du XVme et du XVIme siècle, mais il ne disparut que vers le commencement du XIXme pendant lequel on en tua encore quelques-uns.

On a prétendu avoir tué des *chats sauvages* (Felis catus L.) au Vuilly en 1890 et en 1891 ; étaients-ils bien authentiques? c'est douteux.

Le *bouquetin* (Capra ibex L.) semble n'avoir jamais habité le territoire fribourgeois et le *chevreuil* (cervus capreolus L.), rare déjà au commencement du siècie, a beaucoup de peine à s'y maintenir et surtout à s'y multiplier.

Depuis cinq siècles, la classe des mammifères s'est appauvrie d'au moins sept espèces[1].

M. Haviland-Field, de Zurich expose le catologue du *Concilium bibliographicum* à Zurich.

---

[1] Voir Bulletin de la Soc. frib. des Sc. nat. Vol. VIII. 1898.

Botanique.

Président : M. le prof. CRAMER, de Zurich.
Secrétaire : M. le prof. Ed. FISCHER, de Berne.

Westermaier. Sur les ouvertures stomatiques — Ed. Fischer. Présentation du premier cahier de la Flore cryptogamique suisse. Expériences d'infection par des Urédinées alpines de M. Jacky. Expériences de culture du Protomyce macrosporus de Mlle Popta. — A. Maurizio. Diffusion et germination des Saprolégniées. Développement d'algues sur des plantes de serre. — Jean Dufour. Trois maladies de la vigne. — C. Schröter. Sur la variabilité dans le genre Pinus. — M. Rickli. Découverte de la Tulipa Celsiana près de Brigue. Le genre Dorycnium. — R. Chodat. Symbiose bactérienne et mycélienne. — Chodat. Recherches de M. Barth et de Mlle von Schirnhofer. — M. Micheli. Greffage du Clianthus Dampieri. Photographies de plantes rares. Exploration botanique au Mexique. — Paul Jaccard. Gentianes du groupe de G. acaulis. — Dutoit. Ronces intéressantes des environs de Berne.

M. le prof. WESTERMAIER, de Fribourg, fait une communication sur *l'organisation des stomates des feuilles*. Devant publier incessamment ses observations à ce sujet, l'auteur ne nous en a donné aucun extrait.

M. le prof. Ed. FISCHER, de Berne, présente le premier cahier des *Contributions à la Flore cryptogamique suisse* qui contient ses études sur le développement d'environ 40 espèces d'Urédinées suisses. Il résume l'état actuel de nos connaissances sur les Urédinées de la Suisse et fait ressortir les mérites des travaux des mycologues bernois Trog et Otth. Il parle ensuite avec quelques détails des *Puccinia* qui habitent sur le *Carex montana* et signale les relations qui existent entre le *Puccinia obtusata (P. arundinacea var. obtu-*

sata Otth) décrit par Otth et l'*Æcidium Ligustri* Strauss.
L'auteur appuie sur les faits qu'il vient d'exposer, quelques considérations théoriques relatives à la Phylogénie
des Urédinées.

M. Fischer parie encore des expériences d'*infection
par des Urédinées alpines* faites à l'Institut botanique
de Berne par M. E. Jacky. Les résultats obtenus peuvent se résumer comme suit :

1° Au bord du glacier de Corbassière (Valais), à
2650 mètres d'altitude, on a trouvé sur *Saxifraga oppositifolia*, un *Caeoma* ; dans le voisinage immédiat, on
vit peu après se développer un *Melampsora alpina* sur
Salix herbacea. Cela fit supposer que le Caeoma rentrait peut-être dans le cycle de développement du
Melampsora, ce qui a été confirmé par l'expérience.

2° Un *Æcidium* observé à Fionnay (Vallée de Bagnes)
sur *Aquilegia alpina* appartient au cycle d'un *Puccinia*
qui vit sur *Agrostis alba*. Des téleutospores de ce dernier ont pu infecter également des plantes d'*Aquilegia
vulgaris*. Le champignon est donc identique au *Puccinia Agrostidis* Plowright.

3° L'*Uromyces Aconiti-Lycoctoni* est un *Uromycopsis :* en semant les Teleutospores sur la même plante
nourricière, on a pu y reproduire des *Æcidium* qui,
semés à leur tour, ont donné de nouveau des Téleutospores. Les *Aconitum Napellus* et *paniculatum*, le
Trollius europaeus n'ont pas été infectés par cet Uromyces.

Enfin M. Fischer communique quelques expériences
d'infection au moyen du *Protomyces macrosporus* faites

à l'Institut botanique de Berne par Mlle C. POPTA. Ces expériences ont montré que ce parasite n'est pas aussi spécialisé dans le choix de ses plantes nourricières que la plupart des Urédinées. Avec des spores récoltées sur *Ægopodium Podagraria*, l'auteur a pu infecter les Ombellifères suivantes : *Ægopodium podagraria, Palimba Chabraei, Bubon gemmiferum, Cicuta virosa, Libanotis vulgaris, Ferula thyrsiflora, Pachypleurum alpinum, Seseli montanum, Trinia vulgaris, Bunium virescens, Athamanta cretensis.*

Les résultats négatifs de quelques autres essais ne sont pas assez probants pour qu'on puisse en conclure à une résistance de quelques autres Ombellifères à l'infection de Protomyces macrosporus.

Dr A. MAURIZIO (Wädensweil). *Une méthode pour évaluer le nombre des germes de Saprolégniées dans l'eau et la vase.*

La faculté qu'on les Saprolégniées de se développer dans des conditions très variables et sur des substratum vivants ou morts et de produire ainsi de nombreuses colonies, donne un certain intérêt à la question du nombre de germes contenus dans l'eau et dans la vase.

J'ai pu, à l'occasion des recherches sur la distribution et la biologie de saprolégniées qui paraîtront dans l'organe de la Société « Deutsche Fischerverein » établir une méthode qui permet d'évaluer la quantité de ces saprophytes dans divers milieux.

Il se produit constamment dans les conduites où l'eau séjourne, des croûtes mycéliennes de plus ou moins grandes dimensions. J'ai non seulement rencontré de ces revêtements dans les conduites des divers laboratoires à Zurich ou à Wädensweil, mais aussi dans les cuisines où l'eau n'arrive que momentanément. Ce ne sont pas seulement des Saprolégniées qui les font naître, mais des Bactéries et des ascomycètes incomplètement déterminés.

Ces dépôts ont servi de point de départ pour la détermination du nombre des germes de ces divers genres.

La matière obtenue est diluée au moyen d'une quantité connue d'eau. De cette dilution on prend un $^1/_2$ à 1 cm.c., qui servent à établir des cultures sur plaques qui permettront en tenant compte du débit de l'eau durant le temps d'expérience, de déterminer le nombre de germes ou des portions de mycélium qui ont pu être isolés des conduites.

J'ai obtenu ainsi un germe par 1000, 1500, 1900 litres. Ce résultat ne cadre que difficilement avec la constatation que dans des essais de quelques litres on trouve constamment plusieurs germes. On ne sait pas d'ailleurs non plus si la croûte doit son origine à un ou plusieurs germes.

Comme les filtres ordinaires laissent passer les zoospores et qu'à cause des grandes quantités d'eau à filtrer les bougies ne sont pas commodes, j'ai préféré utiliser la méthode de détermination directe.

L'eau est distribuée en vases d'une contenance de 8 à 10 litres. Sur la surface de cette eau on dépose en quantité suffisante des œufs de fourmis. Après deux jours on remarque sur les œufs un fin duvet. On les enlève et ceux de chaque vase sont comptés séparément.

Après cette première expérience on remet de nouveau des œufs de fourmis et on en trouve moins d'infectés et moins encore à la troisième, ce qui montre que le nombre des germes à diminué.

Evalués de cette manière les germes de l'eau du lac de Zurich sont au nombre de 3,33 par litre, tandis que dans un étang à poisson prés de Wädensweil on n'en trouve que 0,16 par litre.

Dans la vase en moyenne :

	Germes sur 100 gr. de la substance séchée à 100°	Germes dans 100 gr. de subst. organique (déterminée par calcination)
Lac de Zurich	6981,3	2497,1
Etang	4931,1	1637,7

Cette méthode est sans doute la seule actuellement qui permette d'évaluer le nombre des champignons dans l'eau.

Sans prétendre à une exactitude absolue, elle permet de reconnaître des degrés dans la distribution des genres et sous quelle forme les germes de Saprolégniées sont contenus dans ces milieux. Malgré quelques défauts, elle rendra de bons services.

A. MAURIZIO. *Développement d'algues épiphytes sur les plantes de serre.*

Les botanistes comme les horticulteurs connaissent les revêtements verts ou jaune qui se déposent sur des plantes de serre chaude.

Pendant les années pluvieuses de 1896 et 97, on trouvait beaucoup de ces taches de $\frac{1}{2}$ à 2 centim²., formant un feutrage susceptible d'être enlevé en bandes. Je les ai rencontrées dans les serres de Wädensweil, de Zurich, Berne, Pavie, Milan et Monza. Ces algues sont absolument épiphytes.

Je cite parmi les plantes qui en souffrent ; *Adianthum Capillus veneris* et ses variétés, *Nephrolepis exaltata, Pteris lineata, Pt. nobilis, Pteris cretica, Pteris serrulata, Centradenia rosea*, et plusieurs *Begonia*. On en trouve, sur presque toutes les plantes à grandes feuilles comme les Aracées, les Artocarpées, les Araliacées, les Pipéracées.

Ces mêmes algues se retrouvent sur les tables et parois des serres. Ce sont ici principalement des Pleurococcus et des Protococcus. En outre *Cystococcus humicola, Nostoc* sp., *Occilatoria Froehlichii, Cylindrospermum macrospermum, Oscillatoria tenerrima*, des fragments de *Vaucheria*, prennent aussi souvent un beau développement. D'autres espèces s'y trouvent en moins grande quantité.

Ce revêtement d'algues est plus ou moins épais et atteint parfois presque l'épaisseur de la feuille elle-même. Dans ce cas-là, la fonction amylogène de celle-ci est fortement affaiblie. En outre la transpiration diminue sensiblement. A la face inférieure, les algues pénètrent dans les stomates, s'y multiplient et les désorganisent.

La nature de la surface de la feuille, l'épaisseur de l'épiderme, l'existence ou l'absence de poils, etc., influent naturellement beaucoup sur ce phénomène.

M. Jean DUFOUR, directeur de la Station viticole de Lausanne, parle de *quelques maladies nouvelles de la vigne et de leur traitement*.

Les maladies dont il est question ici sont le *Black-rot*, qui cause de grands ravages en France, mais n'a pas encore été signalé en Suisse, la *maladie brune* qui s'est

montrée dès 1894 dans certaines localités du canton
de Vaud et du Valais ; enfin une forme nouvelle et
dangereuse du *mildiou* observée sur les grappes en
fleurs.

M. Dufour montre des échantillons de feuilles et
grappes atteintes de ces maladies et décrit les parasites
cryptogames qui en sont la cause.

Le *Black-rot* produit sur les feuilles des taches
brunes qui présentent à leur surface de petites pustules
noires (pycnides), organes de reproduction du parasite.
Les spores tombent ensuite sur les grappes et les infec-
tent, en produisant une pourriture dangereuse. Les
grains atteints se flétrissent, se rident et se dessèchent,
tout en devenant d'un noir bleuâtre ; les mêmes
pustules noires que sur les feuilles se montrent bientôt
à leur surface. Des récoltes entières peuvent être
anéanties ainsi en peu de jours. La maladie importée
d'Amérique existe depuis 1885 en France, principalement dans le Sud-Ouest ; mais on l'a constatée aussi en
Beaujolais, dans l'Ain et plus récemment, dans le Département du Jura.

M. Dufour a observé la maladie à Salins, vignoble
qui se trouve à peu de distance de la frontière suisse.
Les traitements à la bouillie bordelaise sont les seuls
qui présentent quelque efficacité et encore sont-ils dans
beaucoup de cas insuffisants pour protéger complètement la récolte.

La *maladie brune*, due au *Septocylindrium dissiliens*
Saccardo, avait été observée pour la première fois en
1834 dans les environs de Genève, par·Duby et
de Candolle. Des dégâts assez considérables avaient eu
lieu alors, les vignes s'étant défeuillées de bonne heure

sous l'action du parasite. Depuis cette époque il n'avait pas été fait mention de cette maladie, qui est apparue de nouveau en 1894, à Ollon, Saxon et St-Léonhard, causant également un.dessèchement précoce des feuilles. Le parasite est facilement reconnaissable aux taches brunes qu'il produit sous les feuilles atteintes et à la forme de ses spores. Les traitements essayés : soufrages et sulfatages n'ont pas produit grand effet. Il semble cependant que le soufre est plus énergique et peut dans une certaine mesure prévenir la maladie.

Le *mildiou*, bien connu déjà sur les feuilles et les grappes formées, s'est attaqué cette année d'une façon très intense aux grappes, immédiatement avant la floraison, arrêtant celle-ci et provoquant la coulure sur une grande échelle. Des recherches microscopiques ont montré que le mycelium du Peronospora avait envahi complètement les organes de reproduction et spécialement les ovaires. Un traitement avant la fleur est à recommander vivement.

M. le prof. C. SCHRÖTER, de Zurich (absent), a fait déposer sur le bureau une brochure « Ueber die Vielgestaltigkeit der Fichte (*Picea excelsa* Lin), » renfermant un grand nombre d'observations sur les formes diverses de cet arbre.

M. RICKLI, de Zurich, signale la découverte qu'il a faite prés de Brigue de la *Tulipa Celsiana*, puis présente quelques considérations sur le genre *Dorycnium*, qui est représenté en Suisse par deux espèces appartenant à la section *Eudorycnium* dont elles offrent toutes deux les caractères distinctifs, avec une grande netteté (ailes soudées au sommet et munies de deux poches latérales. calice faiblement bilabié, légume arrondi, ordinairement monosperme). L'une est le *D. herbaceum* Vill., qui ne se rencontre que dans la partie la plus méridionale du Tessin. L'autre habitant les Grisons, est bien connue des botanistes, sa position systématique a été très discutée. Successivement rattachée au *D. suffruticosum* Vill., au *D. decumbens* Jord., ou traitée par M. Gremii, comme variété spéciale du *D. Jordani.* Loret et Barrandon, elle a été finalement classée par M. Burnat, comme *D. suffruticosum var. germanicum.*

C'est une espèce à propos de laquelle se posent plusieurs questions intéressantes, relatives à son origine, à son affinité, à son aire géographique, etc. Pour M. Rickli, elle représente une forme parallèle au *D. suffruticosum var. genuinum* dont l'aire est plus occidentale. Elle est assez répandue dans toute la région des collines préalpines de la Haute et Basse-Autriche, pousse une pointe du côté de la Moravie, une autre le long du Danube jusqu'au Banat, une troisième enfin du côté de la Styrie, de la Carinthie, de la Carniole jusqu'au littoral Dalmatien et au nord de la Grèce, où dans le Pinde et dans les Alpes Dinariques de la Bosnie, et de l'Herzégovine (1600 à 2000 mètres), elle se modifie et prend un aspect déprimé, des feuilles étroites et courtes. L'auteur considère cette plante qui a été décrite par Heldreich sous le nom de *D. nanum,* comme une forme alpine de *D. suffruticosum, var. germanicum.*

Enfin M. Rickli a terminé sa communication par une étude de 6 variétés du *D. hirsutum* L., fondées sur l'apparence et la conformation des feuilles, la grandeur des

fleurs et particulièrement l'indument. Ces six variétés
sont assez distinctes et d'une manière générale, on
peut dire que les formes les plus poilues appartiennent
à la zone septentrionale de la région méditerranéenne et
les plus glabres à la zone méridionale. L'espace dont
nous disposons ici ne nous permet pas de donner l'énu-
mération complète de ces variétés dont l'aire géographique comprend le bassin méditerranéen tout entier,
depuis Toulon jusqu'en Grèce, en Asie-Mineure et au
Maroc.

M. Chodat, de Genève, fait à la seconde assemblée
générale une conférence sur les *symbioses bactériennes
et mycéliennes*.

Il expose tout d'abord la question des bactéries des
Légumineuses et les recherches récentes de Mazé. Il
ressort de ces dernières que le *Bacillus radicicola* a
besoin pour fixer l'azote gazeux d'emprunter au sucre
qu'il décompose l'énergie nécessaire à cette réaction.
L'auteur a repris en collaboration avec M. Riklin ces
recherches et leurs expériences confirment celles de
Mazé. On a cru pendant longtemps que les légumineuses étaient capables par elles-mêmes de fixer l'azote
atmosphérique. Le fait que les microbes que l'on a
retirés des bulbilles bien connues peuvent en dehors de
l'organisme de la légumineuse fixer de notables proportions d'azote rend très douteuse cette manière de
voir. Les auteurs ont réussi à cultiver ces microbes sur
divers milieux ; bouillon de maïs, et plus particulièrement de carotte. Le microbe des légumineuses paraît
peu difficile et reproduit partout les mêmes apparences
de colonies ressemblant à de la vaseline transparente.

Ils ont en outre inoculé ces bactéries à diverses racines de graminées et ont obtenu des formations rappelant celle de l'ærenchyme.

Dans une seconde séries d'expériences, MM. Chodat et Riklin ont isolé des bulbilles de l'Hippophäe et de l'Aulne, comme aussi des fausses lenticelles de l'*Aulne*, du *Saule* et des *Myricaria*, des bactéries également ramifiées et rappelant extrêmement comme morphologie celles des légumineuses.

Des expériences faites avec le microbe isolé de l'Hippophäe ont donné les mêmes résultats que celles avec la bactérie des légumineuses. Il y a également un gain notable d'azote. Ces bactéries rappellent par leur morphologie ce qui s'observe chez plusieurs Cyanophycées à vraie ramification. Dans certains cas il y a parallélisme avec ce qui a été décrit par le jeune Hyella

A cause de la formation de spores comme celles des vraies bactériacées, elles ne sauraient en être séparées. Les auteurs qui prétendent que la vraie ramification est étrangère aux bactériacées ne sauraient montrer un groupe de microphytes où la formation des spores se passe de la même manière que dans les bactéries ramifiées de l'Hippophaē.

La question de savoir si ces bactéries isolées par les deux auteurs sont identiques aux organismes qui produisent les têtes dans les bulbilles de l'Hippophäe et de l'Alnus est encore ouverte.

M. Chodat rend compte en outre des *recherches faites sous sa direction par M. le D^r* F. Barth *et par Mlle* von Schirnhofer. On sait que dans les racines des orchidées s'établissent des champignons qui y restent pendant un

certain temps puis finissent par être digérés par la
plante hospitalière ou nécrosés dans d'autres cas. M.
Barth a suivi les modifications que subit la cellule de la
plante attaquée et notamment le noyau. Il a vu celui-
ci s'hypertrophier, subir souvent une division directe et
passer successivement par des stades divers de composition chimique qui modifient sa capacité d'absorber
les couleurs. Il y a une grande analogie entre ce phénomène et celui qui a été décrit par L. Huie pour les
noyaux des cellules digestives des plantes carnivores. Il
y a de grandes variations d'une orchidée à l'autre. Ces
phénomènes parlent en faveur de la théorie de la digestion des champignons par la plante et dans certains
cas en faveur de la théorie de la symbiose car le
champignon est régénéré successivement dans les parties les plus jeunes de la racine.

Dans les expériences faites avec Mlle Schirnhofer les
champignons causes de ces symbioses ont été isolés dans
plus de 15 espèces d'orchidées terrestres de la Suisse et
du midi de la France. Le champignon spécifique s'est
trouvé être dans tous les cas un *Alternaria* (Fusatium).
M. Chodat décrit les cultures de cet *Alternaria*
et insiste sur le fait que son développement est
nul ou presque nul si le milieu ne contient point d'azote
combiné. Il semble donc que cette symbiose ne saurait
avoir pour effet d'enrichir la plante hospitalière en
azote et qu'il y a lieu de distinguer entre les symbioses
bactériennes qui sont productrices d'azote et les symbioses myceliennes qui paraissent être simplement un
commensalisme.

M. Micheli, de Genève, parlant de la culture du

Clianthus Dampieri, remarquable Légumineuse d'Australie, décrit un procédé de greffage sur les germes qui paraît intéressant. Il consiste à enlever de suite après la germination la gemmule du *Colutea frutescens* et la remplacer par la gemmule du *Clianthus*. On obtient ainsi une végétation vigoureuse ; autrement le C. Dampieri ne peut que difficilement vivre dans notre climat.

Le même observateur présente des photographies de quelques plantes rares qui ont fleuri dans son jardin, entre autres de diverses espèces d'*Erémurus*, gigantesques liliacées du Turkestan.

Il donne ensuite quelques détails sur une exploration botanique qu'il fait faire en ce moment par M. Langlassé, voyageur français dans les Etats mexicains de Michocaan et de Guerrero.

M. le Dr Paul JACCARD, de Lausanne, présente en son nom et au nom de M. Th. RITTENER, à Ste-Croix, divers exemplaires de *Gentiana excisa Presl. b/alpina* Vili. provenant des valions d'Emaney et de Salanfe. Dans ce dernier vallon cette forme qui est en général prédominante sur les terrains silicieux se rencontre également sur les pentes calcaires. Plusieurs exemplaires en ont été trouvés sur les pentes calcaires de Gagnerie, à des altitudes diverses côte à côte avec des *Gentiana excisa* Presl, et avec des *Gent, acaulis* auct.

La présence simultanée dans les mêmes stations de la forme *alpina* Vill. avec G. *acaulis* auct. et *excisa* Presl. empêche de la considérer comme une simple race géographique ou biologique, d'autánt plus que ses caractères anatomiques et morphologiques la séparent tout aussi nettement de l'*excisa* Presl que cette dernière l'est de l'*acaulis*, auct. On peut donc la considérer au même titre que ces deux dernières comme une *espèce authentique.*

Une note plus détaillée paraîtra dans le *Bulletin de la Soc. vaud. des sciences naturelles.*

M. Dutoit présente et distribue des échantillons d'espèces rares du genre *Rubus* des environs de Berne.

Géographie physique.

Président : M. le prof. Dr E. Brueckner, de Berne.
Secrétaire : M. G. Streun, de la Rütti, Berne.

Ed. Brückner. Sur les limites d'altitudes dans les Alpes suisses. — R. Bill-
willer. Apparition simultanée du fœhn des deux côtés des Alpes. —
H. Wild. Détermination de l'inclinaison magnétique. — Hergesell. Aerosta-
tion scientifique. — Riggenbach. Photographies de nuages. — Maurer.
Observation à distance de la neige recouvrant le Titlis. — Brückner.
Périodes d'oscillation du climat. — G. Streun. La mer de brouillards en
Suisse.

M. le prof. Dr Brueckner (Berne). — *Sur les limites
d'altitude dans les Alpes suisses*, conférence à la 2e assemblée générale.

H.-B. de Saussure a été le premier qui ait fixé son
attention sur la hauteur-limite de certains phénomènes dans les Alpes. D'autres savants l'ont suivi dans
cette voie et ont cherché à déterminer les hauteurs des
neiges éternelles, les hauteurs-limites des forêts et des
arbres isolés. Tous les essais de ces savants étaient basés
sur l'observation directe des phénomènes sur les différents
versants. Mais cette méthode a le grave inconvénient de
reposer sur un nombre trop restreint de données, un
seul observateur ne pouvant réunir suffisamment de
matériaux. Nous possédons heureusement en Suisse une
source très complète de documents exacts dans les
cartes du Bureau topographique fédéral. Deux des
élèves de M. Brückner viennent de terminer des travaux sur ces matériaux dans l'Institut géographique de
l'Université de Berne : M. le Dr Iegerlehner, de Berne,

a déterminé la hauteur des neiges éternelles dans les différentes régions des Alpes suisses; M. Imhof, de Schiers (Grisons), a déterminé les limites des forêts.

On désigne par limite des neiges éternelles dans la conception de Ed. Richter, la surface horizontale pour laquelle la neige tombée pendant une année arrive exactement à fondre. Dans les dépressions, où le vent accumule la neige, celle-ci peut subsister au dessous du niveau de cette surface. D'autre part on trouve, au-dessus de cette limite, des parois de rochers à forte pente où la neige n'a pu subsister. Il en résulte ce qu'on appelle les limites locales des neiges éternelles.

La hauteur de la limite se détermine soit par la méthode de Kurowski, soit par la méthode de l'extension géographique des glaciers. Les deux méthodes conduisent d'ailleurs à des résultats identiques.

Les différences dans l'altitude de la limite des neiges éternelles sont grandes, comme l'avait déjà signalé Richter. Cette limite s'élève à mesure qu'on pénètre plus avant dans la montagne. Mais elle s'élève aussi avec la masse de la montagne. Exemples : Glärnisch 2500^m, Urirotstock 2560^m, Titlis 2610^m, Groupe du Finsteraarhorn 2950^m, Alpes pennines 3100; de la Dent de Morcles au Wildstrubel 2740, région du Trift 2750, Oberalpstock 2600, Tödi 2710, Sardona 2630 ; groupe du Gothard 2700, Bernina 2900, Disgrazia 2750.

Il en est de même de la limite des forêts d'après les études faites par M. Imhof. Elle varie beaucoup de lieu en lieu. Exemples : Säntis et Glärnisch 1500, Pilate 1600, Engadine 2100 et plus, vallée de Saas 2300. L'importance des masses soulevées joue là aussi un grand rôle, mais tandis que c'est la hauteur des sommets qui influe sur la limite des neiges éternelles, c'est la hauteur du fond des vallées qui influe sur la limite des forêts. On peut dire en résumé que, dans les Alpes, cette limite s'élève avec l'élévation du fond des vallées. Exemples : Haute-Engadine 2160, Vallée du Bernina 2200, Brusio 2100, Disgrazia 1900; puis Basse-Engadine 2060, Scarlthal 2200, Münsterthal 2130; puis Haut-Valais 2000, vallée de Saint-Nicolas 2250, vallée de Saas 2300. Au groupe du Tödi, la limite s'élève seulement à 1620 m. sur le versant nord et monte à 1950m. sur le versant sud.

Il est évident que ces variations dans la hauteur des neiges éternelles et des forêts proviennent des conditions climatologiques. Lorsqu'un massif de montagnes s'élève, cela influe sur la température parce que les surfaces isothermes de la saison chaude s'élèvent proportionnellement; l'étude des observations météorologiques l'a prouvé. L'élévation de ces surfaces doit agir par contre coup sur la hauteur des neiges éternelles et des forêts. Mais ce n'est pas une règle générale, car à côté de la température, d'autres facteurs agissent également, spécialement la quantité des précipitations atmosphériques qui influe sur la hauteur-limite de la neige. On peut dire que l'altitude des limites de hauteur dans les Alpes représente fidèlement la diversité des conditions climatologiques de nos montagnes.

M. R. BILLWILLER, Directeur du bureau météorologique central. — *Sur le phénomène de l'apparition simultanée du fœhn des deux côtés des Alpes.*

Ce phénomène est, en apparence, en contradiction

avec la théorie du fœhn telle qu'elle est généralement
admise actuellement par les météorologistes et qui a
fait antérieurement le sujet de communications à la
Société helvétique. M. Billwiller rappelle que les anciennes théories ont été sapées par les travaux de MM.
Hann et Wild, lesquels ont démontré que les propriétés
particulières de sécheresse et de chaleur du fœhn ne se
produisent qu'en pays de montagne. Dans les vallées
des Alpes c'est la descente de l'air qui augmente sa
pression et l'échauffe tout en le rendant relativement
plus sec. La descente de l'air est motivée, dans la plupart des cas, par une diminution de la pression sur l'un des
versants, par le fait de l'*aspiration* déterminée par le
passage de minima barométriques à une distance plus ou
moins considérable. L'air s'écoule alors des régions à
haute pression vers celles à basse pression, par-dessus
les sommets des montagnes et en suivant la pente. La
théorie, bien établie maintenant, des cyclones et des
anticyclones a amené à conclure à la relation entre le
fœhn et une dépression barométrique.

Une chute d'air, soit un mouvement dans une direction plus ou moins verticale, se produit cependant aussi,
sans qu'il soit besoin de l'interposition d'une chaine de
montagnes. La descente de l'air est même la régie dans
les anticyclones, quand on constate, en hiver, du fœhn
au-dessus des couches d'air très froides remplissant à
l'état stagnant, les dépressions terrestres cachées sous
la mer de brouillards.

Il y a aussi des cas où, avec une hausse de la pression sur les deux versants des Alpes, c'est-à-dire sous
l'influence d'un apport d'air de haut en bas, favorisé par
la nature du sol, le fœhn se manifeste en même temps

dans les vallées septentrionales et méridionales des Alpes. M. Billwiller illustre ce phénomène par un exemple tiré des observations faites le 14 avril 1898 dans des stations des vallées des deux côtés des Alpes. Partout se manifeste l'élévation de température et la diminution de l'humidité relative qui sont caractéristiques du fœhn et qui correspondent ici, sur les deux versants à un écoulement de l'air d'amont en aval. En même temps le baromètre montait des deux côtés des Alpes, de la même quantité, 5 mm. environ, du 13 au 14 avril.

Dans la discussion qui a suivi cette communication M. Wild s'est déclaré d'accord avec l'explication fournie par M. Billwiller, mais il est d'avis que le terme de *fœhn* doit être réservé au vent qui franchit une chaîne de montagnes en présentant les caractères spéciaux sus-mentionnés. MM. Billwiller et Brückner estiment au contraire qu'il n'existe pas de différence essentielle entre les deux catégories de phénomènes qui ont fait l'objet de cette communication. La différence réside seulement dans l'intensité et dans la valeur de la composante verticale du mouvement de l'air. Dans les deux cas la chaleur et la sécheresse proviennent de la même cause. Il existe aussi des formes de transition entre les deux phénomènes, de sorte qu'il serait difficile de limiter la notion du fœhn comme M. Wild.

M. le Dr H. WILD (Zurich). — *Détermination de l'inclinaison magnétique absolue et de ses variations.*

M. Wild rend compte d'une recherche qu'il a faite concernant l'exactitude des différents instruments moyennant lesquels on détermine aussi bien la valeur absolue de l'inclinaison magnétique que ses variations

et les efforts qu'on a faits dans les derniers temps pour
rendre cette exactitude plus grande et comparable à
celle des autres éléments magnétiques : la déclinaison
et l'intensité horizontale.

Il démontre d'après les observations faites à différents observatoires magnétiques et surtout celui de Pa-
wlowsk que pour les meilleures boussoles d'inclinaison
avec des aiguilles ni l'exactitude de l'inclinaison absolue
ni celle pour les valeurs relatives d'une époque à l'autre
ne surpasse $\pm$ 1', pendant que les déterminations avec
l'inclinateur à induction de W. Weber, en suivant la
méthode d'observation indiquée par l'auteur en 1881,
peuvent atteindre une exactitude de $\pm$ 3″,5.

Il en conclut que la complète exclusion des inclina-
teurs à aiguilles et leur remplacement par des inclina-
teurs à induction dans les observatoires magnétiques
devrait s'effectuer aussitôt que possible.

A cette occasion un nouvel inclinateur à induction
construit dans l'atelier de M. le professeur Edelmann
à Munich (aussi présent à la séance) d'après des idées
communes de lui et de l'orateur est mis sous les yeux
de la section. Il est destiné à observer d'après la
méthode Nulle en employant au lieu des bobines circu-
laires de Weber un inducteur d'après le système des
électro-dynamos ; selon les essais préliminaires on peut
espérer d'atteindre là une exactitude de $\pm$ 1″.

Parmi les instruments de variation, soit directement
de l'inclinaison soit seulement de l'intensité verticale,
dont la combinaison avec l'observation des variations de
l'intensité horizontale fournit également celles de l'inclinaison, M. Wild a trouvé que pour le moment ce
n'est que *la balance de Lloyd avec compensation pour*

la température qui donne des indications satisfaisantes
et il présente à la section, grâce à la complaisance de
M. Edelmann un exemplaire d'un tel instrument construit dans son atelier à Munich. Parmi les essais qu'on a
faits pour remplacer la balance de Lloyd par un instrument encore plus sensible, il cite l'inclinateur de variation avec induction dans le fer par Lloyd et Lamont,
lequel d'après les recherches faites à différents observatoires doit être rejeté comme donnant des indications
fausses, et l'inclinateur de variation Weber-Kupffer
avec induction dans un cylindre en cuivre qui tourne
autour d'un axe horizontal avec une vitesse constante,
lequel promet beaucoup si l'on parvient à rendre ce
mouvement assez régulier. Les auteurs espèrent que
le nouvel inclinateur à induction, présenté à la section,
pourra avec quelques modifications aussi servir comme
un excellent instrument de variation.

M. le prof. Hergesell, directeur de l'Institut météorologique d'Alsace-Lorraine à Strasbourg, parie de
l'aérostation scientifique.

Il expose les résultats des dernières expéditions
aérostatiques internationales, en particulier ceux qui
concernent les variations diurnes de la température.
Déjà à des hauteurs de 700 m. l'oscillation de la température pendant le jour se réduit à 3 ou 4° tandis que
l'oscillation nocturne disparaît complètement.

M. Hergesell s'étend surtout sur les travaux
de la Commission aéronautique internationale réunie à
Strasbourg en mars et sur l'ascension internationale
qui a eu lieu en suite de ses décisions le 8 juin suivant.
Le bailon enregistreur de Strasbourg s'est élevé ce jour-

là à l'altitude de 10,000 m., à laquelle, il a inscrit une
température de — 49° C.

L'auteur émet le vœu que la Suisse entre dans ce
nouveau champ d'études.

M. le prof. RIGGENBACH, de Bâle, démontre une série
de *photographies de nuages* qui permettent de suivre
très nettement le développement des Cumulo-nimbus,
des Mammato-Cumulus et autres types de nuages.

M. BRUECKNER, lit à la Section une note qui lui est
adressée par M. le Dʳ MAURER, de Zurich, *sur la mesure
à distance de la quantité de neige qui recouvre le
sommet du Titlis.*

La station météorologique centrale suisse, prés de
Zurich, d'où M. Maurer opère ses recherches, se
prête très bien à ce genre d'observations à cause de son
altitude (493 m.) et de la magnifique vue qu'elle
possède sur toute la chaîne s'étendant du Glärnisch au
Titlis. De cette station il scrute le paysage alpestre avec
une très bonne lunette de Merz de 2 $^1/_2$ pouces avec
deux oculaires de Ramsden (grossissement 30 et 60
fois) et un excellent micromètre bifilaire. Un degré du
tambour de ce micromètre ($^1/_{100}$ de tour) correspond
presque exactement pour la distance du Titlis, à une
longueur de 1 m.

Le printemps de 1897 a été particulièrement intéressant à cause de la quantité tout à fait exceptionnelle de
neige accumulée sur les sommités à la suite de l'été très
humide de 1896 et des mois très neigeux d'avril et mai
suivants. Le niveau maximum de la neige au Titlis fut
très exactement noté les 29 et 30 mai, en le repérant

à un rocher toujours nettement visible. La marche de
l'ablation du névé du sommet fut suivie régulièrement
pendant tout le cours de l'été et de l'automne, ce dernier, on s'en souvient, exceptionnellement sec. Du 30
mai au commencement de décembre le sommet neigeux
du Titlis s'est abaissé de 7 m., ce qui équivaut à une
hauteur de neige fraîche 3 à 4 fois plus forte.

Ces résultats concordent assez bien avec les données
auxquelles sont arrivés Schlagintweit, Heim, Kerner de
Marilaun et d'autres sur les quantités de neige qui
tombent annuellement sur les sommités.

M. le prof. Dr BRUECKNER. — *Sur la période de
35 ans des oscillations du climat.*

L'association des vignerons allemands a publié des
tableaux détaillés sur la qualité des vins pour l'intervalle
entre les années 1820 et 1895 ; il en résulte que la
bonté du vin est fidèlement représentée par les variations du climat. Dans les périodes sèches et chaudes
correspondant aux environs des années 1830 et 1860,
la qualité du vin a été, en moyenne, pour tous les vi-
gnobles allemands, très supérieure à ce qu'elle a été
durant les périodes des environs de 1850 et de 1880.
Depuis cette dernière date, la qualité moyenne du vin
s'est sensiblement relevée. Pour toutes les régions vi-
nicoles les courbes des deux phénomènes marchent
parallèlement et c'est une confirmation remarquable
des oscillations du climat.

M. G. STREUN, de Berne, traite de la *mer de brouillards en Suisse.* Il montre sur la carte de la plaine
Suisse et par des relevés journaliers les variations

d'étendue du brouillard pendant la période très brumeuse de l'automne 1897. Sa limite supérieure a été en moyenne de 900 m., son épaisseur d'environ 400 m. M. Streun a aussi étudié les causes qui agissent sur la mer de brouillards, les circonstances topographiques, les vents, la température, etc.

Anthropologie.

Président : M. le Prof. KOLLMANN, de Bâle.
Secrétaire : M. le Dʳ R.-O. BURI, de Berne.

Martin. Proposition de fonder une Commission anthropologique suisse. — V.
Gross. Sur le cimetière helvète de Vevey. Crâne trouvé à Bienne. —
Eug. Pitard. Sur une série de crânes dolichocéphales de la vallée du Rhône.
Sur 51 crânes de criminels français. — Nœsch. Fouilles au Kesslerloch
près de Thayngen. — Schürch. Formes de crânes dans la Suisse moyenne.

M. le Dʳ MARTIN propose de fonder une *commission
anthropologique* permanente. Après discussion, il est
décidé qu'il y aura à l'avenir dans les sessions annuelles
une *section d'anthropologie* qui examinera les meilleures méthodes d'étude.

M. le Dʳ V. GROSS, fait une communication sur les
sépultures de l'époque de La Tène, découvertes à Vevey,
l'hiver dernier, à l'occasion des travaux opérés au-
dessus de la ville pour la construction d'un boulevard.
La Direction des Travaux ne fut avisée de la découverte
que lorsque quatre ou cinq tombes avaient été fouillées
par les ouvriers et leur contenu (bracelets de verre et
autres objets) dispersé ou brisé.

M. Alb. Naef, inspecteur cantonal des fouilles, appelé
sur place, constata la présence d'un antique cimetière
et, après entente avec les autorités, il fut décidé que
des fouilles systématiques seraient entreprises.

M. Naef, secondé par M. l'architecte Burnat, explora
dès ce moment, les unes après les autres, toutes les
tombes situées dans le champ des travaux du nouveau
boulevard. Des photographies furent prises sur place et

un journal des fouilles, relata, jour par jour, tout ce qui était intéressant à constater.

Ces tombes gisaient dans un lit de gravier de 1ᵐ,45 à 1ᵐ,51 d'épaisseur et étaient toutes orientées du N.N.E. au S.S.E., la tête était toujours (sauf dans un seul cas) placée au N.

Une constatation intéressante, faite par M. Naef, a été celle de l'existence de cercueils de bois, qui se trahissent par une poussière noirâtre entourant la tombe. Parmi la trentaine de squelettes découverts, six appartenaient à des hommes, sept à des femmes et jeunes filles, et six à de petits enfants. Quant aux objets trouvés près des ossements en voici la liste : seize fibules de bronze, treize fibules de fer du type de La Tène, trois bagues d'or, d'électrum et de bronze, une chaînette de bronze très complète qui était placée autour de la taille, deux épées en fer, à lame très bien conservée, et dans la paume de la main d'une femme une monnaie messaliotte portant d'un côté l'effigie de Diane et de l'autre une rouelle avec les lettres M A.

A en juger d'après les trouvailles faites dans le voisinage du champ de fouilles, ce cimetière gallo-helvète, comme l'a désigné M. Naef, s'étendait sur une surface assez considérable. On peut espérer qu'un jour ou l'autre, les fouilles y seront reprises et étendues au cimetière entier.

M. le Dʳ Gross présente ensuite à la Société un *crâne humain* (de femme probablement) découvert tout dernièrement à Bienne dans un terrain tourbeux, sous une couche de gravier sablonneux de 1ᵐ,80 d'épaisseur. Dans le voisinage immédiat du crâne se trouvaient des ossements humains.

D'après la couleur foncée du crâne et la profondeur à laquelle il a été trouvé, d'après les ossements d'animaux qui y étaient joints, d'après aussi l'analogie frappante qu'il présente avec les célèbres crânes d'Auvernier, on doit admettre qu'il date de l'époque du bronze probablement.

M. E. Pitard (Genève) présente deux communications :
1° *Sur une série de crânes dolichocéphales provenant de la vallée du Rhône,* dans laquelle il montre les caractères afférents à ces crânes qui sont sous dolichocéphales et mésaticéphales ; par leur indice orbitaire mésosèmes et par leur indice nasal mesorrhiniens. Il indique combien la Vallée du Rhône (Valais) a subi de modifications sous le rapport des populations qui l'habitent.

2° M. Pitard a étudié à Paris, au laboratoire d'anthropologie de l'École des Hautes études, et grâce à l'obligeance de son maitre M. Manouvrier, une série *de 51 crânes de criminels français.*

Ces crânes, classés d'après leur indice céphalique, prouvent qu'il existe, contrairement à l'opinion admise, autant de criminels dolichocéphales que de criminels brachycéphales.

Il a montré les caractères les plus intéressants relevés au cours de son travail et les a comparés à ceux d'autres séries précédemment étudiées en France.

Pour montrer le peu de valeur qu'il y a lieu d'attribuer aux prétendus caractères différentiels découverts dans les crânes des criminels, M. Pitard a comparé la série indiquée ci-dessus, à plusieurs séries de même

nombre, de crânes provenant des Catacombes de Paris.
Il a démontré que des différences analogues existent,
d'une série à l'autre, lorsque celles-ci sont composées
de crânes quelconques.

Les principaux résultats de cette étude ont été publiés
dans le *Bulletin de la Société d'Anthropologie de Paris,
Fasc. 3, 1898.*

M. le Dr Nuesch, de Schaffhouse, fait une communication sommaire relative aux fouilles et aux trouvailles
qui ont été faites *au Kesslerloch près de Thayngen* et, à
sa requête, la section d'anthropologie émet le vœu que
la Société helvétique des sciences naturelles fasse des
démarches pour obtenir des recherches complètes et
systématiques dans cette intéressante localité.

M. le Dr Otto Schürch, de Langnau, fait une communication relative à la *forme du crâne chez les populations du plateau suisse.*

Ses recherches ont porté sur le Musée anatomique
de Berne et sur les ossuaires de Hassle, Buochs, Stans,
Altdorf et Schattdorf, représentant en tout 455 crânes ;
elles ont montré une prédominance très forte du type
brachycéphale qui forme le 86.6 °/₀ des individus étudiés, tandis que le type mésocephale n'en forme que le
11,8 °/₀ et le type dolichocéphale le 1,6 °/₀.

Les proportions varient suivant les ossuaires de 70 à
94 °/₀ pour les brachycéphales, de 8 à 26 °/₀ pour les
mésocéphales et de 0 à 4 °/₀ pour les dolichocéphales.

En ce qui concerne l'indice de la face le type lepto-
prosophe forme le 88,5 °/₀ (82 à 98 °/₀), le type
chamæprosope le 11,5 °/₀ (2 à 18 °/₀) du total.

La population du plateau suisse est donc en grande partie brachycéphale et leptoprosope.

L'auteur a ensuite cherché à établir les corrélations qui existent entre les diverses parties de la face en se basant sur le travail de M. le prof. Kollman intitulé « Zwei Schädel aus den Pfahlbauten und die Bedeutung desjenigen von Auvernier für die Rassenanatomie.» Pour les crânes de Berne et de Hassle il a comparé seulement la forme de la face et celle du palais et a trouvé à Berne 61 individus leptoprosopes et stenostaphilines, 8 individus chamæprosopes et eurystaphilines, et à Hassle 37 individus leptoprosopes et stenostaphilines et 6 individus chamæprosopes et eurystaphilines. Ce qui représente une proportion de 87.3 °/₀ à Berne, de 82.7 °/₀ à Hassle d'individus chez lesquels les caractères du palais sont corrélatifs de ceux de la face. A Buochs sur 106 crânes 42, soit le 39,6 °/₀, sont à la fois leptoprosopes, stenostaphilines, hypsiconques et leptorhines ; à Stans sur 76 crânes, 30 présentent tous ces mêmes caractères tandis que 1 est à la fois chamæprosope, eurystaphiline, chamæconque, et platyrhine. A Altdorf, sur 80 crânes, 22 ont tous les caractères corrélatifs de la leptoprosopie et 3 tous ceux de la chamæprosopie. A Schattdorf, sur 64 individus, nous en avons 24 à la fois leptoprosopes, stenostaphilines, hypsiconches et leptorhines et 3 à la fois chamæprosopes, eurystaphilines, chamæconques et leptorhines.

Ces quelques mesures confirment ainsi nettement la loi de la corrélation si vaillamment défendue par M. le prof. Kollmann. Elles montrent d'autre part l'unité de race des populations de la Suisse centrale.

Anatomie et Physiologie.

Présidents : MM. les prof. KRONECKER et STRASSER, de Berne.
Secrétaires : MM. les Dʳ K.-W. ZIMMERMANN et ASHER, de Berne.

Prof. Kollmann. Influence de l'hérédité sur la formation des races humaines.
Embryons de singes. — R. Burckhardt. Structure anatomique du cerveau
chez les Sélaciens. — E. Bugnion. La formation des os chez les batraciens
urodèles. — Aug. Eternod. Premiers stades de la circulation sanguine dans
l'œuf et l'embryon humain. — K.-W. Zimmermann. Démonstrations ana-
tomiques. — Asher. Bases anatomiques et physiologiques de l'acuité visuelle.
— R. Wood. Mouvements de l'intestin chez les Tanches. — R. Wybauw.
Relations du nerf vague avec le cœur. — Dʳ H. Ito. Le développement de
chaleur par suite de l'excitation du cerveau. — Mˡˡᵉ Pel. Betschasnoff
Relations entre la fréquence du pouls et le contenu du cœur. — Mˡˡᵉ Julia
Divine. Respiration du cœur chez la grenouille. — Mˡˡᵉ N. Lomakina.
Anastomoses nerveuses sur le cœur du chien et du cheval. — Mˡˡᵉ L. Schi-
lina. Comparaisons entre le Kymographe de Ludwig et le Tonographe de
Hürthle. — Dʳ Lüscher. Effets de l'isolement du cerveau, du cervelet et
de la moelle allongée.

M. le prof. KOLLMANN, de Bâle, traite *des rapports
de l'hérédité avec la formation des races humaines.*

Des milliers de crânes préhistoriques et modernes
furent mesurés et comparés entre eux et l'on reconnut
l'existence de deux types, dolichocéphale et brachycéphale qui se sont constamment transmis par hérédité.

L'on distingue d'autre part dans la race blanche
d'après la couleur des yeux, des cheveux et de la peau
la variété blonde et la variété brune ; or on sait maintenant que, déjà avant l'apparition des Romains et des
Germains, ces deux variétés étaient réparties comme
elles le sont aujourd'hui, le type blond prédominant
dans le Nord, le type brun dans le Sud. Ces deux varié-

tés sont donc persistantes et leurs caractères respectifs se sont incontestablement transmis par hérédité.

Il est prouvé que les représentants de la race blanche qui ont émigré dans d'autres climats n'ont nullement été modifiés même après plusieurs siècles, mais ont conservé tous les caractères essentiels de leur variété. Et, comme le climat, l'alimentation est incapable de transformer une race ou une variété; elle peut agir seulement sur les caractères individuels, son action étant par suite essentiellement passagère. Il est donc impossible de considérer les races humaines comme soumises à une transformation lente mais continue.

Si ces observations ne s'étendent que sur quelques siècles, nous avons une autre preuve de la persistance des races et variétés humaines dans les nombreuses œuvres d'art de la civilisation égyptienne, qui remonte à plusieurs milliers d'années et sur lesquelles sont pourtant figurés d'une façon parfaitement distincte des représentants des Sémites, des Ariens et des Nègres, absolument semblables à ceux qui vivent actuellement en Egypte. Or les débuts de la civilisation égyptienne doivent remonter à peu près d'après Virchow, jusqu'au temps de la période néolithique de l'Europe centrale et occidentale.

L'on peut donc admettre que les races humaines de la période néolithique étaient identiques à celles de l'époque actuelle non seulement par le squelette, mais aussi par le développement des chairs. Si l'on a appris à connaître par un grand nombre de mesures l'épaisseur moyenne des chairs sur les diverses parties de la face chez les races contemporaines, l'on pourra reconstituer une tête d'après n'importe quel crâne préhistori-

9

que. C'est dans cette idée que M. Kollmann et
M. W. Buchly ont, d'après les données fournies par
28 cadavres d'âges et de sexes différents, recouvert un
crâne de femme de la période néolithique, d'une couche de terre exactement égale sur chaque point, à
l'épaisseur normale des chairs. La tête ainsi reconstituée appartient à une femme néolithique découverte à
Auvernier et est caractérisée par sa forme générale
brachycéphale et chamæprosope, son front plat, ses
pommettes saillantes, son nez un peu relevé et ses
lèvres épaisses. Ce même type était déjà représenté
parmi les Troglodytes de Schweizersbild et existe encore
actuellement à côté du type leptoprosope.

Une publication complète sur le sujet a paru dans
les *Archiv für Anthropologie*, Brunswick, 1898, 4°.

M. KOLLMANN expose ensuite plusieurs planches
montrant les diverses phases du développement de
Cercopithecus cynomolgus et de *Semnopithecus presbytes*. L'embryon de la seconde espèce étudiée ici a
été rapporté de Ceylan et remis à l'auteur par MM. Paul
et Fritz Sarasin. Son développement correspond à celui
d'un embryon humain de 5 semaines d'après l'aspect
des yeux, des arcs branchiaux et des extrémités ; on
pourrait à première vue le confondre avec un embryon
humain mais un examen approfondi montre des différences bien marquées : ainsi il a un cordon ombilical
nettement plus gros et sa vésicule ombilicale est vaste
et distendue ; en outre le corps est tordu sur son axe
longitudinal de façon à faire dévier son extrémité postérieure fortement à gauche. La région caudale de la colonne vertébrale est déjà bien développée et dévie
également à gauche.

L'auteur a observé d'autre part chez 3 embryons de Makakes long de 15 à 20 mm. une réduction de l'extrémité de la région caudale analogue à ce que l'on constate pour l'Homme, les Mammifères en général et les Oiseaux.

M. le prof. R. BURCKHARDT, de Bâle, fait une communication sur la *forme extérieure du cerveau des Sélaciens*.

Dans cette étude, qui fait suite à celle dont il a rendu compte à la session d'Engelberg en 1897, l'auteur a pris pour base le cerveau de Scymnus dont il a étudié aussi bien la forme que le développement et est arrivé aux conclusions suivantes :

La structure de la moelle épinière se suit à travers toute la moelle allongée et le cervelet et la continuité des différentes zones ne subit d'altération importante que dans la région de l'organe auditif où la zone dorso-latérale se plisse en forme d'S et dans le cervelet qui se différencie dans les mêmes proportions que ses organes des sens périphériques. La structure du cerveau antérieur peut également se ramener à celle de la moelle épinière, quoique le développement de l'œil et de l'organe olfactif amène ici des modifications plus importantes que celles subies par les centres des organes des sens moins différenciés. Nous arrivons ainsi à une conception du cerveau tout à fait semblable à celle que l'on avait au commencement de ce siècle avant que l'on eût attribué faussement une valeur morphologique aux vésicules cérébrales et aux métamères du cerveau. L'auteur se refuse absolument à attribuer à la segmentation du feuillet germinatif moyen une valeur décisive pour la genèse du cerveau et affirme au contraire que ce sont le feuillet germinatif externe et ses dérivés qui ont une importance insuffisamment connue pour le problème de la céphalogénèse des vertébrés.

L'auteur accompagne son exposition de la démonstration de nombreuses figures représentant le cerveau de 42 genres différents de Sélaciens.

M. E. BUGNION, de Lausanne, parie de *la formation des os chez les Batraciens urodèles.*

Les animaux qui ont fait l'objet de cette étude sont le Triton, la Salamandre, l'Axolotl et le Protée. L'auteur s'est servi de coupes sériées, colorées au carmin boracique et au vert d'iode.

L'os se montre en premier lieu sur les bords de la bouche, au niveau des dents, en continuité avec le socle ou base de celles-ci.

Le tissu osseux *dentaire*, si bien étudié par Hertwig, peut être observé chez des larves de Triton de 16 mm. Il se forme dans l'épaisseur du chorion de la muqueuse buccale, à une époque où le reste du squelette est encore entièrement cartilagineux.

L'ossification des membres, de la colonne vertébrale, du chondrocrâne et des arcs branchiaux commence quelques jours plus tard.

D'abord exclusivement périchondrale, l'ossification est précédée dans le fémur, le tibia, etc., par l'apparition au sein du cartilage de capsules relativement énormes qui sont groupées sans ordre (à l'opposé du cartilage sérié) et occupent la partie moyenne de la diaphyse.

Ces grandes capsules se voient très bien chez les larves de Triton de 16 à 18 mm. et chez les Salamandres de 20 à 30. La cellule qu'elles renferment est ramassée autour du noyau, le reste occupé par un liquide clair. Plus tard (chez les Salamandres de 45 mm.) le protoplasma de ces capsules forme un réticule filamenteux contenant dans ses mailles des gouttelettes hyalines.

L'os se dépose à la surface du cartilage dans la partie moyenne de la diaphyse et forme dès l'abord un manchon continu. Il est le produit d'ostéoblastes très aplatis qui se trouvent à la face profonde du périchondre et que l'on distingue facilement grâce à la teinte rose pâle et aux belles dimensions de leur noyau.

Pius épais au milieu, aminci en revanche vers les deux extrémités, le manchon osseux offre à cette époque la forme d'un clepsidre ou sablier. Les capsules cartilagineuses restant parfaitement intactes, il n'y a à l'intérieur de la diaphyse ni lacunes médullaires, ni moelle, ni vaisseaux. Il n'y a pas non plus d'épiphyses osseuses et il ne s'en formera pas dans la suite ; les deux bouts cartilagineux restent à peu près ce qu'ils sont au début.

M. A.-C.-F. Eternod, prof. à Genève, décrit les *premiers stades de la circulation sanguine dans l'œuf et l'embryon humains* (avec démonstrations de croquis, de modèles et de reconstructions graphiques et plastiques.)

Cette démonstration se rapporte à un œuf humain mesurant, y compris les villosités, $10^{mm},0$, — $8^{mm},2$ et $6^{mm},0$, avec villosités de $0,3$, — $0,5$ à $0,8$ d'épaisseur et $1,2$ — $1,7$ à $2^{mm},0$ de longueur, avec embryon $1^{mm},3$

de long et large de $0^{mm},23$ dans la région céphalique
et de $0^{mm},18$ dans la région caudale.

Cet embryon présente un blastopore, une ligne primitive, un mésoderme non clivé, et un pédicule abdo-
minal (Bauchstiel de His). Il a un cœur double, 2 aortes,
avec arcs branchiaux, aortes qui deviennent plus loin
artères chorio-placentaires ; un tronc veineux chorio-
placentaire unique, produit de la coalescence des deux
veines de retour qui longent la marge du champ embryonnaire pour aller au cœur.

Il présente, en outre, un vaisseau veineux curieux
et encore bien mystérieux, logé dans la partie caudale
de la vésicule vitelline, que nous proposons d'appeler
Anse veineuse vitelline.

Les données énumérées ci-dessus ayant trait à la
circulation étaient inconnues jusqu'à ce jour pour l'embryon humain, mais ont des correspondants évidents
dans la série animale.

Elles ont donc une grande importance pour la phy-
logénèse de l'espèce humaine.

M. Zimmermann, de Berne, fait la démonstration de
*cavités céphaliques rudimentaires chez un embryon
humain* de 3,5 mm. de longueur. Ces cavités se trouvent
de chaque côté (3 plus grandes à droite, 6 plus petites
et de dimensions inégales à gauche). Tandis que leur
nombre n'est pas le même à droite et à gauche, l'espace
qu'elles occupent est égal de part et d'autre. Il n'est
donc pas possible d'admettre que chacun de ces rudiments correspond à une cavité céphalique déterminée
des Sélaciens et il est probable que c'est l'ensemble de

ces rudiments placés du même côté qui représente une seule cavité des Sélaciens.

M. Zimmermann montre ensuite un fort ganglion existant sur le nerf facial de la souris à l'endroit ou se détachent le muscle stapedius et la chorde tympanique. L'échantillon démontré appartient à un embryon à peu prés complètement développé.

L'auteur a constaté la même disposition chez un embryon de bœuf avec cette différence que le ganglion se trouve ici dans le voisinage immédiat de la naissance de la chorde tympanique et se prolonge même dans cette dernière, en sorte qu'il faut le considérer comme faisant plutôt partie de celle-ci.

M. le Dr Asher, de Berne, fait une communication sur les *bases anatomiques et physiologiques de l'acuité visuelle.*

Depuis que l'on sait que à 3 millions de papilles visuelles, ne correspondent que 1 million de fibrilles optiques, il semble difficile de considérer la papille comme l'unité optique, et ces doutes sont encore confirmés par les nouvelles observations faites sur les relations anatomiques qui existent entre les papilles, les chaines ganglionaires bipolaires et le réseau fibrilaire du nerf optique dans la rétine. L'auteur a constaté par ses expériences que les images produites sur la rétine sont toujours plus grandes que le diamètre d'une papille à cause de l'aberration due à la convergence non stigmatique des rayons lumineux. L'impression produite par de très petits objets, dépend d'une part de la quantité de lumière qu'ils envoient, de l'autre de l'état de la rétine ; l'on sait que deux petits objets produisent

la même impression extensive et intensive, si le produit
de la surface lumineuse multipliée par l'intensité de la
lumière est le même pour tous les deux. De deux
objets très petits, c'est le plus lumineux qui paraîtra le
plus grand et si l'on admet que c'est à ce dernier que
correspondra l'image rétinienne la plus grande il s'ensuit
que la projection lumineuse de cet objet sur la rétine
sera notablement plus grande que l'image rétinienne
schématique et, en tenant compte des conditions spéciales de l'expérience, elle devra être plus grande aussi
que le diamètre d'une papille visuelle. Mais c'est la
surface de perception et non la surface lumineuse qui
détermine l'effet produit par les objets et cette surface
de perception dépend de la sensibilité aux contrastes
qui dépend à son tour de l'état de l'organe de la vue.
Ainsi les bases physiologiques de l'acuité visuelle sont
beaucoup trop compliquées pour être exposées d'une
façon complète par des calculs schématiques.

M. le Dʳ H.-C. Wood, de Philadelphie, à Berne, rend
compte d'une série d'observations qu'il a faites sur les
Mouvements de l'Intestin chez les Tanches.

La paroi de l'intestin chez les tanches renferme d'une
part des muscles lisses de l'autre des muscles striés;
il est par suite susceptible de deux sortes de mouvements : des mouvements rapides et des mouvements
lents. Du reste même la contraction brusque des muscles striés de l'intestin est moins rapide que celle des
muscles thoraciques, dont la contraction se fait en 0,1
à 0,2 seconde.

Les muscles striés de l'intestin diffèrent très sensiblement de ceux des membres quant à leur excitabilité;
ainsi si on fait agir sur eux un seul courant d'induction,

ils ne réagissent que lorsque le courant est très puissant ; il y a par contre déjà réaction avec des courants faibles, si l'on fait agir plusieurs courants successivement à petits intervalles. La réaction commence à se produire à des intervalles de 0,2″ et atteint son maximum à des intervalles de 0,05″. La contraction produite par l'action prolongée des courants d'induction peut durer de 5 à 10 secondes ; elle cesse au delà de cette durée même si l'on continue à faire agir les courants. Ainsi la musculature striée de l'intestin des tanches contient des organes réflèxes analogues à ceux qui ont été constatés par Barbéra dans l'estomac des grenouilles. Si l'on intercale un fragment de l'intestin dans le circuit d'un courant continu, il se manifeste une contraction persistante qui ne cesse qu'avec l'ouverture du circuit.

L'intestin, isolé et étiré, se contracte de lui-même de façon à former 6 segments ; d'autre part les muscles lisses de l'estomac font souvent, lorsque l'animal est encore frais, des mouvements spontanés et lents..

L'auteur a découvert outre les couches de muscles lisses décrites par René du Bois-Reymond et Oppel des faisceaux de fibres lisses réparties d'une façon très curieuse autour des muscles striés subséreux.

M. le Dʳ WYBAUW, de Bruxelles, à Berne, fait une communication sur les relations entre le *nerf vague et les mouvements du cœur*. Pour étudier ces relations, il a fait une série d'expériences sur des tortues, ces animaux ayant été choisis plutôt que d'autres à cause de la simplicité relative que présentent chez eux les anastomoses du nerf vague dans le cœur.

Ayant introduit par l'aorte la canule de perfusion de

Kronecker dans le ventricule, il fit passer dans ce dernier un courant d'eau salée au 0,6 °/₀ jusqu'à ce que celle-ci ressortît à peine rougie par une faible quantité de sang.

Après un lavage ainsi poursuivi pendant plusieurs heures, le ventricule subit encore de faibles pulsations, se succédant souvent dans un rythme différent de celui des battements de l'oreillette. Si maintenant, le cœur étant dans cet état, on tétanise le nerf vague (en général le droit), qui agit sur le cœur normal, le ventricule continue ses pulsations sans modification sensible ou avec un léger ralentissement, tandis que les oreillettes cessent tout mouvement.

Ainsi le ventricule, rempli d'eau salée au lieu de sang, devient insensible à l'action du nerf vague ; mais il suffit souvent d'interrompre pendant quelques minutes l'introduction de l'eau salée, pour que le ventricule, qui se remplit alors du sang provenant des oreillettes, reprenne sa sensibilité. Une expérience analogue faite sur un lapin a donné des résultats semblables.

Il résulte de ce qui précède que le ventricule, sous l'influence de solutions anormales, subit des pulsations tout à fait indépendantes du système nerveux normal et provenant de l'excitation des réseaux nerveux intermusculaires. Si l'on fait cesser aussi cette dernière action soit en expulsant par lavage la solution nutritive, soit en tétanisant le cœur, soit en provoquant un fort refroidissement, les battements du cœur ne sont plus du tout coordonnés et les réseaux musculaires ne subissent plus que des mouvements fibrillaires.

M. le Dʳ H. Iᴛᴏ, du Japon, à Berne, fait une com-

munication sur la *production de chaleur par l'excitation
du cerveau.*

Il a constaté que la région du corps la plus chaude
chez le lapin est le duodenum, dont la température
s'élève parfois jusqu'à 0,7° au-dessus de celle du
rectum, tandis que d'autre fois la différence entre ces
2 points devient insignifiante. La température de l'estomac est en général supérieure à celle du rectum,
celle du foie lui est sensiblement égale et celle du cœur
lui est un peu inférieure. La température de la peau est
plus élevée que celle de l'intestin grêle et en général
aussi que celle du rectum.

Ayant d'autre part pratiqué une piqûre dans le corps
strié d'après la méthode d'Aronsohn-Sachs, il a remarqué des élévations de température dans 26 cas sur 37.
Les mesures de température ont montré que ce n'est
pas dans les muscles, mais dans les glandes digestives
que l'élévation se fait en premier lieu.

Cette élévation ne peut pas être attribuée à une douleur, l'animal restant absolument tranquille et n'éprou-
vant aucun sursaut au moment de la piqûre.

En écartant le cerveau au moyen d'une injection de
paraffine, l'auteur a constaté une élévation de 0,5° dans
la température du rectum, sans qu'il se manifeste de
crampes très sensibles ; mais il fait remarquer que les
animaux soumis à la même opération après une injection de curare ne subirent aucune élévation de température.

Mme Pélagie BETSCHASNOFF, de St-Pétersbourg, à
Berne, s'est occupée des relations entre la *fréquence du
pouls et le contenu du cœur chez la grenouille.*

Se basant sur les travaux de Kronecker, Stirling et Rossbach, elle a fait circuler dans des cœurs de grenouilles un courant de sang de veau mélangé avec une quantité variable d'une solution de sel marin, et elle a cherché à établir dans quelle mesure le pouls est influencé par la proportion plus ou moins forte d'eau salée et par l'adjonction à la solution d'autres sels en faible quantité.

Elle a constaté ainsi que ce sont les solutions très étendues, par exemple 1 partie de sang pour 6 à 8 parties d'eau salée au 0,6 $\%$, qui donnent les pulsations les moins fréquentes, le cœur pouvant même dans certains cas ne subir aucun mouvement pendant une longue durée, sans toutefois perdre son excitabilité. Celle-ci ne se perd que sous l'influence de basses températures. L'eau salée physiologique au 0,6 $\%$ pure provoque immédiatement des pulsations fréquentes et il en est de même des solutions riches en sang; mais tandis que l'eau salée ne peut donner que de faibles battements, le sang ou une solution riche en sang en donnent de fortes.

Si l'on additionne à l'eau salée mélangée au sang de faibles quantités de chlorure de calcium, l'on constate un renforcement de l'action excitatrice.

Une solution peu concentrée (0,1 $\%$) de soude semble n'avoir qu'une faible action excitatrice.

Enfin l'auteur a remarqué que, dans quelques cas isolés, des solutions riches en sang ont donné des pulsations moins fréquentes que des solutions plus étendues; mais l'eau salée a toujours montré son pouvoir excitateur.

Mlle Julia DIVINE, de Moscou, à Berne, a étudié la *respiration du cœur chez les crapauds*, et est arrivée aux résultats suivants :

Contrairement à certaines objections exprimées, il se confirme que le sang dépourvu d'oxygène, ou saturé d'hydrogène ou de protoxyde de carbone a sur le cœur une action nutritive tout aussi forte que du sang artériel (sang de veau étendu d'une solution de sel marin au 0,6 °/₀) et entretient des pulsations d'égale amplitude. Du sang saturé d'acide carbonique diminue au contraire rapidement l'énergie du cœur et pour combattre cet effet il faut réintroduire dans le cœur du sang pur d'acide carbonique avec ou sans protoxyde de carbone.

Mlle Nadine LOMAKINA, de Moscou, à Berne, a fait une série de recherches sur les *anastomoses nerveuses dans le cœur des chiens et des chevaux*.

Les tissus nerveux maicroscopiques très riches qui sont en relation avec le cœur chez les chiens et les chevaux se répartissent en trois ramifications : la première se trouve du côté antérieur, prés de la branche descendante de l'artère cardiaque ; la seconde, du côté postérieur, prés de la branche descendante de l'artère cardiaque circonfl'exale, et la troisième, prés de la branche auriculo-ventriculaire gauche. C'est sur le ventricule gauche que les fibres nerveuses se ramifient le plus. Presque tous les nerfs se terminent sous le péricarde à la limite entre le premier et le deuxième tiers, comme Vignal l'a déjà constaté chez l'homme.

Pour se rendre compte de l'importance physiologique de ces nerfs, l'auteur a opéré tout d'abord sur un lapin et a trouvé que, si l'on lie un des rameaux principaux de la branche postérieure, le ventricule se met à battre dans un rhythme différent de celui de l'oreillette, comme Kronecker l'avait déjà observé chez le chien. Si chez le chien on lie un des rameaux postérieurs, le pouls devient intermittent. Si l'on excite le nerf vague, les battements de l'oreillette droite seuls sont modérés et le ventricule droit se contracte par suite avant l'oreillette correspondante.

L'auteur a lié à plusieurs reprises tous les nerfs visibles dans le sillon de l'oreillette sans obtenir d'effet ; elle en conclut que ces nerfs doivent pouvoir être relayés par des tissus nerveux microscopiques et cachés en profondeur.

Mlle Ludmilla SCHILINA, de Krasnojark, à Berne, a fait un travail comparatif entre le *Kymographe de Ludwig et le Tonographe de Hürthle*.

Depuis que Vierordt a en 1855 déclaré le Kymographe de Ludwig inutilisable, il s'est fait plus de découvertes à l'aide de cet instrument qu'avec aucun autre appareil de physiologie. L'auteur a cru utile de comparer le dit kymographe avec le nouveau Tonographe de Hürthle, en relevant les données que fournissent ces deux instruments pour des pulsations connues lentes ou rapides. Il résulte de ce travail que le Tonographe peut dans certains cas enregistrer une valeur inexacte pour la pression moyenne du sang et fausse d'autre part la forme des pulsations ; par contre il donne en général exactement le nombre des battements. Le Kymographe dessine des ondulations qui oscillent symétriquement au-dessus et au-dessous de la pression exacte du sang. Il n'y a que les pulsations particulièrement fortes qui occasionnent des mouvements vibratoires prolongés. Tandis que de faibles ébranlements provenant de l'extérieur dérangent le Tonographe, le Kymographe n'en est pas influencé.

A côté de ces deux appareils, le Sphygmographe est particuliérement bien fait pour les relevés des battements du pouls.

M. le Dr LUSCHER, de Berne, fait une communication sur *l'isolement sans épanchement de sang du cerveau, du cervelet et de la moelle allongée.*

Tandis que Marckwald a étudié surtout l'innervation des organes respiratoires, au moyen des mouvements respiratoires, l'auteur s'est occupé spécialement des mouvements du cœur en se basant sur la courbe des pressions du sang données par le Kymographe.

En ce qui concerne la respiration les observations de Marckwald ont été absolument confirmées ; l'isolement de la moelle allongée entraîne immédiatement et d'une façon persistante l'arrêt des mouvements respiratoires et l'auteur n'a pu découvrir aucun centre nerveux agissant sur la respiration dans la moelle épinière même quand celle-ci était en état de réagir à divers modes d'excitation. Si au contraire l'on isole le cerveau et le cervelet en conservant la moelle allongée, la respiration reste normale, mais dans cet état la section des nerfs vagues produit tout de suite une respiration spasmodique ; tandis que si le cervelet est conservé avec la moelle allongée, les spasmes ne se produisent pas après la section des nerfs vagues.

La pression du sang est resté relativement élevé dans un grand nombre d'expériences, après que la moelle épinière était seule conservée et sans qu'on pût attribuer ce nombre à une excitation de la moelle.

L'asphyxie agit très rapidement sur les centres vasculaires spinaux, contrairement aux données généralement admises. Elle occasionne des pulsations vagiennes même quand les deux nerfs vagues sont coupés. L'activité du cœur n'a pas été notablement modifiée par l'isolement total. L'excitation des nerfs splanchniques produit une élévation importante de la pression du sang tandis que la section d'un de ces nerfs n'amène pas d'abaissement de cette pression.

En liant l'aorte vers la crosse l'on fait monter la pression du sang notablement au-dessus de la normale et si, après avoir délié l'aorte on la lie de nouveau la pression remonte à la même hauteur.

Un symptôme très caractéristique de l'isolement complet des centres nerveux consiste dans l'excitabilité exagérée de la région anale.

Médecine.

Président : M. le Dr Dor, professeur à Lyon.
Secrétaire : M. le Dr Wormser, de Berne.

De Cérenville. Procédé du frôlement — Kottmann. Péri et paratyphlite. — His. Rôle de l'acide urique dans l'organisme. — Hanau. Influence de la thyroïde sur la guérison des fractures. Le mal perforant du pied. — Müller. Photographies de Rœntgen. — Schenkel. Même sujet.

Le D^r De Cérenville, de Lausanne, parle du *procédé du frôlement* appliqué à la détermination topographique des organes et spécialement des organes thoraciques. Ce procédé, qui est employé par les tonneliers, consiste à promener le doigt préalablement mouillé sur la région en expérience, en l'appuyant très légèrement. On recueille ainsi une sensation très différente suivant la densité du plan sous-jacent qui permet de délimiter avec une très grande précision les limites des organes pleins, plus exactement qu'au moyen de la percussion.

M. Sahli (Berne) confirme que l' « effleurement » donne de bons résultats pour des limites *superficielles*, tandis que, pour trouver les limites dans une certaine profondeur, la chose est tout aussi difficile que la percussion qui donne au moins d'aussi bons résultats. Cette dernière doit être faite très faiblement, même pour les matités profondes, mais pourtant elle s'adresse à l'ouïe et non pas au toucher ; la preuve c'est que l'orateur engage ses élèves à approcher l'oreille au percutant. — Quant à la sensation dans l'effleurement, c'est une espèce de vibration perçue parle bout du doigt glissant.

M. Dubois (Berne) croit que la méthode prête moins à l'auto-suggestion qui est presque fatale avec la percussion, vu que instinctivement, on percute moins fort quand on s'approche de la limite supposée.

M. de Cérenville maintient que la percussion très faible, comme l'exécute M. Sahli, est une sorte de palpation. Ii ne croit pas que la sensation éprouvée dans l'effleurement soit en vibration. Le temps lui manque pour s'expliquer plus longuement à ce sujet. L'effleurement a l'avantage de pouvoir être pratiqué par des médecins sourds ou privés de l'usage d'une main et quand il s'agit par exemple d'examiner un enfant qui crie.

Dr Köttmann (Soleure) : *Abcès par congestion importants au point de vue pratique dans la paratyphlite.*

La paratyphlite est une variété de la pérityphlite. Elle a comme elle, pour point de départ une appendicite dans le plus grand nombre des cas, plus rarement une typhlite. On ne peut la diagnostiquer, que lorsqu'elle devient purulente. Primitivement le pus se collecte dans la fosse iliaque droite, entre la face postérieure du péritoine pariétal et la face antérieure de l'aponévrose iliaque, dans un espace bien délimité, qui contient de la graisse sous-séreuse avec des vaisseaux, des nerfs, des ganglions et l'uretère. Tantôt c'est indirectement par les lymphatiques du mesocôlon que le process us inflammatoire arrive dans cet espace. Tantôt la propagation est directe, quand le pus de la typhlite est situé entre le cœcum et le tissus cellulaire sous-séreux en dehors de la cavité péritonéale.

La transmission par les lymphatiques est bien prouvée néanmoins par une de mes observations. Une jeune fille de quatorze ans présenta en même temps une pérityphlite et une paratyphlite suppurées. Quatorze jours après l'ouverture d'un abcès intrapéritonéal, je dus inciser un énorme abcès paratyphlitique qui s'était formé dans la région lombaire gauche, après avoir contourné le côlon descendant et avait pointé en avant, en simulant une péritonite purulente généralisée.

Tant que l'abcès paratyphlitique siège dans la fosse iliaque droite, on ne peut le distinguer d'une pérityphlite ; le symptôme d'Oppolzer (sensation d'éponge) est trompeur, puisqu'il peut être produit dans la pérityphlite par l'accollement d'anses intestinales remplies d'air et de liquide.

La paratyphlite ne prend d'importance pratique que par la migration du pus, qui suit le fascia iliaca. Dans les formes très aiguës, l'abcès arrive à la peau qu'il rougit et s'ouvre au-dessus du ligament de Poupart, une participation de la peau à l'inflammation doit toujours faire admettre une paratyphlite. Les abcès plus chroniques pénètrent dans le ligament large droit ou dans la paroi postérieure du rectum. Ce dernier cas est le plus fréquent (8 observations personnelles).

La marche et le traitement de ces abcès *périrectaux* présentent des particularités intéressantes. Après les symptômes du début qui sont ceux de la pérityphlite, il se fait une rémission vers le 8e jour dans les symptômes alarmants, qui coïncide en général avec une évacuation de gaz et de matières fécales. Mais au lieu d'une convalescence franche, on voit le pouls augmenter de fréquence, la température est subfébrile ; le malade se plaint d'une sensation de plénitude dans le ventre avec pression vers le bas. Il y a des nausées, un sentiment de grande faiblesse ; l'urine contient beaucoup d'indican. Néanmoins l'examen physique démontre l'absence de toute douleur à la pression du ventre, la matité primitive de la forme iliaque diminue et disparaît.

L'abcès rétro-rectal peut s'ouvrir spontanément ; mais il est préférable de ne pas attendre l'ouverture spontanée et de livrer passage au pus par une incision rectale au bistouri, après avoir immobilisé la muqueuse au-dessus de la tumeur.

On fixe un drain dans l'incision par une suturé. Les accidents ont cessé immédiatement et tous les malades ont guéri rapidement, quoique l'état de plusieurs d'entre eux parût sérieux avant l'opération.

Fait curieux, M. Kottmann n'a jamais observé de récidive de pérityphlite, nécessitant une résection de l'appendice, chez ces malades.

M. MUELLER (Berne) fait observer que les abcès pérityphlitiques peuvent aussi se propager dans le ligament large, ce qui porte à faire le diagnostic de paramétrite ; l'erreur inverse se produit également. Il cite une observation où le diagnostic porté était « pérityphlite » ; l'incision de l'abcès qui se trouvait au-dessus du ligament de Poupart montra dans la plaie la trompe droite. Il ajoute quelques mots sur la complication de pérityphlite et de grossesse dont il a vu récemment trois cas, tous terminés fatalement malgré une intervention chirurgicale dans les deux derniers.

M. KOTTMANN se rappelle une malade chez laquelle le diagnostic porté était celui de pérityphlite, tandis que l'incision révéla une paramétrite.

M. SAHLI (Berne) demande si des expériences sur la toxicité générale de l'acide urique ont été faites, de plus si pendant la période de l'expérience la nourriture a été analysée.

M. HIS (Leipzig) répond à M. Sahli que les expériences d'Ebstein ont prouvé la non-toxicité de l'acide urique ; quant à la nourriture des malades observés, elle était aussi uniforme que possible ; d'ailleurs, il faut de grands changements pour provoquer une variation du taux d'acide urique dans les urines.

Dʳ W. HIS, jun. — *Sur le rôle de l'acide urique dans l'organisme.*

L'auteur fait un exposé critique des diverses opinions actuelles sur la *nature de la goutte,* et fait ressortir que les recherches des dix dernières années ont eu pour résuitat de renverser les théories régnantes plutôt que de donner une bonne explication de cette maladie. L'auteur insiste en particulier sur le fait que le rôle de l'acide urique dans le corps nous est peu connu et expose à ce sujet des travaux qui ont été faits sous sa direction à Leipzig dans la clinique du prof. Curschmann. D'après les recherches de Freudweiler, de Zürich, l'urate de soude, injecté en solution sous la peau du lapin et de l'homme, n'agit pas seulement comme corps étranger, mais comme un vrai poison, comme l'ont montré les expériences de contrôle faites avec le carbonate de chaux ; en effet ces deux sels déterminent une nécrose des tissus avec une infiltration inflammatoire de voisinage et cellules géantes. Néanmoins la réaction des tissus est beaucoup plus forte et plus durable avec l'urate de soude, qu'avec le carbonate de chaux. La phagocy-

tose joue.le rôle le plus important dans l'élimination de
l'urate de soude, comme l'ont montré pour les tophus
de l'homme les recherches de Riehl.

Les recherches de Nager à Berne qui ne sont pas
encore terminées, paraissent indiquer que ce sel subit
dans l'économie une transformation chimique ; on ne
sait pas encore si la phagocytose joue aussi un rôle dans
la dissolution des dépôts articulaires d'urate de soude.
En tout cas ce processus parait nous donner la clef du
fait curieux qu'on n'a jamais vu augmenter l'excrétion de
l'acide urique par l'urine, par l'administration des alcalins et d'autres substances lithontriptiques (pipéra-
zine), etc.

Enfin le Dr His rapporte, d'après de nombreuses
recherches faites en commun avec les Drs Freudweiler,
Respilger et Cohnheim, que l'accès de goutte aigu est
toujours précédé par une diminution de la quantité
d'acide urique excrétée en 24 heures, qui peut tomber
à quelques centigrammes, et que cette diminution est
suivie d'une augmentation considérable. Ce fait pourrait
s'expliquer ainsi : les dépôts uriques dans les articula-
tions se font déjà de 1 à 3 jours avant l'attaque, ils
proviennent du sang et diminuent d'autant la quantité excrétée par l'urine ; au contraire l'inflammation
articulaire pendant l'attaque remettrait en circulation
une certaine quantité des dépôts uriques et augmenterait l'excrétion urinaire. Enfin M. His indique
que plusieurs manifestations de la goutte deviendront
plus compréhensibles, si l'on admet que l'acide urique
des goutteux est un produit anormal difficile à brûler,
et difficile à excréter du sang, comme les recherches
de Schmiedeberg et Nauning l'ont démontré pour le sucre
du sang des diabétiques.

Dr Hanau (St-Gall). I. *L'Influence de la thyroïde sur la guérison des fractures.*

Le Dr Hanau rappelle une communication faite en son nom et au nom de son élève Maurice Steinlin, il y a deux ans, sur des lapins rendus cachectiques par l'extirpation de la glande thyroïde et qui avaient présenté un retard dans la consolidation des fractures. Il a engagé à ce moment les chirurgiens à essayer le traitement des fractures par les tablettes de corps thyroïde. Il n'a reçu à ce sujet qu'une communication du Dr Kappeler de Constance, qui avait obtenu par le traitement de bons résultats dans une pseudarthrose. Le Dr Hanau apprit il y a quelques jours seulement que le Dr Gauthier a publié dans le *Lyon médical* de 1897 deux cas de pseudarthroses traitées avec succès par la glande thyroïde et qu'en Angleterre on a employé le même traitement avec succès d'après ses indications.

II. *Sur le syndrôme de Morvan et le mal perforant du pied.*

Le Dr Hanau présente un moignon de pied d'un homme de 57 ans, qui a été amputé par le procédé de Pirogoff à l'hôpital de St-Gall par le Dr Feurer. Ce pied qui était atteint d'un vice de conformation (déviation latérale de l'avant-pied), avait été déjà opéré par un médecin et présentait un mal perforant plantaire typique causé par un spina bifida latent de la région lombosacrée, comme le démontra d'ailleurs un examen approfondi du malade.

Le Dr Hanau ajoute quelques considérations sur les rapports entre le mal perforant et la maladie de Morvan, qu'il ne considère pas comme une maladie spéciale, mais comme un symptôme observé dans une série de maladies nerveuses qui déterminent l'anesthésie plantaire (syringomyélie, Spina bifida, léprômes des nerfs périphériques, névrites, etc.), l'anesthésie plantaire favorisant le développement de processus infectieux traumatiques dans le pied.

Le mal perforant du pied est dû très probablement à la blessure traumatique de la plante du pied par les clous du soulier, qui traversent la semelle.

M. Mueller (Berne). *Démonstration de quelques photographies de Röntgen* montrant le bassin de femmes au terme de la grossesse. Les épreuves ne sont pas très réussies, comme d'ailleurs toutes celles qui ont été faites jusqu'à présent sur le bassin dans un état avancé de la grossesse. Par contre, un cliché montrant un bassin après une symphyséotomie est bien réussi.

M. Schenkel (Berne) montre également une collection de *photographies de Rœntgen*.

Art vétérinaire

Président : M. le directeur BERDEZ, de Berne.
Secrétaire : M. le Dʳ A. WILHELMI, de Berne.

Dʳ A. Wilhelmi. Arthrites chez des veaux. Dégénérescences blanches du rein du veau. — Guillebeau. Hypotrichon des porcs. Tumeurs utérines de la vache, anomalies sexuelles. — Rubeli. Position du rein gauche. — Noyer. Castration aseptique des étalons.

M. le Dʳ A. WILHELMI communique le résultat de ses *recherches bactériologiques sur des abcès du mufle et des arthrites observées chez des veaux.* Il démontre que les phénomènes arthritiques observés ne sont pas dus à une infiltration directe de la bactérie mais de la toxine qu'elle sécrète.

M. WILHELMI parie encore des *dégénérescences blanches du rein du veau (weisse Flecknieren)* et montre que cette affection n'est pas en réalité une néphrite mais plutôt une anomalie de développement qui disparaît dans la suite.

M. le prof. GUILLEBEAU parie de l'*Hypotrichon des porcs,* affection caractérisée par la présence de nombreux kistes superficiels sur le dos, les oreilles et les cuisses des animaux. Ces kistes où l'on a voulu voir la présence de parasites bactériens, paraissent plutôt dus à une altération des follicules pileux et des glandes peaussières.

M. GUILLEBEAU parie encore de *tumeurs utérines de la vache* et *d'anomalies sexuelles.*

M. le prof. RUBELI explique les causes du changement dans la *position du rein gauche* pendant le développement fœtal des ruminants.

M. le prof. NOYER analyse un procédé qu'il emploie pour la *castration aseptique des étalons*, procédé au moyen duquel il obtient une prompte guérison.

Agriculture et Sylviculture

Président: M. J. Çoaz, inspecteur des forêts à Berne.

Moser. Alimentation du bétail. — Anderegg. Classification du bétail suisse. — Lederrey. Stations d'essais agricoles. — Keller. Les galles. — Coaz. Ravages par les avalanches. — Liechti. Engrais.

M. Moser, directeur de l'école d'agriculture de la Rütti, expose des expériences récentes faites sur l'*alimentation du bétail*.

M. le prof. Anderegg, de Berne, àttire l'attention de la section sur le peu de précision de la classification de notre bétail en *race tachetée, race brune et race de montagne,* sur la difficulté qu'on rencontre souvent à définir certains types et l'utilité qu'aurait une étude complète morphologique, physiologique et historique du sujet. Il pense que la Société helvétique des Sciences naturelles serait bien qualifiée pour provoquer les études préparatoires auxquelles devrait succéder un congrès d'éleveurs de toutes les parties de la Suisse et une exposition générale de tous les types de bétail de montagne. On arriverait ainsi peu à peu à une classification réellement scientifique de notre bétail.

M. Lederrey, de Berne, inspecteur des *stations d'essais agricoles suisses* parie de l'organisation de ces établissements et décrit en particulier la station fondée par l'autorité fédérale en mars 1897 au Liebfeld.

M. le prof. KELLER, de Zurich, étudie l'influence fâcheuse des galles sur certains végétaux et montre en particulier le mal que font les *galles des Cynipides* dans les forêts. Il étudie entre autres les galles de *Pediaspis aceris* qui se développent sur les érables, non seulement sur les feuilles mais aussi sur les fleurs où elles occasionnent une atrophie partielle des ovaires et des étamines.

M. COAZ, inspecteur en chef des forêts fédérales, parle des *ravages occasionnés par les avalanches*, des moyens d'y remédier, et des dépenses considérables faites dans notre pays pour cela.

M. le Dr LIECHTI, directeur de la Station d'essais bernoise, analyse les méthodes expérimentales employées pour apprécier les *quantités d'engrais réclamées pour chaque sol*.

TABLE DES MATIÈRES

Pages

INTRODUCTION   3

Mathématiques, Astronomie et Physique

F. Dussaud. Présentation de son microphonographe. — C. F. Geiser.
Systèmes triples orthogonaux. — Ch. Moser. Sur une fonction qui
intervient dans la théorie de l'assurance contre la maladie. —
L. Crelier. Loi de périodicité du développement des racines carrées
en fraction continue. — G. Künzler. Sur les lignes doubles des surfaces développables. — Ch. Dufour. L'éclipse de lune du 3 juillet
1898. — J. Pidoux. Coloration des Alpes et réfraction. — H. Dufour. Déperdition de l'électricité. — P. Dubois. Sur le moyen de mesurer la durée de la période d'état variable d'un courant. —
D. Kleiner. Sur les condensateurs et la durée nécessaire à leur
charge. — Le même. Induction magnétique dansle fer traversé par
un courant. — H. Wild. Modèle perfectionné de son polaristrobomètre. — L. de la Rive. Propagation d'un allongement croissant
d'une manière continue dans un fil élastique. — Jeanneret. Problèmes
d'électricité. — Ed. Hagenbach-Bischoff. Bruits causés dans le téléphone par la marche des tramways électriques. — R. Weber. Nouvel
hygromètre. — Ris. Les travaux de M. Guillaume sur les aciers au
nickel. — Ed. Sarasin. Continuation de ses etudes sur les seiches
du Lac des IV Cantons   6

Chimie.

E. Bamberger. Hydrolyse des composés azoïques. Mercure-méthyle.
Alphylhydroxylamines. — C. Schall. Dithiodisulfures. Décomposition
élec-trolytique de l'acide o-nitrobenzoïque. — A. Werner. Composés
nitro-azo-azoïques et hydrazoïques. —H. Rupe. Acide cinéolique.
Condensation des aldéhydes nitrobenzoïques avec la gallacétophénone. — A. Granger. Phosphures métalliques. — A. Pictet. Réduct-
tion de la nicotyrine. — E. Noelting. Benzényl-diphénylamidines
diaminées. Pararhodamines. Colorants dérivés de l'acide 2.8 naphtylamine-sulfonique. Dérivés 1. 2. 6 du benzène. — F. Fichter.
Acides crotoniques. — S. von Kostanecki. Dérivés de la flavone. .   29

Pharmacie.

Pages

E Schaer. Hydrate de chloral. — C. Hartwich. Poisons indiens. Fausse salse pareille. — Schaerges. Dérivés du gaïacol. — C. Nienhaus. Fabrication de la cellulose. — Schumacher-Kopp. Analyses d'huiles. — H. Kunz-Krause. Tannoïdes. — A. Tschirch Aloïne. Oliban. Gomme laque. Xanthorhamnine. Chromatophores du café. — Aweng-Barr Principes actifs de diverses drogues. — A. Conrady. Décoctions et infusions. — Issleib. Céarine. — B. Studer. Expertise des champignons 49

Géologie et Géographie.

Tobler. Sur la stratigraphie des klippes du canton d'Unterwalden. — F. Mühlberg Sur les recouvrements de la chaîne du Lägern et la formation des klippes. — Mayer-Eymar. Bases de la terminologie stratigraphique internationale. — Gremaud. Perforations de galets par actions mécaniques, par érosion et par des animaux — Otto Hug. La faune ammonitifère du Lias supérieur des Pueys et de Teysachaux (Moléson). — Max Mühlberg. Le Dogger du Jura septentrional. — Baumhauer. Concurrence de différentes lois de macles et phénomènes accessoires de la structure des cristaux. — Field. Bibliographie internationale. — Richter. Traces d'anciens glaciers dans l'intérieur des Alpes. — H. Schardt. La recurrence des glaciers jurassiens après le retrait du glacier du Rhône. — J. Frueh. Structure écailleuse de la neige. Galets sculptés. — Luethy. Relief du Gothard 63

Zoologie.

Standfuss. Études de zoologie expérimentale en corrélation avec la théorie de l'évolution. — Blanc. Fécondation de l'œuf de la truite. — Fischer-Sigwart Mammifères et oiseaux rares de Suisse. — Hagmann. Variabilité dans la longueur des dents de quelques carnivores — Carl. Sur le genre Collembola en Suisse. — Buhler-Lindemeyer. Époque du passage des oiseaux migrateurs à Bâle en 1895-98. — Keller. Recherches sur le Pediaspis aceris. — Urech. Variétés aberrantes des Vanessa. — Lang. Helix nemoralis et Helix hortensis. — Émery. Sur un Oligochète noir de l'Alaska. — Meyer-Eimar. Fossile nouveau de l'Éocène d'Égypte. — Fatio. Sur la représentation des Faunes locales dans les musées. — Yung. Intestin des poissons. Plankton du Léman. Spécimen de l'Eupomotis gibbosa pêché dans le port de Genève. — Musy. Quelques animaux disparus dans le canton de Fribourg. — Haviland-Field. Le Concilium bibliographicum 78

Botanique.

Pages]

Westermaier. Sur les ouvertures stomatiques — Ed. Fischer. Présentation du premier cahier de la Flore cryptogamique suisse. Expériences d'infection par des Urédinées alpines de M. Jacky. Expériences de culture du Protomyce macrosporus de Mlle Popta. — A. Maurizio. Diffusion et germination des Saprolégniées. Développement d'algues sur des plantes de serre. — Jean Dufour. Trois maladies de la vigne. — C. Schröter. Sur la variabilité dans le genre Pinus. — M. Rickli. Découverte de la Tulipa Celsiana près de Brigue. Le genre Dorycnium. — R. Chodat. Symbiose bactérienne et mycélienne. — Chodat. Recherches de M. Barth et de Mlle von Schirnhofer. — M. Micheli. Greffage du Clianthus Dampieri. Photographies de plantes rares. Exploration botanique au Mexique. — Paul Jaccard. Gentianes du groupe de G. acaulis. — Dutoit. Ronces intéressantes des environs de Berne 99

Géographie physique.

— Ed. Brückner. Sur les limites d'altitudes dans les Alpes suisses. — R. Billwiller. Apparition simultanée du fœhn des deux côtés des Alpes. — H. Wild. Détermination de l'inclinaison magnétique. — Hergesell. Aerostation scientifique. — Riggenbach. Photographies de nuages. — Maurer. Observation à distance de la neige recouvrant le Titlis. — Brückner. Périodes d'oscillation du climat. — G. Streun. La mer de brouillards en Suisse 113

Anthropologie.

Martin. Proposition de fonder une Commission anthropologique suisse. — V. Gross, Sur le cimetière helvète de Vevey. Crâne trouvé à Bienne. — Eug. Pitard. Sur une série de crânes d'olichocéphales de la vallée du Rhône. Sur 51 crânes de criminels français. — Nuesch. Fouilles au Kesslerloch près de Thayngen. — Schürch. Formes de crânes dans la Suisse moyenne 123

Anatomie et Physiologie.

Prof. Kollmann. Influence de l'hérédité sur la formation des races humaines. Embryons de singes. — R. Burckhardt. Structure anatomique du cerveau chez les Sélaciens. — E. Bugnion. La formation des os chez les batraciens urodèles. — Aug. Eternod. Premiers stades de la circulation sanguine dans l'œuf et l'embryon humain. — K.-W. Zimmermann. Démonstrations anatomiques. — Asher. Bases anatomiques et physiologiques de l'acuité visuelle. — R. Wood. Mouvements de l'intestin chez les Tanches. — R. Wybauw. Relations du

Pages

nerf vague avec le cœur. — Dr H. Ito. Le développement de chaleur par suite de l'excitation du cerveau. — 'Mme Pel. Betschasnoff. Relations entre la fréquence du pouls et le contenu du cœur. — Mlle Julia Divine. Respiration du cœur chez la grenouille. — Mlle N. Lomakina. Anastomoses nerveuses sur le cœur du chien et du cheval. — Mlle L. Schilina. Comparaisons entre le Kymographe de Ludwig et le Tonographe de Hürthle. — Dr Lüscher. Effets de l'isolement du cerveau, du cervelet et de la moelle allongée 128

Médecine.

De Cérenville. Procédé du frôlement. — Kottmann. Péri et paratyphlite. — His. Rôle de l'acide urique dans l'organisme. — Hanau. Influence de la thyroïde sur la guérison des fractures. Le mal perforant du pied. — Müller. Photographies de Rœntgen. — Schenkel. Même sujet 145

Art vétérinaire.

Dr A. Wilhelmi. Arthrites des veaux. Dégénérescences blanches du rein du veau. — Guillebeau. Hypotrichon des porcs. Tumeurs utérines de la vache, anomalies sexuelles. — Rubeli. Position du rein gauche. — Noyer. Castration aseptique des étalons 153

Agriculture et Sylviculture.

Moser. Alimentation du bétail. — Anderegg. Classification du bétail suisse. — Lederrey. Stations d'essais agricoles. — Keller. Les galles. — Coaz. Ravages par les avalanches. — Liechti. Engrais. 155

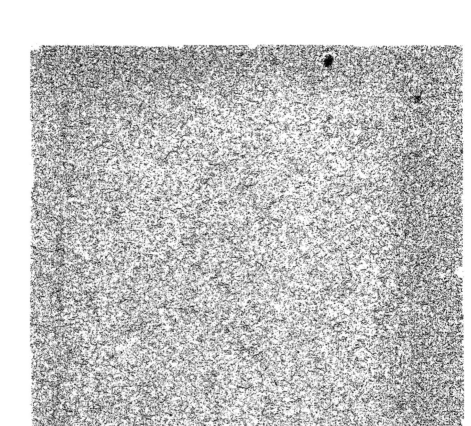